Fritz B. Simon · Ulrich Clement · Helm Stierlin

Die Sprache der Familientherapie

Ein Vokabular

Kritischer Überblick und Integration systemtherapeutischer Begriffe, Konzepte und Methoden

Fünfte, völlig überarbeitete und erweiterte Auflage

Klett-Cotta

Klett-Cotta

Printed in Germany
Schutzumschlag: Klett-Cotta-Design
Gesetzt aus der 10 Punkt Stempel Garamond
von Offizin Wissenbach, Höchberg bei Würzburg
Auf säure- und holzfreiem Werkdruckpapier gedruckt
und gebunden von Freiburger Graphische Betriebe
Fünfte, völlig überarbeitete und erweiterte Auflage, 1999

Die Deutsche Bibliothek – CIP-Einheitsaufnahme
Simon, Fritz B.:
Die Sprache der Familientherapie : Ein Vokabular ; kritischer Überblick
und Integration systemtherapeutischer Begriffe, Konzepte und Methoden /
Fritz B. Simon ; Ulrich Clement ; Helm Stierlin. – 5. völlig überarb.
u. erw. Aufl. – Stuttgart : Klett-Cotta, 1999
ISBN 3-608-91999-6

Vor-Wort und Gebrauchsanweisung

Als wir die erste Ausgabe dieses Buches, das Sie gerade zu lesen beginnen, vor rund anderthalb Jahrzehnten publizierten, haben wir lange überlegt, wie wir es nennen sollten. Verfaßt hatten wir ein Lexikon familien- und systemtherapeutischer Fachausdrücke. Folgt man der Lexikon-Definition (im doppelten Sinne), so ist ein Lexikon ein Wörterbuch, d. h. ein »(meist alphabetisch) geordnetes Nachschlagewerk allgemeiner oder fachlicher Art«. Der Begriff ist »eine gelehrte Entlehnung« aus dem Griechischen, er leitet sich von spätgriech. lexikós »ein Wort, eine Redensart betreffend«[1] ab.

Obwohl diese Definition sehr gut zu unserem Buch zu passen schien, entschieden wir uns gegen diesen Begriff. In unserem Kulturkreis ist das Wort Lexikon zu sehr besetzt. Es suggeriert enzyklopädisches Wissen, das in schweinsledergebundenen und mit Goldschnitt versehenen und (früher oder später) verstaubten Prachtbänden endgelagert wird. Da nicht nur der Gebrauch der Worte ihre Bedeutung bestimmt, sondern auch die so im Laufe der Zeit entstandenen Bedeutungen den Gebrauch der Worte, erschienen uns die so geweckten Assoziationen nicht sehr nützlich. Denn unsere Absicht war es nicht, irgendeinen Wissenskanon festzuschreiben, sondern ein Arbeitsmittel zur Verfügung zu stellen. So entschieden wir uns dazu, unser Buch als »Vokabular« zu bezeichnen, eine Art Notizbuch, in dem die Vokabeln einer fremden Sprache aufgezeichnet und durch einige Stichworte und Erklärungen erläutert sind. Konsequenz dieser Vorläufigkeit solch eines Buches ist die Notwendigkeit, es in regelmäßigen Abständen zu überarbeiten und dem sich verändernden Sprachgebrauch anzupassen. Theorien, Begriffe und Methoden, die neu erfunden oder in die Diskussion gebracht werden, Verschiebungen von Bedeutungen und Sichtweisen müssen kritisch reflektiert und diskutiert werden. Dies haben wir nun in dieser völlig überarbeiteten Neuausgabe zu tun versucht.

Es sind zahlreiche Begriffe hinzugekommen; andere haben wir gekürzt, erweitert, neu geordnet. Unser Eindruck ist dabei, daß die Haltbarkeit und Solidität familientherapeutischer Modelle und Konzepte erstaunlich hoch ist. Es gab eigentlich keinen Begriff, von dem wir hätten sagen können, er sei allein Ausdruck irgendwelcher intellektueller Moden gewesen und nunmehr überlebt. Was wir aber feststellen konnten, ist eine durchgängige Veränderung des Sprachgebrauchs im systemischen Feld, eine Sensibilisierung gegenüber einer impliziten Defizitorientierung der psychotherapeutischen Begrifflichkeit. Wer sich die Mühe macht und die Originalausgabe dieses Buches mit der Neuausgabe vergleicht, wird feststellen können, daß die Formulierungen in der Ursprungsversion weit stärker pathologieorientiert

---

1 Pfeifer (1993): Etymologisches Wörterbuch des Deutschen. München (Deutscher Taschenbuch Verlag) 1995, S. 796.

waren als in der Neuausgabe. Der Hintergrund dafür dürfte ein im familien- und systemtherapeutischen Feld gestiegenes Bewußtsein für die Implikationen unserer Sprache sein. Wir beschreiben mit den von uns verwendeten Worten nicht allein irgendwelche Phänomene, sondern wir erklären und bewerten sie häufig gleichzeitig damit. Wenn man sich dieses (unvermeidlichen) Sachverhalts bewußt ist, kann man sich davor schützen, ganze Theorien oder gar Wertsysteme »mitzukaufen«, wo man der Beobachtung eines Phänomens zustimmt.

Bei der Definition der ausgewählten Begriffe und Modelle haben wir als Autoren versucht, den momentanen Sprachgebrauch möglichst neutral wiederzugeben. Unsere Perspektive ist dabei allerdings nicht frei von Bewertungen, sondern orientiert an systemtheoretischen und konstruktivistischen Positionen. Auch und gerade aus dieser Sicht kommt der Sprache eine zentrale Rolle zu. Sie hat uns veranlaßt, dieses Buch in dieser Form zu verfassen.

Beginnen wir bei der Form. Im traditionellen Buch beginnt der Leser bei der ersten Seite und arbeitet sich von Seite zu Seite, von Kapitel zu Kapitel vor, und alle Leser, die sich auf den Autor einlassen, folgen demselben Weg, einem roten Faden, der vom ihm ausgelegt wurde. Hier zeigt sich ein gravierender Unterschied zwischen dem Lesen eines Buches und dem Erwerb einer Sprache. Sie erlernt man nicht so geradlinig, sondern man ist mit einer unübersichtlichen Vielzahl von Worten konfrontiert, einem ungeordneten Dschungel, durch den man sich selbst den Weg bahnen muß. Wenn man genügend Schneisen ins Dickicht geschlagen hat, dann wird man merken, daß man sehr oft im Kreis gegangen und wieder da angekommen ist, wo man ursprünglich einmal aufgebrochen war. Dieses Prinzip der eigenen Gestaltung des Wegs liegt auch diesem Vokabular zugrunde. Wie bei jedem anderen Wörterbuch oder Lexikon sind die Artikel zu den jeweiligen Stichworten mit Querverweisen (durch Pfeile → markiert) gespickt, so daß dem Leser vielfältige Möglichkeiten des Weiterlesens gegeben sind. Dabei wird er die Erfahrung machen, daß die Sprache operational geschlossen *(→ operationale Geschlossenheit)* und selbstbezüglich *(→ Selbstreferenz)* ist, d.h., alle Worte werden durch Worte definiert, und irgendwann landet man bei jedem Definitionsversuch wieder da, wo man angefangen hat.

Im besten Fall hat der Leser am Ende die Sprachbarriere überwunden und einen Zugang zur Sprache der Familientherapie gefunden. Begriffe gestatten uns, die Komplexität der Welt zu reduzieren und eine Ordnung in sie zu bringen. Ohne eine gemeinsame Sprache ist die fachliche Auseinandersetzung über Theorien und über die Praxis nicht möglich.

Das hat sich auch im Bereich der Familientheorie und -therapie gezeigt. Seit ihren Anfängen in den späten vierziger und frühen fünfziger Jahren haben sie sich stürmisch entwickelt. Inzwischen erscheinen in der westlichen Welt mehrere Dutzend familientherapeutische Zeitschriften, schwillt die familientherapeutische Literatur noch lawinenartig an, bieten Hunderte von Universitäten und anderen Instituten eine Ausbildung in Familientherapie oder systemischer Therapie und identifizieren sich viele Tausende von Angehörigen der helfenden Berufe vorwiegend als Familien-, Paar- oder systemische Therapeuten. Diese Entwicklung ähnelt jener der Psychoanalyse während der ersten Jahrzehnte des 20. Jahrhunderts. Auch damals wuchs das Verlangen nach Integration der Informationen und Konzepte, nach Sammlung und Präzisierung des Wesentlichen, nach einer Komplexitätsreduktion, die dennoch den Zugang zu Komplexität offenhielt. Schon in der Psychoanalyse war es schwierig, Begriffe eindeutig und klar zu definieren, denn der fortschreitende Prozeß der Erkenntnis machte Neuformulierungen und Neudefinitionen erforderlich. Ungleich schwieriger ist das Finden einer gemeinsamen Sprache in der Familientherapie, da sie nicht auf eine einzelne, geniale Gründerpersönlichkeit und ihr Denken zurückgeht. Sie gleicht eher einem Strom, zu dem von Anfang an eine Reihe innovativer Forscher und Therapeuten beitrugen, die zum großen Teil in engem Austausch miteinander standen. Das bedingte, daß oft gleichzeitig oder in rascher Folge Konzepte entwickelt wurden, die sehr Ähnliches oder sogar Gleiches aussagten, ohne es jedoch mit dem gleichen Namen zu versehen.

Potenziert wurde diese Sprachverwirrung dadurch, daß die Gründerväter und -mütter der Familientherapie ihre fachliche Heimat in unterschiedlichen Praxis- und Theoriefeldern hatten. Psychoanalytiker, Soziologen, Sozialarbeiter, Psychiater, Psychologen und Anthropologen brachten in die Diskussion nicht nur ihre verschiedenen Erfahrungen ein, sondern auch ihre Sprache und ihre theoretischen Konzepte, so etwa die der modernen Systemwissenschaften wie Kommunikationstheorie, Informationstheorie, Systemtheorie und Kybernetik, aber auch die der Linguistik, der Biologie, der Psychoanalyse, Psychopathologie und anderer Fachbereiche.

Im vorliegenden Buch erstrebten wir eine Integration der verschiedenen Denklinien und -traditionen. Die Form des Wörterbuchs soll dabei »Übersetzungen« ermöglichen.

Bei der Ausarbeitung dieses Vokabulars ist uns deutlich geworden, daß viele der aufgeführten Begriffe und Konzepte nur als Metaphern zu verstehen sind. Es sind Vorstellungen und Modelle, die aus anderen Wissenschaftsbereichen übernommen wurden. Wenn derartige Begriffe aus einem zum Beispiel naturwissenschaftlichen oder mathematischen Kontext in einen sozialen verpflanzt werden, wandelt sich zwangsläufig ihre Bedeutung. Aus der Perspektive des Naturwissenschaftlers oder Mathematikers werden sie von den Familientherapeuten größtenteils »falsch« oder zumindest »nie ganz richtig« verwendet.

Wir halten die Übernahme derartiger Begriffe dennoch für berechtigt und wichtig. Jede Fachsprache leitet sich aus der Alltagssprache ab und modifiziert deren Definitionen den eigenen Zwecken entsprechend. Wir verstehen die Entwicklung der Familientheorie als einen Evolutionsprozeß, der von Zufällen ebenso bestimmt ist wie von den Notwendigkeiten des therapeutischen Alltags. Sie folgt nicht wie die Konstruktion eines Hauses oder Autos dem ausgetüftelten Bauplan eines Ingenieurs, sondern eher der Methode des »Bastlers«. Der Evolutionstheoretiker François Jacob hat darauf hingewiesen, daß die endlose Kombination bereits vorhandener Bausteine das Prinzip der natürlichen Entwicklungsgeschichte ist. Alles mögliche Gerümpel wird in einer Wühlkiste aufgehoben und zu gegebener Zeit als verwendbar und nützlich wiederentdeckt. In diesem Sinne ist das Vokabular der Familientherapie auch durch das Wühlen in den Gerümpelkisten anderer Wissenschaftsbereiche entstanden. Manche der dabei entdeckten Schrauben, Drähte und Geräte werden anders verwendet, als es die ursprünglichen Erfinder im Sinne hatten. Das ändert jedoch nichts an ihrer Nützlichkeit für die Familientherapie.

Einige Anmerkungen zu den Konstruktionsprinzipien des Vokabulars: Einerseits behandeln wir Begriffe, die überwiegend synonym verwendet werden, zusammen, andererseits stellen wir Konzepte, deren Definition sich aus der Abgrenzung gegeneinander ergibt, unter ein und derselben Überschrift dar. Sowohl synonym verwendete Begriffe als auch Begriffe unterschiedlicher Bedeutung, die gemeinsam erläutert werden, sind in der Überschrift durch Schrägstrich getrennt; Erklärungen und Herleitungen aus dem Griechischen oder Lateinischen sowie die entsprechenden Begriffe im Amerikanischen stehen in Klammern. Manchmal werden die englischen Begriffe auch ohne deutsche Übersetzung angegeben, wenn sie als Fremdworte auch bei uns in der therapeutischen Praxis überwiegend verwendet werden. Am Anfang des Buches findet sich ein Inhaltsverzeichnis, in dem die einzelnen Artikel zu den Stichworten aufgeführt sind. Ein Register aller Stichwörter, ihrer Synonyme und weiterer Fachbegriffe ermöglicht es, sie zu lokalisieren. Um den Kontext eines jeden Stichworts rekonstruierbar zu machen, verweisen wir jeweils durch einen Pfeil auf ähnliche oder sinngemäß dazugehörige Konzepte.

Jedem Kopf-Stichwort folgt zunächst eine zusammenfassende Definition, die anschließend näher ausgeführt wird. Wir beschreiben hier Geschichte und Herkunft des jeweiligen Begriffs sowie seine allgemeine Verwendung und betrachten dann, falls er aus einem wissenschaftlichen Nachbarbereich übernommen wurde, seine Relevanz für die Familien- und Systemtheorie. Dies verbinden wir häufig noch mit einer kritischen Bewertung.

Soweit wir bestimmte Konzepte dem Namen einzelner Forscher und »Erfinder« zuordnen, engt sich unser Blick naturgemäß auf den familientherapeutischen Bereich ein. Wir stellen dabei die Autoren heraus, die innerhalb der Familientherapie bestimmte Modelle bekannt gemacht oder zuerst angewandt haben. Irrtümer waren dabei kaum auszuschließen, dies sei entschuldigend vorweggenommen. Es erwies sich überhaupt als sehr schwer, eine Historie der Familientherapie zu schreiben, die allen Beteiligten gerecht wird. Deutlich wird dies am Beispiel Gregory Batesons. Mit seinem Namen verbindet sich der Paradigmawechsel vom geradlinigen Ursache-Wirkungs-Denken zum zirkulären Systemdenken, ein Wechsel also im erkenntnistheoretischen Modell, der unseres Erachtens die moderne Familientherapie von den meisten anderen Psychotherapieformen unterscheidet.

Doch die von Bateson in das psychiatrische Denken eingeführten Einsichten und Vorstellungen sind nicht allein seine genialen Schöpfungen. Sie entstanden im Austausch verschiedener Denker unterschiedlicher fachlicher Herkunft. Unter den vielen, die zu diesem Kreis gehörten, seien als Beispiele Norbert Wiener, John v. Neumann und Warren McCulloch genannt. Wer welche Zutaten zu dieser offenbar recht nahrhaften »Ursuppe« geliefert hat, ist heute nicht mehr ohne weiteres rekonstruierbar. Es sollte aber jedem klar sein, daß die Entstehung familientherapeutischer Konzepte deren Grundeinsicht illustriert: Ein System miteinander in Beziehung stehender Individuen ist qualitativ etwas anderes und produziert qualitativ etwas anderes, als es die Summierung isolierter Individuen vermöchte.

Da in dem uns zur Verfügung stehenden Raum vieles und viele unerwähnt bleiben mußten, erscheinen uns die zu den jeweiligen Stichwörtern gegebenen weiterführenden Literaturhinweise besonders wichtig. Am Ende jedes Stichwortes sind Autor und Erscheinungsjahr der jeweiligen Publikation erwähnt, am Ende des Buches findet sich ein Gesamtliteraturverzeichnis mit den genauen bibliographischen Angaben. Dabei haben wir neben den Verfassernamen jeweils in Klammer das Jahr angegeben, in dem das Werk in der Originalsprache erschienen ist, und danach, soweit verfügbar, Titel, Erscheinungsort und -jahr der deutschen Ausgabe.

Auch wenn wir für diese Literatur keinen Anspruch auf Vollständigkeit erheben, wählten wir doch die einzelnen Publikationen nicht willkürlich und zufällig aus. Bei Begriffen, die sich auf ganze Wissenschaftsbereiche beziehen, ist die Liste der Veröffentlichungen naturgemäß länger als bei Begriffen, die sich auf einen begrenzten Aspekt der Methodik oder Theorie beziehen. Wir bevorzugten dabei solche Werke, die entweder besonders leicht verständlich oder aber im Blick auf die Familientherapie – unserer Erfahrung nach – besonders wesentlich sind. Behandelt ein Stichwort Methodisches, so wählten wir Literatur aus, die von besonderem praktischen Interesse ist.

Dieser Band soll also zweierlei sein: erstens ein *Wörterbuch*, das es dem mit der Familienliteratur noch wenig vertrauten Leser ermöglicht, sich in der Flut der Veröffentlichungen zu orientieren und die teilweise sehr abstrakten Familientheorien ohne weitere Hilfsmittel zu verstehen. Zweitens sehen wir ihn als einen *Lehr- und Einführungstext,* mit dessen Hilfe der Leser sich in das Gebiet der System- und Familientherapie entsprechend seinen Bedürfnissen und seinem Rhythmus einarbeiten kann.

Zum Schluß sei noch darauf hingewiesen, daß zu den beiden Autoren der Erstausgabe, Fritz B. Simon und Helm Stierlin, mit Ulrich Clement ein dritter Autor gestoßen ist, der nicht nur viel Arbeit in das Zustandekommen dieser Neuausgabe investiert hat, sondern als »Neuer« die Aufgabe übernahm, mit frischem Blick auf alte Begriffe zu schauen.

Inhalt

2. Englische Entsprechungen zur Liste der Begriffe

Ablösung im Jugendalter/Trennung der Generationen (separating parents and adolescents)

Konflikte zwischen den Generationen spitzen sich typischerweise dann zu, wenn sich heranwachsende Kinder verselbständigen und sich von den Eltern lösen. Hier sprechen wir von der Ablösung im Jugendalter. Im Grunde geht es aber nicht um eine Ablösung im Wortsinne, vielmehr um das Aushandeln neuer Positionen, neuer Rechte und Pflichten, neuer → *Beziehungsgleichgewichte*. Es geht insgesamt um neue Grade und Spielarten der *bezogenen* → *Individuation* für alle Betroffenen. Dabei handelt es sich um wechselwirkende Prozesse, die sich durch die Gegebenheiten sowohl der individuellen Lebenszyklen der Betroffenen als auch des → *familiären Lebenszyklus* als Ganzes geprägt erweisen.

Dieser Prozeß der wechselseitigen Trennung und des Aushandelns neuer Positionen – ein oft dramatisch verlaufender Prozeß der Trennung und Versöhnung – zeigt sich geprägt durch das Zusammenspiel und die Vorherrschaft einzelner Beziehungsmodi wie → *Bindung*, → *Ausstoßung* und → *Delegation*. Überwiegt der Bindungsmodus, so bleibt der Jugendliche gleichsam im Familiengetto gefangen. Er steht unter dem Einfluß von Regeln und Delegationen, die Familienloyalität und Familienzusammenhalt auf Kosten von Verselbständigung und Individuation betonen. Wir sprechen hier auch kurz von »Bindungsfamilien«. Dazu lassen sich aufgrund wachsender familientherapeutischer Erfahrungen vor allem Familien mit psychosomatisch (vor allem auch anorektisch) und psychotisch erkrankenden Jugendlichen rechnen. Auch viele Jugendliche mit Schulschwierigkeiten, Schulphobien oder Suchtproblemen erweisen sich als stark familiengebunden bzw. als gebundene Delegierte ihrer Eltern. Dagegen überwiegt bei vielen Familien mit verwahrlosten, delinquenten wie auch bestimmten psychosomatisch erkrankten Kindern der Modus der Ausstoßung. Dabei gilt, daß die bei den gebundenen Kindern festzustellenden Besonderheiten in der Ausbildung einer eigenen → *Identität* zum Teil Ähnlichkeiten mit denen bei ausgestoßenen Kindern aufweisen können.

Für die therapeutische Beurteilung und Beeinflussung der genannten Trennungsproblematik erscheint ein Verständnis der im mittleren Lebensalter stehenden Eltern besonders wichtig. Mit der wachsenden Selbständigkeit der Kinder sehen sich die Eltern gezwungen, ihr Leben neu zu organisieren und in ihrer Beziehung neue Gleichgewichte herzustellen. Erfahrungsgemäß erweist sich dies als um so schwieriger, je mehr die Eltern bisher in der Sorge für die Kinder ihren Lebensinhalt gefunden haben. Es erweist sich auch dann als schwierig, wenn ihnen die Kinder schmerzhaft zum Bewußtsein bringen, daß sie selbst keine oder wenig Chancen hatten, eine sturm- und drangerfüllte, experimentierfreudige Adoleszenz zu erleben.

Als therapeutische Überlegung ergibt sich daraus, daß den Eltern die Trennung von den Kindern um so eher gelingt, je mehr sie einen → *Trauer*prozeß durchmachen können und/oder die in ihrer gegebenen Lebensphase neu bestehenden Chancen ergreifen, etwas von dem intensiven, unbeschwerten Leben nachzuholen, das sie selbst als Jugendliche versäumt haben. Auf der anderen Seite muß gebundenen Jugendlichen die Trennung um so schwerer fallen, je mehr ihr Gefühl von Wichtigkeit und → *Selbstwert* von der Erfüllung wichtiger Aufträge bzw. Funktionen für ihre Familie abhängt.

Beim Trennungsprozeß zwischen den Generationen kommt in der Regel eine Mehrgenerationendynamik *(→ Mehrgenerationenperspektive)* ins Spiel. Darin sind mindestens drei Generationen – d.h. auch die Generation der Eltern der Eltern – einbezogen. Eine bestimmte Art der gelingenden oder mißlingenden Trennung zwischen den Generationen kann bereits durch das Trennungsgeschehen vorangehender Generationen beeinflußt sein. Therapeutisch erscheint es daher oft sinnvoll, in die Generationenthematik mit heranwachsenden Jugendlichen die Großeltern-Generation mit einzubeziehen. Besonders bei schweren Störungen der Trennungsdynamik – zum Beispiel beim Vorliegen schizophrener Transaktionen – scheint die Einbeziehung der Großeltern-Generation oft unabdingbar.

Literatur: Blos (1962, 1979); Boyd, Gullone, Needleman u. Burt (1997); DeVet (1997); Erikson (1956, 1959); A. Freud (1958, 1965); Haley (1980); Kagan u. Moss (1962); Kegan (1979); Shapiro (1963, 1968); Simon (1990); Stierlin (1974a, 1978, 1994a, 1997a).

Abstraktion
(abstraction)

(von lat. abstrahere = abziehen)

Der Prozeß der Abstraktion vernachlässigt individuelle Merkmale von Phänomenen und hält Gemeinsamkeiten und Regelhaftigkeiten fest. Der Begriff Abstraktion beschreibt sowohl einen Erkenntnisprozeß bzw. eine Erkenntnismethode als auch das Ergebnis dieser Methode.

Menschliche Erkenntnisstrukturen basieren zum großen Teil auf Abstraktionsprozessen. Dies gilt für das Alltagsdenken des Individuums ebenso wie für die Entwicklung wissenschaftlicher Modelle. In beiden Fällen dienen → *Paradigmen*, Deutungsschemata dazu, die enorme Komplexität aller Wahrnehmungen zu reduzieren und zu ordnen. Dabei stellt sich jeweils die Aufgabe, Komplexität sowohl zu reduzieren als auch den Zugang zu Komplexität offenzuhalten. Das ist nur möglich, wenn Abstraktionsprozesse und Modellbildungen differenziert und flexibel zur Wirkung kommen.

Grundlegende Abläufe und Voraussetzungen menschlicher Erkenntnis zeigten sich Familientherapeuten vor allem bei der Untersuchung schizophrener Symptome, insbesondere schizophrener Denkstörungen. Dabei stellte sich als ein Charakteristikum schizophrenen Denkens heraus, daß die → *logischen Typen* nicht unterschieden werden. Die Begriffe, deren sich unsere Sprache und unser sprachgebundenes Denken bedienen, können einen verschieden hohen Abstraktionsgrad haben. Patienten mit einer schizophrenen Symptomatik vermischen häufig die Abstraktionsebenen; d.h., sie sind in ihrem Denken und Sprechen konkretistisch und unterscheiden übertragene Bedeutungen nicht von wörtlichen. Die in einem bestimmten sozialen System (z.B. einer Familie) gültigen Abstraktionsregeln müssen jeweils erlernt werden. Deren Grundlagen, Möglichkeiten und Grenzen zu erforschen, ist das Anliegen der → *Epistemologie.*

Die Regeln familiärer Interaktion stehen in enger Wechselbeziehung zu den Abstraktionsregeln, d.h. den Regeln, die Aufbau und Gültigkeit des familiären Modells der Welt bestimmen. Die »innere Landkarte« *(→ Paradigma/innere Landkarte/Modell)* eines Individuums oder einer Familie zu kennen heißt, den Bezugsrahmen zu kennen, der das gezeigte Verhalten für sie sinnvoll macht. Es ist kein Zufall, daß gerade die schizophrene Denkstörung den Anstoß zur Überprüfung epistemologischer Fragestellungen und Voraussetzungen gab. Sogenannte schizophrene Patienten zeigten beispielhaft, daß ein vermeintlich nicht einfühlbares, ein »sinnloses« Verhalten und Denken »sinn-voll« wird, sobald man es in einem anderen als dem geläufigen individuumzentrierten medizinischen Bezugsrahmen sieht. Wer die Schizophrenie erforschen wollte, mußte also sein Bezugssystem ändern, d.h. die gesamte Familie betrachten. Wissenschaftstheoretisch läßt sich dies als ein »Paradigmawechsel« (vgl. Kuhn 1962) verstehen.

In jedem Abstraktionsprozeß vollzieht sich eine Bewertung: Es wird zielorientiert zwischen Wesentlichem und Unwesentlichem unterschieden. Zwei hauptsächliche Arten der Abstraktion lassen sich unterscheiden: zum einen die »generalisierende Abstraktion«, zum anderen die »isolierende Abstraktion«. Der generalisierenden Abstraktion stellt sich die Aufgabe, Invarianten zu finden, die bei Veränderung der anderen Eigenschaften des betrachteten Gegenstandes unverandert bleiben. Ein Beispiel wäre die Bestimmung von Interaktionsmustern in einer Familie, die sich trotz wandelnder Situationen und Zeitpunkte gleichbleiben. Die »isolierende Abstraktion« löst bestimmte Eigenschaften, Relationen usw. aus ihrem Zusammenhang und verleiht ihnen gewissermaßen eine selbständige Existenz. Ein Beispiel ist die Verdinglichung bestimmter Symptome und ihre Isolierung aus dem → *Kontext,* der sie als »krankhaft« markiert. Das trifft großenteils für den »Schizophrenie« benannten Symptomenkomplex zu.

Die Reflexion der eigenen Abstraktionsregeln ist also für jeden, der wissenschaftliche Aussagen über einen untersuchten Gegenstand (z.B. familiäre oder individuelle Auffälligkeiten) machen will, grundlegend wichtig. Nur wer sich selbst im klaren darüber ist, wie und wo er kontinuierliche Ereignisabläufe durch seine Art der Wahrnehmung in diskontinuierliche Bestandteile zerlegt *(→ Interpunktion)* und damit eine bestimmte Kausalität konstruiert *(→ Linearität/Linealität)*, vermag auch die Interpunktionsweisen und epistemischen Grundlagen familiärer Interaktion zu erkennen.

Eine zentrale Rolle im Abstraktionsprozeß spielen die durch die Sprache und grammatikalischen Zwänge vorgegebenen *→ Kategorienbildungen*. Indem wir mittels Begriffen denken, übernehmen wir Trennlinien zwischen Teilen der Welt. Diese Trennlinien sind stets mehr oder weniger willkürlich, d.h. begriffsabhängig gezogen *(→ Information, → Konstruktivismus/sozialer Konstruktionismus)*.

Abstraktionsregeln verbinden sich jeweils mit bestimmten (sprachlichen) Gebrauchsregeln *(→ Syntax, → Semantik, → Pragmatik)*. Insgesamt wirken sich diese Regeln sowohl auf das Denken und Verhalten als auch auf die affektiven Prozesse aus *(→ Psycholinguistik, → Affektlogik)*.

Die genannten Regeln schlagen sich jeweils in einem → *Muster* nieder. Alles menschliche Denken ist an den Gebrauch solcher Muster bzw. Schemata gebunden. Sie ermöglichen das Überleben in einer gegebenen Umwelt. Ändert sich diese Umwelt, so müssen sich auch die entsprechenden Muster ändern. Gelingt dies nicht, so leidet die → *Anpassungs*fähigkeit.

Literatur: Bateson (1972, 1979); Berger u. Luckmann (1970); Fischer (1976); Foerster (1970a, b, 1974, 1998); Furth (1969); Garfinkel (1973); Glasersfeld (1981); Goffman (1974); Hampden-Turner (1981); Kasanin (1944); Keeney (1983); Korzybski (1933); Kuhn (1962); Lidz (1973); Maturana (1982); Morin (1973, 1977, 1980); Morin u. Piatelli-Palmarini (1974); Piaget (1937, 1970, 1975); Piatelli-Palmarini (1980); Rapaport (1951); Reiss (1981); Retzer (1996a, b); Riedel (1980); Simon (1984, 1998); Spencer-Brown (1969); Sullivan (1956); Tolman (1948); Watzlawick (1976, 1981); Wynne (1972).

Affektlogik
(affect logic)

Die logische Struktur der Affekte und die affektive Struktur der Logik. Ein Konzept der Entwicklung psychischer Strukturen, in dem Luc Ciompi (1982) versucht, Fühlen und Denken im psychischen Erleben nicht gesondert, sondern in ihrem ständigen engen und untrennbaren Zusammenwirken zu verstehen. Dabei werden grundlegende Erkenntnisse Jean Piagets (1970, 1975) über die Differenzierung kognitiver Strukturen mit psychoanalytischen sowie system- und kommunikationstheoretischen Konzepten verbunden.

Nach Ciompis Konzept besteht die Psyche aus einem hierarchisierten Gefüge von »affektlogischen Bezugssystemen«, d.h. von internalisierten Denk-, Fühl- und Verhaltensschemata mit untrennbar verbundenen kognitiven und affektiven Anteilen. Sie stellen einen gleichzeitigen (synchronen) Niederschlag der lebensgeschichtlich nacheinander *(→ diachron/synchron)* gemachten Erfahrungen dar. Die Differenzierung dieser affektlogischen Bezugssysteme entsteht durch die Aufnahme von Informationen, d.h. die Feststellung und den Einbau von Unterschieden. Dadurch ergibt sich eine Veränderung der Struktur dieser Schemata, die zu immer größerer Komplexität führt. Denken und Fühlen stellen dabei zwei sehr eng zusammenwirkende, aber doch polar verschiedenartige Erfassungsweisen der Wirklichkeit dar: »Gefühl« erfaßt in erster Linie Ganzheiten und → *Muster*; es entsteht und vergeht langsam; sein Instrument und Sitz ist vorwiegend der Körper, es ist »rechtshirnig«.

Das »Denken« dagegen erfaßt vor allem Teile und Relationen. Es ist weitgehend an die Aktivität des »linken Gehirns« gebunden. Nach Auffassung Ciompis ist die Wirklichkeit von einem Individuum dann optimal ökonomisch und harmonisch erfaßt, wenn diese beiden Erfassungsmodi »das gleiche sagen«. Aus ihrer Diskrepanz in Wahrnehmung und Kommunikation ergeben sich dagegen spannungsvolle Disharmonien (z.B. → *Doppelbindungs*-Situation), die zu einer Verwirrung der internalisierten affektlogischen Bezugssysteme und des darauf gegründeten Verhaltens führen können.

Was Ciompi mit diesem Begriff benennt, entspricht weitgehend dem, was in anderen Konzepten als innere Landkarte, Modell der Welt oder ähnliches bezeichnet wird *(→ Kategorienbildung, → Paradigma/innere Landkarte/ Modell).*

Diese inneren Bezugssysteme haben wie alle kybernetischen Systeme die Tendenz, ihr → *Gleichgewicht* aufrechtzuerhalten. Mechanismen im Sinne des → *Regelkreises* sorgen für die Stabilität einer »Wahrheit« bzw. subjektiven »Wirklichkeit«. Unter bestimmten Umständen, die als → *Krise* wirken, kann es zum »Überschnappen« dieser Bezugssysteme kommen, was unter bestimmten Bedingungen zur schizophrenen Dekompensation führen kann.

Der Versuch Ciompis, die Erkenntnisse der Psychoanalyse wie auch der auf Systemtheorie gegründeten Familientherapie mit Hilfe der Piagetschen Kognitionspsychologie zu integrieren, erscheint theoretisch sehr vielversprechend, da er synchrone und diachrone Strukturen menschlicher Systeme erfaßt, d.h. die Aspekte der Geschichtlichkeit des Menschen wie auch der aktuellen Kontextabhängigkeit.

Literatur: Bateson (1979); Ciompi (1982, 1997); Lidz (1976); Lidz, Fleck u. Cornelison (1965); Piaget (1970, 1975); Schneider (1981); Simon (1982b, 1984, 1992).

Akkommodation/Assimilation (accommodation/assimilation)

(von lat. commodus = bequem; similis = ähnlich)

In der Theorie von Jean Piaget sind Akkommodation und Assimilation die entscheidenden kognitiven Prozesse, durch die Organismus und Umwelt zueinander in Beziehung treten. Unter Akkommodation wird die Anpassung psychischer Strukturen (sensumotorischer und kognitiver Schemata) an die Umwelt verstanden, unter Assimilation die Anpassung der Umwelt an die psychischen Strukturen.

Piaget hat beide Begriffe aus der Biologie übernommen. Beispiele für Akkommodation sind das Saugschema, mit dem sich der Organismus an verschiedene Saugobjekte (Brust, Finger, Schnuller) anpaßt, oder die Fähigkeit des Auges, sich auf ein entferntes Objekt so einzustellen, daß dies scharf gesehen werden kann.

Der Organismus wird zur Akkommodation, also zur Veränderung des Schemas gezwungen, wenn die Veränderung und Anpassung der Umwelt (eines Gegenstandes, eines Sachverhaltes, eines Ereignisses) an vorliegende haptische oder kognitive Schemata nicht gelingt. Für kognitive Prozesse heißt das, daß eine mangelnde Eignung eines Deutungsschemas zu dessen Veränderung zwingen kann, etwa durch → *Umdeutung*en.

Assimilation ist in der Biologie die Aufnahme von Stoffen durch den Organismus und die Anpassung dieser Stoffe an den Organismus. In der Psychologie von Piaget (1967) bezieht sich Assimilation zunächst auf das Verhältnis von Handlung zu Handlungsgegenstand. Danach gibt es ein Passen eines Gegenstandes in ein Handlungsschema, z.B. die Eignung eines Stokkes zum Schlagen oder eines Steines zum Werfen (das Wurfschema assimiliert den Stein). Kognitionspsychologisch ist darüber hinaus gemeint, daß das erkennende und wahrnehmende Subjekt Erfahrungen nicht einfach passiv aufnimmt, sondern die Inhalte der Umgebung so verändert, daß sie seiner eigenen Struktur entsprechen. Piaget (1948) spricht von einer Einverleibung der Objekte in die Schemata des Verhaltens. »Wenn man Assimilationsschemata zugleich als Deutungsschemata versteht, so suchen diese bei Piaget primär die Selbstbestätigung, nämlich die Gegenstände, die in das Deutungsschema hineinpassen« (Aebli 1980, S. 97).

Mit dem Assimilationsbegriff hat Piaget bereits eine zentrale Eigenschaft strukturdeterminierter Systeme vorweggenommen. Diese können in ihrer Umwelt nur die Elemente und Elementrelationen erkennen, die für sie einen Unterschied machen, die also für sie eine operative Relevanz haben. Piagets kognitive Theorie ist ein wichtiger Vorläufer der modernen Systemtheorie, weil sie in anderer Begrifflichkeit bereits das Verhalten eines lebenden Systems beschreibt, das seine Kohärenz nur bewahren kann, wenn es seine Struktur ändert. Zur Strukturveränderung kann es dann gezwungen sein, wenn die Struktur keine viablen *(→ Viabilität)* Schemata ausbilden kann, die das Überleben in einer bestimmten Umwelt möglich machen.

Im therapeutischen Zusammenhang sind Verhaltensänderungen oder auch die Entwicklung alternativer Sichtweisen oder Erklärungsmodelle wichtige Beispiele für Akkommodationsprozesse. Der Assimilationsbegriff ist nützlich für das Verständnis selektiver Wahrnehmung, Verleugnung und Fokussierung.

Literatur: Aebli (1980); Piaget (1937, 1967, 1970, 1975).

Allparteilichkeit (multidirectional partiality)

Eine Haltung, die es dem Therapeuten ermöglicht, sich empathisch in jedes Familienmitglied, seine Position und insbesondere seine Notlage innerhalb der Familie einzufühlen, seine Verdienste zu erkennen und diesen entsprechend für ihn Partei zu ergreifen. Diese Haltung bedeutet, daß der Therapeut einen Sinn für Gerechtigkeitsausgleich innerhalb der Familie besitzt und jedem einzelnen Familienmitglied das Gefühl eines persönlichen Wertes vermitteln kann. Eine Grundlage dafür ist eine dialektische Betrachtung der Beziehungen. Sie erlaubt es, jede Bewertung einer Beziehungsposition durch eine entsprechende Bewertung der Position des/der Bezugspartner – früher oder später – zu balancieren *(→ dialektische Methode).*

Diese therapeutische Haltung wird von Ivan Boszormenyi-Nagy (1965, 1973; Boszormenyi-Nagy u. Krasner 1986) als Grundlage seines Ansatzes *(→ kontextuelle Therapie)* gefordert. Sie leitet sich vom therapeutischen Selbstverständnis der Psychoanalyse her. Da die Erfahrung der Allparteilichkeit jedoch nicht nur einem Familienmitglied, sondern allen vermittelt wird, wird eine Änderung der familiären Beziehungen möglich. Der Therapeut, der sich in Anwesenheit der betroffenen Familienmitglieder beispielgebend in jeden einzelnen einfühlt, fördert auf diese Weise die Wahrnehmungsfähigkeit aller anderen für verletzte zwischenmenschliche *→ Gerechtigkeit* und stützt den Wunsch nach familiärer Fairneß, nach Ausgleich der Konten *(→ Verdienstkonten)* und nach Versöhnung. Neben der Fähigkeit, sich in die Leidens- und Verdienstaspekte der familiären Situation und Geschichte einzufühlen, wird vom allparteilichen Therapeuten verlangt, daß er Wachstumspotentiale, positive Kräfte und Ressourcen auch dort sieht, wo sie die Familie nicht sieht. Diese positiven Aspekte zu erfassen und zu verstärken ist ein wesentlicher Aspekt des familiären Gerechtigkeitsausgleichs.

Von der Allparteilichkeit zu unterscheiden ist das, was im systemischen

Therapiemodell als → *Neutralität* bezeichnet wird. Bei einer ebenfalls empathischen Grundeinstellung gegenüber allen Mitgliedern wird hier nicht die Parteinahme für jeden, sondern für keinen angestrebt; das soll die Einhaltung einer Metaposition gegenüber der familiären Interaktion gewährleisten.

Literatur: Boszormenyi-Nagy (1965a, b, 1966, 1972); Boszormenyi-Nagy u. Krasner (1980, 1986); Boszormenyi-Nagy u. Spark (1973); Stierlin (1997a); Stierlin, Rücker-Embden, Wetzel u. Wirsching (1977).

analoge/digitale Kommunikation (analogue/digital communication)

Es lassen sich zwei Typen menschlicher Kommunikationsprozesse unterscheiden, die verschiedene Arten von Signalen und Zeichen verwenden: digitale und analoge. Bei der digitalen Kommunikation besteht zwischen den Zeichen und ihren Bedeutungen, d.h. zum Beispiel zwischen einem Gegenstand und seinem Namen, keine Ähnlichkeit. Die Zeichen werden lediglich aufgrund eines meist stillschweigenden Abkommens (→ *Semiotik*) benutzt. Ein Beispiel für digitale Kommunikation ist die Wort-Sprache. Wörter und ihre Bedeutungen haben im allgemeinen nicht viel miteinander zu tun; der Begriff »Tisch« hat nichts sonderlich Tischartiges. In der analogen Kommunikation besteht dagegen eine grundsätzliche Ähnlichkeit zwischen dem, was ausgedrückt wird, und der Art und Weise, wie es ausgedrückt wird. Analoge Kommunikation bringt sich im zwischenmenschlichen Bereich zum Ausdruck durch nonverbales und paraverbales Verhalten, Mimik, Gestik, Variationen im Sprachgebrauch wie Tonfall, Redetempo usw. Digitale Kommunikationsmedien verfügen über eine höchst komplizierte → *Syntax*, erfassen aber nur beschränkte Aspekte zwischenmenschlicher Beziehungen; hingegen ist der Aussagewert der analogen Kommunikation im Beziehungsbereich hoch, während die Syntax sehr beschränkt ist.

Die Aufteilung und Klassifizierung zwischenmenschlicher Kommunikationsphänomene in analoge und digitale ist künstlich, aber nützlich. Sie wurde aus der → *Kybernetik* übernommen. Hier ließ sich bei Datenverarbeitungsmaschinen generell zwischen Digital- und Analogrechnern unterscheiden. Die einen funktionieren nach dem Alles-oder-nichts-Prinzip und rechnen mit Zahlen (engl. digits; von lat. digitus = Finger); die anderen vollziehen die Rechenoperationen dadurch, daß sie im Rechner der Aufgabe ähnliche bzw. entsprechende (griech. ana logon = richtiges Verhältnis, entsprechend) Prozesse ablaufen lassen. Das einfachste Beispiel einer derartigen Analog-Rechenmaschine liefert der Rechenschieber, der durch die Veränderung räumlicher Beziehungen abstrakte Prozesse nachahmt. Das wesentliche Unterscheidungsmerkmal zwischen analogen und digitalen Zeichen dürfte darin bestehen, daß zwischen den einzelnen digitalen Zeichen jeweils diskontinuierliche, bei den analogen Zeichen dagegen kontinuierliche Übergänge bestehen. Der Unterschied zwischen zwei digitalen Signalen ist immer im Sinne von Ja oder Nein zu verstehen. Analoge Signale hingegen drücken kontinuierlich veränderbare Quantitäten und Qualitäten aus.

Die Unterscheidung zwischen analoger und digitaler Kommunikation wurde von Paul Watzlawick und Mitarbeitern (1967) systematisch dargestellt und zur Grundlage ihrer Kommunikationstheorie *(→ Kommunikation/Kommunikationstheorie)* gemacht. Diese ist in der Familientherapie heute weitgehend akzeptiert. In der Psychologie ist schon lange bekannt, daß Worte nicht das einzige Kommunikationsmittel darstellen (vgl. Rosenthal 1966). In den Mittelpunkt des familientherapeutischen Interesses gelangte die Unterscheidung zwischen verbalen und nonverbalen Äußerungen aber erst nach Veröffentlichung der Doppelbindungs-Hypothese. Diese beschrieb, was passiert, wenn verbale und nonverbale Äußerungen sich gegenseitig widersprechen.

Allgemein kann gesagt werden, daß sich mit digitalen Kommunikationsmitteln erheblich kompliziertere Sachverhalte ausdrücken lassen als mit analogen. Sie verfügen über eine artikulierbare → *Semantik,* d.h., die Bedeutung eines jeden digitalen Zeichens ist eindeutig. Analoge Zeichen sind hingegen vieldeutig (Bilder sind z.B. vieldeutig, Weinen kann Ausdruck von Freude, Trauer oder Erleichterung sein, usw.). Abstrakte Sachverhalte bedürfen fast ausschließlich einer digitalen Darstellung. Untersucht man hingegen, wie zwei Menschen ihre Beziehung gestalten und begreifen, und schließt man den Gefühlsbereich ein, erweist sich der analoge Kommunikationsmodus als erheblich aussagekräftiger. Gefühle, die jemand gegenüber einer anderen Person empfindet, manifestieren sich in körperlichen Reaktionen, die somit zu Zeichen für Gefühle werden. Zwischen solchen Zeichen und ihrer Bedeutung besteht also eine sehr enge Verbindung. Der in Worte gekleidete digitale Satz »Ich liebe dich« sagt erheblich weniger als die damit verbundenen analogen körperlichen Verhaltensweisen.

Der Klarheit halber ist anzumerken, daß die Möglichkeiten der Wort-Sprache zur digitalen Kommunikation begrenzt sind, diese Sprache sozusagen nur *relativ* digital ist. Auch Wörter sind vieldeutig und lassen sich poetisch als → *Metaphe*rn verwenden, als Bilder, deren Interpretation nicht festgelegt und nicht festzulegen ist. »Digital« im kybernetischen Sinne wäre letztlich nur ein Code, der nichts als Ja/Nein-Unterscheidungen (z.B. aus 0 und 1 zusammengesetzte binäre Zahlen) zuläßt. Im Laufe des menschlichen Spracherwerbs werden Wörter zunehmend »digitalisiert«: Während das kleine Kind das Wort »Mama« zunächst als analoges Kommunikationsmittel benutzt und damit erste Szenen beschreibt, Appelle aussendet, seine eigene Stimmung und sein Befinden ausdrückt und Situationen benennt, engt sich die Bedeutung dieses Wortes im Laufe der Entwicklung zunehmend ein. Damit wird das Wort eindeutiger und kristallisiert sich als Name für die Mutter heraus. Wenn wir also im Zusammenhang familiärer Interaktionsprozesse von digitaler und analoger Kommunikation sprechen, so sollte deutlich bleiben, daß dies keine absolute und eindeutige Trennung zwischen beiden beinhaltet.

Literatur: Bateson u. Jackson (1964); Bateson, Jackson, Haley u. Weakland (1956); Klaus u. Liebscher (1974); Madanes (1981); Rosenthal (1966); Stern (1992, 1995); Watzlawick, Beavin u. Jackson (1967).

Anpassung/Anpassungsfähigkeit (adaptability)

Die Fähigkeit eines Systems (z.B. eines Individuums oder einer Familie), unter veränderten inneren oder äußeren Bedingungen sein Überleben und seine → *Kohärenz* zu sichern.

Sie hängt im wesentlichen von zwei Regelungsmechanismen ab: positiven und negativen Rückkoppelungskreisen *(→ Regelkreis)*. Bei der negativen Rückkoppelung wird ein bestimmter Status quo, d.h. eine bestimmte Struktur, aufrechterhalten; bei der positiven Rückkoppelung bilden sich neue Strukturen, und innerhalb des Systems kommt es zu Veränderungen *(→ Morphogenese/Morphostase)*.

Die Anpassungsfähigkeit einer Familie hängt davon ab, wie und ob es ihr gelingt, eine Balance zwischen Flexibilität und Stabilität herzustellen. Flexibilität ist erforderlich, um angesichts sich langfristig ändernder Umweltbedingungen die eigene Wandlung und Weiterentwicklung zu gewährleisten *(→ Wandel, → Ko-Evolution)*. Stabilität ist nötig, damit ein familiärer Binnenraum mit verläßlichen Regeln jedem einzelnen Familienmitglied einen kognitiven und affektiven Orientierungsrahmen bietet, der relativ unabhängig von kurzzeitigen Umweltveränderungen zur Wirkung kommt *(→ Stabilität, → Gleichgewicht, → Selbstorganisation)*.

Die Art und Weise, wie Familien mit veränderten inneren oder äußeren Bedingungen umgehen, muß als entscheidend für den Grad ihrer Funktionalität oder Dysfunktionalität angesehen werden *(→ »gesunde«/funktionale Familien)*.

Literatur: Ashby (1952, 1956); Bales (1965); Bateson (1968a); Bertalanffy (1968); Billings u. Moos (1982); Buckley (1967, 1968); Hartmann (1939–1958); Kantor u. Lehr (1975); Lidz (1963); Lorenz (1961); Maruyama (1963); Olson, Sprenkle u. Russell (1979); Speer (1970); Stern (1992, 1995); Wertheim (1975).

Äquifinalität/Äquipotentialität (equifinality/equipotentiality)

(von lat. aequus = gleich; finis = Ende, Ziel; potens = fähig, könnend)

So wie in der Biologie zwischen »Phänotyp« und »Genotyp« unterschieden wird, läßt sich bei der Entwicklung von Systemstrukturen im allgemeinen zwischen dem Sachverhalt der Äquifinalität und dem der Äquipotentialität unterscheiden. Bei der Äquifinalität wird das gleiche Ergebnis von unterschiedlichen Ausgangspositionen her erzielt; bei der Äquipotentialität können unterschiedliche Wirkungen und Endzustände dieselbe Herkunft haben.

Bei der Betrachtung einer Systemstruktur oder -funktion läßt sich also nicht ohne weiteres vom Istzustand auf die Vergangenheit oder Zukunft schließen. Die Tatsache, daß dieselben Ausgangsbedingungen nicht unbedingt dieselben Wirkungen haben müssen und umgekehrt dieselben Wirkungen nicht dieselben Ausgangsbedingungen, ist ein Aspekt der → *Ko-Evolution*. Dies bedeutet, daß keine deterministischen Voraussagen über Entwicklungsprozesse möglich sind. Dies gilt für lebende Systeme im allgemeinen und für Familien im besonderen.

Literatur: Bertalanffy (1968).

Auftrag (mandate)

Der Therapieauftrag ist das verhaltensbezogene Thema und Ziel der vertraglichen Beziehung zwischen Therapeutensystem und Klientensystem.

Der Begriff Auftrag ist erst sinnvoll, wenn Therapie als soziale Dienstleistung zwischen zwei Vertragspartnern gesehen wird. Der Auftrag gleicht das Anliegen des Klienten mit den Angebotsmöglichkeiten des Therapeuten ab. Die zu Beginn einer Therapie erforderliche Auftragsklärung erfragt den Überweisungskontext, operationalisiert die Anliegen der Beteiligten, prüft und koordiniert die unterschiedlichen Anliegen der einzelnen Klienten, prüft und definiert die »Passung« von Klientenauftrag und Therapeutenangebot, legt Ziel, Maßnahmen und Spielregeln der Therapie fest und formuliert Erfolgskriterien. Ein Therapieauftrag ist erst dann gegeben, wenn zwischen Klient und Therapeut eine vertragliche Verbindlichkeit über diese Punkte besteht.

Inhaltlich ist für einen Therapieauftrag eine kommunikative Selektion erforderlich, also die Auswahl eines oder weniger Themen als Gegenstand der

Therapie. Ein Anliegen oder ein Leidensdruck allein definiert noch keinen Auftrag. In der systemischen Therapie wird besonderer Wert darauf gelegt, daß der Therapieauftrag in überprüfbaren verhaltensbezogenen Kriterien definiert ist. Auf der Beziehungsebene ist die unterschiedliche Erwartung aller Beteiligten relevant, also die Frage, wer was von wem will. Beteiligt in diesem Sinne können auch Personen oder Instanzen sein, die nicht am Gespräch teilnehmen. Im Verlauf einer Therapie kann ein Auftrag neu festgelegt werden.

Therapieaufträge in diesem Sinne sind zu unterscheiden von Aufträgen, die innerhalb des Konzepts der → *Delegation* von Bedeutung sind. Letztgenannte Aufträge werden von der Eltern- oder auch Großelterngeneration an die Folgegeneration übermittelt, beispielsweise der Auftrag, das Lebenswerk eines Elternteils fortzusetzen oder andere elterliche Ambitionen oder Wünsche gleichsam stellvertretend zu erfüllen. Aber diese Aufträge werden oft indirekt vermittelt und können dadurch zu verschiedensten Konflikten zwischen den Generationen Anlaß geben.

Literatur: Schweitzer (1995); Selvini Palazzoli, Boscolo, Cecchin u. Prata (1977); Simon u. Weber (1988a); Simon u. Rech-Simon (1998).

Ausstoßung
(expelling)

Einer der von Helm Stierlin (1974) beschriebenen Transaktionsmodi (→ *Beziehungsmodi/Transaktionsmodi/Interaktionsmodi).* Er ist der → *Bindung* entgegengesetzt. Wie der Bindungsmodus verdeutlicht er sich im → *Ablösungsprozeß im Jugendalter.* Auch er kommt (mehr oder weniger) auf verschiedenen Ebenen zur Wirkung, die durch psychoanalytische Vorstellungen nahegelegt werden: einer Es-Ebene, einer Ich-Ebene und einer Überich-Ebene.

Spielt sich Ausstoßung überwiegend auf der Es-Ebene ab, so kommt es zu einer mangelnden Befriedigung emotionaler Bedürfnisse. Hier herrscht eine kalte, versagende Atmosphäre. Altersgerechte Abhängigkeitsbedürfnisse werden abgewiesen und die Kinder in eine vorzeitige, frühreife Pseudoselbständigkeit getrieben. Belohnung und Anerkennung fehlen, und den Ausgestoßenen bleiben Möglichkeiten der Anlehnung und regressiven Entspannung versagt.

Ausstoßung bzw. Bindungslosigkeit auf der Ich-Ebene läßt sich als fehlendes Interesse und fehlender Zugang zur Ich-Welt des anderen definieren. Gedanken, Wahrnehmungen, Gefühle werden zurückgehalten, die Atmosphäre ist eingeengt, stereotyp, wenig gefühlvoll, ohne empathische Anteilnahme.

Ausstoßung auf der Überich-Ebene bedeutet schließlich einen Mangel an tragenden und sinnvermittelnden Loyalitätsbindungen. Das Leben scheint dann Sinn und Ziele verloren zu haben. Unter den derart Ausgestoßenen/Vernachlässigten finden wir sowohl narzißtische und Borderline-Individuen, wie sie von Heinz Kohut (1971) und Otto Kernberg (1976) beschrieben wurden, als auch verschiedene Arten von verwahrlosten Personen. Wir finden unter ihnen ferner bestimmte schwer chronisch psychosomatisch erkrankte Individuen (Stierlin 1974; Wirsching u. Stierlin 1982). Zur Ausstoßung im beschriebenen Sinne kommt es häufig, wenn Familien auseinanderbrechen und Kinder aus früheren Partnerschaften in der neuen Familienkonstellation zum lästigen Überschuß werden.

Ausstoßung und Bindung stehen in einem dialektischen Verhältnis zueinander: Ein ausgestoßenes Kind wird Bindung, ein gebundenes Kind wird Ausstoßung (bzw. Ausbruch) suchen und zugleich fürchten. So stellt sich beispielsweise oft heraus, daß ein besonders gebundenes Kind nicht wirklich gewollt war. Es kann aber dazu gedient haben, den Eltern »die Flucht nach vorn«, heraus aus einer übergroßen Bindung an ihre Herkunftsfamilie und hinein in eine gefürchtete Ehe, zu ermöglichen. Dieses Kind kann in der Folgezeit zum Objekt intensiver elterlicher Ausstoßungs-, ja Todeswünsche werden, die stärkste elterliche Schuldgefühle auslösen. Diese wiederum können sich – im Sinne einer Reaktionsbildung – in bindende Überfürsorglichkeit umsetzen. Je mehr das Kind zu Sorgen Anlaß gibt, um so mehr steigern sich elterliche Ausstoßungswünsche, Schuldgefühle und Überfürsorglichkeit und um so bereiter erscheint das Kind, ein Symptom, eine Schwierigkeit, eine Krankheit anzuliefern, die solche Überfürsorglichkeit rechtfertigen. Ob und wie sich auf die Dauer Ausstoßung oder Bindung realisieren, entscheiden u. a. die jeweils zum Zuge kommenden → *Zuschreibungen.* Verwandte Begriffe sind Bindungslosigkeit, waywardness, Isolation, schizoide Distanzierung, → *Loslösung.*

Literatur: Aichhorn (1925); Blumberg (1981); Kernberg (1976); Kohut (1971); Minuchin, Montalvo, Guernen, Rosman u. Schumer (1967); Stierlin (1971b, 1974a, 1997b); Stierlin, Levi u. Savard (1973); Wirsching u. Stierlin (1982).

Autonomie
(autonomy)

Lebende Systeme vermögen einen gewissen Grad von Unabhängigkeit gegenüber ihrer Umwelt zu entwickeln. Ihr Verhalten zeigt sich in unterschiedlichem Maße »außen-« oder »innengesteuert«. Der Autonomie-Begriff (sei er nun auf ein Individuum oder auf eine Familie bezogen) muß diesen Aspekt des ständigen Austauschs mit der jeweiligen Umwelt erfassen. Aus einer systemtheoretischen Sicht lassen sich Autonomie und Emanzipation als Aspekte eines → *Selbstorganisations*-Prozesses verstehen.

B. C. Goodwin (1970) beschreibt autonome Systeme folgendermaßen: »Lebende Systeme unterliegen einem ständigen Prozeß der Selbst-Aufrechterhaltung und Selbstverwirklichung, der durch intern definierte Kriterien der Stabilität und Organisation gesteuert wird. Dieses Merkmal lebender Systeme erlaubt es uns, sie phänomenologisch als diskrete, autonome Phänomene zu identifizieren; autonom heißt hier nicht, daß sie von der Umwelt unabhängig sind, sondern daß ihre Ziele sich von denen der physikalischen Umwelt unterscheiden und system-intern definiert sind« (Goodwin 1970, S. 1).

Die Ontogenese des Individuums wie auch die Strukturierung der Familie lassen sich als ein Prozeß der Selbstorganisation verstehen. In ständiger Interaktion mit der jeweiligen Umwelt bilden sich Strukturen, deren Funktion es ist, das Überleben des jeweiligen Systems zu sichern. Es zeigen sich zwei Möglichkeiten der Steuerung dieses Prozesses: die Innen- oder die Außensteuerung (vgl. Riesman et al. 1950). Obwohl aus Sicht der neueren Systemtheorie (→ *System/Systemtheorie*) wegen der Unmöglichkeit → *instruktiver Interaktion* nicht davon auszugehen ist, daß sich die psychischen Prozesse eines Individuums von außen steuern lassen, läßt sich doch sagen, daß ein Neugeborenes nur überleben kann, wenn wichtige Funktionen von Außenstehenden übernommen werden. In der Entwicklung des Individuums zeigen sich unterschiedliche Phasen und Grade der Abhängigkeit von außensteuernden Eingriffen. Beim Neugeborenen oder beim Kleinkind ist diese Abhängigkeit groß, beim Heranwachsenden nimmt sie ab. Die Übernahme selbsterhaltender und selbststeuernder Funktionen durch das Individuum selbst – als Prozeß der Emanzipation – läßt sich als zunehmende Differenzierung seiner systeminternen Struktur verstehen. Die Faktoren, die zunächst intern diesen Entwicklungsprozeß organisieren und stabilisieren, sind am Lebensbeginn sicherlich rein physiologischer Natur. Die Entwicklung psychischer Strukturen läßt sich als eine Evolution interner Strukturen verstehen. Dabei stellen Familie und Individuum ein ko-evolvierendes und sich ko-individuierendes Ökosystem *(→ Individuation/bezogene Individuation/Ko-Individuation, → Ko-Evolution)* dar.

Etwas abstrakter hat Heinz von Foerster (1984) Autonomie definiert als Selbstregulation oder als Regulation der Regulation. Mit ähnlichen Überlegungen schreibt Bradford Keeney (1983): »Die Autonomie eines Systems wird definiert, erzeugt und aufrechterhalten durch seinen höchstmöglichen rekursiven oder Feedbackprozeß. Der Abweichungsspielraum, den dieses Feedback zu kontrollieren versucht, ist maßgeblich für die Organisation des ganzen Systems. Sollte sich ein System über die Grenzen seines Organisationsspielraums bewegen, hört es auf, ein System zu sein. Autonomie bezieht sich also auf die Aufrechterhaltung eines Systems als Ganzes. Die Biologie setzt hier mit ihrer Definition der Variable ›lebend‹ an« (S. 84).

Die Autonomie eines Systems (in unserem Falle Familie oder Individuum) ist an die Fähigkeit der Aufrechterhaltung bestimmter → *Grenzen*, eines Innen/Außen-Unterschieds gebunden. Ein System, das unabhängig von den Bedingungen seiner Umwelt ein intern definiertes Ziel erreichen kann, besitzt eine gewisse Autonomie. Diese Unabhängigkeit ist jedoch nie total, sondern funktioniert nur innerhalb bestimmter Bandbreiten. Sie bleibt immer bezogen auf eine bestimmte Umwelt, die allerdings nicht statisch und konstant ist, sondern sich auch (in Grenzen) durch das Verhalten des betreffenden → *Systems* (als Teil des Ganzen) verändert. Gewinnung und Aufrechterhaltung der Autonomie sind also immer an die Berücksichtigung solcher Veränderungsprozesse gebunden. Bradford Keeney (1983) argumentiert, daß, was immer wir in Interaktion mit einem autonomen System tun, nie ›in‹ das System hineinkommt, sondern immer mit dem System als Ganzheit stattfindet, welche durch den Prozeß der → *Autopoiese* aufrechterhalten wird. Aufgrund ähnlicher Überlegungen schlagen Humberto Maturana und Francisco Varela (1980) vor, daß Interaktionen mit einem autonomen System → *Perturbationen* und nicht Inputs genannt werden sollten.

Individuation, verstanden als Erwerb von Autonomie, bedarf somit zweier Voraussetzungen: Zum einen sind interne Stabilitätskriterien zu definieren, an denen sich die Strukturbildung orientiert, zum anderen ist ein Bezug zum jeweiligen → *Kontext*, d.h. der jeweiligen Umwelt bzw. dem gesamten → *Ökosystem* herzustellen. Individuation ist insofern nur als »bezogene Individuation« ein realistisches Konzept, weil eine unbezogene Individuation alle Entwicklungsmöglichkeiten blockieren würde. In diesem Falle würde ein Individuum de facto zu einem System, das generell nur noch in der Lage ist, Gleichgewichte aufrechtzuerhalten, ohne noch über die Fähigkeit zur Entwicklung zu verfügen (vgl. Jantsch 1979) *(→ operationale Geschlossenheit).*

Die Beziehungen in Familiensystemen müssen sich flexibel gestalten, wenn dem Kind die Möglichkeit zur bezogenen Individuation gegeben werden soll. Während der frühen Mutter-Kind-Beziehung zum Beispiel vermag sich das Kind noch kaum zu emanzipieren, da sein Überleben hochgradig auf Außensteuerung angewiesen ist. Im Laufe der Zeit gewinnt es zunehmend die Fähigkeit zur Selbstaufrechterhaltung seiner → *Stabilität.* Ob dieser Entwicklungsprozeß gelingt, hängt jedoch von beiden Partnern (bzw. allen) ab, da sich die Beziehung nicht einseitig definieren läßt. Es bedarf der familienweiten Ko-Individuation. Im Idealfall ändert sich entsprechend dem epigenetisch bestimmten Wachstum des Kindes auch die Beziehung zu seinen Eltern, so daß eine → *Selbst-Objekt-Differenzierung* sowie die Ausbildung einer eigenen → *Identität,* die den Normen des soziokulturellen Umfeldes angemessen ist, möglich wird. Dieser Prozeß läßt sich als ein ständiges Oszillieren zwischen Angepaßtheit und Nichtangepaßtheit verstehen, bei dem jeder Betroffene die Bedingungen seiner/seines Interaktionspartner(s) verändert. In diesem Sinne läßt sich Niklas Luhmann (1984) verstehen: »Autonomie heißt dann: wählen können in den Aspekten, in denen man sich auf Abhängigkeit von der Umwelt einläßt« (S. 279).

Dies gilt für alle ko-evolvierenden Systeme. Jedes Mitglied bestimmt darin gewissermaßen die Umwelt seines/seiner Interaktionspartner(s). Art, Ausmaß und Anstöße solcher Bestimmung ändern sich je nach den (miteinander verzahnten) Phasen des individuellen und → *familiären Lebenszyklus:* In der Kindheit sind es die Eltern, die überwiegend die Umwelt des Kindes bestimmen, im Erwachsenendasein – wenn auch weit weniger ausschließlich – ist es der Partner, und im hohen Alter sind es die eigenen Kinder bzw. die Institutionen, die nunmehr angesichts der eingeschränkten Autonomie der Betroffenen »außensteuernd« wirksam werden. Da es im Lebenszyklus des einzelnen wie auch im Zyklus der Familie ständig um Veränderung geht, muß vor allem die Balance zwischen Stabilität und Flexibilität gewährleistet sein *(→ Beziehungsgleichgewichte).* Allgemein gilt für ko-evolvierende Systeme und deren dynamische Verbundenheit zur Umwelt: »Völlige Angepaßtheit und völlige Nichtangepaßtheit sind tödlich. In der Ökologie paßt die Nische hinreichend zur Spezies, definiert sie aber nicht völlig, die Spezies paßt hinreichend in die Nische, definiert sie aber nicht völlig. Was aber ist Zusammenpassen, aber einander nicht Definieren anderes als eine emanzipierte Beziehung?« (v. Weizsäcker 1975, zit. nach Jantsch 1979, S. 269). Der emanzipatorische Aspekt der Familientherapie besteht – und unterscheidet sich von allen einzeltherapeutischen Ansätzen – darin, daß er die Wechselbeziehungen zwischen der Emanzipation des einen und des anderen (also, um im Bild zu bleiben, zwischen »Spezies« und »ökologischer Nische«) stets mitberücksichtigt. Nicht die Aufrechterhaltung der Familie um jeden Preis ist das Ziel der Familientherapie – auch wenn dies von manchen Kritikern so fehlgedeutet wird –, sondern die Ermöglichung einer jeweils individuellen wie gemeinsamen Entwicklung.

Literatur: Bauriedl (1980); v. Foerster (1984); Goodwin (1970); Hartmann, Kris u. Loewenstein (1964); Jantsch (1979); Keeney (1983); Luhmann (1984); Maturana (1975); Maturana u. Varela (1987); Reiter u. Steiner (1986); Riesman, Denney u. Glazer (1950); Stierlin (1994a); Varela (1975, 1979, 1981); v. Weizsäcker (1975).

Autopoiese
(autopoiesis)

(von griech. autos = selbst, poiesis = Produktion, Arbeit)

Prozeß, durch den ein lebendes System sich selbst als Einheit erzeugt, die sich von ihrer Umgebung unterscheidet. Diese Art von Prozessen ist selbstreferentiell organisiert, d.h., die Komponenten eines lebenden Systems produzieren sich durch ein Netzwerk von Prozessen, das seinerseits durch die Komponenten dieses lebenden Systems selbst erzeugt ist *(→ operationale Geschlossenheit)*. Autopoiese ist eine Spezialform der → *Selbstorganisation*. Der Begriff impliziert, daß sich das lebende System von der Umgebung unabhängig selbst steuert.

Humberto Maturana und Francisco Varela verwandten den Begriff Autopoiese, um Prozesse zu kennzeichnen, die die Integrität und Organisation eines lebenden Systems gewährleisten. Sie führten eine Reihe von Begriffen ein, um ihr Konzept der Entwicklung lebender Strukturen *(→ Organisation/Funktion/Struktur/Prozeß)* zu erklären (Maturana u. Varela 1980, 1987). Danach hängt die Entstehung und Aufrechterhaltung eines lebenden Systems von der Fähigkeit des Systems ab, seine Struktur zu verändern, dabei aber seine Organisation zu bewahren. Mit dem Begriff »Struktur« beschreiben die Autoren die Gesamtheit der konkreten Elemente eines lebenden Systems und all ihrer Beziehungen zueinander zu einem bestimmten Zeitpunkt. Mit dem Begriff → *Organisation* beschreiben sie das spezifische Beziehungsmuster, das die Identität des Systems als lebende Einheit auch dann erzeugt, wenn die konkreten Elemente des Systems sich mit der Zeit ändern.

Autopoietische Systeme sind »autonom« *(→ Autonomie)* und »strukturell determiniert«, d.h., das Verhalten eines solchen Systems ist durch seine internen Strukturen determiniert und nicht durch die Umgebung. Ereignisse in der Umgebung autopoietischer Systeme funktionieren also nicht in einer linealen kausalen Weise, sondern lediglich als → *»Perturbationen«* (Verstörungen), die das System ausgleichen muß. Wie auch immer das System auf die Perturbationen reagiert, es folgt dabei seiner eigenen Struktur. In der Interaktion mit seiner Umgebung muß das System manchmal seine Struktur ändern, um seine Integrität und Kohärenz zu bewahren. Wenn es in der Lage ist, die Perturbation auszugleichen, überlebt es, wenn nicht, kommt es zur Desintegration; die Grenzen zwischen System und Umwelt lösen sich auf, und das System lebt nicht mehr.

Autopoietische Systeme, die eine gemeinsame Interaktionsgeschichte haben, nennt man »strukturell gekoppelt«. Die Entwicklung ihrer Strukturen ist aufeinander bezogen, aber nicht voneinander bestimmt. Interaktion ist »Konversation« im wörtlichen Sinn: Die Partner drehen und wenden sich gegenseitig *(→ Ko-Evolution)*.

Die Frage, ob das Autopoiesekonzept für die Sozialwissenschaften und die Familientherapie nützlich ist, wird kontrovers diskutiert. Maturana (1982) tendiert dazu, diesen Begriff für lebende Systeme, z.B. Zellen und Organismen zu reservieren. E. Jantsch (1979) wendet ihn auf das Universum an, und der Soziologe Niklas Luhmann (1984, 1985, 1990, 1997) baut seine Theorie der sozialen Systeme auf dem Autopoiesekonzept auf. Er definiert nicht Individuen, sondern Kommunikation als autopoietisch erzeugte Elemente eines sozialen Systems. Dieses Konzept auf die Familientherapie zu übertragen hat viele nützliche Konsequenzen. Eine wesentliche Konsequenz betrifft die therapeutische Haltung. Es ist nicht die Aufgabe des Therapeuten, Menschen zu ändern, sondern Kommunikationsmuster. Da er nicht instruktiv interagieren kann, muß er seine Interventionen lediglich als Perturbationen für ein Familienmitglied oder für die ganze Familie konzeptualisieren. Die Beziehung zwischen einem Therapeuten und einem einzelnen Patienten oder einer Familie ist eine Form der → *strukturellen Kopplung*. Der therapeutische Prozeß ist ein Konversationsprozeß zwischen operational geschlossenen Systemen.

Literatur: Jantsch (1979); Kruell, Luhmann u. Maturana (1987); Luhmann (1984, 1985, 1987, 1990, 1997); Maturana (1982); Maturana u. Varela (1980, 1987); Varela (1988).

Beavers' System-Modell
(Beavers systems model)

Beavers' System-Modell ist ein dimensionaler Ansatz, um die Funktionsweise von Familien zu klassifizieren. Es beruht auf zwei zentralen Dimensionen, der Kompetenz oder → *Anpassungs*fähigkeit von Familien (und anderen Systemen) und dem Interaktionsstil. Aus dem kombinierten Rating dieser beiden Dimensionen werden Familien einem bestimmten Typ zugeordnet. Unter Anpassungsfähigkeit wird hier das Potential der Familie, Strukturen zu entwickeln und bei Bedarf zu verändern, verstanden *(→ Morphogenese/Morphostase)*. Beim Interaktionsstil werden → *zentripetale* und *zentrifugale* Tendenzen erfaßt.

Im Gegensatz zum → *Circumplex-Modell* von David Olson, das auf Selbsteinschätzungen beruht, wurde Beavers' Modell entwickelt, um direkte Verhaltensbeobachtungen von Familien abzubilden. Dafür werden Familien gebeten, etwa zehn Minuten lang eine Frage zu diskutieren wie »Was würden Sie gerne in Ihrer Familie ändern?« Das Verhalten der Familie wird dann von trainierten Ratern eingeschätzt. Es hat sich gezeigt, daß das Verhalten in solchen begrenzten Situationen eng korreliert ist mit größeren Familienaufgaben wie Kindererziehung.

Die nachstehende Grafik illustriert das Beaverssche System-Modell. In der horizontalen Dimension ist die Anpassungsfähigkeit erfaßt; sie nimmt von links nach rechts zu. In der vertikalen ist die Dimension des Interaktionsstils (zentripetal versus zentrifugal) erfaßt.

Der Grad familiärer Funktionalität hängt vom Grad der Anpassungsfähigkeit ab. Im Unterschied zum *Circumplex-Modell* wird nicht ein Mittel-

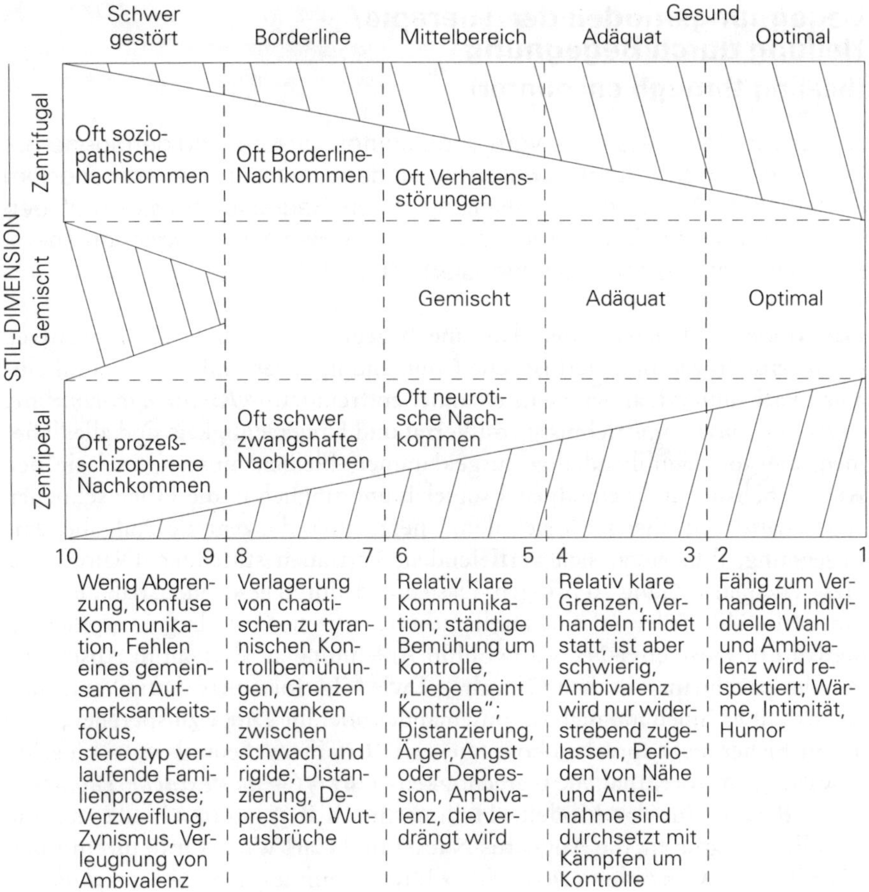

Beavers' System-Modell (nach Beavers u. Voeller, 1983)

wert der → *Kohäsion* für optimal funktionell gehalten, sondern dies vom → *familiären Lebenszyklus* abhängig gesehen. Sowohl hohe zentrifugale als auch hohe zentripetale Tendenzen können optimal sein. In einer Familie mit kleinen Kindern, die selbst ein nur geringes Maß an → *Autonomie* aufweisen können, sind dementsprechend hohe zentripetale Tendenzen anders zu bewerten als in einer Familie, in der die → *Ablösung im Jugendalter* ansteht. Das Modell erlaubt also, Aspekte der familiären und individuellen Entwicklung zu erfassen.

Literatur: Beavers (1977, 1981, 1985); Beavers u. Voeller (1983); Hampson u. Beavers (1990); Lewis, Beavers, Grossett u. Phillips (1976); Stierlin, Levi u. Savard (1973).

Begegnungsmodell der Therapie/ Heilung durch Begegnung (healing through encounter)

In diesem Modell steht die vom Therapeuten initiierte und getragene Begegnung zwischen den Familienmitgliedern und den Generationen im Mittelpunkt. Der Terminus »Heilung durch Begegnung« geht auf den Therapeuten Hans Trüb zurück, der damit die Beziehung zwischen Therapeut und Einzelpatient charakterisierte (Trüb 1971).

Das Modell geht davon aus, daß eine Begegnung im Sinne einer positiven → *Gegenseitigkeit* blockiert ist. Die Familienmitglieder sind einerseits miteinander verklammert, andererseits einander entfremdet. → *Familiengeheimnisse*, → *Familienmythen*, Erlebnisse von Verrat und Ungerechtigkeit sind alles Themen, die vom Familiendialog ausgeklammert bleiben müssen, weil sie den Angst-, Scham- und Schuldpegel sogleich unerträglich in die Höhe schnellen lassen würden. Daher stellt sich dem Therapeuten die zentrale Aufgabe, eine Begegnung, d.h. einen sich vertiefenden, Vertrauen stiftenden Dialog über diese Themen in Gang zu bringen. Das kann dadurch geschehen, daß der Therapeut die Mitglieder auf eine familientherapeutische Grundregel verpflichtet, die Ivan Boszormenyi-Nagy sowohl in Anlehnung an als auch in Absetzung von der psychoanalytischen Grundregel wie folgt formuliert hat: »Versuchen Sie, soweit es Ihnen möglich ist, miteinander über die Dinge zu sprechen, über die Sie bisher nicht sprechen konnten – z.B. Familiengeheimnisse, enttäuschte Erwartungen, vorenthaltene Gerechtigkeit« (1973) *(→ kontextuelle Therapie).*

Als Beispiel für das Modell »Heilung durch Begegnung« bietet sich die Familientherapie an, die Augustus Napier und Carl Whitaker in ihrem Buch »The Family Crucible« (1978; dt.: »Tatort Familie« 1979; → *symbolisch-experientielle Familientherapie*) beschrieben haben. Durch den aktiven, empathischen Einsatz der Familientherapeuten kommt die Begegnung zwischen den bis dahin einander entfremdeten und zerstrittenen Familienmitgliedern in Gang. Es werden dabei immer wesentlichere Ebenen erfaßt, was die Artikulation bislang verdeckter Konflikte ermöglicht und am Ende zur Versöhnung und Wiedervereinigung (auch mit den jeweiligen Eltern der Eltern, also der dritten Generation) führt.

Begegnungsarbeit im beschriebenen Sinne weist Ähnlichkeiten mit psychoanalytischer Arbeit auf. Allerdings geht es nunmehr weniger um die Bewußtmachung von bisher Unbewußtem als um die Konfrontation mit und das Sprechen über bisher Bewußtes, aber Vermiedenes. Ähnlich wie in der Psychoanalyse wird in diesem Modell die Hauptarbeit der Veränderung in relativ häufig stattfindenden Sitzungen geleistet. Dies steht im Gegensatz zum Modell »Heilung durch Systemänderung« *(→ systemische Therapie),* das in der Regel Familiensitzungen in Abständen von vier bis sechs Wochen vorsieht *(→ Sitzungsfrequenz, → Modelle der Familientherapie).*

In neuerer Zeit haben vor allem Rosmarie Welter-Enderlin und Bruno Hildenbrand (1996, 1998) eine Konzeption der systemischen Therapie als Begegnung vorgestellt. Mit Begegnung ist der Aspekt der Nähe in einer therapeutischen Beziehung gemeint. Psychosoziale Störungen werden als »Störungen des Begegnenkönnens« verstanden. »Heilung« besteht darin, daß Therapeut und Patient »aus der Differenz von Ich und Du in ein Wir eintreten und erreichen, daß das Gespräch sie trägt und daß hier modellhaft jene Balance wiedergewonnen werden kann, die in der Krankheit verlorengegangen ist« (1996, S. 19). Therapeutisches Handeln verstehen sie als ständigen Wechsel zwischen der (nahen) Begegnung und dem (distanzierten) Fallverstehen. Das »Fallverstehen in der Begegnung« schließt das emotionale Engagement des Therapeuten mit ein und setzt damit einen anderen Akzent als die Haltung der → *Neutralität.*

Literatur: Boszormenyi-Nagy u. Spark (1973); Buber (1923); Napier u. Whitaker (1978); Stierlin, Rücker-Embden, Wetzel u. Wirsching (1977); Trüb (1971); Welter-Enderlin u. Hildenbrand (1996, 1998).

Beobachtung
(observation)

In der modernen Systemtheorie wird die Beobachtung als zentrale Operation des Erkennens verstanden. Da alles, was gesagt wird, von einem Beobachter gesagt wird, bilden die Prinzipien der Beobachtung die Basis aller Wirklichkeitskonstruktionen, seien es Alltagstheorien oder wissenschaftliche Modelle. Beobachtung umfaßt zwei Komponenten: die Feststellung eines bedeutsamen Unterschiedes (1. Unterscheidung) und die Bezeichnung dieses Unterschiedes (2. Unterscheidung) *(→ Semiotik).* Beobachtung benutzt eine Unterscheidung und bezeichnet eine der beiden Seiten der Unterscheidungen.

Mit der Unterscheidung zieht der Beobachter eine Grenze zwischen einem Phänomen und dessen Umgebung, zwischen »Figur« und »Grund«. Damit wird die Innenseite eines Objekts oder eines Sachverhaltes identifiziert (dieses gehört dazu) und gegen seine Außenseite abgegrenzt (jenes gehört nicht dazu). George Spencer-Brown (1969), der eine formale Theorie des Unterscheidens entwickelt hat, nennt die Innenseite den »markierten« Raum, die Außenseite den »nichtmarkierten« Raum. Mit der Bezeichnung wird ein Zeichen (z.B. ein Begriff, ein Name) für das unterschiedene Phänomen eingeführt.

Jede Beobachtung bedient sich eines Merkmals oder mehrerer Merkmale der Unterscheidung. Entgegen dem Alltagsverständnis ist dieses Merkmal aber keine inhärente Eigenschaft des beobachteten Phänomens, sondern sagt primär etwas über den Beobachter aus, weil die Unterscheidungslogik die des beobachtenden Systems und seiner kognitiven Operationen ist.

Das Bemerken von Unterschieden setzt ein beobachtendes System voraus, das so organisiert ist, daß es Kriterien hat, bezüglich derer sich etwas als anders bezeichnen läßt. Helmut Willke (1993) weist darauf hin, daß dies nur ein System kann, das mit Hilfe eines Gedächtnisses solche Zustände erkennen kann, an denen gemessen sich etwas als anders bezeichnen läßt. Die Geschichte des beobachtenden Systems, innerhalb dessen sich selbstreferentiell dessen Identität organisiert, ist Voraussetzung für Beobachtung. Beobachtung ist also nur möglich auf der Basis von Identität und Gedächtnis des beobachtenden Systems, ohne die es nicht in der Lage wäre zu unterscheiden.

Weniger abstrakt und von großer therapeutischer Wichtigkeit ist die Unterscheidung zwischen unterschiedlichen Elementen der Beobachtung: dem Beschreiben, dem Erklären und dem Bewerten. In unserer Alltagssprache vollziehen wir im allgemeinen nicht nur Unterscheidungen zwischen beobachtbaren Phänomenen, sondern wir erklären das Zustandekommen dieser Phänomene und bewerten sie. Der Prozeß der Wirklichkeitskonstruktion besteht aus Selektionen in diesen drei unterschiedlichen Bereichen. Je nachdem, welche Phänomene in den Fokus der Aufmerksamkeit treten, können unterschiedliche »generierende Mechanismen« (Maturana 1982) konstruiert werden, um sie zu erklären. Welche Erklärungen konstruiert werden, beeinflußt die Bewertung dieser Phänomene. Aber es gilt auch umgekehrt, daß die zugrundegelegten Erklärungen und/oder Bewertungen bestimmen, welche Phänomene überhaupt in die Wahrnehmung treten (vgl. Retzer 1996, Simon 1995, Simon u. Retzer 1998).

Die sorgfältige Unterscheidung zwischen den von den Klienten gelieferten Beschreibungen, Erklärungen und Bewertungen bietet dem Therapeuten einen Ansatz für vielfältige Umdeutungen *(→ positive Konnotation/ positive Symptombewertung, → Umdeutung).*

Literatur: v. Foerster (1985); v. Glasersfeld (1981, 1996); Luhmann (1984); Maturana (1982); Retzer (1996a); Simon (1988, 1995, 1997a, b); Simon u. Retzer (1998); Spencer-Brown (1969); Tomm (1994); Watzlawick (1981); Willke (1982, 1994).

Beziehungsethik
(relational ethics)

Dem Ansatz der → *kontextuellen Therapie* zufolge steuert sich zwischenmenschliches Verhalten wesentlich auf der Basis einer Beziehungsethik. Mit »Ethik« ist hier nicht eine Ansammlung bestimmter moralischer Werte oder Richtlinien über »falsch« und »richtig« gemeint, sondern die jeweilige Suche nach zwischenmenschlicher → *Gerechtig-*

keit und Fairneß. Dementsprechend sind ein langfristiger Gerechtigkeitsausgleich, eine Balancierung der Schuld- und → *Verdienstkonten* zwischen den Familienmitgliedern Voraussetzungen für das Funktionieren einer Familie. Dabei spielen die über mehrere Generationen hin erbrachten Verdienste und Ansprüche eine wesentliche Rolle *(→ Mehrgenerationenperspektive).* Dieser Gerechtigkeitsausgleich muß die Sichtweise eines jeden Familienmitglieds berücksichtigen und sein Gefühl akzeptieren, etwas für die Familie geleistet und einen Anspruch auf Wiedergutmachung zu haben. Die Haltung des Therapeuten, die dies ermöglicht, ist die der → *Allparteilichkeit;* sie bewahrt ihn auch davor, einer Familie seine eigenen Werte aufzudrängen.

Die Frage nach der Ethik und den Werten, von denen die Interaktion in Familiensystemen gesteuert wird, kennzeichnet den therapeutischen und theoretischen Ansatz von Ivan Boszormenyi-Nagy (1965a, b, 1967, 1973, 1974; Boszormenyi-Nagy u. Krasner 1980, 1986). Es muß erstaunen, daß diese Fragestellung bisher von fast allen anderen familientherapeutischen Autoren ausgeblendet wurde. Denn auch aus einer systemischen und kybernetischen Perspektive kommt Bewertungsprozessen eine zentrale Rolle zu *(→ Information).* Die Frage, wie eine subjektive oder familiäre → *Epistemologie* konstruiert und wie dementsprechend Verhalten geregelt wird, läßt sich nicht beantworten, wenn die Bewertungskriterien für »richtig« und »falsch« unberücksichtigt bleiben. Wo und wie Interaktionen interpunktiert werden *(→ Interpunktion),* ist eine Bewertungsfrage. Welche Informationen als relevant oder als irrelevant angesehen, welche Verhaltensweisen als → *dominant*, welche als *inferior* angesehen, nach welchen Maßstäben → *Hierarchien* gebildet werden – all dies sind Bewertungsprozesse. Ein kybernetischer Ansatz in der Familientherapie wird also nicht ohne eine intersubjektive Werttheorie (vgl. Simon 1982, 1993; Simon u. Conecta 1992) auskommen können. Den – besonders von Martin Buber beeinflußten – Arbeiten Boszormenyi-Nagys kommt das Verdienst zu, diese wesentliche Perspektive menschlicher Existenz und familiären Lebens herausgestellt zu haben. Dabei ist es kein Zufall, daß er zum großen Teil Begriffe aus dem Repertoire der Justiz und der Ökonomie verwendet. Er macht dadurch deutlich, daß diese im gesellschaftlichen Leben scheinbar getrennten Bereiche innerhalb der Familie zusammenfließen und die psychische Realität eines jeden einzelnen bestimmen. Der Anspruch auf einen irgendwann erfolgenden Gerechtigkeitsausgleich ist nach Ansicht von Boszormenyi-Nagy ein grundlegender Faktor menschlicher Existenz. Seine → *kontextuelle Therapie* fußt auf der Überzeugung, daß neben individuellen psychologischen Mechanismen und transaktionalen Mustern gerade die Aspekte der Beziehungsethik entscheidend für die Therapie sind. Die Verantwortung für den anderen hat nach seiner Ansicht existentielle Bedeutung für jeden Menschen. Jedem die Möglichkeit zu eröffnen, für den anderen zu sorgen, ist das ethische Ziel der Therapie. In seinen Überlegungen zu »Verrechnungsnotständen« geht Helm Stierlin (1997) auf die Probleme ein, die sich einem Gerechtigkeitsausgleich vor allem in sich wandelnden Paarbeziehungen stellen.

Von diesem mehr philosophischen Verständnis der Beziehungsethik weicht der soziologisch-systemtheoretische Versuch Niklas Luhmanns ab, »Moral« zu definieren. Er sei hier kurz in den Worten des Autors referiert, da er die Möglichkeit liefert, die Konzepte von Boszormenyi-Nagy mit mehr systemisch ausgerichteten Konzepten theoretisch zu integrieren: »Die Gesamtheit der faktisch praktizierten *Bedingungen* wechselseitiger Achtung oder Mißachtung macht *die Moral* einer Gesellschaft aus. Die Moral besteht somit nicht aus den Achtungen oder Achtungserweisen als solchen; sie läßt sich also auch nicht nach der Art eines Bruttosozialprodukts durch Vermehrung der Achtung vermehren. Sie bezieht sich aber auf Achtung (und nur auf Achtung), sie entsteht mit impliziter oder expliziter Kommunikation über Achtung, und zwar dadurch, daß solche Kommunikation möglich ist, wenn Ego und Alter einander den Achtungserwerb freistellen und dafür geltende Bedingungen signalisieren, und dies wiederum: implizit oder explizit, subtil oder drastisch, situativ-konkret und einmalig oder abstrakt normieren, und mit oder ohne Bezug auf Meinungen anderer … Moral ist also ein Codierungsprozeß mit der spezifischen Funktion, über Achtungsbedingungen Achtungskommunikation und damit ein laufendes Abgleichen von Ego/Alter-Synthesen zu steuern« (Luhmann 1978, S. 51). Dem anderen die Achtung zu verweigern, ihn zu entwerten erweist sich nur zu oft als Reaktion auf das Gefühl, mehr für den anderen geleistet zu haben, als er zurückgegeben hat. Der Kommunikationsstil einer Familie repräsentiert insofern ihre Moral, als in ihm faktisch die innerfamiliären Bedingungen wechselseitigen Achtungs- oder Mißachtungserweises praktiziert werden. Das Gefühl des → *Selbstwerts,* das jeder einzelne in der Familie entwickeln und aufrechterhalten muß, ist solchermaßen an die familiäre Beziehungsethik gebunden.

Literatur: Boszormenyi-Nagy (1965a, b, 1967, 1974); Boszormenyi-Nagy u. Spark (1973); Buber (1923); Luhmann (1978); MacGregor (1964); Reiter u. Steiner (1978); Simon (1982a, 1993); Simon u. Conecta (1998); Stierlin (1969, 1971b, 1997a); Warner (1983).

Beziehungsgleichgewichte (relational balances)

Eine Reihe von Polaritäten, die es erlauben, charakteristische Probleme und Implikationen einer Paarbeziehung ins Blickfeld zu bringen. Beide Partner tragen in unterschiedlicher Weise zu diesen Polaritäten bei. Als wichtige Polaritäten sind zu nennen: Augenblick–Dauer; Verschiedenheit–Gleichheit; Befriedigung–Versagung; Stimulierung–Stabilisierung; Nähe–Distanz.

Nach Helm Stierlin (1969, 1971) bestimmt sich die Positivität oder Negativität einer → *Gegenseitigkeit* weitgehend danach, wie durch die genannten Polaritäten immer wieder ein zum Ausgleich drängendes Spannungsgefälle geschaffen und bewältigt wird. Das Konzept von Beziehungsgleichgewichten, durch die sich die Bewegung einer Beziehung charakterisiert und vorantreibt, lehnt sich an Hegels Beschreibung des Verhältnisses Herr–Knecht an. Darin hob Hegel drei Momente hervor: Begierde–Genuß, Arbeit und Todesfurcht. Die Bewegung der Beziehung kann aufhören; dann erstarren die Positionen von Herr und Knecht. Der Herr findet nur Genuß ohne Arbeit, der Knecht nur Arbeit ohne Genuß. Und beide betrügen sich um ein zentrales menschliches Erlebnis: die Bewältigung der Todesfurcht. So läßt sich zum Beispiel sagen, daß die Augenblicks-Beziehung erst dann wirklich wird, wenn die Dauer – d.h. auch Begrenzung und Endlichkeit – der Beziehung mit eingeschlossen ist. Die Arbeit an der Beziehung läßt sich als eine Bewältigung der Dauer, aber auch als ein ständiges Wertvoll-Machen des Augenblicks verstehen. In solcher Arbeit zeigt sich dann auch ein Weg zur Überwindung der Todesfurcht.

Das Konzept der Beziehungsgleichgewichte eröffnet den Blick vor allem auf die Elemente einer Paarbeziehung, bei denen konflikthafte Tendenzen und Wünsche gemeinsam bewältigt werden *(→ Kollusion, → Konfliktorganisation/Tetralemma).*

Literatur: Byng-Hall (1980); Byng-Hall u. Campbell (1981); Stierlin (1969, 1971a).

Beziehungsmodi/Transaktionsmodi/Interaktionsmodi (relational modes/transactional modes/interactional modes)

Typische Art und Weise der Wechselbeziehung zwischen zwei oder mehreren Partnern und/oder Familienangehörigen. Dazu rechnen → *Bindung,* → *Ausstoßung* und → *Delegation.* Die genannten Beziehungsmodi kommen beispielhaft in der → *Ablösung im Jugendalter* zur Wirkung.

Helm Stierlin (1974b, 1975, 1978, 1989) zufolge spiegelt sich in den Modi der Bindung und Ausstoßung das Zusammenspiel und/oder die relative Dominanz von → *zentripetalen und zentrifugalen Kräften.* Aus Art und Stärke dieser Kräfte bestimmt sich wesentlich der Verlauf der wechselseitigen Ablösung der Generationen voneinander. Erweisen sich die zentripetalen bindenden Kräfte als zu stark, so verzögert sich die phasengerechte Individuation und Ablösung. Das Kind bleibt im Familiengetto gefangen, aber auch die Eltern verpassen wichtige Individuations- und Entwicklungsschritte *(→ Individuation/bezogene Individuation/Ko-Individuation)*. Dominieren die zentrifugalen Kräfte, so kommt es zu einer ebenfalls – im Hinblick auf den individuellen wie auch auf den *→ familiären Lebenszyklus* – phaseninadäquaten Ausstoßung bzw. Bindungslosigkeit. Im Umgang zwischen den Generationen funktionieren die Beziehungsmodi somit als verdeckte organisierende Muster für die offen zutageliegenden spezifischen Eltern-Kind-Interaktionen. Treten die altersspezifischen Beziehungsmodi für das Kind entweder unzeitgemäß, zu intensiv oder in inadäquater Verbindung miteinander auf, dann leiden darunter die Entwicklung des Selbst und die wechselseitige Ablösung von Eltern und Kindern.

Die Beziehungsmodi spiegeln also wichtige Beiträge der Eltern und der Kinder zu diesem inter-individuellen Prozeß. Sie kommen transitiv und zugleich reziprok zur Wirkung. Transitiv sind sie insofern, als sie die aktive Ausformung eines Heranwachsenden bezeichnen, der noch unreif und abhängig und daher elterlichem Einfluß unterworfen ist, wobei der Einfluß oft mit Hilfe von versteckten, subtilen Signalen und Sanktionen ausgeübt wird. Dieser »härteren Realität« muß sich das Kind zwangsläufig anpassen. Reziprok sind die Beziehungsmodi in dem Sinne, daß es sich immer um einen Austausch nach beiden Seiten handelt, also um eine zirkuläre Kausalität. In solchem Austausch formen und beeinflussen die Kinder ihre Eltern ebenso, wie sie von diesen geformt und beeinflußt werden (*→ Zirkularität*, *→ Beziehungsrealität*, *→ Konfliktorganisation/Tetralemma*).

Literatur: Beavers (1977); Boszormenyi-Nagy (1967); Stierlin (1974b, 1975, 1978, 1989); Stierlin, Levi u. Savard (1973).

Beziehungsrealität
(relational reality)

Ein für Gregory Bateson (1972, 1979) zentraler Begriff. Diesem Autor zufolge bilden das Verstehen und Gestalten unserer Beziehungen das zentralste und umfassendste menschliche Interesse. In Anlehnung an Bateson unterschied Helm Stierlin (1981) zwischen einer »harten« und einer »weichen« Realität. Letztere läßt sich am ehesten als »Beziehungsrealität« charakterisieren *(→ härtere/weichere Realität)*.

Der Begriff »harte Realität« bezieht sich auf das, was wir gewöhnlich materielle Realität nennen: konkret und anschaulich gegebene Dinge, etwa den Stein, an dem ich mich verletze, wenn ich ihn zu stark stoße, die Straßenbahn, die mich überfährt, wenn ich ihr nicht ausweiche. Solche »harte Realität« läßt sich einer »weichen Realität« gegenüberstellen, die weniger leicht zu veranschaulichen ist. Sie hängt mehr von unseren Wahrnehmungen, Deutungen, Emotionen und Phantasien ab und ist von diesen getragen und geschaffen. Dazu gehören etwa die Meinungen und Erwartungen, die Partner, Eltern, Freunde oder Vorgesetzte – offen oder verdeckt – von einer Person haben, oder die → *Loyalität*, die jemanden an bestimmte Menschen oder Gruppen bindet, oder die Wünsche, Phantasien und Verbote, die das sexuelle Verhalten bestimmen. Wir könnten hier auch von psychischer, empirischer, sozialer, zwischenmenschlicher oder Interaktionsrealität sprechen oder mit Hegel von der Realität des objektiven Geistes.

In dieser Bedeutung umschließt der Begriff »Beziehung« sowohl meine Beziehungen zu mir selbst, d.h. zu meinem Innenleben, meinen Bedürfnissen, meinem Körper, als auch zu anderen, deren Innenleben, deren Erwartungen, deren Körpern, sowie auch zu den gegebenen sozialen Institutionen. Allerdings läßt sich diese Beziehungswirklichkeit manchmal nur schwer von der harten Wirklichkeit abgrenzen, weil auch letztere subjektiv vermittelt wird und sich nur durch Wahrnehmungen und eine Sprache, die wir im Umgang mit anderen lernen, erschließt. Wir können also als hart diejenige Realität definieren, über die sich jeweils vergleichsweise problemlos ein Konsens herstellen läßt.

Unter familientherapeutischen Perspektiven erscheint solche Unterscheidung zwischen der relativ harten und der relativ weichen Beziehungsrealität sinnvoll: In stärkerem Maße als die harte erscheint die weiche Realität menschen- und kulturgeschaffen und unterliegt historischem Wandel. Demgemäß erscheint sie überwiegend als eine Sache der ständigen intersubjektiven Bewertung und Bestätigung unserer Wahrnehmungen und Deutungen, der gemeinsamen Festlegung auf bestimmte Modelle, Werte und Weltsichten, des Teilens eines gemeinsamen Aufmerksamkeitsfokus – kurzum, sie zeigt sich als Sache einer Verhandlung, eines Dialogs oder einer positiven → *Gegenseitigkeit.*

Je weniger genau ein zwischenmenschlicher → *Kontext* markiert und je massiver eine → *Definition der Beziehung* vermieden wird, um so mehr »erweicht« sich die Beziehungsrealität. Solche »Erweichung« zeigt sich am ausgeprägtesten bei Familien mit einem schizophrenen Mitglied, die durch ein hohes Maß von → *Kommunikationsabweichung*en, von → *Mystifikation*, von → *Verrücktmachen*, von → *Entwertung* charakterisiert sind. Diese »Erweichung« impliziert in der Regel eine massive → *Bindung.*

Erweist sich die Beziehungsrealität schizo-präsenter Familien als übermäßig erweicht, so diejenige »psychosomatischer Familien« *(→ Familiensomatik)* als eher übermäßig »verhärtet«. Im Gegensatz zu den schizopräsenten Familien pflegen psychosomatische Familien mehr eine konventionelle Weltsicht unbefragt und kompromißlos zu übernehmen, also als »harte Fakten« zu behandeln. Auch in diesen Familien beobachten wir ein Übermaß an Bindung und eine Blockade der Möglichkeiten zur → *Indi-*

viduation. Sie zeigen sich jedoch phänomenologisch anders als bei der »erweichten« Realität schizo-präsenter Familien.

Die Frage der Weichheit oder Härte unserer Realität verbindet sich mit der Frage nach den Möglichkeiten und Grenzen der Erkenntnis überhaupt, also der → *Epistemologie.* Diese spielt, vor allem aufgrund der Arbeiten von Bateson (1972, 1979) in der familientheoretischen Diskussion eine immer stärkere Rolle. Allgemein lassen sich hier zwei Tendenzen unterscheiden: Die eine betont und illustriert die »Weichheit« der Beziehungsrealität. Ein Exponent dieser Entwicklung ist Paul Watzlawick (1976). Er betont, daß es im Bereich menschlicher Beziehungen, Werte, Normen usw. keine verbindliche, ein für allemal festliegende, d.h. harte Wirklichkeit gibt, vielmehr eine Mannigfaltigkeit unterschiedlich konstruierter Wirklichkeiten *(→ Konstruktivismus/sozialer Konstruktionismus).* Als Vertreter einer Gegentendenz läßt sich Paul Dell (1981) verstehen. Er betont, daß die Natur jedes (erkennenden, interagierenden) Organismus dem Grenzen setzt, was für diesen Organismus zur Realität werden kann. Dabei verweist er auf die komplizierten Zusammenhänge zwischen Epistemologie und Ontologie, d.h. die Zusammenhänge und Beziehungen zwischen Erkenntnisprozessen und dem Wesen alles Seienden bzw. der Theoriebildung über beides *(→ Paradigma/innere Landkarte/Modell).*

Literatur: Bateson (1964, 1972, 1979); Dell (1981); Dell u. Goolishian (1981); Retzer (1996a); Stierlin (1959, 1981a, b); Warner (1983); Watzlawick (1976); Wynne (1984).

Beziehungsstagnation
(relational stagnation)

Die Erstarrung von Lebensmustern, die sich sowohl innerhalb der Psyche einzelner als auch in deren Beziehungen zueinander zum Ausdruck bringt. Sie zeigt sich im Rahmen der → *kontextuellen Familientherapie* als wesentlicher pathogenetischer Faktor. Es ist ein Aspekt der → *Beziehungsethik*: Wird die Verantwortung für die Konsequenzen des eigenen Verhaltens in der Beziehung und für ihre Zukunft nicht gesehen, so werden bestimmte Interaktionsmuster festgeschrieben und an die nächste Generation weitergereicht.

Anders als die Individuen mit ihrer durch Geburt und Tod begrenzten Lebenszeit leben Familiensysteme, betrachtet man über die Kernfamilie hinaus die Folge der Generationen, nahezu unendlich fort. Daraus ergibt sich nach Ivan Boszormenyi-Nagy die Bedeutung einer → *Mehrgenerationenperspektive* und Mehrgenerationentherapie. Die Beziehungsmuster, die das Fühlen und Verhalten aller Familienmitglieder in jeder Generation bestimmen, müssen sich jeweils wandeln und den sich verändernden Forderungen anpassen. Andernfalls kann die Familie ihrer Aufgabe, den Nachwuchs aufzuziehen, nicht gerecht werden; sie wird dysfunktionell. Damit jedoch solch fälliger Wandel gelingen kann, müssen die über Generationen hinweg zur Wirkung kommenden → *Verdienstkonten*, Vermächtnisse und → *Loyalitäts*bindungen berücksichtigt werden. Eine Beziehungsstagnation tritt ein, wenn die Balance zwischen Veränderbarkeit und Kontinuität der genannten Muster nicht erreicht bzw. bewahrt und die ethische Verantwortung für das eigene Handeln in der Beziehung nicht übernommen wird.

Literatur: Boszormenyi-Nagy (1962, 1965a, b, 1975); Boszormenyi-Nagy u. Spark (1973).

bifokale Familientherapie (bifocal family therapy)

Aus psychoanalytischen und gruppendynamischen Theorieansätzen abgeleitetes Therapieverfahren, das nondirektive Methoden mit direktiven und manipulativen Techniken kombiniert. Ziel ist es, festgefahrene Familienstrukturen zu verändern und die – vor allem schizophrenen – Patienten aus der Rolle familiärer Außenseiter zu befreien. Es handelt sich um eines der wenigen Verfahren, das aus einem stationären Setting heraus entwickelt wurde und Gegebenheiten der psychiatrischen Klinik von vornherein in die Überlegungen einbezieht.

Die Prinzipien der bifokalen Familientherapie lassen sich folgendermaßen skizzieren: Mehrere Patienten werden zu einer therapeutischen Kleingruppe mit etwa sechs Mitgliedern zusammengefaßt. Die Angehörigen dieser sechs Patienten werden gleichzeitig in einer Angehörigengruppe, die ambulant tagt, zusammengebracht. Beide Gruppen werden vom gleichen Therapeuten bzw. den gleichen Ko-Therapeuten betreut. In beiden Gruppen übernimmt der Therapeut eine den Erwartungen an ihn als Autorität widersprechende Position ein und verweigert die traditionelle stabilisierende Funktion für den Patienten wie die Angehörigen. Ziel des Therapeuten ist es, die Ambivalenz in der Beziehung zwischen Patient und Angehörigen zu verstärken und zu verdeutlichen.

Die daraus resultierenden Konflikte bringen den Therapeuten in das für die bifokale Methode charakteristische »Übertragungskreuz« zwischen Patienten und Angehörigen (Schindler 1976, S. 223). In der Patientengruppe wird der Therapeut Objekt einer Elternübertragung: Der jeweilige → *Indexpatient* heftet ihm das Bild der eigenen Eltern an. Umgekehrt werden dem Therapeuten von der Angehörigengruppe die Eigenarten, Regungen und Potenzen des zugehörigen Kindes unterschoben. Der Therapeut gerät also ins Zentrum der jeweiligen Übertragungen *(→ Übertragungs- und Gegenübertragungsphänomene in der Familie).* Bei seinen Interventionen vermag er nunmehr auf eine dialektische Weise das interaktionelle und familiäre Gegenbild der elterlichen/kindlichen Übertragungsmuster ins Spiel zu bringen. In einer Phase der »realisierenden Bewältigung« vollzieht der Patient erste Trennungsschritte von seiner Herkunftsfamilie *(→ Ablösung im Jugendalter).* In dieser Phase zeigen sich die Elterngruppe bzw. die jeweils betroffenen Eltern zutiefst beunruhigt. Auch hier verstärkt der Therapeut mit Hilfe einer spezifischen manipulativen Strategie (»Omega-Rochade«) die Position des Patienten, zeigt Verständnis für seine verrückten Ideen, verbindet damit aber keinerlei normativen Anspruch. Die bindenden emotionalen Kräfte der Eltern richten sich nach dem Konzept der bifokalen Gruppentherapie nunmehr auf ihn, was für den Patienten Entlastung bedeutet.

Ziel dieser Therapie, die sich an den Gegebenheiten eines stationär organisierten Versorgungssystems orientiert, ist die Förderung der Trennungs- und Loslösungsprozesse innerhalb der Familie. Zugleich versucht sie, den Arzt bzw. die Klinik aus ihrer homöostatischen – d.h. den Status quo erhaltenden – Funktion zu befreien. Eine solche Therapie dauert im allgemeinen etwas über ein Jahr.

Zusammenfassend läßt sich sagen, daß die bifokale Familientherapie unter diagnostischer Nutzung von Übertragungs- und Gegenübertragungsreaktionen versucht, starre familiäre Gruppenstrukturen zu verändern. Dabei dürfte die → *paradoxe Intervention*sform des Therapeuten, der allen Rollenerwartungen zuwiderhandelt, eine Schlüsselfunktion haben.

Literatur: Brack (1962); Schindler (1957, 1958, 1959, 1974, 1976).

Bindung
(binding)

Ein → *Beziehungsmodus,* der in allen Arten von Beziehungen als (zumeist verdeckt) organisierendes Muster zur Wirkung kommen kann. Er kontrastiert mit dem Modus der → *Ausstoßung* und steht zugleich in einer dialektischen Beziehung dazu. Die Bedeutung des Bindungsmodus zeigt sich besonders deutlich während der Phase der → *Ablösung im Jugendalter.* Bindung spiegelt hier die Dominanz → *zentripetaler* Kräfte.

Herrscht der Bindungsmodus vor, so verhalten sich Beziehungspartner, vor allem Eltern und Kinder, entsprechend der unausgesprochenen Annahme, daß sie wesentliche Befriedigung und Sicherheit nur innerhalb ihrer Beziehung bzw. nur innerhalb der Familie erlangen können, die Welt außerhalb aber feindlich und abschreckend ist. Diese Annahme spiegelt sich in den Einstellungen von Eltern, die, wenn sie mit ihrer eigenen Entwicklungskrise konfrontiert sind, nur einen Ausweg sehen: ihre Kinder noch fester an sich und das Familiengetto zu binden, das Selbständigwerden der Kinder um jeden Preis hinauszuzögern, ja zu verhindern. Diese Einstellung wird in der Folge von den Kindern verinnerlicht: Auch für sie bedeuten nun Ablösung und Verselbständigung äußerste (existentielle) Verlassenheit, Einsamkeit, Schutzlosigkeit.

In Anlehnung an psychoanalytische Vorstellungen lassen sich drei Ebenen der Bindung unterscheiden. Auf der ersten, mehr affektiven dieser Ebenen wird überwiegend das Bedürfnis nach elementarer Triebbefriedigung und Abhängigkeit angesprochen bzw. ausgebeutet. Es läßt sich von Es-Bindung sprechen. Auf der zweiten Bindungsebene spielen hauptsächlich kognitive Prozesse eine Rolle: Es läßt sich von Ich-Bindung sprechen. Auf der dritten Ebene schließlich wird die Loyalitätsbereitschaft des Gebundenen ausgenutzt, wir reden von Überich-Bindung. Auf jeder dieser Ebenen bringen Partner einander ein Beziehungsangebot entgegen, das die zentripetalen Tendenzen verstärken muß (Stierlin 1974).

Bindung auf der Es-Ebene läßt sich als wechselseitige, libidinöse Wünsche und Bedürfnisse stimulierende wie befriedigende Verwöhnung definieren. Oft geht es um die Befriedigung oraler Partialtriebe; aber auch sexuelle Stimulierung (bis hin zum Inzest) kommt vor. Es läßt sich von affektiven oder auch libidinösen Bindungen sprechen. Das Klima in solchen es-gebundenen Familien erscheint dicht, stickig, gefühlsüberladen.

Bei Bindung auf der Ich-Ebene geht es überwiegend um den Austausch von Wahrnehmungen, Gedanken oder Gefühlen. Eine Bindung auf der Ich-Ebene beinhaltet im Extremfall die von allen Mitgliedern der Familie geteilte Annahme: Sieh die Welt mit den gleichen Augen wie ich und alle anderen, empfinde gleich und denke gleich. Da dies nicht möglich ist, kommt es zu einer Vielzahl von Wahrnehmungsverzerrungen, Disqualifikationen (→ *Entwertung*), → *Mystifikationen*, projektiven → *Zuschreibungen*. Jeder kann die Gedanken des anderen lesen, jeder spricht für den anderen. Die Eltern wissen sozusagen instinktiv, wie stark oder schwach, krank oder gesund, vernünftig oder verrückt ihre Kinder sind. Die so Gebundenen weisen einen geringen Grad *bezogener* → *Individuation* auf, lassen aber eine starke → *Konsensus-Sensivität* erkennen. Sie versuchen, sich am anderen zu orientieren; jede Art von Unabhängigkeit bleibt verwehrt.

Bei der Bindung auf der Überich-Ebene geht es um ethische Aspekte von Beziehungen, vor allem um das Beweisen oder den Verrat offener oder verborgener → *Loyalität.* Ein Verraten oder Verleugnen solcher Loyalität kann massive Ausbruchsschuld bedingen, die wiederum zu einer selbstdestruktiven Lebensgestaltung Anlaß gibt. Viele selbstdestruktive Lebensläufe, gekennzeichnet etwa durch Alkoholismus, Drogenkonsum, ständiges berufliches Scheitern, Neigung zum Suizid, lassen sich als Ausdruck und Folge einer massiven Bindung auf der Überich-Ebene und der sich daraus herleitenden starken Ausbruchsschuld verstehen.

Da Familientherapeuten meist mit den pathologischen Formen der Bindung konfrontiert werden, sei hier betont, daß Bindung ein für das Überleben des Menschen (als Individuum wie auch als Gattung) sehr funktionsfähiger Mechanismus ist. Im Anschluß an John Bowlby (1969) wurde die Entwicklung des menschlichen Bindungsverhaltens während der frühen Kindheit ausführlich studiert und dargestellt (Grossmann u. Grossmann 1990, 1993; Hassenstein 1973, 1977; Stern 1992, 1995). Es zeigt sich, daß Mutter und Kind jeweils bestimmte Verhaltensmuster verfügbar haben, die in der Interaktion zur emotionalen Bindung aneinander führen. Beispielsweise führen das Schreien und Lächeln des Kindes die Mutter zum Kind, während das Anklammern und der Mutter Nachfolgen das Kind zur Mutter führen und es in ihrer Nähe halten. Die Interaktionszirkel sind also schon in früher Kindheit von beiden Interaktionspartnern bestimmt.

Ähnliche Mechanismen werden auch von der Verhaltensforschung beschrieben (vgl. Wickler u. Seibt 1977). Der Bindungsmechanismus verknüpft angeborene Verhaltensmuster und erlerntes Verhalten. Zu Verhaltensauffälligkeiten führt Bindung nur dort, wo keine Veränderung sowohl innerhalb des individuellen als auch des → *familiären Lebenszyklus* und keine → *Anpassung (→ Akkommodation/Assimilation)* an veränderte Anforderungen des umgebenden Sozialsystems möglich sind.

Lyman Wynne (1984) hat die Entwicklung des Bindungsverhaltens untersucht und kommt zu vier relevanten Beziehungsmustern, nämlich Bindung/Fürsorge, Kommunikation, gemeinsames Problemlösen und Gegenseitigkeit. Mit einer solchen Perspektive wird die Altersangemessenheit von Bindung und Ablösung berücksichtigt und in Zusammenhang mit dem → *familiären Lebenszyklus* gebracht.

Auch für die Arbeit Bert Hellingers steht die Bindung in der Familie im Mittelpunkt der Aufmerksamkeit. Er scheint sehr von den Arbeiten Ivan Boszormenyi-Nagys beeinflußt, verwendet den Bindungsbegriff aber umfassender, indem er verschiedene andere Konzepte wie die → *Loyalität* über die Generationen hin, → *Verstrickung*en und → *Delegation*en damit beschreibt *(→ Familien-Stellen).*

Literatur: Ainsworth (1968, 1991); Boszormenyi-Nagy u. Spark (1973); Bowlby (1969); Doane, Hill u. Diamond (1991); Donley (1993); Grossmann u. Grossmann (1990, 1993); Hassenstein (1973, 1977); Hellinger (1994); Hellinger u. ten Hövel (1996); Hillburn Cobb (1996); Schaffer u. Emerson (1964); Spangler u. Zimmermann (1995); Spitz (1946); Stern (1992, 1995); Stierlin (1974a,c, 1978); Stierlin, Levi u. Savard (1973); Weber (1998); Wickler u. Seibt (1977); Wynne (1984).

binokulare Theorie des Wandels (binocular theory of change)

Ein kurztherapeutisches Konzept, das sich auf epistemologische Einsichten Gregory Batesons (1979) stützt.

Diesem Konzept zufolge vermag ein Therapeut ein Muster, das der familiären Interaktion zugrunde liegt, durch seine Interaktionen niemals vollständig zu verändern. Er kann jedoch eine zweite Sichtweise einbringen, die ein wenig von der alten der Familie abweicht. Aus beiden Sichtweisen bildet nun die Familie eine dritte und für sie neue. Vorbild für dieses Modell ist das plastische (das binokulare = beidäugige) Sehen, bei dem durch die Kombination zweier aus leicht abweichenden Perspektiven aufgenommener Bilder ein dreidimensionaler Effekt erzielt wird (vgl. Bateson 1979; Keeney 1979). Nach dem kurztherapeutischen Konzept von Steve DeShazer (1982, 1988, 1991) müssen sich die Interventionen eines therapeutischen Teams so gestalten, daß sie auf der einen Seite mit der familiären → *Epistemologie* vereinbar sind, auf der anderen Seite jedoch genügend davon abweichen, um eine neue Sichtweise zu ermöglichen. Sie müssen auf der formalen Ebene möglichst → *isomorph* zur Struktur des familiären Modells der Welt sein *(→ Paradigma/innere Landkarte/Modell).* Nur so läßt sich nach Ansicht DeShazers erreichen, daß die Familie neue Perspektiven in ihre Epistemologie aufnimmt. So kann sich ein Therapeutenteam zum Beispiel aufspalten und zwei gegensätzliche Ansichten und Deutungen zu einem familiären Problem vertreten, wenn innerhalb der Familie ebenfalls eine solche Spaltung vorliegt *(→ Splitting).* Der (womöglich) in der Familie herrschenden Überzeugung, daß ein Konsens eine gefährliche Sache oder nicht möglich ist, läßt sich so Rechnung tragen. Auf der inhaltlichen Ebene können jedoch neue → *Information*en eingeführt werden.

Literatur: Bateson (1979); DeShazer (1982, 1985, 1988, 1991); Keeney (1979, 1983).

Chaostheorie/Komplexitätstheorie (chaos theory/complexity theory)

Mathematische Theorie zur Beschreibung von Systemen, die durch »deterministisches Chaos« und die Ausbildung chaotischer Strukturen gekennzeichnet sind. Das Verhalten solcher Systeme ist zwar kurzfristig berechenbar, langfristig aber unberechenbar, weil die rekursive Vernetzung der kausalen Beziehungen so kompliziert ist und sich minimale Meßfehler in den Ausgangsgrößen so dramatisch auswirken können, daß das resultierende Muster unvorhersagbar wird.

Den meisten traditionellen Wissenschaften ebenso wie unserem Alltagsverständnis liegt die reduktionistische Annahme zugrunde, daß gleiche Ursachen zu gleichen Folgen führen. Dabei wird eine gewisse Fehlerbreite durchaus toleriert, so daß man sagen kann: Der wissenschaftliche wie alltagslogische Determinismus gehen davon aus, daß ähnliche Ursachen zu ähnlichen Konsequenzen führen und daß kleinere Abweichungen in den Ausgangsbedingungen zu entsprechend kleinen Abweichungen der Ergebnisse führen.

Diese wissenschaftliche und alltagslogische Grundannahme ist allerdings oft nicht zu halten. So läßt sich zum Beispiel in der klassischen Mechanik demonstrieren, daß unter bestimmten Bedingungen selbst minimale Abweichungen der Startbedingungen eines Systems zu völlig unterschiedlichen Folgen führen können. Solche unberechenbar erscheinenden Ursache-Wirkungs-Zusammenhänge sind das zentrale Forschungsfeld der Chaostheorie. Die Chaostheorie verschiebt also den Fokus von der Voraussagbarkeit und damit Kontrollierbarkeit zur Komplexität und Nicht-Beherrschbarkeit von Phänomenen.

Sie beruht im wesentlichen auf drei Axiomen: Das erste ist, daß chaotische Systeme zwar streng deterministisch sind, daß aber – zweites Axiom – die Anzahl und erst recht die Interaktion der wirksamen Variablen so groß ist, daß ihr Ergebnis praktisch unberechenbar ist. Die unüberschaubare Vielzahl und Schnelligkeit von Rückkopplungsprozessen hat zur Folge, daß minimale Veränderungen der Ausgangsbedingungen zu maximalen Auswirkungen führen können (der Flügelschlag des Schmetterlings im Himalaja, der zum Hurrikan in der Karibik führen kann). Das dritte Axiom ist, daß in chaotischen Systemen nicht einfach Zufall produziert wird, sondern daß sich in den chaotischen Bewegungsabläufen bestimmte Muster bilden können, und zwar durch Bahnungen oder Wiederholungsschleifen, sogenannte Attraktoren *(→ Eigenwert/Attraktor)*. Diese Attraktoren sind zwar auch nicht berechenbar, erlauben aber immerhin die Erwartung, daß aus den chaotischen Abläufen charakteristische Muster emergieren können.

Der französische Mathematiker Poincaré hat schon um die Jahrhundertwende die Gültigkeit des starken Kausalitätsprinzips in Frage gestellt. Er hatte ein Modell eines Sonnensystems entwickelt, das aus zwei Sonnen und einem Mond bestand. Es gelang ihm zu zeigen, daß dieser Planet unglaublich komplizierte Bewegungen machen muß, um eine beiden Sonnen entsprechende Bahn zu ziehen. Das Beispiel zeigt, daß die langfristige Berechnung von Verhalten in physikalischen Systemen auch dann unmöglich ist, wenn es ausschließlich bekannten naturwissenschaftlichen Gesetzen folgt. Poincarés Planet folgt im wesentlichen den Gesetzen der Schwerkraft und zeigt trotzdem ein unvorhersagbares Verhalten, das sich aus minimalen Abweichungen in den Ausgangsbedingungen ergibt, die nie ganz genau gemessen werden können.

Dieser Planet, dessen Flugbahn von zwei Sonnen beeinflußt wird, ist ein sehr einfaches Beispiel für ein komplexes dynamisches System, d.h. ein System, das durch die Interaktion von mehr als zwei Variablen determiniert ist. In biologischen und sozialen Systemen ist eine Unzahl interdependenter Variablen wirksam. Unter bestimmten Bedingungen entwickeln diese Systeme sehr komplexe Muster und Strukturen *(→ Selbstorganisation)*. Eine zentrale Eigenschaft dieser Systeme ist ihre rekursive Organisation, d.h., sie operieren so, daß dieselbe Operation wieder mit dem Ergebnis dieser Operation durchgeführt wird usw. *(→ Selbstbezüglichkeit)*. Im Lauf dieses infiniten Prozesses kann das System zu einem stabilen Punkt oder einem stabilen Muster oszillierender Werte kommen, sogenannter Attraktoren oder *→ Eigenwerte (→ Stabilität)*. Anpassungsfähige komplexe Systeme, die in der Lage sind, sich selbst zu organisieren und ihre Strukturen zu verändern, nähern sich immer einer chaotischen Situation, worin alte Strukturen sich ständig in Chaos auflösen und neue Strukturen aus dem Chaos emergieren *(→ Emergenz, → Fluktuation/dissipative Strukturen)*.

Für die Familientherapie sind Chaostheorie und Komplexitätstheorie insofern von besonderer Bedeutung, als sie erklären, wie minimale Unterschiede zu großen Wirkungen führen können. Zwei Familien, die unter denselben kulturell-ökonomischen Bedingungen leben, können sich aufgrund kleiner Ereignisse völlig verschieden entwickeln. Auch für die Erforschung schizophrenen Verhaltens eröffnet die Chaostheorie neue Perspektiven, etwa die Frage, welchen Regeln das scheinbar chaotische schizophrene Denken folgt.

Literatur: Collett u. Eckmann (1980); Dörner (1992); Feigenbaum (1980); Huber (1996); Jantsch (1979); Kauffman (1991); Kriz (1992); Lewin (1992); Poincaré (1957); Simon (1988, 1989).

Circumplex-Modell
(circumplex model)

Modell zur Typologisierung von Familien durch Kategorisierung in den Dimensionen → *Kohäsion*, → *Anpassungs*fähigkeit und → *Kommunikation*. Aus der Kombination dieser drei Dimensionen ergeben sich 16 Typen von Familien. Das Modell geht davon aus, daß eine bestimmte Balance von Kohäsion und Anpassungsfähigkeit für die Entwicklung und das Funktionieren der Familie optimal ist.

Auf der Kohäsionsebene muß nach dem Circumplex-Modell eine Balance zwischen zu großer Nähe, die zu → *Verstrickung* führt, und zu geringer Nähe, die zu → *Loslösung* führt, gefunden werden. Auf der Ebene der Anpassungsfähigkeit ist zwischen zu geringer und zu großer Wandlungsfähigkeit eine Balance herzustellen. Die dritte Dimension, familiäre Kommuni-

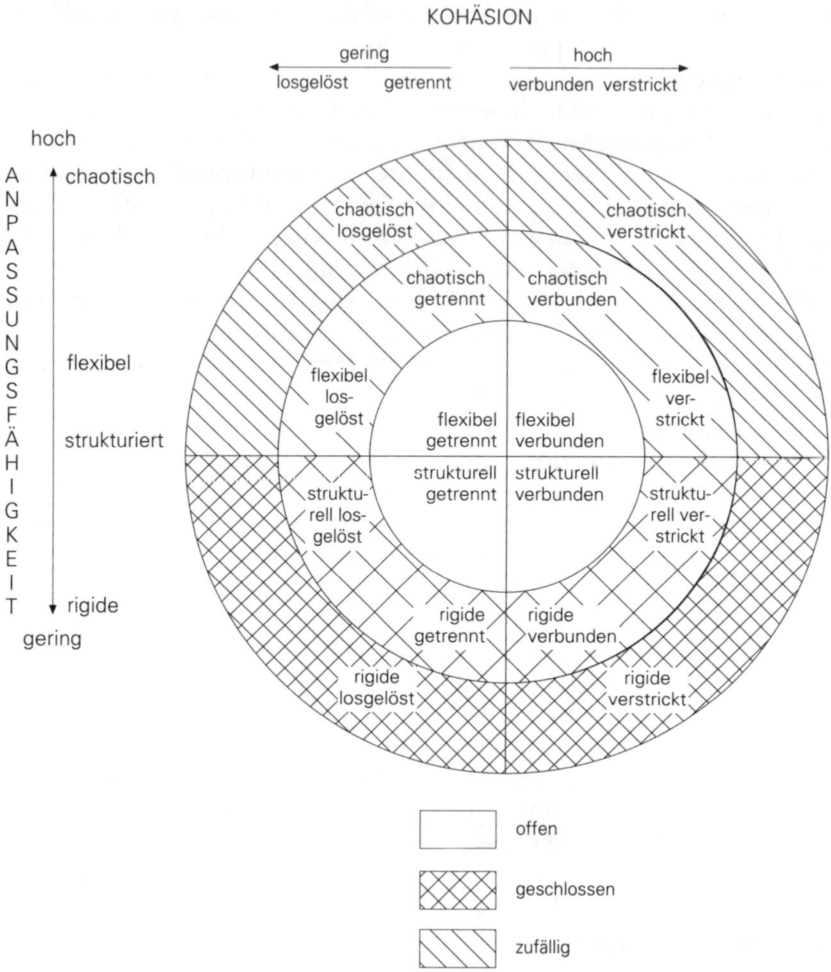

16 mögliche vom Circumplex-Modell abgeleitete Typen von Paar- und Familiensystemen (vgl. Olson, Sprenkle u. Russell 1979; → *Verstrickung/Verfilzung/Verwobenheit*, → *Loslösung/Disengagement*).

kation, wird als vermittelnd für die Beweglichkeit auf den beiden ersten Dimensionen gesehen in dem Sinne, daß es erst durch Kommunikation mit anderen Familienmitgliedern möglich wird, die für Anpassung und Kohäsion relevanten Bedürfnisse miteinander auszuhandeln.

Die obige Grafik macht deutlich, wie aus der unterschiedlichen Kombination kohäsiver Kräfte, die Nähe und Distanz innerhalb einer Familie bestimmen, und der Fähigkeit und Bereitschaft zur Anpassung, die Beständigkeit und → *Wandel* auf der anderen Seite regeln, verschiedene

Familientypen entstehen. Die Extreme der Anpassungsfähigkeit sind dementsprechend chaotische bzw. rigide Familienstrukturen, Extreme der Kohäsion sind »Verfilzung« bzw. »Unterorganisation«.

Ein darüber hinausgehendes, die Entwicklungsaspekte des → *familiären Lebenszyklus* erfassendes Typensystem liefert → *Beavers' System-Modell.* Eine Typologie familiärer Muster, die sich, anders als das Circumplex-Modell, an der Organisation von Konflikten orientiert, ist von der Heidelberger Gruppe entwickelt worden (Simon 1988, 1993, 1995, 1998). Sie geht davon aus, daß ein bipolares Schema nicht ausreicht, um z.B. die Beziehung von Nähe und Distanz in einer Familie zu erfassen, da beides gleichzeitig in hohem Maße in einer Familie realisiert sein kann *(→ Konfliktorganisation/ Tetralemma).*

Literatur: Beavers u. Voeller (1983); Cluff, Hicks u. Madsen (1994); Olson, McCubbin, Barnes, Larsen, Muxen u. Wilson (1983); Olson, Sprenkle u. Russell (1979); Olson, Russell u. Sprenkle (1983); Russell (1979); Simon (1988, 1995, 1998); Sprenkle u. Olson (1978).

Code/Codierung
(code/coding)

Der Schlüssel, nach dem Informationen von einer »Sprache« in eine andere »Sprache« übertragen werden; es handelt sich gewissermaßen um eine Übersetzungsvorschrift.

Eine solche Übersetzung (Codierung) liegt allen psychischen und sozialen Prozessen zugrunde: Ereignisse und Vorgänge, die außerhalb der körperlichen Sphäre eines Individuums stattfinden, werden als Veränderungen des eigenen Zustands beobachtet; Veränderungen, die sich außerhalb des sozialen Bereichs ereignen, werden in kommunizierbare Zeichen übersetzt. Dabei werden sie auf irgendeine Art und Weise bezeichnet und reproduziert, gedeutet und interpretiert. Folgerungen daraus führen zu verhaltensbestimmenden Entscheidungen. Kommunikationsprozesse setzen eine gewisse Übereinstimmung zwischen den Kommunikationspartnern darüber voraus, wie was zu verstehen, d.h. welcher Code zu verwenden ist. Niklas Luhmann stellt die Funktion von Codierung für die Kommunikation in den Vordergrund. Informationen müssen erst in eine kommunizierbare Form gebracht werden, um mitgeteilt werden zu können: »Die Mitteilung muß die Information duplizieren, sie nämlich einerseits draußen lassen und sie andererseits zur Mitteilung verwenden und ihr eine dafür geeignete Zeitform geben, zum Beispiel eine sprachliche (und eventuell lautliche, schriftliche, etc.) Form« (Luhmann 1984, S.197).

Unterschiedliche soziale Systeme lassen sich voneinander durch die Codes, die ihre → *Beobachtung* und ihre Verhaltensauswahl bestimmen, unterscheiden. So orientiert sich das Gesundheitssystem an der Unterscheidung krank/nicht-krank, das Wissenschaftssystem an der Unterscheidung wahr/nicht-wahr (Luhmann 1990). Was immer auch passiert, es wird durch die »Brille« dieser Schematisierungen betrachtet, d.h. in Dimensionen von »Krankheit« oder »Wahrheit« übersetzt. Familien müssen sich an einer Vielzahl von Codes orientieren. Das ist der Hintergrund für die Vielzahl möglicher Familienformen. Fragen der Codierung gehören in den weiteren Bereich der → *Semiotik (→ Semantik, → Syntax* und → *Pragmatik)* und Kommunikationstheorie *(→ Kommunikation/Kommunikationsstheorie).* Mit den sozialen Bedingungen der Entstehung von Code-Systemen beschäftigen sich die → *Ethnomethodologie* und Soziolinguistik. Die → *Psycholinguistik* untersucht die Wechselbeziehung zwischen sprachlichen Codes und psychischen Prozessen.

Literatur: Bateson (1968b); Klaus u. Liebscher (1974); Luhmann (1984, 1990); Melson u. Martin (1972); Newell (1972).

Definition der Beziehung/Beziehungsdefinition (definition of relationship)

Ein von Vertretern der → *Kommunikationstherapie* in den Mittelpunkt familientheoretischer und -therapeutischer Überlegungen gestellter Begriff. Er beschreibt, wie und wieweit Beziehungspartner Übereinkunft darüber erlangen, was in der Beziehung angebracht ist und was nicht, d.h., welche → *Regel*n in ihrer Beziehung gelten sollen.

Nach Jay Haley verbindet sich die Frage nach der Definition einer Beziehung mit der Frage, wer die Beziehung definiert. »Wenn jemand einem anderen eine Botschaft zukommen läßt, unternimmt er ein Manöver zur Definierung der Beziehung. Der andere wird damit vor das Problem gestellt, die angetragene Beziehung entweder zu akzeptieren oder abzulehnen. Er kann die Botschaft hinnehmen und damit die Definition des anderen akzeptieren oder ihr mit einem eigenen Manöver begegnen, um die Beziehung anders zu definieren. Auch kann er das Manöver des anderen akzeptieren und diese Akzeptierung zugleich mit einer Botschaft qualifizieren, die ausdrückt, daß er den anderen mit dem Manöver durchkommen läßt« (Haley 1959, S. 87).

Bei der Bemühung, die Beziehung zu definieren, stellt sich vor allem die Frage, ob diese als symmetrisch oder als komplementär *(→ komplementär/symmetrisch)* zu bestimmen ist. Da Kommunikation aber immer auf mehreren Ebenen abläuft und jeweils einen → *Inhalts- und Beziehungsaspekt* hat, die einander kommentieren, gibt es zahllose Möglichkeiten, eine Definition der Beziehung zu verweigern oder auch zu vermeiden. Haley verdeutlicht dies, indem er die formalen Merkmale einer Botschaft an eine andere Person in vier Elemente zergliedert:

1. Ich
2. sage etwas
3. zu dir
4. in dieser Situation.

»Ein Mensch kann die Definierung seiner Beziehung vermeiden, indem er eines der vier Elemente oder auch sie alle negiert. Er kann 1. leugnen, daß *er* etwas mitgeteilt hat, 2. leugnen, daß *etwas* mitgeteilt wurde, 3. leugnen, daß dem *anderen* etwas mitgeteilt wurde, 4. den *Rahmen* bzw. Kontext leugnen, in dem das Mitgeteilte gestanden hat« (Haley 1959, S. 91). Nach Haley lassen sich die klassischen psychiatrischen Symptome der Schizophrenie als Folge und Ausdruck von → *Strategien* verstehen, die darauf abzielen, die Definition der Beziehung zu vermeiden und damit Kontrolle über die Beziehung zu behalten. »Die vielfältigen und anscheinend unzusammenhängenden und bizarren Symptome der Schizophrenie lassen einen zentralen und ziemlich einfachen Kern erkennen. Will jemand unbedingt vermeiden, seine Beziehung zu definieren oder die Art des Verhaltens anzuzeigen, die in der Beziehung zulässig sein soll, so kann er das nur, indem er sich auf eine Art verhält, die sich als Symptom von Schizophrenie beschreiben läßt« (Haley, S. 95). Die von Lyman Wynne und Margaret Singer beschriebenen → *Kommunikationsabweichung*en können weitgehend als Manöver zur Vermeidung einer Beziehungsdefinition verstanden werden. Es läßt sich dabei auch von einer übermäßigen »Erweichung« der → *Beziehungsrealität* sprechen (Stierlin 1959, 1981, Retzer 1996, Simon 1988, 1990, 1995).

Besonders die Familientherapeuten um Mara Selvini Palazzoli stellten in der Folge theoretische und therapeutische Konsequenzen einer sich vor allem in schizo-präsenten Familien zeigenden Verweigerung der Beziehungsdefinition heraus. Sie sprachen von Familien mit schizophrener Kommunikation, sobald ein Mitglied konsistent eine Definition der Beziehung vermeidet. In diesem Falle vermag der Spannungspegel in einer Familie schnell in unerträglicher Weise anzusteigen: Das Bemühen bzw. → *Spiel* um die Kontrolle in der Beziehung endet in einem → *malignen Clinch.* Therapeuten sind unter diesen Umständen herausgefordert, die Mitglieder zu einer Definition ihrer Beziehung zu veranlassen. Dazu dienen u.a. das → *zirkuläre Fragen,* → *paradoxe Intervention*en und (auf eine Definition der Beziehung abzielende) Hausaufgaben. Diese → *Verschreibung*en erweisen sich als um so nützlicher, dringlicher und schwieriger, je mehr die Familienmitglieder aneinander gebunden sind *(→ Bindung).*

Literatur: Boszormenyi-Nagy (1965a, b); Haley (1959a, b, 1967a, b); Retzer (1996a); Selvini Palazzoli, Boscolo, Cecchin u. Prata (1975); Selvini Palazzoli u. Prata (1983); Simon (1988, 1990, 1995); Stierlin (1959, 1975a, 1981); Watzlawick (1975); Watzlawick, Beavin u. Jackson (1967); Wynne u. Singer (1963).

Delegation
(delegation)

Ein von Helm Stierlin (1974) beschriebener → *Beziehungs-* bzw. *Transaktionsmodus.* Die unter Delegation zu verstehenden zwischenmenschlichen Prozesse verweisen auf die doppelte Bedeutung des lateinischen Verbums delegare, nämlich »hinaussenden« *und* »mit einer Mission, einem Auftrag betrauen«. Das heißt, der Delegierte, typischerweise ein Jugendlicher, wird hinausgesandt, aber gleichzeitig an der langen Leine der → *Loyalität* gehalten. Er beweist seine Loyalität dadurch, daß er seine Aufträge gewissenhaft erfüllt. Somit wird Auftragserfüllung zur Quelle seines → *Selbstwertes.*

In Anlehnung an psychoanalytische Vorstellungen lassen sich Aufträge unterscheiden, die vorwiegend im Dienste des Es, Ich oder Überich des oder der Delegierenden (typischerweise der Eltern) stehen. Aufträge auf der Es-Ebene können etwa beinhalten, daß ein jugendlicher Delegierter Triebbedürfnisse auslebt, die sich die Eltern selbst, aus welchen Gründen auch immer, versagen müssen. Er läßt sich auf sexuelle Abenteuer ein, experimentiert mit Drogen, dient seinen Eltern als Aufregungslieferant, lebt stellvertretend die adoleszenten Sturm- und Drangjahre aus, welche die Eltern selbst nicht zu erleben vermochten. Der auf der Ich-Ebene delegierte Jugendliche hilft dagegen primär bei der praktischen Lebensbewältigung: er stützt die Eltern, ficht ihre Kämpfe aus, holt für sie Erkundigungen ein. Um Aufträge auf der Überich-Ebene zu differenzieren, bietet sich eine Orientierung an den von Sigmund Freud beschriebenen Charakteristika des Überich an: Ich-Ideal, Selbstbeobachtung und Gewissen.

Steht ein Delegierter im Dienste des elterlichen Ich-Ideals, dann muß er sich etwa zu dem herausragenden Sportler, Wissenschaftler, Künstler usw. entwickeln, zu dem sich der Elternteil aus eigener Kraft nicht zu entwickeln vermochte. Werden Aufträge im Dienste der elterlichen Selbstbeobachtung vorrangig, so muß der Delegierte in seiner Person abgespaltene bzw. verleugnete Teile des Elternteils verkörpern und ausleben, die dieser dennoch ständig in sicherer Beobachtungsdistanz vom eigenen Ich haben muß. Ein so Delegierter zeigt sich etwa als depressiv, als mißratener Delinquent, als eine Art Mülltonne für eigene, aber verworfene und nicht zugestandene Motivationen, Bedürfnisse, Antriebe, Eigenschaften. Schließlich vermögen

Delegierte der Gewissensentlastung der Eltern zu dienen. Als Beispiel hierfür nannte Stierlin jene deutschen Jugendlichen, die im Rahmen der »Aktion Sühnezeichen« in israelischen Kibbuzim schwere Arbeit verrichteten, um damit eine Schuld abzutragen, die ihre Eltern, die Mitgestalter des nationalsozialistischen Terrorregimes, sich selbst nicht zu eigen gemacht hatten.

Delegationen wie die hier angedeuteten bringen für den Delegierten oft Überforderungen und Konflikte mit sich. An sich sind Delegationsprozesse nicht als pathologisch anzusehen. Im Gegenteil, sie erscheinen notwendig, um dem heranwachsenden Kind sinnvolle Lebensziele, Inhalte und Richtungen zu vermitteln. Sie werden jedoch problematisch, wenn sie nicht auf die altersadäquaten Bedürfnisse des Kindes abgestimmt sind und dieses daher überfordern. Sie werden ferner problematisch, wenn sie das Kind Konflikten aussetzen. Dabei lassen sich drei Arten von Konflikten unterscheiden: erstens Konflikte zwischen unvereinbaren Aufträgen: Dasselbe Kind soll etwa gleichzeitig ein anhängliches, anschmiegsames Baby und ein sich im harten Berufskampf durchsetzender Künstler sein; zweitens Loyalitätskonflikte: Oft widersprechen Aufträge des einen Auftraggebers denen des anderen. Im schlimmsten Fall kann das Kind von jedem Elternteil den Auftrag bekommen, den anderen Elternteil abzuwerten und zu zerstören; drittens schließlich Konflikte, die sich von unvereinbaren Wertordnungen der elterlichen Auftraggeber und der umgebenden Gesellschaft herleiten. Häufig können Familienaufträge lauten: Bleibe der Familie loyal verbunden, löse dich niemals von ihr ab, während die (westliche) Leistungsgesellschaft verlangt: Löse dich von deiner Familie, behaupte dich, entscheide dich, setze dich in dieser Gesellschaft durch.

Die beschriebenen Konflikte zu erkennen und aufzulösen ist eine wesentliche Aufgabe der Familientherapie. Sie gestaltet sich aber schwierig, weil Beauftragungen oft verdeckt, unterhalb der Bewußtseinsschwelle, im analogen und nicht im digitalen Kommunikationsmodus *(→ analoge/digitale Kommunikation)* erteilt werden. Diese Aufträge vermitteln sich schon früh durch averbale Signale, eine Art Stimmungsansteckung, wie sie von Verhaltensforschern beschrieben wurde. Sie geben dann Anlaß zu verinnerlichten Lebensprogrammen oder *→ Skripten*. Allerdings darf man sich Beauftragung nicht als eine Art lineare Befehlsübermittlung vorstellen. Vielmehr sind komplexe Verinnerlichungs-, Austausch- und Aushandlungsprozesse am Werk, die nur zum Teil durch psychoanalytische Begriffe wie Introjektion, Verinnerlichung, Identifikation usw. erfaßt werden. Dies im Auge zu behalten ist wichtig, weil sonst der Delegationsbegriff im Sinne einer linealen Kausalität *(→ Linearität/Linealität/geradlinige Kausalität)* zu einseitig die Eltern belastenden Schuldgefühlen Anlaß geben könnte.

In dem Maße, wie die beschriebenen Delegationsphänomene sich zu einer eigenen Hauptperspektive des ursprünglichen Heidelberger familiendynamischen Konzeptes ausweiteten, differenzierten sich einige weitere therapeutisch relevante Aspekte. Dazu gehört die Unterscheidung zwischen gebundenen und ausgestoßenen Delegierten *(→ Bindung, → Ausstoßung).*

Gebundene Delegierte müssen Aufträge bewältigen, die sie im emotionalen Spannungsfeld der Familie festhalten. Dazu kann der Auftrag gehören, dem Leben eines alternden Elternteils Sinn zu geben, diesem zu gestatten, sich ständig um den Delegierten zu sorgen, ja für ihn aufzuopfern. Des weiteren kann ein gebundener Delegierter beauftragt sein, das Leben eines früh verstorbenen Geschwisters weiterzuführen und die von der Familie in diese Geschwister gesetzten Erwartungen und Ideale zu erfüllen. Dadurch erspart er den Eltern die dringend notwendige Trauerarbeit. Es kann aber auch darum gehen, stellvertretend die Konflikte und Verhaltensweisen eines so oder so abgewerteten oder ausgestoßenen Familienmitgliedes zu übernehmen bzw. auszuleben.

Ausgestoßene Delegierte erleiden andersartige Überforderungen. Sie wurden als Kinder vergleichsweise wenig gebunden, erfuhren schon früh elterliche Kälte und Distanzierung. Sie mußten sich schließlich darauf einstellen, ein Minimum an elterlicher Anerkennung und Zuwendung durch das perfektionistische Erfüllen bestimmter elterlicher Erwartungen zu gewinnen. Solche Delegationen finden sich häufig bei Menschen, die an psychosomatischen Leiden oder auch an Krebs erkranken. Letztere erscheinen häufig delegiert, sich zu niemals aufmuckenden, konformistischen, selbstlosen Persönlichkeiten zu entwickeln, die ihre Eltern und Mitmenschen, auch wenn sie durch sie Ausstoßung und Versagung erlitten hatten, idealisierend verklären. Elemente der hier beschriebenen Delegationsdynamik wurden von anderen Autoren auf verschiedenste Weise zum Ausdruck gebracht. Dazu rechnen etwa die von A. M. Johnson (1949) entwickelte Vorstellung der von den Eltern sanktionierten Überich-Lakunen bei ihren Kindern, der von Melanie Klein (1946) eingeführte Begriff → *projektive Identifikation,* Horst-Eberhard Richters (1960) narzißtische Projektionen von Eltern auf ihre Kinder, Lyman Wynnes (1958) »trading of dissociations« (Aushandeln von Dissoziationen), Rodney Shapiros (1963) Begriff der Delineation *(→ Zuschreibung),* H. Dicks' (1967) und Jürg Willis (1975) Begriff der → *Kollusion,* die sich auch als eine wechselseitige Delegation verstehen läßt. Ebenso bestehen Beziehungen zu dem Begriff der → *Triangulation,* also der Einbeziehung eines Dritten in eine Zweierbeziehung. Er wird benötigt, um diese Beziehung zu entschärfen oder zu stabilisieren. Das geschieht immer dann, wenn ein Kind als Sorgen- oder Problemlieferant gebraucht wird, um die Eltern von eigenen, gegen den Partner gerichteten explosiven Gefühlen von Frustration und Wut abzulenken. Sie setzen sich nicht mit ihren Problemen und ihren gegenseitigen Enttäuschungen auseinander, sondern hadern über die falschen Erziehungsmethoden des anderen oder bewerten das Kind als Beweis seiner Inkompetenz. Ein derartig trianguliertes Kind ist ein mehrfach gebundener Delegierter im oben beschriebenen Sinne.

Unter therapeutischen Aspekten bietet sich durch das Erkennen der beschriebenen Delegationen die Möglichkeit, plausible → *Umdeutung* ins Werk zu setzen: Kinder zeigen sich nun nicht mehr als Symptomträger, als Beispiele von Ich- oder Überich-Schwäche, Haltlosigkeit, Verführbarkeit, seelischer Unreife, Psychopathie usw., sondern als Erbringer von Leistungen, ja Opferleistungen für die Eltern, die Anerkennung verdienen. Durch solche Sicht läßt sich möglicherweise die gesamte familiäre → *Epistemologie* korrigieren. Des weiteren macht ein Verständnis von Delegationsproblemen nachvollziehbar, warum – wie dies häufig etwa bei magersüchtigen Mädchen zu beobachten ist – ein bisher immer folgsamer, niemals aufmuckender Delegierter sich zu einem trotzigen, widersätzlichen Symptomträger entwickelt. Er hat in der »Übererfüllung seiner Aufträge« eine Waffe entdeckt, um die ihn delegierenden Eltern zu bestrafen und wenn nicht Anerkennung, so doch ständige Zuwendung und sorgenvolles Interesse zu erzwingen. In neuerer Zeit hat Bert Hellinger im Rahmen des von ihm entwickelten → *Familien-Stellens* auch den Delegationsprozessen eine neue Bedeutung gegeben.

Literatur: Bowen (1960a, b, 1976); Dicks (1967); Hellinger (1994); Johnson (1949); Johnson u. Szurek (1952); Klein (1946, 1955); Richter (1960, 1963); Rykoff, Day u. Wynne (1959); Shapiro (1963, 1968); Stierlin (1974a, 1978, 1989, 1994a, b); Stierlin, Rücker-Embden, Wetzel u. Wirsching (1977); Weber (1993); Willi (1975); Wynne, Ryckoff, Day u. Hirsch (1958); Weber (1998).

diachron/synchron
(diachronic/synchronic)

(von griech. dia = durch; syn = zusammen; chronos = Zeit)

Beide Begriffe werden verwendet, um die Anordnung einer Struktur im Blick auf die Dimension Zeit zu beschreiben. Geschichtliche Entwicklungen, d.h. das Nacheinander von Ereignissen, weisen eine Struktur innerhalb der Dimension Zeit auf; ihre Struktur ist »diachron«. Das Nebeneinander irgendwelcher Elemente und ihre Verknüpfung hingegen zeigen sich als Gleichzeitigkeit von Ereignissen. Ihre Struktur ist »synchron«.

Die Begriffe synchron und diachron dienen also dazu, zwei Ebenen von Strukturen zu beschreiben: Die synchronen sind die des »Hier und Jetzt«, die diachronen die der Geschichte. Das aktuelle Interaktionsmuster einer Familie muß dementsprechend als synchrone Struktur verstanden werden, die Geschichte der Familie hingegen, wie sie sich etwa durch eine → *Mehrgenerationenperspektive* eröffnet, als diachrone Struktur. Die Unterscheidung diachroner und synchroner Strukturebenen stammt ursprünglich aus der Sprachtheorie. Auf soziale Strukturen angewendet wurden sie vor allem von Claude Lévi-Strauss.

In der Familientherapie wird diese Unterscheidung verwendet, um die Organisation antagonistischer oder ambivalenter Tendenzen in Familien zu beschreiben (Simon 1988, 1990, Weber et al. 1987). Wenn eine Person oder eine Familie mit widersprüchlichen Zielen, Werten oder Impulsen konfrontiert wird, kann sie diesen Konflikt diachron oder synchron organisieren.

Bei diachroner Dissoziation werden ambivalente Inhalte zeitlich so weit auseinandergezogen, daß die beiden Seiten nacheinander wahrgenommen werden und damit die Kohärenz und Erzählgestalt teilweise aufgehoben wird. Arnold Retzer (1996) beschreibt eine diachrone Zeitorganisation als charakteristisch für Familien mit einem manisch-depressiven Mitglied. Sie reißt die Verbindung zwischen verschiedenen Wahrnehmungen und damit ihre Bedeutung auseinander. In den manischen Phasen des Indexpatienten zeigt er seinen emotionalen Abstand zu anderen Familienmitgliedern, in depressiven Phasen seinen Wunsch nach emotionaler Nähe. Aus der Sicht eines Außenbeobachters ist das Interaktionsmuster der Familie zuerst durch eine zentrifugale, dann durch zentripetale Tendenzen *(→ zentripetale/ zentrifugale Kräfte)* gekennzeichnet. Auf diese Weise werden Gegensätze und damit potentielle Konflikte nicht mehr als solche erfahrbar. Die Ambivalenz ist zeitlich derart entzerrt, daß sie subjektiv nicht mehr erlebt wird.

Bei synchroner Dissoziation wird Ambivalenz dadurch nicht mehr wahrnehmbar, daß die Zeitunterschiede aufgehoben scheinen, keine Abfolge von Ereignissen mehr erkennbar ist und sich die Ambivalenz durch das Fehlen von Unterschieden auflöst. Sie zeigt sich vor allem in Familien mit einem schizophrenen Mitglied. Die Zeit als Kontinuität ist aufgehoben. Alle psychischen Inhalte werden nicht mehr durch ein zeitliches Nacheinander organisiert, sondern sind dauernd gleichzeitig und scheinbar gleichwertig präsent. Dadurch entsteht in der Erzählung eine Bedeutungsunklarheit alles Gesagten. Auf der Ebene der familiären Kommunikation entspricht dieser durch synchrone Dissoziation erlebten Ambivalenzfreiheit eine scheinbar konfliktlose → *Pseudo-Gegenseitigkeit* (Wynne et al. 1958).

Auch die → *Kollusion* ist eine Form des synchronen Ambivalenzmanagements. Die beiden Seiten eines Konfliktes sind zwischen den beteiligten Partnern aufgeteilt. Jeder für sich handelt konsistent und ambivalenzfrei. Die intrapsychische Ambivalenz jedes Partners ist dadurch gelöst, daß sie interpersonell aufgespalten ist.

Literatur: Lévi-Strauss (1945, 1949b); Retzer (1996b); Simon (1988, 1998); Simon, Weber, Stierlin, Retzer u. Schmidt (1989); Weber, Simon, Stierlin u. Schmidt (1987); Wynne, Rykoff, Day u. Hirsch (1958).

dialektische Methode
(dialectic method)

(von griech. dialektikḗ = Kunst der Gesprächsführung)

Das Bemühen um Nachweis und Überwindung von Widersprüchen im Denken und Sein. Dieses Bemühen hat im Abendland eine lange philosophische Tradition. In dem Maße, wie familien- und systemorientierte Therapeuten für die der menschlichen → *Beziehungsrealität* innewohnenden Widersprüche sensibilisiert werden, gewinnt auch die dialektische Methode zunehmend an Bedeutung.

Die griechischen Philosophen verstanden unter Dialektik die Kunst, durch geschickte Argumentation und Unterscheidungen auch widersprüchlich erscheinende Lehren akzeptabel zu machen. Aristoteles verstand unter Dialektik die Methode, über die Wahrheit oder Falschheit der für wahr gehaltenen Meinungen zu urteilen. Im Mittelalter wurden Dialektik und Logik mehr und mehr gleichgesetzt. Kant sprach von der Dialektik als der »Logik des Scheins«. Sie versuche durch das In-Beziehung-Setzen bereits bekannter Begriffe zu Erkenntnissen zu gelangen, ohne die Erfahrung zu berücksichtigen. Schelling verband als erster explizit das Wort Dialektik mit dem schon von Fichte eingeführten dialektischen Dreischritt von These über Antithese zu der beide aufhebenden Synthese. Hegel, der dieses Vorgehen ausweitete, unterschied Dialektik als Methode des Erkennens von der Metaphysik. Ihm zufolge vollzieht sich in der Dialektik eine gesetzmäßige Bewegung, worin Denken und Sein zur Identität gelangen. Somit bedeute Dialektik das innere Bewegungsgesetz nicht nur der Begriffe, sondern auch des historischen und gesellschaftlichen Seins. Marx stellte Hegels Philosophie »vom Kopf auf die Füße«, befreite sie von ihrem idealistischen Gehalt und sah in der Dialektik nunmehr den Schlüssel zur Deutung ökonomischer und gesellschaftlicher Verhältnisse. Engels stellte der subjektiven Dialektik des Begreifens eine »objektive Dialektik der Dinge selbst« entgegen, die nicht nur die Bewegung der Gesellschaft, sondern auch der Natur regelt. Auf diese Vorstellung gründete sich in der Folge der dialektische Materialismus.

Innerhalb der Familientherapie und -theorie zeigt sich die menschliche Beziehungswirklichkeit besonders widersprüchlich. Jedes Familienmitglied beobachtet die Familie als Ganzes und nimmt seiner Perspektive entsprechend seine Beschreibungen, Erklärungen und Bewertungen vor. Konflikte und Widersprüche sind dabei unvermeidlich. Ihre Aufhebung *(→ Konfliktorganisation/Tetralemma)* kann als Ergebnis eines dialektischen Prozesses betrachtet werden. Widersprüche und Konflikte innerhalb von Familien sollten daher nicht als Ausnahme, sondern als die Regel betrachtet werden. Unterschiedliche Beobachter beschreiben Familien unterschiedlich. Dies ist letztlich darin begründet, daß sich diese Wirklichkeit mittels einer Vielzahl von Modellen erfassen läßt und jedes dieser Modelle Grenzen aufweist, etwa wegen der Nichthinterfragbarkeit unserer Wahrnehmung *(→ Epistemologie)*, der Problematik der zeitlichen Strukturen *(→ diachron/synchron)*, der grammatikalisch und gesellschaftlich bedingten → *Interpunktion*en, der Vermischung der → *logischen Typen*. Unter diesen Umständen läßt sich auch hier Dialektik als eine unter anderen Methoden verstehen, die solche Widersprüche nachzuweisen und/oder aufzuheben vermag. Das kann in Anlehnung an Hegelsche Vorstellungen geschehen, läßt sich aber auch durch Verfahren erreichen, welche die Grenzen der verwendeten Modelle hinterfragen bzw. bloßlegen oder etwa eine Vermischung logischer Typen nachweisen. Ausgehend von dem von Hegel in seiner »Phänomenologie des Geistes« beschriebenen Verhältnis von »Herr und Knecht« läßt sich auch von einer »Beziehungsdialektik« sprechen, worin sich → *Beziehungsgleichgewichte* konstruieren, verändern oder auch gegenseitig hervorbringen. Wir können schließlich von einer therapeutischen Dialektik reden, wenn es darum geht, gleichsam durch »Drehen der ganzen Betrachtung« (Wittgenstein) eine erstarrte individuelle oder familiäre Beziehungswirklichkeit aufzurütteln und umzuorientieren. Dies kann etwa durch das Einführen neuer und oft überraschender Informationen im Rahmen einer zirkulären Fragetechnik *(→ zirkuläres Fragen)* oder auch durch sogenannte → *paradoxe Intervention*en geschehen *(→ Umdeutung)*.

Literatur: Bopp u. Weeks (1984); Boszormenyi-Nagy (1975); Hegel (1807); Soper u. L'Abate (1980); Stierlin (1969, 1971a, 1983); Watzlawick (1977); Watzlawick, Weakland u. Fisch (1974); Weeks u. L'Abate (1978, 1982); Wittgenstein (1958).

dominant/inferior
(dominant/inferior)

Gegensätzliche Positionen und Verhaltensweisen, die das Muster in einer → *komplementär*en Beziehung bestimmen.

Sprachlich wäre es richtiger, die Unterscheidung superior/inferior oder dominant/submissiv zu verwenden, aber die genannte Unterscheidung ist in den familientherapeutischen Sprachgebrauch eingegangen und wird daher beibehalten.

In einer auf Ungleichheit beruhenden Beziehung läßt sich zwischen einer dominanten (von lat. dominus = Herr) bzw. superioren (lat. = höher), also hierarchisch übergeordneten, und einer inferioren (lat. = niedriger), also untergeordneten Position unterscheiden. Allerdings erweist sich eine solche Positionszuweisung bei einer systemischen Betrachtung häufig als fragwürdig und relativ. Denn diese Betrachtung zeigt, daß die Definition, wer aktiv und wer passiv ist, wer überlegen, wer unterlegen ist, wer auf wen

»wirklich reagiert«, weitgehend von den Prozessen der jeweiligen wechselseitigen → *Interpunktion* bestimmt ist. Wer ist zum Beispiel in einer Beziehung dominant, in welcher der »inferiore« Partner den anderen dominant sein läßt oder ihn in die dominante Position manövriert? Es handelt sich hier um eine Frage der Beziehungsdefinition und der → *Macht* innerhalb der Familie.

Literatur: Watzlawick (1975); Watzlawick, Beavin u. Jackson (1967); Watzlawick, Weakland u. Fisch (1974).

Doppelbindung/Beziehungsfalle/Zwickmühle (double-bind)

Spezifische Kommunikations- und Beziehungssituation, die auf einen oder mehrere Beteiligte eine unausweichlich paradoxe Wirkung hat. Die Elemente einer Doppelbindung lassen sich folgendermaßen beschreiben: Zwei oder mehrere Personen stehen zueinander in einer engen und lebenswichtigen Beziehung. In diesem Beziehungskontext kommt es zu einer Mitteilung, die sich aus mehreren Bestandteilen zusammensetzt. Diese Bestandteile schließen sich jedoch gegenseitig aus: Es läßt sich nicht entscheiden, welcher Teil der Gesamtaussage richtig oder falsch, gültig oder ungültig ist. Ferner ist es unmöglich, dieser Situation dadurch zu entkommen, daß man das Feld räumt oder darüber kommuniziert.

Derartige Situationen konstellieren sich im allgemeinen zwischen Eltern und Kindern oder in Abhängigkeitsbeziehungen materieller oder ideeller Art, die durch starke → *Loyalität* oder auch durch faktisches Ausgeliefertsein, etwa an einen Experten (im Krankheitsfalle beispielsweise an einen Arzt), gekennzeichnet sind. Kommt es in einem derartigen Interaktionszusammenhang zu einander widersprechenden Aussagen oder Aufforderungen zum Handeln, so entsteht für den Betroffenen eine Zwickmühle oder Beziehungsfalle. Die sich gegenseitig kommentierenden und entwertenden Aussagen werden zumeist gleichzeitig auf verbaler und nonverbaler Ebene gegeben. Ihr Empfänger wird notgedrungen verwirrt, weil seine Wahrnehmungen nicht miteinander zu vereinbaren sind. Aus der Falle läßt sich nur entkommen, wenn man einen weiteren Abstraktionsschritt vollzieht, indem man über die Situation redet, d.h. metakommuniziert *(→ Metakommunikation)*. Erst wenn auch dies verboten oder unmöglich gemacht wird, läßt sich im strengen Sinne von einer Doppelbindungssituation sprechen. Eine paradoxe Mitteilung als solche bedeutet somit noch keine Doppelbindung.

Die Doppelbindungs-Hypothese wurde 1956 von Gregory Bateson und Mitarbeitern beim Studium der Kommunikation in Familien mit einem schizophrenen Mitglied entwickelt. Sie gründet auf der formalen Analyse von Kommunikationsstrukturen. Dieser Ansatz leitet sich von der »Theorie der → *logischen Typen*« von Alfred Whitehead und Bertrand Russell (1910–1913) her. Den genannten Autoren zufolge muß zwischen Begriffen, die für eine Klasse, und solchen, die für die Elemente dieser Klasse stehen, bedeutungsmäßig unterschieden werden. Die beiden Arten von Begriffen weisen einen unterschiedlichen logischen Typus auf. Dabei enthält der Begriff des höheren logischen Typus eine Aussage über den des niedrigeren logischen Typus. Kommunizieren zwei Menschen miteinander, so müssen sie verläßlich markieren, welchem logischen Typus ihre Aussage angehört. Gehört eine bestimmte Handlung zum Beispiel zur Klasse aller Handlungen, die Spiel sind, oder gehört sie zur Klasse aller Handlungen, die Nicht-Spiel sind? *(→ Kontextmarkierung)* Es sind also immer mindestens zwei Kommunikationsebenen notwendig, von denen die eine die andere kommentiert und markiert. Vom Empfänger der Botschaft wird dementsprechend verlangt, daß er zwischen diesen verschiedenen Kommunikationsebenen und den sich darauf beziehenden Kommunikationsmodi zu unterscheiden vermag. Bei einem als schizophren diagnostizierten Individuum erkannten Bateson und Mitarbeiter Schwächen in drei Bereichen dieser Unterscheidungsfunktion: »A. Es hat Schwierigkeiten, den Botschaften, die es von anderen empfängt, den richtigen Kommunikationsmodus zuzuordnen. B. Es hat Schwierigkeiten, den Botschaften, die es selber verbal oder averbal aussendet, dem richtigen Kommunikationsmodus zuzuordnen. C. Es hat Schwierigkeiten, seinen eigenen Gedanken, Empfindungen und Wahrnehmungen den richtigen Kommunikationsmodus zuzuordnen« (Bateson et al. 1956, S. 14).

Die nähere Betrachtung führte dazu, die unkonventionellen Kommunikationsgewohnheiten schizophrener Patienten als Ausdruck und Folge ihrer familiären Lernerfahrung zu verstehen. Die Beziehungs- und Kommunikationsstrukturen ihrer Familien erwiesen sich als paradox, die Patienten selbst als »Opfer« einer chronifizierten Doppelbindung: Es war ihnen verboten, die logischen Typen zu unterscheiden und/oder solche Unterscheidungen zu lernen.

Die ursprüngliche Auffassung vom »Opfer«, dem naturgemäß irgendwelche »Täter« gegenüberstehen, wurde jedoch, wie Bateson und Mitarbeiter (1962) feststellten, der gegebenen Komplexität nicht gerecht: Einerseits läßt sich nicht verkennen, daß Eltern, mit der Realität der stärkeren Persönlichkeit ausgestattet (Stierlin 1959), über längere Zeiträume hinweg die existentielle Situation und → *Beziehungsrealität* ihrer Kinder maßgeblich zu prägen vermögen. Andererseits wirken Doppelbindungen zirkulär. Daher ist letztlich nicht zu entscheiden, wer wen in einer Beziehungsfalle gefangenhält.

Der Zusammenhang zwischen Doppelbindung und Schizophrenie läßt sich dementsprechend wie folgt beschreiben: »1. Wo Doppelbindungen länger oder sogar chronisch zur Wirkung kommen, beinhalten sie gewohnheitsmäßige und schwer beeinflußbare Erwartungen hinsichtlich der Natur menschlicher Beziehungen und der Welt im allgemeinen. Diese Erwartungen bedürfen schließlich keiner weiteren Verstärkung mehr.

2. Das durch Doppelbindungen bewirkte paradoxe (bzw. paradox anmutende) Verhalten hat selbst doppelbindende Rückwirkungen. Dies aber führt zu sich selbst verewigenden Kommunikationsstrukturen. In künstlicher Isolierung betrachtet, entspricht das Verhalten des am auffälligsten gestörten Kommunikationsteilnehmers den klinischen Kriterien der Schizophrenie« (Watzlawick et al. 1967, S. 199).

Diskutiert man die Beziehung zwischen Doppelbindungs-Situationen und Schizophrenie, dann wird man nicht umhinkönnen, neben der formalen Ebene der Unterscheidung der logischen Typen auch die inhaltliche zu betrachten. Bezogen auf die Frage der → *Selbst-Objekt-Differenzierung* lassen sich die Systeme »Individuum« (»Selbst«) und »Kommunikationssystem« (»Dyade«, »Familie«) als einem verschiedenen logischen Typus angehörig verstehen. Das »Selbst« wird in der Kommunikation mit den anderen abgegrenzt und als Einheit, die ihre Identität bewahrt, konstruiert. Es wird vom Rest der Familie unterschieden: Das eine ist Element des anderen. Die Fähigkeit zur Selbst-Objekt-Differenzierung zeigt sich somit an die Fähigkeit zur Unterscheidung der logischen Typen gebunden, die Unfähigkeit zur Selbst-Objekt-Differenzierung zeigt sich als Unfähigkeit, die logischen Typen zu unterscheiden. Inwieweit das eine Voraussetzung des anderen ist, läßt sich nicht eindeutig feststellen. Etliche Autoren sind zumindest der Meinung, die Selbst-Objekt-Differenzierung sei Voraussetzung zur Unterscheidung der logischen Typen *(→ Kategorienbildung).* Bei Einbeziehung der inhaltlichen Ebene ergeben sich Parallelen der Doppelbindungs-Hypothese zu anderen familientheoretischen Schizophreniekonzepten, wie → *Mystifikation*, → *intersubjektive Fusion*, → *Pseudo-Gemeinschaft*, → *Gummizaun*, überfordernde und konfliktträchtige → *Delegation*en.

Doppelbindungen (von Helm Stierlin im Deutschen auch »Beziehungsfallen« genannt; 1959) und »Zwickmühlen« (Loch 1961) sind, wie auch Bateson später ausführte, nichts für die Schizophrenie Spezifisches. Sie treten in vielen Kommunikationskontexten auf, insbesondere bei humorvollen und künstlerischen Aussagen. Schizophreniespezifisch könnte sein, daß das Auflösen der Paradoxien etwa durch humorvolle und kreative Leistungen gerade hier unmöglich ist. Die Einsicht, daß Doppelbindungen und kreative Neustrukturierungen eng miteinander verbunden sind, hat u.a. zur Entwicklung von Methoden der therapeutischen Doppelbindung geführt: Auch die psychotherapeutische Situation erweist sich für den Patienten als in hohem Maße lebenswichtig. Ihm wird in dieser Situation eine Verhaltensaufforderung gegeben, die so beschaffen ist, »daß sie a) das Verhalten verstärkt, das der Patient ändern möchte, b) diese Verstärkung als Mittel der Änderung hinstellt und c) eine Paradoxie hervorruft: der Patient wird aufgefordert, sich durch Nicht-ändern zu ändern. Damit aber kommt er mit seiner Pathologie in eine unhaltbare Situation« (Watzlawick et al. 1967, S. 225). Es läßt sich hier auch von einer Methode der → *Kommunikationstherapie* sprechen, um mit dem Phänomen des → *Widerstands* umzugehen. Dieser Widerstand zeigt sich darin, daß der Patient seinerseits dem Therapeuten eine paradoxe Handlungsanweisung gibt. Denn einerseits vermittelt er diesem: »Therapiere mich!«, andererseits jedoch bekundet er durch seinen Widerstand: »Wehe, du veränderst mich!« Es besteht allerdings keine Doppelbindung im strengen Sinne, da die Beziehung für den Therapeuten nur in seltenen Fällen lebenswichtig sein dürfte. Dennoch kann er beiden Handlungsaufforderungen nicht gleichzeitig gerecht werden. Durch die therapeutische Doppelbindung im oben beschriebenen Sinne befolgt er gleichzeitig beide einander ausschließenden Aufforderungen und gibt die Aktivität und Veränderungsnotwendigkeit an den Patienten zurück *(→ paradoxe Intervention).*

Zusammenfassend läßt sich sagen, daß die Doppelbindungs-Hypothese und damit verbunden die Problematik der logischen Typisierung für die Familientheorie und -therapie zentrale Bedeutung gewonnen hat. Die Beschäftigung mit Fragen der → *Epistemologie,* der Bedingungen und Stufen des → *Lernens,* der → *Kontextmarkierung* hat sich logisch daraus ergeben. Die von Bateson und Mitarbeitern im Jahre 1956 veröffentlichte Arbeit ist über die Doppelbindungs-Hypothese hinaus vor allem deswegen wichtig, weil zum erstenmal versucht wurde, kybernetische Modellvorstellungen (d.h. system- und regelungstheoretische wie auch kommunikationstheoretische Konzepte) auf die Familie zu übertragen. Auch die Frage nach der familiären → *Homöostase* wurde zum erstenmal aufgeworfen. Dieser Bedeutung tut es kaum Abbruch, daß bis in die neueste Zeit verschiedenste Aspekte der Doppelbindungs-Hypothese einer Kritik unterzogen wurden (Cronen et al. 1982).

Literatur: Bateson (1959, 1969); Bateson, Jackson, Haley u. Weakland (1956, 1962); Berger (1978); Cronen, Johnson u. Lannamann (1982); Loch (1961); Olsen (1972); Sluzki u. Verón (1971); Sluzki u. Ranson (Hrsg.) (1974); Stierlin (1959); Watzlawick (1968); Watzlawick, Beavin u. Jackson (1967); Weakland (1960); Whitehead u. Russell (1910–1913); Wynne (1976).

Eigenwert/Eigenstruktur/Eigenverhalten/Attraktor (eigenvalue/eigenstructure/eigenbehavior/attractor)

Der Eigenwert eines Systems ist das Ergebnis der selbstreferentiellen Operationen eines operational geschlossenen Systems, mit denen es seine Selbstähnlichkeit (Identität) herstellt. Diese Operationen sind ständig erforderlich, um Abweichungen von der Selbstähnlichkeit auszugleichen und Systemkohärenz zu erzeugen.

Heinz von Foerster (1985b), der diesen Begriff eingeführt hat, erläutert ihn am Beispiel der mathematischen Operation des Wurzelziehens. Wenn man eine beliebige Zahl (außer 0) nimmt, aus ihr die Wurzel zieht, dann aus dem Ergebnis wieder die Wurzel zieht usw., nähert sich der errechnete Wert immer mehr an 1 an. In diesem Beispiel ist 1 der Eigenwert der Operation »Wurzelziehen«.

Systemtheoretisch ist der Eigenwert-Begriff im Rahmen einer »operativen Erkenntnistheorie« (Foerster 1985) bedeutsam, in der Objekte und Strukturen nicht statisch verstanden werden, sondern als prozeßhaft entstehende und sich selbst erhaltende Muster. Diese Operationen werden durch Eigenwerte organisiert.

Der Begriff Eigenwert ist eng verwandt mit dem aus der → *Chaostheorie* übernommenen Begriff Attraktor, der dort verwendet wird, um die Bildung von Strukturen in chaotischen Systemen zu beschreiben. Das Verhalten der Elemente in chaotischen Systemen ist nur auf den ersten Blick zufällig. Durch Sequenzen von leichten Abweichungen, die sich durch positive und negative Rückkopplungsprozesse aufschaukeln, kommt es in chaotischen Systemen zu → *Muster*n, also zu Bewegungspfaden, die häufiger als andere eingeschlagen werden. Diese Muster nennt man Attraktoren. Sie beschreiben die Systemzustände, auf die sich das Gesamtsystem einschwingt, als ob sie von ihnen angezogen würden. In der Chaosforschung werden unterschiedliche Attraktoren unterschieden: der Fixpunkt, der Grenzzyklus, der Torus und »strange attractors«, wie sie z.B. bei der Berechnung des Wetters von Bedeutung sind.

Attraktoren haben in chaotischen Systemen gewissermaßen eine dezentrale Ordnungsfunktion und führen dazu, daß chaotische Systeme zwar »lokal unvorhersagbar, aber global stabil« (Briggs 1993) sind. Wüßte man alle verhaltensbestimmenden Attraktoren eines Systems und könnte seine Anfangsbedingungen exakt messen, so wäre deterministisches Chaos berechenbar. Aufgrund des chaostheoretischen Prinzips, daß minimale Veränderungen der Ausgangsbedingungen zu maximalen Folgen führen können, ist dies wiederum aus prinzipiellen Gründen nicht möglich.

Auf familiäre Prozesse übertragen könnte man sagen, daß die Interaktionen der Familienmitglieder die Operationen sind, die den Eigenwert »Selbst« oder »Rolle« herstellen. Unterschiedliche familiäre Situationen werden dann so verarbeitet, daß die interagierenden Familienmitglieder ihre vorher schon eingenommenen Positionen (ihr Eigenverhalten) reproduzieren. Im Verhalten lebender Systeme wie z.B. von Familien kann auf diese Weise beschrieben werden, wie sich aus hochkomplexen Interaktionen bestimmte repetitive Muster oder wiederkehrende Themen bilden, die keiner externen Kraft folgen, sondern lediglich intern determiniert sind.

Literatur: Briggs (1993); Dörner (1989); v. Foerster (1985a, b, 1988); Huber (1996); Jantsch (1979).

Emergenz/emergente Eigenschaften (emergence/emergent traits)

Die Eigenschaften komplexer Systeme, die sich nicht aus den Systemelementen, sondern nur aus ihrem Zusammenwirken erklären lassen. Emergente Eigenschaften können sich von den Ausgangselementen ihrer Entstehung unabhängig machen und neue Systemeigenschaften erzeugen, die ihrerseits nicht mehr auf die Ausgangselemente reduzierbar sind.

Der Satz, daß das Ganze mehr sei als die Summe seiner Teile, drückt die emergente Eigenschaft des »Ganzen« aus. Ein Beispiel dafür ist die »Gestalt«, die sich nicht aus ihren Komponenten erklären läßt. Die Gestaltpsychologie hat aus den emergenten Gestaltqualitäten eine ganze psychologische Richtung entwickelt. In der kognitiven Psychologie werden mentale Prozesse wie Denken oder Erinnern als emergente Eigenschaften des Gehirns verstanden, die sich nicht auf die biologischen Elemente des Gehirns zurückführen lassen.

Obwohl es keine einheitliche Theorie der Emergenz gibt, steht außer Zweifel, daß sich emergente Eigenschaften überall in offenen und geschlossenen Systemen gefunden haben, die einen engen Vernetzungsgrad aufweisen. So lassen sich dissipative Strukturen *(→ Fluktuation/dissipative Strukturen)* nur durch emergente Eigenschaften der Elemente erklären.

Der erkenntnistheoretische Stellenwert der Emergenz für die Systemtheorie ist trotz des geringen Formalisierungsgrades des Emergenzbegriffs nicht zu unterschätzen. In seiner Konsequenz stellen Emergenzphänomene den naturwissenschaftlichen Reduktionismus und das damit verbundene Kausalitätsdenken radikal in Frage.

Im therapeutischen Kontext ist etwa die Schaffung von Sinnstrukturen mit dem Emergenzbegriff zu erklären: Bestimmte Lebensereignisse werden derart miteinander verknüpft, daß sich daraus eine Sinnfigur ergibt. So ist die Lebenslinie, immer schon ein Versager gewesen zu sein, das Ergebnis einer spezifischen komplexitätsreduzierenden Auswahl und Zusammenstellung von Lebensereignissen, die aus diesen eine emergente Figur schafft, die nicht aus den Lebensereignissen allein zu erklären ist. So ist es zu erklären, daß emergente Strukturen auch weiterbestehen können, selbst wenn die ursprünglichen Komponenten gar nicht mehr aktuell sind.

Literatur: Willke (1978, 1982).

emotionale Scheidung (emotional divorce)

Von Murray Bowen geprägter Begriff, um eine starke gefühlsmäßige Distanzierung zwischen Partnern zu beschreiben.

Der Zustand der emotionalen Scheidung kann relativ starr und unverändert über lange Zeiträume zur Wirkung kommen. In diesem Falle zeigen sich zumeist bei verschiedenen Familienmitgliedern Symptome *(→ Beziehungsstagnation).* Er kann aber auch vorübergehend als Phase im emotionalen und tatsächlichen Prozeß der Scheidung *(→ Scheidungstherapie, → Mediation)* auftreten. Dem Familien- bzw. Paartherapeuten stellt sich nach Bowen die Aufgabe, die emotionale Scheidung, wenn irgend möglich, aufzulösen. Gelingt dies, so zeigen die Partner oft ein Verhalten Jungverheirateter mit gegenseitiger intensiver Verliebtheit, Flitterwochen usw.

Die Verwendung der Begriffe emotionale Scheidung und → *emotionale Trennung* ist nicht immer eindeutig unterschiedlich. Es scheint aber sinnvoll, den Begriff der emotionalen Trennung für Familien vorzubehalten, in denen die → *Selbst-Objekt-Differenzierung* gestört ist, was nicht Voraussetzung der emotionalen Scheidung ist.

Literatur: Bohannan (1973); Bowen (1966); Innes (1996); Kaslow (1981a); Kessler (1975).

emotionale Trennung (emotional cut-off)

Das von Murray Bowen eingeführte Konzept beschreibt eine typische Form des Umgangs mit einer besonders starken (verdeckten oder offenen) → *Bindung* vom Verschmelzungs-/Fusionstypus an eine oder mehrere, in der Regel der Herkunftsfamilie angehörende Person(en). Im einzelnen können Selbstisolation, Abbrechen aller emotionalen Beziehungen und Kontakte, Suche nach einer großen physischen Distanz und weitgehende Vermeidung aller Situationen, in denen die emotionale Fusion wirksam werden könnte, zum Tragen kommen. Die emotionale Trennung läßt sich als Versuch verstehen, durch starke zentrifugale Kräfte die bestehenden starken zentripetalen Kräfte auszubalancieren *(→ zentripetale/zentrifugale Kräfte).*

Je mehr es während wichtiger kindlicher Entwicklungsphasen zu einer emotionalen Bindung mit drohender Verschmelzung kam, um so wahrscheinlicher und deutlicher zeigen sich früher oder später die genannten Mechanismen der »emotionalen Trennung«. Betrachtet man Familiengeschichten über mehrere Generationen, so erweist sich, daß die Stärke der emotionalen Trennung zunimmt. Sie stellt insofern ein Paradox dar, als sie auf der einen Seite ein Problem reflektiert, es »löst«, gleichzeitig aber ein neues schafft. Sie reflektiert das Problem der über mehrere Generationen wirksamen Verschmelzungstendenzen und löst dieses Problem durch die Vermeidung emotionalen Kontakts. Damit reduziert die emotionale Trennung die Angst vor Verschmelzung, schafft jedoch das Problem, daß die betroffenen Personen einander entfremdet und isoliert bleiben.

Das Konzept der emotionalen Trennung bringt somit ein über mehrere Generationen reichendes Wirkungsgefüge ins Blickfeld. Innerhalb einer individualpsychologischen Sicht würde die darin zutage tretende Problemlösungsstrategie wahrscheinlich einer bestimmten Persönlichkeitsstruktur zugeschrieben: Personen, die keine ausreichende → *Selbst-Objekt-Differenzierung* entwickelt haben, versuchen mittels Isolation und Vermeidung ihre Verschmelzungsängste zu bewältigen. In einer individuell pathologisierenden Sprache ließe sich von »narzißtisch gestörten« bzw. »schizoiden« Persönlichkeiten sprechen, die eine pathologische Form der → *Nähe/Distanz*-Regulation zeigen.

Das Problem der bedrohlichen Fusion läßt sich durch die Strategie der emotionalen Trennung nicht wirklich lösen, da ja die Sehnsucht nach intensiven Beziehungen, die in extremer Ambivalenz von der Angst vor dem Verlust des eigenen Selbst begleitet ist (Bowen 1976), weiterhin besteht. Ein Durchbrechen des Circulus vitiosus läßt sich jedoch erwarten, wenn es in gemeinsamen Familiensitzungen gelingt, Formen des Kontaktes zu entwickeln, die ein höheres Maß *bezogener* → *Individuation* bzw. Selbst-Objekt-Differenzierung ermöglichen wie bedingen.

Literatur: Anonymous (1972); Bowen (1966, 1971/72, 1976, 1978); Innes (1996); Kerr (1981); Kerr u. Bowen (1988).

Enactment

Methode der → *strukturellen Familientherapie,* ein neues familiäres Beziehungsmuster in der Therapiesitzung zu inszenieren.

Das Enactment wurde, aufbauend auf Methoden von Nathan Ackerman, durch Salvador Minuchin formalisiert, publiziert und erweitert. Nach der Analyse der familiären Interaktionsmuster restrukturiert der Therapeut die Interaktion dadurch, daß er ein neues Muster inszenieren läßt. So unterstützt er z.B. den Dialog zwischen Mutter und Tochter, die zunächst eine emotional distanzierte Beziehung zeigen, und bremst den mit der Tochter verstrickten Vater, unter Umständen auch dadurch, daß er die Sitzordnung verändert. Eine solche Konversation wird nicht als Aufgabe verschrieben, sondern findet in der Sitzung selbst statt. Auf diese Weise werden der Familie neue Optionen zugänglich gemacht.

Das enactment ist vom »re-enactment« zu unterscheiden, bei dem nicht die neue Interaktion, sondern das Problem der Familie dargestellt wird. Das re-enactment dient diagnostischen Zwecken und macht die familiären Muster direkter nachvollziehbar und erlebbar.

Musterbeispiel eines solchen Enactment ist der von Salvador Minuchin inszenierte → *family lunch*.

Literatur: Aponte u. Van Deusen (1981); Minuchin (1974a, b, 1981); Minuchin, Montalvo, Guernen, Rosman u. Schumer (1967); Minuchin, Rosman u. Baker (1978); Stanton (1981a).

Entropie/Negentropie
(entropy/negentropy)

(von griech. entrepein = umkehren)

Entropie ist ein Maß für Zufall und Unordnung bzw. für das Fehlen von Mustern in einer Systemstruktur. Negative Entropie oder Negentropie ist ein Maß für die Ordnung oder Organisiertheit innerhalb eines geschlossenen Systems.

Der Begriff Entropie wurde ursprünglich in der Thermodynamik für den »Verwandlungsinhalt«, den »Wärme- und Werkinhalt« eines Körpers oder eines Systems geschaffen. In der Thermodynamik spricht man von einer Zunahme der Entropie, wenn sich Systeme von unwahrscheinlichen Zustandsformen zu wahrscheinlicheren hin bewegen. Damit nimmt auch deren »Unordnung« zu. Diese Zunahme hört erst auf, wenn es zu einem Ausgleich der die Bewegung bedingenden Kräfte, d.h. zu einem Gleichgewichtszustand gekommen ist. Dabei handelt es sich nach Auffassung der klassischen Thermodynamik in geschlossenen Systemen um einen irreversiblen, also nicht umkehrbaren Prozeß. Entropie deutet man in diesem Prozeß als Maß der Unordnung, Ungeordnetheit, mangelnden Musterung in der Zufallsorganisation eines Systems.

Im Gegensatz zur thermodynamischen Verwendung des Entropiesatzes ist in → *information*stheoretischer Sicht eine deutliche und dauernde Abnahme der Entropie möglich. Dies mag ein Beispiel verdeutlichen: Einem Familientherapeuten kann sich das System einer Familie, mit dem er konfrontiert ist, zunächst als völlig chaotisch, ungeordnet und ohne Muster darstellen. Im Laufe des Interviews jedoch kann es gelingen, diese Entropie durch Gewinnung von → *Information* zu beseitigen. Der Gewinn von Information ist also gleichbedeutend mit der Abnahme von Entropie oder auch mit »negativer Entropie« bzw. »Negentropie«. Die Begriffe »Information« und »Negentropie« beinhalten also das gleiche, wie C. Shannon und W. Weaver dies 1949 dargestellt haben. Eine etwas genauere Definition der Beziehung von Negentropie und Information lieferte O. De Beauregard 1961. Er wies darauf hin, daß der Übergang von Negentropie zur Information sich als Erwerb von Kenntnissen verstehen läßt, im umgekehrten Fall der Übergang von Information zu Negentropie als Organisationsvermögen. Mara Selvini Palazzoli und Mitarbeiter berufen sich (1980) auf diese Arbeiten, um ihre Methode des → *zirkulären Fragens* und, darin eingeschlossen, der systematischen Einführung von Information in chaotische Familiensysteme zu begründen. Damit sei gleichzeitig ein Gewinn von Organisationsvermögen für die Familie verbunden.

Auch wenn der Entropie-Begriff aus mathematischen Theorieansätzen stammt, gewinnt er für die Familientheorie und Familientherapie an Bedeutung, da er sich anbietet, die Wechselbeziehung zwischen den Organisations- und Interaktionsmustern von Familien sowie deren spezifischer familiärer → *Epistemologie zu* erfassen (vgl. Selvini Palazzoli et al. 1980; → *Morphogenese/Morphostase*, → *Fluktuation/Dissipative Strukturen*, → *Selbstorganisation*, → *Autopoiese*).

Wenn man das Entropiekonzept auf Kommunikation anwendet, ist der größte »Feind« der Entropie die → *Redundanz*, also die zum Verstehen unerläßliche Wiederholung von Elementen einer Botschaft. Entropie erschwert Kommunikation, während Negentropie und Redundanz der Klarheit dienen.

Literatur: Bateson (1964); De Beauregard (1961); Klein (1953); Prigogine u. Stengers (1980); Selvini Palazzoli, Boscolo, Cecchin u. Prata (1980a, b); Shannon u. Weaver (1949); Sonne (1964); Szasz (1955).

Entwertung
(disconfirmation, disqualification)

Ein Kommunikationsmodus, der die eigenen Mitteilungen oder die eines Partners einer klaren Bedeutung beraubt. Bezieht sich die Kommunikation auf die Selbstdefinition eines der Interaktionspartner, so wirkt sich dies negativ auf die Entwicklung seiner → *Identität* aus.

Die Entwertung läßt sich als eine Kommunikationstechnik verstehen, die es dem Betreffenden erspart, sich mit dem → *Inhalts- und Beziehungsaspekt* von Kommunikationen auseinandersetzen zu müssen, indem sie eindeutige Aussagen und Festlegungen verhindert. Gerade im Hinblick auf die → *Definition der Beziehung* (z.B. bei der Klärung von Fragen wie: »Wer ist der Stärkere von uns beiden?«, »Liebst du mich?«, »Wer steht der Mutter und dem Vater näher?«) kann eine solche Technik alles offenlassen. Dementsprechend wird immer dort auf sie zurückgegriffen, wo eine eindeutige Beziehungsdefinition vermieden werden soll. Das kann zum Beispiel in einer Paarbeziehung der Fall sein, worin ein Partner oder beide große Angst vor zu großer Nähe oder zu großer Distanz *(→ Nähe/Distanz)* empfinden, vor der Entscheidung darüber, wer in der Beziehung die → *dominante* bzw. wer die inferiore Position einnimmt, wer in einem Machtspiel »gewonnen« und wer »verloren« hat.

Die Sprache bietet uns verschiedenste Möglichkeiten der Entwertung eigener und fremder Kommunikation: »Widersprüchlichkeit, Ungereimtheiten, Themawechsel, unvollständige Sätze, absichtliches Mißverstehen, unklare oder idiosynkratische Sprachformen, Konkretisierung von Metaphern oder metaphorische Auslegung konkret gemeinter Bemerkungen und dergleichen mehr« (Watzlawick et al. 1967, S. 75; → *Semantik*).

Die Entwertung als überwiegende Kommunikationsform in einer Familie verweist ferner auf eine Unfähigkeit oder mangelnde Bereitschaft der Mitglieder, einen gemeinsamen Aufmerksamkeitsfokus zu teilen *(→ Kommunikationsabweichung)*. Sie zeigt auch eine Einschränkung der gemeinsamen Problemlösefähigkeit *(→ Konsensus-Sensitivität/Distanz-Sensitivität/Milieu-Sensitivität)* an. Vor allem in Familien mit schizophrenen Mitgliedern finden sich entwertende Kommunikationen. Sie lassen sich gerade hier als Versuche deuten, einer Beziehungsdefinition auszuweichen. Es entsteht »ein ›absurdes Spiel‹, bei dem die Spieler sich vornehmen zu gewinnen, während die oberste Regel des Spiels das Verbot ist, zu gewinnen bzw. zu verlieren ... Ein Spiel, das nie zu Ende kommen kann, weil die Teilnehmer zu einer extremen Spannung gezwungen sind, die eine ständige Wiederholung garantiert. Jeder einzelne Spieler ist durch die hybride Illusion angekettet: ›Solange gespielt wird, habe ich noch die Möglichkeit zu gewinnen‹ – gleichzeitig jedoch dem Verbot unterworfen, offen zu erklären, daß er wirklich gewinnen will oder wirklich gewonnen hat« (Selvini Palazzoli et al. 1975, S. 41). In diesem Kontext verhindern entwertende Mechanismen besonders wirkungsvoll die gemeinsame Schaffung und Bestätigung einer eindeutigen → *Beziehungsrealität*. Bezogen auf die → *Selbst-Objekt-Differenzierung* wie auch auf die inhaltliche Selbstdefinition und Identitätsbildung, bedingt dies, daß die interpersonellen → *Grenzen* niemals eindeutig definiert werden können *(→ Verstrickung, → intersubjektive Fusion, → undifferenzierte Familien-Ich-Masse)*.

Literatur: Bateson, Jackson, Haley u. Weakland (1956); Haley (1959a, b); Kaufmann (1972); Laing (1960, 1961, 1965); Searles (1959a); Selvini Palazzoli, Boscolo, Cecchin u. Prata (1975); Sluzki, Beavin, Tarnopolski u. Verón (1966); Watzlawick, Beavin u. Jackson (1967); Wynne u. Singer (1963).

Epistemologie
(epistemology)

(griech. episteme = Wissen, Erkenntnis; Erkenntniswissenschaft, Erkenntnistheorie)

Bezeichnung für einen Bereich bzw. eine Richtung der Wissenschaft. Dieser untersucht, auf welche Art und Weise und auf welcher Grundlage Organismen erkennen, denken und verhaltensbestimmende Entscheidungen treffen. Von vielen familientherapeutischen Autoren wird der Begriff auch verwendet, um den Gegenstand dieser Wissenschaft zu bezeichnen. Er wird insofern häufig synonym mit »innerer Landkarte«, »Modell der Welt« usw. gebraucht *(→ Paradigma/innere Landkarte/ Modell).*

Die Epistemologie beschäftigt sich mit allen Arten des Erkenntnisgewinns; bezogen auf den Menschen bedeutet dies, daß sie nicht nur die Entwicklung von Strukturen des Denkens, sondern auch die der inneren Logik emotionaler Prozesse untersucht. Jede Erkenntnisstruktur eines Organismus läßt sich als ein Modell der Welt betrachten. Dieses bildet den Orientierungsrahmen für das eigene Verhalten. Wie sich ein derartiges Modell strukturiert, hängt weitgehend von der Kommunikation mit der Umwelt ab. Zum einen bestimmt es sich durch die objektiven Strukturen und Bedingungen dieser Welt, zum anderen durch die Möglichkeiten, sie wahrzunehmen. Die Entwicklung derartiger Strukturen ist somit als ein dialektischer Prozeß der Innen-/Außenanpassung zu verstehen. Betrachtet man alle erkenntnisbildenden Funktionen (z.B. Wahrnehmen, Fühlen, Denken, Entscheiden) als Ganzes, so erweist sich das menschliche Nervensystem so konstruiert, daß es – wie Heinz v. Foerster dies (1974, 1985, 1998) in seinem »Gesetz der epistemischen Homöostase« formuliert hat – jeweils eine stabile Realität »errechnet«. Dies könnte eine individualpsychologische Erklärung dafür liefern, warum familiäre Systeme dazu tendieren, instabile Zustände möglichst zu vermeiden.

Die Problematik einer von Menschen ausgeübten und auf menschliche Erkenntnis gerichteten Epistemologie zeigt sich darin, daß sie → *selbstreferent* ist, d.h. sich selbst zum Gegenstand hat. Für die familientherapeutische Forschung waren und sind epistemologische Fragestellungen jedoch von entscheidender Bedeutung. Schizophrene Denkstörungen zum Beispiel lassen sich weitgehend als Ausdruck und Folge epistemischer Irrtümer verstehen, die wiederum in engem Zusammenhang mit den Interaktionen in »schizopräsenten« Familien stehen *(→ Kommunikationsabweichung, → Kategorienbildung, → logische Typen).*

Grundlegende Einsichten über die Entwicklung der menschlichen Erkenntnisstrukturierung lieferte Jean Piaget (1970) in seiner reichhaltigen Forschungsarbeit zur »genetischen Epistemologie«. Eine systemisch kybernetische Betrachtungsweise brachte Gregory Bateson (1972, 1979) in die epistemologische Forschung ein; ihm gebührt auch das Verdienst, die Beziehung zwischen interaktionellen Phänomenen innerhalb von Familien und Störungen bzw. Irrtümern der Epistemologie in den Mittelpunkt familientherapeutischen Interesses gerückt zu haben. Allerdings galt sein Interesse nicht in erster Linie der Familientherapie, sondern allgemein der Frage, in welcher Art und Weise Geist und Natur, die er als Einheit betrachtete, aufeinander bezogen sind.

Paul Dell (1985) hat festgestellt, daß Bateson das Wort Epistemologie in fünf verschiedenen Bedeutungen verwandte: als Theorie des Wissens (im traditionellen philosophischen Sinn); als Paradigma (z.B. kybernetisch, evolutionär, ökosystemisch, zirkulär); als biologische Kosmologie (als Eigenschaften des »Geistes«); als Wissenschaft (wobei Epistemologie die Unmöglichkeit von Objektivität beschreibt und erklärt) und als »Charakterstruktur« (als habituelle Annahmen, die spezifizieren, wie jemand die Welt versteht und sich zu ihr verhält). Dell argumentiert, daß es in Batesons Epistemologie nie eine klare Ontologie gegeben habe, wie sie später sehr explizit von Humberto Maturana (1978) und Francisco Varela (Maturana u. Varela 1980) entwickelt wurde.

Edgar H. Auerswald (1971, 1985) hat die Berührungspunkte zwischen Batesons »evolutionärem Paradigma«, das aus dem Studium des »lebenden Universums« kam, der ökosystemischen Epistemologie, die sich aus den Untersuchungen von Familien entwickelt hatte, und den Konzepten der »neuen Wissenschaft«, die Planck und Einstein mit ihren Studien zum unbelebten Universum angestoßen hatten, untersucht. Ihm zufolge beschäftigt sich Epistemologie mit den »Denkregeln, die größere Gruppen von Menschen anwenden, wenn sie Realität definieren« (Auerswald 1985, S. 1). Damit versteht er Epistemologie als Paradigma der Paradigmen, wohingegen er Paradigma als Untergruppe von Regeln definiert, die sich nur auf einen spezifischen Ausschnitt von Realität bezieht.

Therapeutische Relevanz gewinnen epistemologische Fragestellungen vor allem aus der Einsicht, daß die »innere Landkarte«, d.h. das Modell der Welt, das ein Individuum oder Familiensystem entwickelt hat, bestimmt, wie es sich verhält, fühlt und denkt, welche Symptome es zeigt, ob und wie es leidet. Ziel der Therapie ist es also stets, diese »innere Landkarte« zu verstehen und zu verändern, d.h. die jeweiligen Deutungs- und Interpretationsschemata zu beeinflussen *(→ Umdeutung, → Konstruktivismus/sozialer Konstruktionismus).*

Literatur: Bateson (1972, 1979); Dell (1980, 1981); v. Foerster (1970a, b, 1974a, b, 1985, 1998); v. Glasersfeld (1987); Guntern (1980b, 1981); Hampden-Turner (1981); Keeney (1979, 1982, 1983); Klaus (1972); Kuhn (1962); Maruyama (1980); Maturana (1982); Morin (1973, 1977, 1980, 1986, 1991); Morin u. Piatelli-Palmarini (Hrsg.) (1974); Piaget (1937, 1967, 1970); Rapaport (Hrsg.) (1951); Riedel (1980); S. J. Schmidt (1987); Simon (1984, 1988); Watzlawick (1976).

Erstinterview
(first interview)

Das Erstinterview spielt in der Familientherapie eine besondere Rolle. In der Regel verfolgt es mehrere Ziele: Klärung des Überweisungskontextes, Ziel- und Auftragsklärung, Motivierung zur gemeinsamen Arbeit, Vertragsabschluß (→ *Auftrag)*, Festlegung des Settings.

Das Erstinterview gestaltet sich unterschiedlich je nach dem verwendeten Behandlungsmodell (→ *Modelle der Familientherapie)*. Insbesondere für eine Arbeit nach dem Systemmodell erweist sich schon im Erstinterview die Bildung einer familiendynamischen Hypothese als zentrale Aufgabe. Sie läßt sich am besten durch → *zirkuläres Fragen* bewältigen, bei dem die Interviewer ständig neue Hypothesen auszutesten bzw. zu validieren oder zu falsifizieren versuchen. Je mehr sie dabei sowohl die wesentliche Motivationsdynamik der Mitglieder ansprechen als auch neue – sei es verwirrende, sei es faszinierende, sei es beunruhigende – Perspektiven einführen, desto eher wird es ihnen gelingen, die Mitglieder für eine weiterführende Therapie zu motivieren. In der lösungsorientierten Therapie gilt es, bereits im Erstinterview eine möglichst konkrete Vorstellung davon zu entwickeln, wie die Situation der Familie am Ende einer gelungenen Therapie aussieht (DeShazer 1988, 1991, Simon 1995, Simon u. Rech-Simon 1998). Die Klärung des Überweisungskontextes macht den Therapeuten deutlich, welche heimlichen oder inoffiziellen Aufträge ihm vom Überweiser oder den Institutionen, in denen er arbeitet, gegeben werden.

Literatur: DeShazer (1988, 1991); Framo (1980); Franklin u. Prosky (1973); Selvini Palazzoli, Boscolo, Cecchin u. Prata (1977); Simon (1995); Simon u. Rech-Simon (1998); Stierlin, Rücker-Embden, Wetzel u. Wirsching (1977); Weber, McKeever u. McDaniel (1985).

Ethnomethodologie
(ethnomethodology)

Sozialwissenschaftlicher Forschungsansatz, welcher die Beziehung zwischen Wahrnehmungs- bzw. Sprachmustern und spezifischen sozialen Kontexten untersucht. Er erhellt vor allem die Formen und Bedingungen des sogenannten Alltagswissens.

Der genannte Ansatz läßt sich einer verstehenden Soziologie zurechnen, die die Wechselbezüge zwischen gesellschaftlichen, Sprach- und Erkenntnisstrukturen untersucht (→ *Abstraktion,* → *Paradigma/innere Landkarte/Modell,* → *Epistemologie,* → *Semiotik,* → *Syntax)*. Er entspricht wesentlich den Intentionen des sich auf den amerikanischen Pragmatismus und besonders auf die Arbeiten George Herbert Meads gründenden symbolischen Interaktionismus. Dessen Grundpositionen lauten: 1. Menschen handeln Dingen gegenüber aufgrund der Bedeutung, die diese Dinge für sie haben. 2. Die Bedeutungen entstehen in sozialen Interaktionen und werden 3. ständig interpretativ modifiziert (vgl. Blumer 1980, S. 81). Dabei geht es überwiegend um die »Welt des täglichen Lebens, die der vollwache, erwachsene Mensch, der umgeben von seinen Mitmenschen in ihr wirkt und über sie verfügt, in seiner natürlichen Einstellung als eine Wirklichkeit erfährt« (Schütz 1971, S. 208). Diese Wirklichkeit gründet und vermittelt sich in alltäglichen Kommunikationsprozessen, deren Struktur und kontextuelle Bedingtheit in der Regel unreflektiert bleiben. Charles S. Peirce schlug den Begriff »indexical« vor, um den situationsspezifischen und situationsflexiblen Charakter einer solchen Kommunikation zu kennzeichnen. Demgemäß versteht Harold Garfinkel (1967) unter »Ethnomethodologie« wesentlich die Untersuchung der rationalen Elemente in indexikalen Ausdrücken und Handlungen. Eine solche Untersuchung muß nunmehr die Selbstverständlichkeiten des Alltagslebens als problematisch behandeln. In diesem Sinne verhält sich der Ethnomethodologe gegenüber der eigenen Gesellschaft so wie der Ethnologe gegenüber einer fremden Kultur. Der genannte Forschungsansatz erscheint für die Familientheorie und -therapie bedeutsam, weil er einerseits auf zentrale Probleme verweist, die sich Interaktionspartnern jeweils beim Aushandeln und Validieren einer gemeinsamen → *Beziehungsrealität* stellen, andererseits die Probleme einer Methodik beleuchtet, die solche Aushandlungs- und Validierungsprozesse zu erfassen sucht. Der Ansatz wirft ferner Licht auf die Wechselfälle der → *Individuation/Ko-Individuation* bzw. der → *Selbst-Objekt-Differenzierung.* Hier bietet er sich auch als Ansatz der qualitativen Psychotherapieforschung.

Literatur: Arbeitsgruppe Bielefelder Soziologen (Hrsg.) (1973); Berger u. Luckmann (1970); Blumer (1973); Buchholz (1995, 1996); Douglas (1971); Garfinkel (1967); Garfinkel u. Sacks (1973); Habermas (1981); Peirce (1931–1935a, b); Schütz (1971); Weingarten, Sack u. Schenklein (Hrsg.) (1976).

Expressed Emotions/Psychoedukation
(expressed emotions, psychoeducation)

Ein Konzept, wonach sich für Personen, die eine schizophrene Symptomatik zeigten, das Rückfallrisiko erhöht, wenn sie mit nahen Familienangehörigen zusammenleben, die ihnen gegenüber häufig starke und sowohl kritisch-abwertende als auch überfürsorgliche Gefühle äußern.

Dieses Konzept spielt in der psychiatrischen Forschung eine große Rolle und hat innerhalb der Familientherapie wichtige Behandlungsimpulse gegeben, insbesondere mit psychoedukativen und verhaltenstherapeutischen Komponenten. Es geht auf Untersuchungen von G. W. Brown und Mitarbeitern (1958) zurück. Diese Autoren zeigten, daß die Rehospitalisierung von klinisch behandelten Patienten mit schizophrener Symptomatik höher war, wenn sie zu ihren Eltern oder ihrem Ehepartner zurückkehrten, als wenn sie woanders unterkamen. Brown (1959) zeigte, daß der Intensität des Kontaktes und dem Grad der emotionalen Involvierung (high emotional involvement) offenbar eine entscheidende Bedeutung zukommt. In einer späteren Studie (Brown et al. 1972) wurde dann der Begriff »emotional involvement« durch »expressed emotion« ersetzt. Die Untersuchungen der Gruppe um Brown beschäftigten sich in der Folge vor allem mit der Frage, wie sich familiäre Beziehungen und emotionale Kontakte quantitativ messen ließen. Dazu entwickelten sie ein spezielles Interviewverfahren (das »Camberwell Family Interview«). Die Äußerungen der Familie wurden darin vor allem unter Ausdrucksaspekten der Kommunikation (Lautstärke, Tonfall, Sprechgeschwindigkeit, Gestik, Mimik usw.) untersucht. »Emotionales Überengagement« der Angehörigen ließ sich auf diese Weise quantitativ in einem Index der »Expressed Emotions« (EE) erfassen. In prädiktiven Studien bestätigte sich die Zuverlässigkeit des EE-Index für die Voraussage der Rückfallwahrscheinlichkeit hospitalisierter Patienten. Als der am besten meßbare Indikator der EE zeigte sich die Anzahl kritischer Kommentare. Emotionales Überengagement und Feindseligkeit/Zurückweisung erwiesen sich ebenfalls als wichtige Globalmaße; ähnliches galt für emotionale Wärme, die sich allerdings als komplexere Variable herausstellte.

Brown et al. replizierten 1972 mit dem EE-Index die früheren Ergebnisse und zeigten, daß hohe EE bei Angehörigen zur Zeit der Aufnahme hoch mit Rückfällen neun Monate nach der Entlassung korrelierte. Frühere Arbeitsbeeinträchtigungen und Verhaltensstörungen konnten Rückfälle nur in Kombination mit EE prognostizieren. Wenn der Patient aber weniger als 35 Stunden pro Woche mit dem Angehörigen zubrachte oder wenn er mit Neuroleptika behandelt wurde, reduzierte sich die Rückfallswahrscheinlichkeit. Diese Gegebenheiten wurden als protektive Faktoren gegen den Einfluß von hohem EE bei einem Angehörigen interpretiert.

Unabhängig von der Gruppe um Brown versuchten Christine Vaughn und Julian Leff (1976, 1977, 1980, 1981), diese Untersuchungen zu wiederholen. Sie beschränkten sich bei der Messung des EE-Index jedoch auf »kritische Bemerkungen« und »emotionales Überengagement«. Wiederum zeigten sich signifikante Unterschiede zwischen den Gruppen mit hoher und niedriger Emotionalität bei den Angehörigen (vgl. die Literaturübersicht bei Olbrich 1983). Vaughn und Leff (1976, 1985) fanden außerdem, daß auch bei depressiven und eßgestörten (anorektischen und übergewichtigen) Patienten die EE von Angehörigen und die Rückfallwahrscheinlichkeit hoch korrelierten.

Beeinflußt durch die Ergebnisse der EE-Forschung gingen mehrere Arbeitsgruppen daran, familientherapeutische Konsequenzen aus diesen Befunden zu ziehen. Verschiedene Studien zeigten, daß die familientherapeutische Einbeziehung von Angehörigen die Rückfallgefahr deutlich reduziert (Goldstein 1984).

Die Besonderheit des EE-Konzeptes besteht darin, daß es versucht, qualitative Unterschiede zwischen Familien bzw. den in ihnen gültigen Regeln des emotionalen Lebens quantitativ exakt zu erfassen. Doch dieser – wissenschaftlich gesehen – methodische Vorteil bringt die Gefahr mit sich, daß aus der quantitativen Untersuchungsmethode auch quantitative Erklärungsansätze abgeleitet werden. Darin wird nur die Menge ausgedrückter Emotionen zum pathologisch wirksamen Faktor gemacht, ohne daß sich ihr Sinnzusammenhang innerhalb des familiären → *Kontext*es klärt. Positive wie negative emotionale Äußerungen können nunmehr leicht für äquivalent gehalten werden, ohne daß gesehen wird, inwieweit hier Mechanismen der → *Bindung* oder → *Ausstoßung* wirksam sind und welche Rolle emotionales Überengagement der Angehörigen für die Entwicklung der individuellen → *Autonomie* und → *Identität* spielt. Dementsprechend wird nur ganz unspezifisch eine erniedrigte Belastungsschwelle gegenüber sozialen Reizen (Brown et al. 1972) als Erklärungsansatz gesehen und somit die familiäre Interaktion auf ausschließlich organische Faktoren zurückgeführt. Familiärer Streß zeigt sich folglich als etwas Unspezifisches, das am besten auch unspezifisch pharmakologisch zu behandeln ist. Eine alternative, auf dem EE-Konzept basierende Möglichkeit der Intervention wird vor allem von einer Arbeitsgruppe um Ian Falloon und Robert Liberman (1981) vertreten. Sie versucht, in Trainingsprogrammen Patienten wie Familien in einer Form erziehender Familientherapie (psychoeducational therapy) soziale Fertigkeiten beizubringen. Ziel der Sitzungen ist es in erster Linie, das kommunikative Verhalten zu verändern (Formulierung von Lob und Anerkennung, klarere Kommunikationsweisen, Vermeidung verallgemeinernder emotionaler Äußerungen). Ob die Vermittlung derartiger kommunikativer Techniken ohne die Veränderung der innerfamiliären → *Epistemologie* wirksam ist, muß zweifelhaft bleiben. Deshalb versuchten andere Arbeitsgruppen (Anderson et al. 1980), den Familien in einer Art multipler Familientherapie und in Seminaren Informationen zu vermitteln, die vor allem auf die Bedeutung von Grenzen innerhalb der Familie und zwischen den Generationen *(→ Generationsgrenzen)* hinweisen.

Literatur: Anderson, Hogarty u. Reiss (1980); Berkowitz, Kuipers, Eberlein-Frief u. Leff (1981); Brown (1959); Brown, Carstairs u. Topping (1958); Brown, Monck, Carstairs u. Wing (1962); Brown u. Rutter (1966); Brown, Birley u. Wing (1972); Falloon, Liberman, Lillie u. Vaughn (1981); Goldstein (1984); Hahlweg, Goldstein, Nuechterlein, Magana, Mintz, Doane, Miklowitz u. Snyder (1989); Hogarty, Anderson, Reiss, Kornblith, Greenwald, Ulrich u. Carter (1991); Hogarty, Greenwald, Ulrich, Kornblith, DiBarry, Cooley, Carter u. Flesher (1997a); Hogarty, Kornblith, Greenwald, DiBarry, Cooley, Ulrich, Carter u. Flesher (1997b); Kuipers (1979); Kuipers, Berkowitz u. Leff (1981); Kuipers, Berkowitz, Eberlein, Fries u. Leff (1983); Leff u. Vaughn (1980, 1981); McFarlane, Link, Dushay, Marchal u. Crilly (1995); Olbrich (1983); Miklowitz, Goldstein, Falloon u. Doane (1984); Rutter u. Brown (1966); Simoneau, Miklowitz, Goldstein, Nuechterlein u. Richards (1996); Snyder u. Liberman (1982); Vaughn u. Leff (1976, 1977, 1981).

Externalisierung (externalization)

Bei der Externalisierung wird ein »Problem« wie ein äußeres Ding, Objekt oder eine äußere Person vom »Besitzer« des Problems unterschieden. Durch diese sprachliche Unterscheidung wird zum einen die Gleichsetzung eines Problems mit der Eigenschaft einer Person aufgehoben, zum andern läßt sich der Blick auf die Beziehung aller Beteiligten zu diesem Problem richten und ihr Umgang mit ihm reflektieren und beeinflussen.

Die Technik der Externalisierung wurde von Michael White (1989, 1990) entwickelt. Mit der Externalisierung wird die internale Attribution, wonach ein Problem »in« der Person ist, rückgängig gemacht, ohne daß das Problem damit auf eine andere Person projiziert wird. Die Beschuldigung einer anderen Person ist also keine Externalisierung. Der therapeutisch relevante Faktor der Externalisierung besteht darin, daß sie dem Patienten und seinen Angehörigen eine Außenperspektive auf das Problem und damit einen neuen Bezug dazu möglich macht. Die Externalisierung ist ein therapeutisches Mittel, kein Ziel. Sie dient also nicht dazu, ein Problem wegzuschieben.

Externalisierungtechniken reichen von sprachlichen Umformulierungen über Verdinglichungen (»Welchen Einfluß nimmt das Problem auf Ihr Leben?«) bis zu Personifizierungen (»Was würde die Angstattacke tun, wenn Sie sie zu einem bestimmten Zeitpunkt einladen?«). Alle Techniken zielen auf die Einführung einer bezogenen Distanzierungsperspektive ab. Auch in Familienskulpturen und bei Familienaufstellungen wie auch Organisationsaufstellungen werden Externalisierungstechniken verwendet.

Literatur: White (1989, 1990); White u. Epston (1992).

familiärer Lebenszyklus (family life cycle)

Mit dem Lebenszyklus des Individuums verzahnt sich der Lebenszyklus seiner Familie(n). Innerhalb eines solchen Zyklus hat eine Familie immer Anlaß, sich zu verändern oder sich veränderten Bedingungen anzupassen. Dabei sind Übergangsphasen und Krisen unvermeidlich. Diese sind etwa mit der Geburt eines Kindes, dem Schuleintritt, der Ablösung im Jugendalter, dem Tod der Eltern oder eines Elternteils gegeben.

Wie bei anderen Krisensituationen vermag auch eine Familie ihre Integrität und die psychische Stabilität eines jeden einzelnen nur zu bewahren, wenn sich innere Strukturen, → *Rollen* und → *Muster* der Beziehung so verändern, daß sie den familiären Entwicklungsphasen angemessen sind. 1948 begannen Hill und Duvall, Entwicklungsaufgaben von Familien zu konzeptualisieren, die vor allem durch Schlüsselereignisse des Eintritts neuer Mitglieder (Geburt, Adoption, Heirat) bzw. des Weggangs bisheriger Mitglieder (Tod, Auszug, Heirat) angestoßen sind. In der Folge haben verschiedene Autoren versucht, bestimmte Phasen der familiären Entwicklung zu identifizieren. Obwohl die meisten familientherapeutischen Autoren sich darüber einig sind, daß der Entwicklungsphase, in der eine Familie sich befindet, diagnostisch und therapeutisch entscheidende Bedeutung zukommt, gibt es bis heute kein allgemein akzeptiertes Modell. Ein relativ verbreitetes Modell unterscheidet fünf Phasen: das junge Paar, die Familie mit kleinen Kindern, die Familie mit adoleszenten Kindern, die Loslösungsphase der Kinder und das ältere Paar. Solche Modelle leiden freilich daran, daß sie unvermeidbar normativ und damit unflexibel sind, weil sie die Alltäglichkeit von Trennungen, Scheidungen, Neuzusammensetzungen und alternativen Lebensformen nicht in Rechnung stellen.

Bei der Entwicklung von Familien durch die jeweiligen Phasen kann es zu Krisen kommen. Jede → *Krise* fordert zur kreativen Entwicklung neuer Bewaltigungsstrategien auf. In Familien mit geringerem Änderungspotential kommt es nahezu zwangsläufig zu Anpassungsstörungen, die entweder durch den Zerfall der Familie oder aber durch die Entwicklung von Symptomen gekennzeichnet sind. Angesichts von Krise und Veränderungsdruck versuchen solche Familien alte Formen der → *Homöostase* aufrechtzuerhalten: Problemlösungsstrategien, die einer früheren Phase des familiären Lebenszyklus (etwa als die Kinder noch ganz klein oder Heranwachsende waren) angemessen waren, werden beibehalten. Je weniger die Familie sich fähig zeigt, einen den neuen Umständen angemessenen Gleichgewichtszustand zu erreichen, um so streßvoller und bedrohlicher erweist sich jede fällige oder überfällige Veränderung. Der Übergang von der Zweier- zur Dreierbeziehung wie auch umgekehrt von der Dreier- zur Zweierbeziehung erfordert ein hohes Maß an Neustrukturierung und Neudefinition der jeweiligen Beziehungen und, damit verbunden, der Fähigkeit zur Akzeptierung und Bewältigung von Konflikten. Bei Konflikten zwischen Ehepartnern kann die Geburt eines Kindes insofern entlastend wirken, als es eine stabilisierende bzw. konfliktmildernde Funktion übernimmt (→ *Triangulation*, → *Konfliktorganisation/Tetralemma)*. Ebenso kann bei der → *Ablösung im Jugendalter* ein Kind eine für die elterliche Beziehung lebenswichtige Funktion bei der Konfliktbewältigung bzw. → *Delegation* übernehmen. Obwohl weitgehend Konsens darüber besteht, daß familiäre Krisen in der Regel an Phasenübergängen auftreten, liegt bislang erstaunlich wenig empirische Forschung hierzu vor. Die wenigen Befunde sind nicht sehr einheitlich. So findet z.B. Haley (1976) einerseits einen signifikanten Zusammenhang zwischen dem Symptombeginn eines Familienmitglieds und einer familiären Entwicklungskrise durch das Hinzukommen (Geburt) oder den Verlust (Tod, Scheidung) eines Mitglieds. Andererseits fanden sich bei einer nennenswerten Zahl von Familien keine Krisen in zeitlicher Nähe zum Symptombeginn.

Der Prozeß der → *Individuation* und persönlichen → *Identität*sentwicklung ist nur als eine familienweite → *Ko-Evolution* denkbar: Während sich das Kind körperlich und psychisch entwickelt, verändert und entwickelt sich auch die Familie als Ganzes.

Literatur: Barnhill u. Longer (1978); Carter u. McGoldrick (Hrsg.) (1980); Duvall (1967); Erikson (1959); Falicov u. Karrer (1980); Fleck (1983); Haley (1980); Lidz (1974); McGoldrick u. Carter (1982); McGoldrick u. Gerson (1990); Solomon (1973); Weeks u. Wright (1979); Wynne (1984).

Familiengeheimnisse (family secrets)

Bestimmte, häufig mit starken Angst- und Schuldgefühlen besetzte Themen unterliegen einem familienweiten Tabu und dürfen nicht offen besprochen werden. Oft wissen jedoch alle Mitglieder darüber (mehr oder weniger genau) Bescheid. Das Tabu dient in erster Linie zur Vermeidung von Kränkungen und Konflikten.

Familiengeheimnisse stellen eine Form gemeinsamer Verleugnung dar, die nicht ohne weiteres als pathologisch anzusehen ist. Wahrscheinlich ist sie in allen Familien mehr oder weniger verbreitet und auch (in Grenzen) funktional. Wie bei anderen familiären Problemlösungsstrategien auch, entscheiden letztlich ihr Ausmaß und ihre Ausschließlichkeit über ihre Funktionalität oder Dysfunktionalität. So können Familiengeheimnisse dazu dienen, das → *Selbstwert*gefühl der Mitglieder zu schützen. Sie werden problematisch, wenn sie Vertrauen untergraben, den Dialog verhindern und zu einer Wirklichkeitskonstruktion führen, die die Anpassungs- und Entwicklungsmöglichkeiten *(→ Anpassung/Anpassungsfähigkeit)* der Familie einschränken. Dies gilt vor allem dort, wo sie zur Aufrechterhaltung von → *Familienmythen* dienen. Inhaltlich beziehen sich Familiengeheimnisse, wie James L. Framo bemerkt (1965, S. 193), häufig auf Geheimnisse des Geschlechtslebens der Eltern (nichteheliche Geburten, »Affären«, frühere Ehen usw.) oder auf andere Ereignisse, die der Familie Schande bereiten könnten. Es handelt sich immer um Bereiche, die in unserer Gesellschaft tabuisiert sind und deren Offenlegung schmerzhafte Konsequenzen für das Selbstwertgefühl der Betroffenen haben könnte.

Die familientherapeutische Erfahrung läßt es in der Regel nicht ratsam erscheinen, diese Geheimnisse zu »knacken« oder als einen Widerstand zu betrachten, der die Therapie behindert. Mit Methoden des → *zirkulären Fragens* ist es vielmehr möglich, unter Respektierung der Geheimhaltung des jeweiligen Inhaltes die allseitigen Phantasien und Befürchtungen über die Folgen einer Offenlegung zu klären. Auf diese Weise läßt sich auf der Beziehungsebene verdeutlichen, welche Funktion die Aufrechterhaltung des Familiengeheimnisses hat und welche Veränderungen durch seine Offenlegung befürchtet werden. Damit wird in der Regel auch die Notwendigkeit zur weiteren Geheimhaltung hinfällig.

Literatur: The Committee on the Family, Group for the Advancement of Psychiatry (1970); Framo (1965); Imber-Black (1993); Karpel (1980); Napier u. Whitaker (1978); Pincus u. Dare (1978).

Familienkonstellation/ Positionen in der Geschwisterreihe
(family constellation/sibling configuration)

Gleiche Positionen in der Geschwisterreihe verbinden sich häufig mit ähnlichen und zugleich typischen persönlichen Eigenschaften, Wertorientierungen und Wegen der Mitglieder, ihre inner- wie außerfamiliären Beziehungen zu gestalten.

Auf diesen Sachverhalt, als Ausdruck und Folge der jeweiligen Familienkonstellation beschreibbar, machte vor allem Walter Toman (1961) aufmerksam. So neigen diesem Autor zufolge die Erstgeborenen zu der Annahme, sie wüßten, was richtig und was falsch, gut und böse ist. Häufig haben sie nicht nur die Verantwortung der Eltern bei der Erziehung ihrer Geschwister zu teilen, sondern befinden sich auch in einer triangulierten Position *(→ Triangulation).* Die jüngeren Geschwister sind dagegen selten mit solcher Verantwortung belastet und weniger gezwungen, Entscheidungen zu treffen.

Dem von Toman entwickelten Konzept zufolge hat die Stellung in der Geschwisterreihe Einfluß auf die Partnerwahl und auf die Regeln, die sich in einer neugegründeten Familie entwickeln. Die Heirat zweier Personen, die aufgrund ihrer unterschiedlichen Positionen in den Ursprungsfamilien unterschiedliche Wertorientierungen haben, kann erfahrungsgemäß eine funktionelle gegenseitige Ergänzung bringen, während identische Orientierungen zwar häufig große emotionale Nähe und wechselseitige Identifikationen bedingen, jedoch auch die Gefahr von symmetrischen Eskalationen *(→ komplementär/symmetrisch)* in der Rivalität um die Position, die jeder aus seiner eigenen Geschichte kennt, heraufbeschwören können. Unter Familientherapeuten hat sich vor allem Murray Bowen und seine Schule von den Beobachtungen und Überlegungen Tomans beeinflussen lassen.

Literatur: Bank u. Kahn (1982); Bowen (1976); Fishbein (1981); Kempler, Iverson u. Beisser (1967); Lidz, Fleck, Alanen u. Cornelison (1963); McGoldrick (1995); McGoldrick u. Gerson (1990); Sulloway (1997); Toman (1961, 1979).

Familienmythen
(family myths)

Ein von Antonio Ferreira (1963) eingeführter und mit klinischen Beispielen illustrierter Begriff. Nach Ferreira dienen solche Mythen in erster Linie dazu, den Status quo bzw. die → *Homöostase* der Familie zu erhalten. Ihm zufolge spielt »der Familienmythos in der Beziehung dieselbe Rolle wie der Abwehrmechanismus im Individuum«.

Im einzelnen läßt sich zwischen lose und fest gewebten »Mythen« unterscheiden. Wie andere psychische und transaktionale Phänomene erweisen sich Familienmythen als überdeterminiert. Sie erfüllen, wie Helm Stierlin (1973) beschrieb, zugleich Abwehr- und Schutzfunktionen. Abwehrfunktionen kommen ins Spiel, wenn die Familienmitglieder gemeinsam ihre → *Beziehungsrealität* verzerren, wenn sie, um Schmerz und Konflikte zu vermeiden, das verleugnen, rationalisieren oder vertuschen, was sie einander angetan haben.

Die Abwehrfunktionen kommen hauptsächlich innerhalb der Familie, die Schutzfunktion in der Beziehung mit Außenstehenden zum Zuge. Die Mythen dienen nun dazu, diese Außenstehenden über wesentliche Aspekte der Familie zu täuschen und im unklaren zu lassen. In gewissem Maße ergänzen sich beide Funktionen. Wenn nämlich den Angehörigen die Verleugnung bzw. Vertuschung ihrer Familienprobleme und Konflikte gelingen soll, ist es oft notwendig, diese Mythen der Außenwelt zu »verkaufen« und plausibel zu machen.

Die hauptsächlichen Familienmythen lassen sich nach Stierlin wie folgt klassifizieren: a) Harmoniemythen, b) Entschuldigungs- und Wiedergutmachungsmythen und c) Rettungsmythen.

Harmoniemythen zeichnen etwa das rosige Bild eines vergangenen und gegenwärtigen harmonischen Familienglücks – im Gegensatz zu dem, was sich dem aufmerksamen Beobachter oft schon nach wenigen Minuten des Kontakts mit diesen Familien zeigt. Dies gilt besonders für die von Lyman C. Wynne beschriebenen pseudoharmonischen Familien *(→ Pseudo-Gegenseitigkeit/Pseudo-Gemeinschaft/Pseudo-Feindschaft).* Entschuldigungs- und Wiedergutmachungsmythen haben in der Regel eine kompliziertere Struktur als Harmoniemythen. In der Regel werden eine oder mehrere – tote oder lebende – Personen, seien sie innerhalb oder außerhalb der Familie, von allen Familienmitgliedern für das Elend der Familie verantwortlich gemacht und dazu bestimmt, mit der etwaigen eigenen auch die Schuld der anderen Familienangehörigen auf sich zu nehmen. Als Delegierte im Dienste des Familien-Überichs übernehmen sie die stellvertretende Sühnung der Familienschuld *(→ Delegation).* Rettungsmythen weiten die Entschuldigungs- und Wiedergutmachungsmythen noch aus. Ein Außenstehender – auch ein Familientherapeut – wird zum mythischen und mit magischen Kräften ausgestatteten Retter und Wohltäter bestimmt.

Für den Therapeuten ist es in der Regel nicht sinnvoll, Mythen direkt, d.h. konfrontierend, anzugehen. Es ist zweckmäßiger, sie eines »natürlichen Todes« sterben zu lassen, indem man die *bezogene → Individuation* und positive → *Gegenseitigkeit* der Familie sich entfalten läßt.

Familienmythen haben Beziehungen zu → *Familiengeheimnissen* und Familienregeln *(→ Regel).* Auch für diese gilt, daß sie erkannt und ihre Schutz- bzw. Abwehrfunktion für die Familie gewürdigt werden müssen, direkte Konfrontationen aber zu vermeiden sind.

Legt man eine weniger pathologieorientierte Sichtweise zugrunde, so bilden Mythen und Geschichten *(→ Geschichten-Erzählen)* in allen Familien einen → *Kontext,* der zur Interpretation der Interaktion herangezogen wird. Sie sind ein wesentlicher Aspekt der familiären Wirklichkeitskonstruktion. In unterschiedlichen Familien gibt es unterschiedliche Mythen, die zur Deutung des eigenen und fremden Verhaltens herangezogen werden.

Literatur: Ferreira (1963, 1966); Neuburger (1995); Stierlin (1973); Whitaker (1975); Wynne, Ryckoff, Day u. Hirsch (1958).

Familienskulptur
(family sculpture)

Diagnostische und therapeutische Methode, durch die spezifische familiäre Beziehungsmuster (vor allem Nähe und Distanz der Familienmitglieder zueinander, familiäre Hierarchien sowie nonverbales Ausdrucksverhalten) sich räumlich-bildlich darstellen.

Die Familienskulptur wurde Ende der sechziger Jahre in den USA von Fred Duhl, David Kantor und Bunny Duhl (1973) entwickelt und besonders durch Peggy Papp (1973, 1976) und Virginia Satir (1972) bekanntgemacht. Sie geht hauptsächlich auf Methoden des Psychodramas zurück; wie dieses bietet sie die Möglichkeit, zurückliegende und gegenwärtige familiäre Konstellationen auf eine Art und Weise darzustellen, die nicht an lineale *(→ Linearität/Linealität)* und *→ diachrone* sprachliche Ausdrucksmöglichkeiten gebunden ist. Vielmehr erlaubt ihre Bildlichkeit, *→ Beziehungsgleichgewichte* wie die von *→ Nähe* und Distanz zwischen einzelnen Familienmitgliedern sowie *→ Koalitions*bildungen und *→ Hierarchie*n synchron darzustellen.

Ihre Anwendung folgt einem relativ einfachen Schema: Ein Familienmitglied, meist ein nicht im Konfliktfokus stehendes Kind, wird aufgefordert, gewissermaßen als »Bildhauer« die Familie zu gestalten. Emotionale Nähe und Distanz werden dabei durch räumlichen Abstand dargestellt. Nach dieser »horizontalen« Beziehungsdimension wird die »vertikale« gestaltet. Darin wird nun die hierarchische Struktur der Familie sichtbar. Wer sich am stärksten durchsetzen kann, wird räumlich erhöht, wer sich am schwächsten zeigt, ganz unten postiert. Spezifische Verhaltens- und Beziehungsmuster verdeutlichen sich weiter, wenn auch noch Mimik und Gestik eines jeden Mitglieds inszeniert werden. Wer ist wem zugewandt, wer schaut wen an, wie tut er das, wie ist seine Haltung? und so weiter.

Aus einer solchen zunächst statischen Familienskulptur, die vorwiegend diagnostischen Zwecken dient – aber wegen der darin enthaltenen eindeutigen Beziehungsdefinition auch therapeutische Wirkungen hat –, läßt sich eine »Familienchoreographie« (Papp 1976) szenisch entwickeln. Darin bieten sich dem Therapeuten Möglichkeiten, direktiv und verändernd auf familiäre Beziehungsmuster und Verhaltenssequenzen einzuwirken (vgl. Schweitzer u. Weber 1982).

Judith Landau (1982, 1985) entwickelte eine Variante der Familienskulptur, die »Übergangsskulptur« (transitional sculpting). Sie läßt sich anwenden, um die Beziehung zwischen zwei Familiensystemen oder -subsystemen zu klären und vielleicht auch zu verändern. Ein Mitglied jedes Systems dient als Skulpteur der eigenen Herkunftsfamilie, während der jeweils andere zusieht. Ausgehend von den beiden Initialskulpturen, die als die »reale« Situation genommen werden, können dann schrittweise die beiden Skulpteure die Skulptur des jeweils anderen verändern. Diese Methode hat sich als nützlich erwiesen, um darzustellen, welche Veränderungen in den Beziehungen von Familien(sub)systemen zueinander möglich sind.

Der große Vorteil der Familienskulptur liegt in ihrer Wirkung als *→ Metapher.* Informationen über die Familie lassen sich so auch ohne große sprachliche Kompetenz der Familie erlangen wie vermitteln. Es wird ein → *analoges Kommunikations*medium verwendet, welches das unmittelbare Erleben anspricht. Das von Bert Hellinger entwickelte → *Familien-Stellen* verwendet den Grundgedanken der Familienskulptur, Beziehungen räumlich zu analogisieren. Allerdings geht im Gegensatz zu dieser Methode die Familienskulptur nicht davon aus, daß es »ursprüngliche« oder »richtige« Ordnungen bzw. Zuordnungen gäbe.

Literatur: Duhl, Kantor u. Duhl (1973); Hellinger (1994); Jefferson (1978); Landau-Stanton (1985); Merl u. Korosa (1981); Papp (1976); Papp, Silverstein u. Carter (1973); Satir (1972); Schweitzer u. Weber (1982); R. Simon (1972); Weber (1993, 1998).

Familiensomatik/Familienmedizin (family somatics/family medicine)

Richtung der medizinischen Forschung und Therapie, die die Wechselbeziehungen zwischen familiären/systemischen Prozessen und individuellem Körpergeschehen in den Mittelpunkt der Betrachtung rückt. Das Konzept der Familiensomatik/Familienmedizin entspricht dem einer ganzheitlichen Medizin, die sowohl dem organischen, dem psychischen als auch dem sozialen Aspekt jeder Erkrankung Rechnung trägt.

Seit John Weakland (1977) den Begriff »Family Somatics« einführte, hat sich die psychosomatische Medizin ausgeweitet; von der Untersuchung der psychischen Faktoren vorwiegend organischer Erkrankungen wandte sich ihr Interesse zunehmend der Untersuchung psychischer Faktoren bei allen Krankheiten zu. Die Gruppe der Krankheiten, bei deren Entstehung und Verlauf psychosoziale Einflüsse nachgewiesen wurden, reicht daher heute vom Streptokokken-Infekt über die Anfälligkeit für Unfälle, die großen Massenerkrankungen des Herzens und Kreislaufs, des Stoffwechsels, der rheumatischen Leiden bis hin zur großen Gruppe der Krebserkrankungen. Gerade der Verlauf dieser überwiegend chronischen Massenleiden zeigt sich zunehmend durch die Familienbeziehungen der Betroffenen bestimmt. Das belegen u.a. Michael Wirsching und Helm Stierlin (1982) mit zahlreichen Beispielen. Es stellte und stellt sich somit die Aufgabe, sowohl wissenschaftliche Modelle als auch therapeutische Strategien zu entwickeln, die diesem Sachverhalt Rechnung tragen.

Bei dieser Aufgabe hilft eine ökosystemische Sichtweise *(→ Ökosystem/ Ökologie).* In ihr zeigt sich die Unauflösbarkeit und Gleichzeitigkeit seelischer und körperlicher Vorgänge: Gemäß der traditionellen Systemtheorie lassen sich Körper und Seele als sich überformende → *Regelkreise* verstehen. Dementsprechend lassen sich verschiedene Dimensionen unterschei-

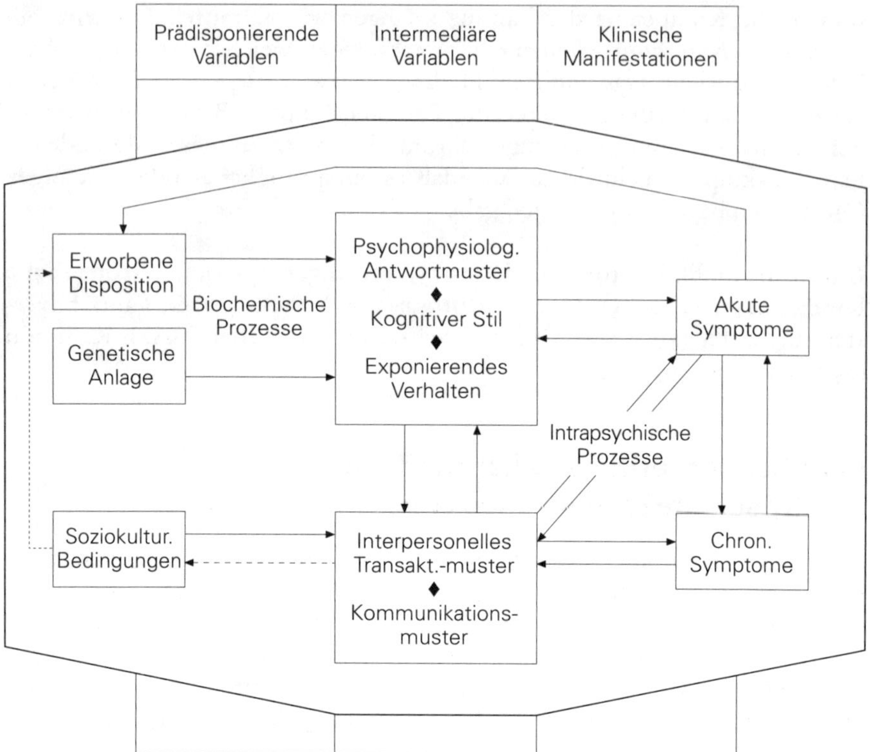

Vereinfachtes Modell zur Erforschung der Ursachen, Manifestationen und des Verlaufs »psychosomatischer Krankheiten« (nach Wynne 1977, S. 285).

den, die in einem ständigen Wechselspiel jeweils bestimmen, ob und wie sich Gesundheit und Krankheit einstellen. Im einzelnen sind dies a) die biologisch organismische Dimension, b) die intrapsychische Dimension, c) die interpersonelle Dimension, d) die soziokulturelle Dimension, e) die physikalische Umwelt (vgl. Weiner 1977). Der neueren Systemtheorie folgend läßt sich die Beziehung von Körper, Psyche und sozialem System gemäß der Unterscheidung zwischen System und Umwelt so konzeptualisieren, daß sie als drei autopoietische Systeme *(→ Autopoiese)* betrachtet werden, die wechselseitig füreinander Umwelt darstellen. Sie sind strukturell gekoppelt, können sich gegenseitig perturbieren *(→ Perturbation)* und machen einen gemeinsamen Prozeß der → *Ko-Evolution* durch (Simon 1995). Die Untersuchung dieser unterschiedlichen Systeme erfordert jeweils unterschiedliche Beobachtungsinstrumente. Mit Hilfe solch eines Modells lassen sich jedoch die »Kopplungs- und Perturbationsregeln« erfassen, nach denen soziokulturelle Normen zum Beispiel auf den Interaktionsmodus einer Familie und dadurch auf das intrapsychische Erleben und schließlich auf das körperliche Befinden einwirken können. Es läßt sich auch von einem Prozeß, durch den → *Information*en geformt werden, oder auch von einem Transformationsprozeß sprechen. So setzen sich soziokulturell geprägte Anpassungs- und Beziehungsmuster schließlich in Gefühlsmuster und körperliche Anfälligkeit oder Stabilität um.

Innerhalb der hier vermittelten Sicht ergeben sich vor allem strategische Ansätze, um durch Interventionen in Beziehungsmustern das jeweilige Körpergeschehen zu beeinflussen. Solche Interventionen können häufig auch in Einzelgesprächen bewirkt werden. Die Erfahrung zeigt, daß solche Interventionen auch bei relativ geringem Zeitaufwand nachhaltige positive Veränderungen im Krankheitsverlauf zu bewirken vermögen. Somit zeichnet sich eine zunehmende Bedeutung der Familiensomatik gerade für die familientherapeutische und hausärztliche Praxis ab. Sowohl im Hinblick auf das Zusammenwirken von körperlichen und psychischen Risikofaktoren als auch sogenannten salutogenen Faktoren *(→ Salutogenese)* erwies sich die Bedeutung von Synergieeffekten *(→ Synergetik):* Risiko- und salutogene Faktoren summieren sich in ihrer Wirkung nicht nur im Sinne einer (additiven) Multikausalität, sondern sie potenzieren sich als Folge des Synergieeffekts. Das gilt insbesondere für lebensbedrohende chronische Krebs- und Herz-Kreislauf-Krankheiten (Stierlin u. Grossarth-Maticek 1998; *→ strategische Therapie, → systemische Therapie).*

Literatur: Beavers (1983); Bloch (1983); Doherty u. Baird (1983); Engel (1977); Gröne (1995); Grolnick (1972); Huygen u. Smits (1983); Jackson (1966); Kog, Vertommen u. Vandereycken (1987); McDaniel, Hepworth u. Doherty (1997); Minuchin, Rosman u. Baker (1978); Onnis (1996); Penn (1983); Richardson (1948); Selvini Palazzoli (1978); Simon (1995); Sperling (1983); Stierlin (1976a, 1983); Stierlin u. Grossarth-Maticek (1998); Weakland (1977); Weber u. Stierlin (1989); Weiner (1977); White (1979); Wirsching u. Stierlin (1982); Wynne, Singer, Bartko u. Toohey (1977).

Familiensoziologie
(family sociology)

Teilgebiet der Gesellschaftswissenschaften, in welchem Struktur und Funktion der Familie in ihrer Abhängigkeit von gesellschaftlich-ökonomischen und -kulturellen Verhältnissen sowie der historischen Entwicklung untersucht werden.

Da der Mensch bei seiner Geburt nicht selbständig lebensfähig ist, muß man davon ausgehen, daß die Familie genauso alt ist wie die menschliche Kultur.

Das Neugeborene braucht zumindest einen Elternteil (oder eine Person, die an dessen Stelle tritt), um die Fähigkeit zu einer relativ selbständigen Lebensführung erlangen zu können. Familie – in welcher Form auch immer – ist also ein Aspekt der menschlichen Natur. Ihre Formen und ihre über die unmittelbare Aufzucht der Nachkommen hinausgehenden Funktionen weisen jedoch große kulturell und gesellschaftlich bestimmte Unterschiede auf (vgl. Malinowski 1944; Lévi-Strauss 1949).

Parallel zur Entwicklung der Familientherapie veränderten sich in den letzten Jahren die Methoden der Familiensoziologie. Psychodynamische und sozialpsychologische Überlegungen traten in den Vordergrund, die Familie zeigte sich als ein lebendiges Interaktionsgefüge. In ihren Anfängen beschränkte sich die Familiensoziologie darauf, Einzelpersonen über ihre Familien zu interviewen. »Niemand interessierte sich dafür, was passiert, wenn Familienmitglieder in der Realität zusammenkamen« (Friedrich 1977). In dem Maße, wie Kliniker sich mit dysfunktionalen Familien und ihren Interaktionsmustern beschäftigten, gerieten auch die bis dahin nicht hinterfragten Vorstellungen von der normalen Familie ins Wanken. Das Interesse der Familienforschung verschob sich von der Beschreibung mehr oder weniger statischer Strukturen und Funktionen auf die Erfassung der familiären Interaktionsdynamik. Methoden, die bislang zur Beschreibung und Analyse fremder Kulturen verwendet wurden, fanden ihre Anwendung auf die eigene – westliche – Kultur und Geschichte *(→ Ethnomethodologie)*.

Die Realität der Familien in der westlichen Industriegesellschaft zeigte sich erheblich vielfältiger, als es die normativen Vorstellungen davon, wie eine »ideale Familie« den gesellschaftlich akzeptierten Wertvorstellungen entsprechend aussehen »sollte«, nahelegten. Dem amerikanischen Soziologen M. Sussman (1971) folgend systematisieren wir nachstehend die heute in westlichen Ländern auftretenden verschiedenen Familienformen (zit. nach H. Friedrich 1977):

Traditionelle Familienstrukturen

1 Die Kernfamilie: Ehemann, Ehefrau und Kinder leben in gemeinsamem Haushalt.
1.1 Mann allein berufstätig.
1.2 Beide Elternteile berufstätig.
1.2.1 Kontinuierliche Berufstätigkeit der Frau.
1.2.2 Unterbrochene Berufstätigkeit der Frau.
2 Ehepaar-Familie: alleinlebendes Ehepaar, das entweder kinderlos ist oder dessen Kinder nicht in seinem Haushalt leben.
2.1 Alleinige Berufstätigkeit des Mannes.
2.2 Berufstätigkeit von Mann und Frau.
2.2.1 Kontinuierliche Berufstätigkeit der Frau.
2.2.2 Unterbrochene Berufstätigkeit der Frau.

3 Ein-Elternteil-Familie: alleinerziehender Familienvorstand als Konsequenz von Scheidung, Verlassenwordensein oder Trennung; Kinder gewöhnlich im Vorschul- und/oder Schulalter.
3.1 Berufstätigkeit des Familienvorstands.
3.2 Keine Berufstätigkeit des Familienvorstands.
4 Alleinstehende Erwachsene (Ein-Personen-Haushalt).
5 Drei-Generationen-Familie (verschiedene Möglichkeiten des Zusammenlebens in einem gemeinsamen Haushalt der Familienform 1, 2 oder 3).
6 Ehepaar im mittleren oder höheren Lebensalter: Ehemann als Alleinverdiener, Ehefrau als Hausfrau (Kinder sind auf der Universität, in anderen Berufsausbildungen, berufstätig oder verheiratet).
7 Erweiterte Verwandtschaftsfamilien: Kernfamilien oder unverheiratete Familienmitglieder leben in enger geographischer Nähe und interagieren innerhalb eines reziproken Systems des Austauschs von Gütern und Dienstleistungen.
8 Familie der »zweiten Karriere«: Die Ehefrau nimmt (wieder) eine Berufstätigkeit auf, wenn die Kinder eingeschult sind oder das Elternhaus verlassen haben.

Experimentelle Familienstrukturen

1 Wohngemeinschaftsfamilien
1.1 Haushalt von mehr als einem (monogamen) Ehepaar mit Kindern. Die gemeinsamen Ressourcen, Einrichtungen und Erfahrungen werden miteinander geteilt; Sozialisation der Kinder ist eine Gruppenaktivität.
1.2 Haushalt von Erwachsenen und Kindern. Eine Familie, in der alle Personen miteinander »verheiratet« und alle »Eltern« für die Kinder da sind.
2 Unverheiratete, alleinerziehende Elternteile und Kind (gewöhnlich Mutter und Kind). Eine Eheschließung ist nicht erwünscht oder nicht möglich.
3 Unverheiratetes Paar mit einem oder mehreren eigenen oder informell adoptierten Kindern.

Diese Aufstellung müßte wahrscheinlich noch um gleichgeschlechtliche Familienformen ergänzt werden, die zunehmend öffentlich akzeptiert werden und in einigen Ländern bereits die Möglichkeit der legalen Anerkennung gefunden haben (McWhirter u. Mattison 1984, Blumstein u. Schwartz 1990, Peplau u. Cochran 1990, Nichols 1990). Sie macht deutlich, daß zwischen dem, was gemeinhin unter Familie verstanden wird, und dem, was sich real als Familie darstellt, oft eine große Diskrepanz besteht. Eine ähnliche Diskrepanz besteht zwischen Rechtsprechung bzw. Gesetzgebung und der ihnen zugrundeliegenden Normalitätsvorstellungen. Die meisten der

1977 noch »experimentell« genannten Familienstrukturen haben mittlerweile keinen Experimentcharakter mehr, sondern sind »Normalvarianten« von Familienstrukturen geworden.

Es dürfte deutlich sein, daß in all diesen verschiedenen familiären Typen unterschiedliche Probleme das Alltagsleben bestimmen und dementsprechend ganz unterschiedliche Problemlösestrategien als funktional bzw. dysfunktional zu betrachten sind.

Die Entwicklung zu dieser Pluralität im Erscheinungsbild der Familie läßt sich nicht losgelöst von ihren gesellschaftlichen und ökonomischen Bedingungen verstehen. In der vorindustriellen Phase war die Familie auch die kleinste ökonomische Überlebenseinheit; Männer, Frauen und Kinder arbeiteten zusammen. Auch heute ist diese Form noch in manchen bäuerlichen Bereichen zu finden, wo ein größerer Familienverband einen gemeinsamen Hof bewirtschaftet. Mit Einsetzen der Industriewirtschaft wurde die individuelle Arbeitskraft bezahlt, der ökonomische Funktionszusammenhang der Familie zerrissen. Dieser Vorgang kommt schichtabhängig in unterschiedlichem Maße zur Wirkung (vgl. Thompson 1963).

Mit der Entwicklung von der als Produktionseinheit auftretenden Großfamilie zur Kleinfamilie änderte sich auch die Funktion der Familie: Sie wurde zur emotionalen Überlebenseinheit, zur Einheit des gemeinsamen Konsums sowie zu einer Institution sozialer Sicherheit. Doch auch in diesem Bereich übernahmen außerfamiliäre, gesellschaftliche Institutionen einen großen Teil der bislang von der Familie ausgeübten Funktionen. Die Schaffung eines Sozialversicherungssystems sicherte zum Beispiel das rein ökonomische Überleben von alten und kranken Menschen. Im Gegensatz zu manchen »Entwicklungsländern«, wo eine Vielzahl von Kindern die einzige Garantie für die Versorgung im Alter bietet, wurde der Rahmen der Solidargemeinschaft weiter gezogen und weitgehend aus der Bindung an persönliche Beziehungen gelöst.

Doch auch andere wirtschaftliche Entwicklungen hatten Einfluß auf die Struktur der Familie. Zunehmende Möglichkeiten der Geburtenkontrolle bedingten etwa, daß die Rolle der Frau nicht mehr auf die Versorgung und Erziehung der Kinder beschränkt blieb. In ihrem individuellen wie auch dem → *familiären Lebenszyklus* treten dadurch Veränderungen ein. Die familiäre → *Hierarchie* änderte sich durch die Berufstätigkeit der Frau, die Beziehung zwischen Vater und Mutter wurde gleichrangiger, der Unterschied zwischen beiden Rollen geringer (vgl. Gorer 1971; Young und Willmott 1973). In der Soziologie wird angesichts der Veränderungen der »Normalfamilie« von einer Pluralisierung von Familienformen (Herlth et al. 1994, Vaskovics 1994) gesprochen, die als »Patchwork-Familien« (Bernstein 1990), »Fortsetzungsfamilien« oder »geteilte Familien« bezeichnet werden. Ihr gemeinsamer Nenner besteht darin, daß familiäre Verbindungen zunehmend nur für befristete Lebensphasen eingegangen werden. Trotz dieser Veränderungen und seit der Zunahme von Ehescheidungen und Wiederverheiratungen bleibt die »Kleinfamilie« nach wie vor die statistisch häufigste Familienform.

Familientherapeuten können nicht umhin, die genannten Aspekte der sozialen Realität in ihre diagnostischen und therapeutischen Überlegungen einzubeziehen. Andernfalls besteht die Gefahr, vor allem die von vielen Therapeuten stillschweigend vorausgesetzten Mittelschichtnormen zum Maßstab der → *»gesunden« Familie* zu machen. Zahlreiche familiäre Probleme treten in unterschiedlichem Maße schichtabhängig auf und sind nur in ihrem gesellschaftlichen Kontext zu verstehen. Als Beispiel dafür sei die Problematik der → *Ablösung im Jugendalter* genannt: In einer Zeit, als die Großfamilie als Produktionseinheit wirkte, gestaltete sie sich zwangsläufig anders als heutzutage, wo sich der einzelne als Individuum wirtschaftlich selber erhalten muß. Demgemäß lassen sich auch all die Probleme, die mit der Bildung einer persönlichen → *Identität* zusammenhängen, niemals allein auf die Familie und deren Struktur, Interaktionsmuster und ihre Verhaltensregeln beziehen, sie müssen vielmehr immer in ihrem sozio-kulturellen und -ökonomischen Kontext gesehen werden.

Literatur: Beck u. Beck-Gernsheim (1990); Beck-Gernsheim (1980); Berger u. Kellner (1965); Bernstein (1990); Blumstein u. Schwartz (1983, 1990); Burr, Hill, Nye u. Reiss (1979); Demos u. Boocock (1978); Engels (1884); Friedrich (1977); Gadlin (1977); Goode (Hrsg.) (1964); Gordon (1973); Gorer (1971); Herlth, Brenner, Tyrell u. Kriz (1994); Hill (1958); Hill u. Simpson (1956); Kauffmann (1995, 1997); Kohn (1969, 1981); König (1996); König (1969, 1978); Laslett (1972); Lévi-Strauss (1949a); Ley u. Barer (1992); Malinowski (1944); McWhirter u. Mattison (1986); Mead (1934); Mitterauer u. Sieder (1977); Mitterauer u. Sieder (Hrsg.) (1982); Mogey (1970); Mühlfeld (1976); Nichols (1990); Parsons, Bales, Olds, Zelditch u. Slater (1955); Peplau u. Cochran (1990); Rosenberg (1975); Shorter (1975); Sussman (1971); Thompson (1963); Vaskovics (1994); Weber-Kellermann (1974); Young u. Willmott (1973).

Familien-Stellen
(family positioning)

Von Bert Hellinger entwickelte Form der lösungsorientierten Kurztherapie, bei der die Familienbeziehungen des Klienten durch Stellvertreter im Raum dargestellt werden. Dem Familien-Stellen liegt die Idee der »Grundordnung« oder »Ursprungsordnung« einer Familie zugrunde, in deren räumlicher Repräsentanz jedes Mitglied seinen »richtigen« Platz hat.

Die anfängliche Problemaufstellung beruht auf relativ wenigen äußeren Informationen über die gegenwärtige und die Herkunftsfamilie, wobei besonderer Wert auf verleugnete, verstoßene oder verstorbene Personen gelegt wird, die oft nicht »angemessen« repräsentiert sind. Ziel des Familien-Stellens ist als Lösungsaufstellung eine Ordnung, in der jedes Mitglied seinen »richtigen« Platz hat.

Der Weg von der Problem- zur Lösungsaufstellung orientiert sich zum einen an den Äußerungen des Protagonisten und der Stellvertreter, ob Veränderungen (Abstand, Blickrichtung) als besser oder schlechter erlebt werden, zum anderen an den theoretischen Annahmen des Therapeuten, wer an welchen Platz »gehört«. Eine besondere Bedeutung haben dabei Rituale des Dankens, des Anerkennens und des Ehrens, mit denen Schuld oder Verdienste anerkannt werden, die bislang nicht gewürdigt wurden oder mit denen Delegationen zurückgegeben werden.

Die Lösungsaufstellung ist orientiert an der »Grundordnung«, einer normativen Vorstellung davon, wie die Beziehungsstruktur einer Klientenfamilie sein sollte. Die Grundordnung wird von Hellinger im ontologischen Sinn als vorgegeben verstanden, nicht als selbstreguliert im systemischen Sinn.

Die Grundordnung ist das organisierende Prinzip des Familien-Stellens. Die folgenden Prinzipien der »Ordnungen der Liebe« (Hellinger 1994) gelten als zentral: Es besteht eine Rangordnung nach Zeit, wonach der Frühere Vorrang vor dem Späteren hat. Wer früher im System war, hat danach ältere Rechte als der, der später hinzukam. Alle, die zum familiären System gehören, müssen gewürdigt sein. Dazu gehören auch verstorbene und verleugnete Mitglieder. Ganz zentral ist die Vorgabe, daß Vater und Mutter im Sinnes des Dankes gewürdigt sein müssen. Beim Familien-Stellen werden deshalb die Kinder stets in räumliche Nähe der Eltern (davor oder daneben) gestellt. Die Grundordnung ist danach für alle gut, es gibt keine Übervorteilten und Benachteiligten. Bei den Beteiligten ist dafür eine Haltung der Demut erforderlich im Sinne des Anerkennens, daß es einen über den Individuen stehenden größeren Zusammenhang gibt. Erst diese Haltung ermöglicht ihnen den Zugang zu den Ressourcen der Familie.

Ein zentrales Moment der ätiologischen Theorie des Familien-Stellens ist die Vorstellung, daß Symptome und psychisches Leiden dadurch entstehen, daß ein Familienmitglied nicht an seinem angemessenen Platz ist, entweder sich eine Position anmaßt, die ihm nicht zusteht, oder eine Position vergibt, die ihm zustünde. Ein weiterer wichtiger Faktor wird in der → *Delegation*s- und Identifikationsdynamik mit verstorbenen oder ausgeblendeten Personen gesehen, die durch andere Mitglieder als Nachfolger, etwa über ein Symptom, vertreten werden.

Literatur: Hellinger (1994); Weber (Hrsg.) (1993); Weber (Hrsg.) (1998).

Familientests
(family tests)

Standardisierte Testverfahren zur Diagnostik familiärer Beziehungsprozesse. Sie können der Behandlungsplanung und -evaluation dienen, werden aber gelegentlich auch als Intervention in Therapien eingesetzt. Schließlich spielen sie eine große Rolle in der Familienforschung.

Von einem Familien»test« läßt sich dann sprechen, wenn es sich um ein Meßverfahren handelt, das konsistent und standardisiert genug ist, um verschiedene Familien vergleichen zu können (Querschnittanalyse) oder um Veränderungen über die Zeit erfassen zu können (Längsschnittanalyse). In der Familientherapie kann der Einsatz von Tests integraler Bestandteil des diagnostisch-therapeutischen Ablaufs sein. Noch werden sie aber häufiger relativ abgekoppelt zu Forschungszwecken eingesetzt, ohne daß eine direkte Rückkopplung zur Therapie vorgesehen ist.

Es lassen sich zwei prinzipielle Vorgehensweisen unterscheiden, nämlich direkte Verhaltensbeobachtungen und Selbstbeschreibungen (meist in Form von Fragebogen).

Verhaltensbeobachtungen: Ein Test, der bereits als therapeutisches Instrument anzusehen ist, ist das »strukturierte Familieninterview« von Paul Watzlawick (1966), das von Jules Riskin und Elaine Faunce (1970, 1972) weiterentwickelt wurde. Die Familie bekommt die Aufgabe, ihr Hauptproblem zu diskutieren oder (bei Familien ohne Therapieanliegen) etwas zusammen zu planen. Der Interviewer verläßt dann den Raum, und das Verhalten der Familie wird durch die Einwegscheibe beobachtet und nach verschiedenen Kriterien beurteilt.

Einem ähnlichen Prinzip folgen Aufgaben für Paare (»Wie war es, als sie sich zum erstenmal getroffen haben?«). Andere Tests haben eher spielerische Form wie der Twenty Questions Test (Wild u. Shapiro 1977), das Train Game (Ravich 1969; Ravich u. Wyden 1974) oder das relativ unstrukturierte Family Free Play (Baldwin et al. 1982). Eine ganz andere, weniger verbale Kommunikationsebenen ansprechende Technik zur standardisierten Erfassung von familiären Interaktionsprozessen entwickelten M. Straus und I. Tallman (1970). Sie erfanden ein Spiel (SIMFAM), dessen Regeln die Familie beim Spielen herauszufinden hat (vgl. Riskin u. Faunce 1972).

Die am meisten verwendete Methode, um Interaktionsdaten im Feld der Familienforschung zu erhalten, ist die sogenannte »Revealed Differences Technique« von F. Strodtbeck (1951) (Jacob u. Leonard 1992). Jedem Familienmitglied wird dabei ein Fragebogen gegeben, den es getrennt von den anderen auszufüllen hat. Zu einer Serie von familiären Problemsituationen enthält der Fragebogen jeweils zwei oder mehr Lösungen, und jeder einzelne soll nun die seiner Überzeugung nach beste Lösung angeben. Danach werden alle Familienmitglieder zusammengebracht und vor die Aufgabe gestellt, die Problemlösungen zu diskutieren, in denen keine Übereinstimmung besteht, um so zu einer gemeinsamen Lösung zu kommen. Dieses Verfahren läßt sich sehr differenziert (Watzlawick 1966; Doane et al. 1991) oder vereinfacht (Lewis et al. 1976; Revenstorf et al. 1984) auswerten. Die Beavers-Timberlain Family Evaluation Scales (Beavers 1977, 1981, 1983) verwenden eher globale Ratings. Mishler und Waxler (1968), Riskin u. Faunce (1970; dt. bei Reich 1994), Gottman (1979) und Hahlweg et al. (1984) haben Auswertungsschemata für sehr spezifische Interaktionssequenzen entwickelt. Arnold Retzer (1996) hat in Anlehnung an Elliot G. Mishler und Nancy E. Waxler (1968) und David Reiss (1971) ein Konsens-Experiment als Familientest vorgestellt.

Bei dem »Unrevealed Differences Questionnaire« von A. J. Ferreira und W. D. Winter (1965) muß zu sieben Items jedes einzelne Familienmitglied aus einer Liste von zehn möglichen Wahlen die drei ihm liebsten und die drei ihm unangenehmsten auswählen. Nachdem jeder einzelne seine Wahl getroffen hat, ist die Familie gemeinsam aufgefordert, einen Entschluß darüber zu fassen, welche Wahlen die drei für die gesamte Familie besten und schlechtesten sind. Was jeder individuell und privat gewählt hat, bleibt dabei dem Rest der Familie verborgen. Das Kategoriensystem für partnerschaftliche Interaktion (KPI) von Hahlweg et al. (1984) ist das einzige im deutschen Sprachraum entwickelte Beobachtungssystem, das auch internationale Anerkennung fand (Jacob u. Tennenbaum (1988). Als eher makroanalytische Rating-Verfahren, die wissenschaftlich wie klinisch relevant sind, sind das Current Family State Assessment (CFSA) von Kinston et al. (1979), der Communication Skills Test (CST; Floyd u. Markman 1984) und die Ratingskale zur Beobachtung partnerschaftlicher Interaktion (RPI) (W. D. Schmidt u. Hahlweg 1982) zu erwähnen.

Auch projektive Verfahren eignen sich zu Verhaltensbeobachtungen, wenn sie mit familienbezogenen Instruktionen vorgegeben werden. Sie leiten sich meist von individuumzentrierten Testverfahren (Rorschach, TAT) her. Es wird nun jedoch die Familie als Ganzes aufgefordert, den Test zu absolvieren. Statt individueller werden gemeinsame Phantasien und Wahrnehmungen ausgewählt bzw. entwickelt und darüber kommuniziert. Die dabei ablaufenden Prozesse lassen sich aufgabenzentriert wie auch beziehungszentriert auswerten. So kann erfaßt werden, ob und wie die Familie ein gemeinsames Ziel zu verfolgen vermag, Einigung erzielt, Konflikte austrägt, mit Meinungsverschiedenheiten umgeht, einen Konsens erzielt oder nicht. Die beziehungszentrierte Perspektive erbringt Aufschluß über das emotionale Klima, die Rollendifferenzierung in der Familie sowie über Möglichkeiten zur → *Metakommunikation.* Derartige »Laborsituationen« erlauben es, interfamiliäre Vergleiche anzustellen, die Anhaltspunkte sowohl für die langfristige Prognose von Therapien als auch für die Aufstellung einer → *Familientypologie* liefern.

Bisher haben nur wenige Autoren versucht, Befunde familiärer Tests für die klinische Therapie nutzbar zu machen. Jürg Willi (1973), der den Familien-Rorschach-Test zur Diagnostik von Paar- und Gruppenbeziehungen verwandte, lieferte Beurteilungskriterien für die Interpretation gemeinsamer familiärer Testproduktionen. »Familien-Beziehungs-Tests« entwikkelten Nathene Loveland (1967) sowie J. Howells und J. Lickorish (1968). Loveland forderte die Familienmitglieder auf, sich jeweils über ein oder mehrere Rorschach-Tafeln zu einigen. Howells und Lickorish entwickelten ebenfalls einen projektiven Test. Er konfrontiert die Probanden mit mehrdeutigen Bildern, die typische familiäre Beziehungen zeigen (z.B. Elterngruppe mit und ohne Kinder; Vater und Kind; Mutter und Kind; Kind allein, usw.). Entsprechend den familiären Erfahrungen, gegenwärtigen Wünschen und Bedürfnissen werden diese Bilder von der Familie wie auch von allen einzelnen auf eine spezifische Weise interpretiert, die Informationen über die Familie und das ihr zugrundeliegende Beziehungsnetz liefert.

Im Familien-Hierarchie-Test (Madanes 1978) werden jedem Familienmitglied einzeln schematische Darstellungen von Familienorganisationen vorgelegt. Ein Schema zeigt zum Beispiel eine Person oben und drei weitere auf einer Ebene darunter. Damit sind die Beziehungen einer Familie dargestellt, in der eine Person über die anderen drei verfügt und ihnen sagt, was sie zu tun haben. In dieser Weise erklärt der Testleiter jedes einzelne Schema, und er bittet die Versuchsperson, das der Familie entsprechende auszuwählen. In einer zweiten Phase wird der Proband gebeten, jede Person des Schemas mit dem Namen des Familienmitglieds zu versehen und die Nähe und Distanz so zu verändern, wie es seiner Wahrnehmung in der Familie entspricht. Außerdem wird noch die Wunschorganisation, d.h. das jeweilige Idealbild, erfragt.

Die Auswertung erfolgt vor allem mit Blick auf Störungen der → *Hierarchie*, → *Generationsgrenzen* und → *Koalitions*bildung (vgl. Madanes et al. 1980).

Die Problemlösekompetenz von Familien hat David Reiss (1967 a, b, 1971) im sogenannten »Pattern Recognition Task« getestet. Jedem Familienmitglied wurde eine Anzahl Karten, mit einer Sequenz von Buchstaben darauf, gegeben. Eltern und Kinder erhielten sie in unterschiedlicher Reihenfolge. Jede Person wurde nun aufgefordert, die korrekte Sequenz herauszufinden. Danach wurde die Familie aufgefordert, in einer Gruppendiskussion eine Einigung darüber zu erzielen. Dadurch ließ sich feststellen, in welcher Art und Weise Meinungsverschiedenheiten und Konflikte das Lösen einer gemeinsamen Aufgabe erschweren oder erleichtern.

Familientests auf der Basis individueller Selbstbeschreibungen: Als Familientests lassen sich solche Selbstbeschreibungsdaten verwenden, die Aussagen über Beziehungen innerhalb der Familie machen. Hier wurden bislang sehr viele Fragebögen entwickelt. Zu den verbreitetsten gehören: die Family Adaptability and Cohesion Evaluation Scale (FACES), die auf dem → *Circumplex-Modell* von Olson et al. beruht; die Family Environment

Scale (FES) von Moos & Moos (1981; dt. Übersetzung als Familien-Klima-Skala von Schneewind 1987), das Family Assessment Measure (FAM) von Skinner et al. (1983), das auf dem MacMaster Model of Family Functioning basierende Family Assessment Device (FAD) von Epstein et al. (1978, 1983), die schon klassische (und auch von traditionellen Annahmen ausgehende) Marital Adjustment Scale (MAS) von Locke und Wallace (1965); im deutschen Sprachraum die Familienbögen (FB) von Cierpka und Frevert (1995).

Im Gegensatz zu den letztgenannten Techniken zur Erhebung interaktioneller Daten versucht der »Gießen-Test« Beziehungsstrukturen über systematische Selbst-Fremdbild-Vergleiche zu erfassen (Beckmann u. Richter 1972). Über 40 Items werden die innere Verfassung und die Umweltbeziehung sowohl des Probanden selbst als auch des Partners erfragt. Die Kombination der subjektiven Sichtweisen beider Partner bietet Aufschluß darüber, ob symmetrische oder → *komplementär*e Beziehungen vorliegen, inwieweit Mechanismen der → *projektiv*en *Identifikation* wirksam werden, die → *Zuschreibung* von → *Roll*en erfolgt und angenommen wird.

Aus systemischer Perspektive sind alle Selbstbeschreibungsmethoden mangelhaft und erfüllen nicht die Kriterien, die Rogers et al. (1985) an systemisch orientierte Methoden stellen. Danach müssen sie »(a) sich auf beobachtbares Verhalten beziehen, (b) sequentielle Verhaltensbeschreibungen liefern und (c) in der Lage sein, auf Systemebene Strukturen zu beschreiben, die Beziehungsmuster darstellen« (S. 117). Diese Kriterien sind, wenn überhaupt, nur durch Verhaltensbeobachtungen zu erfüllen.

Beobachtung der Interaktion zwischen Untersucher und Familienmitglied: Eine dritte Variante von Familientests nutzt die Interaktion bei der Testung als Datenbasis. Projektive Tests (z. B. Rorschach, TAT) oder auch der »Object Sorting Task« (Wild et al. 1965) wurden dazu verwendet, die Interaktionen zwischen Tester und Proband zu untersuchen. Ziel war es, Denk- und Kommunikationsstörungen zu analysieren (vgl. Singer u. Wynne 1966). Auch das bei der → *Expressed-Emotions*-Forschung verwendete Camberwell-Familieninterview hat diesen Charakter. Auch hier wird nicht so sehr der Inhalt des Selbstberichts beachtet, sondern die affektiven Äußerungen während des Interviews über ein anderes Familienmitglied werden ausgewertet.

Insgesamt ist der Stand der Familientests noch entwicklungsbedürftig. Die Übersicht von Manfred Cierpka (1996) zeigt, daß gegenüber Beobachtungsverfahren (Nordmann u. Kötter 1996) und Prozeßmodellen (Thomas 1996) heute Fragebogenverfahren (Benninghoven et al. 1996) dominieren, die sich vor allem an Eigenschaften orientieren. Die experimentellen Verhaltensbeobachtungen haben sich in jüngerer Vergangenheit weniger durchgesetzt. Insbesondere sind Methoden zu entwickeln, die auch systemischem Denken entsprechen, die also weniger an stabilen traits als an Verhaltens- und Interaktionssequenzen interessiert sind.

Literatur: Baldwin, Baldwin u. Cole (1982); Beckmann u. Richter (1972); Benninghoven, Cierpka u. Thomas (1996); Cierpka (1996); Cierpka u. Frevert (1995); Cromwell u. Peterson (1983); Ferreira u. Winter (1965); Fisher, Kokes, Ransom, Phillips u. Rudd (1985); Floyd u. Markman (1984); Gottman (1979); Hahlweg (1986); Hahlweg, Goldstein, Nuechterlein, Magana, Mintz, Doane, Miklowitz u. Snyder (1989); Hahlweg, Helmes, Steffen, Schindler, Revenstorf u. Kunert (1979); Hahlweg u. Jacobson (1984); Hahlweg, Reimer, Kohli, Vollmer, Schindler u. Revenstorf (1984); Hahlweg, Schindler, Revenstorf u. Brengelmann (1984); Howells u. Lickorish (1968); Jacob u. Leonard (1992); Jacob u. Tennenbaum (1988); Kinston, Loader u. Stratford (1979); Kwiatkowska (1978); Laing, Phillipson u. Lee (1966); Locke u. Wallace (1959); Loveland (1967); Loveland, Wynne u. Singer (1963); Madanes (1978); Madanes, Dukes u. Harbin (1980); Mann u. Starr (1972); Moos u. Moos (1981); Nordmann u. Kötter (1996); Peterson u. Cromwell (1983); Ravich (1969); Ravich u. Wyden (1981); Reich (1994); Reiss (1967a, 1971a, b, c, 1983); Retzer (1996a); Revenstorf, Hahlweg, Schindler u. Vogel (1984); Riskin (1963); Riskin u. Faunce (1970, 1972); Rogers, Millar u. Bavelas (1985); W. D. Schmidt u. Hahlweg (1982); Schneewind (1987); Sigafoos, Reiss, Rich u. Douglas (1985); Singer u. Wynne (1965, 1966); Skinner, Steinhauer u. Santa-Barbara (1983); Straus u. Tallman (1970), Strodtbeck (1951); Thomas (1996); Van der Veen (1965); Watzlawick (1966); Wild, Singer, Rosman, Ricci u. Lidz (1965); Wild u. Shapiro (1977); Willi (1973); Winter u. Ferreira (1969); Wynne (1968).

Familientypologien
(family typologies)

Versuche, unterschiedliche Arten bzw. Strukturen von Familien nach regelmäßig auftretenden charakteristischen Merkmalen (wie den hervorstechenden Symptomen von Indexpatienten, Beziehungs- und Strukturtypen, Kommunikationsmustern) zu ordnen und zu klassifizieren.

Mit der zunehmenden Bedeutung, die individuumsorientierte Diagnose-Manuale wie das DSM oder die ICD in der Psychiatrie und der Psychotherapieforschung gewonnen haben, ist das Interesse an Familienklassifikationen gestiegen. Aus systemischer Sicht ist die individualistische Nosologie dieser Manuale sehr unbefriedigend.

Die ersten Familientypologien waren dem Vorbild der medizinischen Diagnostik gefolgt: Familien wurden vorwiegend aufgrund der Symptomatik des → *Indexpatienten* unterschieden. Man sprach von einer schizophrenen bzw. schizo-präsenten Familie, einer Alkoholikerfamilie usw. Die Diagnose eines Familienmitglieds als Eigenschaft der ganzen Familie zuzuschreiben ist nicht nur logisch unzulässig, sondern auch familiendiagnostisch höchst problematisch. Es wird damit eine Einheitlichkeit der familiären Muster suggeriert, die empirisch nicht zu belegen ist. Dennoch erscheint es nützlich und legitim, von der Symptombildung des einzelnen Familienmitglieds auszugehen und nach spezifischen familiären Kommunikationsmustern zu suchen *(→ Expressed Emotions/Psychoedukation, → Konfliktorganisation/Tetralemma).* Auch wenn keine schlichte lineale Kausalität *(→ Linearität/Linealität)* zwischen familiären Mustern und individueller Symptombildung angenommen werden kann, hat sich doch gezeigt, daß die Veränderung solcher Muster Einfluß auf den Symptomverlauf hat. Die klassifikatorische Zuordnung zu einem familiären Muster erlaubt im allgemeinen noch keine Aussage darüber, welche Funktionen die Symptome in einem gegebenen Beziehungsgefüge haben. Um hierüber Aussagen machen zu können, muß man die Wechselwirkungen innerhalb der familiären Interaktionen betrachten. Diesen Schritt unternahmen Carlos E. Sluzki und Janet Beavin (1965), Don D. Jackson (1968) sowie Paul Watzlawick und Mitarbeiter (1967). Sie griffen dazu auf den → *Schismogenese*-Ansatz von Gregory Bateson zurück und unterschieden bestimmte Arten von Beziehungsmustern: → *komplementäre/symmetrische* sowie ein Muster, worin komplementäre und symmetrische Beziehungen wechselweise auftraten (reziproke Beziehung). Nach dem Überwiegen der einen oder anderen Beziehungsform, ihrer Starrheit oder Flexibilität ließ sich ein funktioneller Zusammenhang zwischen der Symptomatik eines einzelnen Familienmitglieds und der jeweiligen Beziehungsform herstellen.

Im Rahmen des strukturellen Gesichtspunktes, der wechselseitige Abgrenzung, die Bildung von Subsystemen und von → *Hierarchien* innerhalb der Familie hervorhebt, kategorisierten Salvador Minuchin und Mitarbeiter (1967) Familien einerseits als enmeshed, d.h. verstrickt und eng miteinander verbunden, andererseits als disengaged, d.h. entkoppelt, unterorganisiert *(→ Verstrickung, → Loslösung).*

Nach ihrem spezifischen Problemlöseverhalten charakterisierte David Reiss (1971) Familien, die gegenüber der Umwelt abgekapselt und in ihrem Binnenraum wenig konfliktfähig waren, als »konsensus-sensitiv«; Familien mit eingeschränkter Kooperationsfähigkeit, einem hohen Grad an je individueller Unabhängigkeit als »distanz-sensitiv«; als normal bzw. funktional erschien ihm ein Familientypus, bei dem sowohl intrafamiliär als auch gegenüber der Umwelt die Fähigkeit zur Abgrenzung wie auch zur Öffnung dieser Grenzen ausbalanciert ist *(→ Konsensus-Sensitivität/Distanz/Sensitivität/Milieu-Sensitivität).* In einer überarbeiteten Version seiner Typologie legt Reiss (1981) drei Dimensionen zugrunde, die zwischen den Familien ihrer → *Epistemologie* entsprechend unterscheiden. Mit »Configuration« benennt er das unterschiedliche Maß, in dem die Familie die Außenwelt als geordnetes System oder aber unkalkulierbares Chaos erlebt. »Coordination« beschreibt die Tatsache und das Ausmaß, in dem die Familie sich als Gruppe erlebt und jeder einzelne sein Verhalten dementsprechend auswählt. »Closure« (Schluß, Schließen) bezeichnet das Maß, in dem eine Familie sich entweder verunsichert fühlt durch die Neuheit einer Umgebung bzw. Situation oder aber nur das aus der Vergangenheit Bekannte wiedererkennt. Alle drei Dimensionen sind empirischen Untersuchungen zufolge unabhängig voneinander und können in unterschiedlichem Maße die Struktur der Familie bzw. ihr Bild der Welt *(→ Paradigma/innere Landkarte/ Modell)* und ihre Problemlösestrategien bestimmen.

Ein Modell, das die interindividuelle Abgrenzung sowie die Ausbalancierung → *zentripetale*r und *zentrifugale*r *Kräfte* zur Unterscheidung von Familientypen verwendet, lieferte Robert Beavers (1977). Ihm zufolge verbürgt eine Mischung zentripetaler und zentrifugaler Kräfte in Kombination mit individueller Abgrenzung, offener und klarer Kommunikation eine optimale Funktionalität. Mit zunehmender Entmischung der zentripetalen und zentrifugalen Kräfte innerhalb der Familie und Abnahme der gegenseitigen Abgrenzung nimmt dagegen die Dysfunktionalität zu. Das zeigt sich u.a. in Kommunikationsverwirrungen und Symptombildungen *(→ Beavers' System-Modell).*

Das dazu alternative → *Circumplex-Modell* stammt von David H. Olson (1979). Er versucht, die verschiedenen Familientypen entsprechend ihrer → *Anpassungs*fähigkeit einerseits und ihrer → *Kohäsion* andererseits zu unterscheiden. Je nachdem, wie Starrheit oder Flexibilität mit starker oder schwacher → *Bindung (→ Verstrickung, → Loslösung)* kombiniert sind, entwickelt sich ein anderes Bild der Familie.

Das McMaster-Modell der familiären Funktion (MMFF) stellt sechs kritische Dimensionen in den Mittelpunkt der Betrachtung: das Problemlöseverhalten, die Rollenverteilung, die affektiven Reaktionsweisen und das wechselseitige gefühlsmäßige Engagement sowie die familiären Methoden der Verhaltenskontrolle. Diesen Dimensionen wird die größte Wichtigkeit im Hinblick auf die familiäre Funktionsfähigkeit zugemessen. In ihnen spiegeln sich die Werte der Familien, ihre emotionalen und instrumentellen Entwicklungsmöglichkeiten (Epstein et al. 1982).

Aus systemtheoretischer Sicht meldete Lynn Hoffman (1981) eine Kritik an allen Typologisierungsversuchen an, da sie ihrer Ansicht nach ein zu statisches Bild entwerfen und die Veränderungsfähigkeit und -möglichkeit der einzelnen Familien zu sehr außer acht lassen. Sie entwickelte deswegen eine Typologie, die den Aspekt des → *Wandels* bzw. der *Veränderung erster und zweiter Ordnung* zu erfassen versucht. Es handelt sich um ein Ebenenmodell, in dem sich auf jeder Ebene gegensätzliche Organisationsformen gegenüberstehen; auf jeder Ebene besteht die Möglichkeit, sich zum jeweiligen Gegenpol (also z.B. von einer mehr zentrifugal organisierten Familie zu einer mehr zentripetal organisierten) zu verändern. Unter Bedingungen, die eine Veränderung zweiter Ordnung erforderlich machen, kann nach ihrer Ansicht der Sprung auf eine neue Ebene erfolgen. Dies bringt eine diskontinuierliche Änderung und Neuorganisation der Familie mit sich (s. Abbildung).

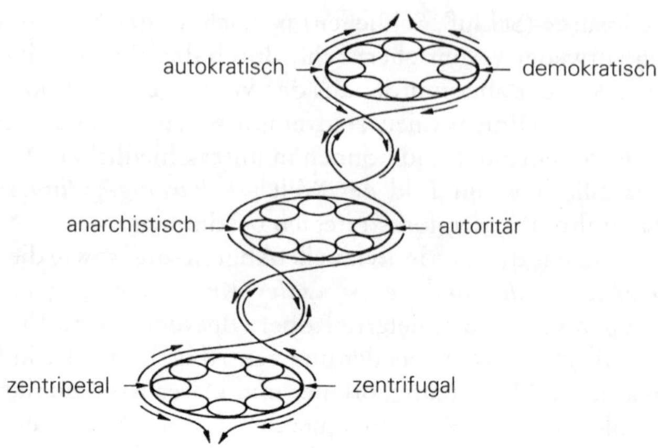

Spiralscheiben der Familienorganisation (nach Hoffman 1981).

Auch wenn sich aus kybernetischer Sicht die beschriebenen Familien-Klassifizierungen als problematisch erweisen – der Kommunikationsstil einer Familie ist ebenso durch ihre Struktur wie umgekehrt die Struktur durch den Kommunikationsstil bedingt –, bringen sie doch das für die Familiendiagnostik wichtige (funktionale wie dysfunktionale) → *Gleichgewicht* ins Blickfeld, so vor allem das Gleichgewicht zwischen zentrifugalen und zentripetalen Kräften, zwischen interindividueller → *Nähe* und *Distanz,* zwischen Abgrenzung und Öffnung (interindividuell, zwischen den Generationen und familiären Subsystemen sowie gegenüber der Umwelt), zwischen symmetrischen und komplementären Beziehungsmustern, zwischen Flexibilität und Stabilität. Ferner erfassen solche Typologien wichtige Merkmale des Kommunikationsstils, zum Beispiel ob und wie Mitteilungen, die ein Familienmitglied macht, von den anderen bestätigt, disqualifiziert oder überhaupt nicht zur Kenntnis genommen werden. Sie geben Aufschluß über Funktionalität bzw. Dysfunktionalität der → *Hierarchie* und Organisationsform der Familie *(→ »gesunde«/funktionale Familien, → Familiensoziologie).*

Blickt man auf diese Typologie-Versuche, so zeigt sich, daß sich fast alle an einem bipolaren Beobachtungsschema orientieren, an den beiden Seiten von Ambivalenzen (z. B. Nähe/Distanz). In solchen Modellen hat jedes Familienmitglied die Möglichkeit, sich durch sein Verhalten mehr auf der einen oder anderen Seite des Spektrums zu positionieren. Dem steht ein von Fritz B. Simon entwickeltes Modell entgegen, bei dem es vier Möglichkeiten gibt, innerhalb eines Konflikts Stellung zu beziehen *(→ Konfliktorganisation/Tetralemma).* Außer sich für eine der beiden Seiten einer Ambivalenz zu entscheiden, besteht die Option, sich für eine »rauszuhalten« (weder die eine noch die andere Seite zu wählen) oder eine widersprüchliche Option (sowohl die eine als auch die andere Seite) zu wählen, indem z.B. paradoxe Botschaften gegeben werden. Die um familiäre Konflikte organisierten Kommunikationsmuster liefern die Grundlage für eine Familientypologie, aus der sich Interventionsstrategien ableiten lassen. So unterscheiden sich Familien mit psychosomatisch erkrankten Mitgliedern von denen mit einem manisch-depressiven oder einem psychotischen Mitglied *(→ diachron/ synchron)* in der Art, wie sie gemeinsam Konflikte bewältigen (Simon 1988, 1993, 1995, 1998). Es handelt sich hier um eine Typologie der Kommunikationsmuster, nicht um eine Eigenschaftstypologie, d.h., die Familien können sie spontan oder im Laufe einer Therapie verändern.

Literatur: Ackerman (1971); Bateson (1936); Beavers (1977); Beavers u. Voeller (1983); Bloom (1985); Epstein, Bishop u. Baldwin (1982); Fisher (1977); Fisher u. Ransom (1995); Fleck (1983); Ford u. Herrick (1982); Hoffman (1981); Jackson (1968); Levant (1983); Minuchin, Montalvo, Guernen, Rosman u. Schumer (1967); Olson, Sprenkle u. Russell (1979); Ransom u. Fisher (1995); Reiss (1971a, b, c, 1981); Simon (1988, 1995, 1998); Sluzki u. Beavin (1965); Watzlawick, Beavin u. Jackson (1967); Wertheim (1975).

family lunch

Eine bei der Magersucht angewendete diagnostische und therapeutische Technik. Die vom Therapeuten arrangierte und begleitete gemeinsame Mahlzeit der Familie bietet Gelegenheit zur Beobachtung der sich um das Essen zentrierenden familiären Transaktion. Der Therapeut gewinnt dadurch die Möglichkeit, unmittelbar im → *Muster* dieser Transaktion zu intervenieren. Daneben verdeutlichen sich in diesem Arrangement strukturelle Merkmale und Funktionsweisen der Familie.

Die Technik des family lunch wurde erstmals 1971 von Salvador Minuchin bei der Behandlung von Anorektikern verwendet. Diese Verwendung kann sich an drei Modellen orientieren:

Im Modell 1 ist die Förderung des elterlichen Durchsetzungsvermögens das hauptsächliche Ziel: Der Therapeut fordert abwechslungsweise beide Elternteile auf, ihr Kind zum Essen zu veranlassen. Er weist sie darauf hin, daß sie als Eltern dafür verantwortlich sind, daß es genug ißt. Nicht also Krankheit, sondern Autorität und mangelnder Gehorsam zeigen sich als das zu behandelnde Problem. Normalerweise bleiben die elterlichen Bemühungen jedoch ohne Erfolg. »Schließlich bringen die Ermutigungen des Therapeuten und ihr Zorn über die eigene Ohnmacht gegenüber dem Willen (bzw. hier dem Mund) des Kindes die Eltern so weit, daß sie sich gegen dieses zusammenschließen, eine konsequente Haltung einnehmen und zusammenarbeiten können. An diesem Punkt gelingt es ihnen dann endlich, das Kind zu füttern, oder dieses beginnt spontan selber mit Essen« (Rosman et al. 1975, S. 336).

Im Modell 2 ist hauptsächliches Therapieziel, die gegenseitige Abgrenzung von Eltern und Kind zu fördern. In einer ersten Phase werden die Eltern wiederum aufgefordert, das Kind zum Essen zu bringen. Sie vermögen jedoch gegen die Essensverweigerung des Kindes nichts auszurichten. Nunmehr wird jeder Elternteil aufgefordert, gegenüber dem Kind ein bestimmtes Verhalten anzunehmen. »Der eine versucht, das Ziel durch Schmeicheln und Betteln, durch Appelle an die Gefühle und an die Vernunft des Kindes oder durch andere Erpressungsmanöver dieser Art zu erreichen. Der andere versucht es mit Gewalt, Toben, autoritären Befehlen und Drohungen. Die Bemühungen beider Eltern bleiben jedoch erfolglos, worauf die Versuche, das Kind auf diese oder andere Weise zum Essen zu bringen, abgebrochen werden« (Rosman et al. 1975, S. 336). Inzwischen ist den Eltern deutlich geworden, welche Macht das anscheinend kranke und hilflose Kind über sie besitzt. Daher lassen sie sich aus weiteren, sich auf Eßvorgänge beziehenden Kontakten mit dem Kind ausschalten. Der Therapeut macht darauf hin die Regelung des Essens zu einer Privatangelegenheit zwischen sich und dem Kind (Minuchin 1974).

Im Modell 3 wird versucht, die familiäre Interaktion in bezug auf das Essen zu neutralisieren. Dem Kind wird anheimgestellt, ob es ißt oder nicht. Der Therapeut unternimmt keine Anstrengungen, um Eltern und Kind über das Essen in Kontakt zu bringen. Im Gegenteil, er unterbindet alles, was die Aufmerksamkeit auf das Eßverhalten des Kindes richten könnte.

Die drei Modelle fördern und lenken die Konfrontation zwischen Eltern und Kind in sehr unterschiedlichem Ausmaß. Das gleiche gilt für die jeweils hervorgerufene Emotionalität. Welches Modell und welche Strategien gewählt werden, ergibt sich aus der Einschätzung des familiären Stils, der Familienstruktur wie auch des Entwicklungsstandes von Patient und Familie. In Modell 1 und 2 wird jeweils eine therapeutische → *Krise* induziert, um eine starre Familienstruktur aufzubrechen. Modell 1 läßt sich vorteilhaft bei kleineren und vorpubertären Patientinnen anwenden, um Machtprobleme zu verdeutlichen und elterliche Kompetenz zu vermehren. Modell 2 eignet sich eher für Jugendliche, deren Ablösung und Autonomie gefördert werden sollen. Bei flexibleren Familienstrukturen oder in Situationen, wo das Kind bereits wieder etwas ißt, erscheint Modell 3 indiziert.

Zusammenfassend läßt sich sagen, daß die beschriebene Methode in unter Umständen lebensbedrohlichen Situationen entscheidende Veränderungen im familiären System in Gang zu setzen vermag. Es handelt sich um eine Interventionsform der → *strukturellen Familientherapie* und einen Spezialfall des → *Enactment*: Eine spezifische familiäre Problemsituation wird in der Therapiesitzung inszeniert, um sowohl eine genauere Diagnose der Familienstruktur als auch deren unmittelbare Veränderung zu ermöglichen.

Literatur: Minuchin (1971, 1974a, b, 1981); Minuchin, Rosman u. Baker (1978); Rosman, Minuchin u. Liebman (1975).

Feld/Feldtheorie (field/field theory)

Der Begriff »Feld« ist aus der Physik übernommen. In der Psychologie bezeichnet er die Gesamtheit der jeweils räumlich oder erlebnismäßig wahrgenommenen Bedingungen eines Prozesses oder Sachverhaltes. Der Wahrnehmende ordnet Einzelheiten in ein in sich stimmiges Wahrnehmungsfeld ein. Als ein Ansatz der → *Gestalt*theorie geht die Feldtheorie davon aus, daß das Verhalten und Erleben eines Individuums gestalthaft organisiert sind. Die begleitenden physiologischen Abläufe sind ebenfalls gestalthafter Art (z.B. → *Muster* der Energieverteilung oder Veränderung). In diesem Sinne läßt sich die Feldtheorie ebenso wie die Gestalttheorie als ein Konzept der → *Epistemologie* begreifen.

Kurt Lewin (1951) wandte zunächst die Konzepte der Feld- und Gestalttheorie auf sozialpsychologische Fragestellungen an, ohne physiologische Fragen zu verfolgen. Er bezog das Verhalten und Befinden des Individuums auf die momentan wirksamen Feldkräfte. Indem er die Vielzahl gleichzeitig zur Wirkung kommender Tatsachen und Ereignisse in ihrer relativen Verknüpfung und Lage zueinander beschrieb, gewann er Einsichten über die Dynamik des Verhaltens. Trotz einer teilweise anderen Terminologie entspricht dieser Denkansatz weitgehend dem der Familientherapie. Die mit kybernetischen Modellen arbeitende Systemtheorie betrachtet mehr die Wirkung von Informationsprozessen auf die Organisation eines sozialen Systems, die Feldtheorie orientiert sich dagegen stärker an herkömmlichen physikalischen und mechanischen Vorstellungen und untersucht demgemäß etwa Wirkungen in Kraftfeldern. Daß derartige Modelle auch für die Familientheorie brauchbar sind, zeigt sich an den Konzepten der Wirkung → *zentripetaler* und *zentrifugaler Kräfte* innerhalb einer Familie. Eine wesentliche Gemeinsamkeit zwischen Feldtheorie, Gestalttheorie und neueren familientheoretischen Ansätzen dürfte darin bestehen, daß jeweils subjektive Wirklichkeiten, d.h. subjektive Modelle der Welt, »innere Landkarten« untersucht werden, an denen sich jeweils subjektives wie auch kollektives Verhalten orientiert *(→ Paradigma/innere Landkarte/Modell).* Dementsprechend vertreten all diese Ansätze auch eine konstruktivistische Methode des → *Lernens*.

Literatur: Lewin (1936, 1951); Spitz (1969); Stanton (1984).

Fluktuation/dissipative Strukturen (fluctuation/dissipative structure)

(von lat. fluctuatio = unruhige Bewegung; dissipare = zerstreuen, verbrauchen)

Ein Begriff, den Ilya Prigogine (1971, 1976, 1977, 1980) zur Erklärung der spontanen Bildung von Strukturen in offenen Systemen benutzte. Er beschreibt, wie aus Abweichungen von einem relativ stabilen Gleichgewichtszustand unter Energieverbrauch neue Organisationsformen (dissipative Strukturen) entstehen. Auf Familiensysteme angewandt (Dell u. Goolishian, 1981) verdeutlicht er, daß gerade die zufällige Abweichung vom Ausgangszustand der wesentliche strukturierende Faktor ist. Somit stellt sich Ungleichgewicht als Quelle von Ordnung und Organisation bzw. als »Ordnung durch Fluktuation« (Prigogine 1976) dar. Fluktuationen in diesem Sinne sind Abweichungen vom Gleichgewichtszustand, die durch positive Rückkoppelung *(→ Regelkreis)* zur → *Selbstorganisation* führen.

Die Anwendung der Konzepte Prigogines auf soziale Systeme wie die Familie birgt viele Gefahren des Mißverständnisses. Prigogine benutzt den Begriff Gleichgewicht bezogen auf den Energieaustausch. Ein dissipatives System verbraucht Energie, um seine Struktur zu erhalten. Insoweit ist es »fern« vom *energetischen* Gleichgewicht.

Nach dem in der Familientherapie und Kybernetik allgemein verwendeten Gleichgewichtskonzept ist dieses Aufrechterhalten der Struktur aber eine Form des → *Gleichgewichts (→ Morphogenese/Morphostase).* Das energetische Ungleichgewicht ist also Voraussetzung für das Gleichgewicht lebender Systeme. Die Übertragung des Fluktuationsbegriffs auf familiäre Organisationsformen ist dementsprechend ständig von begrifflicher Konfusion bedroht.

Der Erkenntnisgewinn, der sich demnach mit der Anwendung des Fluktuationsbegriffs auf familiäre Prozesse verbindet, dürfte vor allem darin liegen, daß nunmehr die Rolle des Zufalls bei der Entwicklung des Individuums wie auch der Familie hervortritt. Während die Konzepte des Gleichgewichts und der → *Homöostase* nahelegen, jegliches Verhalten als *zielgerichtet* zu verstehen, wird hier der ziel-lose Charakter von Veränderungen betont. Unter bestimmten Bedingungen, die ein System in einem Ungleichgewichtszustand halten, können Verhaltensweisen, welche ursprünglich durchaus zufällig waren, den Anstoß zur Bildung einer neuen Form der → *Stabilität* liefern. Aus der Menge aller möglichen Fluktuationen entwickelt sich somit, bestimmt von Zufall *und* Notwendigkeit, nach Prinzipien der → *Ko-Evolution* eine neue Systemorganisation.

Allerdings läßt sich auch die Gefahr erkennen, daß das Fluktuationskonzept die Einheit von System und Umwelt nunmehr in einer anderen als bisher üblichen Weise voneinander trennt. Während das Konzept des Gleichgewichts davon ausgeht, daß mit der → *Versuch-Irrtum-Methode* Abweichungen vom Gleichgewicht ausgeglichen und Störungen beseitigt werden, geht das Fluktuationskonzept davon aus, daß spontane Abweichungen zu gegebener Zeit verstärkt werden. Im Grunde sind jedoch auch Fluktuationen nichts anderes als »Versuche« und »Irrtümer«. In einer sich ständig ändernden Umwelt, die vom System selbst mitgeschaffen wird, kann eine Veränderung, d. h. eine Fluktuation, die gestern ein Irrtum war, heute ein Erfolg sein. Während ein Konzept der → *Anpassung* die (evolutionsanstoßende) Aktivität gewissermaßen in die Außenwelt verlagert, lokalisiert das Konzept der Fluktuation diese in der Innenwelt des Systems. Beides stellt, da es sich um zirkuläre Prozesse handelt *(→ Zirkularität),* nur jeweils die eine Seite der Medaille dar.

Die Frage, ob das Zentrum der »kreativen« Aktivität außen oder innen liegt, hat eine gewisse ideologische Bedeutung: Liegt es innen, so wird daraus leicht ein metaphysisches Konzept des »Strebens nach Höherem«; liegt es außen, so besteht die Gefahr, in Macht und Kontrolle die einzigen Möglichkeiten zur Veränderung eines Systems zu sehen. Diese Frage nach der Innen-Außen-Beziehung wird auch im Konzept der → *Autopoiese* in den Mittelpunkt des Interesses gerückt. Am nützlichsten scheint es, von einer → *Autonomie* lebender psychischer und sozialer Systeme auszugehen, Veränderungen sind danach innenbestimmt, sie werden aber von außen angestoßen *(→ Perturbation).* Realistisch dürfte es angesichts dieser Art der System-Umwelt-Beziehung sein, in allen Bereichen, in denen sich Evolution zeigt – also auch im familiären Bereich –, die Gültigkeit eines »Gesetzes der kosmischen Faulheit« anzunehmen (Russell 1925, S.95). Dieses geht davon aus, daß all das, was ein Körper (oder System) tut, nur infolge der Gleichgewichtsverluste durch die Veränderung seiner Umgebung eintritt. Da dies auch umgekehrt gilt, d.h. die Umwelten meist auch Systemcharakter haben und innerhalb der Zeit ablaufende Prozesse nicht umkehrbar sind, entstehen trotz aller Gleichgewichtsphänomene zunehmend komplexere Organisationen. Nur geschlossene Systeme vermögen ihr Gleichgewicht dauerhaft aufrechtzuerhalten. Für eine Familie bedeutet dies, daß Mangel an Fluktuation und Überbetonung des Gleichgewichts ihre Entwicklung als Ganzes sowie die jedes einzelnen behindern können.

Literatur: Dell u. Goolishian (1981); Fivaz, Fivaz u. Kaufmann (1982); Glansdorff u. Prigogine (1971); Haken (1981); Nicolis u. Prigogine (1977); Prigogine (1973, 1976, 1980, 1982); Prigogine u. Stengers; (1980), Russell (1925).

Fragen
(questions)

Fragen haben in systemischen Therapien nicht nur die Funktion, zur Informationsgewinnung beizutragen. Sie sind ihrerseits auch Interventionen. Interviewfragen beruhen auf bestimmten Annahmen und beinhalten gewisse Absichten. Dabei müssen sich die tatsächlichen Wirkungen nicht unbedingt mit den Absichten des Therapeuten decken. Gemeinsames Merkmal aller systemischen Fragen ist, daß sie auf Unterschiede fokussieren. Je nach Richtung und intendierter Wirkung lassen sich lineale, zirkuläre, strategische und reflexive Fragen unterscheiden.

Der kanadische Familientherapeut Karl Tomm (1994) unterscheidet zwei zentrale Dimensionen von therapeutischen Fragen. Die erste ist die Absicht bezüglich der gewünschten Veränderung beim Patienten (Orientierung versus Beeinflussung), die zweite ist die kognitive Konzeption psychischer Phänomene und des therapeutischen Prozesses (lineale Ursache-Wirkungs-Konzeption versus zirkuläre Konzeption). Die Kombination dieser beiden Dimensionen ergibt vier Quadranten, denen Tomm vier Fragegruppen zuordnet:

Lineale Fragen folgen einer untersuchenden problemklärenden Absicht und gehen von einer reduktionistischen Ursache-Wirkungs-Konzeption aus (z.B.: »Welches Problem hat Sie zu mir geführt?« »Was deprimiert Sie so stark?«). Die Veränderungswirkung dieser Fragen ist gering.

Zirkuläre Fragen folgen ebenfalls einer untersuchenden Absicht, gehen aber von interaktionell-systemischen Annahmen aus (z.B.: »Wie kommt es, daß wir uns heute treffen?« »Wer macht sich die größten Sorgen darüber, daß sie so deprimiert sind?«). Zirkuläre Fragen haben die Chance, von belastenden individuellen Sichtweisen wegzuführen und Ursache-Wirkungs-Zusammenhänge neu zu sehen.

Strategische Fragen werden gestellt, um den Patienten oder die Familie zu beeinflussen, und gehen dabei von einfachen Ursache-Wirkungs-Zusammenhängen aus. Neben Suggestivfragen gehören zu dieser Gruppe all die Fragen, mit denen der Therapeut das Klientensystem zu einer Wahrnehmung oder einem Verhalten zu bringen sucht, die er für richtig hält (z.B.: »Wäre es Ihnen denn nicht lieber, wenn Sie etwas Verantwortung an Ihre Frau abgeben?« »Merken Sie denn nicht, wie Ihr Rückzug Ihren Mann enttäuscht?«). Strategische Fragen wirken entweder dadurch, daß die Patienten sich der Absicht des Therapeuten unterordnen, oder dadurch, daß sie sich ihr widersetzen *(→ Widerstand).*

Reflexive Fragen zielen ebenfalls auf Beeinflussung ab, tun dies aber indirekt, indem sie von zirkulären Annahmen ausgehen und voraussetzen, daß sich Patienten gar nicht direkt beeinflussen lassen. Reflexive Fragen dienen dazu, die Implikationen von Wahrnehmungen und Verhaltensweisen offenzulegen und dadurch den Patienten selbst zu Veränderungen anzuregen. Reflexive Fragen machen es daher möglich, daß trotz der Veränderungsabsicht des Therapeuten der Patient ein hohes Maß an Autonomie auch dann behält, wenn er sich verändert.

Literatur: Penn (1983); Simon u. Rech-Simon (1998); Tomm (1994).

Gegenseitigkeit, positive und negative (mutuality)

Eine Wechselbeziehung, die sich entweder als positiv oder als negativ charakterisieren läßt.

In seinen Schriften »Conflict and Reconciliation« (1969) und »Das Tun des Einen ist das Tun des Anderen« (1971) beschrieb Helm Stierlin das Konzept sowohl einer positiven als auch einer negativen Gegenseitigkeit. Danach ist das entscheidende Moment jeder positiven Gegenseitigkeit die Bewegung der Beziehung. Diese Bewegung muß notwendigerweise immer weitere und tiefere Persönlichkeitsbereiche der Partner erfassen. Mit Hegel läßt sich solche Bewegung der Beziehung als eine Bewegung des gegenseitigen Anerkennens sehen: Ich bestätige mich im anderen, und der andere wird in mir bestätigt. Das vollzieht sich in komplexen Verdoppelungsprozessen des Selbstbewußtseins, durch die ich mich, mich selbst verlierend, im anderen gewinne. Das wiederum schließt eine wechselseitige Abgrenzung und Versöhnungsarbeit ein, die jeweils zu einem höheren Niveau der *bezogenen → Individuation* führt. Damit das geschehen kann, bedarf es des fortschreitenden Dialogs. Ein so verstandener Dialog ist, um mit René Spitz (1974) zu sprechen, ein Dialog von Aktion und Antwort, der sich innerhalb der Zweierbeziehung in Form von Kreis- und Feedback-Prozessen, die gegenseitig anregend wirken, vorantreibt. Diese dialogische Bewegung der Beziehung bestimmt sich wiederum durch die Art und Weise, wie bestimmte *→ Beziehungsgleichgewichte* zur Geltung kommen und sich im Rahmen der sich bewegenden Beziehung wandeln. Zum Begriff Dialog sei hier insbesondere auch auf die Schriften Martin Bubers verwiesen, vor allem auf »Ich und Du« (1923), sowie auf Hegels grundlegendes Werk »Zur Phänomenologie des Geistes«.

Im Unterschied zur positiven Gegenseitigkeit ist die negative Gegenseitigkeit durch einen Mangel an Bewegung, einen Mangel an wirklichem Dialog und durch gegenseitige Abwertung charakterisiert. Hier führt die Beziehung meist entweder zu komplementärer Erstarrung oder zur symmetrischen Eskalation *(→ komplementär/symmetrisch).*

Ähnlich wie Stierlin hat Lyman Wynne den Begriff Gegenseitigkeit definiert. Wynne et al. (1958) formulierten eine Theorie der Bezogenheit, in der

Gegenseitigkeit eine zentrale »Lösung« des Dilemmas darstellt, welches sich daraus ergibt, daß Menschen gleichzeitig nach Bezogenheit wie nach Individualität streben. Später hat Wynne (1984) sein Gegenseitigkeitskonzept zu einer Entwicklungslehre von Beziehungsmodi weitergeführt, wonach Bindung/Fürsorge, Kommunikation und gemeinsames Problemlösen aufeinander aufbauen. Etwas anders akzentuiert als Stierlins negative Gegenseitigkeit ist sein Verständnis von → *Pseudo-Gegenseitigkeit*, die er als gescheiterten Lösungsversuch beschreibt.

Literatur: Buber (1923), Hegel (1807); Spitz (1965, 1974); Stierlin (1969, 1971a, 1979, 1994a); Wynne (1968); Wynne, Rykoff, Day u. Hirsch (1958).

Generationsgrenzen
(generational boundaries)

Ein besonderer Fall der Bildung von → *Grenzen*, der für die Funktionalität einer Familie von großer Bedeutung ist. Diese Grenzen ergeben sich vor allem aus der Anerkennung und Einhaltung von Unterschieden in den elterlichen und kindlichen → *Rolle*n und aus den Interaktionsregeln des elterlichen und kindlichen Subsystems.

Die meisten Familientherapeuten betrachten Verwischungen der Generationsgrenzen und damit auch der innerfamiliären → *Hierarchie* als dysfunktional. Insbesondere vertreten die Anhänger der → *strukturellen Therapie* das Therapieziel, durch aktive Umstrukturierung familiärer Systeme klare, aber nicht starre Generationsgrenzen zu errichten *(→ »gesunde«/funktionale Familien)*. Die Konzepte der → *Parentifikation,* des → *perversen Dreiecks,* der → *starren Triade,* der → *Triangulation* und der → *Konfliktumleitung* verweisen allesamt auf eine Verwischung solcher Grenzen. Kinder, die gegenüber einem Elternteil eine hierarchisch übergeordnete Position einnehmen, also gleichsam an die Stelle der eigenen Großeltern treten, tun dies – so legt die familientherapeutische Erfahrung nahe – zumeist auf Kosten ihrer eigenen Entwicklungsmöglichkeiten.

Andererseits wirken jedoch auch starre Generationsgrenzen, die keinerlei vorübergehende Rollenumkehr ermöglichen, pathogen. Denn hier vermag die Familie ihrer Aufgabe, als Lernfeld für Erwachsenenrollen zu dienen, nicht gerecht zu werden. Wie bei anderen Abgrenzungsprozessen geht es auch in Familien jeweils um die Realisierung einer Balance zwischen Öffnung und Geschlossenheit. Diese Balance hat einerseits Entwicklungsmöglichkeiten und Veränderbarkeit zu gewährleisten, andererseits einen ausreichend stabilen Orientierungsrahmen für das Verhalten in überschaubaren Zeiträumen zu garantieren.

Im Rahmen des → *familiären Lebenszyklus* ist es durchaus als normal zu betrachten, daß sich die Generationsgrenzen teilweise verwischen, wenn die Kinder erwachsen werden. Aus der stark komplementären Beziehung, die zwischen Eltern und kleinen Kindern besteht, wird dann eine symmetrische (→ *komplementär/symmetrisch*), die (zumindest mehr als vorher) auf der Gleichheit der Beteiligten basiert. Im Alter entsteht schließlich erneut eine komplementäre Beziehung, innerhalb derer sich möglicherweise die Eltern als die Abhängigen zeigen.

Literatur: Friedman (1985); Green u. Werner (1996); Haley (1967a); Hoffman (1981); Minuchin, Montalvo, Guernen, Rosman u. Schumer (1967); Minuchin, Rosman u. Baker (1978).

Genogramm
(genogram)

Die grafische Darstellung einer über mehrere Generationen reichenden → *Familienkonstellation.* Sie zeigt die Positionen in der Geschwisterreihe, welche die Eltern in ihren eigenen Herkunftsfamilien hatten, sowie die, welche der → *Indexpatient* in seiner Familie einnimmt. Todesfälle, Krankheiten, Symptome usw. lassen sich jeweils übersichtlich einordnen (Abbildung S. 118).

Genogramme werden in der familientherapeutischen Arbeit häufig verwendet, um einen Überblick über das familiäre System zu gewinnen. Üblicherweise werden mindestens drei Generationen berücksichtigt. Das Genogramm kann dann als Rahmen dienen, um Informationen zu → *Koalitionen*, → *Grenzen* und zum → *familiären Lebenszyklus* zu gewinnen. Es hat auch einen hohen Stellenwert bei der Supervision von Familientherapeuten.

Als Beispiel diene das Genogramm der Familie von Gregory Bateson aus McGoldrick u. Gerson (1990, S. 88), auf der folgenden Seite.

Literatur: Guerin u. Pendegast (1976); Lieberman (1979); McGoldrick u. Gerson (1990); Pendegast u. Sherman (1977); Stierlin, Wirsching u. Weber (1982).

Gerechtigkeit
(justice)

Familientherapeuten stellt sich Gerechtigkeit – genauer: die gerechte Verteilung von Glücksgütern – als zentrales Thema familiärer Beziehungen dar. Bei diesen Gütern kann es sich um vergleichsweise konkrete

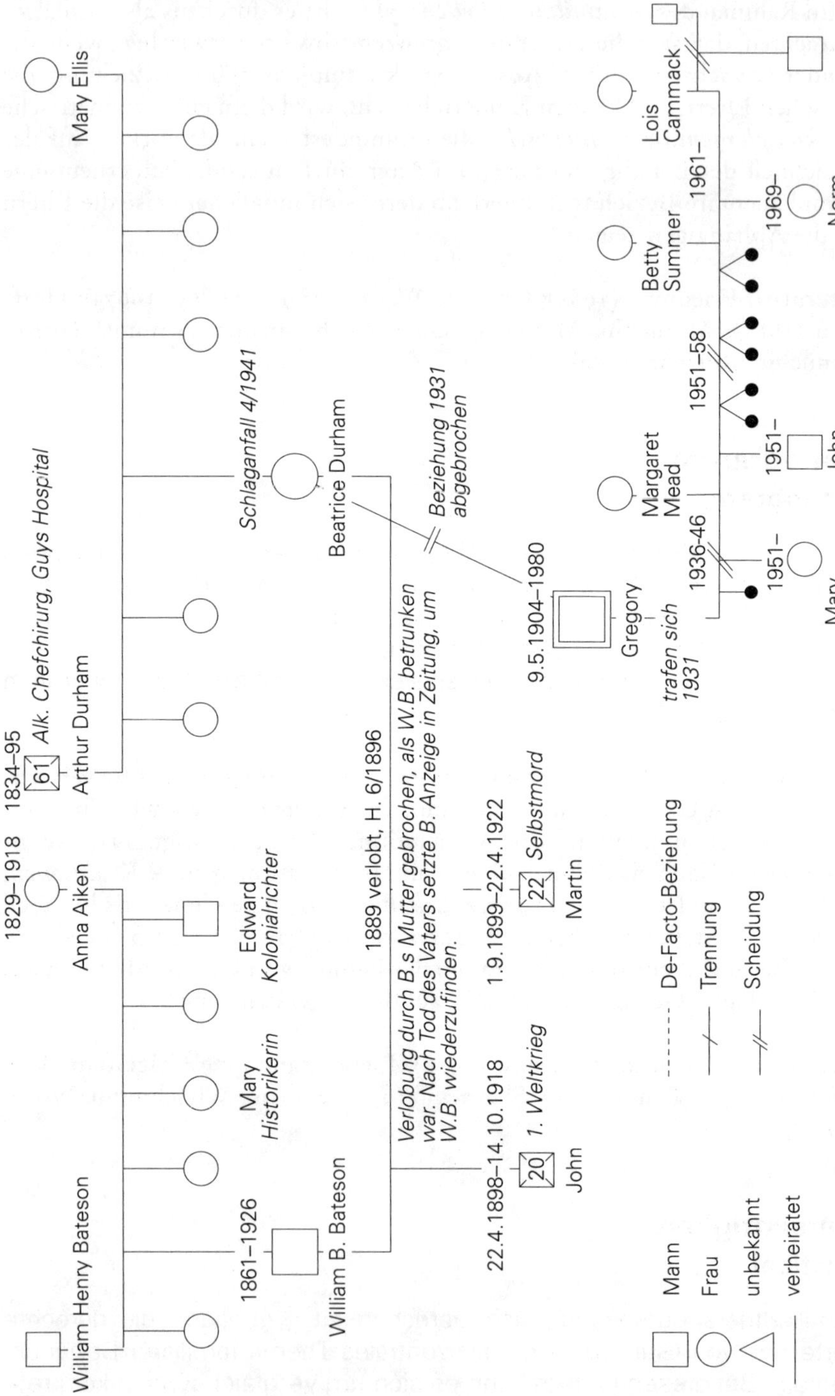

Genogramm von Gregory Bateson

Liebe, Anerkennung, Status und Geborgenheit handeln. Wir können jeweils von materiellen und immateriellen Gütern sprechen, die zum Gegenstand eines Gerechtigkeitsdialogs und – wenn möglich – -ausgleichs werden.

In aller Regel erweisen sich zunächst die Eltern als maßgebliche Verteiler solcher Güter. Sie teilen etwa ihren Kindern das Erbe zu, verteilen Status, zum Beispiel den Status des Namenträgers, der sich innerhalb und außerhalb der Familie auswirkt, sie schenken oder verweigern Liebe, Anerkennung und Fürsorge. Aber die Verteilung erfolgt auch in umgekehrter Richtung. Durch sein Lächeln, sein Gedeihen, seine lebensbejahende Zuwendung kann bereits ein kleines Kind seinen Eltern ein hohes, ja lebenswichtiges Maß von Glück zuteilen. Und Jahrzehnte später, als Erwachsener, vermag dieses Kind durch sein Geben oder Verweigern von Fürsorge und Interesse das Glück der Eltern wesentlich zu bestimmen.

Wir können hier von einer Verteilungsdynamik sprechen, die sowohl vertikal, d.h. zwischen Vertretern verschiedener Generationen, als auch horizontal, d. h. zwischen Vertretern derselben Generation, also etwa Ehepartnern und Geschwistern, zum Zuge kommt *(→ Mehrgenerationenperspektive)*.

Diese, sei es vertikale, sei es horizontale Dynamik verknüpft sich – wie vor allem Ivan Boszormenyi-Nagy (1973) herausgestellt hat – für jedes Mitglied mit der Frage nach Verdienst und Schuld, Verpflichtung und Anspruch. Und diese Frage bleibt zeitlebens lebendig: Nach Ansicht dieses Autors führen Familienmitglieder über Generationen hinweg ein Konto über das, was sie von anderen Mitgliedern an Gutem oder Schlechtem empfangen oder nicht empfangen, was sie selbst gegeben oder nicht gegeben haben, was ihnen zusteht. Er sprach von einem »ledger of merits«, einer Verdienstbuchführung bzw. einer → *Verdienstkonten*rechnung, und er maß den Begriffen Verdienst und Verdienstbuchführung innerhalb einer Familiensicht eine ähnliche handlungsmotivierende Bedeutung zu, wie sie innerhalb einer psychoanalytischen Sicht den Begriffen Trieb und Triebbefriedigung zukommt. Dabei zeigt sich die Verdienstbuchführung als Basis und Ausdruck eines immer wieder anzustrebenden Gerechtigkeitsdialogs und auch – wenn auch oft nur über mehrere Generationen hinweg möglichen – Gerechtigkeitsausgleichs. Die Balance der Lasten und Gewinne aus einer Beziehung, aktuell wie in ihren Konsequenzen für die Zukunft, ist dabei das Kriterium für Gerechtigkeit *(→ kontextuelle Therapie)*.

Dem Bemühen um Gerechtigkeitsdialog und -ausgleich stellt sich jedoch ein Problem, das sich aus dem schwer zu bestimmenden Wesen der zur Verteilung anstehenden materiellen wie immateriellen Güter herleitet. Sowohl die alltägliche als auch die familientherapeutische Erfahrung zeigt nun, daß sich im Bewußtsein der Familienmitglieder materielle und immaterielle

Güter oft verschränken und kaum voneinander trennen lassen: Geld und Besitz etwa können auf einer symbolischen Ebene (auch) Liebe, Anerkennung und Geborgenheit ausdrücken, sie können unter Umständen aber auch als deren Gegenteil, d.h. als schlechter bzw. mit schlechtem Gewissen gelieferter Ersatz für fehlende Liebe, Anerkennung und Geborgenheit wahrgenommen werden. Somit zeigt sich das, was wir als Glücksgüter ansehen, nicht nur als eine Sache von deren (gerechter oder ungerechter) Verteilung, sondern auch unserer Wahrnehmung und Bewertung dieser Güter und ihrer Verteilung. Entsprechendes gilt für Verdienst, Schuld und die davon hergeleiteten Ansprüche: Auch sie lassen sich unterschiedlich wahrnehmen und bewerten. Dabei weisen – mehr oder weniger verinnerlichte und daher unbewußte – Kriterien und Grundannahmen der Wahrnehmung die Richtung und bestimmen mit, was als Glücksgut, was als gerecht, was als ungerecht, was als Verdienst, was als Schuld zu gelten hat. Darin spiegeln sich eine Werte- und Verdienstordnung bzw. eine → *Epistemologie* und Ethik, die unser Gerechtigkeitsempfinden bzw. unsere Gerechtigkeitswahrnehmung sowohl leiten als auch eingrenzen *(→ Beziehungsethik).* In neu gegründeten Familien bzw. Paarbeziehungen begegnen sich häufig sich von unterschiedlichen Herkunftsfamilien herleitende Kriterien für die Führung des Gerechtigkeitsdialogs.

In solchen Familien, so zeigt die familientherapeutische Praxis, stehen sich die verschiedenen das Gerechtigkeitsempfinden beeinflussenden Wahrnehmungen und Epistemologien oft unversöhnlich gegenüber. Damit aber droht der überfällige Gerechtigkeitsdialog und -ausgleich zu scheitern. Es entwickelt sich ein oft tragisch ausgehendes Gerechtigkeitsdrama, das durch »Verrechnungsnotstände« (Stierlin 1997a) gekennzeichnet ist und das zu beeinflussen vom Therapeuten ethische Sensibilität und → *Allparteilichkeit* verlangt.

Literatur: Boszormenyi-Nagy (1974, 1975, 1981); Boszormenyi-Nagy u. Spark (1973); Boszormenyi-Nagy u. Ulrich (1981); Stierlin (1978, 1997a); Stierlin, Rücker-Embden, Wetzel u. Wirsching (1977).

Geschichten-Erzählen (story telling)

Das Erzählen von Geschichten wird im Rahmen der → *systemischen Therapie,* der → *Hypnotherapie,* des → *neurolinguistischen Programmierens* und beim → *narrativen Ansatz* therapeutisch verwendet. Eine Geschichte ist als ein »Muster in der Zeit« (Bateson 1979) zu verstehen. Wenn die Muster, die das interne Modell der Welt eines Patienten oder einer Familie prägen, mit den in der Geschichte dargestellten Mustern weitgehend übereinstimmen, bietet sich im Geschichten-Erzählen eine

Möglichkeit der Deutung oder Umdeutung mit hoher Aussagekraft für zwischenmenschliche Beziehungen. Die Geschichte als → *Metapher* bietet Identifikationsmöglichkeiten, die – im optimalen Fall – neue Sichtweisen einführen und damit neue Perspektiven für Problemlösungen eröffnen.

Therapie bedeutet, in hohem Maße die erkenntnistheoretischen Grundlagen eines Individuums oder einer Familie *(→ Epistemologie)* zu verändern. Diese Grundlagen aber, die wiederum das individuelle Lebensskript *(→ Skript)* bzw. den individuellen Lebensentwurf prägen, weben sich gleichsam zum großen Teil aus Geschichten zu einer die Identität bestimmenden persönlichen Geschichte zusammen. Gregory Bateson (1979) stellte dazu fest, daß die Menschen in erster Linie mittels Geschichten denken. Sie reduzieren die Komplexität der Welt, indem sie *synchrone* und → *diachrone* Strukturen in die Form eines → *Musters* in der Zeit bringen. Die Nichtumkehrbarkeit der Zeitdimension – für den Menschen ein grundlegendes Charakteristikum seiner Erfahrungen – wie auch die Gleichzeitigkeit der Interaktionsprozesse können in kaum einer anderen Form so eindrucksvoll und erlebnisnah dargestellt werden.

Im Rahmen der Therapie lassen sich Geschichten in vielfacher Weise verwenden. Zunächst können sie dazu beitragen, eine tragfähige Beziehung zwischen Therapeut und Patient herzustellen. Da jede Geschichte aus einer großen Anzahl von Formelementen besteht, kann die Reaktion des/der Patienten auf die Geschichte ähnlich einem projektiven Test diagnostisch benutzt werden: Welche Aspekte erregen die Aufmerksamkeit, wie werden sie verstanden, wie wird auf sie reagiert?

Im eigentlichen Therapieprozeß können sie zur Illustration von Zusammenhängen dienen, Lösungen suggerieren, auf einer symbolischen Ebene zur Selbsterkenntnis verhelfen, neue Ideen säen oder auch direkte Anweisungen geben. Deutungen und → *Umdeutungen*, die durch das Erzählen von Geschichten erfolgen, vermögen sowohl kognitive als auch affektive Aspekte in ihrem interaktionellen, szenischen Kontext zu erfassen und darzustellen. Ihre vieldeutige Bildhaftigkeit läßt dem Patienten die Unabhängigkeit, die ihm gemäße Deutung selbst zu wählen. Dies verhindert das Ansteigen des → *Widerstands,* da es auf der bewußten Ebene nicht bedrohlich wirkt (vgl. Zeig 1980, S. 4–26; → *Psycholinguistik/Repräsentationssysteme*).

Literatur: Bandler u. Grinder (1975a, b, 1981, 1982); Bateson (1979); Cade (1982); Erickson, Rossi u. Rossi (1976); Erickson u. Rossi (1979); Fischer u. Simon (1988); Gordon (1978); Grinder u. Bandler (1976); Grinder, Delozier u. Bandler (1977); Lankton (1979); White (1997); White u. Epston (1990); Zeig (1980, 1982, 1995).

Gestalt/Gestalttheorie (gestalt/gestalt theory)

Eine Gestalt bedeutet nach Wolfgang Köhler (1924) eine von ihrer Umgebung (Grund) abgehobene Einheit oder Ganzheit. Die voneinander unterscheidbaren Elemente einer Gestalt sind wechselseitig abhängig und gewinnen in ihrem ganzheitlichen Zusammenhang neue Eigenschaften, die keinem Einzelelement, sondern nur dem Ganzen zugeschrieben werden können (Übersummativität und Transponierbarkeit). Diese Definition von Gestalt, die der Gestalttheorie und -psychologie zugrunde liegt, ist nahezu identisch mit den familientheoretischen Begriffen → *System* und → *Organisation/Funktion/Struktur/Prozeß.*

Die Gestaltpsychologie wurde von K. Koffka (1935), Wolfgang Köhler (1924,1947) und Max Wertheimer (1927) entwickelt. Diese Autoren betrachteten nicht einzelne Empfindungen, sondern Ganzheiten und Ordnungen bzw. Organisationsformen als primäre Gegebenheiten des Verhaltens und Erlebens. Obwohl einer individualpsychologischen Sicht verpflichtet, ähnelt der Denkansatz der Gestaltpsychologie dem der Familientheorie und -therapie. Dieser ganzheitlich-gestaltpsychologische Ansatz setzt sich auf der Ebene der Sozialpsychologie in der → *Feld*theorie von Kurt Lewin fort. Wesentliche familientheoretische Erkenntnisse, die sich mit Fragen des Wandels von Strukturen *(→ Wandel/Veränderung erster und zweiter Ordnung, → Morphogenese/Morphostase, → Ko-Evolution)* befassen, scheinen in den Überlegungen der genannten Autoren zum Gestaltwandel vorweggenommen. Auf die Gestaltpsychologie beruft sich die sogenannte Gestalttherapie. Ihre Anwendung auf die Behandlung von Familien hat Walter Kempler (1973) dargestellt. Sie ist als Form der → *Wachstumstherapie* zu verstehen, die weitgehend den Prinzipien des → *Begegnungsmodells* folgt.

Literatur: Bauer (1979); Ehrenfels (1890); Kempler (1973); Köhler (1924, 1929, 1947); Koffka (1935); Perls (1969 a, b); Perls, Hefferline u. Goodman (1965); Weizsäcker (1940); Wertheimer (1912, 1927, 1944, 1950).

»gesunde«/funktionale Familien (healthy/functional families)

»Gesundheit« und »Normalität« sind im Hinblick sowohl auf Individuen als auf Familien bewertende und weniger beschreibende Begriffe. Es erscheint daher sinnvoll, eher von funktionalen als von gesunden bzw. normalen Familien zu sprechen.

Dysfunktionale Familien wurden und werden zwangsläufig mehr beachtet als funktionale Familien. Kliniker wie Theoretiker stellen sich jedoch zunehmend die Frage, wie sich funktionale von dysfunktionalen Familien unterscheiden. Sowohl therapeutische Erfahrungen als auch die langjährige wissenschaftlich beobachtende Begleitung symptomfreier und sogenannter »nicht-etikettierter Familien« liefern bzw. versprechen darauf Antworten. Wesentliche Unterschiede zwischen beiden Arten von Familien zeigen sich etwa in den Problemlösestrategien, dem emotionalen Familienklima, der Fähigkeit zum Wandel im Laufe des → *familiären Lebenszyklus,* der Ausbalancierung von → *Nähe* und *Distanz* in den interfamiliären Beziehungen und der Bildung funktionierender Grenzen zwischen den Generationen *(→ Generationsgrenzen).*

Nach Virginia Satir (1967) sowie Jules Riskin und Marguerite E. McCorkle (1979) lösen auch gut funktionierende Familien Probleme in unterschiedlichen Graden und Zeiträumen. Sie entgehen jedoch einer Lähmung und Erstarrung familiärer Interaktionsprozesse. Konflikte haben in ihnen häufig eine positive Funktion, insofern sie Entwicklungsprozesse fördern bzw. notwendig machen. Vorhandene Probleme müssen nicht im Sinne des → *Sündenbock*-Suchens personalisiert werden.

Nach John Weakland und Mitarbeitern gelingt es »funktionalen« Familien, Problemlösestrategien, die nicht zum Erfolg geführt haben, aufzugeben und kreativ neue Strategien zu entwickeln. Demgegenüber tendieren »dysfunktionale« Familien dazu, ihre Lösungsstrategien entweder an der Alltagslogik und -psychologie zu orientieren, auf familiäre Streßsituationen mit überstarken Emotionen zu reagieren oder aber das ganze Problem zu verleugnen. Die Unfähigkeit zum Entwickeln von Alternativen bedingt, daß aus den versuchten Lösungen unlösbare Probleme werden (Weakland et al. 1974).

Funktional erscheint David Reiss (1971a, b) ein familiäres Problemlöseverhalten, das es ermöglicht, innerfamiliär zu kooperieren und Informationen aus der Umgebung aufzunehmen. Dieses Verhalten bezeugt eine »Milieu-Sensitivität«, die sich von einer dysfunktionalen → *Konsensus- und Distanz-Sensitivität* unterscheidet.

Probleme stellen sich nicht allein auf der jeweiligen Sachebene, sondern auch im Rahmen des individuellen und familiären Lebenszyklus. Darin erwächst den Mitgliedern die Aufgabe, sich zu entwickeln, sich umzuorientieren und ihre gegenseitigen Beziehungen jeweils neu zu definieren *(→ Ko-Evolution, → Individuation/bezogene Individuation/Ko-Individuation).* Die damit gegebenen, teilweise vorhersehbaren, teilweise unvorhersehbaren Umstrukturierungen des Beziehungsgefüges erfordern Flexibilität und Anpassungsfähigkeit. Aber auch Stabilität ist notwendig, damit ein zuverlässiger familiärer Binnenraum und Orientierungsrahmen erhalten bleibt. In einer funktionalen Familie müssen sich somit Stabilität und Flexibilität in einer jeweils neu auszuhandelnden Weise die Balance halten.

Das → *Beziehungsgleichgewicht* von »Nähe« und »Distanz« bestimmt sich zum Teil durch ein optimales Verhältnis zentrifugaler und → *zentripetaler* familiärer Kräfte. Es bestimmt sich weiter durch Art und Ausmaß der bezogenen Individuation bzw. → *Selbst-Objekt-Differenzierung* innerhalb der Familie. Funktional erscheint die Fähigkeit, Nähe und Distanz den Erfordernissen der sich wandelnden Beziehungen entsprechend jeweils neu einzuregulieren. Diese Fähigkeit fehlt dort, wo dysfunktionale Familienstrukturen und Kommunikationsmuster vorliegen, wie → *Verstrickung,* → *Loslösung,* → *undifferenzierte Familien-Ich-Masse,* → *intersubjektive Fusion,* → *Pseudo-Gegenseitigkeit/Pseudo-Gemeinschaft/Pseudo-Feindschaft* und übermäßig starre oder verwischte Generationsgrenzen.

Aus dem charakteristischen Kommunikationsstil dysfunktionaler Familien erschließt Satir (1964) bestimmte Kommunikationsregeln, die ihrer Ansicht nach die Funktionalität von Familien gewährleisten:

(1) Begonnene Transaktionen werden auch beendet.

(2) Fragen werden nicht nur vieldeutig in den Raum gestellt, sondern auch beantwortet.

(3) Feindseligkeiten und Konflikte lassen sich wahrnehmen und deuten.

(4) Jeder nimmt sich selbst wahr und nimmt auch wahr, wie er von anderen wahrgenommen wird.

(5) Man vermag sich mit den unterschiedlichen Meinungen über sich und die anderen zu konfrontieren und sich die in bezug auf die Kommunikationspartner gehegten Hoffnungen, Befürchtungen und Erwartungen mitzuteilen.

(6) Abweichende Meinungen sind erlaubt.

(7) Der einzelne kann zwischen verschiedenen Verhaltensmöglichkeiten wählen, durch Erfahrung lernen und sich von obsoleten Modellen lösen.

(8) Man macht sich gegenseitig klare Mitteilungen, denen ein kongruentes Verhalten entspricht: Zwischen den gezeigten Gefühlen und dem, was mitgeteilt wird, bestehen nur geringfügige Unterschiede. Somit wird nur ein Minimum an verdeckten Botschaften ausgesandt.

In solchem Kommunikationsstil zeigen sich die genannten Bereiche (Problemlösungsfähigkeit, Fähigkeit zur Verinnerlichung und Balance zwischen Nähe und Distanz) in einer Art und Weise geregelt, die bezogene Individuation ermöglicht.

Verschiedene Untersuchungen sprechen ferner dafür, daß funktionale Familien eine klare hierarchische Organisation mit eindeutigen, jedoch nicht undurchlässigen Generationsgrenzen aufweisen. In dysfunktionalen Familien läßt sich dagegen fast regelmäßig eine Verwischung der Generationsgrenzen mit Aufhebung der hierarchischen Organisation und der Bildung von pathologischen Dreiecken *(→ Triangulation)* beobachten. Schließlich scheint es funktionale Familien zu kennzeichnen, daß sie Probleme der familiären → *Gerechtigkeit* und des Ausgleichs der → *Verdienstkonten* in einer Weise zu bewältigen vermögen, die letztlich immer wieder eine *posi-*

tive → Gegenseitigkeit entstehen läßt (vgl. Boszormenyi-Nagy u. Spark 1973).

Führen wir noch einige von Robert Beavers (1977) eingebrachte Gesichtspunkte ein, so lassen sich die Kennzeichen einer funktionalen Familie vielleicht wie folgt zusammenfassen:

(1) Eine funktionale Familie hat ein gemeinsames Wertsystem. Dieses kann im traditionellen Sinne religiös sein, braucht es aber nicht zu sein.

(2) In einer funktionalen Familie zeigen sich die Familienmitglieder umeinander besorgt, sie nehmen Anteil aneinander, werten einander auf anstatt ab – und vermögen sich doch immer wieder voneinander abzugrenzen und in ihrer Eigenständigkeit zu behaupten.

(3) In einer funktionalen Familie kann eine große Bandbreite von Gefühlen gezeigt und ausgedrückt werden, zum Beispiel zärtliche, freudige, traurige, feindselige Gefühle. In einer solchen Familie ist daher auch Platz für Streit, für Konfrontation und Auseinandersetzung, aber eine Art von Streit, der die Luft klärt, zur Lösung führt und nicht unter der Oberfläche ständig weiterschwelt. Man könnte von einer liebevollen Streitkultur sprechen.

(4) In einer funktionalen Familie besteht auch Vertrauensbereitschaft, besteht die Erwartung, daß andere Menschen – innerhalb und außerhalb der Familie – primär hilfreich und nicht abwertend und feindlich eingestellt sind.

(5) In einer funktionalen Familie hat der Dialog immer wieder eine Chance – der Dialog, der erlaubt, sich auf die Wellenlänge des anderen einzustimmen, dabei klar die eigenen Positionen abzugrenzen und zu vertreten, der sich aber auch immer wieder darum bemüht, Fairneß, Gerechtigkeit und Versöhnung zu verwirklichen *(→ Familientypologie, → Circumplex-Modell).*

Literatur: Barcai (1981); Barnhill (1979); Beavers (1977); Boszormenyi-Nagy u. Spark (1973); Ferreira, Winter u. Poindexter (1966); Ferreira u. Winter (1968); Fisher, Giblin u. Hoopes (1982); Hansen (1981); Jackson (1967); Lewis, Beavers, Gosset u. Phillips (1976); Loveland, Wynne u. Singer (1963); Mishler u. Waxler (1975); Offer u. Sabshin (1974); Reiss (1971 a, b); Riskin (1976); Riskin u. McCorkle (1979); Satir (1964a, b); Simon (1995); Stabenau, Tupin, Werner u. Pollin (1968); Walsh (Hrsg.) (1982); Weakland, Fisch, Watzlawick u. Bodin (1974); Westley u. Epstein (1969); Wynne, Jones u. Al-Khayyal (1982).

Gleichgewicht
(equilibrium)

Stabile Zustandsform eines Systems: Veränderungen im System oder Störungen, die aus der Umwelt kommen, werden ausgeglichen. Dieser

Gleichgewichtsbegriff beschreibt lediglich die *relative* Konstanzerhaltung eines Systems, eines Zustands oder einer Struktur über einen gewissen Zeitraum.

Die → *Homöostase* läßt sich als Sonderform eines Gleichgewichts verstehen. Systeme, die in der Lage sind, einen verlorenen Gleichgewichtszustand zurückzuerlangen oder aber einen neuen Gleichgewichtszustand zu finden, weisen → *Stabilität* auf. Ob ein System oder seine Elemente sich im Gleichgewicht befinden, dieses verlieren oder ein anderes wiedererlangen, hängt von allen Elementen des Systems bzw. von allen anderen Systemen ab, die mit ihm kommunizieren. »Formal ausgedrückt *befindet sich das Ganze in einem Gleichgewichtszustand, wenn – und nur wenn – jeder Teil sich unter Bedingungen in einem Gleichgewichtszustand befindet, die von dem anderen Teil angegeben werden* (wenn es mehr Teile gibt, dann muß lediglich ›Teil‹ durch ›Teile‹ ersetzt werden)« (Ashby 1956, S. 127). Dies gilt auch für die Familie und ihre einzelnen Mitglieder *(→ Morphogenese/Morphostase, → Ko-Evolution).*

Ilya Prigogine (1978) hat das wichtige Konzept des Ungleichgewichts für die Erhaltung von Ordnung eingeführt. Er zeigte, daß irreversible Prozesse zur → *Entropie* führen, wenn ein geschlossenes thermodynamisches System nahe am Gleichgewicht ist, und das Gegenteil eintreten kann, wenn ein System weit weg vom Gleichgewicht ist. Dieses Ungleichgewicht kann sich dann diskontinuierlich zu einem neuen Ordnungstyp, den dissipativen Strukturen, entwickeln (→ *Fluktuation/dissipative Strukturen).*

M. Duncan Stanton (1984) hat das Gleichgewichtskonzept auf die erweiterte Familie übertragen. In einer erweiterten Familie ist ein generelles Gleichgewicht durch Funktion und Hierarchie aufrechterhalten. Nun schreibt eine Familie ihren einzelnen Mitgliedern und Subsystemen unterschiedliche Machtpositionen zu. Wenn nun besonders hoch bewertete oder mächtige Mitglieder sich entfernen (z.B. durch Tod) oder anders gebunden sind (z.B. durch Krankheit), entsteht ein Ungleichgewicht, das andere Mitglieder kompensieren, etwa indem sie »aufsteigen« und die Lücke füllen. Abhängig davon, wie drastisch die Veränderung und wie funktional die Anpassungsfähigkeit ist, kann dieser Prozeß zu Symptomen führen oder auch nicht. Die zugrundeliegende Hypothese lautet, daß der plötzliche, unerwartete Verlust von mächtigen Mitgliedern eher zu Symptombildungen führt als der erwartete Verlust weniger mächtiger Mitglieder.

Literatur: Ashby (1952, 1956); Bateson (1968a); Cannon (1932); Jantsch (1979); Klaus u. Liebscher (1967, 1974); Miller (1971, 1978); Prigogine (1978); Simon (1998); Stanton (1984).

Grenzen
(boundaries)

Nahezu alle Familientherapeuten messen Prozessen der Grenzziehung zwischen Individuen, familiären Subsystemen sowie zwischen Familie und Umgebung eine zentrale Bedeutung bei. Diese Prozesse zeigen sich bei dysfunktionalen Familien gestört (→ *»gesunde«/funktionale Familien*). Grenzen ermöglichen die Differenzierung und Entwicklung von Strukturen (→ *Organisation/Funktion/Struktur/Prozeß)*. Die Grenzen eines Systems oder Subsystems bestimmen sich durch »die Regeln, die definieren, wer dazugehört und wie er dazugehört« (Minuchin 1974, S. 53). Innerfamiliäre Grenzen sind also daran zu erkennen, daß es unterschiedliche Verhaltensregeln für Angehörige verschiedener familiärer Subsysteme gibt. Die Regeln für elterliches Verhalten (elterliches Subsystem) sind im allgemeinen anders als die für kindliches Verhalten (kindliches Subsystem). Die Grenzen der Familie nach außen bestimmen sich dadurch, daß die Familienmitglieder sich gegenüber Fremden anders als gegenüber Familienangehörigen verhalten. Den Regeln auf der Verhaltensebene entsprechen die Regeln der jeweiligen familiären → *Epistemologie*. Die meisten Vorstellungen über familiäre »Pathologie« oder »Dysfunktion« schließen Vorstellungen von gestörter Grenzenbildung ein. Damit verbinden sich wiederum Vorstellungen gestörter kognitiver und affektiver Schemata sowie daraus resultierender Formen problematischer Interaktionen.

Die Grenzenbildung erweist sich als Voraussetzung für die Unterscheidung zwischen → *System* und Umwelt sowie die Strukturierung des jeweiligen Systems, sei es ein interaktionelles oder ein epistemologisches. Innerhalb komplexer lebender Systeme – zu denen auch Familien gehören – müssen Regeln hinsichtlich der Bedeutung einer bestimmten Verhaltensweise oder einer Klasse von Verhaltensweisen entwickelt werden. Dieser Bedeutung entsprechend muß es auch Regeln darüber geben, wem welche Verhaltensweisen wann, wo und unter welchen Bedingungen zustehen. Das jeweilige individuelle Verhalten steuert sich somit aufgrund der aus allen möglichen Verhaltensweisen getroffenen Auswahl. Aus kybernetischer Sicht läßt sich daher der Begriff der Begrenzung wie folgt definieren: »Sie ist eine *Beziehung* zwischen zwei Mengen und ergibt sich, wenn die Vielfalt, die unter einer Bedingung existiert, geringer ist als die Vielfalt, die unter einer anderen Bedingung existiert« (Ashby 1956, S. 187). Diese abstrakte Definition beschreibt die komplexitätsreduzierende Funktion von Grenzen: Aus einer riesigen und unüberschaubaren Menge von Möglichkeiten wird eine kleinere ausgewählt. Dieser Vorgang wird auf der Ebene des beobachtbaren Verhaltens meist als »Abgrenzung«, auf der Ebene der kognitiven und affektiven Strukturierung als → *Interpunktion* bezeichnet. Wo und wann solche Abgrenzungen bzw. Interpunktionen vorgenommen und welche Teilmengen dadurch gebildet werden, ist kulturspezifisch unterschiedlich. Zweifellos bestimmen jedoch sprachliche Strukturen diese Abgrenzungen weitgehend mit (vgl. Whorf 1942; Shands 1971). Als ein Beispiel läßt sich die Vorstellung vom »Individuum« anführen, die sich in unseren westlichen Sprachen auf die allgemein übliche Verwendung des Begriffs »Ich« gründet. Es wird damit eine Abgrenzung und Unabhängigkeit einer sich gegenüber der Umwelt autonom verhaltenden Person postuliert *(→ Autonomie).* Dem entspricht als Kennzeichen einer normalen, d.h. der sozio-kulturellen Norm gemäßen Entwicklung eine gelungene → *Individuation,* → *Selbst-Objekt-Differenzierung* und stabile persönliche → *Identität.* Die Entwicklung der affektiven und kognitiven Schemata eines Kindes zeigt sich als Ausdruck und Folge einer → *Anpassung (→ Akkommodation/Assimilation)* an die → *Regeln* der familiären Interaktion und Kommunikation. Sie werden übersetzt in Regeln der Erkenntnis *(→ Abstraktion, → Paradigma/innere Landkarte/Modell).* Das »Modell der Welt«, das verinnerlicht wird, erweist sich als eine Menge von Regeln, von In-Beziehung-Setzungen, d.h. von Grenzziehungen (vgl. Simon 1984, 1988, 1993).

Zwei Formen von gestörter Grenzziehung sind von besonderer familientherapeutischer Bedeutung: die zu schwache und die zu starke Grenzziehung. Die zu starke, die etwa im Konzept der → *Loslösung* anklingt, bedingt ein Übersehen oder Verleugnen der Tatsache, daß Menschen immer in Beziehungen leben. Eine zu starke Abgrenzung führt daher zu Phänomenen wie Isolation oder Autismus. Das Gegenstück dazu bildet die zu schwache Abgrenzung, die sich in Konzepten wie → *Verstrickung,* → *intersubjektive Fusion,* → *undifferenzierte Familien-Ich-Masse* und in der psychoanalytischen Literatur als Störung der Selbst-Objekt-Differenzierung (vor allem im Zusammenhang mit der Entstehung schizophrener Symptome) zum Ausdruck bringt. Sie findet sich in Familien, in denen der körperliche wie psychische Intimbereich des einzelnen nicht respektiert und eine ständige Einheit des Erlebens, Fühlens und Denkens angestrebt oder zumindest für möglich gehalten wird *(→ Mystifikation).* Familien, die sich von der Grundannahme leiten lassen, die einzelnen Mitglieder könnten nie als eigenständige Überlebenseinheiten, sondern nur im engsten Zusammenhalt (sei es real oder im Geiste) funktionieren, lassen sich als extrem gebunden ansehen *(→ Bindung, → Gummizaun).*

Nach vorliegenden Erfahrungen kann man davon ausgehen, daß nur eine bezogene Individuation funktionell ist, bei der sich ein – stets neu auszuhandelndes – Gleichgewicht zwischen Trennendem und Vereinendem herstellt. Dies gilt auch für Prozesse der Grenzziehung zwischen familiären Subsystemen sowie zwischen Familien und ihren Umwelten. Dabei müssen auch Metaregeln zur Wirkung kommen, die bestimmen, wann jeweils Grenzen gelten und wann sie in Frage gestellt werden können. Zum Beispiel können Kinder und Eltern im Spiel ihre Rollen tauschen. Hier wäre jedoch der

Kontext markiert *(→ Kontextmarkierung)*, und es wäre klar, daß die Regeln des Spiels nicht für den Alltag gelten. Erfolgt ein solcher Rollentausch jedoch ohne Kontextmarkierung, so resultiert zwangsläufig eine Konfusion über die Gültigkeit von Grenzen und über die Gültigkeit und Wirklichkeit der eigenen Wahrnehmungen *(→ kollektives kognitives Chaos, → Generationsgrenzen)*.

Grenzen bestimmen schließlich, in welchem Maße Systeme sich öffnen. Grenzüberschreitungen machen aus geschlossenen offene, d.h. aus strukturstabilen sich in ihrer Struktur verändernde Systeme *(→ Morphogenese/ Morphostase)*. Die Grenzen eines Systems bestimmen somit wesentlich die Prozesse seiner → *Selbstorganisation.*

Literatur: Ashby (1956); Boss u. Greenberg (1984); Elkaïm, Prigogine, Guattari, Stengers u. Denenbourg (1982); Green u. Werner (1996); Haley (1967a); Hoffman (1975); Koehler (1974); Lawrence (Hrsg.) (1979); Miller (1978); Minuchin (1974a, b); Shands (1971); Shapiro (1982); Simon (1983b, 1984, 1988); Simon u. Pritz (1983); Wynne, Rykoff, Day u. Hirsch (1958).

Gummizaun
(rubber fence)

Von Lyman Wynne und Mitarbeitern (1958) eingeführte Bezeichnung für eine charakteristische Form familiärer Abgrenzung gegenüber der Außenwelt. Ausschluß oder Einschluß sind die Methoden, mittels derer Familien es vermeiden, sich durch Erfahrungen perturbieren zu lassen, die sie andernfalls zwingen würden, ihre Struktur zu verändern.

Eine solche Familie verhält sich wie ein Gebilde mit Grenzen, die sich je nach Bedarf zusammenziehen oder dehnen lassen. Sie ziehen sich zusammen, wenn es gilt, in der Außenwelt gemachte Wahrnehmungen und Erfahrungen, welche die gewohnte Sicht der Familienmitglieder in Frage stellen könnten, auszublenden. Sie dehnen sich dagegen aus, wenn solche Wahrnehmungen und Erfahrungen sich nicht einfach ausblenden lassen. Diese werden nun gleichsam in die Familie übernommen und »familiengerecht« bearbeitet. Dadurch büßen sie ihr Potential ein, eine → *Morphogenese zu* stimulieren. Das Gummizaun-Phänomen läßt sich typischerweise bei Familien mit einem schizophrenen Mitglied beobachten, bei denen ein Beziehungsstil der → *Pseudo-Gegenseitigkeit* vorherrscht.

Die Familie lebt immer in einem übergeordneten gesellschaftlichen System (→ *Kontext*). Die familiäre Erfahrung jedes einzelnen wird gewissermaßen durch Erfahrungen, die in diesem alternativen sozialen System (bzw. in einem anderen Subsystem) gewonnen werden, kommentiert und korrigiert. Dieser Prozeß der Kommentierung und Durchdringung der Erfahrungen zeigt sich in bestimmten Familien blockiert. Es darf nur das wahrgenommen werden, was mit der familiären Organisationsstruktur und deren im allgemeinen starrer Rollenstruktur übereinstimmt.

Wynne et al. (1958) haben solche Familien beschrieben, die durch das ständige Bemühen charakterisiert sind, Pseudogegenseitigkeit aufrechtzuerhalten, indem die Familienmitglieder sich so verhalten, als sei die Familie ein sich selbst genügendes soziales System, das Schutz gegen die Gefahr von Beeinflussung von außen böte. Das ist bei lebenden Systemen, die mit anderen Systemen in Interaktion stehen *(→ Perturbation)*, nicht möglich. Um gleichwohl den → *Familienmythos* der Selbstgenügsamkeit und harmonischen Bezogenheit aufrechtzuerhalten, werden die Familiengrenzen so interpretiert, daß alle Personen, Erfahrungen und Verhaltensweisen inkorporiert werden, die zu diesem Mythos passen, und umgekehrt wird all das ausgeschlossen, das als bedrohlich oder unpassend gesehen wird. So kann z.B. ein biologisches Familienmitglied psychologisch ausgeschlossen werden, indem es als Indexpatient psychiatrisiert wird (außerhalb des Gummizauns). Und andererseits können Nichtfamilienmitglieder wie z.B. Therapeuten in das Familiensystem kooptiert werden (innerhalb des Gummizauns). Ausschluß oder Einschluß sind die Methoden, mit denen die Perturbationen durch neue Erfahrungen durch die Familie assimiliert werden *(→ Akkommodation/Assimilation)*, ohne daß die Familienstruktur sich zu verändern braucht.

Dadurch werden notwendigerweise sowohl eine Beheimatung in der → *Beziehungsrealität* der umgebenden Gesellschaft als auch die fällige → *Ko-Evolution* und → *Individuation* der Familie gestört.

Dieser gemeinsame Mechanismus der Nichtveränderung wurde zuerst in Familien mit einem schizophrenen Mitglied beobachtet; vergleichbare Mechanismen zeigen sich aber auch in anderen Familien oder anderen dauerhaften Beziehungssystemen.

Literatur: Wynne, Ryckoff, Day u. Hirsch (1958).

härtere/weichere Realität
(harder/softer reality)

Die unterschiedlichen Phänomenbereiche der Realität lassen sich nach ihrer Beständigkeit und Berechenbarkeit bzw. ihrer Flexibilität und Unvorhersehbarkeit als »härter« und »weicher« unterscheiden. Mit den härteren Bereichen der Wirklichkeit beschäftigen sich in erster Linie Naturwissenschaftler, mit den weicheren Sozial- und Geisteswissenschaftler. Härte und Weichheit von Realität sind relative Größen, die sich in der Interaktion zwischen Beobachter *(→ Beobachtung)* und beobachteten Systemen erweisen.

Die Unterscheidung zwischen harter und weicher Realität wurde von Helm Stierlin (1959) in die Diskussion eingeführt, indem er in seinen Studien zur Schizophrenie zwischen der Realität der »stärkeren Persönlichkeit« und der ihrer Interaktionspartner unterschied. Er entwickelte daraus Ideen zur → *Beziehungsrealität* und unterschied zunächst zwischen Beziehungsrealität und harter (= physischer) Realität. Aus einer konstruktivistischen Sicht wurde die Hart-weich-Unterscheidung von Fritz B. Simon (1995) verallgemeinert und unter Einbeziehung der Konzepte der losen und festen Kopplung der Elemente von → *Systemen* folgendermaßen definiert:

»Wo immer zwei zusammengesetzte Einheiten A und B miteinander in Interaktion treten, gibt es prinzipiell drei Möglichkeiten:

1) Die Elemente von A erweisen sich im Verlaufe der Interaktion als fester gekoppelt als die von B, d.h. A ändert seine Struktur weniger als B, im Extremfall verliert B seine Kohärenz als zusammengesetzte Einheit und löst sich in seine Elemente auf.

2) Die Elemente von B erweisen sich im Verlaufe der Interaktion als fester gekoppelt als die von A, d.h. B ändert seine Struktur weniger als A, im Extremfall verliert A seine Kohärenz als zusammengesetzte Einheit und löst sich in seine Elemente auf.

3) Im Verlaufe der Interaktion erweisen sich weder die Elemente von A als fester gekoppelt als die von B, noch die Elemente von B als fester gekoppelt als die von A, d.h. beide ändern oder bewahren ihre Struktur in gleichem Maße« (S. 53).

Um dies an einem banalen Beispiel aus dem Alltag zu illustrieren: Wenn zwei Autos zusammenstoßen, stellt sich stets die Frage, welches der beiden über die relativ härtere Realität verfügt, d.h., wessen Elemente fester gekoppelt sind und welches sich in seine Bestandteile auflöst oder seine Form der Form des anderen anpaßt. Dieses Beispiel dürfte deutlich machen, daß sich auch beim Zusammenstoß von lebenden Systemen die Frage stellt, welche Realität sich als härter erweist bzw. wer oder was sich wem mehr anpaßt. Sind beispielsweise die psychischen Strukturen der einen Person stabiler als die der anderen, d.h., wer ist die »stärkere Persönlichkeit«? Aber auch in der Psychosomatik stellt sich die Frage, ob im Einzelfall oder generell körperliche Strukturen über eine härtere Realität als psychische Strukturen verfügen oder umgekehrt. Und bezogen auf die Rolle familiärer Kommunikationsmuster muß untersucht werden, ob die familiären Spielregeln sich der Psyche des einzelnen Mitglieds anpassen oder umgekehrt.

Bezogen auf den Beobachter und seine Beobachtungsmethoden kann gesagt werden, daß Wirklichkeiten als um so weicher erscheinen, je stärker sie durch den Prozeß der Beobachtung selbst verändert werden. Da soziale Realitäten dadurch entstehen, daß Beobachter andere Beobachter beim Beobachten beobachten, kann es nicht verwundern, daß soziale Realiäten im Vergleich zum Bereich der nicht lebenden materiellen Wirklichkeit extrem weich sein können.

Diese Abhängigkeit von den Modalitäten der Beobachtung macht die Unterscheidung zwischen härteren und weicheren Wirklichkeiten auch für die Familiendiagnostik nützlich. In Familien mit einem schizophrenen Mitglied zeigt sich beispielsweise die Wirklichkeitskonstruktion der Mitglieder häufig extrem aufgeweicht und unsicher, während sie in Familien mit psychosomatisch erkrankten Mitglieder oft sehr verhärtet erscheint (vgl. Retzer 1996, Simon 1988, 1990, Stierlin 1959). Die Wirklichkeitskonstruktion der Familienmitglieder bildet dann den Hintergrund für die weichere oder härtere Wirklichkeit der familiären → *Regeln*. Die Aufweichung oder Erhärtung der familiären Wirklichkeit kann dann als Leitlinie für die Therapie dienen (Simon 1995, 1998; → *Konfliktorganisation/Tetralemma*, → *Verflüssigen*).

Literatur: Retzer (1996a); Simon (1988, 1990, 1995, 1998); Stierlin (1959).

Harmonisierung
(harmonizing)

Sowohl bei einzelnen Personen als auch bei ganzen Familien beobachtbarer Konfliktverleugnungsmechanismus: Man erhält familienweit ein Bild totaler Harmonie aufrecht, blendet alle zwischen einzelnen Familienmitgliedern real bestehenden Konflikte aus der Wahrnehmung aus.

Als Gegenstück zur Harmonisierung erweist sich die Konfliktbetonung, die alltägliche geringfügige Meinungsverschiedenheiten hochspielt und damit die Gefahr des totalen Beziehungsabbruchs heraufbeschwört. Beide Konfliktbewältigungsmechanismen erwachsen vor dem Hintergrund einer spezifischen Form der → *Selbst-Objekt-Differenzierung*: Jede Beeinträchtigung der Harmonie bedeutet gleich den Beziehungsabbruch, jede Harmonie gleich die Verschmelzung. Beide, Harmonisierung und Konfliktbetonung, zeigen, daß in der Familie nur ein Teilbereich möglicher Gefühle ausgedrückt werden kann: im einen Fall nur liebende, zärtliche, fürsorgende, im andern nur feindselige, wütende, abweisende Gefühle. Extremformen sind die Pseudo-Gemeinschaft und die Pseudo-Feindschaft *(→ Pseudo-Gegenseitigkeit/Pseudo-Gemeinschaft/Pseudo-Feindschaft)*. Beide lassen sich häufig in Familien mit einem schizophrenen Mitglied beobachten. Massive Harmonisierung bzw. Konfliktverleugnung kennzeichnen ferner viele Familien mit einem psychosomatisch erkrankten Mitglied, vor allem solche mit einer anorektischen Symptomatik *(→ Konfliktorganisation/Tetralemma)*.

Literatur: Green u. Werner (1996); Minuchin, Rosman u. Baker (1978); Simon (1998); Wynne, Ryckoff, Day u. Hirsch (1958).

Hierarchie
(hierarchy)

Der Begriff Hierarchie hat in der familientherapeutischen Literatur eine dreifache Bedeutung: Zum einen beschreibt er den Aspekt familiärer → *Macht* und ihrer Strukturen. Dazu rechnet etwa die Differenzierung zwischen der → *Rolle* der Eltern und der Kinder und der Grenzen zwischen den Generationen *(→ Generationsgrenzen).* Zweitens bezeichnet er die Organisation der → *logischen Typen.* Hier läßt sich von logischer Hierarchie sprechen. Sie besagt zum Beispiel, daß Aussagen verschiedenen logischen Typs zueinander in einer Art von Beziehung stehen, bei der die Aussage des höheren logischen Typs die des niederen Typs als Element enthält. Drittens gibt es eine Hierarchie von Systemen, wobei ein System der höheren Ebene das System der logisch niederen Ebene (Subsystem) als Element enthält.

Eine klare und eindeutige innerfamiliäre Hierarchie wird von Familientherapeuten wie Salvador Minuchin (1967) und Jay Haley (1967; → *strukturelle Familientherapie,* → *strategische Therapie*) als Voraussetzung familiärer Funktionalität gesehen. Diese Autoren orientieren sich an klaren Normvorstellungen, die ihrer Meinung und Erfahrung nach bestimmen, ob eine Familie »gesund« *(→ »gesunde«/funktionale Familien)* ist. Die Rollenumkehr zwischen Eltern und Kindern *(→ Parentifikation)* wird generell als pathogen angesehen. Die diagnostische Klärung der familiären Hierarchie hat große Bedeutung (Madanes 1978). Ziel der Therapie ist dementsprechend, »die Eltern in den Fahrersitz zu setzen« (Minuchin 1974). Auch in der Vorstellung einer familiären Grundordnung von Bert Hellinger spielen familiäre Hierarchien eine Schlüsselrolle. Weniger an formalen Normen orientiert ist Ivan Boszormenyi-Nagy, der nahezu jede Form familiärer Organisation für funktionell hält, wenn sie nur die gegenseitige Anerkennung gewährleistet.

Die Frage der Einhaltung logischer Hierarchien, d.h. der Unterscheidung der logischen Typen, ist vor allem im Blick auf die schizophrene Denkstörung von Wichtigkeit (Haley 1955; Bateson et al. 1956). Es kann ein Zusammenhang zwischen bestimmten Störungen der familiären Hierarchie und schizophrenen Denkstörungen gesehen werden *(→ Kategorienbildung).*

Douglas Hofstadter (1985) hat das Phänomen der »strange loops« (»seltsame Schleifen«) beschrieben, die dann vorkommen, wenn man auf der logisch höheren Ebene unversehens wieder auf der Ebene ankommt, von der man ausgegangen ist. Es handelt sich um dabei um eine Form der → *Selbstreferenz*, durch die Paradoxien entstehen.

Literatur: Bateson, Jackson, Haley u. Weakland (1956, 1962); Boszormenyi-Nagy u. Spark (1973); Engel (1980); Green u. Werner (1996); Haley

(1955, 1963, 1967a); Hellinger (1994); Hoffman (1981); Hofstadter (1985); Madanes (1978, 1981, 1991); Madanes u. Haley (1977); Minuchin (1974a, b); Minuchin, Montalvo, Guernen, Rosman, Schumer (1967); Minuchin, Rosman u. Baker (1978); Simon (1988).

Holismus
(holism)

(von griech. holos = ganz)

Philosophisch-erkenntnistheoretischer Ansatz, demzufolge alle Wirklichkeitsbereiche, wie das unbelebt Physische, das Körperliche und das Psychische, eine Einheit und Ganzheit bilden. Gemäß diesem Ansatz läßt sich von einer holistischen Medizin bzw. holistischen Psychotherapie sprechen, der sich vor allem die Familien- und Systemtherapie zurechnen lassen.

Die wesentlichen Ideen des Holismus formulierte bereits in den zwanziger Jahren der Burengeneral und spätere Premierminister von Südafrika, Jan C. Smuts. In seinem Buch »Holism and Evolution« (1928) wies er auf ein der Natur innewohnendes Ordnungsprinzip hin. Nur aus ganzheitlicher Sicht ist nach seiner Ansicht die Tendenz der Natur verstehbar, sich zu immer komplexeren Formen der Organisation zu entwickeln. Damit nahm Smuts viele Erkenntnisse systemischen Denkens vorweg *(→ Ko-Evolution, → Epistemologie, → Abstraktion, → Paradigma/innere Landkarte/Modell).*

Einen Überblick über die Anwendung ganzheitlicher Sichtweise in den verschiedenen Wissenschaftsbereichen geben Marilyn Ferguson (1980), Fritjof Capra (1982) sowie Arthur Koestler und J. R. Smythies (1969).

Hauptgedanke des Holismus ist, daß Ganzheiten nicht durch reduktionistische Erkenntnismethoden erfaßt werden können, mittels deren man aus den Eigenschaften und Verhaltensweisen von Teilen auf Eigenschaften und Verhaltensweisen von Ganzheiten zu schließen versucht. Aus Sicht der neueren → *Systemtheorie* und der → *Kybernetik* 2. Ordnung kann man allerdings einwenden, daß jeder Beobachter *(→ Beobachtung)* gezwungen ist, die → *Komplexität* des von ihm beobachteten Gegenstandes zu reduzieren, so daß der Zugang zu seiner »Ganzheit« verschlossen bleiben muß.

Literatur: Capra (1982); Ferguson (1980); Koestler u. Smythies (Hrsg.) (1969); Smuts (1928).

Homöostase
(homeostasis)

(von griech. homoios = ähnlich, gleich; stasis = Stillstand)

Sonderfall eines Gleichgewichtszustands, bei dem durch Rückkoppelungsmechanismen bestimmte Größen (z. B. physiologischer Natur) in einem System konstant bzw. innerhalb bestimmter Grenzen gehalten werden.

Der Begriff Homöostase wurde 1932 von W. B. Cannon in die Physiologie eingeführt, um damit die Konstanterhaltung bestimmter physiologischer Größen – zum Beispiel die Körpertemperatur der Warmblüter – unter wechselnden Umweltbedingungen zu erklären. Homöostatische Systeme lassen sich daher als Systeme definieren, die bestimmte Sollwerte in bestimmten Bandbreiten konstant zu halten vermögen. Solche Systeme weisen also eine Form der relativen → *Stabilität* auf.

W. R. Ashby (1952) übertrug in der Folge dieses Konzept allgemein auf kybernetische → *Systeme*. Dabei zeigte sich, daß es einer genaueren Definition des Homöostasebegriffs bedurfte, damit Unklarheiten und Mißverständnisse vermieden werden konnten. Es gibt Systeme, die gewisse Umweltveränderungen auszugleichen vermögen, ohne die eigene Struktur zu verändern *(→ Morphogenese/Morphostase, → Eigenwert)*. Das ist jedoch nicht die einzige Möglichkeit, einen Gleichgewichtszustand aufrechtzuerhalten. Neben morphostatischen Mechanismen, bei denen die Struktur konstant bleibt, gibt es auch Mechanismen, die über eine Veränderung der inneren Struktur (*→ Morphogenese/Morphostase*) einen Gleichgewichtszustand aufrechtzuerhalten bzw. einen neuen Gleichgewichtszustand zu finden vermögen *(→ Wandel/Veränderung erster und zweiter Ordnung)*.

Auf Familiensysteme wurde das Konzept der Homöostase erstmals von Don D. Jackson (1957) angewendet. Im Gegensatz zu Cannon verwendete er den Begriff überwiegend, um pathologische Mechanismen bzw. Systeme zu charakterisieren. Diese zeichneten sich für ihn durch mangelnde Flexibilität und Entwicklungsfähigkeit aus. Aus den genannten definitorischen Schwierigkeiten und der Erfahrung, daß familiäre Systeme nicht ausreichend beschrieben sind, wenn nur die Mechanismen der Strukturerhaltung, nicht aber die des Strukturwandels ins Blickfeld gelangen, wurde in letzter Zeit zunehmend die Frage diskutiert, ob der Homöostasebegriff überhaupt noch einen sinnvollen Platz in der Familientheorie und -therapie finden kann *(→ Selbstorganisation, → Autopoiese)*.

Paul Dell (1982) hat Jacksons Konzept, wonach die Familie ein regelgeleitetes System sei, kritisiert und dies damit begründet, daß Jackson Regeln nicht als Eigenschaft der Systemfunktion gesehen hat, sondern als homöostatische Mechanismen, die dem System von außen aufgezwungen sind. Dell begründet damit, warum er das → *Kohärenz*-Konzept dem der Homöostase vorzieht.

Literatur: Ashby (1952, 1956); Bateson (1968a); Cannon (1932); Dell (1982); Elkaïm (1979); Ferreira (1963); Gray, Duhl u. Rizzo (Hrsg.) (1969); Jackson (1957, 1965a, b, 1968); Jantsch (1979); Klaus u. Liebscher (1967, 1974); Miller (1971, 1978); Speer (1970); Wertheim (1973, 1975).

Hypnotherapie
(hypnotherapy)

Direktive Form der therapeutischen Kommunikation auf der Grundlage einer → *komplementären* Beziehung. Der Hypnotherapeut induziert im Patienten einen Trancezustand und bringt ihn dazu, seine eigenen kreativen Problemlöseressourcen zu nutzen. Die verschiedenen hypnotherapeutischen Methoden zielen darauf ab, eine solche komplementäre Therapeut-Patient-Beziehung herzustellen und zu festigen, indem sie den → *Widerstand* des Patienten unterlaufen oder als Kooperationsangebot nutzen. Innerhalb einer derartigen Beziehung lassen sich Suggestionen geben, die die bisherigen Verhaltens- und Interpretationsschemata des Patienten verändern *(→ Umdeutung).*

Für Familientherapeuten gewann die Hypnose zunehmend an Interesse. Sie verband sich für sie mit der Frage nach der Entwicklung menschlicher Erkenntnisstrukturen *(→ Epistemologie)* sowie deren Bedeutung für die zwischenmenschliche Kommunikation und die jeweils individuelle Verhaltenssteuerung. Fanden die Symptome eines einzelnen ihren Sinn im familiären → *Kontext,* so mußte in diesem einzelnen ein entsprechendes bewußtes oder unbewußtes Interpretationsschema bzw. eine »innere Landkarte« *(→ Paradigma/innere Landkarte/Modell)* vorhanden sein. Nicht die »objektive« Realität hielt dann Symptome aufrecht, sondern das subjektive Bild dieser Realität. Therapie – so die davon ableitbare These – mußte demnach auf die Veränderung dieses subjektiven Weltbilds abzielen.

Solche Überlegungen beschäftigten schon früh die in Palo Alto tätige Gruppe um Gregory Bateson. Die von dieser Gruppe entwickelte Doppelbindungs-Hypothese der Schizophrenie gründet auf einem kommunikationstheoretischen Konzept, das bei hypnotherapeutischen Ansätzen viele Anleihen machte. Die genaue Analyse der Methoden des Hypnotherapeuten Milton H. Erickson spielte dabei eine zentrale Rolle (Haley 1963, 1973). Man darf sagen, daß die Hypnotherapie Ericksons im Zusammenspiel mit den theoretischen Überlegungen Batesons wesentliche Grundlagen der Kommunikationstheorie und -therapie gelegt hat.

Die Hypnotherapie vollzieht sich in mehreren Phasen. Nach Einleitung des Trancezustandes beginnt die sogenannte »Utilisationsphase«. Darin geht der Therapeut gemeinsam mit dem Patienten das mit diesem vorher besprochene Problem an. Dabei bleibt dem Patienten selber die Lösung seines Problems überlassen. Im Gegensatz zu weit verbreiteten Vorurteilen gegenüber der Hypnose nimmt der Therapeut keinen direkten Einfluß auf die *Inhalte* der Problemlösung; er initiiert vielmehr einen Suchprozeß, bis der Patient selber eine für ihn annehmbare Lösung gefunden hat.

Ein Patient wird zum Beispiel in Trance versetzt und dann gefragt, welche guten Seiten das – auf der bewußten Ebene – störende Problem oder Symptom für ihn habe. Diese Fragestellung enthält eine → *positive Konnotation.* Der Patient wird gebeten, sein »kreatives Ich« nach anderen Möglichkeiten zu befragen, um diesen guten Effekt des Symptoms zu erlangen. Darauf wird derjenige »Teil der Person«, der für die Produktion des Symptoms verantwortlich war, gefragt, ob er eine der neuen Verhaltensweisen für annehmbar hält. Auf diese Weise wird gewissermaßen ein innerer Dialog zwischen beiden Seiten der Ambivalenz, die ein Symptom begleiten, eingeleitet. Ziel des Dialogs ist, eine neue Verhaltensweise zu finden, die den Anpassungsaspekt des Symptoms übernehmen kann, ohne vom bisherigen Leidensaspekt begleitet zu sein. Wenn dieses Ziel erreicht ist, wird eine posthypnotische Suggestion gegeben, die das neue Verhalten bei nächster Gelegenheit in einer entsprechenden Situation zum Einsatz kommen läßt. Der Therapeut nutzt somit seine → *dominant*e Position, um des Patienten eigene kreative Problemlöseressourcen zu mobilisieren. Wesentlich ist also nicht die Beseitigung von Symptomen, sondern die Erweiterung des Verhaltensrepertoires. In dieser Zielsetzung wie auch im methodischen Vorgehen zeigen sich große Übereinstimmung zwischen Hypnotherapie und → *systemischer Therapie,* → *strategischer Therapie* bzw. allgemein der → *Kommunikationstherapie.* Aus dem Studium der Hypnotherapie wie auch anderer Formen therapeutischer Kommunikation ließen sich genauere Vorstellungen über die Prinzipien unbewußter Informationsverarbeitungsprozesse entwickeln. Diese erlauben es dem Therapeuten, seine Strategien auf solche Mechanismen zuzuschneiden *(→ neurolinguistisches Programmieren, → Psycholinguistik/Repräsentationssysteme).*

Literatur: Alman u. Lambrou (1996); Bandler u. Grinder (1975); Erickson, Rossi u. Rossi (1976); Erickson u. Rossi (1979); Gilligan (1991); Grinder u. Bandler (1976, 1981); Grinder, Delozier u. Bandler (1977); Haley (1963, 1973); Klippstein (1994); Revenstorf u. Zeyer (1997); Rittermann (1983); Rossi (1995–1998); Zeig (Hrsg.) (1980, 1982).

Hypothesenbildung/Hypothetisieren (hypothesis formation)

Im Rahmen der → *systemischen Therapie* ein methodischer Schritt zur Vorbereitung therapeutischer Interventionen. Die jeweils zu bildende Hypothese dient als Leitfaden für die Strukturierung der Sitzung. An ihr kann sich der Therapeut orientieren. Es handelt sich um keine Hypothese im wissenschaftlichen Sinn. Sie kann daher nicht verifiziert oder falsifiziert werden. Sie kann sich nur als therapeutisch nützlich erweisen. Mit ihr versucht der Therapeut, die über eine bestimmte Familie zur Verfügung stehenden Informationen entsprechend einer zirkulär kausalen Sichtweise zu ordnen *(→ Zirkularität).*

Bewußte oder unbewußte Hypothesenbildungen liegen letztlich jeder Handlung, also auch jeglicher therapeutischen Intervention zugrunde. Die – stets neu zu leistende – Bildung einer »zirkulären« Hypothese zeigt sich jedoch als besonderes Merkmal einer systemischen Familientherapie. Diese Therapie gründet auf einem zirkulären bzw. kybernetischen Interaktionsverständnis, dem sich viele in unserer Sprachstruktur vorgegebene Denkweisen widersetzen. Innerhalb dieses Verständnisses ist es wichtig, ein familiäres Problem von möglichst vielen Seiten und unter Infragestellung möglichst vieler stillschweigender Voraussetzungen zu überprüfen. Dabei kann sich zum Beispiel das Symptom eines → *Indexpatienten* als ein (manchmal genial anmutender) Schachzug im Rahmen eines familiären → *Spiels* erweisen. Im Gegensatz zur negativen Bewertung, die dem Symptom im Rahmen der Alltagspsychologie zukommt, zeigt es sich nun als ein hoher positiver Wert für die Familie. Die alltäglich ausgetragenen Konflikte von Familienmitgliedern können – aus der Außenperspektive betrachtet – als Form der Kooperation verstanden werden *(→ Konfliktorganisation/ Tetralemma).*

Die sorgfältige Ausarbeitung derartiger zirkulärer Hypothesen ermöglicht es den Therapeuten, der Linealität *(→ Linearität)* ihres eigenen Alltagsdenkens zu entkommen und Interventionen zu entwickeln, die der Zirkularität familiärer Interaktionen gerecht werden.

Literatur: Bentovim (1979); Haley (1978); Penn (1982); Selvini Palazzoli, Boscolo, Cecchin u. Prata (1980a).

Ich-Psychologie/Ich-Funktion/Ich-Organisation (ego psychology/ego function/ego organization)

Die Ich-Psychologie beschäftigt sich mit der Entwicklung, Strukturierung und Funktion des »Ich«. Diese psychische Instanz, ein theoretisches Konstrukt, ist definiert durch seine Funktion: das Überleben des Individuums zu sichern. Seine Aufgabe besteht darin, innere und äußere Wahrnehmungen und Anforderungen zu organisieren und zu integrieren, so daß die → *Anpassung* an ein gegebenes Umfeld möglich wird. Dies ist ein Prozeß der → *Selbstorganisation.* Er ist maßgeblich von der Interaktion mit den unterschiedlichen Umwelten, z.B. der Familie, bestimmt. Somit zeigt sich eine Verbindung, wenn nicht sogar Übereinstimmung, zwischen Ich-Psychologie und Familientheorie. Beiden eröffnet sich eine Entwicklungsperspektive, in der Prinzipien der → *Ko-Evolution* zum Zuge kommen.

Die moderne Ich-Psychologie hat ihre Wurzeln in der von Sigmund Freud 1923 entwickelten Strukturtheorie. Darin unterscheidet er das Ich vom Es und Überich. Seine Aufgabe besteht darin, die Interessen der gesamten Person zu wahren und zwischen den Anforderungen des Es und denen des Überich zu vermitteln. Im Ich wird ein adaptiver Apparat gesehen, der sich aus dem Es in der Auseinandersetzung mit der äußeren Realität differenziert. In der Nachfolge Freuds stellte Edward Glover (1939) die These auf, daß sich zunächst Erfahrungsinseln aus Affekt- und Erinnerungsspuren bilden (Ich-Kerne), die sich allmählich zu einem kohärenten Ich verbinden. Vor allem mit der Abwehrfunktion des Ich beschäftigte sich Anna Freud (1936); verbunden damit waren Überlegungen zur Revision der psychoanalytischen Technik. Die Grundlagen der modernen Ich-Psychologie stammen von Heinz Hartmann (1939–1958, 1964).

Hartmann geht davon aus, daß jedes Individuum mit einer undifferenzierten Matrix angeborener Ausstattungen zur Welt kommt. Zwischen dem, was psychoanalytisch als Ich und dem, was als Es bezeichnet wird, kann zunächst noch nicht unterschieden werden, weil die Funktionen des Ich sich erst in der Interaktion mit der Umwelt entwickeln können und müssen. In der Interaktion zwischen Mutter und Kind wird dieses angeborene Potential entwickelt.

In zahlreichen Aufsätzen mit Ernst Kris und R. Loewenstein (1964) entwickelte Hartmann die wesentlichen Gedanken über die Prozesse, die zur Bildung psychischer Strukturen führen.

Einen entscheidenden Beitrag zur Entwicklung der Ich-Psychologie lieferten die Beobachtungen bei Kindern, vor allem die Studien von René Spitz zum Hospitalismus (1945) und zur anaklitischen Depression (1946b). In seiner genetischen Feldtheorie der Ich-Bildung faßt Spitz die Folgerungen seiner Beobachtungen über die Entwicklung von Ich-Strukturen im Dialog zwischen Mutter und Kind zusammen.

Ebenfalls auf direkte Beobachtung der Mutter-Kind-Interaktionen stützt sich das Werk von Margaret Mahler und ihren Mitarbeitern. Sie entwickelte eine Theorie der normalen kindlichen Entwicklung, in der sie vier Subphasen des Loslösungs- und Individuationsprozesses beschrieb (Mahler et al. 1975).

Einen ausführlichen Überblick und eine Integration der verschiedenen ich-psychologischen Theorieansätze liefern G. und R. Blanck (1974, 1979). Ihr Verständnis der Ich-Entwicklung zeigt gewisse Übereinstimmungen mit familientherapeutischen Konzepten. Sie sehen nicht nur wie Hartmann das Ich durch seine Anpassungsfunktion bestimmt, sondern durch das Spezifische dieser Funktion: den steten Prozeß der Organisation und Neuorganisation interner (d.h. psychischer) Strukturen. Sie kommen zu dem Schluß, »daß es besser ist, das Ich nicht einfach durch seine Funktion zu definieren, sondern durch sein *Funktionieren* als Organisator. Daraus folgt, daß das Ich *qua* Ich ein Organisierungsprozeß ist« (1979, S. 32). Und dieser Organisierungsprozeß ist das Resultat von Interaktionen. Der Erwachsene, der bereits mit seiner Umwelt interagiert und sein angeborenes Potential in diese Interaktion eingebracht hat, »indem er das von ihr Gebotene benutzte und auch das von ihr Unterlassene einbezog....hat Erfahrungen zu Repräsentanzen des Interaktionsergebnisses geordnet« (1979, S. 22).

Diese Auffassung der Ich-Entwicklung als eines Prozesses der Selbstorganisation entspricht weitgehend familientherapeutischen Vorstellungen einer die ganze Familie erfassenden → *Ko-Evolution* und Ko-Individuation *(→ Individuation/bezogene Individuation/Ko-Individuation).*

Je mehr die Wechselbeziehung zwischen intrapsychischen Organisationsprozessen (den Ich-Funktionen) und interindividuellen Organisationsprozessen (z.B. familiären Strukturen) ins Blickfeld gerät, desto näher kommen sich auch im praktisch-therapeutischen Vorgehen Ich-Psychologie und Familientherapie. Die zentrale Frage ist dann, wie intrapsychische Organisationsformen in Interaktionsprozesse umgesetzt werden, und umgekehrt: wie Interaktionsformen (z.B. therapeutische Techniken) ihren Niederschlag in intrapsychischen Strukturveränderungen finden können *(→ strukturelle Kopplung).*

Literatur: Blanck u. Blanck (1974, 1979); Edelson (1964); Federn (1952); A. Freud (1936); S. Freud (1923); Glover (1939); Hartmann (1939–1958, 1964); Hartmann, Kris u. Loewenstein (1964); Mahler, Pine u. Bergmann (1975); Spitz (1945/46, 1946, 1969); White (1963); Winnicott (1965).

Identität/Selbst-Definition (identity/self definition)

Das Gefühl, jemand zu sein, der sich trotz sich ändernder Körperbeschaffenheit, Lebensumstände und Beziehungen gleich bleibt, also Kontinuität und Kohärenz aufweist.

Vor allem die Arbeiten Erik H. Eriksons betonten die Wichtigkeit des Identitätsgefühls im psychoanalytischen Denken. Der Begriff Identität ist eng verbunden mit den Begriffen Selbst und → *Individuation.* In der Familientheorie und -therapie gewann er vor allem im Rahmen von Erfahrungen, die bei Familien mit schizophrenen Mitgliedern gewonnen wurden, an Bedeutung. Hier zeigte sich die Entwicklung des Identitätsgefühls ebenso wie die → *Selbst-Objekt-Differenzierung* hochgradig abhängig von Kommunikations- und Interaktionsprozessen.

Erikson selbst weist darauf hin, daß sein Identitätsbegriff sich weitgehend mit dem deckt, was verschiedene andere Autoren mit »Selbst« umschreiben oder bezeichnen. So sprechen George H. Mead von »self-concept« (1934), Harry S. Sullivan von »self-system« (1953), Paul Schilder (1935), Paul Federn (1952) und andere von »fluktuierender Selbsterfahrung«, Heinz Hartmann (1950) sowie Edith Jacobson (1954) – um nur die wichtigsten zu nennen – vom »Selbst«. Nach Erikson bestimmen drei wechselseitig abhängige Prozesse die Identitätsentwicklung:

»1. der Prozeß der Organisation des menschlichen Körpers innerhalb des Zeit-Raums eines Lebenszyklus (...);

2. der Prozeß der Organisation der Erfahrung durch die Ich-Synthese (...);

3. der Prozeß der sozialen Organisation der Ich-Organismen in geographisch historischer Einheit (...)« (Erikson 1959, S. 52).

Die Selbstwahrnehmung eines Individuums bezieht sich demgemäß sowohl auf sich selbst als personale Ganzheit als auch auf intrasystemische Wahrnehmungen seiner Körperlichkeit als auch auf extrasystemische Wahrnehmungen hinsichtlich der Form sozialer Organisationen.

Die Identitätsentwicklung im Prozeß der Individuation läßt sich als ein fortlaufendes Aushandeln einer Selbstdefinition verstehen (vgl. Watzlawick et al. 1967). Dabei wird nicht nur ein Bild des eigenen Selbst sowie der Objekte als statischer, Kohärenz und Kontinuität bewahrender Körper, sondern auch das Verhalten steuernde Regeln ausgehandelt.

Das Identitätsgefühl bzw. die Selbstdefinition erweist sich als ein Aspekt der »inneren Landkarte« *(→ Paradigma/innere Landkarte/Modell),* an der jeder einzelne sein Leben orientiert. Sie wird als subjektives Modell der Welt primär in der Herkunftsfamilie gezeichnet und weitergereicht. Im gleichen Maße, wie neue Erfahrungen dieses Modell verändern, muß sich auch die Selbstdefinition verändern. Im Rahmen des normalen Lebenszyklus geschieht dies zwangsläufig in Form von → *Krisen.*

Was sich im sozialpsychologischen Verständnis als Identität eines Individuums, einer Familie oder einer Gruppe darstellt, erweist sich in systemtheoretischer Sicht als Phänomen der → *Kohärenz*: Bestimmte Elemente (seien dies Eigenarten, Verhaltensweisen oder Beziehungen) entwickeln sich gemeinsam in der Dimension Zeit, d.h. haben eine gemeinsame Geschichte und sind gegenüber anderen Phänomenen der Wirklichkeit im Hier und Jetzt abgrenzbar *(→ Grenzen, → System, → Ko-Evolution, → Skript).*

Literatur: Anonymous (1972); Bateson (1971); Bowen (1971–72); Erikson (1950); Federn (1952); Fogarty (1976); Gergen (1996); Grunberger (1976); Hartmann, Kris und Loewenstein (1950, 1964); Hofstadter u. Dennett (1981); Jacobson (1954); Kagan u. Moss (1962); Karpel (1976); Kegan (1979); Kernberg (1976); Kohut (1971, 1979); Mahoney (1980); Mead (1934); Schilder (1935); Selman (1980); Simon (1984, 1988, 1990); Stern (1992, 1995); Stierlin (1994); Sullivan (1940, 1953); Watzlawick, Beavin u. Jackson (1967).

Indexpatient/identifizierter Patient/Symptomträger (identified patient/symptom bearer)

Das Familienmitglied, das sich als hauptsächlicher Problemträger zeigt bzw. als ein solcher angeboten wird.

Seine Symptomatik oder Verhaltensweisen führen zum Kontakt mit einer therapeutischen Institution. Es handelt sich aber nicht unbedingt um dasjenige Mitglied, das nach Einschätzung eines Außenstehenden die meisten Störungen oder Auffälligkeiten aufweist.

Ein systemisches Verständnis familiärer Pathologie zeigt, daß die Symptome eines einzelnen sich nur im Sinnzusammenhang der gesamten Familie verstehen lassen. So kann die »Erkrankung« eines Adoleszenten zum Beispiel verhindern, daß die im Rahmen des → *familiären Lebenszyklus* notwendigen Veränderungen der familiären Struktur vollzogen werden. Die notwendige → *Ablösung im Jugendalter* kann dadurch verhindert werden. Der Prozeß der familienweiten → *Individuation* wird blockiert, und schmerzliche Schritte der Trennung werden vermieden.

Aber auch in anderen Phasen der familiären Entwicklung haben die Symptome eines Familienmitglieds wichtige Funktionen: Elterliche Konflikte können beispielsweise auf das Kind umgeleitet werden *(→ Konfliktumleitung, → Triangulation),* oder aber Kinder können als → *Sündenbock* zur Regulation der elterlichen → *Nähe* und *Distanz* dienen.

Die Funktion der Symptome ist widersprüchlich: Einerseits dienen sie zur Aufrechterhaltung einer pathologischen Form der → *Homöostase,* andererseits bieten sie die Chance zur Veränderung. Sie führen die Familie in die Therapie. Wird die Symptomatik des einzelnen nicht in ihrer Bedeutung (→ *Sinn)* für die gesamte Familie erkannt und nur als individuelles Problem behandelt, so besteht die Gefahr des → *Symptomwandels,* d.h. der Übernahme der homöostatischen Funktion durch ein anderes Familienmitglied.

Literatur: Bursten (1970); Byng-Hall (1980); Erikson (1957); Fishbein (1982); Richardson (1948); Satir (1967a, b); Vogel u. Bell (1960).

Individuation/bezogene Individuation/Ko-Individuation (individuation/related individuation/coindividuation)

Unter familiendynamischen Gesichtspunkten bezieht sich der Begriff in erster Linie auf die Ausbildung einer individuellen → *Identität* und psychischer → *Grenzen.* So verstanden, streben seit etwa einer Milliarde Jahren Lebewesen nach höheren Graden der Individuation. Dabei besteht sowohl die Gefahr der Überindividuation als auch der Unterindividuation. Die »bezogene Individuation« ist nach Helm Stierlin (vgl. Stierlin et al. 1977) ein allgemeines Prinzip, demzufolge ein höheres Niveau an Individuation auch ein jeweils höheres Niveau an Bezogenheit sowohl verlangt als auch ermöglicht. Der Begriff verweist somit auf eine Versöhnungsaufgabe, die allen höheren Lebewesen, und ganz besonders dem Menschen, gestellt ist. Sie beinhaltet in der Regel eine familienweite »Ko-Individuation«, bei der jeder die Bedingungen für die Individuation aller anderen bestimmt.

Bei der Überindividuation ist die Abgrenzung gegen andere zu starr und dicht; Unabhängigkeit verwandelt sich in Isolation, Getrenntheit in ausweglose Einsamkeit; der Austausch mit anderen erstirbt. Bei der Unterindividuation dagegen mißlingt die sichere Abgrenzung, die Grenzen sind zu weich, durchlässig, brüchig. Der Verlust der Individuation droht durch Fusion mit oder Absorption von anderen, stärkeren Organismen.

Jeder Individuationsfortschritt bedingt daher neue Kommunikations- und Versöhnungsleistungen. Zu bestimmten Zeiten und auf bestimmte Weise müssen sich die sonst festen und schützenden Grenzen öffnen und Getrenntheit sich mit Gemeinsamkeit, Individuation mit Solidarität, Autonomie mit Interdependenz versöhnen. Das führt in der Arten- und Menschheitsentwicklung zu immer komplexeren Beziehungsstrukturen und Prozessen, d.h. bedingt und ermöglicht Ko-Individuation und → *Ko-Evolution.*

Beim Menschen bedeutet bezogene Individuation die Differenzierung der Innenwelt in bewußte und unbewußte Sphären, in klar artikulierte Gefühle, Bedürfnisse, Erwartungen, innere und äußere Wahrnehmungen usw. und die Abgrenzung einer solchen differenzierten Innenwelt von der Außenwelt, insbesondere von den Ideen, Bedürfnissen, Erwartungen und Ansprüchen der anderen, und dies nur im Kontext einer weiterbestehenden und sich sogleich verändernden Bezogenheit. Bei der Entwicklung einer bezogenen Individuation in der Beziehung des Kindes zu seinen Eltern läßt sich nach Stierlin zwischen einer Individuation mit den Eltern und gegen die Eltern oder kurz »Individuation mit« und »Individuation gegen« unterscheiden, die einander in einem dialektischen Prozeß bedingen und gegenseitig hervorbringen. Das läßt sich an der Sprachentwicklung verdeutlichen: Dieselbe Sprache, die das Kind im mühelosen Umgang mit den Eltern erlernt, erlaubt ihm auch, sich gegen diese abzugrenzen.

Selbstdifferenzierung und Selbstabgrenzung sind immer dann wichtig – und werden zugleich auf die Probe gestellt –, wenn emotionale Nähe und Empathie eine menschliche Beziehung kennzeichnen bzw. ihre Voraussetzung sind *(→ Selbst-Objekt-Differenzierung).*

In der familientherapeutischen Praxis begegnen uns im wesentlichen drei Spielarten mißlungener bzw. fehlender Individuation, die sich der obigen Unterscheidung von Unter- und Überindividuation einfügen lassen:

1. die symbiotische Fusion, wobei die eigenen Erlebnisse, das Gefühl des eigenen Selbst, die eigene Geschlechts- oder Berufsrolle mit dem Erleben, den Gefühlen und der Rolle einer anderen Person verschwimmen;

2. das starre (autistische) Sich-Absondern, das oft eine paranoid mißtrauische Färbung hat;

3. das ambivalente Hin- und Herpendeln zwischen den beiden genannten Extremen.

Auskunft über das Niveau und die Qualität der bezogenen Individuation einer Paar- oder Familienbeziehung gibt der jeweils mögliche Dialog. Je höher der Grad der bezogenen Individuation, um so mehr vermitteln sich darin in der Regel die Qualitäten einer *positiven → Gegenseitigkeit.*

In der Familienliteratur gibt es inzwischen eine große Zahl von Bezeichnungen, um Familien mit mangelnder bzw. gestörter bezogener Individuation zu charakterisieren. Dabei stand bisher das Phänomen der Unterindividuation im Vordergrund. Murray Bowen (1960) etwa sprach von einer *→ undifferenzierten Familien-Ich-Masse* bzw. einer mangelnden Differenzierung des Selbst, Lyman Wynne und Margaret Singer (1963) von einem *→ kollektiven kognitiven Chaos,* David Reiss (1971) von *→ Konsensus-Sensitivität,* Ivan Boszormenyi-Nagy (1965) von *→ intersubjektiver Fusion,* Salvador Minuchin von *→ Verstrickung* (1967). Mark Karpel (1976) beschrieb Spielarten gestörter bezogener Individuation in Paarbeziehungen. Der Begriff hat auch Beziehungen zu Begriffen wie *→ Pseudo-Gegenseitigkeit* und *Pseudo-Feindschaft* (Wynne) sowie *→ Bindung.* Wie letzterer Begriff stellt auch die bezogene Individuation eine eigene Perspektive des ersten Heidelberger familiendynamischen Konzepts dar. Diese überschneidet sich zum Teil mit der Bindungsperspektive, grenzt sich aber auch dagegen ab. Im ganzen läßt sich sagen, daß der Begriff bezogene Individuation mehr kognitive, der Bindungsbegriff mehr affektive bzw. libidinöse Elemente betont – wobei eine Abgrenzung dieser Elemente gegeneinander letztlich immer schwierig bleiben muß *(→ Affektlogik).* Außerhalb der Familienliteratur gibt es etwa das von Heinz Werner 1940 beschriebene Prinzip der Differenzierung-Integration: Wo immer eine Entwicklung erfolgt, vollzieht sie sich von einem Zustand relativer Globalität und mangelnder Differenzierung hin zu einem Zustand zunehmender Differenzierung, Artikulation und hierarchischer Integration.

Im psychoanalytischen Bereich bestehen Beziehungen zum Begriff Individuation-Trennung (individuation-separation) (M. Mahler 1968) sowie zu

Edith Jacobsons (1954) Begriff → *Selbst-Objekt-Differenzierung.* Hier spielt besonders das Verständnis der schizophrenen Störung eine Rolle (vgl. dazu Stierlin 1959; Schulz u. Kilgalen 1969; Simon 1984, 1988, 1990).

Der Prozeß der Individuation und Ko-Individuation kann auch als Form der → *Selbstorganisation* psychischer Strukturen der einzelnen Familienmitglieder innerhalb der wechselwirkenden Beziehungen zueinander verstanden werden *(→ Ich-Psychologie, → Objektbeziehungstheorie).*

M. Duncan Stanton und Mitarbeiter (1978) haben den Begriff »Pseudo-Individuation« eingeführt, um ein Verhalten zu kennzeichnen, das zwar wie Individuation aussieht, das aber in einem infantilen und abhängigen Zustand gezeigt wird. Als Beispiel nennt er einen Süchtigen, der im Zustand der Intoxikation sowohl distant (individuiert) als auch hilflos und abhängig (unterindividuiert) wirkt.

Literatur: Boszormenyi-Nagy (1965a, b); Bowen (1960b, 1961); Glasersfeld (1987); Jacobson (1954); Karpel (1976); Mahler (1968); Mahler, Pine u. Bergmann (1975); Minuchin, Montalvo, Guernen, Rosman u. Schumer (1967); Reiss (1971a); Schulz u. Kilgalen (1969); Sears, Rau u. Alpert (1965); Simon (1984, 1990, 1998); Stanton, Todd, Heard, Kirschner, Kleiman, Mowatt, Riley, Scott u. Van Deusen (1978); Stern (1992, 1995); Stierlin (1959, 1964, 1975a, 1983, 1989, 1994a, b, 1997b); Stierlin, Rücker-Embden, Wetzel u. Wirsching (1977); Werner (1940, 1957); Winawer (1983); Wynne u. Singer (1963).

Information
(information)

(von lat. informare = einformen, gestalten, beschreiben)

Nachricht, Mitteilung. Ein »Unterschied, der einen Unterschied macht« (Bateson), d.h. ein Ereignis, das bei einem beobachtenden System zu einer internen Veränderung führt. Information ist eine Maßgröße, die die Wahrscheinlichkeit des Eintretens oder Nicht-Eintretens von Ereignissen angibt. Der Informationsbegriff wird im Rahmen menschlicher Kommunikationsprozesse anders verwendet als in der Technik. Im traditionellen technischen Sender-Empfänger-Modell bestimmt der Sender, welche Informationen er an den Empfänger übermittelt. In der Kommunikation zwischen autonomen Systemen *(→ Autopoiese)* bestimmt der Empfänger, welche Informationen er gewinnt.

Überträgt man die Konzepte der technischen Informationstheorie auf die Kommunikation zwischen Menschen, so gelangt man zu irreführenden Schlüssen. In der Technik stellt sich die Frage, wie Nachrichten von einem Sender (z.B. einem Telefonapparat) zu einem Empfänger (einen zweiten Telefonapparat) übertragen werden und wie diese Übertragung abgesichert und eindeutig gestaltet werden kann. Doch was von einem solchen technischen Gerät zu einem anderen übertragen wird, sind keine bedeutungsvollen Nachrichten oder Mitteilungen, sondern Signale: elektromagnetische Wellen beim Radio oder Fernsehapparat, buchstabenförmige Tintenstriche beim Brief. Daher sollte die technische Informationstheorie, die sich mit derartigen Signalübertragungsprozessen beschäftigt, eigentlich besser »Signaltheorie« heißen. Die Übertragung solcher Signale kann technisch im Sinne einer geradlinigen Ursache-Wirkungs-Beziehung hergestellt und abgesichert werden. Der Sender determiniert den Zustand oder die Zustände des Empfängers.

Im Unterschied zur technischen Kommunikation determinieren in der zwischenmenschlichen Kommunikation nicht die Verhaltensweisen des Senders die Wahrscheinlichkeit des Verhaltens des Empfängers. Sie wird nicht von den ausgesandten Signalen festgelegt, sondern von den Bedeutungen, die der Empfänger ihnen aufgrund seiner eigenen Strukturen zuschreibt *(→ Zuschreibung/Etikettierung).* Wie er irgendwelche ausgesandte Signale (z.B. die Worte eines Gesprächspartners) interpretiert und welche Konsequenzen er für sein Verhalten daraus zieht, wird von ihm selbst autonom entschieden.

Die grundlegende Einheit der Information ist in solch einer Theorie, die sich aus den Operationen des Beobachters *(→ Beobachtung)* ableitet, die Unterscheidung, die ein beobachtendes System vollzieht. Der englische Mathematiker George Spencer-Brown hat in seinem Buch »Gesetze der Form« (1969) nachgewiesen, daß sich alle logischen Strukturen aus der Unterscheidung als Grundoperation konstruieren lassen. Er vergleicht den Prozeß der Informationsgewinnung mit dem Zeichnen eines Kreises auf einem zweidimensionalen Blatt Papier. Dadurch wird eine Grenze zwischen einem Bereich innen und einem Bereich außen gezogen, wodurch eine »Form« entsteht. Wenn der Innenseite ein oder mehrere Merkmale zugeschrieben werden, die der Außenseite nicht zugeschrieben werden, so lassen sich die beiden Seiten unterschiedlich bezeichnen. Wenn mehrere Personen ähnliche Verknüpfungen von Merkmalen und Zeichen vornehmen, so können sie solch ein Zeichensystem zur Kommunikation verwenden (vgl. Baecker 1993, Simon 1988).

Ob und wie Menschen miteinander kommunizieren können, hängt davon ab, welche → *Codes* sie verwenden, d.h. ob sie analoge Unterscheidungen vornehmen und Ereignissen und Phänomenen eine ähnliche Bedeutung zuschreiben *(→ Semiotik, → Semantik, → Pragmatik).*

Aus therapeutischer Sicht ist diese Revision des Informationsbegriffs deshalb so wichtig, weil er verdeutlicht, daß es zwischen dem, was ein Therapeut tut, und den Bedeutungen, die die Familienmitglieder geben, keine geradlinige Ursache-Wirkungs-Beziehung gibt. Was der Therapeut tut oder sagt, wirkt immer nur als Anregung zur autonomen Bildung von Information bei seinen Kommunikationspartnern *(→ Perturbation).* Die Idee, man könne Informationen in eine Familie »einführen«, ist daher verfehlt. Möglich ist lediglich ein Prozeß des gegenseitigen Drehens und Wendens, der von keinem der Beteiligten einseitig zu steuern ist.

Literatur: Baecker (1993); Bateson (1967, 1970, 1979); Klaus u. Liebscher (1974); Luhmann (1984); Maturana (1982); Maturana u. Varela (1987); Shannon u. Weaver (1949); Simon (1990, 1995); Spencer-Brown (1969); Wilden (1972).

Inhalts- und Beziehungsaspekt der Kommunikation (communication, content and relational aspects)

Ein Axiom der von Paul Watzlawick und Mitarbeitern (1967) entwickelten → *Kommunikations*theorie besagt, daß in jeder zwischenmenschlichen Kommunikation nicht nur ein Austausch von Mitteilungen über eine Sache, sondern auch über die Beziehung der beiden Kommunikationspartner stattfindet. Diese Information gehört einem höheren → *logischen Typus* an und stellt eine Form der → *Metakommunikation* dar.

Der Unterschied zwischen dem Inhalts- und Beziehungsaspekt der Kommunikation läßt sich am besten durch ein Beispiel verdeutlichen. Diskutieren etwa zwei Wissenschaftler auf einem Kongreß über ein bestimmtes Sachproblem, so dient die Erörterung dieses Themas zum einen der Klärung sachlicher Fragen, zum anderen jedoch der → *Definition* ihrer Art *der Beziehung*. Dabei geht es darum, ob zwischen den beiden eine → *komplementäre* oder eine *symmetrische* Beziehung besteht: Ist der eine dem anderen überlegen, hat er »recht«, oder stehen die beiden auf einer Stufe? (Dieses wissenschaftssoziologische Phänomen war schon Isaac Newton bekannt; vgl. R. K. Merton 1963). Ist zwischen beiden geklärt, welche Art von Beziehung besteht (also z.B. eine komplementäre Beziehung im Sinne einer Lehrer/Schüler-Beziehung oder eine symmetrische Beziehung im Sinne eines Diskurses zwischen zwei einander als gleichwertig respektierenden und anerkennenden Personen), dann läßt sich die Sachfrage sachlich erörtern. Ist die Beziehungsdefinition nicht klar, dann wird die Sachfrage auch der Klärung der Beziehung zu dienen haben, und es entwickelt sich eventuell eine Eskalation von »Rechthaberei«. Es ist also jeweils zu bestimmen, ob in den vorliegenden Kommunikationsprozessen eine Beziehungsdefinition geklärt ist oder nicht, und wenn sie geklärt ist, auf welche Art der Beziehung die Partner sich geeinigt haben.

Rivalisieren die Mitglieder einer Familie zum Beispiel um die → *dominante* Position, so entsteht eine symmetrische Eskalation bis hin zum → *malignen Clinch*. Keiner der Beteiligten ist bereit, sich in die inferiore Position zu fügen, so daß ein »Spiel ohne Ende« entsteht, bei dem jeder die

Hoffnung hat, doch noch zu »gewinnen«. Die vom Interaktionspartner jeweils angebotene Beziehungsdefinition (»ich bin der Überlegene«/»du bist der Unterlegene«) kann nicht angenommen werden, ebensowenig eine, bei der beide sich bewußt auf eine symmetrische Beziehung einigen (wenn sie die auch auf der Verhaltensebene praktizieren). Eine Beziehung undefiniert zu lassen hat ständig die Funktion, Festlegungen über das, was man im Interaktionsbereich als wirklich oder unwirklich zu betrachten hat, zu vermeiden. Sich einer eindeutigen familiären Wirklichkeit *(→ Beziehungsrealität)* zu fügen ist jedoch ein Aspekt der *→ Macht* und individuellen *→ Autonomie* in der Familie.

Literatur: Haley (1959a, b, 1962, 1967); Merton (1963); Watzlawick (1964); Watzlawick, Beavin u. Jackson (1967); Watzlawick, Weakland u. Fisch (1974); Watzlawick u. Weakland (1977).

innere Familienkonferenz/inneres Familiensystem (inner family conference/inner family system)

Die innere Familienkonferenz (auch: »inneres Familiensystem«, »innere Familie«, »inneres Parlament«, »inneres Orchester«, »inneres Team«) ist eine Sicht der Gesamtpersönlichkeit, die diese nicht als alleiniges Subjekt von Handlungen und Motiven, sondern als ein System miteinander agierender innerer Tendenzen oder Anteil versteht, die sich als widersprüchlich oder kongruent darstellen können.

Robert C. Schwartz (1997) überträgt mit dem Ansatz des inneren Familiensystems (IFS) systemische Überlegungen auf die intrapsychische Ebene. Er geht von einem Konzept der »Multiplizität der Psyche« aus, d.h. von der Existenz fragmentarischer Teilpersönlichkeiten, die zueinander in Bezug stehen und vom Selbst geführt werden. In Anlehnung an Carl Gustav Jung (1935) und Roberto Assaglioli (1965) nimmt Schwartz eine unbestimmte Anzahl solcher Teilpersönlichkeiten (meist »Teile« genannt) an, die als innere Menschen mit unterschiedlichen Wünschen eine innere Familie bilden, die sich nach den gleichen Prinzipien organisiert wie andere lebende Systeme. Diese Teile werden vom Selbst geführt, das die Aufgabe hat, für inneres Gleichgewicht zu sorgen. In Anlehnung an humanistische Therapiekonzepte stellt Schwartz vier Prinzipien des inneren Familiensystems heraus: Gleichgewicht (Selbsteffizienz und Zugang zu den Ressourcen der Teile), Harmonie (Kooperation, Kommunikation und »Feedwithin«), Führung (Vermittlung bei Polarisierungen, Schutz und Wertschätzung der Teile) und Entwicklung. Die Teile ihrerseits sind als kooperativ konzeptionalisiert und so organisiert, daß sie das Selbst schützen. Psychische Konflikte und Krisen werden verstanden als dysfunktionale Abgrenzung des Selbst von den Teilen oder als unangemessene Führerschaft einzelner Teile über das Selbst.

Schwartz' IFS hat viele Parallelen zu dem von Gunther Schmidt (1996) vertretenen Konzept der »inneren Familienkonferenz«, die dieser aus der Dissoziationstechnik der Ericksonschen → *Hypnotherapie* abgeleitet hat. Die Dissoziation eines Teils der Persönlichkeit aus der Gesamtpersönlichkeit erlaubt es, diesen Teil als in sich konsistente psychische Funktion zu behandeln, mit der eigenständig »verhandelt« werden kann. Dabei wird unterstellt, daß jeder Teil sinnvolle Intentionen verfolgt, für die er Wertschätzung verdient. Indem Bedürfnisse und Wünsche nicht mehr der Gesamtpersönlichkeit zugeschrieben werden, sondern »einer Seite«, eröffnet das die Perspektive, eine »andere Seite« ins Spiel zu bringen, die – ebenfalls dissoziiert – mit ihr in Beziehung treten kann. Die Gesamtpersönlichkeit wird dabei als »Chef« der dissoziierten Seiten eingeführt. Wenn nicht die ganze Person (»ich bin eifersüchtig«) als Subjekt angesprochen wird, die von einem Problem überwältigt ist, sondern lediglich ein Teil (»eine Seite von mir ist eifersüchtig«), erleichtert dies den Blick auf neue Ressourcen, die neue Gesichtspunkte einführen (»eine andere Seite von mir ist stolz«) und die lösungsorientierte Vorstellung einer kooperativen Führung des Selbst ermöglichen.

Die therapeutischen Techniken des IFS sind vom »Voice Dialogue« (Stone u. Winkelman 1985) inspiriert, der sich aus der aktiven Imagination der Jungschen Schule entwickelt hat. Im therapeutischen Prozeß werden die Persönlichkeitsteile identifiziert und wie Personen behandelt. Therapeutisches Ziel ist es, eine Kommunikation und Kooperation der dissoziierten Aspekte anzuregen. Die positive therapeutische Suggestion besteht darin, die zunächst als widersprüchlich und gegeneinander gerichtet wahrgenommenen dissoziierten Seiten als jeweils legitim wertzuschätzen und so zu behandeln, als seien sie positive Kooperationspartner des Selbst *(→ Konfliktorganisation/ Tetralemma).* Damit wird therapietechnisch eine Außenperspektive auf innere Prozesse eingeführt, die den Umgang mit inneren konflikthaften Verstrickungen erleichtert. Das kann dadurch unterstützt werden, daß die unterschiedlichen Persönlichkeitsanteile durch Gegenstände symbolisiert werden.

Literatur: Assagioli (1965); Jung (1935); Mücke (1998); Schmidt (1996); Schulz von Thun (1998); Schwartz (1997); Stone u. Winkelman (1985).

innere Objekte
(inner objects)

Innerhalb der psychoanalytischen Theorie zeigen sich innere Objekte wesentlich durch ihre Funktionen definiert. Sie liefern ein begriffliches Instrument, um bestimmte Beziehungen bzw. Wechselfälle zwischen intrapsychischen und transaktionellen, d.h. auch familiären und systemischen Prozessen zu erfassen.

Nach Helm Stierlin (1970) erfüllen die »inneren Objekte« der Psychoanalyse drei Hauptfunktionen. Sie dienen erstens als ein inneres Bezugssystem. In diesem Sinne verstanden, lassen sie sich am besten als Objektrepräsentanten beschreiben: Sie repräsentieren, mehr oder weniger abbildhaft, äußere Objekte innerhalb der Psyche. Ohne solche Fähigkeit zur Objektrepräsentanz, die unter anderem Gedächtnis und Symbolisierungsvermögen voraussetzt, vermögen wir uns nicht in der äußeren Welt zurechtzufinden.

Innere Objekte dienen zweitens als Wegweiser für unsere gegenwärtigen und zukünftigen zwischenmenschlichen Beziehungen. In diesem zweiten Sinne verstanden, läßt sich ein inneres Objekt am besten als Imago beschreiben. Eine derartige Imago kann als Leitbild dienen, das die mögliche Wahl äußerer Objekte einengt. So kann etwa eine Frau auf der Suche nach einem Partner unbewußt durch ein inneres Objekt geleitet werden, das die Züge ihres Vaters trägt. Die so verstandenen inneren Objekte bestimmen unseren Beziehungskurs wie ein Gyroskop, eine Apparatur, die das Schiff auf Kurs hält und der abdriftenden Wirkung der Elemente entgegenwirkt. Stierlin sprach daher von einer *gyroskopischen Funktion* innerer Objekte, die sich mit einem dynamischen, dirigierenden Moment verbindet.

Schließlich – und das ist ihre dritte Funktion – tragen innere Objekte zur relativen Autonomie des einzelnen bei. Sie ermöglichen ihm größere Unabhängigkeit, indem sie ihm erlauben, sich mit einem Teil seiner selbst in Beziehung zu setzen. Sie konstituieren daher innere Reserven und schaffen die Voraussetzungen für einen inneren Dialog. Daher sprach Stierlin von ihrer autonomiefördernden Funktion.

Die drei genannten Funktionen erweisen sich als interdependent und überdecken sich großenteils mit den sogenannten Ich-Funktionen *(→ Ich-Psychologie/Ich-Funktion/Ich-Organisation).* Sind sie gestört, so zeigt sich dies in einer unterschiedlichen individuellen sowie familiären Pathologie und, damit einhergehend, in einer Störung der Individuation. Je nach dem vorherrschenden *Beziehungsmodus,* den im Rahmen der persönlichen Entwicklung und des *→ familiären Lebenszyklus* gestellten Aufgaben können sich dabei die Störungen der einzelnen Funktionen innerer Objekte unterschiedlich auswirken. Dies zeigt sich vor allem während der *→ Ablösung im Jugendalter (→ innere Familienkonferenz).*

Literatur: Dicks (1963); Fairbairn (1952); Grunberger (1976); Guntrip (1968); Kernberg (1976); König (1981); Modell (1968); Spitz (1954); Stewart, Peters, Marsh u. Peters (1975); Stierlin (1970); Winnicott (1951).

instruktive Interaktion
(instructive interaction)

Von Humberto Maturana (1978) gepräger Begriff für die deterministische Input-Output-Interaktion mit einer → *trivialen Maschine*. Bei einer instruktiven Interaktion geht der Beobachter oder Interaktionspartner davon aus, daß er mit einer Intervention eine berechenbare Reaktion beim Gegenüber bewirkt. Bei der Interaktion mit einem operationell geschlossenen System ist eine instruktive Interaktion nicht möglich.

Da operational geschlossene Systeme strukturdeterminiert sind, also sich nach der Logik ihrer inneren Strukturen und Zustände verhalten, kann der Interaktionspartner, der eine bestimmte Veränderungsabsicht hat, nicht davon ausgehen, die beabsichtigte Reaktion bewirken zu können. Der Versuch, instruktiv zu interagieren, ohne die Innensteuerung des Systems zu bedenken, kann zum → *Widerstand* führen. Die Unmöglichkeit der instruktiven Interaktion spielt in allen Feldern eine kritische Rolle, die Lernen und Verhaltensänderungen intendieren, in denen also versucht wird, Sichtweisen und Verhalten gezielt zu beeinflussen. Beispiele sind Pädagogik und Psychotherapie sowie Politik und Wirtschaft. Da Interventionen nur wirksam sein können, wenn sie innerhalb des Systems sinnvolle Unterscheidungen auslösen, müssen sie dessen Operationsmodus berücksichtigen.

Literatur: Maturana (1978, 1982).

Interpunktion
(punctuation)

Die Strukturierung und Unterteilung einer kontinuierlichen Abfolge von Ereignissen und Verhaltensweisen. Zwei Partner unterteilen beispielsweise ihre fortlaufenden Interaktionen in verschiedene Abschnitte. Jeder erkennt darin nun unterschiedliche Strukturen bzw. Ursache-Wirkungs-Muster. Je nachdem, ob die Interaktion zwischen A und B aus der Perspektive von A oder der von B betrachtet wird, erscheint es einmal so, als ob A auf B, das andere Mal, als ob B auf A reagiert. Entsprechend der einen Interpunktion nörgelt die Frau, weil sich der Mann zurückzieht, entsprechend der anderen zieht sich der Mann zurück, weil die Frau nörgelt. Von der Art und Weise, wie der Kommunikations- und/oder Interaktionsablauf jeweils subjektiv interpunktiert wird, hängt es also ab, welche Bedeutung ihm beigemessen wird, wie eigenes und fremdes Verhalten bewertet, wie Schuld und Verantwortung zugeteilt, welche eigenen verhaltensbestimmenden Entscheidungen getroffen werden.

Der Begriff Interpunktion wurde von Gregory Bateson und Don D. Jackson (1964) in die Interaktionsforschung eingeführt. Sie übernahmen dabei ein von Benjamin L. Whorf (1942) im Rahmen seiner Sprachforschung entwickeltes Konzept. Die Frage, wie Interaktionen interpunktiert werden, ist für die Familiendiagnostik und -therapie zentral: Die jeweils subjektive Interpunktion bestimmt, welche Bedeutung jeder einzelne seinem und dem fremden Verhalten beimißt, welchen → *Kontext* er (vor allem mit Blick auf das Verstehen von Ursache und Wirkung) markiert *(→ Kontextmarkierung)*, welchen Sinn er letztlich in jeder Verhaltensweise sieht. Dementsprechend ermöglicht ein Verständnis der Interpunktionen, symptomatisches Verhalten zu verändern *(→ Umdeutung)*.

Interpunktionen im genannten Sinne entsprechen einer lineal kausalen *(→ Linearität/Linealität/geradlinige Kausalität)* Inbeziehungsetzung von Ereignissen, Phänomenen und Verhaltensweisen. Diese läßt sich zum Teil als Ausdruck und Folge sprachlicher bzw. grammatikalischer Zwänge verstehen. Da die Bedingungen der eigenen Erkenntnis nur selten hinterfragt werden *(→ Epistemologie)*, bleiben auch derartige Ursache-Wirkungs-Zuschreibungen unreflektiert; das eigene Verhalten wird weiterhin nur als Reaktion auf das Verhalten des Interaktionspartners gedeutet. Eine Änderung von bisher unbezweifelt angenommenen Interpunktionen eröffnet nicht nur eine andere Sichtweise in bezug auf das Problem, sondern auch neue Ressourcen und Lösungsstrategien.

Literatur: Bateson (1964); Bateson u. Jackson (1964); Bernal u. Golann (1980); Shands (1971); Simon (1982c); Watzlawick, Beavin u. Jackson (1967); Watzlawick, Weakland u. Fisch (1974); Whorf (1942).

intersubjektive Fusion/Verschmelzung (intersubjective fusion/fusion)

Zustand extremer → *Bindung* zwischen zwei oder mehr Personen und zugleich ein Grundzug geschlossener, »symbiotischer« Familiensysteme. Eine → *Selbst-Objekt-Differenzierung* hat nur in ungenügendem Maße stattgefunden. Ein Dialog zwischen Individuen ist nicht möglich, weil sie in einem »amorphen Wir« gefangen sind (Boszormenyi-Nagy 1965, S. 85).

Der Begriff »intersubjektive Fusion« wurde von Ivan Boszormenyi-Nagy geprägt. Er beschrieb damit familiäre Konstellationen, worin keine deutlichen Subjekt-Objekt-Positionen ausgehandelt sind. Damit entspricht er weitgehend dem, was andere Autoren als → *undifferenzierte Familien-Ich-Masse*, → *Verstrickung* oder auch → *Pseudo-Gegenseitigkeit* bezeichnet haben.

Literatur: Boszormenyi-Nagy (1962, 1965a, b); Karpel (1976).

invariante Verschreibung
(invariant prescription)

Bei einer invarianten Verschreibung wird allen Familien dieselbe Aufgabe gestellt, unabhängig von der spezifischen Konfliktlage.

Diese Interventionsform wurde von Mara Selvini Palazzoli und ihren Mitarbeitern für die Behandlung von Familien mit einem psychotischen Mitglied mit der Idee entwickelt, damit die pathogenen Beziehungsmuster effektiver zu durchkreuzen. Die Therapeuten teilen der Familie nach zwei Sitzungen die Indikation für eine Familientherapie mit, laden aber zur Folgesitzung nur die Eltern ein. In der dritten Sitzung wird dem Paar eine detaillierte Verschreibung gegeben, deren Kern in einer Etablierung von Geheimhaltungen zwischen Eltern und Kindern besteht. Die Eltern dürfen niemandem vom Inhalt der Therapiesitzungen berichten, und sie werden angehalten, einmal in der Woche abends auszugehen, ohne die Kinder zu informieren, wo sie sind.

Nachdem Selvini Palazzoli und Prata von Therapieerfolgen mit diesem Vorgehen berichten, stellt sich die theoretisch und klinisch reizvolle Frage, wie es zu erklären ist, daß eine Verordnung ein psychotisches »Spiel« unterbrechen kann, ohne daß die Therapeuten verstanden haben müssen, welches Spiel überhaupt gespielt wurde.

Literatur: Selvini Palazzoli u. Prata (1985).

Isomorphie
(isomorphism)

(von griech. isos = gleich; morphe = Gestalt, Form)

Musterübereinstimmung. Zwei komplexe Strukturen stehen zueinander in einer Beziehung, bei der jedem Element der einen Struktur ein Element der anderen korrespondiert. Dabei bedeutet »korrespondieren«: Zwei Elemente spielen ähnliche Rollen innerhalb der jeweiligen Struktur (vgl. Hofstadter 1985, S. 49). Jedem Element der Struktur entspricht *genau* ein Element der Struktur S2, *und* jedes Element von S2 steht in Korrespondenz zu einem aus S1.

Da Familientherapeuten im wesentlichen Strukturen und → *Muster* zu erfassen und zu beeinflussen suchen, stellt sich gerade ihnen die Frage, ob und wieweit unterschiedliche Familien als isomorph zu bezeichnen sind, also ähnliche oder übereinstimmende Muster aufweisen. So kann es z.B. bedeutsam sein, wenn sich zwischen der Gegenwartsfamilie eines Patienten und seiner Herkunftsfamilie Isomorphien darstellen oder wenn sich im therapeutischen System (Familie plus Therapeuten) solche Isomorphien zeigen. Für das Verständnis menschlicher Kommunikations- und Denkprozesse spielt das Isomorphie-Konzept eine wesentliche Rolle: Strukturen gewinnen durch ihre Isomorphie zu anderen Strukturen spezifische Bedeutungen. Isomorphie (Eineindeutigkeit) ist von Homomorphie (Eindeutigkeit) zu unterscheiden, bei der zwar die Elemente von S1 denen von S2 zuzuordnen sind, die Zuordnung der S2-Elemente aber nicht eindeutig in S1 rückübersetzbar ist. So ist das Verhältnis von Landkarte zu Landschaft keine isomorphes, sondern ein homomorphes: Jedes Landkartenelement ist einem Element der Landschaft zuzuordnen, umgekehrt ist aber nicht jedes Element der Landschaft in der Landkarte repräsentiert *(→ Abstraktion, → Paradigma/innere Landkarte/Modell).* Für die therapeutische Praxis gewinnt der Isomorphie-Begriff eine besondere Bedeutung im Rahmen der → *binokularen Theorie des Wandels.*

Ludwig von Bertalanffy (1968) hat in einer Entgegnung auf Kritik an seiner allgemeinen Systemtheorie ausgeführt, daß der Gebrauch von Analogien (Isomorphien sind Analogiebildungen) und Modellen ein zentrales Erkenntnismittel in der Wissenschaft ist. »Wo wäre die Physik ohne die Analogie der ›Welle‹?« (S. 20). »In der Kybernetik ist es ein Allgemeinplatz, daß Systeme, die materiell unterschiedlich sind, ... formal identisch sein können« (S. 20).

Literatur: Bertalanffy (1968); DeShazer (1982a); Hofstadter (1985).

Joining/therapeutisches System (joining/therapeutic system)

Spezifische, von Salvador Minuchin beschriebene Form eines Arbeitsbündnisses zwischen Therapeut und Familienmitgliedern. Im Rahmen dieses Bündnisses faßt der Therapeut in der Familie Fuß und gewinnt Möglichkeiten, die Struktur der Familie zu verändern (→ *strukturelle Familientherapie*).

Der Therapeut gewinnt Zugang zur Familie, indem er deren Stärken anerkennt und fördert, geltende → *Hierarchien* und Wertvorstellungen respektiert, bestehende Subsysteme stützt und die Familienmitglieder in ihrem Selbstwertgefühl bestätigt. Auf diese Weise schließt er sich der Familie an (wörtlich übersetzt bedeutet joining »sich anschließen«, »eintreten in«). In seiner Expertenrolle übernimmt er sodann die Führung der Familie: Er verändert die Regeln des Systems, stützt verschiedene Familienmitglieder zu verschiedenen Zeiten oder bringt sie auch aus dem Gleichgewicht. Geschieht dies in rascher Folge, dann läßt sich von der Methode des »stroke and kick« – Streichelns und Tretens – sprechen. Wie immer er auch vorgeht, er bricht erstarrte Muster auf und verschafft den Mitgliedern neue Erfahrungen. Nach Minuchin und Mitarbeitern (1978) läßt sich eine Familie nie durch eine Intervention »in die Familie hinein«, sondern nur »von innen« verändern. Dazu muß sich der Therapeut »in das Terrain der altgewohnten Familieninteraktion hineinbegeben« und die Sprache der Familie erlernen. »Er muß die Art der Kontrolle, die das System auf seine Mitglieder ausübt, aus eigener Anschauung kennenlernen. Nur so, nämlich in Kenntnis der Toleranzschwellen des Systems, kann er die Interaktion der Familie angreifen« (1978, S. 116).

Die von Minuchin beschriebene Methode zum Aufbau eines aus Familie und Therapeuten bestehenden »therapeutischen Systems« dürfte, wenn auch weniger explizit dargestellt, alle familientherapeutischen Ansätze kennzeichnen. Gelingt es nicht, ein stabiles Arbeitsbündnis zwischen Therapeut und Familie herzustellen, so kommt im allgemeinen kein therapeutischer, auf Veränderungen abzielender Prozeß zustande. Der Kontakt zwischen beiden bricht nach dem Erstgespräch ab. Dieser Sachverhalt läßt sich unterschiedlich konzeptualisieren. Innerhalb einer systemtheoretischen Sicht etwa vermag sich das System Familie nur zu verändern, wenn es neue, bestehende Strukturen in Frage stellende bzw. verändernde Informationen aufnimmt. Zu diesem Zweck muß sich ein übergeordnetes Therapeut/Familie-System bilden. Dabei hilft die gesellschaftlich verankerte Autorität des Therapeuten. Sie schafft eine Voraussetzung dafür, daß überhaupt ein Treffen zwischen Familie und Therapeut zustande kommt. Ob diese Autorität nun positiv bewertet oder entwertet, ihr Veränderungspotential wirksam wird oder nicht, hängt weitgehend vom Verlauf des → *Erstinterviews* und der darin vom Therapeuten bewiesenen Kompetenz und Empathie ab. Auf irgendeine Weise muß es dem Therapeuten im Verlauf des Gesprächs gelingen, die Familie an sich zu binden, d.h. eine tragfähige Beziehung zu allen Mitgliedern herzustellen.

Somit sind sich zwar alle Familientherapeuten darin einig, daß die Herstellung eines tragfähigen Arbeitsbündnisses wesentliche Voraussetzung für das Gelingen einer Therapie ist, aber nur die wenigsten können genauer angeben, auf welche Art und Weise sie selbst dazu beitragen.

Literatur: Bordin (1979); Minuchin (1974a, b); Minuchin, Rosman u. Baker (1978); Selvini Palazzoli, Boscolo, Cecchin u. Prata (1980).

Kategorienbildung
(category formation)

»Mittel zum Ausfiltern nicht zugehöriger Assoziationen« (Lidz 1968). Es dient der → *Interpunktion* von Wahrnehmung und der Strukturierung des Denkens und Fühlens.

Das »Entgleisen der Assoziationen« (Bleuler 1911) wurde stets als wesentlicher Aspekt der schizophrenen Denkstörung gewertet. Verschiedene Forscher haben dieses Phänomen als Ausdruck für eine fehlerhafte Kategorienbildung gesehen. Schizophrenes Denken ist »überinklusiv« (Cameron 1938), was Theodore Lidz (1968, 1976) als wesentliches Merkmal des Zusammenbruchs der Kategorienbildung beschreibt. Diese »Übereinschließung« ist egozentrisch. Im typischen Fall glaubt der Patient, daß das, was andere tun und sagen, ihn betrifft – auch wenn dies nicht der Fall ist. Das führt zu Beziehungsphantasien, Verfolgungsideen und ähnlichem. Oder er glaubt, seine Handlungen, Gedanken, Gefühle und Wünsche hätten Einfluß auf andere, so daß das unbelebte Universum magisch von ihm beeinflußt werde. Lidz bezieht sich auf die Arbeiten von Jean Piaget, der bereits 1926 beschrieben hat, daß ein solches Denken eine normale Stufe im Rahmen der kognitiven Entwicklung des Kindes darstellt. Erst wenn »Objektkonstanz« in der sogenannten »Trennungs- und Individuationsphase«, wie sie von Margaret Mahler (1968) beschrieben wurde, erreicht ist, überwindet das Kind allmählich diese Egozentrizität. Es gelingt ihm, alle das Ich betreffenden Erfahrungen aus der Kategorie, die dem Objekt zugewiesen wird, auszuschließen. Die vollzogene → *Selbst-Objekt-Differenzierung* wird somit als Voraussetzung für jede wirkliche Kategorienbildung angenommen. Wer sie nicht vollzieht, bleibt bei seinem vorkategorialen, übereinschließlichen Denken. Fritz B. Simon sieht die Entwicklung überinklusiven oder überexklusiven Denkens eng mit der familiären Kommunikation verknüpft. Je nachdem, wie weit oder wie eng die Fokussierung der Aufmerksamkeit in der familiären Kommunikation ist, entstehen weiter und enger umgrenzte Kategorien in der Wirklichkeitskonstruktion des Individuums. Verbunden damit ist eine eindeutigere oder am anderen Ende des Spektrums vieldeutigere familiäre Kommunikation (Simon 1988, 1990). Die Muster der Kommunikation und der Kategorienbildung stabilisieren sich gegenseitig.

In der Phase der → *Ablösung im Jugendalter* birgt dies große Gefahren und kann zur psychotischen Dekompensation führen. Eine überinklusive → *Identität,* die die Familie miteinbezieht, macht es unmöglich, sich altersadäquat zu trennen. Ebenso muß jede Situation der Intimität mit der Drohung des Verlustes der eigenen → *Grenzen* verbunden sein.

Der von Lidz verwendete Begriff Kategorienbildung hat enge Beziehungen zu dem von anderen Autoren bevorzugten Konzept der → *logischen Typen.* Ähnlich wie Lidz bezieht sich auch Luc Ciompi (1982) in seinen Überlegungen zur Strukturierung psychischer Systeme auf die Erkenntnisse von Piaget *(→ Affektlogik).*

Literatur: Bleuler (1911); Cameron (1938); Ciompi (1982, 1997); Lidz (1966, 1973a, b, 1976); Mahler (1968); Piaget (1926); Simon (1989, 1990); Spencer-Brown (1969).

Koalition/Allianz (coalition/alliance/alignment)

Offene oder verdeckte, wechselnde oder stabile Bündnisse zwischen zwei oder mehreren Mitgliedern der Kernfamilie oder der erweiterten Familie.

Der Begriff Allianz (alliance/alignment) und die gegenteiligen Begriffe Spaltung/Entfremdung wurden von Lyman Wynne (1961) eingeführt. Ausgehend von dem Prinzip des → *Gleichgewichts* von Systemen nahm Wynne an, daß eine Allianz zwischen zwei oder mehr Personen automatisch dazu führt, diese von anderen Mitgliedern innerhalb des Systems abzuspalten. Jede neue Allianz oder Spaltung »in einem System, dessen Komponenten voneinander abhängen, führt zu Veränderungen in anderen Teilen des Systems« (S. 67).

Zweck solcher Bündnisse kann die Kooperation im Blick auf ein gemeinsames Ziel oder aber die gemeinsame Opposition gegen die Ziele anderer Mitglieder sein. Um diesen Sachverhalt zu beschreiben, bieten sich Koalition, Allianz und alignment (Ausrichtung) als großenteils austauschbare Begriffe an. Fast alle Familientherapeuten messen solchen Bündnissen, vor allem wenn sie verdeckt zur Wirkung kommen, große Bedeutung bei. Diese können besonders dann zu Symptomen führen, wenn sich darin eine Störung der Grenzen zwischen den Generationen (→ *Generationsgrenzen*) und damit der familiären → *Hierarchie* zum Ausdruck bringt. In diesem Zusammenhang spricht etwa Salvador Minuchin von pathologischer Dreiecksbildung (1978; → *starre Triade*), Jay Haley von → *perversen Dreiecken* (1967), Murray Bowen von pathologischen → *Triangulationen* (1966).

Das bewußte Eingehen von Koalitionen mit einem der Familienmitglieder als therapeutische Technik wird von Minuchin und Gerald Zuk als Methode der familiären Umstrukturierung verwendet. Als Prozeß des »go between« bezeichnet Zuk (1971) seine Methode, systematisch Koalitionen in Familien dadurch aufzubrechen, daß er gezielt Partei gegen bzw. für einen der Koalitionspartner ergreift. Mit Hilfe wechselnder Koalitionen behält der Therapeut die Kontrolle über die Familie und kann verfestigte Strukturen aufweichen. Familiäre Probleme werden von Zuk stets auf »triadischer Grundlage« gesehen.

Ähnliche theoretische Überlegungen führten Minuchin zu seiner Methode des »Streichelns und Tretens« (stroke and kick), bei der er abwechselnd für oder gegen jeden einzelnen in der Familie agiert, ihn »streichelt« oder »tritt«.

Im Gegensatz dazu vertritt z.B. die Mailänder Gruppe um Mara Selvini Palazzoli die Ansicht, es sei nicht günstig, wenn Therapeuten sich auf Koalitionen und Allianzen mit einzelnen Familienmitgliedern einlassen *(→ Neutralität)*.

Literatur: Bowen (1960a, b, 1966); Caplow (1968); Haley (1967a); Hoffman (1981); Minuchin u. Fishman (1981); Minuchin, Montalvo, Guernen, Rosman u. Schumer (1967); Minuchin, Rosman u. Baker (1978); Penn (1983); Wynne (1961); Zuk (1968, 1971, 1981).

Ko-Evolution
(coevolution)

Die Tatsache, daß sich Systeme niemals in einer statischen Umwelt entwickeln, vielmehr auf ihre Umwelt zurückwirken und deren Entwicklung mitbestimmen. In diesem Sinne beeinflussen etwa zwei biologische Spezies, die in einer Jäger/Beute-Beziehung stehen, in wechselseitiger Abhängigkeit die Bedingungen ihrer Evolution. Art und Ausmaß dieser gegenseitigen Abhängigkeit können variieren.

Die Bedeutung des Konzepts der Ko-Evolution wurde zunächst im Bereich der Biologie erkannt. Es gilt jedoch für alle → *Selbstorganisations*prozesse des Universums. Dabei lassen sich, wie vor allem Gregory Bateson (1979) und E. Jantsch (1979) beschrieben haben, zwei Arten von Prozessen unterscheiden: die (innerhalb der Dimension Zeit) nicht umkehrbaren und die gleichzeitig ablaufenden Prozesse. Anstöße zur Ko-Evolution kommen von Ungleichgewichtszuständen, die jeweils ein System zur → *Anpassung* anregen. Es ist jedoch nicht vorhersagbar, welche Aktivität im einzelnen zur Wiederherstellung des Gleichgewichts führt *(→ Fluktuation, → Versuch-Irrtum-Methode, → Krise, → Stabilität).*

Bateson (1979) beschrieb Ko-Evolution als »stochastisches« System des evolutionären Wandels. Stochastisch heißt, daß Ereignisse teilweise zufällig vorkommen, d.h., »eine Ereignissequenz kombiniert eine Zufallskomponente mit einem selektiven Prozeß so, daß nur bestimmte Zufallsereignisse überdauern können« (S. 230).

Für das sich entwickelnde Individuum stellt die Familie gleichsam das koevolutive → *Ökosystem* dar. Darin ist nun jeder einzelne »Umwelt« für die Entwicklung der anderen und die Gesellschaft die Umwelt aller.

Gesellschaftliche Normen beeinflussen im allgemeinen die Regeln des von Eltern wie auch von Kindern erwarteten Verhaltens. Es gibt jedoch Familien, die sich diesen gesellschaftlichen Bedingungen, Werten und Sichtweisen gegenüber anschließen. Sie wurden etwa von Lyman Wynne und Mitarbeitern (1958) anhand des Konzepts des → *Gummizauns* beschrieben. In solchen Familien zeigt sich der Prozeß der Ko-Evolution gestört: Familiäre wie gesellschaftliche Normen (z.B. im Blick auf die Art und Weise, wie Kinder zu behandeln sind) lassen sich nicht mehr in Frage stellen oder verändern. Ein Kind, das in einer derartigen geschlossenen Familie aufwächst, muß ausschließlich und dauernd die familiären Verhaltensregeln berücksichtigen. Das bedeutet, daß weder es selber noch seine Familie sich zu entwickeln vermögen: »Ein gegenüber der Umwelt isoliertes System kann sich … nur in Richtung auf seinen Gleichgewichtszustand bewegen, bei dessen Erreichen seine Dynamik zum Stillstand kommt« (Jantsch 1979, S. 252).

Besonders Familien mit schizophrenen Mitgliedern zeigten sich Familientherapeuten schon früh als (nahezu) isolierte und in ihrer Entwicklung blockierte Systeme. Dafür wählte Don D. Jackson (1957) die Bezeichnung → *Homöostase.* In derartigen Familien befindet sich ein Kind in einer paradoxen Situation: Einerseits verlangt schon seine biologische Reifung, daß es sich weiterentwickelt. Andererseits ist es jedoch in homöostatischen, das Gleichgewicht erhaltenden Strukturen gefangen. Sich zu verändern, ohne die Umwelt (die Familie) zu verändern, ist nunmehr eine nahezu unlösbare Aufgabe *(→ Doppelbindung).* Da in einer Familie die Entwicklung aller Mitglieder in einer Wechselbeziehung zueinander steht, bedeutet familiäre Ko-Evolution stets auch familiäre *Ko-Individuation (→ Individuation/bezogene Individuation/Ko-Individuation).*

Insofern Therapie darauf abzielt, die Blockierungen der familienweiten Ko-Evolution und Ko-Individuation zu beseitigen, muß sie auf Öffnung der familiären Grenzen sowie auf Einführung von → *Informationen* hinarbeiten. Dabei muß zwischen der Familie und dem Therapeuten ein zirkulärer Prozeß *(→ Zirkularität/Rekursivität)* ablaufen, der vom Therapeuten fordert, je nach Erfolg oder Mißerfolg der Informationsgewinnung und -vermittlung seine Konzepte bzw. Hypothesen zu ändern. Daher läßt sich die Evolution therapeutischer, in der Praxis wirksamer Konzepte als zusätzlicher Aspekt familiärer Ko-Evolution und Ko-Individuation verstehen.

Das Ko-Evolutionskonzept von Jürg Willi (1985, 1996), das in erster Linie auf Paarbeziehungen angelegt ist, betont stärker als systemische Konzepte die Entwicklung des Individuums im Kontext seiner Beziehungen. Nach seiner Meinung findet persönliche Entwicklung durch »beantwortetes Wirken« statt, indem ein Individuum seine Umwelt gestaltet und dabei in seinen Wirkungen beantwortet wird. Dabei spielt das Konzept der Korespondenz (gegenseitiges Beantworten) der Entwicklungsbereitschaften eine Schlüsselrolle. Danach können Individuen vor allem da in intensive Beziehungen eintreten, wo sie sich aus einer ähnlich gelagerten Ansprechbarkeit anregen. Der koevolutive Prozeß wird durch das Schaffen einer gemeinsamen Welt stabilisiert. Damit sind sowohl die innere Welt der gemeinsamen Geschichte, das stereoskopische Erinnern und das miteinander ausgehandelte Konstruktsystem gemeint als auch die gemeinsam gestaltete äußere Welt (Wohnung, Besitz, Kinder, Arbeit). In seinem Verständnis der familiären Ko-Evolution schließt Willi zum einen an Stierlins Delegationskonzept an, betont aber stärker den Aspekt der eigenen Lebenspläne und des Versuches, elterliche Aufträge auszukorrigieren und »es besser zu machen« als diese.

Die koevolutive Einzel-, Paar- und Familientherapie geht davon aus, daß sich vor der Bildung von Symptomen Veränderungen in den Beziehungen ergeben haben, die es erschweren, die Beziehung in der bisherigen Form fortzusetzen, daß gleichzeitig aber Möglichkeiten zur Entwicklung der Beziehung behindert sind. Deshalb wird in dieser Therapie besonders auf die Beziehungsgeschichte Wert gelegt, also auf Erwartungen bei der Partnerwahl, die bisherigen positiven Entwicklungen der Partner und auf die Entstehung der aktuellen Entwicklungsblockade. In der koevolutiven Therapie ist ein Settingwechsel zwischen Einzel-, Paar- und Familiengesprächen nicht unüblich.

Die Einsicht in das Prinzip der Ko-Evolution erfordert die Auflösung gängiger Vorstellungen einer geradlinigen Subjekt-Objekt-Spaltung bzw. Subjekt-Objekt-Epistemologie. In einem Bild verdeutlicht Jantsch (1979), wie hier unterschiedliche → *Epistemologien* ein unterschiedliches Selbstverständnis und Verhältnis zur Welt als Ganzer bedingen: Innerhalb eines geradlinigen Ursache-Wirkungs-Schemas *(→ Linearität/Linealität)* läßt sich die Beziehung zwischen dem Beobachter und der Welt als Ganzer mit der eines am Ufer stehenden Mannes vergleichen, der einen Fluß beschreibt. Nach einem zirkulären Modell dagegen, das System und Umwelt in Wechselbeziehung treten läßt *(→ Zirkularität/Rekursivität),* gleicht der Beobachter dem Kapitän eines Schiffes, der auf diesem Fluß ständig auf der Hut ist und aussteuernd seine Anpassung sucht. Eine holistische Sichtweise, wie sie sich etwa im ostasiatischen Taoismus darstellt, würde möglicherweise die Beziehung zwischen Beobachter und Welt so beschreiben, daß darin der Beobachter selbst der Fluß ist *(→ Holismus).*

Literatur: Bateson (1974, 1979); Dell u. Goolishian (1981); Eigen u. Winkler (1975); Fivaz, Fivaz u. Kaufmann (1982); Hill u. Rodgers (1964); Hoffman (1982); Jackson (1957); Jantsch (1975, 1979); Jantsch u. Waddington (Hrsg.) (1976); Kegan (1979); Lorenz (1965); Simon (1983a); Werner (1940, 1957); Wertheim (1975); Willi (1975, 1985, 1991, 1996); Wynne, Ryckoff, Day u. Hirsch (1958).

Kohärenz
(coherence)

(von lat. cohaerere = zusammenhängen)

Der Zusammenhalt von Einzelelementen in einem übergeordneten Ganzen. Bezogen auf ein System wie die Familie, bedeutet dies die Fähigkeit, sich als zusammenhängendes Ganzes zu erhalten.

Paul Dell (1982) hat Kohärenz als »die kongruente funktionelle Interdependenz, wobei alle Aspekte eines Systems zusammenpassen« (S. 31), definiert.

Aus einer dynamischen Sicht, die weder die Umwelt noch irgendein System als etwas Statisches betrachtet, sondern beide in einem Prozeß der → *Ko-Evolution* voneinander abhängig sieht, ist Kohärenz das entscheidende Kriterium für → *Stabilität.* Die → *Anpassungs*fähigkeit eines → *Systems* zeigt sich darin, daß es unter veränderten Außen- wie Innenbedingungen zu überleben vermag und dabei Kohärenz beweist. Im Gegensatz zur → *Kohäsion* meint Kohärenz den inneren Zusammenhang, die innere Stimmigkeit und Passung von Systemelementen in Rahmen eines übersummativen Ganzen.

In der Gestaltpsychologie sind Kohärenzfaktoren kognitive Faktoren, die zur Gestaltbildung von Elementen führen. Dazu gehören räumliche Nachbarschaft, Ähnlichkeit, Symmetrie und Kontur von Elementen, die zur → *Emergenz* einer Gestalt führen können.

Im → *Salutogenese*-Modell von Antonovsky wird Kohärenz als zentrales Merkmal psychischer »Gesundheit« verstanden, wobei die Kongruenz der inneren und Sinnhaftigkeit der äußeren Welt im Mittelpunkt stehen.

Literatur: Antonovsky (1979, 1997); Dell (1982, 1985); Maturana (1975, 1978).

Kohäsion
(cohesion)

Zusammenhalt. Unter familiendiagnostischen Gesichtspunkten spiegelt das Kriterium der Kohäsion die Art und Weise, wie → *zentripetale* und *zentrifugale Kräfte* während der verschiedenen individuellen wie → *familiären Lebenszyklen* ausbalanciert sind.

Olson et al. (1983) haben familiäre Kohäsion definiert als die »emotionale Bindung, die Familienmitglieder miteinander haben. ... Es gibt vier Ebenen der Kohäsion, von uninteressiert (sehr gering) über getrennt (gering bis mittel) und verbunden (mittel bis hoch) zu vermengt (sehr hoch)« (S. 48). Bei starker Kohäsion dominieren zentripetale Kräfte und der Interaktionsmodus der Bindung, was es den Mitgliedern erschwert, zur → *Individuation*, → *Selbst-Objekt-Differenzierung* und → *Autonomie* zu kommen. Besteht keine Bindung und dominieren zentrifugale Kräfte, führt dies zur Ausstoßung von Familienmitgliedern und zur Loslösung.

Ein Paradox familiärer Kohäsion ist, daß der Versuch, sie um jeden Preis aufrechtzuerhalten, meist genau entgegengesetzte Wirkungen hat. Es entwickeln sich starre Interaktionsstrukturen, die nicht mehr in der Lage sind, den Anforderungen einer veränderten Innen- wie auch Außenwelt gerecht zu werden.

Ein diagnostisches Inbeziehungsetzen zwischen Anpassungsfähigkeit (d.h. Starrheit versus Flexibilität) und Merkmalen familiärer Kohäsion ist im → *Circumplex-Modell* gegeben.

In der Family Environment-Skala (FES) von Moos und Moos (1976) ist Kohäsion eine von zehn Dimensionen. Sie definieren sie als »das Ausmaß, in dem Familienmitglieder sich um die Familie kümmern, und das Ausmaß, in dem sie einander helfen und unterstützen« (S. 360).

Literatur: Beavers (1977); Beavers u. Voeller (1983); Dell (1982); Moos u. Moos (1976); Olson, Sprenkle u. Russell (1979); Olson, Russell u. Sprenkle (1983); Stierlin, Levi u. Savard (1973).

kollektives kognitives Chaos
(collective cognitive chaos)

Bezeichnung für Formen der Kommunikation, Beziehung und Realitätsorientierung, die von Lyman Wynne und Margaret Singer (1963) in Familien mit schizophrenen Mitgliedern beobachtet wurden und gekennzeichnet sind durch ein hohes Maß von → *Kommunikationsabweichungen.* Transaktionelle Abläufe in solchen Familien erscheinen hochgradig bizarr, unzusammenhängend und fragmentiert, obwohl einzelne Äußerungen, wenn sie ohne Kontext betrachtet werden, für sich ganz vernünftig klingen können.

Die kognitiven und kommunikativen Schwierigkeiten dieser Familien gehen Hand in Hand mit Schwierigkeiten, jeweils ein optimales → *Beziehungsgleichgewicht* von Nähe und Distanz zu finden (vgl. Singer u. Wynne 1966; Wynne 1965; Stierlin 1964, 1971). Es findet sich ein unberechenbarer und unsteter Stil des Sich-Beziehens und der Herstellung des »richtigen Abstands voneinander«. Was auf der Ebene des Individuums als fragmentiertes Denken erscheint, zeigt sich familienweit als Unfähigkeit bzw. fehlende Bereitschaft zur Lösung gemeinsamer Aufgaben durch Einstellung eines gemeinsamen Aufmerksamkeitsfokus. Schaffer et al. (1962) haben deshalb die Subkultur solcher Familien als »institutionalisierte Fragmentierung« bezeichnet. Dabei läßt sich der Störungsgrad der Familie nicht einfach durch die Addition gestörten individuellen Verhaltens erklären.

Wie in den analogen Konzepten der → *intersubjektiven Fusion* und der → *undifferenzierten Familien-Ich-Masse* kann auch hier eine Störung der *Selbst-Objekt-Differenzierung* als Erklärung dienen. Sie bedingt, daß zwischen Verschmelzung und extremer Distanzierung *(→ emotionale Trennung)* oft sprunghaft hin und her gependelt wird. Bei der Erforschung menschlicher Denkstrukturen und deren Entwicklung zeigte sich, daß zwischen kognitiven und kommunikativen Prozessen enge Wechselbeziehungen bestehen (vgl. Piaget 1970). Wo inkongruent kommuniziert wird, bleibt auch Erkenntnis inkonsistent und chaotisch. Die Studien der Heidelberger Gruppe legen nahe, die Funktionalität solcher den Aufmerksamkeitsfokus verschiebender und Unentscheidbarkeit herstellender Kommunikationsformen zu betonen. Sie dienen dazu, Konflikte kommunikativ »aufzuklären«. Wo nicht klar ist, wer was wirklich meint, gibt es auch keine Konflikte (→ *Kommunikation/Kommunikationstheorie,* → *Epistemologie,* → *Affektlogik).*

Literatur: Doane (1978); Piaget (1970); Schaffer, Wynne, Day, Ryckoff u. Halperin (1962); Singer u. Wynne (1966); Stierlin (1964, 1971a); Wild, Singer, Rosman, Ricci u. Lidz (1965); Wynne (1965, 1977); Wynne u. Singer (1963).

Kollusion
(collusion)

(von lat. colludere = zusammenspielen)

Ein unbewußtes und uneingestandenes Zusammenspiel von Partnern, das ihrer Konflikt- und Angstbewältigung dient. Um einen lebensgeschichtlich begründeten Konflikt zu bewältigen, delegieren sich die Partner gegenseitig jeweils eine Seite der individuell nicht zu ertragenden Ambivalenz. Das Kollusionskonzept versucht somit, die Dynamik von Paarkonflikten sowohl im Lichte der psychoanalytisch verstandenen individuellen Lebensgeschichten als auch systemtheoretisch unter dem Aspekt gegenseitiger funktioneller Ergänzung zu verstehen.

Der Begriff Kollusion taucht in der Literatur zur Paarbeziehung wiederholt auf. Ronald D. Laing weist (1969) darauf hin, daß ludere im Lateinischen sowohl spielen als auch täuschen bedeutet. Beides – gegenseitige Täuschung und Regelhaftigkeit des Spiels – erscheinen charakteristisch für die Kollusion. (Allerdings wird nicht zugegeben, daß ein Spiel gespielt wird.) H. V. Dicks entwickelte 1967 Grundzüge des Kollusionskonzepts, die Jürg Willi (1975, 1985, 1991) weiterentwickelte. Sie stellen sich heute wie folgt dar:

Bei der Partnerwahl entdecken die Partner jeweils im anderen einige unterdrückte und verlorene Anteile des eigenen Selbst. Diese lassen sich großenteils als verdrängte und abgewehrte Triebwünsche bzw. -anteile verstehen. Die Anziehungskraft des Partners beruht in hohem Maße darauf, daß er gerade diese abgewehrten Anteile lebt. Sie beruht also überwiegend auf Mechanismen der → *projektiven Identifikation.* Im Verlauf der Partnerschaft jedoch wird das, was ursprünglich die Anziehung bewirkte, erneut ambivalent erlebt und zur Ursache von Partnerkrisen. Die Partnerwahl ermöglichte einerseits eine Ergänzung des eigenen Selbst, schuf aber andererseits ein Szenarium für das Wiedererstehen konflikthaft erlebter Triebwünsche.

Belastungen dieses Zusammenspiels (innerhalb der Zweierbeziehung oder durch Veränderung des Umfeldes) fördern nunmehr eine zunehmende Polarisierung der Partner im Rahmen ihres bislang gemeinsam abgewehrten Grundkonfliktes: Die jeweils auf den Partner delegierten Wünsche und Bedürfnisse *(→ Delegation)* zeigen eine zunehmend bedrohliche Seite und müssen im Partner dementsprechend vehement bekämpft werden.

Die beiden in der Zweierbeziehung möglichen Rollen beschreibt Willi (1975) als regressiv und progressiv. Die regressive Rolle ist durch Unterfunktion und Dekompensation, die progressive durch Überfunktion und Überkompensation gekennzeichnet. Gemäß den Stadien, die nach psychoanalytischer Ansicht besondere Bedeutung für die Persönlichkeitsentwicklung und Konfliktbewältigung haben, beschreibt Willi folgende Ausprägungen der regressiven und progressiven Rolle:

Bei einer vornehmlich narzißtischen Bedürfnis- und Konfliktlage idealisiert der Träger der regressiven Rolle seinen Partner und verhält sich diesem gegenüber unterwürfig und altruistisch. Der progressive Partner lebt dagegen von solcher Idealisierung. Beide brauchen einander in gleicher Weise: Der Progressive kann sein Selbstwertgefühl nur durch die Bewunderung des Regressiven aufrechterhalten, der Regressive seines nur durch Identifikation mit dem idealisierten Partner. Auf der oralen Ebene zeigt sich die Regressivität in vorwiegend Hilflosigkeit signalisierenden Verhaltensweisen, die Progressivität in Fürsorglichkeit. Auf der analsadistischen Ebene zeigt sich der regressive Partner passiv, gefügig und abhängig, der Mitspieler dagegen aktiv, dominierend und autonom. Auf der phallischen Ebene gebärdet sich der regressive Partner passiv-feminin, der progressive männlich-imponierend.

Willi band seine Definition der Kollusion zunächst an eine jeweils »gleichartige neurotische Beziehungsbereitschaft der beiden Partner«, die dann »in Resonanzschwingung« gerät (1975, S. 190). Später modifizierte er die Perspektive des neurotischen Zusammenspiels auf eine nicht-pathologisierende Beziehungsphilosophie, wonach Partner ein ganzheitliches System bilden. »Diese Ganzheit, welche die Partner bilden, könnte man als dyadisches Selbst (oder Paar-Selbst) bezeichnen. Ich meine damit jene Anteile des persönlichen Selbst der Partner, welche in den dyadischen Prozeß eingebunden werden und sich dort zu einem übergreifenden Selbst vereinen, welches anders ist als das persönliche Selbst der Partner« (Willi 1985, S. 128). Später stellte Willi mit seinem Konzept der *→ Ko-Evolution* dann stärker eine individualistische und wachstumsorientierte Sichtweise in den Vordergrund, derzufolge die Partner mehr individuellen Freiraum im Sinne einer Ko-Individuation *(→ Individuation/bezogene Individuation/Ko-Individuation)* haben und einander persönliche Entwicklungen ermöglichen.

Man kann zwar wohl kaum in Frage stellen, daß lebensgeschichtliche

Vorerfahrungen die Partnerwahl beeinflussen; es erscheint jedoch zweifelhaft, ob es gerechtfertigt ist, den Kollusionsbegriff so eng auf spezifische neurotische Strukturen auszurichten. Kollusionen sind häufig passagere und keineswegs immer neurotische Beziehungsformen. Konflikte können sich auch ad hoc ergeben. Dabei aber erfolgt die Aufteilung in eine progressive und eine regressive Rolle nahezu zwangsläufig. Don D. Jackson (1965) verdeutlicht dies an einem Beispiel: »Man stelle sich zwei vollkommen identische Personen vor, nicht so wie identische Zwillinge, deren Verschiedenheit ihnen selbst und ihren Mitmenschen schon längst offenkundig ist, sondern ein Paar, bei dem einer die genaue Kopie des anderen ist, sozusagen die gleiche Person in zwei Körpern. Wenn solch ein Paar miteinander lebte, ist es völlig klar, daß es Unterschiede entwickeln müßte, die vorher nicht bestanden haben. Wenn sie sich zum ersten Mal einer Tür näherten, durch die nur einer allein gehen kann, müßten die Würfel fallen. Wer geht als erster? Auf welcher Basis ist diese Entscheidung zu fällen? Können die Dinge je wieder so sein, wie sie waren, nachdem die Entscheidung gefällt und die Handlung durchgeführt wurde? Wenn sie streiten, muß einer gewinnen. Wenn einer vorangeht und der andere zurückbleibt, kann man nicht mehr sagen, daß sie identisch sind, denn einer wäre aggressiv, rücksichtslos oder derjenige, der ›die Initiative ergreift‹, während der andere passiv, geduldig oder träge wäre. Kurz gesagt, ein Beziehungsproblem, das nichts mit individuellen Differenzen zu tun hat – denn bei unserem hypothetischen Paar gab es keine –, wurde durch die Entwicklung von Unterschieden gelöst, welche als Kurzfassungen der → *Definition der* gewonnenen *Beziehung* gelten könnten. Späterhin sind diese Unterschiede zur Bewältigung anderer, ähnlicher Situationen verfügbar, in denen identische simultane Handlungen weder möglich noch erwünscht sind« (S. 51 f.). Wenn in einer kooperativen Zweierbeziehung sich ein Partner immer als etwas progressiver, der andere als etwas regressiver darstellt, muß das also nicht unbedingt auf lebensgeschichtliche Vorerfahrungen verweisen. Es bedeutet allerdings, daß derjenige, der nur jeweils eine Position übernimmt, damit auch nur jeweils einer Seite seiner Ambivalenz im Hinblick auf Aktivität und Passivität gerecht wird *(→ Konfliktorganisation/Tetralemma).*

Je nachdem, ob man die aktuelle Kollusion und den damit verbundenen Konflikt als lebensgeschichtlich begründet oder als Ausdruck einer aktuell wirksamen Interaktionsregel sieht, ergeben sich unterschiedliche therapeutische Konsequenzen. Im ersteren Falle wird man versuchen, die zugrundeliegenden bzw. zugrundegelegten neurotischen Konflikte (etwa im Sinne einer analytischen Therapie) aufzuarbeiten, im anderen Falle, die Interaktionsregeln (z.B. im Sinne der → *systemischen Therapie*) zu ändern.

Der Kollusion, wie sie von Dicks und Willi verstanden wird, verwandte Phänomene sind die »negative Komplementarität« (Ackerman 1958), familiäre Projektionsprozesse (Bowen 1965), das eheliche Quid pro quo (Jackson (1965) und der Marital Skew (Lidz et al. 1957).

Literatur: Ackerman (1958); Bowen (1965); Clement (1996); Dicks (1967); Jackson (1965a); Laing (1969); Lidz, Cornelison, Terry u. Fleck (1957); Willi (1975, 1978a, b, 1984, 1985, 1991).

Kommunikation/Kommunikationstheorie (communication/communication theory)

Man kann von Kommunikation sprechen, wenn eine Person oder ein System versteht, daß ihr oder ihm eine andere Person oder ein anderes System eine → *Information* mitgeteilt hat. Kommunikation ist also eine Operation, die aus drei Schritten besteht: einer Mitteilung, einer Information und dem Verstehen. Die Kommunikationstheorie beschäftigt sich mit der Regelhaftigkeit dieser Prozesse.

Für die Familientheorie und -therapie erwies sich vor allem die von Paul Watzlawick und Mitarbeitern entworfene »pragmatische Kommunikationstheorie« als fruchtbar. Sie wurde 1967 in dem Buch »Menschliche Kommunikation« systematisch dargestellt. Darin integrieren die Autoren in der klinischen Praxis gewonnene Beobachtungen mit den Überlegungen und Untersuchungen der Gruppe um Gregory Bateson, die 1956 zur Formulierung der sogenannten → *Doppelbindungs*-Hypothese führten. Sie stellten fünf »pragmatische Axiome« auf, die ihrer Meinung nach die Grundzüge jeder funktionierenden zwischenmenschlichen Kommunikation verdeutlichen.

Das erste Axiom besagt: In einem zwischenmenschlichen Kontext kann man nicht *nicht* kommunizieren. Jedes Verhalten hat somit einen Mitteilungscharakter. Daher das Paradoxon, daß auch eine Person, die keine Mitteilung zu machen sucht, etwas mitteilt, wenn auch vielleicht nicht das, was mitgeteilt oder nicht mitgeteilt werden soll.

Das zweite Axiom besagt: »Jede Kommunikation hat einen Inhalts- und Beziehungsaspekt. Letzterer bestimmt den ersteren und stellt daher eine Metakommunikation dar.« (Watzlawick et al. 1967, S. 56; → *Metakommunikation*, → *Inhalts- und Beziehungsaspekt*).

Das dritte Axiom bezieht sich auf das Phänomen der → *Interpunktion*. Es besagt: Die Natur einer Beziehung zwischen zwei Partnern bestimmt sich durch die Art und Weise, wie beide die sich zwischen ihnen abspielenden Kommunikationsabläufe interpunktieren.

Das vierte Axiom lautet: »Menschliche Kommunikation bedient sich digitaler und analoger Modalitäten. Digitale Kommunikationen haben eine komplexe und vielseitige logische Syntax, aber eine auf dem Gebiet der Beziehungen unzulängliche Semantik, analoge Kommunikationen besitzen dagegen dieses semantische Potential, ermangeln aber einer für eindeutige Kommunikationen erforderlichen logischen Syntax.« (Watzlawick et al. 1967, S. 68; → *analoge/digitale Kommunikation*, → *Syntax*, → *Semantik*).

Das fünfte Axiom besagt: »Zwischenmenschliche Kommunikationsabläufe sind entweder symmetrisch oder komplementär, je nachdem, ob die Beziehung zwischen den Partnern auf Gleichheit oder Unterschiedlichkeit beruht.« (Watzlawick et al. 1967, S. 70; → *komplementär/symmetrisch*).

Die Bedeutung dieses theoretischen Modells der sogenannten Palo-Alto-Gruppe für die Entwicklung der → *systemischen Therapie* und Theorie kann gar nicht genügend gewürdigt werden. Sie rückte in Theorie und Praxis den Beziehungsaspekt der Kommunikation in den Vordergrund des Interesses und war Anlaß für einen Wechsel des → *Paradigmas* der Psychotherapie.

Dennoch erscheint es sinnvoll, nach nun über dreißig Jahren einige Modifikationen und Klarstellungen anzubringen. Die erste bezieht sich auf den Gebrauch des Begriffs »Kommunikation«. Er wird von Watzlawick und seinen Mitarbeitern mit wechselnder Bedeutung verwendet. Zum einen wird er weitgehend synonym zu »Mitteilung« oder »Äußerung« eines Kommunikationsteilnehmers verwendet. Das erste Axiom sagt dementsprechend, daß man nicht verhindern kann, daß dem eigenen Verhalten eine Bedeutung zugeschrieben wird. Das ist sicher richtig. Daraus ist aber nicht zu folgern, daß man nicht nicht kommunizieren kann. So zeigt sich beim Studium von Familien mit einem als schizophren etikettierten Patienten durchaus, daß es möglich ist, nicht zu kommunizieren. Wenn ansonsten bedeutungsvolles Verhalten (ein Adoleszenter beschimpft zum Beispiel seine Eltern) von den Kommunikationspartnern als Symptom bewertet wird, so ist es seiner kommunikativen Bedeutung entkleidet, es – und mit ihm der Patient – ist »exkommuniziert« (Retzer 1996, Simon 1990). Die Bedeutung seines Verhaltens ist: »Es hat keine Bedeutung!« Hier bietet es sich therapeutisch an, dem Verhalten wieder eine Bedeutung zuzuschreiben, um die Exkommunikation aufzuheben (Simon 1998a, b).

Eine weitere Ergänzung scheint aus praktisch-therapeutischen wie auch theoretischen Erwägungen nützlich. Nicht allein der Beziehungsaspekt der Kommunikation wirkt als Metakommunikation, sondern es empfiehlt sich, noch weitere Bezugsrahmen zu betrachten, die zur Interpretation tatsächlicher Interaktionen und Dialoge herangezogen werden. Vernon E. Cronen und Mitarbeiter (1979) haben ein Modell vorgestellt, in dem sie mehrere Kontexte beschreiben, welche die Interpretation menschlicher Kommunikation leiten. Was immer gesagt wird, wird entsprechend solch unterschiedlicher Interpretationsrahmen *(→ Kontext)* unterschiedlich deutbar. Dadurch können widersprüchliche Deutungen möglich werden, Kontexte können sich gegenseitig kommentieren und disqualifizieren und so zu Paradoxien führen oder sich gegenseitig bestätigen. Die Vielschichtigkeit von Kommunikation ist ein Resultat der vielfältigen Deutungsrahmen, die auf sie angewandt werden können.

Wenn mehrere Personen miteinander kommunizieren, bestimmt nie der *Inhalt der Aussage* allein die Bedeutung der Botschaft. Stets wird er durch Mimik und Gestik non- und paraverbal kommentiert, bestätigt, bekräftigt, verneint, ironisiert, ad absurdum geführt usw. Der *Sprechakt* in seiner Gesamtheit bildet den unmittelbaren Kontext der übermittelten Worte. Er ist seinerseits eingebettet in eine Sequenz von Interaktionen, er ist Element einer *Interaktions-Episode,* die den Interpretationsrahmen für den Sprechakt bildet.

Der nächste Kontext, der verbale wie nonverbale Äußerungen und den Ablauf der Interaktion kommentiert, ist die *Beziehung,* die zwischen den Kommunikationspartnern besteht. In ihrer wahrnehmbaren Gestalt können identische Sätze und Sprechakte unterschiedliche Bedeutung gewinnen, je nachdem, ob beispielsweise ein Vater sie gegenüber dem Sohn oder ein Sohn gegenüber dem Vater äußert. Das gilt natürlich auch für Handlungsabläufe, in denen die Rollen weitgehend über die Beziehungen, die zwischen ihnen bestehen, definiert sind. Sie schaffen Verhaltenserwartungen, und diese Erwartungen leiten die Deutung des Geschehens.

Solche Handlungsabläufe folgen dramaturgischen Schemata. Menschen denken in Geschichten (→ *Geschichten-Erzählen,* → *narrativer Ansatz),* und Handlungssequenzen werden in die Logik tradierter Mythen eingebunden. Menschen konstruieren ihre Vergangenheit, Gegenwart und Zukunft wie ein Drehbuch, ein → *Skript*, das aktuellen Ereignissen ihre Bedeutung verleiht. Aber nicht nur einzelne Personen legen ihrer Deutung der Welt Geschichten zugrunde, sondern auch soziale Systeme. Es sind meist mehr die von Generation zu Generation überlieferten Mythen, welche die Problemlösestrategien von Familien oder Organisationen leiten, als rationales Kalkül. Beziehungen werden daher – wie das ganze aktuelle Geschehen – im Kontext der eigenen → *Skripte* und → *Familienmythen* interpretiert.

Den letzte Kontext bilden *kulturelle Muster.* Ökonomische und kulturelle Werte, tradierte Glaubenssysteme und Sprachstrukturen liefern gewissermaßen die Blaupausen für unsere Wirklichkeitskonstruktionen (vgl. Simon 1995).

Schematisch läßt sich diese Abfolge und mögliche Verwicklung von Interpretationsrahmen folgendermaßen illustrieren:

Als Therapeut hat man nun die Möglichkeit, sich zu entscheiden, auf welche dieser Ebenen man seine Aufmerksamkeit richtet. In den Anfangstagen der Familientherapie, als man noch einem Modell der → *Kybernetik* 1. Ordnung verpflichtet war und davon ausging, aus der Außenperspektive »objektiv« feststellen zu können, welche »Fehler« bei der Kommunikation vollzogen wurden, richtete sich die Aufmerksamkeit vorwiegend auf den Sprechakt. Man versuchte, den Familien beizubringen, wie man »richtig« zu kommunizieren hat (vgl. zum Beispiel Satir 1967, 1972, 1988). Ähnlich ist auch das Interesse der psychoedukativen *(→ Expressed Emotions/Psychoedukation)* und verschiedener verhaltenstherapeutischer Ansätze. Narrative Therapien wie auch die einer → *Mehrgenerationenperspektive* verpflichteten Ansätze richten ihr Augenmerk auf die Geschichten, die in Familien erzählt werden usw.

Die Kommunikationstheorie kann, so läßt sich zusammenfassen, als Grundlage aller familientherapeutischen Ansätze betrachtet werden. Familien sind soziale Systeme, und was sie zusammenhält oder auseinanderfallen läßt, ist Kommunikation. Daher erscheint es sinnvoll, an dieser Stelle auf die logisch konsistenteste Formulierung der Kommunikationstheorie zu verweisen. Sie wurde von Niklas Luhmann (1984,1997) als Grundlage einer soziologischen Theorie der Gesellschaft entwickelt. Er betrachtet Kommunikation als die Basisoperation, aus der soziale → *Systeme* entstehen. Nicht Personen sind die Elemente solcher Systeme, sondern Kommunikationen *(→ Spiel, → Spieltheorie)*. Sie bestehen aus der »Synthese dreier Selektionen: (1) Mitteilung; (2) Information; (3) Verstehen der Differenz zwischen Information und Mitteilung.« (Baraldi et al. 1997, S. 89). Man kann daher in diesem Sinne nur von Kommunikation sprechen, wenn ein Kommunikationsteilnehmer versteht, daß der andere ihm etwas mitteilen will.

Daher ist es nicht einfach zu beobachten, ob und wann Kommunikation stattgefunden hat. Und es empfiehlt sich aus einer therapeutischen Perspektive, zwischen Kommunikation und Interaktion zu unterscheiden. Daß Interaktion stattfindet, kann ein außenstehender Beobachter, z.B. ein Therapeut, direkt daran feststellen, ob die Beteiligten sich etwas mitteilen. Was sie sich mitteilen, hängt von ihren Selektionen, von ihrer → *Zuschreibung* von Bedeutung zu den wechselseitigen Aktionen ab.

Literatur: Baraldi, Corsi u. Esposito (1998); Bateson (1964, 1968a, b); Bateson, Jackson, Haley u. Weakland (1956); Cronen, Pearce u. Harris (1979); Laing u. Phillipson (1971); Luhmann (1984, 1988, 1997); Pearce (1994); Retzer (1996a, b); Ricci u. Selvini Palazzoli (1984); Ruesch (1953); Ruesch u. Bateson (1951); Satir (1967, 1972, 1988); Schulz von Thun (1981, 1989); Shaw (1961); Simon (1995, 1998); Simon u. Rech-Simon (1998); Sluzki u. Ransom (Hrsg.) (1974); Watzlawick (1964); Watzlawick, Beavin u. Jackson (1967); Watzlawick u. Weakland (1977); Watzlawick, Weakland u. Fisch (1974); Wilden (1987); Wynne, Shields u. Sirkin (1992).

Kommunikationsabweichung (communication deviance)

Lyman Wynne und Margaret Singer (1963) führten diesen Begriff ein, um bestimmte Varianten von Kommunikationsmustern zu beschreiben, die einen Zuhörer verwirren und durcheinanderbringen, weil es ihm schwerfällt, einen gemeinsamen Aufmerksamkeitsfokus und einen Kontext verläßlicher Bedeutungen mit dem Sprecher zu teilen. Dieses Phänomen wurde zuerst bei Familien mit sogenannten Borderline-Patienten und schizophrenen Mitgliedern bei Untersuchungen mit projektiven Tests festgestellt. Solche Kommunikationsabweichungen wurden aber auch bei anderen Methoden und Personen festgestellt.

Zur Erfassung solcher Kommunikationsabweichungen wandelten Wynne und Singer Rorschach-Test und TAT ab. Sie verwendeten sie nicht als individuelle projektive Tests, sondern dazu, die Transaktionen zwischen dem Probanden und der testenden Person zu untersuchen und somit in einem relativ standardisierbaren Verfahren Aufschluß über die jeweilige Aufmerksamkeitsgestaltung, Denk-, Kommunikations- und Beziehungsweisen zu gewinnen. Die Aufgabe, relativ unstrukturierte Testbilder erklärend wahrzunehmen, hat eine gewisse Analogie zu der Aufgabe, die sich Eltern stellt, welche ihren Kindern ein verläßliches und doch angemessenes Bild der zunächst wenig strukturierten Realität zu vermitteln suchen. Somit läßt sich die individuelle (schizophrene) Denkstörung gleichsam als Ausdruck und Folge der interpersonellen familiären Kommunikationsstörung verstehen.

Mit dieser Methode gelang es Wynne und Singer in der Folge, diagnostische Merkmale der Kinder anhand der Projektionstests ihrer Eltern und Geschwister vorauszusagen. Patient und Familie ließen sich einander blind zuordnen, da die Denkstörung des Patienten das Gegenstück zu den spezifischen elterlichen Kommunikationsabweichungen bildete. Als wichtigste Faktoren bzw. Prädiktoren erwiesen sich all jene in der Familie gängigen Weisen der Aufmerksamkeits- und Bedeutungsgestaltung, von denen sich annehmen ließ, daß sie die Fähigkeit eines heranwachsenden Kindes zur flexiblen Ausrichtung seiner Aufmerksamkeit, zum zweckvollen Handeln und zum Erwerb bedeutungshaltiger Erfahrungen nachhaltig beeinflußten. Ferner zeigte sich, daß in Familien mit schizophrenen Mitgliedern unangemessene, extreme und starre Einstellungen von → *Nähe* und *Distanz* deutlich gehäuft auftraten. Außerdem bestimmten Gefühle von »Sinnlosigkeit, Leere und Zwecklosigkeit aller Dinge« das gesamte Familienklima. Die Familie als Ganzes zeigte eine Beziehungsstruktur, »die in einer verwirrenden Weise auf die Verneinung bzw. Umdeutung der ›Realität‹ angesichts der Bedrohung durch einige enorm angstbesetzte Gefühle und Ereignisse abgestimmt« war (Wynne u. Singer 1963, S. 135).

Diese Ergebnisse ließen sich in etlichen Folgestudien bestätigen. Sie bestätigten sich außerdem durch prädiktive Studien, worin aufgrund der Diagnose von Kommunikationsabweichungen in einer früheren Lebensphase die spätere Entwicklung schizophrener Störungen vorhergesagt wurde (Goldstein et al. 1978; Goldstein 1983).

Singer und Wynne (1966) entwickelten auch Manuale, um die Kommunikationsabweichungen einzuschätzen. Sie kamen zu dem Ergebnis, daß in Familien von Schizophrenen Kommunikationsprozesse ablaufen, die es schwierig machen, überhaupt einen Aufmerksamkeitsfokus zu finden. Diese Schwierigkeiten führen dann dazu, daß kein zuverlässiger Bedeutungskontext hergestellt werden kann, keine angemessene Nähe/Distanz-Regulierung gelingt und daß es schwierig ist, Sicherheit über eine familiär geteilte Beziehungsrealität zu gewinnen. Die Kategorien dieser Manuale umfassen Einschätzungen zu amorpher oder fragmentierter Kommunikation, zu Inkonsistenzen und Uneindeutigkeiten, Entwertungen, zu nihilistischen und verwirrenden Äußerungen. Die Kommunikationsabweichungs-Scores von Eltern zeigten sich eng korreliert mit denen der Kinder, und zwar sowohl bei biologischen als auch bei Adoptivkindern (Doane et al. 1978, Wynne et al. 1978).

Seit den ersten Arbeiten von Wynne und Singer wurden die Methoden zur Diagnostik der Kommunikationsabweichungen verschiedentlich abgewandelt. Außer dem Rorschach-Test fanden unter anderen der TAT (vgl. Jones 1977; Singer u. Wynne 1966), der Objekt-Sorting-Test (Wild, Singer u. Rosman 1965) sowie der Familien-Rorschach-Test (Loveland 1967; Doane 1978) Verwendung.

Empirische Untersuchungen haben inzwischen gezeigt, daß sich Kommunikationsabweichungen als Vorhersageindizien für das Risiko einer großen Spielbreite psychischer und sozialer Funktionsstörungen eignen (Doane et al. 1982). Kinder, die in verschiedenen sozialen Settings als funktionierend eingeschätzt wurden, hatten Mütter, die nur wenig Kommunikationsabweichungen zeigten; Kinder dagegen, die in unterschiedlichen Settings von Lehrern, der Peer-Gruppe sowie den Eltern als nicht funktionierend eingeschätzt wurden, hatten Mütter, die ein hohes Maß an Kommunikationsabweichungen aufwiesen.

Einen Überblick über die verschiedenen Untersuchungen, die dem Zusammenhang zwischen familiärer Interaktion und Kommunikationsabweichungen in gestörten und normalen Familien nachgehen, liefert J. A. Doane (1978).

Bewertet man einen solchen Kommunikationsstil nicht von vornherein als pathologisch, so erweist es sich, daß er immer dann funktionell ist, wenn es um die Vermeidung oder Verhinderung von Festlegung geht. Sei es, daß eine eindeutige Beziehungsdefinition droht oder die »Wahrheit« einer Sichtweise festgeschrieben werden soll, jeder Konflikt bleibt unentschieden, wenn niemand mehr weiß, wer was wem sagen will (Simon 1990, 1998; → *Konfliktorganisation/Tetralemma*).

Literatur: Doane (1978); Doane, Jones, Fisher, Ritzler, Singer u. Wynne (1982); Goldstein (1983); Goldstein, Rodnick, Jones, McPherson u. West (1978); Helmersen (1983); Jones (1977); Loveland (1967); Sass, Gunderson, Singer u. Wynne (1984); Schachtel (1954); Simon (1989, 1990, 1998); Singer u. Wynne (1966); Tienari, Wynne, Mornig, Lahti, Naarala, Sorri, Wahlberg, Saarento, Seitama, Kaleva u. Löksy (1994); Wild, Shapiro u. Goldenberg (1975); Wild, Singer, Rosman, Ricci u. Lidz (1965); Wynne (1977); Wynne, Ryckoff, Day u. Hirsch (1958); Wynne u. Singer (1963).

Kommunikationstherapie (communication therapy)

Therapieform, die sich auf kybernetische Einsichten stützt. Die theoretischen Voraussetzungen, Hypothesenbildungen sowie Interventionsstrategien der Kommunikationstherapie basieren auf Erkenntnissen der Kommunikationstheorie sowie der System- und Spieltheorie. Innerhalb der Kommunikationstherapie lassen sich die → *strategische Therapie* und die → *systemische Therapie* unterscheiden.

Als geistige Väter dieser Therapieform dürfen Gregory Bateson und Milton H. Erickson gelten. Nach längerer ethnographischer Feldarbeit, die unter anderem zur Entwicklung des Konzeptes der → *Schismogenese* führte, begann Bateson sich zunehmend für kybernetische Konzepte zu interessieren. Ihre Anwendung auf das Feld der Psychiatrie, vor allem aber die Erforschung von Kommunikationsstrukturen sogenannter schizophrener Patienten führen zur Entwicklung der → *Doppelbindungs*-Hypothese. Daran waren neben Bateson auch Jay Haley, John Weakland, W. Frey und Don D. Jackson beteiligt, der das Konzept der familiären → *Homöostase* entwickelt hatte. Die Symptomatik oder das »verrückte« Verhalten eines Patienten wurden nunmehr nicht auf persönliche Eigenschaften, sondern auf bestimmte Kommunikationsstrukturen bzw. -modi der Familie oder eines sonstigen sozialen Kontextes zurückgeführt. Dieser Ansatz erwies sich in der Folge als ungemein fruchtbar. Er wurde seit 1959 in dem von Jackson gegründeten Mental Research Institute (MRI) in Palo Alto fortgeführt. Zu den dort arbeitenden Autoren zählten bzw. zählen noch Virginia Satir, Jay Haley, J. E. Bell, Jules Riskin, Carlos Sluzki, John Weakland, Paul Watzlawick, Richard Fisch, A. Bodin. Watzlawick und Mitarbeiter lieferten 1967 in ihrem Buch »Menschliche Kommunikation« eine Zusammenschau wesentlicher theoretischer Prämissen und pragmatischer Aspekte menschlicher Kommunikation. Die Arbeit übte und übt im angloamerikanischen Sprachraum und in Westeuropa einen weitreichenden Einfluß aus. Methodisch orientierten sich viele der genannten Autoren an Therapiestrategien Ericksons. Insbesondere Haley und Weakland studierten und analysierten dessen Hypnosetechniken, paradoxe Interventionen und manipulative Vorgehensweisen (Haley 1963, 1967, 1973, 1976). Auch die zunächst in Palo Alto und inzwischen an vielen anderen Orten praktizierten kurztherapeutischen Methoden wären ohne die Vorarbeiten Batesons und Ericksons kaum denkbar. Die 1974 publizierten Überlegungen von Watzlawick und Mitarbeitern zu den Prinzipien menschlichen Wandels lassen sich als Versuch verstehen, die theoretischen Ansätze Batesons und die praktischen Prinzipien Ericksons zu integrieren. Die methodische Ausrichtung an Ericksonschen Strategien führte in der Folge in den USA zur Entwicklung der → *Hypnotherapie* und des → *neurolinguistischen Programmierens.* An dem 1967 unter Leitung von Mara Selvini Palazzoli in Mailand gegründeten Institut für Familienstudien wurden die Grundlagen für das gelegt, was heute als → *systemische Therapie* gilt. Hier kann auch auf die Weiterentwicklung dieser Ansätze durch die Heidelberger Gruppe hingewiesen werden. Während die strategische Therapie schwerpunktmäßig beim Verständnis und der möglichen Beeinflussung der jeweiligen Problemlösung ansetzt, konzentriert sich die systemische Therapie eher auf das Verständnis und die Beeinflussung der sich selbst erhaltenden familiären Regelmechanismen. Daher ist der Einfluß Ericksons auf die Mailänder Gruppe weit geringer als derjenige Batesons. Dementsprechend beschäftigte sich das Mailänder Team während der Zeit seiner Zusammenarbeit auch eher mit Fragen, die Bateson aufgeworfen hat, wie die Steuerung von Prozessen der Evolution und → *Ko-Evolution,* von → *Entropie* und *Negentropie* sowie der → *Epistemologie* von Individuen und Systemen *(→ Kybernetik, → Kommunikation/Kommunikationstheorie, → Systemtheorie, → Spieltheorie).*

Literatur: Andolfi (1979); Bateson, Jackson, Haley u. Weakland (1956); Bodin (1981); Greenberg (1977); Haley (1963, 1967a, 1973, 1976); Jackson (1968); Mandel, Mandel u. Rosenthal (1975); Selvini Palazzoli, Boscolo, Cecchin u. Prata (1975); Simon, Albert u. Klein (1981); Simon, Albert u. Koch (1982); Watzlawick, Beavin u. Jackson (1967); Watzlawick, Weakland u. Fisch (1974); Watzlawick u. Weakland (Hrsg.) (1977); Weakland, Fisch, Watzlawick u. Bodin (1974).

komplementär/symmetrisch (complementary/symmetrical)

(von lat. complementum = Ergänzung; von griech. syn = zusammen, ähnlich; metron = Maß)

Bezeichnungen für Beziehungsmuster. Bei komplementären Mustern ergänzen sich die unterschiedlichen Positionen der Partner. Symmetrische Muster beruhen auf dem Streben nach Gleichheit und nach Verminderung von Unterschieden zwischen den Partnern.

Beide Begriffe wurde von Gregory Bateson (1935) in die Interaktionsforschung eingeführt. Bei der Untersuchung der Iatmul, eines Eingeborenenstammes in Neuguinea, stellte er fest, daß soziale Differenzierungen nach zwei Mustern erfolgten: Es wurden entweder Unterschiede zwischen Individuen bzw. Gruppen oder deren Fehlen betont.

Diesen Differenzierungsprozeß beschrieb er als → *Schismogenese.* Als Ergebnis dieser Differenzierung lassen sich menschliche Beziehungen generell als komplementär oder als symmetrisch identifizieren. So ist zum Beispiel die Arzt/Patient-Beziehung eine komplementäre Beziehung, weil sie auf Unterschieden basiert, welche einander ergänzen. Die Wettkampfbeziehung zweier Sportler dagegen ist eine symmetrische Beziehung. Mit dem Konzept der Komplementarität verbinden sich die Begriffe → *dominant* und *inferior,* da sie die Positionsmerkmale innerhalb einer komplementären Beziehung benennen. Haley (1963) unterschied zwei Positionen des komplementären Verhaltens, nämlich die »one-up«-Position (dessen, der die Kontrolle oder Verantwortung hat) und die »one-down«-Position (dessen, der sich fügt oder der sich umsorgen läßt).

Das besondere Interesse der Familien- und Systemtherapie finden solche symmetrischen Beziehungen, in denen die Partner sich nicht einigen können, auf gleicher Stufe zu stehen. Wenn beide Interaktionspartner danach streben, die → *dominante* Position zu erlangen, oder vermeiden wollen, in die inferiore Position zu geraten, kommt es zur »symmetrischen Eskalation«. Ein Kampf entsteht, in dem jeder versucht, »etwas gleicher als der andere« zu werden oder nachzuziehen, wenn der andere es geschafft haben sollte. Dabei interpunktieren die Konfliktpartner häufig die Verhaltenssequenzen gegenläufig, wobei jeder davon ausgeht, selbst in der reaktiven Position zu sein (»der andere hat angefangen«; → *Interpunktion*). Das wechselseitige Gefühl, sich nur in der überlegenen Rolle sicher fühlen oder die unterlegene nicht ertragen zu können, charakterisiert nicht nur den Rüstungswettlauf zwischen Nationen, sondern auch eheliche → *Macht*kämpfe. Ein fortgeschrittenes Stadium der symmetrischen Eskalation stellt sich als → *maligner Clinch* dar. Die Folge ist ein familiäres Beziehungsmuster, wie es als → *marital skew* beschrieben ist. Der Begriff symmetrische Eskalation hat sich trotz einer gewissen logischen Unklarheit durchgesetzt, die darin liegt, daß weder im Prozeß der Eskalation noch im faktischen oder beabsichtigten Ergebnis Symmetrie im Sinne von Gleichheit, sondern gerade Asymmetrie herrscht. Bei der symmetrischen Eskalation intendieren die Akteure meist eine komplementäre Beziehung.

In einer stabilen symmetrischen Beziehung hingegen sind die Partner in der Lage, einander in positiver → *Gegenseitigkeit* Vertrauen und Respekt entgegenzubringen und die jeweiligen Ich- und Du-Definitionen zu bestätigen.

Bateson (1935, 1972) benutzte den Begriff »reziprok« und Jackson den Begriff »parallel«, um Wechsel zwischen komplementären und symmetrischen Mustern zu bezeichnen, die ausgeglichen sind und nicht notwendigerweise zur Schismogenese führen. Jackson beschrieb die Komplementarität zwischen Ehepartnern mit dem Begriff der »quid pro quo«-Regel, die man auch als milde Form der → *Kollusion* sehen kann.

Literatur: Bateson (1935); Bowen (1960a, b); Jackson (1959); Lidz, Cornelison, Fleck u. Terry (1957a); Simon u. Weber (1987a); Sluzki u. Beavin (1965); Watzlawick (1975); Watzlawick, Beavin u. Jackson (1967).

Komplexität
(complexity)

Komplexität bezeichnet nach Niklas Luhmann (1976) den Sachverhalt, daß nicht alle Elemente eines Systems zugleich miteinander verbunden werden können. Komplexität beschreibt damit eine selektive Verknüpfung von Elementen.

Weaver (1978) unterscheidet drei Typen von Komplexität: einfache Zusammenhänge, unorganisierte Komplexität und organisierte Komplexität. Bei unorganisierter Komplexität weisen zahlreiche Variablen, deren Verhalten im einzelnen unbekannt und unberechenbar sein kann, im Ganzen regelhafte Eigenschaften auf. Bei unorganisierter Komplexität kann im Prinzip jedes Element mit jedem anderen verknüpft sein; es besteht keine → *Kontingenz*, nichts ist ausgeschlossen. Beispiele dafür sind die von der Chaosforschung *(→ Chaostheorie)* untersuchten Prozesse wie das Wetter oder die Bewegung von Gasen. Bei der organisierten Komplexität wird die Anzahl möglicher Verbindungen zwischen Elementen reduziert und dadurch Ordnung geschaffen, daß die Elemente systematisch im Sinne von Mustern verbunden sind. Luhmann versteht Komplexität ausschließlich im Sinne von organisierter Komplexität.

Systeme organisieren ihre Komplexität, indem sie durch ein Sinngefüge die Grenze zu einer erheblich komplexeren Umwelt ziehen. Die Differenz wird von Luhmann als »Komplexitätsgefälle« bezeichnet. Das Komplexitätsgefälle wird durch die Selektionsleistung des Systems aufrechterhalten, die nur diejenigen Elemente der Umwelt »beachtet«, auf die es reagieren kann.

Komplexität ist von Kompliziertheit zu unterscheiden. Der letztere Begriff wird häufig alltagssprachlich synonym mit konflikthaft, undurchsichtig oder verworren gebraucht. Ein komplizierter Sachverhalt (z.B. ein Entscheidungskonflikt) braucht aber nicht notwendigerweise komplex zu sein. Umgekehrt müssen komplexe Verhältnisse nicht kompliziert sein.

Therapeutisch relevant ist der Komplexitätsbegriff insofern, als man auch Therapie als einen Prozeß verstehen kann, in welchem alternative Selektionen von Umweltkomplexität erprobt werden. Indem durch therapeutische Interventionen (positive Konnotationen, Splitting, paradoxe Interventionen etc.) die Entwicklung von Selektionsalternativen angestoßen wird, die für das Klientensystem erträglicher, mit weniger Leidensdruck verbunden, viabler sind. Mit einer anderen Komplexitätsreduktion wird auch ein anderer → *Sinn* kreiert, der andere Handlungsoptionen *(→ Kontingenz)* eröffnen kann. Die Komplexitätsreduktions-Alternativen in der systemischen Therapie unterscheiden sich von den Deutungen/Interpretationen anderer Therapieschulen dadurch, daß ihnen kein anderer (höherer) Wahrheitsgehalt zugeschrieben wird, sondern (im besten Fall) eine nützlichere Wirklichkeitskonstruktion.

Literatur: Kauffmann (1995); Luhmann (1976); Weaver (1978); Willke (1982).

Konfliktorganisation/Tetralemma (organization of conflicts/tetralemma)

Innerhalb von Kommunikations- und Interaktionssystemen gibt es unterschiedliche Möglichkeiten für die Akteure, sich innerhalb eines logischen Konfliktes zu positionieren. Sie können zu unterschiedlichen Kommunikations- und Interaktionsmustern führen und mit unterschiedlichen Symptombildungen verknüpft sein. Sind mehrere handelnde Individuen mit einem logischen Dilemma konfrontiert, in dem es für jeden dem »Satz vom ausgeschlossenen Widerspruch« folgend nur die Wahl zwischen der einen (Pro) Seite oder der anderen (Contra) Seite des Konfliktes zu geben scheint, so können sie gemeinsam beide Seiten solch eines Konfliktes realisieren, wenn der eine die Pro-Position, der andere die Contra-Position einnimmt. Anders, als es die Entweder-oder-Schemata der zweiwertigen westlichen Logik suggerieren, gibt es insgesamt vier Möglichkeiten, innerhalb eines solchen Konfliktes Position zu beziehen. Das vermeintliche Dilemma erscheint als »Tetralemma«. Aus den unterschiedlichen Kombinationen dieser vier Möglichkeiten in der familiären Kommunikation ergeben sich vielfältige Möglichkeiten, Konflikte innerhalb eines Systems zu organisieren. Sie können als Basis einer alternativen Familientypologie dienen (Simon 1988/93, 1990, 1995, 1998).

In der Familienforschung ist das Augenmerk schon früh auf den Umgang mit Konflikten gefallen. Grund dafür dürfte zum einen gewesen sein, daß viele Forscher und Therapeuten einen psychoanalytischen Hintergrund hatten, in dem der Bewältigung von Konflikten eine besondere Bedeutung beigemessen wurde; zum anderen wird jeder, der mit ganzen Familien arbeitet, unausweichlich mit Konflikten zwischen den Familienmitgliedern konfrontiert. Es ist daher nicht verwunderlich, daß sich viele theoretische Konzepte damit beschäftigten, wie Familien mit Konflikten umgehen. Sie dienten zur Entwicklung unterschiedlicher → *Familientypologien (→ zentripetale/zentrifugale Kräfte, → Loslösung und → Verstrickung, → intersubjektive Fusion* versus *→ Grenzen).*

Auch wenn solche Typologien die Aufmerksamkeit des Beobachters auf unterschiedliche inhaltliche Aspekte der familiären Interaktion und Kommunikation richten, so haben sie eine formale Gemeinsamkeit: Sie legen ein bipolares Beobachtungsschema zugrunde.

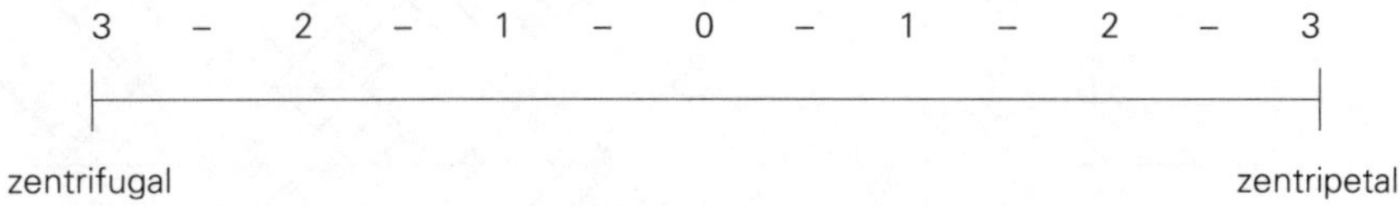

Die implizite Vorannahme solch eines bipolaren Schemas ist, daß zum Beispiel bei der Unterscheidung zwischen zentrifugalen und zentripetalen Tendenzen in einer Familie die zentrifugalen Tendenzen in dem Maße abnehmen, in dem die zentripetalen zunehmen (und umgekehrt). Jede Zuschreibung des einen Beobachtungsmerkmals ist zwangsläufig mit dem Absprechen des antagonistischen Beobachtungsmerkmals verbunden. Diese Prämisse ist aber, was die Charakterisierung dynamischer Systeme betrifft, offensichtlich falsch, weil das als »zentrifugal« erlebte Verhalten des einen Familienmitglieds nur zu oft durch das gegensteuernde »zentripetale« Verhalten eines anderen balanciert wird *(→ Regelkreis/Rückkoppelung).*

Jede Beschreibung, die sich an den Gesetzmäßigkeiten der zweiwertigen Logik orientiert, nach der einem Gegenstand eine Eigenschaft entweder zugeschrieben werden kann oder nicht zugeschrieben werden kann, muß bei lebenden Systemen verfehlt sein, da deren Funktionsweise nicht dieser Logik folgt. Die Widersprüche, die in der Logik ausgeschlossen sind, sind Organisationsprinzipien lebender Systeme (»systemischer Antagonismus«, Morin 1977).

Es bedarf also eines Beobachtungsschemas, das kontradiktorische Zuschreibungen zuläßt. Wenn in nachfolgendem Schema (Abb. 2) »Pro« für Aktionen einzelner Familienmitglieder steht, deren Wirkung vom Beobachter beispielsweise als zentripetal bewertet wird, und »Contra« für damit im Konflikt stehende zentrifugale Aktionen, so ergibt sich statt einer bipolaren Achse ein Vierfelder-Schema (»Tetralemma«). Die Funktion des Verhaltens eines jeden Familienmitglieds kann nunmehr vom außenstehenden Beobachter einer der folgenden vier Positionen zugeordnet werden: als (1) *entweder Pro* (z.B. zentripetal), (2) *oder Contra* (z.B. zentrifugal), (3) *sowohl Pro als auch Contra* (sowohl zentripetal als auch zentrifugal), (4) *weder Pro noch Contra* (weder zentripetal noch zentrifugal).

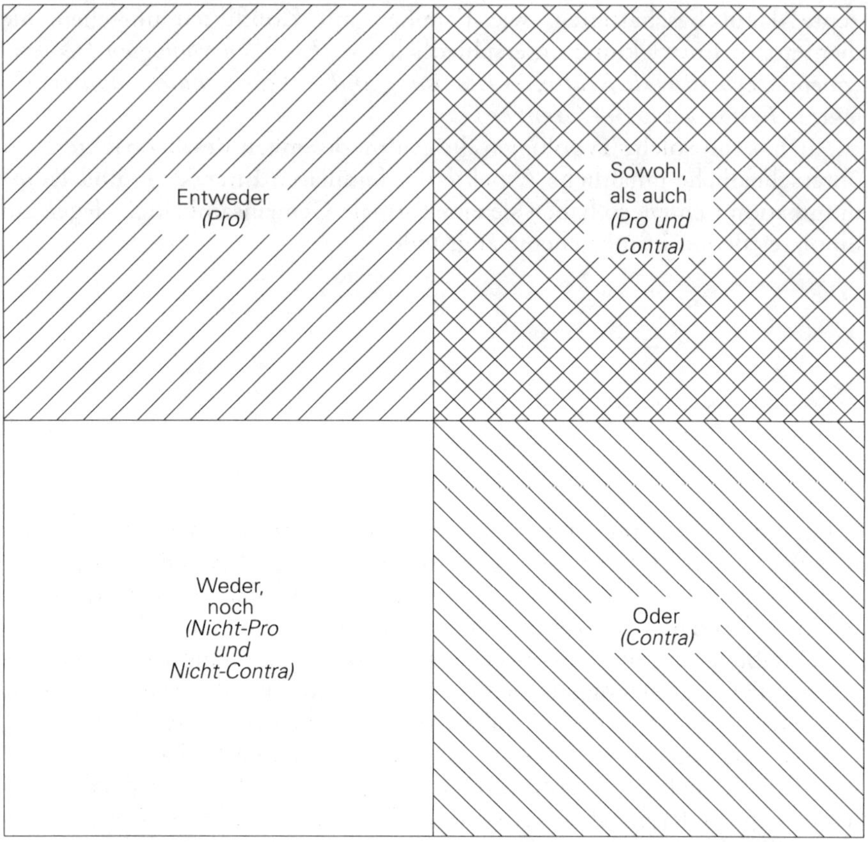

Tetralemma

Die Anwendung eines solchen Beobachtungsschemas in der klinischen Praxis ermöglicht es, Ambivalenzen und Konflikte innerhalb von Familien und anderen sozialen Systemen zu beschreiben und die aufeinander bezogenen Elemente von Interaktionsmustern (einzelne Verhaltensweisen bzw. die Verhaltensweisen einzelner) in ihrer Wirkung im Kontext der Interaktion zu beschreiben.

Unter Anwendung solch eines Beobachtungsschemas kann man zwischen den Kommunikationsmustern in Familien mit psychosomatisch erkrankten, manisch-depressiven und schizophrenen Mitgliedern unterscheiden und allgemein ein familiendiagnostisches Schema erstellen (Simon u. Retzer 1998). Die Orientierung an diesen Mustern kann dem Therapeuten helfen, seine → *Neutralität* zu bewahren und therapeutische Strategien zu entwickeln (Retzer 1996, Simon 1995).

Wendet man das dargestellte Vier-Felder-Schema zur Beschreibung psychodynamischer Prozesse an, so zeigt sich, daß sich alle sogenannten »Abwehrmechanismen« entsprechend der Logik des Tetralemmas erfassen und erklären lassen (Simon 1994).

Der hier verwendete Begriff Tetralemma stammt aus der buddhistischen Logik, die sich der Begrenzungen sprachlicher Strukturen mit ihrer zweiwertigen Logik sehr bewußt ist. Das Tetralemma (»catuskoti«) wird auch als »Vier-Ecken-Negation« bezichnet. Es sieht vier Alternativen vor: »(1) x existiert, (2) x existiert nicht, (3) x besitzt weder Sein noch Nichtsein, (4) x besitzt sowohl Sein als auch Nichtsein« (Conze 1962/83, S. 314). Der berühmte »Mittlere Weg«, der als buddhistisches Ideal verstanden werden kann, ist die Vermeidung der beiden extremen Positionen von »Sein« und »Nichtsein«, die Neutralität zwischen den beiden Seiten eines logischen Konfliktes.

Literatur: Conze (1962/83); Morin (1977); Simon (1988/1993, 1990, 1994, 1995, 1998); Simon u. Retzer (1998); Varga von Kibed u. Sparrer (1999).

Konfliktumleitung
(detouring of conflicts)

Möglichkeit, Konflikte in einer Zweierbeziehung zu vermeiden, indem ein Dritter (meist ein Kind) als Problemlieferant rekrutiert wird.

Salvador Minuchin (vgl. Minuchin et al. 1978) beschreibt die Konfliktumleitung als Element der von ihm so bezeichneten → *starren Triaden*bildung; in der Regel wird in dieser Konstellation das Kind als »krank« oder »böse« definiert. In beiden Fällen entsteht den Eltern ein gemeinsames Problem, das sie näher zusammenrücken und den eigenen Konflikt in den Hintergrund treten läßt. Dadurch kann die Beziehung der Eltern vordergründig stabilisiert werden: Im ersten Fall geht das Kind in die Position des Sorgenkinds, das die Eltern durch eine Haltung der Fürsorge eint, im zweiten Fall wird das Kind zum → *Sündenbock* gemacht, der die Angriffe auf sich zieht, die die Eltern sonst gegeneinander austragen würden *(→ Zuschreibung, → Triangulation, → Delegation).*

Literatur: Hoffman (1981); Minuchin, Rosman u. Baker (1978).

Konsensus-Sensitivität/Distanz-Sensitivität/ Milieu-Sensitivität
(consensus sensitivity/distance sensitivity/ environment sensitivity)

(von lat. consensus = Übereinstimmung)

Verschiedene Formen familiären Problemlöseverhaltens, die von David Reiss unter experimentellen Bedingungen beobachtet wurden. Werden

Übereinstimmung und Konfliktvermeidung höher bewertet als eine sachlich optimale Problemlösung, spricht Reiss von »Konsensus-Sensitivität« Mitglieder derartiger Familien grenzen sich nur wenig voneinander ab, während sie sich im Familienverband gegenüber der Außenwelt abkapseln. Sucht dagegen jedes Mitglied seine Unabhängigkeit auf Kosten innerfamiliärer Kooperation zu wahren, spricht Reiss von »Distanz-Sensitivität« (1967–1971). Besteht schließlich die Fähigkeit sowohl zur familienweiten Kooperation als auch zur Informationsaufnahme aus der Außenwelt, spricht er von »Milieu-Sensitivität«. Sie erweist sich als Merkmal → *»gesunder«/funktionaler Familien.*

Reiss untersuchte drei Gruppen von Familien: Familien mit einem schizophrenen, solche mit einem delinquenten Mitglied und schließlich relativ problemfreie Familien. All diesen Familien wurde eine Aufgabe gestellt, zu deren optimaler Lösung die Kommunikation zwischen den einzelnen Familienmitgliedern, die Kommunikation mit der Umwelt sowie die Fähigkeit, eine gemeinschaftliche Entscheidung zu treffen, nötig war. Beim Versuch, ihre Aufgabe zu erfüllen, zeigten die Familien sehr unterschiedliche Strategien. Familien mit einem schizophrenen Mitglied waren übermäßig bestrebt, einen Konsens zu erzielen. Deswegen verzichteten sie auf eine optimale Problemlösung. Dazu wäre vor allem eine stärkere Kommunikation mit der familiären Umwelt nötig gewesen, die in diesen Familien fehlte. Innerhalb der Familie zeigte sich dagegen eine Grenzenverwischung, die eine → *Verstrickung* bzw. eine → *Pseudo-Gegenseitigkeit* nahelegte.

In Familien mit einem delinquenten Mitglied war die optimale Problemlösung ebenfalls in Frage gestellt. Die innerfamiliäre Kommunikation war hier beeinträchtigt, weil jedes Mitglied übermäßig auf Einhaltung einer seine individuelle Unabhängigkeit nicht beeinträchtigenden Distanz achtete. Arbeiteten die einzelnen Mitglieder jeweils für sich selbst, so gelangen ihnen erheblich bessere Problemlösungen, als wenn sie im Familienverband zu kooperieren versuchten. Derartige distanz-sensitive Familien weisen Ähnlichkeiten mit dem auf, was auch als → *Loslösung* beschrieben wurde.

Eine dritte Gruppe relativ problemfreier Familien zeigte sich fähig, sowohl zu kooperieren als auch Informationen aus der Außenwelt aufzunehmen. Diesen Familien gelang es, individuell wie gemeinschaftlich Hypothesen über die optimale Lösung der Aufgabe zu erstellen und eine Entscheidung erst dann zu treffen, wenn dies unter Einbeziehung aller verfügbaren Informationen optimal gegeben erschien. Solche Familien zeigten somit ein gutes Gleichgewicht von innerfamiliärer Abgrenzung und Nähe sowie von Abgrenzung und Offenheit gegenüber der Umwelt.

Reiss (1981) hat in seinen späteren Arbeiten den vereinfachenden typologischen Ansatz verlassen und entwickelte drei Dimensionen, die für das Funktionieren jeder Familie mehr oder weniger bedeutsam sind: (1) Konfiguration meint die Kompetenz und den Beitrag jedes Familienmitglieds zu

Arbeiten oder Problemlösungen, deren Ergebnis über das hinausgeht, was einzelne Mitglieder erreichen könnten, (2) Koordination bezieht sich auf die Bereitschaft, überhaupt zu ähnlichen Problemlösungen zu kommen. Mit (3) Offenheit/Geschlossenheit (closure) ist die Bereitschaft der Familie gemeint, neue Informationen anzunehmen bzw. sich diesen zu verschließen.

Reiss hat diese Dimensionen, die er vor allem in Laborexperimenten entwickelt hat, auch in verschiedenen realen Situationen überprüft (Reiss et al. 1980).

Literatur: Costell, Reiss, Berkman u. Jones (1981); Reiss (1967 a, b, 1971 a, b, c, 1981); Reiss u. Epstein (1971).

Konstruktivismus/sozialer Konstruktionismus (constructivism/social constructionism)

Der sogenannte »radikale Konstruktivismus« ist eine epistemologische Schule, die die Beziehung zwischen Wissen und Realität unter evolutionärer Perspektive betrachtet. Sie geht davon aus, daß ein Organismus nicht in der Lage ist, Wirklichkeit abzubilden oder zu repräsentieren, sondern lediglich in der Lage ist, ein passendes, viables *(→ Viabilität)* Modell der Welt zu konstruieren. Dieses Modell entwickelt sich durch die Interaktionen des Organismus mit seiner Umgebung und folgt evolutionären Selektionsprinzipien. Der sogenannte »soziale Konstruktionismus« ist dagegen eine soziologische Schule, die die Beziehung zwischen der sozialen Anwendung der Sprache (Diskurs) und der Konstruktion sozialer Realitäten untersucht. Das Ziel dieses Ansatzes ist es, die traditionelle Subjekt-Objekt-Spaltung und den Dualismus zwischen Rationalismus und Empirismus in den Sozialwissenschaften zu überwinden.

Traditionelle Epistemologien sehen ebenso wie Psychologie und Soziologie Kognition, Wissen und Wissenschaft als Repräsentationen einer Realität, die unabhängig vom Beobachter existiert. Im Gegensatz dazu geht der radikale Konstruktivismus davon aus, daß jede Aussage über die Welt in erster Linie eine Aussage über den Beobachter ist. Dies ergibt sich aus dem rekursiven und operational geschlossenen Charakter von Wissen *(→ Zirkularität, → operationale Geschlossenheit).* Deshalb gilt es zu fragen, wie und an welchem Punkt Wissen auf Realität bezogen werden kann, wobei zu beachten ist, daß das Wissen selbst ein Element der zu untersuchenden Realität ist. Diese Frage führt unweigerlich zu Paradoxien. Deshalb zielt der radikale Konstruktivismus nicht darauf, Realität zu erfassen, sondern sucht zu verstehen, wie Modelle konstruiert werden, die unterschiedlichen pragmatischen Zwecken dienen. Da alle Lebewesen sich in bezug auf ihre pragmatischen (und Überlebens-)Ziele unterscheiden, bestehen nahezu unbegrenzte Möglichkeiten, Realitäten zu konstruieren.

Eines der Axiome des Konstruktivismus besagt, daß Organismen und kognitive Strukturen sich auf ähnliche Weise entwickeln, nämlich durch Trial-and-error-Prozesse. Ein Organismus, der mit seiner Umwelt interagiert, muß eine Vielzahl von Perturbationen bewältigen *(→ Autopoiese).* Er macht Erfahrungen, d.h., er muß die Strukturen seiner Realitätskonstruktion ändern, um zu überleben oder zumindest die Perturbationen auszugleichen *(→ Paradigma/innere Landkarte/Modell).* Wenn diese Konstruktionen durch Erfahrung falsifiziert werden, müssen sie modifiziert werden. Wenn sie durch Erfahrung bestätigt scheinen, heißt dies aber nicht, daß die Realität objektiv beschrieben oder abgebildet ist, sondern nur, daß sie zur Realität »paßt« in dem Sinne, daß es möglich ist, mit diesem Modell zu handeln. Ernst von Glasersfeld (1984) illustrierte das mit der folgenden Metapher: Ein Schlüssel »paßt«, wenn er das Schloß öffnet. Das »Passen« beschreibt die Fähigkeit des Schlüssels, nicht das Schloß. Einbrecher wissen nur zu gut, daß es viele Schlüssel gibt, die sich von dem des Besitzers unterscheiden, mit denen sich aber sehr gut das Schloß öffnen läßt.

Diese Perspektive befaßt sich nicht mehr mit der Subjekt-Objekt-Spaltung traditioneller Epistemologien. Vielmehr sieht sie Kognition als einen Aspekt der Interaktion *(→ Lernen).* Kognitive Systeme organisieren sich so, daß es ihnen möglich ist, ein Interaktionsfeld zu definieren, in dem sie erfolgreich überleben können. Entsprechend lassen sich lebende Systeme als kognitive Systeme sehen. Verglichen mit kognitiven Strukturen im engeren Sinn zeigen sie nur weniger Flexibilität und sind nur zu langsameren Veränderungen imstande. Dementsprechend beginnen kognitive Prozesse nicht bei einem Nullpunkt, sondern folgen der biologisch verankerten Basis der Hypothesenbildung. Alle Hypothesen sind handlungsleitend und ihrerseits durch Handlung bestätigt. Sie konstituieren einen Orientierungsrahmen, durch den subjektive Bedeutungen geordnet werden und eine berechenbare Welt gestaltet werden kann. Foersters Postulat der epistemischen Homöostase (1970, 1974, 1984, 1998) impliziert, daß das zentrale Nervensystem als ganzes so organisiert ist, daß es eine stabile Realität errechnen kann. Er schlägt vor, den Begriff »Wissen« durch den Begriff »Realität er-rechnen« zu ersetzen, was alle symbolischen Operationen (numerische, syntaktische, semantische etc.) umfassen würde. Diese subjektiv konstruierte (errechnete) Welt dient der Komplexitätsreduktion der Welt. Ordnung ist aus Unordnung, Form aus Formlosigkeit geschaffen *(→ Entropie).*

Frühe philosophische Positionen, die bereits Überlegungen des modernen Konstruktivismus vorwegnehmen, wurden von Giambattista Vico (1710) und Immanuel Kant (1781) vertreten. Kant führte in seiner »Kritik der reinen Vernunft« aus, daß wir die geistigen Operationen erschließen können, mit denen wir unsere Erfahrungswelt konstruieren. Auch Jean Piaget formulierte in seiner genetischen Epistemologie konstruktivistische Gedanken mit der Unterscheidung zwischen → *Akkommodation* und *Assimilation* (Piaget 1970, 1975). Der Organismus ist in der Lage, Regeln des operativen Denkens durch die Interaktion mit der Umwelt weit früher zu entwickeln, als sie durch abstrakte Denkprozesse bestätigt oder widerlegt werden können.

Der »soziale Konstruktionismus« (Gergen 1985, 1990, 1994; Gergen u. Kaye 1992) erforscht, wie die Konzepte, Kategorien und Begriffe, mit denen wir Realität beschreiben, ein Produkt des sozialen Diskurses sind. Die grundlegende philosophische Prämisse, die aus der Tradition von Wittgensteins Sprachphilosophie stammt, lautet, daß der Gebrauch der Sprache ihre Bedeutung bestimmt. So untersuchen soziale Konstruktionisten z.B. Begriffe wie »Emotion«, »Liebe« oder »geistige Gesundheit« als soziale Konstruktionen. Ihre Hauptmethoden sind Diskursanalyse und Textanalyse, wobei sie besonderes Augenmerk auf die Geschlechterperspektive legen.

Für die Familientherapie ist eine Perspektive, die sozial determinierte Mechanismen und Inhalte für die Konstruktion individueller und kollektiver Realitäten untersucht, von großer Bedeutung. Dies gilt für das Bild, das sich ein Therapeut von einer Familie macht genauso wie für die Wirklichkeiten, die sich einzelne Familienmitglieder konstruieren. Die funktionalen und dysfunktionalen Interaktionsmuster von Familien sind eng verbunden mit den spezifischen Wirklichkeitskonstruktionen und können daher auch durch spezifische Interventionen verändert werden, die auf die Dekonstruktion und Rekonstruktion solcher Realitäten zielen.

Literatur: Bannister u. Fransella (1977); v. Foerster (1970a, b, 1974a, b, 1984, 1988); v. Foerster u. Pörksen (1998); v. Glasersfeld (1981, 1996, 1997); Gergen (1985, 1990, 1994); Gergen u. Kaye (1992); Hoffman (1990); Kelly (1955); Maturana (1998); Piaget (1970, 1975).

Kontext
(context)

(von lat. contextus = Verknüpfung)

Der Bezugsrahmen bzw. Zusammenhang, worin Verhaltensweisen und verbale wie averbale Mitteilungen ihre Bedeutung erlangen.

So wie sich der Satz eines Textes nur im Zusammenhang des Gesamttextes verstehen läßt, ist zum Verständnis individuellen Verhaltens die Kenntnis des Umfelds, in das es eingebettet ist, notwendig. Für unterschiedliche zwischenmenschliche Kontexte gelten unterschiedliche Verhaltensregeln: für den Kontext der Eltern-Kind-Beziehung etwa andere Regeln als für den der Arzt-Patient-Beziehung, der Geschwister-Beziehung, der Beziehung zwischen Zufallsbekanntschaften oder ähnlichem. Jede einigermaßen reibungslos verlaufende Interaktion bedarf also einer Einigung darüber, welcher

Kontext zu gelten hat *(→ Kontextmarkierung, → Kommunikation/Kommunikationstheorie).* Ohne Möglichkeiten, sich über den jeweils gültigen Kontext zu einigen, würden sich menschliche Interaktionen höchst kompliziert gestalten: Keiner wüßte, nach welchen Regeln er sich zu richten habe. Eine Situation zum Beispiel, in der einer der Beteiligten »Spaß« macht, während der andere es »ernst« meint, führt zwangsläufig zur Verwirrung.

Die Entwicklung der Familientherapie gründet letztlich auf einer Erweiterung des maßgeblichen therapeutischen Kontextes: Die Symptome eines einzelnen gewannen nicht mehr nur im Kontext von organischen Veränderungen, sondern in dem der Familie Bedeutung; an die Stelle eines individuum-zentrierten Ansatzes trat ein Systemansatz. Allerdings hat sich jede Therapie – nicht nur die Familientherapie – über den jeweils relevanten Kontext klarzuwerden: In einer Klinik oder sonstigen Institution ist dieser anders als im privaten Bereich, d.h., es bestehen andere Rollendefinitionen, Erwartungen an Patienten und Therapeuten und damit andere Verhaltensregeln für alle Beteiligten. Die Erfassung des relevanten Kontextes ist somit aus diagnostischer Sicht gleichbedeutend mit der Erfassung des relevanten *→ Systems.*

Da sich Verhaltensweisen und Interaktionen jeweils unterschiedlichen *→ Interpunktionen* unterwerfen lassen, ist davon auszugehen, daß jedes Individuum seinen eigenen Bezugsrahmen hat, dem entsprechend es seine Wahrnehmungen strukturiert. Mit andern Worten: Es stellt seine Wahrnehmungen stets in einen speziellen, *sein* Weltbild bestimmenden Kontext. Da jeder sein Verhalten an solchem Rahmen orientiert und dieser Rahmen sich wiederum in einen familiären Rahmen einbettet, bedeutet in einer symptomproduzierenden Familie Therapie immer auch eine Veränderung des individuellen bzw. subjektiven wie auch des kollektiven Kontextes *(→ Epistemologie, → Abstraktion, → Paradigma/innere Landkarte/Modell, → Umdeutung, → Ökosystem/Ökologie, → Netzwerke).*

Für die Therapie sind vor allem die institutionellen Bedingungen, ihre Regeln und Interaktionsmuster von besonderer Bedeutung. Sie stellen ein wesentliches Bezugsfeld dar, in dem individuelle Symptomatologie interpretiert werden muß. So ist es nicht zufällig, welche Institution von einem einzelnen oder einer Familie zur Lösung eines Problems herangezogen wird. Soziale Rollendefinitionen bestimmen die Erwartungen an die Institution bzw. ihre Repräsentanten. Wenn ein Hausarzt von der Familie konsultiert wird, so hat dies eine andere Bedeutung, als wenn ein Psychiater zu Rate gezogen wird; die Erwartungen an die Polizei sind andere als die an einen Pfarrer, an eine Klinik andere als an eine Beratungsstelle.

Die Klärung der Frage, wie ein Patient oder eine Familie den Weg zum Therapeuten gefunden hat (wie, von wem und warum sie überwiesen worden sind), sagt insofern sehr viel darüber aus, welche Rolle dem Therapeuten zugedacht ist. Diese Kontextbedingungen geben immer ein bestimmtes Beziehungsangebot vor. Jeder Therapeut muß daher in seine Überlegungen einbeziehen, daß die Beziehung zu seinem Klienten nie bei Null beginnt, sondern durch derartige soziale Definitionen vorherbestimmt ist.

Die Definition von Kontext, wie sie hier ausgeführt wird, hat nur wenig mit der → *kontextuellen Therapie* von Ivan Boszormenyi-Nagy gemeinsam. Dort bezieht sich »kontextuell« vor allem auf den durch mehrere Generationen ausgesteckten Beziehungs- und Therapiekontext.

Literatur: Bateson (1972); Boszormenyi-Nagy u. Spark (1973); Guntern (1979, 1980a, b); Mosher, Wild, Valcov u. Feinstein (1972); Scheflen (1980); Selvini Palazzoli (1980); Selvini Palazzoli, Boscolo, Cecchin u. Prata (1980b); Simon (1980a, 1982a); Simon, Albert u. Klein (1981).

Kontextmarkierung
(context marking)

Kommunikation über den in einer Interaktion gültigen Bezugsrahmen des Verhaltens *(→ Kontext).* Es handelt sich um eine Form der → *Metakommunikation.* Sie gibt Auskunft darüber, wie bestimmte Verhaltensweisen der beteiligten Interaktionspartner zu verstehen sind.

In zwischenmenschlichen → *Kommunikationen* werden zahllose Signale ausgetauscht, die zumeist ohne ins Bewußtsein zu treten bestimmen, nach welchen → *Regeln* sich Partner zueinander verhalten. Ein Patient, der einen Arzt aufsucht, verhält sich gewöhnlich so, wie dies von einem Patienten erwartet wird, und sein Arzt so, wie dies seiner ärztlichen Rolle entspricht. Der Kontext markiert sich für beide durch Signale, die eine Akzeptierung der für eine Institution, ärztliche Praxis, Klinik oder ähnliches üblicherweise geltenden Regeln bekunden. Aber auch in weniger institutionalisierten Beziehungsformen spielen Kontextmarkierungen eine zentrale Rolle. Sagt zum Beispiel ein Mann zu seiner Frau, sie solle gefälligst leise sprechen, und folgt sie dieser Aufforderung, so markiert er den Kontext ihrer Beziehung in einer Weise, die alle weiteren Verhaltensweisen der beiden beeinflußt. Diese Kontextmarkierung besagt nunmehr, daß beide zueinander in einer → *komplementären* Beziehung stehen, worin er bestimmt, wie laut sie zu sprechen habe.

Ohne ständige Kontextmarkierungen könnte wahrscheinlich kein soziales System funktionieren: Es würde zu ständigen Konflikten über die jeweils gültigen Verhaltensregeln kommen.

Die Zuordnung bestimmter Regeln zu bestimmten Kontexten ist ein Aspekt des → *Lernens,* d.h. von der Erfahrung bestimmt.

Gerät ein Mensch in einen für ihn lebenswichtigen Kontext, in dem er bezüglich der Regeln seiner Kommunikation ins Unrecht gesetzt wird, so resultiert daraus ein Zustand der Verwirrung, des Schmerzes und der Fehlanpassung (→ *Doppelbindung*). Wenn es gelingt, derartige Situationen zu bewältigen, wird dadurch die Kreativität gefördert. Im Rahmen dieser theoretischen Erwägungen ist nicht zu bestimmen, ob ein gegebenes Individuum ein Clown, ein Dichter, ein Schizophrener oder irgendeine Kombination aus diesen werden wird. Gregory Bateson (1969, S. 354) weist darauf hin, daß es sich nicht um ein einzelnes Syndrom, sondern um eine Gattung von Syndromen handelt, die keineswegs als »pathologisch« angesehen werden müssen. Er nennt sie »transkontextuell«.

In allen Fällen handelt es sich um die Lösung des Problems, Kontexte neu zu markieren, d.h. zwischen Regeln, die in je verschiedenen Kontexten gültig sind, zu unterscheiden.

Literatur: Bateson (1964, 1969, 1979).

kontextuelle Therapie
(contextual therapy)

Ein von Ivan Boszormenyi-Nagy begründeter Therapieansatz. Darin versucht der Autor, ethische, psychoanalytische, existentialphilosophische und systemtheoretische Erkenntnisse zu integrieren. Seine zentrale These ist, daß individuelle wie familiäre Störungen wesentlich Ausdruck und Folge eines Ungleichgewichts zwischen gegenseitigem Geben und Nehmen, Anspruch und Erfüllung besonders im Bereich der emotionalen Fürsorge (caring) sind. Daher zielt die kontextuelle Therapie auf einen Ausgleich der jeweiligen Schuld- und → *Verdienstkonten* ab. Ihre therapeutischen Dimensionen versuchen neben den äußeren Fakten, der individuellen Psychologie und den transaktionalen Mustern vor allem der Integrität der Beziehung, also der gegenseitigen Verantwortung gerecht zu werden.

In den hauptsächlichen Begriffen der kontextuellen Therapie, wie etwa Vermächtnis (legacy), Verdienst (merit), Verdienstkonten (ledger of merits), Anspruch (entitlement), Rechenschaftspflichtigkeit (accountability), bringen sich Vorstellungen einer zwischenmenschlichen → *Beziehungsethik* zum Ausdruck. Darin mißt Boszormenyi-Nagy dem Verdienst – bzw. dem Bewußtsein des Verdienstes – eine ähnlich motivierende Kraft bei, wie sie in individuumzentrierten psychodynamischen Theorien dem Trieb oder Bedürfnis beigemessen wird. Die Erfüllung oder Nichterfüllung von Vermächtnissen wirkt sich auf den »Verdienstkontenstand« eines jeden Familienmitglieds aus. Sein Gefühl, gerecht oder ungerecht behandelt zu werden, Integrität zu besitzen oder einen Lebenssinn zu haben, ist davon bestimmt.

Dem Therapeuten stellt sich die Grundforderung, → *allparteilich* zu sein, d.h. sich empathisch in jedes Familienmitglied einzufühlen und sich dessen (ethische) Position zu eigen zu machen. Er versucht vor allem, bislang unsichtbare → *Loyalitäten* sichtbar zu machen, welche die verschiedenen Familienmitglieder aneinander binden. Der betrachtete → *Kontext* erstreckt sich jeweils über mehrere Generationen *(→ Mehrgenerationenperspektive).* Oft zeigen sich vertikale Bindungen – wie zum Beispiel zwischen Eltern und deren Eltern – bedeutungsvoller als horizontale – wie zum Beispiel zwischen Ehepartnern. Der Therapeut verdeutlicht etwa das Verhalten von Ehepartnern im Lichte dessen, was diese in ihren Ursprungsfamilien erlebten. Dabei kann sich ein symptomatisches Verhalten oft als Ausdruck einer tiefen, wenn auch unsichtbaren Treuebindung darstellen. Es zeigt sich unter Umständen weiter, daß Loyalitäten mißbraucht wurden, indem etwa ein Kind rekrutiert wurde, um das auszugleichen oder für das geradezustehen, was die Eltern von ihren eigenen Eltern nicht bekommen haben oder ihnen von diesen angetan wurde *(→ Delegation, → Konfliktumleitung, → Parentifikation).* Aufgrund solchen Verständnisses werden eine kontenausgleichende Anerkennung, Wiedergutmachung und wesentliche Veränderungen der familiären Beziehungen möglich. Diese vermögen vor allem die Folgegeneration zu entlasten.

Es handelt sich somit bei der kontextuellen Therapie um einen nichtdirektiven Therapieansatz, der über eine Förderung des gegenseitigen Verstehens und Vertrauens einen Dialog und damit eine Veränderung in der Familie zu ermöglichen sucht.

Literatur: Boszormenyi-Nagy (1965a, b, 1975, 1981, 1987); Boszormenyi-Nagy u. Spark (1973); Boszormenyi-Nagy u. Ulrich (1981); Boszormenyi-Nagy u. Krasner (1986); Boszormenyi-Nagy, Grunebaum u. Ulrich (1991).

Kontingenz
(contingency)

Kontingenz meint die Möglichkeit, daß etwas sein könnte oder auch nicht sein könnte. In der Logik ist kontingent das Gegenteil von zwingend. Mit Kontingenz ist also der Bereich der Möglichkeiten gemeint, der sich zwischen Notwendigkeit und Unmöglichkeit erstreckt. In der Systemtheorie bezeichnet Kontingenz die Handlungsmöglichkeiten und Freiheitsgrade eines Systems.

In den Sozialwissenschaften hat Talcott Parsons den Kontingenzbegriff bei der Analyse des Verhaltens zweier interagierender Personen eingeführt. Im Gegensatz zu einem instinktgesteuerten Tier, das auf bestimmte Schlüsselreize reagieren muß, sich also nicht kontingent verhält, haben Menschen die Möglichkeit, sich überraschend und unvorhersagbar zu verhalten, also ein bestimmtes Verhalten zu zeigen oder es bleiben zu lassen, d.h. sich kontingent zu verhalten. Mit der doppelten Kontingenz meint Parsons die Situation zweier Handelnder, die gegenseitig in ihren Handlungsmöglichkeiten nicht festgelegt sind. Jedes psychische oder soziale → *System* erfährt seine eigene Kontingenz als Verhaltensspielraum, die Kontingenz anderer Systeme als Umweltkomplexität und Erwartungsunsicherheit *(→ Komplexität).*

Kontingenz steht in einem engen Zusammenhang mit Komplexität. Für einen Außenbeobachter kennzeichnet Komplexität die »Input«-Seite des System-Umwelt-Verhältnisses, Kontingenz seine »Output«-Seite. Während bei der Komplexität der Umweltreichtum das System vor die Aufgabe von sinnvollen Selektionen stellt, ist die Kontingenz von Handlungsmöglichkeiten allein eine Eigenschaft des Systems selbst.

Literatur: Luhmann (1984, 1985); Willke (1982).

Krise
(crisis)

(von griech. krisis = Wendepunkt)

Situation der gestörten Innen-/Außenanpassung (eines Individuums oder eines Systems): Bislang bewährte Anpassungsmechanismen reichen nicht mehr aus, um die zur Überlebenssicherung notwendigen Gleichgewichtsprozesse aufrechtzuerhalten. Neue Bewältigungsstrategien und entsprechende innere Umstrukturierungen sind gefordert.

In seiner Krisentheorie unterscheidet E. Lindemann (1944) zwei Formen von Anpassungsstörungen: den Notstand und die Krise. Der Notstand läßt sich mit bewährten Mitteln beseitigen, die Krise erfordert neue Verhaltensmuster. Aus kybernetischer Sicht ist der Notstand eine Anpassungsstörung, die durch → *Wandel* erster Ordnung beseitigt werden kann, während die Krise sich nur durch einen Wandel zweiter Ordnung überwinden läßt.

Evolutionäre Prozesse lassen sich generell als Aufeinanderfolgen verschiedener Krisensituationen verstehen. Dem entsprechen Erik H. Eriksons Vorstellungen über die Entwicklung des Individuums innerhalb seiner sozialen Umwelt (1959). Analoge Prozesse laufen in der Familie als Ganzer ab: Darin bedeutet die Veränderung eines der Mitglieder zwangsläufig die Veränderung des → *Ökosystems* aller anderen Mitglieder. Deren Entwicklungsprozesse und die damit verbundenen Krisen erweisen sich somit als aneinandergekoppelt *(→ Ko-Evolution, → Individuation/bezogene Individuation/Ko-Individuation, → strukturelle Kopplung).*

Aus Lindemanns Krisentheorie lassen sich therapeutische Folgerungen ableiten: Gelingt es dem Therapeuten, eine Krise zu induzieren, so schafft er damit – Minuchin und Barcai haben dies (1969) dargestellt – die Bedingungen für eine Veränderung der Familie. Die Lösung einer solchen Krise ist dann nur durch eine diskontinuierliche und sprunghafte Veränderung zweiter Ordnung möglich. Daraus erklärt sich die teilweise frappierende Wirkung bestimmter systemischer Interventionen *(→ Kurztherapie)*.

Die → *Anpassung* an veränderte äußere Bedingungen als Motor der Evolution und Strukturentwicklung *(→ Morphogenese/Morphostase)* steht auch im Mittelpunkt der von René Thom (1972) entwickelten »Katastrophentheorie«. Sie beschreibt und erfaßt, wie Systeme von einem → *Gleichgewichts*zustand in einen anderen »umklappen« können *(→ Stabilität)*. Auch wenn diese Theorie nicht im Blick auf psychologische oder familiäre Prozesse entwickelt worden ist, bietet sie die Möglichkeit der formalen Erfassung von »Krisen«.

Ein Hinweis von Fritjof Capra (1982) macht den zwiespältigen Charakter von Krisen deutlich: »Die Chinesen, die schon immer eine von Grund auf dynamische Weltsicht sowie einen geschärften Sinn für Geschichte besaßen, scheinen sich des tiefen Zusammenhanges zwischen Krise und Wandel wohlbewußt. Der Begriff, den sie für ›Krise‹ verwenden, *wei-ji*, setzt sich aus den Schriftzeichen für ›Gefahr‹ und ›gute Gelegenheit (Chance)‹ zusammen« (S. 21).

Literatur: Andolfi, Angelo, Menghi u. Nicolò-Corigliano (1983); Capra (1982); Erikson (1959); Lindemann (1944); Minuchin u. Barcai (1969); Rappaport (1972); Reiss (1981); Thom (1972); Walsh (1996).

Krisen-Familientherapie
(crisis family therapy)

Zur Intervention in Familienkrisen angewandte Verfahren, welche die Hospitalisierung eines → *Indexpatienten* verhindern sollen.

Verschiedene Projekte erprobten bislang eine familientherapeutische Vorgehensweise bei der Lösung akuter Krisensituationen. Die Krise wurde als Ausdruck und Folge eines familiären Problems betrachtet, das alle für den Indexpatienten emotional wichtigen Personen betraf. Daher wurde die Familie als jeweils akut zu behandelndes Interaktionssystem angesehen; durch einen Hausbesuch und die dabei vorgenommenen Interventionen wurden unmittelbare Veränderungen in der Familie zu erzielen versucht, welche die Hospitalisierung des Indexpatienten mit all ihren regressiven Folgeerscheinungen unnötig machen sollten. Die Verantwortlichkeit eines jeden einzelnen für seine Handlungen wurde betont, gleichzeitig wurden alle Mitglieder gestützt. Um Spannungen abzubauen und Symptome zu beseitigen, wurden einigen oder allen Mitgliedern Medikamente verordnet. Einzelnen Familienmitgliedern wurden spezielle Aufgaben übertragen, die darauf abzielten, neue Problemlösestrategien in die Familie einzufahren.

An manchen Institutionen wurde in einem Team gearbeitet, das täglich 24 Stunden verfügbar war. Andere Kriseninterventionsteams wurden nur in der aktuellen Krise aktiv, sicherten jedoch ihre Verfügbarkeit bei möglichen zukünftigen Krisen zu. Nachuntersuchungen zeigten eine signifikant höhere Effektivität und Ökonomie dieses Verfahrens gegenüber jeder psychiatrischen Hospitalisation. Für die Krisen-Familientherapie spricht vor allem, daß sie einer Chronifizierung von Problemen entgegenarbeitet. Inzwischen liegen Erfahrungen verschiedener Teams vor, die nach einem Familientherapiekonzept Notfalltherapie betreiben (z.B. das Emergency-Treatment-Center des Mental Research Institute in Palo Alto; vgl. Everstine u. Everstine 1983).

Literatur: Everstine, Bodin u. Everstine (1977); Everstine u. Everstine (1983); Langsley u. Kaplan (1968); Langsley, Pittmann, Machotka u. Flomenhaft (1968); Pittmann (1973); Pittmann, DeYonng, Flomenhaft, Kaplan u. Langsley (1966); Scott u. Starr (1981); Umana, Gross u. McConville (1980).

Kundenorientierung
(client orientation)

Kundenorientierung bezeichnet eine therapeutische oder beratende Haltung, die bei der Klärung des therapeutischen → *Auftrags* sich am Anliegen des Klienten orientiert und das therapeutische Angebot entsprechend ausrichtet.

Die der Kundenorientierung entgegengesetzte Haltung ist die Patientenorientierung, die im medizinischen Kontext meist vorherrscht. Letztere geht von einer asymmetrischen Beziehung zwischen Psychotherapeut und Patient aus, in der der Therapeut eine aufgrund seines Fachwissens überlegene Position einnimmt, aus der heraus er entscheidet, wie ein Patient diagnostisch einzuordnen ist und welche Form der Behandlung »indiziert« ist. Patientenorientiertes Vorgehen beruht auf einem normativen Krankheits- bzw. Gesundheitsmodell psychischer Störungen, bei der die Selbstbewertung der Patienten wenig, die Expertenbewertung der Therapeuten viel zählt. Implizit geht eine Patientenorientierung von einer begrenzten Mündigkeit und Entscheidungsfähigkeit des Patienten aus, die dem Therapeuten eine theoretisch und diagnostisch legitimierte »bessere Wahrheit« zuspricht. Dagegen bedeutet die »Kundenorientierung als systemische Dienstleistungsphilosophie« (Schweitzer 1995), daß Psychotherapie eine Form von Beziehungs-Dienstleistung darstellt. Die professionellen Anbieter richten sich mehr danach, was ihre Kunden aus deren eigener Sicht wollen, und nicht nach dem, was sie nach Ansicht der Dienstleister brauchen. Dabei wird von einer hohen Eigenverantwortung und Mündigkeit des Klienten ausgegangen. Ein kundenorientierter Therapeut versteht sich allerdings nicht als reiner Vollzieher der Kundenwünsche (was die Therapeut-Klienten-Asymmetrie der Patientenorientierung nur umkehren, aber nicht auflösen würde), sondern als gleichwertiger Verhandlungspartner in einem Nachfrage-Angebot-Aushandlungprozeß, der zu einer Psychotherapieverabredung führen kann, aber nicht muß.

Zur Kundenorientierung gehört die Bereitschaft des Therapeuten, dem Klienten zu einer Klärung seiner zu Beginn einer Therapie oft noch unklaren Ziele zu helfen. Der in der Patientenorientierung enthaltene Respekt vor dem Leidensdruck und der Problemverstrickung des Klienten wird in der Kundenorientierung nicht aufgegeben. Es wird aber gegenüber Veränderungs- oder Beharrungswünschen der Kunden eine Haltung der → *Neutralität* eingenommen. Damit wird therapeutisch auch → *Widerstand* vermieden.

Literatur: Schweitzer (1995).

Kurztherapie
(brief therapy)

Therapeutisches Verfahren, das sich aus der konsequenten Anwendung systemtheoretischer Konzepte ergibt: Erkenntnisse über den → *Wandel zweiter Ordnung* erweisen, daß sich die Struktur eines Systems sprunghaft und diskontinuierlich verändern kann. Kurztherapeutische Verfahren zielen darauf ab, Blockaden in der Entwicklung und → *Anpassungs*fähigkeit familiärer Systeme zu beseitigen *(→ Ko-Evolution)* und innerfamiliäre Potentiale der → *Selbstorganisation zu* verwirklichen.

Im Gegensatz zu den aus psychoanalytischen Erkenntnissen abgeleiteten Kurztherapien, die sich nur notgedrungen auf die Bearbeitung eines Problemfokus beschränken, sind systemorientierte Kurztherapieverfahren keine Therapien zweiter Wahl. Die → *Kybernetik* und die → *System*theorie erweisen, daß sich die Selbstorganisationsprozesse von Systemen in Form eines entweder kontinuierlichen oder diskontinuierlichen Wandels abspielen. Im psychoanalytischen Prozeß wird beispielsweise ein kontinuierlicher Wandel angestrebt, dessen Erfolg weitgehend von der Dauer der Behandlung, der Zahl der Stunden usw. abhängig erscheint. Systemorientierte Verfahren versuchen dagegen, durch wenige Interventionen eine Änderung zweiter Ordnung bzw. eine diskontinuierliche Änderung der Systemstrukturen zu bewirken. Dadurch soll der Familie wie auch einzelnen Mitgliedern ein Entwicklungsprozeß ermöglicht werden. Dementsprechend verfahren die hier angesprochenen kurztherapeutischen Methoden im allgemeinen direktiv: In Abständen bis zu sechs Wochen findet eine begrenzte Zahl von in der Regel nicht mehr als 10 bis 15 Sitzungen statt. Darin wird problemorientiert gearbeitet: Die Therapeuten versuchen, die → *epistemologischen* Voraussetzungen für die Entstehung und Aufrechterhaltung des Problems zu verändern. Der entscheidende Wandlungsprozeß spielt sich nicht in den Therapiesitzungen, sondern in der Zeit dazwischen ab.

Die beschriebenen kurztherapeutischen Verfahren gehören in den größeren Rahmen der → *Kommunikationstherapie;* steht darin die Lösung eines konkreten Sachproblems im Vordergrund des therapeutischen Interesses, so läßt sich von → *strategischer Therapie* sprechen. Geht es dagegen mehr um ein bestimmtes Beziehungsproblem, dann ist eher die Rede von → *systemischer Therapie.* Vor allem mit Einzelpatienten arbeiten → *Hypnotherapie* und → *neurolinguistisches Programmieren.* Allerdings finden diese kurztherapeutischen Verfahren inzwischen auch in der familientherapeutischen Arbeit mehr und mehr Eingang.

Erfahrungen der Heidelberger Arbeitsgruppe vor allem mit psychotischen Klienten legten nahe, hier von einer langzeitigen Kurztherapie zu sprechen: Es kommt zu relativ wenigen – im Durchschnitt etwa sieben – Sitzungen mit vergleichsweise langen Intervallen. Insgesamt können sich diese Therapien über Jahre erstrecken.

Literatur: Bandler u. Grinder (1979); Bergman (1985); Budman u. Gurman (1989); Cade u. O'Hanlon (1993); DeShazer (1980, 1982a, b, c, 1985, 1988, 1991); Duss-von Werdt u. Welter-Enderlin (1978); Fisch, Weakland u. Segal (1982); Goldstein u. Kopeikin (1981); O'Hanlon (1990); O'Hanlon u. O'Hanlon (1991); Retzer (1996b); Saposnek (1980); Segal (1991); Stierlin (1997c); Talmon (1990, 1993); Watzlawick, Weakland u. Fisch (1974); Weakland, Fisch, Watzlawick u. Bodin (1974); Zeig u. Gilligan (1990).

Kybernetik 1. und 2. Ordnung
(cybernetics, first and second order)

(von griech. kybernetes: Steuermann)

Der Begriff Kybernetik geht auf den Mathematiker Norbert Wiener (1948) zurück, der damit »das gesamte Gebiet der Kontroll- und Kommunikationstheorie« meinte, unabhängig davon, ob es sich auf Maschinen oder Menschen bezieht. Kybernetik befaßt sich mit der wissenschaftlichen Untersuchung systemischer Prozesse unterschiedlichster Natur. Diese umfassen Phänomene wie Regulation, Informationsverarbeitung und -speicherung, Adaptation, Selbstorganisation, Selbstreproduktion und strategisches Verhalten. Nachdem es das ursprüngliche Anliegen der Kybernetik war, objektive Aussagen über Systeme und ihre Verhalten zu machen (Kybernetik 1. Ordnung), betrachtet die »Kybernetik 2. Ordnung« oder »Kybernetik der Kybernetik« das System, das aus beobachtetem System und Beobachter besteht. Sie berücksichtigt besonders die Rolle und den Einfluß des Beobachters auf das beobachtete System.

Der Kybernetik liegt die Annahme zugrunde, daß Funktionen wie Steuerung, Kontrolle, Informationsaustausch und -verarbeitung bei Maschinen, Organismen und sozialen Strukturen denselben Prinzipien folgen. Innerhalb des allgemeinen kybernetischen Ansatzes haben sich die folgenden theoretischen Felder entwickelt: → *Systemtheorie*, Regelungstheorie, → *Informations*theorie, → *Kommunikations*theorie, → *Spieltheorie* und Entscheidungstheorie.

Verschiedene Aspekte der Kybernetik haben in ganz unterschiedlichen Bereichen der Forschung und Praxis Bedeutung gewonnen. Ihre Integration in eine übergreifende Wissenschaft wurde Anfang der vierziger Jahre überwiegend von Mathematikern geleistet. Dies gelang ihnen, indem sie sich auf die Untersuchung formaler Beziehungen und Funktionen von Verhaltensweisen beschränkten und diese von Prozessen der Energieübertragung und -transformation entkoppelten. Vor allem Gregory Bateson erkannte die Bedeutung der Kybernetik für das Verständnis und die Beeinflussung komplexer menschlicher Beziehungen. In der Tat sah er neben dem Frieden von Versailles die Kybernetik als bedeutsamstes Ereignis des 19. Jahrhunderts.

Der Physiker Heinz von Foerster (1974) hat aufgrund von beobachtungstheoretischen Überlegungen die Kybernetik 2. Ordnung in die Systemtheorie eingeführt. Darunter wird die Form von Kybernetik verstanden, die sich auf die Interaktion zwischen Beobachter und beobachtetem System konzentriert.

Auf der Basis der Kybernetik 2. Ordnung läßt sich die Systemtheorie nur noch konstruktivistisch betreiben. Während die Kybernetik 1. Ordnung noch von objektiven Merkmalen und Prozessen eines von außen beobachteten Systems ausging, das beobachterunabhängig beschreibbar ist, gibt die Kybernetik 2. Ordnung diese Objektivitätsvorstellung auf. Sie thematisiert vielmehr die Unterscheidungen und Bezeichnungen, die vom Beobachter gemacht werden.

Für die Therapie relativiert die Kybernetik 2. Ordnung radikal die objektivistische diagnostische Idee, Therapeuten könnten »das Problem« oder »den Konflikt« valide identifizieren ebenso wie die entsprechende therapeutische Überzeugung, mit einer zielgenauen Intervention das Problem bzw. den Konflikt berechenbar treffen zu können.

Innerhalb der Familientherapie zwingen die Erkenntnisse der Kybernetik 2. Ordnung zur Hinterfragung sowohl erkenntnistheoretischer Voraussetzungen als auch diagnostischer und therapeutischer Prämissen *(→ Linearität/Linealität/geradlinige Kausalität, → Zirkularität).* Hier lassen sich drei Phasen unterscheiden: In der ersten Phase galt das wissenschaftliche Interesse vor allem der Frage, wie die Stabilität eines Systems aufrechterhalten werden kann *(→ Stabilität, → Homöostase).* In der zweiten Phase konzentrierte man sich auf die Voraussetzungen von Veränderung, Entwicklung und Kreativität *(→ Wandel/Veränderung erster und zweiter Ordnung).* Und in der dritten, aus therapeutischer Sicht wichtigsten Phase wurden die Möglichkeiten eines Beobachters (z.B. eines Therapeuten), Stabilisierungs- oder Veränderungsprozesse zu beeinflussen, zu den wichtigsten Fragen.

Literatur: Ashby (1956); Bateson (1967, 1972); v. Foerster (1974a, b, 1984, 1985b); Keeney (1983); Klaus (1972); Klaus u. Liebscher (1967, 1974); Wiener (1948).

Lernen/Stufen des Lernens/Proto-Lernen/ Deutero-Lernen/Lernen 0, I, II, III, IV (learning/stages of learning/proto-learning/ deutero-learning)

»Lernen« läßt sich allgemein als die kreative Veränderung von Informationen verstehen. Entsprechend dem → *logischen Typus* der jeweiligen Information muß eine Stufenfolge bzw. eine logische Hierarchie des Lernens angenommen werden. Diese bestimmt sich durch den logischen Typus des Gelernten. Die Stufenfolge des Lernens entspricht dem Abstraktionsschritt vom »Lernen« zum »Lernen zu lernen«.

»Lernen« und »Wissen« sind keine Phänomene, die sich direkt beobachten lassen. Sie sind Erklärungen für Veränderungen von direkt beobachtbarem Verhalten eines lebenden Systems, hypothetische Prozesse, die im Inneren eines beobachteten Systems ablaufen. Lernen entspricht systeminternen Strukturänderungen, durch die ein System Informationen schöpft, Prozeßmuster, die das Verhalten steuern (= Wissen) und ihre Umstrukturierung (= Lernen) (Simon 1997b).

Gregory Bateson unterschied 1942 zwischen »Proto-Lernen« (Erst-Lernen) und »Deutero-Lernen« (Zweit-Lernen). Beim Deutero-Lernen können die in einem Kern-Kontext gemachten Erfahrungen auf einen anderen Kontext übertragen werden. Dadurch wird das Lernen ökonomischer und führt schneller zum Erfolg. Unabhängig von dem konkret zu erlernenden Inhalt lernt man (mehr oder weniger) im Vorgang des Lernens, wie man lernt. Lernen vollzieht sich somit gleichzeitig auf mehreren Ebenen, die sich durch den logischen Typus und damit den Grad ihrer Abstraktheit unterscheiden. Aus der Erfahrung des Lernens wird gewissermaßen eine Regel für weiteres Lernen abgeleitet und somit eine Verallgemeinerung vollzogen.

In späteren Arbeiten hat Bateson (1960, 1964) diese logische Kategorisierung des Lernens weiter ausgearbeitet. Er führte nunmehr die Begriffe des

»Lernen o, Lernen I, Lernen II, Lernen III, Lernen IV« ein. Lernen o bedeutet demnach diejenige Veränderung, die in einem System bei einfachstem Informationsgewinn über ein äußeres Ereignis vor sich geht: Einem Geschehen wird eine gleichbleibende Bedeutung zugewiesen; das Schlagen der Kirchturmuhr bedeutet eine bestimmte Uhrzeit. Diese direkte Koppelung von Geschehen und Bedeutung unterliegt keiner Korrektur. Verändert sich solche Koppelung, so liegt bereits Lernen eines höheren Typs vor, also Lernen I.

Diese Form des Lernens ist im allgemeinen mit dem gleichzusetzen, was in psychologischen Laboratorien unter Lernen verstanden wird. Sie bezieht sich auf die spezifische Veränderung einer Reaktion, die sich gemäß der → *Versuch-Irrtum-Methode* auf einen Reiz, d.h. eine Wahrnehmung hin einstellt. Ein Reiz stellt ein äußeres oder inneres Signal dar und wird in Beziehung zu einem bestimmten → *Kontext* gesetzt: Er wird nicht mehr isoliert, sondern als Zeichen für einen bestimmten Sinnzusammenhang gesehen. Er beinhaltet somit eine → *Metakommunikation,* die eine Vorauswahl unter den vielen möglichen Reaktionsweisen nahelegt. Es wird ein Kontext markiert *(→ Kontextmarkierung)* und damit der Rückgriff auf Vorerfahrungen aus ähnlichen Kontexten ermöglicht.

Das kann ein Beispiel verdeutlichen: Der Hund in den Experimenten von Iwan Pawlow sondert normalerweise im Kontext A – markiert durch das Tönen einer Klingel – keinen Speichel ab. Das Klingeln hat in diesem Kontext für ihn keine Bedeutung. Im Kontext B wird ihm etwas zu essen gebracht, und er sondert – aufgrund einer genetisch programmierten Reaktion – Speichel ab. Werden im Experiment Kontext A und Kontext B miteinander verknüpft, so wird beim Ertönen der Klingel Speichel abgesondert. Der Kontext A (Klingelzeichen) ist für den Hund nun in einer Weise markiert, die ihn im Sinne von Lernen I hat lernen lassen, daß Speichelabsonderung angebracht ist. Er setzt Klingelzeichen mit Nahrungszufuhr gleich. Diese Darstellung des Lernens, wie sie auch in psychologischen Lehrbüchern erfolgt, legt nahe, im Klingeln den Reiz zu sehen, der die Speichelabsonderung auslöst. Wie Nachfolgeuntersuchungen zeigten, kommt es aber auch zur Speichelabsonderung, wenn aus der Klingel des Versuchsleiters der Klöppel entfernt wird. Dies zeigt, daß es der gesamte Kontext ist (inklusive der Aktionen des Versuchsleiters, der die Reaktion auslöst), und nicht ein isolierter Reiz. Verschiedene Kontexte sind somit klassifiziert, d.h. entsprechend dem Unterscheidungsmerkmal »mit Nahrungszufuhr verbunden/nicht mit Nahrungszufuhr verbunden« typisiert worden. Da nicht mehr jede einzelne Situation analysiert werden muß, sondern gemäß der Kontextmarkierung eine Auswahl von Verhaltensweisen, die einer bestimmten Klasse von Kontexten angemessen ist, zur Verfügung steht, ist die Verhaltenssteuerung ökonomischer geworden.

Beim Lernen II wird nunmehr der Prozeß des Lernens I verändert. Dieses, auch »Deutero-Lernen«, »Set-Lernen«, »Lernen lernen« genannte Lernen entspricht wiederum einer höheren logischen Ebene. Während beim

Lernen I Kontexte markiert wurden, wird hier die Methode der Kontextmarkierung im Zuge von Versuch und Irrtum modifiziert. Ein Individuum verfügt ebenso wie der Pawlowsche Hund über einen Vorrat bzw. einen aus dem Lernen I stammenden Erfahrungsschatz von Kontexten und den ihnen zugeordneten Markierungen und Verhaltensmustern (wie belohnender Kontext, bestrafender Kontext usw.). Diesen Markierungen liegt eine bestimmte → *Interpunktion* zugrunde. Bestimmte eigene oder fremde Verhaltensweisen werden als Reiz bzw. Reaktion definiert. Die daraus konstruierte zeitliche Abfolge führte zu Reiz-Reaktionssequenzen, die für jeweils einen bestimmten Kontext charakteristisch waren. Eine Veränderung dieser Interpunktion, d.h. eine Umdefinierung dessen, was als Reiz und was als Reaktion, was als Ursache und was als Wirkung zu betrachten ist, spielt sich auf der Ebene des Lernens II ab. Zwischen den Ebenen I und II besteht der gleiche Unterschied wie zwischen der Formulierung eines Satzes und der zugrundeliegenden Grammatik. Die Art und Weise, Ereignisse zu interpunktieren, ist also ein Ergebnis des Lernens II. In der Alltagspsychologie wird eine solche subjektive Interpunktionsweise als »Charakter« bezeichnet.

Lernen zeigt sich somit immer an Kontexte gebunden, wobei der Lernende Teil des Kontextes ist. Während er beim Lernen 0 nur diejenigen Aspekte des Kontextes sieht, die außerhalb seiner eigenen Sphäre liegen, ist er beim Lernen I in der Lage, sich selbst in bezug zu den äußeren Ereignissen zu setzen, und kann beim Lernen II diese In-Beziehung-Setzung verändern.

Unter Lernen III ist eine Veränderung zu verstehen, die im Prozeß des Lernens II erfolgt. Im Vergleich zu letzterem befindet es sich auf der Metaebene. Es stellt nunmehr die Prämissen, die der Interpunktion kommunikativer Abläufe bislang zugrunde gelegt wurden, in Frage. Allerdings ist zu bezweifeln, ob sich eine derartige Form des Lernens noch mit den Mitteln der überlieferten Sprache ausdrücken läßt, weil die Sprache selbst zum großen Teil die Interpunktionsmuster transportiert, die unser Lernen II bestimmen. Neben Erkenntnisformen, wie sie etwa in den Übungen des Zen mit seinen Paradoxien und alle Interpunktionen in Frage stellenden Handlungsaufforderungen zu finden sind, sieht Bateson in der als psychotisch etikettierten Symptomatik einen Versuch zum Lernen III. Es sind hier → *Doppelbindungen,* die ein Lernen III nötig machen.

Lernen IV, die Veränderung im Lernen III, ist nur möglich, wo die organischen Voraussetzungen jeglichen Lernens verändert werden. Dementsprechend ist Lernen IV nicht auf der Ebene des Individuums zu erwarten, sondern nur auf der einer Gattung, die ihre genetische Ausstattung ändert. Wir gelangen hier an den Punkt, wo ontogenetische (die Entwicklung des Einzelwesens betreffende) Lernmöglichkeiten ihre Grenzen finden und nur noch phylogenetische (die gattungsgeschichtliche Entwicklung betreffende) Mechanismen wirksam zu werden vermögen.

Insoweit Lernen, auf welcher Stufe auch immer, als ein Veränderungsprozeß zu definieren ist, besteht eine Beziehung zwischen den Stufen des Lernens und den Stufen der Veränderung *(→ Wandel/Veränderung erster und zweiter Ordnung):* Das Lernen innerhalb einer Stufe läßt sich generell als Wandel erster Ordnung verstehen, d.h., es kommt darin zu keiner Strukturveränderung. Das Lernen auf der jeweils übergeordneten Stufe entspricht dann dem Wandel zweiter Ordnung, der mit Strukturveränderung verbunden ist. Das Lernen des Individuums wie auch die körperliche Entwicklung von Gattungen innerhalb der Evolution unterliegen somit den gleichen Prinzipien: Sie lassen sich jeweils als ein stochastischer Prozeß verstehen, d.h. ein Prozeß, bei dem für das Überleben bedeutsame zufällige Veränderungen durch Verstärkungs- und Ausschaltungsmechanismen selegiert werden. Auf der individuellen Ebene bedeutet dies die Konstruktion einer subjektiven → *Epistemologie,* die Grundlage jeder Informationsaufnahme, -verarbeitung und Handlungssteuerung ist *(→ Information, → Kommunikation, → Abstraktion, → Paradigma/innere Landkarte/Modell).*

Betrachtet man Lernen als den Prozeß der Strukturbildung eines Systems (handele es sich nun um geistige oder materielle Strukturen), so zeigen sich im Lernen und seinen zunehmenden Abstraktionsgraden die Prinzipien der → *Selbstorganisation* verwirklicht. Der »geistige Prozeß« der Welt (d.h. ihr Lernen) ist dann gleichbedeutend mit → *Ko-Evolution* (vgl. Bateson, 1979).

Legt man ein solches Verständnis von Lernen zugrunde, so wird deutlich, warum es um so schwerer ist zu lernen, je mehr man weiß. Wo es bereits interne Strukturen gibt, die festlegen, welche Bedeutungen welchen Ereignissen zugeordnet werden, besteht kein Bedarf nach Umstrukturierung – zumindest so lange nicht, wie mit diesem »Wissen« erfolgreich gehandelt werden kann. »Wissen« macht insofern »lernbehindert«. Wandel – sei es der eines Individuums oder der eines sozialen Systems – bedarf daher des »Entlernens«, das heißt der Außerkraftsetzung von Gelerntem (Simon 1997).

Literatur: Bandura (1974); Bateson (1942, 1964, 1964, 1972, 1979); Guntern (1980a, b); Hassenstein (1972); Piatelli-Palmarini (Hrsg.) (1979); Simon (1997 b, c).

Linearität/Linealität/geradlinige Kausalität (linearity/lineality/lineal causality)

Bezeichnungen für bestimmte Formen von Kausalbeziehungen und/oder mathematischen Relationen. Ein kausaler Ablauf ist geradlinig zu nennen, wenn keine Rückkoppelung vorliegt, d.h. die Ursache-Wirkungs-Sequenz nicht zum Ausgangspunkt zurückführt. Solche Geradlinigkeit wird im Kausalitätsverständnis der Umgangssprache fast selbstverständlich vorausgesetzt. Sie wird in der familientherapeutischen Literatur weitgehend als »lineare Kausalität« bezeichnet. Der Begriff gibt jedoch zur Verwirrung Anlaß, legt man ein kybernetisches Modell zugrunde. Dieses an der Mathematik orientierte Modell beschreibt *Linearität* als eine Form der »Beziehung zwischen Variablen, so daß sich eine gerade Linie ergeben wird, wenn sie auf rechtwinkligen kartesischen Koordinaten zusammen eingetragen werden« (Bateson 1979, S. 274). *Geradlinigkeit* bzw. *Linealität* hingegen beschreibt die »Relation zwischen einer Reihe von Ursachen oder Argumenten, bei der die Sequenz nicht zum Ausgangspunkt zurückführt. Das Gegenteil von *linear* ist *nonlinear.* Das Gegenteil von *geradlinig* ist *rückläufig«* (Bateson 1979, S. 274).

Die nachstehende Grafik veranschaulicht, was mit »Linearität« bezeichnet wird:

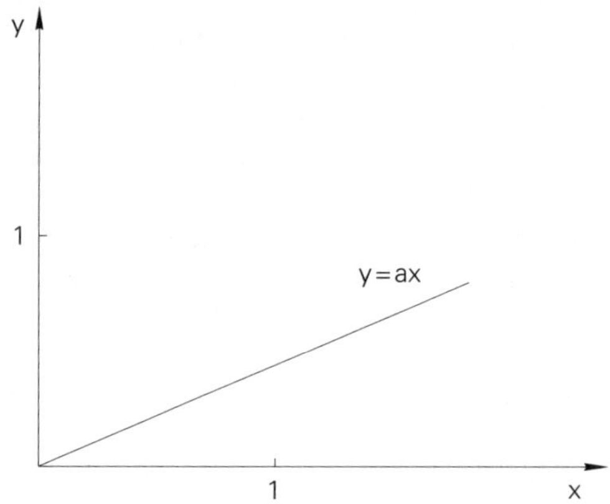

Jedem x ist ein y zugeordnet, und die Beziehung der beiden ist konstant und unveränderlich. Wird x größer, so wird – in einem gleichbleibenden Verhältnis dazu – auch y größer; wird x kleiner, so wird auch y kleiner und umgekehrt. Beide Variablen sind in ihrer *quantitativen* Veränderung voneinander abhängig, und diese Veränderung erfolgt kontinuierlich. Diskontinuierliche Veränderungen hingegen, wie sie etwa als → *Wandel* zweiter Ordnung beschrieben werden, sind nichtlinear. Nicht alle nichtlinearen Beziehungen sind jedoch diskontinuierlich *(→ Nichtlinearität/Stufenfunktion).*

Das begriffliche Gegenstück zur »Geradlinigkeit« bzw. »Linealität« ist die → *Zirkularität,* bei der eine Folge von Ursachen so zueinander in Beziehung steht, daß auf die Anfangsursache zurückgewirkt wird. Kybernetische Modelle versuchen, derartige Kreisprozesse zu analysieren und die Wechselbeziehungen zwischen Ursachen und Wirkungen zu erfassen.

Innerhalb der psychotherapeutischen Diskussion hat inzwischen die Frage, ob und wieweit zirkuläre oder geradlinige Kausalitätsvorstellungen angemessen sind, große Bedeutung erlangt. Das gilt vor allem für die Auseinandersetzung zwischen familien- bzw. systemorientierten Therapieschulen einerseits und individuumzentrierten andererseits. Für letztere hat die individuelle Geschichte oft eine überragende Bedeutung. Mit solcher Bedeutung verbindet sich oft ein ausschließlich lineales Kausalverständnis. Eine weitere wichtige Rolle spielt die Frage von → *Macht* und Emanzipation. Beide Phänomene erscheinen ebenfalls (mehr oder weniger) an ein geradliniges Kausalverständnis gebunden und einem zirkulären Ansatz zu widersprechen. Verwirrungen dürften vor allem daher rühren, daß beide Aspekte der linealen wie zirkulären Kausalität durch einen Abstraktionsprozeß erfaßt werden, der jeweils verschieden gerichtet ist: Die Linealität abstrahiert von der Wirksamkeit aktueller, d.h. synchroner, die Zirkularität dagegen von derjenigen diachroner, d.h. historischer Beziehungen *(→ diachron/synchron).* Es handelt sich also bei zirkulärer und linealer Kausalität um zwei unterschiedliche Sichtweisen, die erst gemeinsam ein vollständiges Bild ergeben.

Wir müssen uns dazu vergegenwärtigen, daß es innerhalb der Dimension »Zeit«, wie sie die menschliche Erfahrung bestimmt, keine zirkulären Beziehungen geben kann. Alle konkreten, diachronen (d.h. nacheinander gelegenen) Ereignisse stehen in einer geradlinigen Beziehung zueinander. Dies ändert sich jedoch, sobald erste Abstraktionsschritte und Klassifizierungen von Handlungen oder Ereignissen vorgenommen werden. In dem Moment, wo ein oder mehrere Individuen Situationen als identisch »wiedererkennen«, wird Zirkularität möglich. Die Gegenwart läßt sich nunmehr an Erfahrungen aus der Vergangenheit messen und bewerten, und diese Erfahrungen lassen sich verändern. Im Umgang mehrerer Menschen miteinander können jetzt die aus der Vergangenheit gewonnenen Erfahrungen und Erwartungen im Blick auf die Gestaltung ihrer Beziehung bestätigt oder verändert werden, das heißt, die Wirkung ist rückläufig, die Ursache korrigierbar *(→ Lernen).*

Auch aus kybernetischer Sicht sind nicht alle Beziehungen innerhalb eines Systems zirkulär. Es muß vielmehr unterschieden werden zwischen »Regelung«, bei der per Rückkoppelung das Erreichen eines bestimmten Sollwertes überprüft wird, und »Steuerung«, bei der eine einseitig gerichtete Beziehung vorliegt (vgl. Klaus u. Liebscher 1967, S. 769 ff.). Verwischt man den Unterschied zwischen beiden Beziehungen, dann wird es schwer, psychologisch und familientherapeutisch zentrale Themen wie → *Gerechtigkeit* in der Familie oder → *Macht*beziehungen differenziert zu erfassen. Bei Zugrundelegen einer zirkulären Kausalität geht man leicht davon aus, daß jeder die Bedingungen des anderen im gleichen Maße bestimmt. Das ist jedoch nicht der Fall: Viele menschliche Beziehungen entsprechen eher einem Steuerungsmodell und nicht oder nur beschränkt einem zirkulären Modell. Mit diesem Tatbestand verbinden sich wichtige und zum Teil schwer beantwortbare Fragen einer zwischenmenschlichen Ethik.

Literatur: Bateson (1979); Klaus u. Liebscher (1967); Simon (1983b).

logische Typen
(logical types)

Unterscheidungsmerkmal zwischen Teil und Ganzem in einer Abstraktionslinie. Nach der Lehre von den logischen Typen von A. N. Whitehead und Bertrand Russell (1910–1913) muß zwischen einer Klasse (Menge) und ihren Elementen unterschieden werden. Eine Aussage, die sich auf die Klasse bezieht, hat einen höheren Abstraktionsgrad, d.h. einen höheren logischen Typus als eine Aussage, welche die Elemente dieser Klasse oder Menge betrifft. Diese Unterscheidung wird besonders wichtig, sobald zwei Aussagen die gleiche äußere Gestalt annehmen und daher nicht von vornherein festzustellen ist, ob sie sich auf ein Teil oder ein Ganzes beziehen: Das Wort »Mensch« etwa kann einerseits für einen einzelnen konkreten Menschen stehen, andererseits für die Klasse, d.h. die Gattung aller Menschen. Im zweiten Falle entspricht der Begriff »Mensch« einem höheren logischen Typus bzw. höheren Abstraktionsniveau.

Die von Whitehead und Russell in ihrer Typenlehre vorgeschlagene Unterscheidung logischer Typen gewann für den Bereich menschlicher Kommunikation große Bedeutung. Dadurch, daß Aussagen einen unterschiedlichen logischen Typus besitzen und sich sowohl auf eine Klasse als auch auf ein Element dieser Klasse beziehen können, vermögen sie sich gegenseitig zu kommentieren *(→ Metakommunikation).* Der Gültigkeitsbereich einer Aussage über die Klasse umfaßt auch das, was über deren einzelne Elemente ausgesagt wurde. So gilt zum Beispiel das, was über den Menschen als Angehörigen einer Gattung (Klasse) gesagt wird, auch für jeden einzelnen Menschen. Die logische Typisierung führt somit zu einer Hierarchie der Gültigkeit von Aussagen, wobei die Aussagen des logisch höheren Typus die des niederen Typus in ihren Gültigkeitsbereich einschließen. Werden die logischen Typen miteinander vermischt, d.h. die Ebenen ihrer Gültigkeit nicht unterschieden, so entstehen zwangsläufig Paradoxien. Das verdeutlicht etwa das Paradox von Epimenides, dem Kreter. Sagt dieser: »Wir Kreter lügen immer«, so vermischt er in einer für den Außenstehenden schwer zu durchschauenden Weise die logischen Typen: Er macht eine konkrete Aussage und gleichzeitig eine Aussage über alle seine Aussagen (höherer logischer Typus). Stimmt die Aussage über alle Aussagen (»Wir, d.h. auch ich, lügen immer«), dann stimmt die konkrete Aussage (niedrigerer logischer Typus) nicht, usw. Die Paradoxie entsteht also dadurch, daß die Klasse (Aussage über alle Aussagen) ihr eigenes Element war und sich auf sich selbst bezog *(→ Selbstreferenz/Selbstbezüglichkeit).*

So wie Begriffe unterschiedliche logische Typen aufweisen, kann man auch dem, was sie beschreiben, unterschiedliche Typen zuweisen. Daher lassen sich etwa die Elemente eines Systems als (Sub-)Systeme betrachten, die sich dann im logischen Typ genauso wie der Begriff »System«, je nachdem, ob er für ein Teil- oder ein Gesamtsystem steht, unterscheiden. Dabei darf jedoch nicht aus dem Blickfeld geraten, daß die logische Typisierung jeweils durch einen Beobachter oder Sprecher vollzogen wird und nicht eine Eigenschaft der beobachteten Systeme oder verwendeten Begriffe ist. Es handelt sich dabei um eine Methode der Strukturierung von Erkenntnis, die unerlaubte, Paradoxien erzeugende Selbstrückbezüglichkeit verhindern hilft.

Nachdem die logische Typenlehre für Gregory Batesons Erkenntnistheorie so zentral war, haben sie später verschiedene Autoren heftig attakkiert: Spencer-Brown (1969), Cronen et al. (1982), DeShazer (1982b), Keeney (1983). George Spencer-Brown (1969) berichtet, daß er 1967 Russell gezeigt habe, daß diese Theorie überflüssig sei, Russell erfreut gewesen sei und die Theorie im nachhinein als willkürlich bezeichnete. In seinem Buch »Gesetze der Form« zeigte Spencer-Brown, daß sich alle logischen Formen auf Innen-außen-Unterscheidungen zurückführen lassen. Wenn Merkmale, die der Außenseite einer solchen Unterscheidung zugeordnet sind, auf der Innenseite eingeführt werden (»Re-entry«), entstehen logische Paradoxien. Es bedarf zu ihrer Erklärung also keiner Hierarchie, sondern nur der Betrachtung, ob Grenzen eingehalten oder überschritten werden. Will man Paradoxien auflösen, so ist die »Erfindung« von Zeit ein geeignetes Mittel. Um von der einen Seite der Unterscheidung zur anderen zu kommen, braucht man Zeit. Wenn man Zeit zuläßt, so können die beiden, sich logisch ausschließenden Seiten der Unterscheidung nacheinander *(→ diachron/synchron)* realisiert werden, und die Paradoxie löst sich auf (Spencer-Brown 1969, Simon 1988, 1990; *→ Konfliktorganisation/Tetralemma*).

Douglas Hofstadter (1985) zeigte, daß »strange loops«, wie sie etwa in Eschers Bild von den beiden sich gegenseitig zeichnenden Händen dargestellt sind, ein logisches Problem nur dann darstellen, wenn man klare logische Hierarchien voraussetzt, was aber unnötig sei: »Eine einfache... Rückkopplung stellt noch keine Verletzung logischer Hierarchien dar. Wenn man zum Beispiel unter der Dusche den linken Arm mit dem rechten wäscht und dann umgekehrt, ist darin nichts Befremdliches« (S. 691). Das »scheinbare Paradox« bei Eschers Händen besteht nach Hofstadter darin, daß die logische Ebene des Zeichners Escher in dem Bild unsichtbar ist. Logische Hierarchieprobleme kommen, so gesehen, nur auf »Landkarten«, nicht in »Landschaften« vor. Das Spiel mit Verwechslungen von logischen Ebenen ist ein wichtiges Moment des Humors.

Die Lehre von den logischen Typen wurde für die Familienforschung und -therapie bedeutsam, als Gregory Bateson und seine Mitarbeiter (1956) Familien mit einem schizophrenen Mitglied untersuchten. Dabei beobachteten sie, daß in diesen Familien auf unterschiedlichen logischen Ebenen Mitteilungen und Handlungsaufforderungen gegeben wurden, die einander ausschlossen. Diese Untersuchungen führten in der Folge zur Theorie der *→ Doppelbindung* bei der Schizophrenie *(→ Kontext, → Kontextmarkie-*

rung, → Metakommunikation, → Kommunikation/Kommunikationstheorie, → Kommunikationstherapie).

Literatur: Bateson (1964, 1979); Bateson, Jackson, Haley u. Weakland (1956); Cronen, Johnson u. Lannamann (1982); Haley (1955); Simon (1988/1993, 1990); Spencer-Brown (1969); Whitehead u. Russell (1910–1913).

Loslösung/Disengagement (disengagement)

Bezeichnung für einen Typus familiärer Organisation, der nur wenig feste Beziehungen und Bindungen der einzelnen Mitglieder untereinander aufweist.

Wie die durch → *Verstrickung* (enmeshment) gekennzeichnete Familie wurde auch die losgelöste (disengaged) Familie von Salvador Minuchin und seinen Mitarbeitern (1967) zunächst bei der Untersuchung von Slumfamilien beschrieben. Im Spektrum zwischen Familien mit starkem und schwachem Zusammenhalt stellt sie gleichsam den einen Gegenpol dar. Das entspricht Helm Stierlins Unterscheidung zwischen den Interaktionsmodi der → *Bindung* und → *Ausstoßung* und zwischen → *zentripetalen* und *zentrifugalen* Kräften im familiären Entwicklungs- und → *Individuations*prozeß. Disengagement bedeutet demgemäß sowohl einen Prozeß, der zu einer weitgehenden Isolation der einzelnen Familienmitglieder untereinander führt, als auch das Ergebnis dieses Prozesses. Innerhalb eines mehr individualpsychologischen Bezugsrahmens verweist die Unfähigkeit, feste Beziehungen aufzunehmen bzw. aufrechtzuerhalten, auf eine Störung der → *Selbst-Objekt-Differenzierung* und der Objektbeziehungen *(→ Objektbeziehungstheorie).* Insgesamt weisen die Familien dieses Typus einen Mangel an hierarchischen Strukturen sowie eine überstarke gegenseitige Abgrenzung mit eingeschränkten Möglichkeiten der wechselseitigen Kommunikation und Beeinflussung auf *(→ Grenzen).* Um ein anderes Familienmitglied jeweils zu einer Reaktion auf das eigene Verhalten zu veranlassen, bedarf es häufig starker Auslöser bzw. Anstöße. Diese können aus der Sicht des umgebenden Sozialsystems als pathologisches bzw. abweichendes Verhalten erscheinen – ein Grund unter anderen, warum derartige Familien häufig als »Familien mit vielen Problemen« (multi-problem families) etikettiert werden.

Das Konzept der Loslösung und Entkopplung weist große Ähnlichkeiten zu dem der → *emotionalen Trennung* auf.

Literatur: Aponte (1976); Green u. Werner (1996); Minuchin (1974a, b); Minuchin, Montalvo, Guernen, Rosman u. Schumer (1967); Minuchin, Rosman u. Baker (1978); Retzer, Simon, Weber, Stierlin u. Schmidt (1989).

Loyalität
(loyalty)

Ein Gefühl der Verbundenheit und Verpflichtung, das die Klammer zwischen den Bedürfnissen und Erwartungen eines sozialen Verbandes (z.B. der Familie) und »dem Denken, den Gefühlen und Motivationen jedes einzelnen Verbandsmitgliedes als Person« herstellt (Boszormenyi-Nagy u. Spark 1973, S. 15). Das Konzept der Loyalität steht im Mittelpunkt der von Ivan Boszormenyi-Nagy entwickelten → *kontextuellen Therapie*. Loyalität ist eine ethische Form der → *Bindung*. Sie macht verständlich, wie eine Familie über Generationen hinweg ihre Kontinuität und → *Kohäsion* wahrt, Verhaltensmuster, Wertvorstellungen und Aufträge tradiert und eventuell dysfunktional wird.

Innerhalb der von Boszormenyi-Nagy entwickelten komplexen Beziehungstheorie umfaßt der Begriff Loyalität mehr als die positive Haltung der Zuverlässigkeit eines einzelnen gegenüber einem sogenannten »Loyalitätsobjekt«. Dieser Autor sieht den einzelnen vielmehr in ein Mehrpersonen-Loyalitätsgewebe eingebettet. Darin stellen sich strukturierte Gruppenerwartungen und Verpflichtungen dar, zu deren Erfüllung alle Mitglieder aufgerufen sind. Diese Sicht gründet auf dem, was Martin Buber die »Ordnung der menschlichen Welt« genannt hat. Innerhalb des damit gegebenen Bezugsrahmens spielen Phänomene wie Vertrauen, Verdienst, Auftrag und Erfüllung eine ungleich wichtigere Rolle als die »psychischen« Funktionen des »Fühlens« und »Wissens« (Boszormenyi-Nagy u. Spark 1973, S. 66).

Die therapeutisch relevante Dynamik von Gruppen und vor allem von Familien erhellt sich, sobald man weiß, wer mit wem durch eine – oft verdeckte – Loyalität verbunden ist und was diese für die so Verbundenen bedeutet. Solche Loyalität vermag sich gerade durch ein Verhalten zu beweisen, das sich für den Verhaltensträger gesundheitsschädigend bzw. destruktiv auswirkt. Eine erwachsene Tochter beweist etwa ihre Loyalität gegenüber ihrer alternden Mutter, indem sie sich unmündig, krank und pflegebedürftig verhält. Oder sie beweist ihre (verborgene) Loyalität gegenüber dem Vater, indem sie ihren Ehepartner abwertet, ihre Ehe schließlich zerstört, ihrem Vater aber dadurch vermittelt, daß nur er als Mann für sie zählt.

Sprachlich hat das Wort »Loyalität« seine Wurzel im französischen Wort »loi« (= Gesetz) und bedeutet somit gesetzestreues Verhalten. Auf der Ebene eines Systems (Familie, Gruppe, sonstiger sozialer Verband) läßt sich Loyalität als die Erwartung der Einhaltung bestimmter → *Regeln* verstehen, bei deren Mißachtung Sanktionen drohen. Auf individueller Ebene schließt sie »Identifizierung mit der Gruppe, Vertrauen, Verläßlichkeit, Verantwortungsgefühl, gewissenhafte Pflichterfüllung, Treue und unerschütterliche Ergebenheit« ein (Boszormenyi-Nagy u. Spark 1973, S. 73). Die psychische Strukturierung des einzelnen läßt sich somit als Verinnerlichung von loyal übernommenen Erwartungen und Geboten begreifen. Von daher erweist sich Loyalität als ein Schlüssel zum Verständnis der → *Delegationen* und ihrer Entgleisungen. Konflikthafte Beauftragungen etwa leiten sich häufig von einem »Vermächtnis gespaltener Loyalität« her.

Die individuelle und die Systemebene zeigen sich somit durch eine generationenübergreifende Motivationsstruktur verklammert, worin nach Boszormenyi-Nagy dem Begriff des Verdienstes eine ähnlich zentrale Bedeutung beizumessen ist wie in der psychoanalytischen Theorie dem Trieb. Durch seine Pflichterfüllung und die Verdienste, die der einzelne für die Familie erbringt, erwirbt er auch einen Anspruch und ein Recht darauf, Leistungen durch andere einzufordern. Über mehrere Generationen hinweg werden somit → *Verdienstkonten* bilanziert, an denen sich Vorstellungen familiärer → *Gerechtigkeit* orientieren.

Das Loyalitätskonzept versucht insgesamt einer ethischen und moralischen Dimension gerecht zu werden, innerhalb derer sich die Bedürfnisse des einzelnen innerhalb eines Mehrpersonensystems abwägen und zu ihrem jeweiligen Recht verhelfen lassen *(→ Beziehungsethik).* Bei dem von Bert Hellinger entwickelten → *Familien-Stellen* ist Loyalität ein wichtiges Erklärungsmodell.

Literatur: Boszormenyi-Nagy (1972, 1975); Boszormenyi-Nagy u. Spark (1973); Boszormenyi-Nagy u. Krasner (1978, 1986); Buber (1957); Hellinger (1994); Weber (1993, 1998).

Macht
(power)

Ein für die Familientheorie und -therapie zentraler, häufig kontrovers gehandhabter Begriff. Bei konsequenter Anwendung kybernetischen Denkens und unter Berücksichtigung der Tatsache, daß lebende Systeme autonom und innengesteuert sind, ergibt sich folgende Sicht von Machtverhältnissen: Die Macht von A gegenüber B zeigt sich in seiner Fähigkeit, einen → *Kontext* zu definieren, in dem er die Freiheitsgrade für das autonome Handeln von B einengt oder erweitert. Zwischen A und B bzw. ihren Handlungen besteht dann zwar keine geradlinige Kausalität, es kann dem Beobachter aber so erscheinen (Simon 1990). Eine derartige Beziehung kann zeitlich oder sachlich begrenzt sein

Machtstrukturen und Machtkämpfe werden von Anbeginn der familientherapeutischen Literatur beschrieben; alle Autoren sind sich einig, daß Machtfragen einen wesentlichen Aspekt familiärer Dynamik darstellen, und »alle wissen, was Macht ist – bis man sie fragt« (Cromwell u. Olson 1975, S. 3). Das Problem, ein schlüssiges Konzept der Macht zu entwickeln, stellt sich allerdings nicht nur der Familientheorie und -therapie, sondern der gesamten Sozialwissenschaft. Für den Kliniker stellt es sich vor allem deshalb, weil aufgrund der → *Zirkularität* familiärer Interaktionen naiv geradlinige Ursache-Wirkungs-Konzepte, die unsere alltäglichen Machtvorstellungen prägen, hinfällig werden. Wenn nicht klar ist, wer eigentlich was mit wem gemacht hat, wo Interaktionszirkel ihren Anfang nahmen, welche → *Regeln* das Verhalten der Partner bestimmen, verlieren herkömmliche sozialwissenschaftliche Definitionen ihren Wert. Hinzu kommt, daß autopoietische Systeme als strukturdeterminiert betrachtet werden, d.h. ihr Verhalten ist durch systeminterne Prozesse bestimmt. Wie können dann die Phänomene, die allgemein als Ergebnis von Macht beschrieben werden, erklärt werden?

Die Literatur zur Frage der Macht in Familien zeigt, daß nahezu jeder Autor Macht anders definiert. So findet sich etwa die Meinung, daß alles soziale Handeln in irgendeiner Form Machtausübung ist und jede soziale Beziehung sich um den Ausgleich von Macht zentriert. Ein Sozialsystem stellt sich demgemäß als eine Organisation von Machtstrukturen dar (Hawley 1963). Andere Autoren verwenden Begriffe wie »Einfluß«, »Kontrolle«, »Autorität«, »Dominanz«, »Selbstbehauptung«, »Entscheidungsfähigkeit« synonym mit »Macht«.

Weitgehend ungeklärt bleibt dabei die Frage, ob lediglich der aktuelle Einfluß einer Person auf eine andere oder schon die Möglichkeit und Fähigkeit dazu als Macht zu verstehen sind. Weiter bleibt unklar, ob die Ausübung von Macht ein angestrebter oder nicht angestrebter Prozeß ist, ob sie offen, verdeckt oder in beiden Formen erfolgt, ob derjenige Macht hat, der entscheidet, oder der, der sich aktiv zeigt, ob Macht eher als ein Prozeß oder als das Resultat eines Prozesses zu verstehen ist. Zusammenfassend läßt sich jedoch sagen: Macht ist eher ein Aspekt einer Beziehung als Eigenschaft eines Individuums. Als Systemeigenschaft ist sie »die (potentielle oder aktuelle) Fähigkeit eines Individuums, das Verhalten anderer Mitglieder in einem sozialen System zu verändern« (Cromwell u. Olson 1975, S. 5). Niklas Luhmann sieht sie als ein symbolisch generalisiertes Kommunikationsmedium, das auf diese unterschiedlichen Möglichkeiten verweist, so daß derjenige, dem die Macht zugeschrieben wird, sie nicht durchzusetzen braucht, weil sie von allen Beteiligten vorausgesetzt wird.

Die hauptsächlichen bisher zum Verständnis des Phänomens familiärer Macht verwendeten theoretischen Ansätze stellen sich wie folgt dar:

Nach der → *Feldtheorie* von Kurt Lewin (1951) entspricht die Macht von A über B dem Quotienten aus der maximalen Kraft, die A auf B richten kann, und dem maximalen Widerstand, den B dem entgegenzusetzen vermag. Auch ohne daß A irgendwelchen aktuellen Wandel bei B bewirkt, läßt sich sein Potential dazu als Macht verstehen (Cartwright 1959, S. 198).

Bei der Weiterentwicklung dieses Ansatzes zeigte sich zunehmend die Motivation B's als die Grundlage der Macht A's. Die (Macht-)Ressourcen A's mußten auf die Motivation B's abgestimmt sein. A's Macht beruhte demnach auf den Eigenschaften, die ihn zum Mittel der Bedürfnisbefriedigung von B werden lassen (vgl. Wolfe 1959, S. 100).

Diese Sicht wiederum berührt sich mit Theorien des sozialen Tauschs. Darin zeigt sich Interaktion als ein Tauschprozeß, dem Kosten/Nutzen-Rechnungen zugrunde liegen. Die Macht von A über B erweist sich nunmehr als davon abhängig, wieweit A bestimmen kann, welchen Gewinn B aus der Interaktion zieht. Das heißt aber nichts anderes, als daß die Macht des einen Partners immer in der Abhängigkeit des anderen begründet ist (Emerson 1962, S. 194; Harsanyi 1962 a, b; Holm 1969).

Die Ressourcen-Theorie ist eine Variante dieses Ansatzes; sie basiert auf drei Annahmen: (1) Jedes Individuum versucht kontinuierlich, seine Bedürfnisse zu befriedigen und irgendwelche Ziele zu erreichen. (2) Die meisten solcher individuellen Bedürfnisse werden durch soziale Interaktionen mit anderen Personen oder Gruppen befriedigt. (3) Bei diesen Interaktionen handelt es sich wesentlich um einen kontinuierlichen Austausch von »Ressourcen«, die der jeweils individuellen Bedürfnisbefriedigung dienen (Wolfe 1959, S. 100). In einer solchen Beziehung liegt die Macht demgemäß bei dem, der die meisten Ressourcen zur Befriedigung der individuellen wie auch gemeinschaftlichen Bedürfnisse einzubringen vermag.

Die entscheidungstheoretischen Überlegungen zur Macht lassen sich nicht von diesen Tauschprozessen trennen. Wenn jeweils ein Interaktionspartner sich auf das Wertsystem des anderen einzustimmen und dessen Entscheidungen zu beeinflussen vermag, weil dieser keine Optionen zur Erzielung eines gleich hohen »Gewinnes« hat, so entspricht die Macht des einen dem Einfluß, den er auf die Entscheidungen des anderen ausübt (vgl. Dahl 1957; March 1966; Pollard u. Mitchell 1972; Beckman-Brindley u. Tavormina 1978).

Die Übersichtsarbeiten von Jules Riskin und Elaine E. Faunce (1972) sowie von I. Glick und Jay Haley (1971) verdeutlichen jedoch, daß es – trotz der hier skizzierten Ansätze – bislang keine klare Theorie familiärer Machtprozesse gibt. Klinische Konzepte wie das der Eskalation in einer symmetrischen *(→ komplementär/symmetrisch)* Beziehung oder das des → *malignen Clinchs* beschreiben vor allem wichtige Aspekte der Zirkularität der genannten Interaktionsformen. Aber auch dort, wo sich diese nicht als kontinuierlicher Machtkampf, sondern als scheinbar offene Machtverhältnisse im Sinne komplementärer und konfliktfreier Beziehungen darstellen, sind sie komplexer, als es auf den ersten Blick erscheint. Nicht wer entscheidet, ist oftmals das Wesentliche, sondern wer entscheidet, wer entscheiden darf. Es handelt sich hier also um verschiedene → *logische Typen* der Entscheidung, die auf unterschiedlichen Ebenen verdeckter oder offener Kommunikation ausgehandelt bzw. in Frage gestellt werden.

Innerhalb einer systemtheoretischen Perspektive, die von der Zirkularität aller Interaktionsprozesse und der Autonomie der Teilnahme an der Interaktion ausgeht, lassen sich somit kaum eindeutige Machtverhältnisse bestimmen. Alles Handeln wirkt nunmehr auf die eine oder andere Weise auf den Handelnden zurück. Doch wird diese formale Beschreibung der tatsächlichen Komplexität vieler solcher Verhältnisse nicht gerecht; nicht alles Handeln wirkt in gleichem Maße auf den Handelnden zurück, nicht jede Interaktion hat für alle Interaktionsteilnehmer die gleichen Wirkungen. Bezieht man die jeweils subjektiven Wertsysteme ein, so können die von A auf B bezogenen Handlungen durchaus im Sinne einer geradlinigen Machtbeziehung verstanden werden. A kann die Lebens- und Verhaltensmöglichkeiten von B einschränken oder erweitern. Wer den anderen einsperrt, nimmt ihm nicht seine Autonomie, aber er engt seine Verhaltensmöglichkeiten ein. Wenn er ihm beispielsweise Geld oder sonstige Güter zur Verfügung stellt, so erweitert er seine Verhaltensmöglichkeiten. In beiden Fällen verfügt er über Macht bzw. die Beziehung zwischen A und B kann als Machtbeziehung bewertet werden. In einem solchen zirkulären Modell hat immer der die Macht, der den Verhaltensspielraum in stärkerem Maße erweitern oder einengen kann (Simon 1990).

In Interaktionssystemen stellt sich daher stets die Frage, wer mehr vom anderen will und wer wem was zum »Tausch« anbieten kann. Machtbeziehungen entstehen immer dann, wenn die Partner aus dieser Interaktion, diesem »Tauschgeschäft«, einen (um es quantifizierend auszudrücken) unterschiedlich hohen Gewinn ziehen. Wenn A ohne großes Risiko B zu einer Verhaltensänderung bringen kann, hat diese Verhaltensänderung sicherlich auch wieder eine Rückwirkung auf A. Diese muß jedoch keineswegs negativ sein, kann gleich Null oder sogar positiv sein.

Der »Wechselkurs«, der diesem Tausch von Verhaltensweisen zugrunde liegt, ist vom Kontext abhängig (Simon u. Conecta 1992).

Als Beispiel eines derart komplexen Machtverhältnisses innerhalb der Familie bietet sich die Beziehung zwischen Eltern und Kindern an. Insgesamt nimmt darin mit Zunahme der kindlichen → *Autonomie* die elterliche Macht ab. Das Neugeborene ist noch total von einer mütterlich pflegenden Person abhängig. Damit es überhaupt physisch überleben kann, muß diese die vom Kind nicht autonom zu leistenden steuernden Funktionen übernehmen. Dennoch hat schon ein Säugling eine gewisse Macht über seine Eltern. Durch nächtliches Schreien bietet er etwa einen »negativen Wert« zum Tausch an, bzw. er bringt durch das Versprechen ungestörter Nachtruhe die Mutter oder den Vater dazu, sich um ihn zu kümmern. Wie groß seine Macht im einzelnen ist, hängt weiter von den Wertsystemen der Eltern ab. Wer eine »gute Mutter« sein will, wird dem Kind eine größere Macht zuweisen als jemand, dem dies relativ gleichgültig ist. Man läßt das Kind gewissermaßen »entscheiden«, ob man dieser selbstgestellten Aufgabe gerecht wird oder nicht. Eine weitere Möglichkeit zum Machtgewinn innerhalb einer Familie bietet sich Kindern, die bestimmte Bedürfnisse der Eltern zu befriedigen vermögen. Dies können bislang unbefriedigte elterliche Wünsche und Sehnsüchte sein, die den eigenen Eltern gelten *(→ Mehrgeneratio-*

nenperspektive, → Parentifikation, → Delegation), oder aber auch das Bedürfnis, positive wie negative Aspekte des eigenen Selbstbilds *(→ Identität)* über die → *projektive Identifikation* mit dem Kind realisieren oder loswerden zu können. Ein Kind etwa, welches delegiert ist, das elterliche → *Selbstwert*gefühl aufzufüllen bzw. das elterliche Ich-Ideal zu verwirklichen, hat den Eltern gegenüber eine starke Machtposition.

Ein klinisches Beispiel vermag die Rolle des Kontextes für zwischenmenschliche Machtbeziehungen zu erläutern. Wenn ein Mann nach 20 Jahren Ehe seine Frau verlassen will, um mit einer jüngeren zusammenzuleben, so sind die Machtmittel der Frau durch die positiven oder negativen Werte bestimmt, die sie zum Tausch für dieses Verhalten des Ehemanns erhält. Die jedoch sind kontextbestimmt. Will sie verhindern, daß ihr Mann sich von ihr trennt, kann sie zum Beispiel so hohe Unterhaltszahlungen fordern, daß ihm die Scheidung rein finanziell erschwert wird, oder das Sorgerecht für die Kinder beanspruchen, so daß sie emotional erschwert wird. Neben diesen juristisch geregelten »Tauschbedingungen« kann auch die emotionale Ebene der jeweils individuellen Ethik und Moral angesprochen werden. Wird die Ehefrau zum Beispiel tief depressiv und muß deshalb ärztlich behandelt werden, so hat sich die Definition des Kontextes radikal verändert: Der Mann verläßt nicht mehr seine gesunde Frau, sondern eine arme und hilfsbedürftige Person. Die Bewertung seines Verhaltens durch sein soziales Umfeld wie durch ihn selbst ist verändert. Er wird sich möglicherweise vornehmen, seine Frau erst zu verlassen, wenn sie wieder »gesund« ist. Sie jedoch »darf« nicht gesund werden, wenn sie nicht verlassen werden will. Ein Interaktionszirkel hat sich verfestigt, der sich von allein nicht auflösen kann.

Bei der Beurteilung familiärer Machtbeziehungen muß also stets der gesellschaftliche Bezugsrahmen gesehen werden: seine objektiven Gegebenheiten und sein Niederschlag in der Familie.

Machtbeziehungen in Familien können im Rahmen der kindlichen Sozialisation sehr wichtig sein. Manche Autoren sehen sie sogar als für das Funktionieren einer Familie zentral bedeutsam an *(→ strukturelle Therapie, → »gesunde«/funktionale Familien).* Dysfunktional dürfte eine Machtstruktur nur dort werden, wo sie erstarrt und damit den Forderungen nach immer neuer → *Anpassung,* die sich einerseits von den Gegebenheiten der kindlichen Entwicklung, andererseits den sich verändernden Umweltbedingungen herleiten, nicht (mehr) gerecht zu werden vermag.

Das gilt besonders dort, wo massive Störungen der → *Selbst-Objekt-Differenzierung* vorliegen, die *bezogene → Individuation* eines jeden Familienmitglieds beeinträchtigt ist und jeder von jedem stark abhängig ist. In diesen Fällen, wo man den anderen lebensnotwendig braucht (oder zu brauchen meint), liegt eine extreme Art von Machtbeziehung vor. Eine vor allem in Familien mit einem schizophrenen Mitglied weitverbreitete Befreiungsstrategie (vgl. M. Selvini Palazzoli et al. 1975) besteht nun in dem Versuch, jeweils die Macht über die → *Definition der Beziehung* zu gewinnen. Wenn sich aber alle in gleichem Maße abhängig fühlen und in gleichem Maße den anderen in Abhängigkeit zu versetzen suchen, muß ein sich selbst aufrechterhaltender und sich ständig fortzeugender Machtkampf entstehen.

Literatur: Beckman-Brindley u. Tavormina (1978); Beer (1966); Cartwright (1959); Cromwell u. Olson (Hrsg.) (1975); Dahl (1957); Dell (1989); Emerson (1962); Faller (1979); Glick u. Haley (1971); Haley (1959a, b, 1969); Harsanyi (1962 a, b); Hawley (1963); Hesse-Biber u. Williamson (1984); Holm (1969); Homans (1958, 1967); Keeney (1982); Lewin (1951); Luhmann (1975, 1997); March (1966); Pollard u. Mitchell (1972); Rappaport u. Harrell (1972); Riskin u. Faunce (1972); Ross (1970); Safilios-Rothschild (1971); Selvini Palazzoli, Boscolo, Cecchin u. Prata (1975); Simon (1990); Simon u. Conecta (1992); Sprey (1972); Turk u. Bell (1972); Weeks u. Johnson (1980); Wolfe (1959).

maligner Clinch/maligne Verklammerung (malign clinch)

Fortgeschrittenes Stadium einer sich zwischen zwei oder mehreren Beziehungspartnern vorantreibenden symmetrischen Eskalation (→ *komplementär/symmetrisch)*.

Der von Helm Stierlin in die Familientheorie und -therapie eingeführte Begriff ist dem Boxkampf entlehnt. Hier spricht man von einem Clinch, wenn die miteinander verklammerten Kontrahenten häufig noch wild aufeinander losschlagen und dennoch den Kampf nicht von der Stelle bringen. Keiner kann den Clinch lösen, den Kampf vorantreiben. Weiter sind im Clinch die unterschiedlichen Strategien und Taktiken, in denen sich die individuellen Vorstellungen, Ziele, Erfahrungen und Lebensgeschichten der Kämpfer spiegeln, wie ausgelöscht. Es zeigen sich nur noch zwei schnaubende, miteinander verhakte und undifferenziert zuschlagende Muskelklötze. Die im »Beziehungsclinch« verwendeten Waffen sind jedoch nicht Fäuste, sondern entwertende → *Strategien.* Zu diesen Waffen zählen etwa das Hilflos-Machen und Unter-Schulddruck-Setzen des Gegners durch das Ausspielen von Symptomen oder durch masochistische Verhaltensweisen. Weiter rechnen dazu die gegenseitige → *Mystifikation,* das Auslegen von → *Doppelbindungen,* d.h. von Beziehungsfallen, das Vermeiden einer → *Definition der Beziehung,* das Ausweichen vor Führerrolle und Eigenverantwortung.

Mit dem Bild des – aus dem Boxkampf vertrauten – Clinchs eröffnen sich bestimmte therapeutische Perspektiven. Beim Boxkampf ist es gewöhnlich der Schiedsrichter, der den Clinch auflöst. Um die miteinander verklammerten Kämpfer auseinanderzubringen, muß er oft aktiv und energisch eingreifen, ja, er muß in einem fast wörtlichen Sinne das Gewicht seiner Person einsetzen. Durch solchen gewichtigen aktiven Einsatz bringt er den festgefahrenen Boxkampf wieder in Bewegung, verschafft er dem Spiel der unterschiedlichen Individualitäten, Strategien, Motivationen usw. wieder einen Entfaltungsraum, der so lange fehlte, wie der Clinch anhielt. In analoger Weise muß auch ein Familien- oder Paartherapeut angesichts einer malignen Verklammerung das Gewicht seiner Persönlichkeit bzw. seiner Autorität zum Einsatz bringen, um eine solche Verklammerung aufzubrechen und somit dem differenzierten Werte- und Motivationsspektrum der Kontrahenten wieder einen Entfaltungsraum zu verschaffen. In diesem Sinne läßt sich der Familientherapeut ebenso als Clinchbrecher wie auch als Dialogermöglicher verstehen.

Das Bild des Clinchs macht aber auch deutlich, welch zwiespältige Gefühle dem Therapeuten in seiner Funktion als Clinchbrecher entgegengebracht werden müssen: Solange der Clinch besteht, geht kein Boxer k.o., der Kontakt zwischen beiden ist eng und intensiv und dennoch, da feindselig, distanziert. Wird der Clinch gelöst, so erhöht sich die Gefahr zu verlieren, ebenso wie die, zu gewinnen und den Kontakt einzubüßen.

Literatur: Stierlin (1979, 1981b, 1982); Stierlin, Rücker-Embden, Wetzel u. Wirsching (1977).

marital skew/marital schism
(deutsch: Eheliche Strukturverschiebung/Ehespaltung)

Formen ehelicher Beziehungen mit spezifischen Abhängigkeits-Abgrenzungsmustern, deren Gemeinsamkeit in einer starken Abhängigkeitsbindung bei geringer Kooperation liegt. Der marital skew ist einerseits durch eine starke gegenseitige Abhängigkeit, andererseits durch die starre Zuweisung einer starken und einer schwachen Rolle charakterisiert. Dagegen ist der marital schism durch einen ständigen Streit zwischen den Partnern gekennzeichnet: Jeder versucht den anderen zur Anpassung an die eigenen Erwartungen und Maßstäbe zu zwingen. Obwohl es keine gemeinsamen Interessen oder gegenseitigen Bedürfnisbefriedigungen zu geben scheint und ständig mit Trennung gedroht wird, sind beide nicht in der Lage, sich voneinander zu lösen.

Theodore Lidz und Mitarbeiter (1957) fanden diese beiden Muster einer Partnerbeziehung bei Eltern schizophrener Kinder. Lidz' Konzeptualisierung war abgeleitet von den von Parsons und Bales gelieferten Beschreibungen der väterlichen Rolle als »adaptiv-instrumental« und der mütterlichen Rolle als »integrativ-expressiv« (Parsons et al. 1955). In Familien mit einem schizophrenen Kind zeigte sich, daß weder der Vater seine instrumentelle noch die Mutter ihre integrative Rolle zu erfüllen vermochten.

Die beim marital skew hervorstechende gegenseitige Abhängigkeit zeigt sich darin, daß sich die Partner durch die Zuweisung einer starken und einer schwachen Rolle gegenseitig zu ergänzen und zu bestätigen vermögen: Derjenige, der Schwäche zeigt, beweist dem anderen, daß dieser stark ist, und umgekehrt zeigt dieser jenem, daß er schwach ist. Beide sind jedoch in dieser Situation aufeinander angewiesen, und keiner ist unabhängig vom anderen schwach oder stark. Außerdem gewinnt jeder mit Hilfe solcher Rollenzuschreibung die Macht, den anderen in der Beziehung zu halten: Der Starke kann gewiß sein, daß der andere ohne ihn nicht zu leben vermag, und der Schwache darf sicher sein, daß er als der Hilflose nicht sich selbst überlassen bleiben wird. Auf diese Weise gelingt es, Konflikte weitgehend zu vermeiden *(→ Pseudo-Gegenseitigkeit).* In den beschriebenen Familien waren sowohl die Stärke als auch die Schwäche eines Partners durch erhebliche psychopathologische Auffälligkeit gekennzeichnet. Für die Kinder bedeutete dies eine familiäre Umwelt, die in hohem Maße von der außerfamiliären (realen) Umwelt abwich. Der Zwang zur schließlichen → *Anpassung* an die Umwelt muß notwendigerweise die kognitive Entwicklung der Kinder – d.h. ihre Orientierung in der von der umgebenden Kultur tradierten und getragenen Symbolwelt – stören. Daher läßt sich ein Zusammenhang zwischen den beschriebenen Charakteristika der elterlichen Beziehung und dem Auftreten einer schizophrenen Symptomatik beim heranwachsenden Kinde annehmen *(→ Kategorienbildung).*

Beim marital schism ist im Kampf der Eltern oft der Vater zur zweitrangigen Figur herabgesunken, die gelegentlich versucht, sich durch tyrannisches Verhalten in den Vordergrund zu schieben. Gegenüber der Mutter/Kind-Koalition bleibt der Vater auf Dauer der Unterlegene. Mit dem genannten Muster verbindet sich somit eine Verwischung der → *Generationsgrenzen* und eine Form der pathologischen Eltern/Kind-Koalition *(→ Koalition, → Triangulation, → starre Triade, → perverses Dreieck).* Betrachtet man lediglich die eheliche Beziehung, so zeigt sich ein symmetrischer *(→ komplementär/symmetrisch)* Kampf um die Dominanz, der letztlich erst durch Hinzuziehung eines Dritten entscheidbar wird. Dieser Dritte ist das Kind in der Rolle des → *Indexpatienten.* Es gerät nunmehr in eine Situation, in der es durch Verbündung mit einem Elternteil diesen Kampf de facto zu entscheiden hat. Die Entwicklung einer schizophrenen Symptomatik bietet ihm die Möglichkeit, dieser Aufgabe zugleich gerecht und nicht gerecht zu werden: Die eigene Entscheidung für den einen Elternteil wird durch das verrückte Verhalten wieder entwertet.

Eltern bleiben sich durch eine derartige »Kampfehe« nicht nur verbunden, sie halten sich gleichzeitig auf Distanz. Es fehlt ein → *Beziehungsgleichgewicht* von Nähe und Distanz, das einem höheren Grade *bezogener* → *Individuation* entspräche. Die Distanzierung erklärt sich in der Regel aus der Tatsache, daß beide Partner noch stark an ihre jeweiligen Herkunftsfamilien gebunden sind; sie könnten bei einer zu engen → *Bindung* an den ehelichen Partner in einen Loyalitätskonflikt mit den eigenen Eltern geraten. Ihre »Kampfehe« erlaubt es ihnen, sowohl eine intensive Beziehung einzugehen als auch, diese zu verleugnen *(→ Pseudo-Gegenseitigkeit/Pseudo-Gemeinschaft/Pseudo-Feindschaft)*. Sie haben eine spezifische Form der Kooperation gefunden, die es ihnen ermöglicht, die beiden Seiten eines Konflikts gleichzeitig zu leben *(→ diachron/synchron, → Konfliktorganisation/Tetralemma)*.

Während sich der marital schism als Ergebnis einer Entwicklung im Sinne einer symmetrischen → *Schismogenese* verstehen läßt, ist die eheliche Strukturverschiebung als das Ergebnis einer komplementären Schismogenese zu werten *(→ Kollusion)*.

Literatur: Lidz (1973b); Lidz, Cornelison, Fleck u. Terry (1957a, b); Lidz, Cornelison, Terry u. Fleck (1958a); Lidz u. Fleck (1965); Parsons, Bales, Olds, Zelditch u. Slater (1955).

Mediation
(divorce mediation)

Mediation (Scheidungs-Mediation, Familien-Mediation) ist bei der Scheidung von Paaren angewandte Interventionsform, bei der die Interessen aller Familienangehörigen berücksichtigt werden. Die Mediation bemüht sich um die konsensuelle Lösung der Folgeprobleme einer Scheidung.

Im Gegensatz zur → *Scheidungstherapie* ist die Trennung der Partner selbst kein Thema der Mediation. Der Entschluß der Partner zur Trennung bzw. Scheidung ist vielmehr Voraussetzung der Mediation. In einem weiteren Sinn dient sie der Reorganisation der familiären Regeln nach der Trennung mit dem Ziel, eine beidseitig befriedigende oder zumindest akzeptable Vereinbarung zu treffen, die für beide Partner verbindlich ist. Josef Duss-von Werdt, einer der Pioniere der Mediation im deutschsprachigen Raum, führt als relevante Unterscheidung ein: »Mediation ist nicht Konfliktlösung, sondern Problemlösung.« (1998, S. 119) Mediation thematisiert also in erster Linie die sachliche, nicht die emotionale Ebene. Die Unterscheidung zwischen Konflikt und Problem ist deshalb relevant, weil die Konflikte, die zur Trennung geführt haben, auch beim Mediationsprozeß untergründig ständig mitlaufen.

Die Rolle des Mediators besteht darin, den Partnern zu ermöglichen, ihre Erwartungen und Forderungen in einem Klima auszutauschen, das neutraler und entspannter ist als die gerichtlichen Verfahren, in denen angesichts der folgenreichen Entscheidungen (Finanzen, Versorgungsregelungen, Kinder) symmetrische Eskalationen (→ *komplementär/symmetrisch)* sowohl drohen als auch destruktive Konsequenzen haben. Wenn der Trennungsprozeß als Machtkampf gestaltet wird, in welchem jeder Partner Vorteile zuungunsten des anderen Partners zu erreichen sucht, besteht die Arbeit des Mediators darin, diese Nullsummen-Logik der Trennung zu modifizieren und zu einer positiveren Sicht der Trennung zu kommen, die die Trennung eher als Reorganisation (speziell in bezug auf die Kinder) denn als Auflösung der Familie versteht.

Anders als die gerichtlichen Instanzen hat der Mediator keine autoritative Stellung gegenüber den Partnern. Er achtet insbesondere auf das Machtgleichgewicht zwischen den Partnern. Die → *Neutralität* des Mediators gegenüber den Partnern ist von besonderer Bedeutung. Dabei überläßt der Mediator die Verantwortung für die Lösung den Partnern, besteht also nicht auf einer inhaltlichen Lösung, sondern konzentriert sich auf die Definition und Einhaltung der Prozeßregeln. Allerdings gehen die meisten Mediatoren davon aus, daß der Mediator sich als Anwalt der Interessen der Kinder verstehen, in bezug auf diese also durchaus nicht neutral sein sollte. Meist sind bei einer Mediation juristische wie psychologische Fachkompetenzen zu gewährleisten. Dies läßt sich durch unterschiedliche Modelle erreichen: Der Mediator vereint beide Kompetenzen, oder eine Co-Mediation erfolgt durch ein Mediatoren-Team, in dem je ein Mediator eine Kompetenz vertritt, oder es kommt eine psychologische Mediation zur Anwendung, in der die juristische Kompetenz extern eingeholt wird (Bastine et al. 1992).

Mediationssitzungen sind ausgesprochen pragmatisch und lösungsorientiert. Deshalb spielen in den Sitzungen die Definition der zu lösenden Probleme und die Festlegung der Regeln, nach denen verhandelt wird, eine wichtige Rolle. Unter Praktikern der Mediation besteht Einigkeit darüber, daß es weder die Funktion der Mediation sein kann, Gefühle oder psychische Konflikte im Zusammenhang mit der Trennung zu bearbeiten, noch therapeutisch auf die Paardynamik einzugehen, die möglicherweise zu der Trennung geführt hat.

Seit dem Beginn der Mediationspraxis in den siebziger Jahren hat sie sich zunehmend verbreitet. Eine Übersicht über Mediations-Studien ergibt, daß 50–75% aller Klienten in der Mediation zu einer Übereinkunft gelangen (Emery u. Wyer 1987) und – unabhängig von einer Übereinkunft – 70–90% mit der Mediation zufrieden sind (Kressel u. Pruitt 1989).

Literatur: Bastine, Link u. Lörch (1992); Duss-von Werdt (1998); Duss-von Werdt, Mähler u. Mähler (Hrsg.)(1995); Emery u. Wyer (1987); Kressel u. Pruitt (1989).

Mehrgenerationenperspektive/Herkunftsfamilien/ Mehrgenerationentherapie
(multigenerational perspective/families of origin/ multigenerational therapy)

Die in der Kernfamilie beobachtbaren Interaktionsmuster haben häufig einen Bezug zu den Herkunftsfamilien der Eltern. Physische, emotionale und soziale Dysfunktion läßt sich somit als Ausdruck und Folge einer Problematik verstehen, die über etliche Generationen hinweg entwickelt und weitergereicht wurde und wird. Die Mehrgenerationenperspektive ist aber nicht deterministisch zu verstehen. So verbietet es sich, das Verhalten der Mutter eines schizophrenen Kindes als Ursache für dessen Schizophrenie anzusehen. Diese zeigt sich vielmehr nur als »Spieler« in einer Reihe anderer »Spieler« innerhalb einer langen Generationenfolge. Bestimmte Systemregeln und Wertvorstellungen haben sich im Laufe der generationenüberschreitenden → *Ko-Evolution* herausgebildet. In einer aktuellen Situation können sie in Konflikten, Spannungen und Überforderungen resultieren und zu Symptombildung führen. Vor diesem Hintergrund ist die Einbeziehung der Großelterngeneration(en) in die Therapie oft sinnvoll, sei es aus diagnostischen Gründen, sei es, um Mehrgenerationenmuster zu verändern.

Eine Mehrgenerationenperspektive wurde vor allem von Ivan Boszormenyi-Nagy u. Geraldine Spark (1973) und Murray Bowen (1976, 1978) beachtet und entwickelt. Im Mittelpunkt des Interesses von Bowen stehen vor allem familienspezifische Mechanismen der → *Selbst-Objekt-Differenzierung.* Bowen vermochte zu zeigen, daß über mehrere Generationen hinweg ähnliche Mechanismen der → *projektiven Identifikation* zur Wirkung kommen, wodurch Selbst- und Objektbilder ineinander verschwimmen *(→ undifferenzierte Familien-Ich-Masse),* andererseits – gleichsam in Form einer Gegenstrategie – der totale emotionale Beziehungsabbruch unvermeidlich wird *(→ emotionale Trennung).* Als grundlegendes Problem der familiären Geschichte erweist sich dabei der Aufbau bzw. die Aufrechterhaltung interpersoneller → *Grenzen.* Das ambivalente Hin- und Herpendeln zwischen Nähe und Distanz, die Angst vor der Verschmelzung und die Angst vor dem Objektverlust bestimmen demgemäß die emotionale Dynamik des familiären Lebens. Aus dieser Sicht ergibt sich für Bowen als therapeutisches Ziel, allen Beteiligten zu jeweils individueller Differenzierung bzw. individuellem Wachstum zu verhelfen. Die Hinzuziehung der Großelterngeneration bietet die Chance, in einem durch den Therapeuten angebotenen angstfreien Raum ein Stück der bis dahin nicht vollzogenen Differenzierung nachzuholen *(→ Wachstumstherapie).*

Boszormenyi-Nagy und seine Mitarbeiter erfassen die Mehrgenerationenperspektive begrifflich im Rahmen der → *kontextuellen Therapie.* Sie untersuchen vor allem die Art, wie über mehrere Generationen hinweg → *Loyalitäts*bindungen und → *Verdienstkonten* entstehen, sich verändern und weitergereicht werden (→ *revolving slate*, → *Delegation*, → *Zuschreibung*). Bei Hinzuziehung der Großeltern verdeutlichen sich Loyalitätsverstrickungen und eröffnen sich Wege, konstruktiv damit umzugehen. Eltern, die ihr Kind zum Beispiel ersatzweise benutzen, um das unausgeglichene Konto mit den eigenen Eltern zu bereinigen, geben bei dem Kind Anlaß zu Ansprüchen, die dieses seinerseits bei seinen Kindern einzutreiben versucht. Dies gilt sowohl für den Fall, daß Eltern ihre noch offenen Ansprüche – zum Beispiel auf Verwöhnung oder existentielle Bestätigung – an die eigenen Eltern durch die Kinder befriedigen lassen, als auch für den, daß eine Schuld gegenüber den eigenen Eltern an den Kindern gutgemacht wird. In der Therapiesitzung lassen sich Verdienste, Ansprüche und Schulden offenlegen und an die richtigen Adressaten verweisen. Dies entspricht einem therapeutischen Ansatz, für den die Begegnung und Versöhnung zwischen den Generationen zum zentralen Anliegen werden.

Die Würdigung und Anerkennung der Verdienste der einzelnen Familienmitglieder spielt beim → *Familien-Stellen* von Bert Hellinger eine zentrale Rolle. Sie werden hier in Form von Ritualen besonders inszeniert und unterstrichen (→ *Gerechtigkeit*, → *Begegnungsmodell der Therapie*, → *Beziehungsethik*, → *Genogramm*).

Literatur: Boszormenyi-Nagy (1975, 1981); Boszormenyi-Nagy u. Spark (1973); Bowen (1971/72, 1978); Framo (1976); Friedman (1985); Hellinger (1994); Hellinger u. ten Hövel (1996); Kramer (1985); McGoldrick (1995); Paul u. Paul (1975); Paul (1980); Sperling u. Sperling (1976); Sperling, Massing, Reich, Georgi u. Wöbbe-Mönks (1982); Stierlin (1974d, 1977); Weber (1993); Whitaker u. Keith (1980, 1981).

Metakommunikation
(metacommunication)

(von griech. meta = über)

Kommunikation, deren Inhalt und Thema die Kommunikation selbst ist. Es werden darin Mitteilungen über Mitteilungen ausgetauscht.

Die Unterscheidung zwischen Kommunikation und Metakommunikation ist aus logischen Erwägungen wichtig. Unterläßt man diese Unterscheidung, so entstehen zwangsläufig Paradoxien, da beide Kommunikationsebenen einem unterschiedlichen → *logischen Typus* zuzurechnen sind. Im Bereich zwischenmenschlicher Interaktion wird durch Metakommunikation stets ein → *Kontext* markiert (→ *Kontextmarkierung*). Er bestimmt, wie die Verhaltensweise des einen oder anderen zu verstehen und zu bewerten ist. Ob zwei Personen zum Beispiel »spielerisch« ihre Kräfte erproben oder sich »ernsthaft« in einem möglicherweise lebensbedrohlichen Wettkampf messen, kann nur metakommunikativ geklärt werden. Alle verfügbaren Modalitäten der Kommunikation lassen sich im zwischenmenschlichen Bereich auch zur Metakommunikation verwenden; d.h., jegliches kommunikative Verhalten, sei dies nun Sprache, Gestik, Mimik oder etwas anderes, vermag somit alle anderen Mitteilungen zu kommentieren. Als Metakommunikation läßt sich aber auch jede Reflexion von Kommunikationsprozessen bezeichnen, bei der die Beteiligten gewissermaßen eine Außenperspektive ihrer eigenen Kommunikation einnehmen. Dies geschieht zum Beispiel im Rahmen von Therapien oder Supervisionen. Sie kann aber auch ohne realen Außenbeobachter stattfinden.

Die große Bedeutung der Unterscheidung zwischen Kommunikation und Metakommunikation im Bereich zwischenmenschlicher Interaktionen wurde zuerst von Gregory Bateson (1955, 1956) und seiner Arbeitsgruppe erkannt. Die Formulierung der → *Doppelbindungs*-Theorie der Schizophrenie basiert zum Teil auf solcher Erkenntnis. Diese Theorie beschreibt, welche Folgen sich ergeben, wenn auf der Ebene der Kommunikation und Metakommunikation Mitteilungen und Handlungsaufforderungen gegeben werden, die einander ausschließen.

Literatur: Bateson (1955); Bateson, Jackson, Haley u. Weakland (1956); Cronen, Johnson u. Lannamann (1982); Cronen, Pearce u. Harris (1979); Haley (1955); Watzlawick, Beavin u. Jackson (1967).

Metapher
(metaphor)

(von griech. metaphora = Übertragung)

Redewendung, die in einem übertragenen, meist bildlichen Sinne verwendet wird. Obwohl ein sprachliches Ausdrucksmittel, enthält die Metapher viele Aspekte → *analoger Kommunikation,* da zwischen dem verwendeten Bild und dem, was dadurch ausgedrückt wird, eine Ähnlichkeit besteht.

Nahezu unsere ganze Sprache besteht aus Metaphern. Kaum eines der alltäglich benutzten Worte wird im Sinne einer eng umgrenzten Bedeutung gebraucht. Stets wird durch sie ein mehr oder weniger weiter Hof von Assoziationen ausgelöst. Insofern kann davon gesprochen werden, daß wir »in Metaphern leben« (Lakoff u. Johnson 1998). Daher liegt es nahe, sie bewußt in der Therapie zu nutzen.

Ihr Gebrauch in der Therapie bietet die Möglichkeit, in einem sprachlichen Kommunikationsmedium erlebnisnahe Deutungen und Interpretationen zu geben.

Metaphern eignen sich besonders zur Darstellung bestimmter Beziehungsaspekte. Während die Sprache synchrone Strukturen immer in diachrone *(→ diachron/synchron)* übersetzt, ermöglicht die Bildhaftigkeit der Metapher mit ihrer Vielzahl von Gleichzeitigkeitsassoziationen die Darstellung synchroner Strukturen. Es ist anzunehmen, daß sich unbewußte Prozesse zum großen Teil auf eine ähnliche Art und Weise wie das Verstehen oder Mißverstehen von Metaphern abspielen. Dementsprechend läßt sich die Symbolik des Traums mit seiner auf Ähnlichkeiten basierenden Assoziationsdynamik wie eine metaphernreiche Sprache verstehen (vgl. Simon 1982).

Beispiele für den Gebrauch von Metaphern in der Familientherapie sind das → *Geschichten-Erzählen,* die Benutzung der → *Familienskulptur* und das → *Familien-Stellen.* So kann eine Geschichte erzählt werden, deren Struktur Ähnlichkeit mit der Struktur der Familiengeschichte oder der Geschichte des einzelnen aufweist. Eine andere Möglichkeit besteht darin, emotionale Beziehungen und vor allem emotionale Nähe- und Distanzbedürfnisse räumlich wahrnehmbar zu machen.

Im Rahmen der → *Hypnotherapie* und des → *neurolinguistischen Programmierens* werden Metaphern in einer Art umgekehrter Traumdeutungstechnik verwendet. Während im herkömmlichen psychoanalytischen Verfahren die Bildsprache des Traums, d.h. ein analoger Kommunikationsmodus, in die Struktur der Umgangssprache (d.h. in einen digitalen Kommunikationsmodus) übersetzt wird, versuchen die genannten Verfahren unter Ausschluß rationaler Deutungen gleich eine Veränderung der zugrundeliegenden Bilder zu induzieren. Gemeinsamer Nenner beider Verfahren ist die Annahme von Repräsentationssystemen *(→ Psycholinguistik),* worin eigene lebensgeschichtliche Erfahrungen in einer nicht der sprachlichen Logik folgenden Weise (primärprozeßhaft) verknüpft sind. Diese Verknüpfungen zu entschlüsseln und zu verändern ist Ziel sowohl des psychoanalytischen Prozesses als auch der suggestiven, indirekten, auf einer symbolischen Ebene intervenierenden Methoden.

Literatur: Andolfi, Angelo, Menghi u. Nicolò-Corigliano (1983); Bandler u. Grinder (1975); Cade (1982); Erickson, Rossi u. Rossi (1976); Erickson u. Rossi (1979); Gordon (1978); Grinder u. Bandler (1976, 1981); Grinder, Delozier u. Bandler (1977); Lakoff u. Johnson (1998); MacCormack (1997); Simon (1982c); Sims u. Whynot (1997); Zeig (Hrsg.) (1980, 1982).

Modelle der Familientherapie
(models of family therapy)

Solche Modelle leiten therapeutisches Handeln an. Sie enthalten ferner Vorstellungen darüber, was funktionale bzw. dysfunktionale familiäre Interaktions- und Kommunikationsmuster ausmacht. Sie sind somit (auch) Ausdruck und Folge bestimmter → *Epistemologien.*

Familientherapeutische Modelle lassen sich unter verschiedenen Gesichtspunkten klassifizieren. Ein von Helm Stierlin verwendetes Einteilungsprinzip siedelt verschiedene Modelle auf einer idealtypisch konstruierten Achse an. Es unterscheidet Heilung durch Begegnung *(→ Begegnungsmodell der Therapie),* Heilung durch Systemänderung (»Systemmodell«) und Heilung durch aktive Umstrukturierung (»Strukturmodell«). Das Adjektiv »heil« bedeutet neben »gesund« auch »unversehrt, gerettet, vollständig, ganz, intakt«. Daher bietet sich der Begriff Heilung an, um nicht nur auf eine Gesundung im engeren Sinne zu verweisen, sondern auf die für Familienbeziehungen zentralen Phänomene der Integration, Wiedervereinigung, Versöhnung, ja Rettung.

Die drei hier genannten Grundmodelle – Heilung durch Begegnung, Heilung durch Systemänderung, Heilung durch aktive Umstrukturierung – schließen einander zum Teil aus, bieten andererseits verschiedenste Möglichkeiten der Integration. Es zeigt sich zum Beispiel, daß ein aktives Alternieren, für das eine oder andere Mitglied Partei ergreifendes Umstrukturieren, wie es beispielhaft Minuchin als Exponent des Strukturmodells praktiziert *(→ strukturelle Familientherapie),* die Chancen für eine effektive, das ganze System erfassende paradoxe Verschreibung *(→ paradoxe Intervention)* am Ende der Stunde verbaut. Andererseits erweist sich, daß sich etwa durch Verschreibung von Ritualen effektive Elemente des Strukturmodells in ein ansonsten systemisches Vorgehen einbauen lassen *(→ systemische Therapie).* Schließlich werden erfahrene Therapeuten je nach Art der vorliegenden Familienproblematik, der Phase des individuellen und familiären Lebenszyklus sowie der Art der Beziehung auch in einem Systemmodell Elemente der Begegnungsarbeit ins Spiel bringen können. Hier öffnet sich somit noch ein weiter Raum für innovatives Experimentieren mit neuen Therapieformen.

Ein anderes klassifikatorisches Prinzip hat M. Duncan Stanton (1984) im Rahmen seiner »geodynamischen Balancetheorie« eingeführt. Danach lassen sich therapeutische Ansätze oder Techniken einer der beiden Kategorien »diversion« oder »compression« zuordnen. Diversionsansätze zielen darauf, familiäre Koalitionen oder dysfunktionale Muster durch Blockieren, Stören oder Konfrontieren aufzubrechen oder zu verschieben, indem sie gegen das vorherrschende Familienmuster arbeiten. Beispiele dafür sind die strukturelle Therapie, problemzentrierte Therapien, verhaltenstherapeutische Techniken, Realitätstherapie, rational-emotive Therapie und entsprechende Mischformen. Im Gegensatz dazu zielen Kompressionsansätze darauf, ein bestehendes Muster so lange zu verstärken, bis sich eine Gegenaktivität zeigt. So werden die Patienten zum Beispiel ermuntert, mehr desselben zu tun. Dazu gehören alle Formen der Symptomverschreibung.

Beispiele solcher Kompressionsansätze sind paradoxe Techniken, Implosionstherapie, provokative Therapie und andere. Stanton versteht Diversions- und Kompressionsansätze als unterschiedliche, aber komplementäre Vorgehensweisen.

Cloe Madanes und Jay Haley (1977) zählen sieben Dimensionen auf, nach denen man Familientherapiemodelle vergleichen kann: (1) Betonung der Gegenwart versus Vergangenheit, (2) Interpretation versus Verhaltensverschreibungen, (3) Problemlösung versus Wachstumsorientierung, (4) Standardbehandlung versus fallweise spezifisches Vorgehen, (5) Behandlungseinheit individuell, dyadisch oder triadisch, (6) Betonung auf Beziehungsqualität zwischen Familienmitgliedern versus Betonung von Macht und Hierarchiefragen, (7) analoge versus digitale Beschreibung von Verhalten und Kommunikation. Im Vergleich zu den noch relativ klaren Unterscheidungen zwischen den einzelnen Therapieschulen, wie sie Madanes und Haley 1977 vorgenommen hatten, sind die Grenzen heute weniger scharf, was auch ein Ergebnis des Ideenaustauschs und der gegenseitigen Integration sein kann.

Das von Alan S. Gurman und David P. Kniskern (1981) herausgegebene Handbuch der Familientherapie unterscheidet 13 hauptsächliche Modelle bzw. Schulen, die entweder mit bestimmten einzeltherapeutischen Schulen (z.B. Psychoanalyse, Verhaltenstherapie, Gestalttherapie) oder innovativen Gründerpersönlichkeiten (wie z.B. Jay Haley, Salvador Minuchin, Murray Bowen, Ivan Boszormenyi-Nagy) identifiziert sind. Doherty et al. (1984, 1985) untersuchten diese 13 Modelle danach, wieweit sie die drei Dimensionen Einschluß (Grenzen, Zugehörigkeit, Autonomie), Kontrolle (Einfluß, Macht, Entscheidung) und Intimität (Offenheit, Freundschaft, emotionaler Austausch) betonen. Eine sehr allgemeine Unterscheidung therapeutischer Modelle kann auch gemäß der Fokussierung des Therapeuten auf Lösungen versus Probleme vorgenommen werden.

Mit der zunehmenden Entwicklung der Familientherapie wächst auch das Interesse an einer konzeptuellen wie klinischen Integration, die bisher aber noch aussteht. Einen ersten Ansatz liefert das Buch »Integrated Problems of Systems Theory« von Pinsof (1995).

Literatur: Colapinto (1984); Doherty u. Colangelo (1984); Doherty, Colangelo, Green u. Hoffman (1985); Farrelly u. Brandsma (1974); Gurman u. Kniskern (Hrsg.) (1981); Hoffman (1981); Keeney u. Ross (1985); Madanes u. Haley (1977); Pinsof (1995); Rittermann (1977); Rohrbaugh (1984); Sluzki (1983); Stanton (1984); Stierlin, Rücker-Embden, Wetzel u. Wirsching (1977); Winawer (1983).

Möglichkeitssinn
(sense of possibility)

Entwicklungspotential von antizipierten Vorstellungen über verändertes Interaktionsverhalten, die in einem System noch nicht verwirklicht wurden.

Mit Bezug auf den von Robert Musil kreierten Begriff postulieren Fritz B. Simon und Gunthard Weber: »Psychotherapie ist ... die systematische Förderung und Nutzung des Möglichkeitssinns« (1988, S. 366). Damit ist die Bereitschaft gemeint, mit Denkmöglichkeiten zu spielen, die bislang als abwegig oder nicht realisierbar eingeschätzt werden. Bei lösungsorientierten Therapien spielt die »Möglichkeitskonstruktion« (von Schlippe u. Schweitzer 1996) eine entscheidende Rolle, weil sie Verhaltensalternativen in den Blick bringt, die bislang nicht erprobt oder vermieden wurden. Durch spezielle Fragetechniken werden in den Therapieprozeß kreativ neue Möglichkeiten eingeführt. Die Möglichkeitskonstruktion konzentriert sich darauf, mittels Fragen umfassende und scheinbar unerfüllbare Wünsche oder Befürchtungen so in konkretes Verhalten zu übersetzen, daß sie gedankenexperimentell erprobt werden können. In diesem Prozeß wird von einem Sachverhalt ausgegangen, der im Augenblick nicht gegeben ist (»Gesetzt den Fall, daß ...«) und an den sich eine Reihe von konkreten Folgefragen anschließen. Dabei lassen sich lösungsorientierte → *Verbesserungsfragen* wie die → *Wunderfrage* und problemorientierte → *Verschlimmerungsfragen* unterscheiden.

Literatur: v. Schlippe u. Schweitzer (1996); Simon u. Weber (1988b)

Morphogenese/Morphostase
(morphogenesis/morphostasis)

(von griech. morphé = Form, Gestalt; genesis = Entstehung; stasis = Stillstand)

Formen der Stabilität und Flexibilität von Strukturen. Morphogenese bezeichnet die Neubildung und Entwicklung von Strukturen in einem System, Morphostase die Fähigkeit eines Systems, seine Struktur in einer sich verändernden Umwelt zu erhalten.

Das dauerhafte Funktionieren einer Familie hängt wie das jedes anderen Systems davon ab, ob und wieweit sich die eigenen Strukturen zu wandeln vermögen *(→ Anpassung/Anpassungsfähigkeit).* Ohne Wandlungsmöglichkeit bleiben für jedes Familienmitglied wie auch für die Familie als Ganzes die Entwicklungsmöglichkeiten begrenzt. Bereits altersabhängige, in sozialen Rollenerwartungen begründete Veränderungen bringen für die Familie unvermeidbare Krisensituationen mit sich, die eine neue, familienweite → *Definition der Beziehungen* erfordern. Normale Anpassungskrisen ergeben sich für ein Paar etwa durch die Geburt eines Kindes und dessen später fällige Ablösung und Autonomieentwicklung *(→ familiärer Lebenszyklus).* Solche → *Krisen* lassen sich nur bewältigen, wenn die Familie zur Veränderung ihrer Struktur fähig ist. Funktionell erweist sich ein jeweils neu herzustellendes Gleichgewicht zwischen strukturverändernden und stabilitätserhaltenden Mechanismen. Ob und wie ein solches Gleichgewicht möglich ist, bestimmt die Anpassungsfähigkeit jedes Systems *(→ Beziehungsgleichgewichte).*

In die → *Kybernetik* wurde das Konzept der Morphogenese von M. Maruyama (1960) eingeführt; er beschrieb damit das Phänomen, daß bestimmte Systeme in der Lage sind, durch positives (deviation-amplifying) Feedback ursprünglich geringgradige Abweichungen von einem Gleichgewichtszustand so zu verstärken, daß ein überproportional starker Veränderungsprozeß des Systems eingeleitet wird. Dieser kann schließlich zu neuen Strukturen führen *(→ Regelkreis).*

Das Konzept der Morphostase weist enge Beziehungen zu dem der → *Homöostase* auf. Beide beschreiben, wie ein System Störungen zu beseitigen und sich in einer bestimmten Form zu erhalten vermag *(→ Kohärenz).* Wesentliche Mechanismen dazu sind negative Rückkoppelungskreise *(→ Regelkreis/Rückkoppelung).*

Frühe Ansätze der Familientheorie und -therapie betonten vor allem diesen Aspekt familiärer Systeme. Dies entsprach der klinischen Erfahrung mit Familien, die überwiegend den Status quo erhaltende, nicht jedoch Veränderungen steuernde Regelstrukturen aufwiesen und deren → *Anpassungs*fähigkeit daher eingeschränkt war. Damit ging ein hohes Maß an symptomatischem Verhalten einzelner Mitglieder einher. Dementsprechend stellten sich frühe Familientherapeuten als vorrangige Aufgabe, derartige »homöostatische« Strukturen zu verändern. Heute ist jedoch davon auszugehen, daß auch dysfunktionale Familien in der Lage sind, im Sinne einer Morphogenese ihre Strukturen zu verändern. Optimal erscheint ein stets neu einzustellendes Gleichgewicht von Morphogenese und Morphostase. Solche veränderte Sicht vermag auch therapeutische Vorgehensweisen zu verändern. Sie orientiert sich nicht einseitig an den lediglich als dysfunktional angesehenen morphostatischen Mechanismen, sondern konzentriert sich auf die Entwicklung morphogenetischer und ihrer Balance mit morphostatischen Mechanismen *(→ Akkommodation/Assimilation, → Gleichgewicht, → Homöostase, → Wandel/Veränderung erster und zweiter Ordnung, → Stabilität, → Ko-Evolution, → Selbstorganisation, → Autopoiese).*

Literatur: Hoffman (1971); Maruyama (1960); Speer (1970); Thom (1972); Wertheim (1973, 1975, 1979, 1982).

multiple Familientherapie (multiple family therapy)

Eine Methode der gleichzeitigen Behandlung mehrerer Familien. Sie wurde, fußend auf den Erfahrungen der »Drehtür«-Psychiatrie, zur Behandlung hospitalisierter schizophrener Patienten entwickelt: Die Anwesenheit mehrerer Familien sowie anderer hospitalisierter Patienten soll die Patienten bewegen, sich deutlicher und aktiver von ihren Familien zu differenzieren.

Die Erfahrung, daß schizophrene Patienten häufig zwischen Klinik und Familie ein Pendeldasein führen, bewog viele Kliniker, in der Familie das »krankmachende Umfeld« zu sehen. Konfrontiert mit der Personalnot in staatlichen Kliniken, arrangierten P. Laqueur und seine Mitarbeiter (1964) gemeinsame Sitzungen für mehrere Familien. Dabei erwies sich, daß sich aus der vermeintlichen Not eine Tugend machen ließ. Laqueur sah das Grundproblem des schizophrenen Patienten darin, »daß er auf der einen Seite darum kämpft, sich von seiner Umwelt zu differenzieren, auf der anderen Seite aber darauf angewiesen ist, sein symbiotisches Verhältnis zu den Schlüsselpersonen der Familie aufrechtzuerhalten« (Laqueur 1972, S. 492); in den Sitzungen der multiplen Familientherapie zeigten sich die daraus resultierenden interaktionellen Konflikte. Durch Identifikation mit Mitgliedern der anderen Familien konnte über Analogieschlüsse viel Neues gelernt werden, ohne daß eine direkte und daher übermäßig ängstigende Konfrontation riskiert zu werden brauchte. Da nur Familien mit ähnlichen Problemen (d.h. mit einem schizophrenen Mitglied) zusammengefaßt wurden, ließen sich jeweils ad hoc die anderen Familien zu »Ko-Therapeuten« machen. Sie halfen nunmehr mit, den semantisch verzerrten → *Code* einer Familie zu entschlüsseln. Der Widerstand gegen Veränderung, der sich in Einzel-Familien-Sitzungen zeigt, ließ sich umgehen, da die Konfrontation nicht im Vordergrund stand, jeder Familie Rückzugsmöglichkeiten offenblieben und sie ihre Aktivität selbst bestimmen konnte.

Dieser Ansatz ähnelt in vieler Hinsicht den später durch Anderson et al. (1980) und anderen eingeführten psychoedukativen Ansätzen in dem Versuch, die → *expressed emotions* einer Familie zu reduzieren.

Die Gruppen werden jeweils offen geführt, d.h., es können neue Familien hinzustoßen. Der Verlauf der Therapie ist meist durch typische Phasen gekennzeichnet: In der ersten Phase zeigt sich eine neu in die Gruppe aufgenommene Familie bzw. der → *Indexpatient* erleichtert und angstfreier, Krankheitssymptome schwächen sich ab. In der zweiten Phase drängen die ursprünglichen Ängste und Befürchtungen wieder in den Vordergrund, wodurch sich der Widerstand allgemein verstärkt. Mit Hilfe der schon länger in Therapie befindlichen Familien gelingt es meist, diese Ängste und den daraus resultierenden Widerstand abzubauen. In der dritten Phase schließlich »zeigen sich signifikante Veränderungen. Bei den Patienten und ihren Familien wächst die Einsicht in ihre eigentlichen Probleme und zugleich auch die Fähigkeit, sie besser in den Griff zu bekommen« (Laqueur 1972, S. 493).

Die solche Veränderungen bewirkenden Mechanismen sieht Laqueur im Einsatz von Familien als Ko-Therapeuten; im interfamiliären Wettbewerb, der zu internen Machtveränderungen und Verhaltensveränderungen führt; in der »Abgrenzung des Interaktionsfeldes«, beruhend auf der Einsicht, daß die Krankheit eines Familienmitglieds immer im Zusammenhang mit dem gesamten Interaktionsfeld steht; vor allem aber in Lerneffekten durch Identifikation, Analogieschlüsse, durch die Wahrnehmung von Identifikationskonstellationen, durch die beobachtbare Wiederkehr typischer Situationen sowie die Neueinführung von → *Information* in die einzelnen Familiensysteme, die gewissermaßen neue »Erregungszentren« bilden. Das Modell von Familien mit funktionalen und »normalen« Verhaltensweisen wirkt in andere Familien hinein. Da die einzelnen Familien sich jeweils in verschiedenen Phasen ihres Veränderungsprozesses befinden, können sie ihre einschlägigen Erfahrungen austauschen, sich gegenseitig bestärken und von Ängsten entlasten *(→ »gesunde«/funktionale Familien)*.

Zusammenfassend läßt sich sagen, daß die multiple Familientherapie aus den Notwendigkeiten von Klinikstrukturen geboren wurde; sie stellt einen der wenigen Ansätze dar, in denen mit Familien gearbeitet wird, die ein hospitalisiertes Mitglied haben *(→ bifokale Familientherapie)*. Ohne die Realitäten des Klinik-Kontextes zu verleugnen, wird versucht, die gesamte Familie in die Therapie einzubeziehen. Auch wenn zunächst die Familie als »Ursache« der Krankheit des Indexpatienten erschien, ergab sich ein Setting, worin sich die Prinzipien einer systemorientierten und auf zirkulärer Sichtweise *(→ Zirkularität)* Sichtweise beruhenden Therapie verwirklichen ließen.

Literatur: Abrahams u. Varon (1953); Blinder, Colman, Curry u. Kessler (1965); Jones (1953); Laqueur (1973); Laqueur u. LaBurt (1962); Laqueur, LaBurt u. Morong (1971); Leichter u. Schulman (1974); McFarlane (1982, 1983); O'Shea u. Phelps (1985); Paul u. Bloom (1970); Reiss u. Costell (1977); Strelnick (1977).

multiple impact therapy

Interventionsform, die für Familien mit einem delinquenten Jugendlichen entwickelt wurde. Sie leitet sich von in der Sozialarbeit praktizierten Verfahren her.

Ein multidisziplinäres Team (im allgemeinen ein Sozialarbeiter, ein Psychologe, ein Psychiater, begleitet von Praktikanten der jeweiligen Disziplin) interveniert verstärkt an mehreren Punkten (multiple impact) während mehrerer Tage in einem Familiensystem. Es finden mehrere Familien- wie auch Einzelsitzungen statt. Diese Vorgehensweise versucht sowohl das akute Familienproblem zu lösen als auch längerfristig auf die Familie, ihre Struktur und Funktionsweise Einfluß zu nehmen (vgl. MacGregor 1967, Richie 1960). Es handelt sich um ein Modell von nur historischem Interesse, das sich im klinischen Alltag nicht durchzusetzen vermochte.

Literatur: MacGregor (1962, 1967); Richie (1960).

Muster
(pattern)

Regelhafter Ablauf oder Zusammenhang von Ereignissen. Der Muster-Begriff ist eines der fundamentalsten Konzepte von Familiensystemen. Er bezieht sich auf eine funktionale, zusammengesetzte Einheit, deren Elemente aber voneinander unterschieden werden können.

Der Begriff wird zumeist beschreibend verwendet und läßt sich von anderen Begriffen wie Struktur *(→ Organisation/Funktion/Struktur/Prozeß)* oder → *Gestalt* nicht eindeutig abgrenzen.

Die Verwendung verschiedener Begriffe zur Bezeichnung ein und desselben Sachverhalts erklärt sich aus der theoretischen Orientierung der verschiedenen Autoren. Sie schafft einerseits Verwirrung, zeigt andererseits Berührungspunkte zwischen unterschiedlichen theoretischen Ansätzen auf. In einem Begriff wie »Muster« treffen sich die Wahrnehmungspsychologie, die → *Systemtheorie,* die Gestalttheorie und die Feldtheorie *(→ Feld).*

Besondere Bedeutung gewann der Begriff Muster in den Arbeiten Gregory Batesons (1979). Ihm zufolge denken wir alle mit Hilfe von »Mustern, die verbinden« (patterns which connect). In seinen letzten Schriften sieht er »geistige Prozesse« wesentlich als Bildungen und Erkenntnisse von Mustern. Den verschiedenen → *logischen Typen* entsprechend sind »Muster« und »Muster von Mustern« zu unterscheiden. Im → *Lernen* vollzieht sich solch ein Stufenaufbau von Mustern. Auch historische Prozesse lassen eine Musterung erkennen. Dabei handelt es sich jedoch nicht um statische Muster, sondern um »Muster in der Zeit«, d.h. Geschichten- *(→ Geschichten-Erzählen)* und Prozeß-Muster. Daß solche Musterungen und Regelhaftigkeiten eine Eigenschaft der beobachteten Gegenstände sind, muß aus konstruktivistischer Sicht bezweifelt werden. Ein »unaufgeräumter« Schreibtisch mag dem einen Beobachter als chaotisch erscheinen, während der andere – z. B. der Besitzer – in ihm eine tiefere Ordnung sieht, ein Muster, das die unterschiedlichen chaotischen Zustände miteinander verbindet und ihm erlaubt zu finden, was er sucht. Es ist daher entscheidend, die Beobachtungskriterien festzulegen, wenn familiäre Muster beobachtet werden sollen. Schreibt man z. B. Interaktions- und Kommunikationsmuster Familien als Merkmale zu, so kann solch eine systematisierende Beschreibung als Grundlage einer Familientypologie dienen *(→ Konfliktorganisation/Tetralemma),* aus der auch Interventionsstrategien ableitbar sind.

In seiner geodynamischen Balancetheorie hat M. Duncan Stanton (1984), bezogen auf Familien, vorgeschlagen, Muster als einen Komplex »interpersoneller Umlaufbahnen« der verschiedenen Familienmitglieder zu sehen, die sich sowohl aufeinander zu- als auch voneinander wegbewegen und mit diesen Bewegungen und Gegenbewegungen ein Familienmuster bilden.

Mustererkennung, ein wichtiges Konzept in den Familienexperimenten von David Reiss (1967), wurde von Douglas Hofstadter (1985) als Schlüsselfrage jeder Problemlösung beschrieben.

Literatur: Bateson (1979); Hofstadter (1985); Reiss (1967); Stanton (1984).

Mystifikation (mystification)

Sie bezeichnet sowohl ein aktives Verhalten als auch das Ergebnis dieses Verhaltens. Im ersten Falle geht es um das Verhalten einer Person, die in der Interaktion mit einer anderen irgendeinen Vorgang so zu vertuschen und zu verschleiern sucht, daß er nicht zu einer Streitfrage werden kann. Im zweiten Falle beschreibt Mystifikation den Zustand einer Person, die einem solchen Verhalten ausgesetzt war. Mystifikationen gründen auf dem Bestreben A's, bei B Veränderungen hervorzurufen, die A's (wirklicher oder vermeintlicher) Sicherheit dienen sollen. Es läßt sich von einer Form transpersonaler Verleugnung sprechen. Sie führt beim Mystifizierten dazu, den eigenen Steuerungsmöglichkeiten, Wahrnehmungen und Motiven zu mißtrauen, wodurch die Entwicklung einer tragfähigen → *Autonomie* und → *Identität* behindert wird.

Der Begriff Mystifizierung wurde ursprünglich von Karl Marx benutzt. Er beschrieb damit die Verdrehungen und Maskierungen von Gegebenheiten, mit deren Hilfe eine Klasse (die der Ausbeuter) eine andere (die der Ausgebeuteten) sich gefügig macht. Es gelinge auf diese Weise häufig, den Ausgebeuteten die Formen und Methoden der Ausbeutung als Formen und Methoden von Wohltätigkeit darzustellen. In diesem Sinne verstand Marx auch die christliche Religion – »Opium für das Volk« – als Mittel der Mystifikation. Solche Verwirrungstaktiken führten nach seiner Ansicht dazu, daß sich die Ausgebeuteten mit ihren Ausbeutern identifizierten und sogar für die eigene, nicht erkannte Ausbeutung dankbar waren. Daher brauchten die Ausbeuter auch keine Rebellion zu fürchten.

Ronald Laing übernahm 1965 den Begriff der Mystifikation, um in den Familien Schizophrener einen analogen Tatbestand zu beschreiben. Die Bestrebungen des → *Indexpatienten,* seine individuelle Autonomie zu entwickeln, bedrohten hier seiner Ansicht nach das psychische Gleichgewicht der Eltern. Daher waren diese Bestrebungen zunichte zu machen. Wo immer in einer derartigen Familie das Kind Autonomie signalisiert, werden seine Mitteilungen entwertet *(→ Entwertung).* Ihm wird vermittelt, daß es nur einen »richtigen« Weg gibt, um der »Wirklichkeit« frei von »Schuld« gerecht zu werden. Die Definitionsmacht darüber, was Wirklichkeit, was schuldhaft und was nicht schuldhaft ist, bleibt aber bei den Eltern. Laing sieht enge Beziehungen zwischen seinem Konzept der Mystifikation und dem, was andere Autoren als Pseudo-Gemeinschaft oder auch als → *Verrücktmachen* bezeichnet haben. Folge all dieser Strategien sind die Verhinderung der → *Individuation,* der Entwicklung von → *Identität* sowie die Verzerrung der Kommunikation und der kognitiven Schemata *(→ Kommunikationsabweichung).*

Laings Konzept der Mystifikation geht auf eine relativ frühe Phase familientherapeutischen Denkens zurück, die noch großenteils einem geradlinigen Kausaldenken *(→ Linearität/Linealität/geradlinige Kausalität)* verhaftet war. Heute hat sich bestätigt, daß die von Laing beschriebenen kommunikativen Taktiken der »Mystifikation« für den Kommunikationsstil vieler Familien mit einem schizophrenen Mitglied charakteristisch sind. Die Zuschreibung von Opfer- und Täterrollen an den Indexpatienten auf der einen Seite, an die Eltern auf der anderen, widerspricht jedoch dem Modell zirkulärer Kausalität *(→ Zirkularität),* mit dem das Geschehen in Familiensystemen adäquater beschrieben werden kann. Vor allem aus der Sicht des Therapeuten führt die Annahme einer Täter/Opfer-Beziehung nahezu zwangsläufig zur Identifikation mit dem Opfer. Das aber macht eine Arbeit mit der gesamten Familie so gut wie unmöglich, weil weder → *Neutralität* noch → *Allparteilichkeit* als therapeutische Grundhaltungen zum Tragen kommen können.

Literatur: Laing (1960, 1961, 1965, 1969); Laing u. Esterson (1964).

Nähe/Distanz
(closeness/distance)

In jeder menschlichen Beziehung muß die psychische Distanz der Partner im Realen wie in der Phantasie reguliert werden. Zwischen den

Extremen des »zu nah«, der phantasierten »Verschmelzung«, und des »zu weit entfernt«, dem Autismus, muß eine Balance gefunden werden *(→ Beziehungsgleichgewichte).* Die Angst vor dem Verlust der individuellen Autonomie auf der einen Seite und die Angst vor Isolation auf der anderen Seite kennzeichnen die Ambivalenz, die mit dem Aushandeln von Nähe und Distanz verbunden ist.

Menschliche Beziehungen sind zwangsläufig von dieser Ambivalenz zwischen Nähewünschen und -ängsten, Distanzwünschen und -ängsten geprägt. Während des Prozesses der → *Individuation* müssen ständig neue Formen der Nähe-Distanz-Balancierung gefunden werden. Für den hilflosen Säugling ist die Nähe einer für ihn sorgenden Person lebensnotwendig. Ihr Verlust wäre katastrophal. Durch die Erfahrung, daß dem Verlassenwerden durch die mütterliche Person eine Rückkehr folgt, kann ein Sicherheitsgefühl entwickelt werden, bei dem die konkret-räumliche Nähe durch das Vertrauen in die emotionale Nähe ersetzt wird. Mit Zunehmen der Autonomieentwicklung muß sich auch die Bewertung dieser Nähe ändern; sie wird (auch) als Einschränkung der eigenen Handlungsmöglichkeiten und Integrität erlebt. Wieviel Nähe- und wieviel Distanzgefühle eine Person braucht bzw. ertragen kann, hängt davon ab, in welchem Maße sie sich abgrenzen kann *(→ Grenzen)* und wie die familiäre → *Selbst-Objekt-Differenzierung* geregelt ist.

Was sich im Erleben des einzelnen als Nähewunsch oder Näheangst, Distanzwunsch oder Distanzangst darstellt, ist weitgehend bestimmt von familiären Interaktionsmustern. Fast alle familientherapeutischen Theoretiker beschreiben Familien, in denen entweder »zuviel Nähe« zur Produktion von Symptomen führt *(→ intersubjektive Fusion, → Verstrickung, → undifferenzierte Familien-Ich-Masse)* oder aber »zuviel Distanz« *(→ Loslösung, → emotionale Trennung).* In der Entwicklung eines jeden Familiensystems müssen zentripetale und zentrifugale Kräfte in immer neue Formen des Gleichgewichts gebracht werden *(→ zentripetale/zentrifugale Kräfte).* Wird die einmal gefundene Form trotz sich verändernder Bedingungen beibehalten, so kommt es zur Erstarrung der Familienstrukturen, bei denen die eine Seite der Ambivalenz – Nähewünsche oder Distanzwünsche – offen kommuniziert wird, während die andere verdeckt kommuniziert wird *(→ Pseudo-Gegenseitigkeit/Pseudo-Gemeinschaft/Pseudo-Feindschaft).* Die Tatsache, daß Nähe- und Distanzwünsche im allgemeinen sehr ambivalent sind, führt häufig dazu, daß ihre beiden Seiten im Sinne einer → *Kollusion* auf beide Partner verteilt werden. Oberflächlich sieht es dann so aus, als ob der eine Partner »klammere«, während der andere massive »Fluchttendenzen« habe *(→ Konfliktorganisation/Tetralemma).* In solchen Situationen bietet sich die Möglichkeit der → *Triangulation,* bei der ein Kind als Symptomträger die Funktion des Distanzregulators übernimmt (vgl. Byng-Hall 1980, 1995). Die Sorge um das kranke Kind bietet die Möglichkeit, sich einander nahe zu fühlen, vereint in dem Bemühen, die schwierige Situation zu meistern; sie bietet aber auch die Möglichkeit der Distanzierung und gegenseitigen Abwertung, weil man dem Partner zum Beispiel vorwerfen kann, er habe sich nicht genügend bemüht, beschäftige sich nicht genug mit dem Kind usw.

Besondere Probleme ergeben sich für jede Familie in der Phase der Adoleszenz der Kinder. Die → *Ablösung im Jugendalter* macht es für Eltern und Kinder notwendig, mehr Distanz voneinander zu ertragen. Das hat aber auch auf alle anderen Beziehungen Rückwirkungen. Neue Nähe wird von den Jugendlichen bei einem neuen Partner gesucht (oder aber, wenn sie zu bedrohlich ist: gefürchtet); die Beziehung der Eltern zueinander, die sich auf einmal wieder miteinander allein finden, muß neue Möglichkeiten der Nähe-Distanz-Regulierung entwickeln.

Zusammenfassend kann gesagt werden, daß die Vorstellung, es könne ambivalenzfreie Beziehungen geben, einer der wesentlichen psychologischen Faktoren sein dürfte, die zu Störungen beitragen. In jeder Distanzierung des Partners muß dann die Drohung des Beziehungsabbruchs gesehen werden, in jeder Annäherung die Gefahr des »Aufgefressenwerdens«.

Literatur: Byng-Hall (1980, 1995); Byng-Hall u. Campbell (1981); Cheek u. Anthony (1970); Pistole (1994); Scheflen (1976); Stierlin (1971a), Stierlin, Levi u. Savard (1973); Warner (1983).

narrativer Ansatz
(narrative approach)

Wirklichkeitskonstruktionen werden unter anderem über »Geschichten«, die in Familien und anderen sozialen Kontexten im Umlauf sind, geschaffen und tradiert. Durch diese Geschichten vermittelt sich in sozialen Systemen die Bedeutung, die dem Verhalten der einzelnen Familienmitglieder gegeben wird. Der narrative Ansatz in der systemischen Therapie greift diese Geschichten bzw. Erzählungen auf und versteht Therapie als einen Prozeß ihrer Neukonstruktion. Dadurch ändert sich dann auch das Leben der einzelnen und des familiären Systems.

Michael White und David Epston, die den narrativen Ansatz in die Familientherapie eingeführt haben (White u. Epston 1990, 1992), gehen in Anlehnung an Michel Foucault (1980) davon aus, daß die in einem sozialen Kontext bereits dominierenden Erzählungen Machtmittel sind, die »Wahrheiten« erzeugen. Unter »Wahrheiten« werden dabei nicht objektive Aussagen über Menschen oder menschliche Beziehungen verstanden, sondern Konstruktionen, denen gesellschaftlich Wahrheit zugeschrieben wird und die durch solche Zuschreibung das Leben der Menschen festlegen.

Beschreibungen, z.B. von Symptomen, erfolgen in einem semantischen Kontext, dessen Komponenten (Handlungen, Personen, Befindlichkeiten) vom Erzählkern und dessen innerer Logik bestimmt sind. Die Bedeutungen, die diesen Komponenten im Rahmen der Erzählung gegeben werden, blocken alternative Interpretationen derselben Komponenten wirksam ab (Gergen u. Gergen 1986). Im therapeutischen Gespräch versucht daher der Therapeut, durch Fragen oder Kommentare die Erzählungen/Geschichten des Patienten zu transformieren. Carlos Sluzki (1992 a, b) unterscheidet Transformationen in der Natur der Geschichten (zeitliche, räumliche, in der Interaktion und in den jeweils bestimmenden Werten) und Transformationen in der Erzählweise (passiv/aktiv; Interpretationen/Beschreibungen; Inkompetenz/Kompetenz). Die Transformationen, die sich in einer Alternativgeschichte zum Ausdruck bringen, können vom Therapeuten durch Rituale oder Verschreibungen verstärkt werden. Dadurch lassen sich die die Alternativgeschichte kennzeichnenden relevanten Unterschiede markieren. Solche Unterschiede können sich etwa an Ausnahmen festmachen, die eine Erzähltradition unterbrechen, die das Erlebte als regelhaft und ahistorisch darstellt. Aufgrund des rekursiven Zusammenwirkens der in der Geschichte zur Wirkung kommenden Sinnstruktur geht jede nichttriviale Änderung ihres Inhalts auch mit Änderungen der Personen oder Handlungen einher und umgekehrt.

Literatur: Coulehan, Friedlander u. Heatherington (1998); Fischer u. Simon (1988); Foucault (1980); Gergen u. Gergen (1986); Parry (1991); Sims u. Whynot (1997); Sluzki (1992a, b); Strand (1997); Weingarten (1998); White u. Epston (1990, 1992).

Negation, aktive und passive
(negation, active and passive)

Aussagen können aktiv und passiv verneint werden. Passive Negation bedeutet, daß eine Aussage als unzutreffend bezeichnet wird, aktive Negation bedeutet, daß das Gegenteil dieser Aussage als zutreffend bezeichnet wird.

Passive Negation und Position basieren auf einer binären Logik, die keine dritte Möglichkeit zuläßt (tertium non datur): Eine Aussage trifft entweder zu, oder sie trifft nicht zu. Hingegen läßt die aktive Negation dritte Möglichkeiten zu, z.B. indem man sich weder für ja noch für nein entscheidet.

Obwohl die aktive Negation spezifischer ist, impliziert sie nicht notwendigerweise die passive Negation. Wenn also das Gegenteil einer Aussage zutrifft, so ist damit noch nicht gesagt, daß die Aussage nicht zutrifft. Das ist bei psychologischen Sachverhalten der Fall. Nehmen wir folgende Aussagen:

I. Hans liebt Anna
II. Es trifft nicht zu, daß Hans Anna liebt.
III. Hans haßt Anna.

Satz II ist die passive Negation von von Satz I; Satz III ist seine aktive Negation. Satz III impliziert nicht unbedingt Satz II. Hans kann also Anna hassen, ohne daß damit gesagt wäre, daß er sie nicht liebt. Wenn Hans eine ambivalente Beziehung zu Anna hat, eine Haßliebe empfindet, dann treffen sowohl die Position (Satz I) als auch die aktive Negation (Satz III) zu, nicht aber die passive Negation (Satz II; → *Konfliktorganisation/Tetralemma*).

Noch in einem anderen psychologischen Zusammenhang ist die Unterscheidung von aktiver und passiver Negation bedeutsam. Passiv negierendes Verhalten folgt der Logik des Unterlassens, aktiv negierendes Verhalten der des Dagegenkämpfens oder -handelns. Symmetrische Eskalationen *(→ komplementär/symmetrisch)* erfordern ein aktives Negieren des Verhaltens des Anderen. In emotional gespannten Konfliktsituationen wird häufig eine passive Negation nicht zugelassen nach dem Motto: Wer nicht für mich ist, ist gegen mich. Der mögliche logische Fehler ist hier die Verwechslung einer passiven (z.B. »Ich bin nicht deiner Meinung«) mit einer aktiven Negation (»Ich bin gegen deine Meinung«). Das ist etwa der Fall, wenn Autonomiebestrebungen eines Familienmitglieds als Verrat erlebt werden oder wenn Unabhängigkeit als Loyalitätsbruch gesehen wird.

Literatur: Elster (1984); Simon (1995, 1998).

Netzwerke
(networks)

Die räumliche und zeitliche Verknüpfung von Wirkungen läßt sich als eine Struktur *(→ Organisation/Funktion/Struktur/Prozeß)* in Gestalt eines Netzes denken.

Der Begriff Netzwerk ist auf Ereignisse, Abläufe und Funktionen in verschiedenen materiellen und sozio-psychologischen Bereichen anwenbar. So lassen sich auf der einen Seite etwa die Prozesse der Nervenaktivität des Gehirns als Wirkungsnetz verstehen und mathematisch analysieren (vgl. McCulloch u. Pitts 1943; Kleene 1956), auf der anderen aber auch die Verhaltensweise des einzelnen, seiner näheren oder weiteren Umwelt *(→ Strukturalismus)*. Die Untersuchung der Strukturen von Netzwerken bietet den Rahmen zur Integration sozialer und biologischer Daten.

In der Familientherapie wird der Begriff Netzwerk bislang meist enger verwendet. Er steht für das die Familie umschließende Feld persönlicher Beziehungen, d.h. Berufswelt, Schule, Wohnmilieu usw. In diesem Sinne überschreitet die → *Netzwerk-Therapie* die Grenzen der Kernfamilie und versucht mehr oder weniger das gesamte → *Ökosystem* der Familie in die Therapie einzubeziehen. Doch auch wenn nicht die realen, das soziale Bezugsfeld bildenden Personen zur Therapie hinzugezogen werden, ist dieser → *Kontext* der Symptombildung in die therapeutischen Überlegungen einzubeziehen.

Die umfangreiche Literatur über Netzwerke geht auf die Pionierarbeit von Elisabeth Bott (1957) zurück, die mit dem Begriff Netze »einen Zusammenhang sozialer Beziehungen, die keine gemeinsame Grenze haben« (S. 59), verstand. Das heißt, daß jede Person eines Netzwerks mit einer Reihe anderer Personen verbunden ist, die ihrerseits miteinander teils Beziehungen haben, teils aber auch nicht. Deshalb ist ein Netzwerk auch kein → *System*, zu dessen Definition notwendig eine Grenze gehört.

Verschiedene Forscher haben untersucht, welchen Einfluß Größe und Qualität sozialer Netzwerke auf das Funktionieren von Familien und Einzelpersonen haben. Die Arbeit von E. Mansell Pattison und anderen (1975) hat gezeigt, daß »Gesunde« ein Netzwerk von 20 bis 30 Personen haben, neurotische Patienten dagegen nur 10 bis 12 und Psychotiker nur 4 bis 5 Personen, meist nur die Familienmitglieder. Ein kleines Netzwerk kann also ein prämorbider Risikofaktor für psychische Gesundheit sein. Westermayer und Pattison (1981) zufolge ist der Grund für das Kleinerwerden des sozialen Netzes nach Beginn einer psychischen Störung die fehlende Gegenseitigkeit in den Beziehungen zwischen → *Indexpatient* und anderen Menschen.

Das Konzept des sozialen Netzwerks ist ein eher neutraler und struktureller Begriff als der der »sozialen Unterstützung«, der sich mehr auf die Ressourcen bezieht, die jemand zur Verfügung hat. Wenn man die Definition von Christian Beels (1981) gelten läßt, wonach soziale Unterstützung »all die Faktoren beinhaltet, die einen günstigen Krankheitsverlauf wahrscheinlich machen« (S. 60), dann läßt sich leicht zeigen, daß die Größe eines Netzwerks und die soziale Unterstützung ganz unabhängig voneinander sind. So hat die → *Expressed-Emotions*-Forschung gezeigt, daß ein emotionales Überengagement oder sehr viel Abwertung im sozialen Umfeld zu einer ungünstigen Verlaufsprognose bei Psychosen führen können. Die Erklärung, wonach emotional überengagierte Eltern mit hohen Expressed-Emotions-Werten ihrerseits von externer sozialer Unterstützung isoliert seien, konnten Anderson et al. (1980) nicht bestätigen.

Literatur: Adams (1967); Anderson, Hogarty u. Reiss (1980); Barnes (1972); Beels (1981); Bott (1957); Hammer (1981); Kleene (1956); McCulloch u. Pitts (1943); Parsons, Bales, Olds, Zelditch u. Slater (1955); Pattison, DeFrancisco, Wood, Frazier u. Crowder (1975); Speck u. Attneave (1973); Talsdorf (1976); Westermeyer u. Pattison (1981).

Netzwerk-Therapie
(network therapy)

Verfahren therapeutischer Intervention in größeren sozialen Systemen. Einbezogen werden neben engeren Verwandten auch die Freunde, Nachbarn und sonstigen Personen, die für die Problemfamilie von Bedeutung sind. Da eine große Zahl von Personen zusammentrifft, bedarf es jeweils eines geeigneten therapeutischen Teams.

Die Netzwerk-Therapie wurde von Ross Speck und Mitarbeitern (1969, 1971, 1973) entwickelt. Sie sieht sich in der Tradition verschiedener Stammeskulturen, bei denen wahrscheinlich schon in prähistorischer Zeit der ganze Stamm in Krisenzeiten zusammenkam, um gemeinsam Lösungen zu suchen. Für viele derartige Kulturen sind Versammlungen zur Heilung Kranker beschrieben worden. Durch Einbeziehung des Nachbarschaftssystems sollen auch innerhalb unserer zeitgenössischen Gesellschaft die in solcher Großgruppe wirksamen heilenden Kräfte systematisch nutzbar gemacht werden. Dabei geht es wesentlich darum, Rituale und Mythen, die früher ein Gefühl der gegenseitigen Verbundenheit hergestellt und vermittelt haben, wiederzuentdecken und verfügbar zu machen. Die dazu verwendeten Methoden entspringen weitgehend Erfahrungen der sogenannten »Gruppenkultur«.

Eine aktuelle Krisensituation – zum Beispiel Delinquenz oder die schizophrene Dekompensation eines Familienmitglieds – bringt die Familie in Kontakt mit dem Interventionsteam. Nach einer ersten Klärung der Problemlage veranlaßt dieses die Familie, alle relevanten Bezugspersonen zu sich nach Hause einzuladen. Auf diese Weise öffnet sich das familiäre System, der → *Kontext* der Familie, d.h., der Meta-Kontext des → *Indexpatienten* wird sichtbar gemacht, und eine Situation vielfältiger realer Interaktionen entsteht. Nunmehr setzt sich das Interventionsteam das Ziel, verfestigte Beziehungsmuster und Verhaltenssequenzen in Frage zu stellen, alte Bande aufzulösen und neue zu knüpfen. Es sollen Wahrnehmungs- und Bewußtseinsstrukturen ebenso wie die Organisationsschemata des gesamten betroffenen sozialen Systems gezielt verändert werden. Das läßt sich am ehesten erreichen, wenn Leiter und Team sich am Rollenverständnis von Encounter-Gruppen orientieren. Durch Vorgabe nonverbaler Übungen und Rituale ermöglicht der Leiter allen Teilnehmern, festgefahrene Verhaltensmuster zu verändern, Erfahrungen zu korrigieren und neue Beziehungen herzustellen. Dabei stellt sich der sogenannte »Systemeffekt« ein – ein vorwiegend nonverbal vermitteltes Gefühl der Gemeinsamkeit und Zusammengehörigkeit.

Speck und Carolyn Attneave vergleichen den Systemeffekt mit dem, was jede Nacht in der »Preservation-Hall« in New Orleans passieren kann, wo die alten Jazz-Stars der Dixieland-Ära improvisieren: »Zu Beginn des Abends sitzen die Jazzfans und Touristen paarweise oder in kleinen Gruppen an den Tischen, ohne irgendeine besondere Beziehung zueinander. Doch unter dem Eindruck des mystisch-religiösen, stammeshaften, hypnotischen Zwangs der Musik verschmelzen sie allmählich zu einer großen Einheit. Sie rücken immer näher zusammen, wobei die Grenzen zwischen den einzelnen Gruppen verschwinden. Sie klatschen in die Hände, schlagen den Takt und schwingen rhythmisch mit – als gemeinsame Reaktionen auf die Herausforderung der Musik. Die konventionellen Bindungen haben sich aufgelöst, und die gesamte Zuhörerschaft erlebt als Gruppe ein euphorisches Stimmungshoch. In dieser Atmosphäre fallen Prestige-Barrieren, Generationsunterschiede sowie die durch Herkunft und Geschlecht gezogenen Grenzen. Junge weiße Frauen, Farbige der Unterklasse, ältere Blaustrümpfe und junge Hippies empfinden eine verbindende Gemeinsamkeit, die sie in Gesten, Körperkontakt und verbaler Kommunikation ausdrücken« (1971, S. 535 f.). Im Zuge eines solchen Verschmelzungserlebnisses entstehen somit neue Gruppierungen und Bindungen. In der Großgruppensitzung der Netzwerk-Intervention geschieht etwas Ähnliches; auch hier wird auf der affektiven Ebene ein Verschmelzungserlebnis initiiert, das alte Grenzen (vor allem die der Problemfamilie) sprengt und mit dem Gefühl der Verbundenheit neue Problemlösepotentiale eröffnet. Das Problem der Familie scheint nicht mehr unlösbar, da sich im Blick auf das übergreifende System eine Vielzahl neuer Ressourcen anbietet. Es ändert sich nicht nur der Kontext der Krankheit, d.h. die Familie, sondern auch deren Kontext, das übergeordnete Sozialsystem, und es ändert sich damit schließlich selbst die Krankheitsdefinition.

Um einen derartigen Prozeß einzuleiten und erfolgreich ablaufen zu lassen, bedarf das Interventionsteam bzw. dessen Leiter eines ausreichenden Maßes an Erfahrung im Umgang mit Großgruppen. Das beinhaltet u.a. die Bereitschaft zur Auseinandersetzung mit der eigenen Therapeutenrolle und den darauf gerichteten Erwartungen sowie eine hohe Sensibilität für das rechte Timing der im Gruppenprozeß fälligen eigenen Interventionen.

Eine Variante des dargestellten Verfahrens ist die Arbeit mit Gruppen von Altersgleichen (peer groups) und Institutionen. Darin beginnen die Rollen von Therapeuten, Institutionsberatern und Gruppendynamik-Trainern ineinander überzugehen.

Der große Vorteil des genannten – überwiegend im Rahmen einer Gruppenkultur und wachstumsorientierten humanistischen Psychologie entwikkelten – Verfahrens zeigt sich vor allem darin, daß der einzelne nicht aus seinem realen Bezugssystem herausgelöst wird und dann vor der Aufgabe steht, die im therapeutischen Setting gewonnenen Erfahrungen auf seine Alltagswelt zu übertragen, sondern daß nunmehr das gesamte reale, tagtäglich relevante soziale System seine Erfahrungen teilt.

Eine Alternative zu diesem Vorgehen hat Judith Landau (1981, 1982) entwickelt. Sie besteht darin, daß eine Gesamtfamilie oder ein Netzwerk sich nur ein einziges Mal trifft, um einen »Bezugstherapeuten« aus der Familie auszusuchen, der dann zum Therapeuten seines eigenes Familiensystems trainiert wird. Diese Methode ist kostengünstig und kurz. Außerdem spricht sie der Familie großen Einfluß zu und macht sie vom üblichen Therapiekontext unabhängig. Dieses Vorgehen kann dort nützlich sein, wo Familien aus kulturellen oder ökonomischen Gründen Vorbehalte gegenüber Therapie haben. Obwohl sich inzwischen ein Netzwerkdenken sehr verbreitet hat, konnte sich die hier beschriebene Netzwerktherapie bisher nicht behaupten.

Literatur: Attneave (1969); G. D. Erickson (1984); Halevy-Martini, Hemley-van der Velden, Ruhf u. Schoenfeld (1984); Landau (1981, 1982); Rueveni (1975); Speck u. Attneave (1971, 1973); Speck u. Rueveni (1969); Trimble u. Kliman (1981).

Neurolinguistisches Programmieren (NLP) (neurolinguistic programming)

Ein von John Grinder und Richard Bandler begründetes Therapieverfahren, das sich Methoden der → *Hypnotherapie* sowie Erkenntnisse der → *Kommunikations*theorie, → *Epistemologie* und → *Psycholinguistik* zunutze macht. Es gründet auf einem Konzept unbewußter Repräsentationssysteme, in denen Erfahrungen der subjektiven Geschichte sich zu Programmen gestaltet haben. Die – von Individuum zu Individuum verschiedenen – Repräsentationssysteme können auf auditive, visuelle oder koenästhetische Erfahrungen ausgerichtet sein, denen wiederum bestimmte sprachliche Repräsentationsformen entsprechen.

Jeder Mensch bevorzugt demgemäß bestimmte Modalitäten bzw. Ebenen sinnlicher Wahrnehmung. Sie prägen seine Erfahrung noch vor deren sprachlicher Fixierung. Somit bleibt die verwendete Sprache der jeweils erfahrungsprägenden sinnlichen Modalität verhaftet. Zwischenmenschliche Kommunikation gelingt (oder mißlingt) daher in dem Maße, wie sich die Partner auf ihre erfahrungsprägenden sinnlichen Modalitäten einzustellen vermögen. Dies gilt vor allem für die Kommunikation zwischen Therapeut und Patient.

Grinder und Bandler gelangten zu ihrem Verfahren durch die Analyse der nonverbalen, → *analogen Kommunikation* zwischen verschiedenen Therapeuten und ihren Patienten. Dabei stellten sie Inkongruenzen in deren Kommunikationsverhalten fest; der Dialog zwischen beiden zeigte sich gestört, wenn auf verschiedenen Ebenen der Kommunikation, denen verschiedene Ebenen sinnlicher Wahrnehmung entsprachen, unterschiedliche Botschaften gegeben wurden. Wenn man die Inkongruenz der Botschaften aufzeigen kann, so lassen sich daraus Folgerungen für die Art und Weise ziehen, in der ein Patient seine »innere Landkarte« *(→ Paradigma/innere Landkarte/Modell)* nicht nur »zeichnet«, sondern auch »malt«. Wer diese Landkarte therapeutisch verändern will *(→ Umdeutung)*, muß also auch wissen, »in welchen Farben sie gemalt ist«. Den Hinweis darauf gibt bereits die gewählte Sprachform. Sie wird bei einem visuellen Menschen dazu führen, daß er sich vorzugsweise »ein Bild macht«, etwas »sieht«, sich etwas »klarmacht«, etwas »einleuchtend findet«, während ein auditiver Mensch eher Wörter wie »laut«, »hören«, »harmonisch« usw. verwendet und eine koenästhetisch orientierte Person bevorzugt von »Druck«, »Anspannung«, »Gefühl« usw. spricht. Eine mißglückte Kommunikation zwischen einem visuellen Patienten und einem koenästhetischen Therapeuten kann dann etwa so aussehen:

Patientin: »Mein Mann *sieht* in mir keinen wertvollen Menschen.«

Therapeut: »*Wie fühlen* Sie sich dabei?«

Pat.: »Was?«

Therapeut: »Wie fühlen Sie sich dabei, wenn Ihr Mann nicht das Gefühl hat, daß Sie ein wertvoller Mensch sind?«

Pat.: »Das ist eine schwere Frage. Ich weiß es einfach nicht.«

Der Therapeut stellt in der Folge fest, daß er sich frustriert fühlt, weil diese Frau es ihm so schwermache und sich ihm allem, was er tut, widersetze (Bandler u. Grinder 1979, S. 24). Was die Autoren technizistisch als neurolinguistisches Programmieren bezeichnen, ist nichts konzeptuell Neues. Es beschreibt und systematisiert wahrscheinlich das, was gute Therapeuten seit jeher mehr oder weniger intuitiv getan haben, ohne es bewußt zu lernen: die Fähigkeit und die Methode, dem Patienten das Gefühl zu vermitteln, daß er verstanden wird *(→ Joining)*. Die Theorien von Grinder und Bandler lassen sich innerhalb der Psycholinguistik einordnen, die sich mit den Beziehungen zwischen sprachlichen und unbewußten psychischen Strukturen beschäftigt. Ihre therapeutische Methode ist als Abwandlung und Weiterentwicklung kommunikationstherapeutischer Ansätze zu verstehen.

Literatur: Bandler u. Grinder (1975 a, b 1979, 1982); Dilts, Grinder, Bandler, Delozier u. Cameron-Bandler (1979); Grinder u. Bandler (1976, 1981); Grinder, Delozier u. Bandler (1977); Lankton (1979).

Neutralität
(neutrality)

Eine vom Therapeuten in der → *systemischen Therapie* gegenüber allen Familienmitgliedern gezeigte Haltung. In Verbindung mit der Methode des → *zirkulären Fragens* verhindert sie, daß er in familiäre Spiele hineingezogen, zu Koalitionen verführt oder auf irgendeine andere Art zum Mitagieren gebracht wird. Kein Familienmitglied kann nunmehr für sich in Anspruch nehmen, eine andere Beziehung zum Therapeuten zu haben als alle anderen. Dieser vermag somit stets auf der Ebene der → *Metakommunikation* über das, was in der Familie passiert, zu bleiben. So verstanden, stellt Neutralität weniger eine innere Haltung als einen »technischen Schachzug« des Therapeuten dar, der es diesem ermöglicht, gegenüber allen Familienmitgliedern gleichbleibend als Autorität aufzutreten.

Die von Mara Selvini Palazzoli und Mitarbeitern (1980a) beschriebene neutrale therapeutische Haltung versucht der Tatsache Rechnung zu tragen, daß Familien über vielfältige Strategien verfügen, den Therapeuten zu entmachten, ihn als ein die Familie stabilisierendes Element zu benutzen und damit zu verhindern, daß er irgend etwas verändert. Diese Gefahr des Mitagierens besteht stets dann, wenn sich der Therapeut auf eine gegenüber der Familie gleichberechtigte Ebene ziehen läßt. Um die seiner Expertenrolle angemessene Metaposition zu der Familie und ihren Problemen wahren zu können, muß er auch angesichts demonstrativ bewegter Geschehnisse und emotional aufwühlender Berichte neutral und (relativ) gelassen bleiben. Dabei schließt Neutralität keinesfalls Empathie für die Akteure des familiären Dramas aus. Sie ermöglicht vielmehr eine besondere Art von Empathie, die sich nunmehr eher in der Form der zirkulär gestellten Fragen als in der Reaktion auf das Verhalten der Familienmitglieder äußert.

Um eine derartige Neutralität konsequent durchhalten zu können, bedarf die systemische Therapie in der Regel eines eingespielten therapeutischen Teams. Davon arbeiten nur einige Mitglieder direkt mit der Familie, während die anderen die Sitzung hinter der Einwegscheibe verfolgen. Ein Therapeut, der sich selbst noch einmal kontrollieren läßt, ist zwangsläufig weniger von der Familie verführbar.

Arnold Retzer (1996) unterscheidet drei Arten von Neutralität: (1) Beziehungsneutralität im Hinblick auf die Beziehungen des Therapeuten zur Familie dient der inneren und äußeren Distanzierung des Therapeuten, der sich nicht in Konflikte zwischen Familienmitgliedern hineinziehen läßt, (2) Problemneutralität zeigt sich in dem Maße, wie sie der Einladung zur positiven oder negativen Bewertung der Verhaltensweisen entspricht, die von der Familie als Problem angeboten werden, und (3) Konstruktneutralität meint die Enthaltsamkeit gegenüber Erklärungen, Lösungsideen und Meinungen, die innerhalb der Familie geäußert werden.

Die Neutralität des systemischen Therapeuten ist von der → *Allparteilichkeit* des Therapeuten zu unterscheiden. Diese entspricht eher psychodynamisch ausgerichteten und auf Dialogermöglichung in der Familie abzielenden therapeutischen Verfahren.

Ein die Allparteilichkeit und die Neutralität im hier dargestellten Sinne umfassendes Verständnis stellt Fritz B. Simon (1995) dar. Er fordert Neutralität von Therapeuten nur dann, wenn er mit Konflikten innerhalb des Klientensystems konfrontiert ist. Wann immer er vor der Frage steht, sich auf eine der beiden Seiten einer Unterscheidung zu stellen, hat er vier Möglichkeiten, sich zu positionieren: er kann für die eine Seite Position beziehen (Pro), kann für die andere Seite Position beziehen (Contra), er kann die Weder-Pro-noch-Contra-Position wählen, oder er kann die Sowohl-Pro-als-auch-Contra-Position einnehmen. Die beiden letzten sind neutral bzw. allparteilich. Diese Wahlmöglichkeiten hat der Therapeut nicht nur, wenn es sich um einen Konflikt zwischen Personen handelt, sondern auch, wenn es Konflikte zwischen unterschiedlichen Inhalten gibt *(→ Konfliktorganisation/Tetralemma).*

Literatur: Penn (1982); Retzer (1996a); Selvini Palazzoli, Boscolo, Cecchin u. Prata (1980a); Simon (1995, 1998); Simon u. Weber (1990); Tomm (1994).

Nichtlinearität/Stufenfunktion (nonlinearity/step function)

In der Mathematik (und, in Anlehnung an sie, in der → *Kybernetik*) beschreibt Nichtlinearität eine Beziehung zwischen Variablen, die in einem rechtwinkligen kartesischen Koordinatensystem *keine* gerade Linie ergibt. Das Gegenstück dazu ist die → *Linearität.* Bei Veränderung der einen Variablen verändert sich die andere in einem nicht-proportionalen Maße; dies kann zum Beispiel in Form einer exponentiellen Funktion erfolgen. Neben kontinuierlichen nicht-linearen Beziehungen gibt es diskontinuierliche nicht-lineare Beziehungen, die mathematisch als Stufenfunktion bezeichnet werden. Sie bilden das mathematische Gegenstück zu dem, was systemtheoretisch als → *Wandel* zweiter Ordnung bezeichnet wird. Auch die gesamte → *Chaostheorie* und die → *Synergetik* beruhen auf einer nichtlinearen Mathematik.

Nichtlinearität liegt in allen Fällen positiver Rückkoppelung *(→ Regelkreis/ Rückkoppelung)* vor, wo eine Abweichung sich selbst verstärkt. Ein Beispiel hierfür bietet die Bevölkerungsexplosion: Mit zunehmender Bevölkerungszahl steigt der Bevölkerungszuwachs. Diskontinuierliche Veränderungen, die dazu führen, daß ein System von einer Verhaltensregel auf eine andere umschaltet, entsprechen mathematisch Stufenfunktionen. Beispiel: Die

Funktionsweise der Schaltung und des Getriebes eines Autos. Im ersten Gang ist eine Geschwindigkeitserhöhung nur bis zu einer bestimmten Grenze möglich; spätestens an dieser Grenze ist das Umschalten in einen höheren Gang erforderlich, um weitere Beschleunigung, d.h. Veränderung, zu ermöglichen. Mit diesem Schaltprozeß verbindet sich das Inkrafttreten anderer interner Strukturen (Getriebeteile) des Systems. Es handelt sich um die Neukalibrierung des Systems. Die Chaostheorie zeigt, daß – abhängig von den Ausgangsbedingungen – minimale Veränderungen zu großen, überproportionalen Veränderungen führen können.

Daß Veränderung auf mehreren Ebenen und nicht-linear erfolgen kann, ist eine wesentliche Voraussetzung zum Verständnis der Wirkungsweise bestimmter familientherapeutischer Interventionsformen. Alle → *Kurztherapien* basieren auf dem Konzept der Nichtlinearität, d.h. der Vorstellung, daß der größere Aufwand nicht auch die größere Wirkung bedeutet *(→ Stabilität).*

Literatur: Watzlawick, Beavin u. Jackson (1967).

Nische (persönliche, dyadische, familiäre)
niche (personal, dyadic, familiar)

Im Kontext seiner → *ökologischen Psychotherapie* versteht Jürg Willi die Nische als den Teil der Umwelt, den eine Person, ein Paar oder eine Familie selbst wählt, gestaltet oder schafft und der zur aktiv gebauten »Behausung« geworden ist.

Die Nische enthält sowohl unbelebte Teile wie Wohnung und Besitz als auch belebte wie das Beziehungsnetz. Der Begriff Nische ist der biologischen Metapher der ökologischen Nische analog, umfaßt aber mehr Freiheitsgrade als die biologische Konzeption der Nische. Das Nischenkonzept ist in der ökologischen Therapie im Zusammenhang mit dem Begriff des »wirkungsgeleiteten Lebenslaufs« relevant. Es wird dabei von der Überzeugung ausgegangen, daß ein Individuum sich im beantworteten Wirken entfaltet. Indem es seine Nische gestaltet, schafft es eine Umwelt, die es in seinem Wirken laufend beantwortet. Die Reaktionen (»Antworten«) der Nische bestärken die bisherigen Lebenskonzepte und Intentionen, wenn sie positiv sind. Negative Beantwortung korrigiert oder bremst sie. Die Nische ist also selbstgestaltete Umwelt und enthält als solche die Spuren der eigenen Geschichte.

Willi (1996) zufolge läßt sich der Schweregrad psychischer Störungen an Beeinträchtigungen der Fähigkeit zur Nischengestaltung erkennen. Die Anpassungsfähigkeit ist vor allem dadurch reduziert, daß die Beziehungsumwelt nicht für die eigenen Intentionen gewonnen und das eigene Wirken nicht genügend auf die Ansprechbarkeiten der Umwelt abgestimmt werden kann. Damit verringern sich die Chancen des Wirkens.

Analoges gilt für dyadische und familiäre Nischen. Willi markiert den Übergang zwischen einer folgenlosen Liebschaft und einer Paarbeziehung in der Gestaltung einer Nische. Erst die letztere wird für die Umwelt sichtbar und hinterläßt als historisches Faktum nicht auslöschbare Spuren. Dies spielt auch bei Trennungen und neuen Paarkonstellationen eine große Rolle.

Literatur: Willi (1996).

Objektbeziehungstheorie (object relations theory)

Eine von W. Fairbairn (1952) entwickelte, in der Tradition der Psychoanalyse stehende Theorie menschlicher Beziehungen, die in der Folge auch verschiedene familientherapeutische Konzepte beeinflußte. Fairbairn geht davon aus, daß jeder Mensch ein fundamentales Bedürfnis nach befriedigenden Objektbeziehungen hat und daß diese sein Handeln wesentlich motivieren. Dabei setzt er die Entwicklung der Persönlichkeit weitgehend mit dem Aufbau eines Systems »innerer Objekte« gleich. Die Weise, in der diese Objekte innerlich repräsentiert sind und sich eine → *Selbst-Objekt-Differenzierung* gestaltet, bestimmt großenteils, wie der einzelne fühlt, denkt und sich auf andere Menschen bezieht. Die Funktionen → *innerer Objekte* lassen sich als Teile der *Ich-Funktion (→ Ich-Psychologie)* verstehen, die der Entwicklung individueller → *Autonomie* dienen.

Objektbeziehungspsychologie und Selbstpsychologie werden in der Psychoanalyse zum Teil getrennt voneinander betrachtet, stellen jedoch eine funktionelle Einheit dar. Durch den Aufbau von »Objektrepräsentanzen«, »Objekt-Imagines« auf der einen und »Selbst-Repräsentanzen«, »Selbst-Imagines« auf der anderen Seite entwickelt jeder Mensch ein internalisiertes Modell menschlicher Beziehungen *(→ Paradigma/innere Landkarte/Modell).* Darin sind nicht die statischen Imagines, sondern die Art und Weise, wie sie zueinander in Beziehung gesetzt werden, das Entscheidende. Einen Versuch, beide Ansätze innerhalb der Psychoanalyse zu integrieren, liefert Otto F. Kernberg (1976).

Nach Ansicht von Fairbairn entwickeln sich innere Objekte auf dem Boden früher Frustrationen. Da das mütterliche Objekt die Beziehungsbedürfnisse des Kindes nicht zu befriedigen und das Kind die Realität nicht zu verändern vermag, introjiziert es die frustrierenden Aspekte der Mutter. Sie bilden die Grundlage der in der Folge auf (menschliche) Objekte überhaupt gerichteten Erwartungen und Beziehungen. Im Prozeß der weiteren Entwicklung des Kindes können die verinnerlichten Objekte bzw. Objektrepräsentanten modifiziert, gespalten und mit Teilen der Selbstrepräsentanz fusioniert werden (vgl. M. Mahler 1968). Sollen jeweils neue Stufen der bezogenen → *Individuation* erreicht werden, müssen sich innere Objekte und das Selbst jeweils in Überprüfung der Realität differenzieren, neu integrieren, d.h. verändern. Mißlingt dieser Veränderungsprozeß, so werden aktuelle Beziehungen entsprechend einem »alten« Modell wahrgenommen, beurteilt und auch gestaltet. Dadurch erklärt sich, daß erwachsene Kinder, deren Eltern sich im Laufe der Jahre deutlich geändert haben, diese weiterhin verzerrt wahrnehmen: Die Eltern werden damit zu Objekten einer intrafamiliären Übertragung *(→ Übertragungs- und Gegenübertragungsphänomene)*, die sich von einer extrafamiliären, d.h. auf Außenstehende, unter Umständen auf einen Therapeuten gerichteten Übertragung unterscheiden läßt (Stierlin 1977).

Insbesondere nach dem → *Begegnungsmodell* arbeitende Therapeuten versuchen in der Familiensitzung durch die Konfrontation der realen mit den internalisierten Objekten einen innerfamiliären Dialog zu ermöglichen, worin enttäuschte Erwartungen ausgesprochen, Konflikte ausgetragen und Versöhnungsprozesse eingeleitet werden können. Diese aus der Psychoanalyse ableitbaren Vorgehensweisen zielen somit in erster Linie darauf ab, die Weiterentwicklung, d.h. die Differenzierung und Integration innerer Objekte zu fördern. Damit soll eine zunehmend realitätsgerechte Wahrnehmung der eigenen wie auch der Bezugspersonen erreicht werden, die nicht in erster Linie durch Mechanismen der → *projektiven Identifikation* bestimmt ist *(→ Wachstumstherapie)*.

Literatur: Dicks (1963); Fairbairn (1952); Grunberger (1976); Guntrip (1968); Jacobson (1954); Kernberg (1976); König (1981); Mahler (1968); Slipp (1984); Spitz (1954); Stewart, Peters, Marsh u. Peters (1975); Stierlin (1977); Welter-Enderlin u. Hildenbrand (1996, 1998).

Ökosystem/Ökologie
(ecosystem/ecology)

(von griech. oikos = Haus, Siedlung, Dorf)

Eine Wissenschaft bzw. Konzeptualisierung, welche die Wechselwirkungen zwischen Organismen und ihrer Umwelt untersucht. Überlebenseinheit, so die grundlegende Erkenntnis der Ökologie, ist niemals ein Einzelorganismus oder eine einzelne Gattung in einer statischen Umwelt, sondern ein Ökosystem, d.h. die Gesamtheit aller miteinander in Wechselbeziehung stehenden Lebewesen, einschließlich des ebenfalls dazu in Wechselbeziehung stehenden natürlichen Lebensraums. Ökosysteme entwickeln sich nach Prinzipien der → *Ko-Evolution*.

Die Familientherapie versteht sich als eine ökosystemische Therapie, da sie versucht, die Wechselbeziehungen zwischen dem Individuum und seinem für sein Überleben wichtigen sozialen System (Familie, Schule, Gruppe der Altersgleichen, Nachbarschaft usw.) zu erkennen und bei ihren Interventionen zu berücksichtigen.

Der Begriff Ökosystem und dessen Definition als Beziehungssystem der untereinander und mit ihrem Lebensraum verbundenen Lebewesen geht auf den englischen Forstwissenschaftler A. G. Tansley (1935) zurück. Grundgedanken der modernen Ökosystemforschung finden sich aber schon in der »natürlichen Theologie« des 17. und 18. Jahrhunderts, derzufolge die Harmonie und der Bestand des Naturganzen auf einem dynamischen Gleichgewicht beruhen, das sich als Ergebnis eines ständigen »Kampfes ums Dasein« der verschiedenen Lebewesen untereinander einstellt (vgl. Ellenberg 1973; Stauffer 1960; Gärtner 1982). Der Begriff Ökologie wurde von E. Haeckel 1866 eingeführt. Vor allem Biologen, die sich an der Philosophie des → *Holismus* orientierten, betrachteten das, was wir heute Ökosystem nennen, als einen »Organismus höherer Ordnung« (vgl. A. Thienemann 1920, zit. nach E. Gärtner 1982).

Ein auch für familientherapeutische Ansätze wesentlicher Aspekt ökologischen Denkens ergibt sich aus der Einsicht, daß kein Lebewesen in einer geradlinigen Ursache-Wirkungs-Beziehung zu seiner Umwelt steht *(→ Linearität/Linealität/geradlinige Kausalität)*. Vielmehr wirkt jede in einem Ökosystem vorgenommene Veränderung auf alle Mitglieder dieses Systems zurück. Gregory Bateson formulierte diese Einsicht folgendermaßen: »Die Überlebenseinheit – sei es in der Ethik oder in der Evolution – ist nicht der Organismus oder die Gattung, sondern das umfassendste System oder die größte ›Macht‹, innerhalb deren das Geschöpf lebt. Zerstört das Lebewesen seine Umgebung, so zerstört es sich selbst« (Bateson 1972, S. 429).

Eine sich als ökosystemisch verstehende Therapie muß also die jeweils relevante Überlebenseinheit bestimmen und in ihre Überlegungen einbeziehen: die Familie, die Station innerhalb eines Krankenhauses, die Berufswelt, die Gemeinde *(→ Netzwerktherapie, → Nische, → ökologische Psychotherapie)*. Ihr muß eine ökosystemische → *Epistemologie* zugrunde liegen *(→ Holismus)*.

Der Ökologie-Begriff, der bislang in der Familientherapie Verwendung findet, erscheint allerdings sehr verkürzt, da er sich weitgehend mit der Betrachtung der sozialen und ökonomischen Aspekte des Ökosystems begnügt. Erheblich weiter geht der Ansatz der sogenannten »Ökosoziologie«, mit der versucht wird, die Wechselwirkungen zwischen den Gegebenheiten der Natur und der sozialen Organisation zu erfassen.

Literatur: Auerswald (1968); Bateson (1972); Bronfenbrenner (1976); Commoner (1971); Ellenberg (1973); Gärtner (1982); Kaminski (Hrsg.) (1976); Keeney (1979); Margalef (1968); Renshaw (1976); Stauffer (1960); Tansley (1935); Willi (1996).

ökologische Psychotherapie
(ecological psychotherapy)

Von Jürg Willi (1996) vertretener wachstumsorientierter Therapieansatz, der die Entwicklung der Person durch die Gestaltung ihrer Umwelt *(→ Nische)* in den Vordergrund stellt.

Das ökologische Therapiekonzept hat sich aus früheren Konzepten der *→ Kollusion* und *→ Ko-Evolution* entwickelt. Stärker als systemische Konzepte bezieht sich Willi auf psychoanalytische Konzepte, vor allem die Objektbeziehungstheorie (Fairbairn 1952 und Dicks 1967). Im Kern geht es in der ökologischen Psychotherapie um die Frage, wie eine Person sich eine mit ihren Entwicklungsbereitschaften ko-respondierende Umwelt sucht und sie zu einer persönlichen Nische gestaltet, die die Entwicklung ihres Lebens leitet. Die Entwicklung von Störungen wird im Zusammenhang mit der Vermeidung anstehender Entwicklungen in und von Beziehungen gesehen. Entsprechend zielt die Therapie auf eine verbesserte Nutzung der Beziehungsbereitschaften der Beziehungsumwelt.

Im Vergleich zu systemischen Ansätzen betont die ökologische Psychotherapie weniger die Wirklichkeitskonstruktion als das Wirken in der Beziehung. Sie versteht Probleme weniger als Ausdruck und Folge von Konstruktionen, sondern von Entwicklungskonflikten. Sie erscheint insgesamt auch stärker individuumzentriert und räumt der Vergangenheit einen stärkeren Stellenwert ein.

Literatur: Limacher u. Willi (1998); Willi (1996); Willi, Frei, Hänny, Hotz, Limacher, Riehl-Emde u. Meyer (1994).

operationale Geschlossenheit
(operational closure)

Operationale Geschlossenheit (auch: operative Geschlossenheit, operationale Schließung) ist eine zentrale Eigenschaft → *autopoietischer* Prozesse lebender → *Systeme.* Diese beziehen sich in ihrem Verhalten nur auf ihre Struktur und ihre eigenen Operationen (z.B. Denk- und Verhaltensweisen). Aufgrund ihrer Strukturdeterminiertheit können sie Operationen anderer Systeme nicht übernehmen.

Alle Systemoperationen rekurrieren auf andere Systemoperationen, können also keine fremden Operationen oder Umweltoperationen mit einschließen. Das System selbst ist nicht in der Lage, eine Unterscheidung zwischen Ereignissen innerhalb und außerhalb zu machen. Jedes Ereignis ist für ein operational geschlossenes System eine → *Perturbation* seines inneren Zustandes und seiner Struktur. Die Innen/Außen-Unterscheidung und entsprechend auch die Beschreibung von Input und Output sind immer aus der Perspektive eines äußeren Beobachters *(→ Beobachtung)* gemacht.

Operationale Geschlossenheit hat weitreichende Konsequenzen für die Theorie der menschlichen Kommunikation. Verschiedene lebende Systeme haben nicht die Möglichkeit, miteinander »instruktiv« zu interagieren, d.h., es gibt keine lineal-kausale Relation zwischen den Aktionen des einen und des anderen. Beide Interaktionspartner sind strukturell determinierte Systeme, die einander perturbieren. In einem technischen Kommunikationskonzept ist die Information für den Sender und den Empfänger im Prinzip gleich und besteht »objektiv«, also unabhängig von Sender und Empfänger *(→ Information).* Das ist bei der Interaktion autonomer lebender Systeme nicht möglich. Deshalb ersetzen soziale und psychische Systeme ihre wechselseitige Undurchsichtigkeit so lange durch Hypothesen, Unterstellungen oder Vermutungen, bis sich eine viable Interaktion herstellt.

Literatur: Maturana (1982); Varela (1988); Willke (1982).

Organisation/Funktion/Struktur/Prozeß (organization/function/structure/process)

(von griech. organon = (Musik)Instrument, Maschine; lat. functio = Leistung; lat. struere = bauen; lat. processio = Fortschreiten)

Aufeinander zu beziehende Begriffe, die unterschiedliche Zugangsweisen darstellen, natürliche Abläufe zu beschreiben. Der Begriff »Organisation« bezieht sich auf die Ganzheit der Beziehungen zwischen den Elementen, die ein → *System* konstituieren. »Funktion« bezieht sich auf die Wirkung. »Struktur« beschreibt die Gesamtheit der Elemente und der Beziehungen zwischen den Elementen eines Systems. Struktur ist also die (abstrakte) Organisation plus die (konkreten) Elemente. »Prozeß« beschreibt die Veränderungen der Gesamtheit interagierender Systeme oder Elemente, ihre Strukturen und Funktionen über die Zeit.

Alle belebten und unbelebten Phänomene der Welt treten als Ereignis in einem Kontinuum von Raum und Zeit auf. Alles, was wir darüber sagen können, bleibt auf uns als Beobachter bezogen. Deshalb sind Beschreibungen niemals »objektiv«, sie sagen immer auch etwas über den Beobachter und die Bedingungen seiner Beobachtung aus. Das Rohmaterial unserer Erfahrung besteht demgegenüber – in den Worten B. Russells – »lediglich aus Ereignissen; aber wenn wir die Erfahrung machen, daß wir daraus etwas bauen können, das sich beim Messen so verhält, als werde es niemals erzeugt oder vernichtet, so ist es nicht verwunderlich, daß wir schließlich an ›Körper‹ glauben. Diese sind eigentlich nur mathematische Konstruktionen, die aus Ereignissen aufgebaut sind, aber aufgrund ihrer Beständigkeit sind sie in der Praxis wichtig, und unsere Sinne (die sich vermutlich infolge von biologischen Bedürfnissen entwickelten) haben sich darauf eingestellt, diese Körper wahrzunehmen anstelle der bloßen Abfolge von Ereignissen, die, theoretisch betrachtet, das Grundlegendere ist. Von diesem Standpunkt aus ist es erstaunlich, wie wenig von der wirklichen Welt die Naturwissenschaft enthüllt: Unser Wissen ist begrenzt, nicht nur durch das Element der Konvention, sondern auch durch die Auswahl, die unser Sinnesapparat trifft« (Russell 1925/1972, S. 139 f.). Jeder Beobachter trifft Unterscheidungen und transformiert sie in ein Zeichensystem (Spencer-Brown 1969). Bei jeder Wahrnehmung – sei es die des Alltags oder auch die der Wissenschaft – wird also eine Struktur gebildet, d.h., dynamische Prozesse werden in statische »übersetzt« (vgl. Simon 1984). Es werden Modelle konstruiert, welche suggerieren, die Welt bestehe aus Dingen *(→ Paradigma/innere Landkarte/Modell).*

Organisation und Funktion sind abstrakte Konzepte. Sie beziehen sich auf die Relationen von zwei oder mehr Parametern. Es bedarf aber immer eines Beobachters, der sie aufeinander bezieht. Die von ihm konstruierte »Landkarte« suggeriert, daß die Strukturen stabil seien, wenngleich die »Landschaft« sich in einem dynamischen Wandel befindet. Gerade der Strukturbegriff suggeriert eine Vorstellung von Statik und verschleiert damit, daß Strukturen nichts weiter als sich wiederholende Prozesse sind, die zu einem stabilen Ergebnis führen *(→ Eigenwert/Eigenstruktur/Eigenverhalten/Attraktor).* Die Stabilität von Strukturen läßt sich aus der Wirkung der Prozesse, die sie hervorbringen, erklären. Hier tritt die Frage der System-Umwelt-Unterscheidung in den Fokus der Aufmerksamkeit. Die Prozesse und Strukturen eines Systems müssen so gestaltet sein, daß es damit seine → Kohärenz, d.h. seine Grenze gegenüber den verschiedenen Umwelten aufrechterhalten kann und seine Identität als Einheit erhält.

Die Unterscheidung zwischen Struktur und Organisation, die alltagssprachlich nur gering scheint, ist aus wissenschaftlichen Gründen nützlich. Sie erlaubt, die Tatsache zu beschreiben, daß ein lebendes System sich ändern und zugleich seine → *Identität* bewahren kann. Während die Elemente des menschlichen Körpers (die Zellen) sich über die Zeit ändern, bleibt ihre Organisation stabil. Diese Stabilität kann durch die Prozesse erklärt werden, die lebende Systeme charakterisieren, nämlich die Vernetzung von Funktionen, die Zellen erzeugen und sie in einer besonderen Weise verbinden *(→ Autopoiese).* Innerhalb einer kybernetischen Sicht *(→ Kybernetik)* beziehen sich die Begriffe Prozeß, Funktion, Organisation und Struktur auf spezielle Aspekte derselben oder nahe verwandter Phänomene.

Dies bedeutet für die Familientheorie, daß die Familie ein dynamisches Gesamt von Ereignissen darstellt, deren Struktur und Verhaltensregeln nicht unabhängig von ihren Funktionen für die Gesamtfamilie wie auch für alle einzelnen Familienmitglieder gesehen werden dürfen. Dementsprechend ist die Struktur einer Familie niemals etwas Statisches und Unveränderliches. Verändert sich eine Struktur nicht, so beweist dies lediglich, daß sie sich nicht verändern mußte. Therapie als Prozeß der Umstrukturierung verlangt und erstrebt eine Veränderung der Bedingungen bzw. Funktionen, die gerade diese Strukturen aufrechterhalten. Diese Bedingungen und Funktionen verdeutlichen sich, sobald wir uns vergegenwärtigen, daß Familien gegenüber der Umwelt einen gewissen Grad von → *Autonomie* besitzen und ihre → *Anpassung* am innerfamiliären Modell der Welt orientieren. Dysfunktionales Verhalten läßt sich demnach stets als Störung der Entwicklungsprozesse verstehen, in deren Verlauf normalerweise ein System seine Umwelt verändert und die Umwelt das System *(→ härtere/weichere Realität).* Eine Unterbrechung dieser Zirkularität zeigt sich etwa in der Erstarrung der familiären »Landkarte der Welt« sowie einer Blockierung der fälligen → *Ko-Evolution* und → *-Individuation.* Unter diesen Gegebenheiten stellt sich der Therapie die Aufgabe, diese Blockade zu lösen. Das aber kann letztlich nur über eine Veränderung der zirkulären Beziehung zwischen dem symbolisch repräsentierten Modell der Welt einerseits und der Steuerung des Verhaltens andererseits erfolgen. Solange sich ein bestimmtes Bild der Welt durch alle Verhaltensweisen eines Systems (sei dies ein Individuum oder eine Familie) bestätigt, besteht keine Notwendigkeit zu deren Umstrukturierung.

In der therapeutischen Praxis sind die Konzepte der »Funktion« und »Intention« auseinanderzuhalten. Die Funktion, also der Effekt, des Verhaltens X des Familienmitglieds A kann das Verhalten Y und Z der Familienmitglieder B und C zur Folge haben. Es bedeutet aber nicht, daß es die Intention von A war, Y und Z auszulösen. So kann ein Symptom eines Kindes zur Folge haben, daß die Mutter zu Hause bleibt und sich um das Kind kümmert. Von dem Effekt (der Funktion) des Verhaltens kann der Therapeut aber nicht auf ein Motiv, eine Intention des Kindes schließen, sein Bein zu brechen. Wenn ein Therapeut ein bestimmtes symptomatisches oder dysfunktionales positiv konnotiert, muß er sich darüber klar sein, daß er von der Wirkung eines Verhaltens nicht auf die Absicht der handelnden Person schließen kann. Gleichwohl sind die Techniken des Umdeutens und der positiven Konnotation nützliche und starke Interventionen. Es besteht jedoch die Gefahr, daß solche strategischen Bemerkungen aus dem Kontext der therapeutischen Intervention und Kommunikation genommen werden und wie wissenschaftliche Hypothesen über die Entstehung eines Symptoms genommen werden.

Literatur: Ciompi (1982); Garcia-Shelton u. Brody (1978); Klaus (1972); Levant (1983); Parsons, Bales, Olds, Zelditch u. Slater (1955); Rapaport (Hrsg.) (1951, 1959); Russell (1925); Simon (1984); Taylor (1970).

Paartherapie
(couples therapy)

Verfahren der Paartherapie entwickelten sich sowohl im Austausch mit denen der Familientherapie als auch unabhängig von ihnen. Aus familientherapeutischer Sicht erweist sich ein Paar (auch) als ein System; aus individualtherapeutischer Sicht als eine Interaktionsgemeinschaft zweier Individuen, deren Bedürfnisse harmonieren und/oder kollidieren.

Die hauptsächlichen Konzepte, die sich mit der Psychologie der Zweierbeziehung beschäftigen, spiegeln unterschiedliche Grundannahmen über das Wesen dieser Beziehung. So geht etwa der Ansatz Jürg Willis davon aus, daß Partnerwahl und Paardynamik ihre Wurzeln in den individuellen Lebensgeschichten haben (Willi 1975, 1981; → *Ko-Evolution*, → *Kollusion*). Ein zweiter Ansatz betrachtet das eheliche »quid pro quo«, d.h. die Regeln, nach denen sich in einer Zweierbeziehung die gegenseitigen Gratifikationen, Gewinne und Verluste ausbalancieren (Jackson 1965). Carlos E. Sluzki und Janet Beavin (1965) dagegen legen ihrem Therapieansatz eine Typologie von Zweierbeziehungen je nach der Verteilung symmetrischer und komplementärer Beziehungsanteile zugrunde *(→ komplementär/symmetrisch).* Nach Ansicht von Clifford Sager (1981) lassen sich die verschiedenen theoretischen Ansätze in einem »Kontraktmodell« zusammenfassen: Jeder Ehe und Partnerschaft liegt ein bewußter oder unbewußter »Vertrag« zugrunde, der festschreibt, wer was in der Beziehung zu leisten, welche Erwartungen er zu erfüllen hat und wie er dafür honoriert wird.

Entsprechend den unterschiedlichen Konzepten unterscheidet sich das methodische Vorgehen einzelner Paartherapeuten. Bei aller Unterschiedlichkeit gilt wohl in jedem Falle, daß eine Paartherapie höchstwahrscheinlich scheitert, wenn der Therapeut sich zum Verbündeten des einen Partners macht. Er muß also entweder → *allparteilich* oder → *neutral* sein. Im Einzelfall wird unterschieden werden müssen, ob jeweils das Weiterbestehen der Partnerschaft oder deren Trennung als Therapieerfolg zu werten sind *(→ Scheidungstherapie).* Kommt es zur Trennung, ohne daß die gegenseitige

Bindung in einer angemessenen Trauerarbeit aufgelöst werden konnte, so ist es wahrscheinlich, daß beide Partner in ihren (möglicherweise überstürzt geschlossenen) neuen Beziehungen dem gleichen Muster folgen, das bereits in der ersten Beziehung zu unlösbaren Konflikten und zur Trennung führte. Die Therapie kann jedoch auch ermöglichen, daß sich beide Partner innerhalb ihrer Beziehung zunehmend individuieren *(→ Individuation/bezogene Individuation/Ko-Individuation).*

Während das Kollusionskonzept davon ausgeht, daß die gegenwärtigen Partnerschaftsprobleme sich aus der jeweils individuellen Lebensgeschichte der Partner herleiten, nehmen mehr systemisch arbeitende Therapeuten an, daß partnerschaftliche Regeln sich auch weitgehend unabhängig von der Vorgeschichte jeweils neu entwickeln und zu einer Paarpathologie Anlaß geben können (vgl. Jackson 1965a). Dieser Ansatz stellt also nicht die Bearbeitung der individuellen Geschichte in den Mittelpunkt der Therapie. Er zielt vielmehr auf die Veränderung der Interaktionsregeln ab *(→ Kommunikationstherapie, → strategische Therapie, → systemische Therapie).*

Wenn ein Paar mit einer eng umgrenzten Problematik zur Therapie kommt, sollte diese vordringlich angegangen werden. Doch auch hier gilt, daß das jeweils angebotene Problem nicht aus dem sonstigen Beziehungskontext herauszulösen ist und seine Lösung auch wiederum auf diesen rückwirken wird. Ein Musterbeispiel dafür bietet die Behandlung sexueller Probleme *(→ Sexualtherapie).*

Betrachtet man die paartherapeutische Literatur mit Blick auf die Rolle und das Selbstverständnis des Therapeuten in der Paartherapie, so zeigen sich insgesamt zwei gegensätzliche Auffassungen: Diejenigen Therapeuten, deren Konzepte sich wesentlich von individualtherapeutischen bzw. psychoanalytischen Methoden herleiten, versuchen gewissermaßen eine Einzeltherapie beider Partner im Rahmen der Paarbeziehung. Sie betrachten und bearbeiten die *→ Übertragungs- und Gegenübertragungsphänomene,* die sowohl zwischen den Partnern als auch zwischen diesen und dem Therapeuten zum Zuge kommen, und sie versuchen, diese zu der individuellen Lebensgeschichte ebenso wie zum aktuellen Paarproblem in Beziehung zu setzen. Auf der anderen Seite stehen die systemorientierten Therapeuten, die von einer Außenperspektive und Außenposition her die Beziehung der Partner zu verändern suchen. Indem sie vermeiden, zu einem Teil des Systems und damit einem Teil der pathologischen Interaktion zu werden, vermögen sie von außen so zu intervenieren, daß sich dem zentralen Problem der Selbstrückbezüglichkeit, das wir in allen Beziehungen finden, begegnen läßt *(→ Selbstreferenz/Selbstbezüglichkeit).*

Literatur: Beavers (1985); Berman u. Lief (1976); Elkaïm (1986); Fitzgerald (1973); Framo (1980); Gurman u. Rice (Hrsg.) (1975); Jackson (1965a); Jacobson (1981); Jacobson u. Margolin (1979); Knudson-Martin u. Mahoney (1996); Lederer u. Jackson (1968); Lemaire (1979); Limacher u. Willi (1998); Mandel, Mandel u. Rosenthal (1975); Martin (1976); O'Hanlon u. O'Hanlon (1991); Paul u. Paul (1975); Preuss (1973); Reiter (1983); Retzer (1988); Rogers (1972); Sager (1981); Sager, Kaplan u. Gundlach (1971); Sluzki u. Beavin (1965); Stanton (1981b); Stuart (1980); Welter-Enderlin (1992, 1996); Willi (1975, 1978a, b, 1981, 1991, 1996, 1997).

Paradigma/innere Landkarte/Modell (paradigm/internal map/model)

Paradigmen sind allgemein anerkannte theoretische und methodische Ansätze, die als Grundlage wissenschaftlicher Modellbildungen und Theorien dienen. Der von Thomas S. Kuhn 1962 eingeführte Begriff »Paradigmawechsel« beinhaltet einen diskontinuierlichen Sprung in der → *Epistemologie*, der zu einer wissenschaftlichen Neubewertung empirischer Tatsachen führt. In der Familientherapie sprach man von Paradigmawechsel, nachdem die Abkehr von individuumzentrierten Modellen neue Erklärungsansätze und Interventionen eröffnet hatte. Die Begriffe »Modell« oder »innere Landkarte« sind wissenschaftstheoretisch weniger festgelegt.

Für Kuhn (1962) sind Paradigmen Denkweisen, die Einzeltheorien in wissenschaftliche Traditionen einbinden. Dabei »braucht«, wie Kuhn betonte, »ein Paradigma nicht alle Fakten zu erklären, mit denen es konfrontiert ist, und tut dies auch nie« (S. 18). Bradford Keeney (1979) versuchte in der Folge, das Paradigma der Familientherapie als »ökosystemische Epistemologie« zu definieren, die auf → *Kybernetik*, → *Ökologie* und → *Systemtheorie* aufbaut. Tatsächlich hat sich das »systemische Paradigma« stabilisiert, mußte dafür aber verschiedene Differenzierungen durchmachen und neue Elemente integrieren. Dazu gehörten in der Familientherapie der Wandel zweiter Ordnung und das Autopoiese-Konzept.

Je mehr ein Paradigma als ausreichender Erklärungsrahmen für verschiedene Einzelfragen angesehen wird, desto mehr besteht auch die Gefahr, daß die scientific community sich gegen andere Probleme abschottet und nur noch diejenigen zur Kenntnis nimmt, die sie mit Hilfe des Paradigmas erklären kann. Neue Erkenntnisse, die nicht mehr mit dem Paradigma vereinbar sind, werden zunächst ignoriert. Wieweit dies auch für das systemische Paradigma zutrifft, läßt sich zur Zeit noch nicht beurteilen. Verschiedene Autoren stellen jedoch in Frage, ob Kuhns Idee von den wenigen die Wissenschaftsgeschichte kennzeichnenden Paradigmenwechseln von zentralem Erkenntniswert ist. Douglas Hofstadter (1985) meint zum Beispiel, daß

Paradigmenwechsel nicht nur den Charakter »konzeptueller Revolutionen« haben, sondern jederzeit vorkommen können.

David Reiss (1981) hat den Paradigma-Begriff speziell auf Familien angewandt. Er spricht von dem »Familienparadigma als dem zentralen Organisationsprinzip ihrer Konstrukte, Erwartungen und Phantasien hinsichtlich ihrer sozialen Welt« (S. 2). Analog zu Kuhns wissenschaftlichen Paradigmen kommt Reiss zu der Auffassung, daß Familien ihre soziale Welt so konstruieren, daß bestimmte Aspekte nicht zur Diskussion stehen und nur bestimmte Ansichten akzeptabel sind (Sigafoos u. Reiss 1985).

Modelle und Landkarten: Mitunter wird der Begriff »Modell« synonym mit Paradigma verwendet, obwohl Kuhn Modelle als Vorstellungen innerhalb eines Paradigmas ansiedelt. Im Begriff »Landkarte« vermittelt sich die Anwendung eines »Modells« auf eine spezifische Situation. So kann etwa ein Therapeut ein Behandlungsmodell anwenden, aus dem sich eine Landkarte für Interventionen mit einer speziellen Familie ergibt. Der Landkarten-Begriff geht auf Kurt Lewins Feldtheorie (1935) zurück und wurde von verschiedenen Autoren heuristisch verwendet. Salvador Minuchin (1974) zum Beispiel verwendet das Konzept einer »strukturellen Landkarte«, um klinisches Material zu organisieren und Hypothesen für die Behandlungsplanung zu entwickeln. In anderem Zusammenhang verwandte er den Landkarten-Begriff ähnlich wie Reiss den des Familienparadigmas.

Allgemein gesprochen bezieht sich das Konzept der »inneren Landkarte« auf die subjektive Erfahrung oder den Bezugsrahmen von Individuen und Familien, innerhalb dessen sie sich ihr eigenes Verhalten verständlich machen und erklären. Dieser Prozeß erfordert kognitive Selektion und → *Abstraktion*. Den Veränderungen in einer inneren Landkarte korrespondieren Verhaltensänderungen. Diese lassen sich daher in einer Familientherapie durch → *Umdeutungen* anstoßen.

Literatur: Auerswald (1985); Bateson (1979); Bloch (1973); Coyne, Denner u. Ransom (1982); Cronen, Johnson u. Lannamann (1982); Dell (1982, 1985); DeShazer (1982a, b); Elkaïm (1985); Elkaïm, Prigogine, Guattari, Stengers u. Denenbourg (1982); Hampden-Turner (1981); Heider (1946); Hoffman (1981); Hofstadter (1985); Kantor u. Lehr (1975); Keeney (1982); Keeney u. Sprenkle (1982); Kuhn (1962); Landau (1982); Lewin (1935); Maturana u.Varela (1980); Minuchin (1974a, b, 1984); Morin (1973); Reiss (1981); Satir, Stachowiak u. Taschman (1975); Schwartz u. Perrotta (1985); Sigafoos u. Reiss (1985); Simon (1984); Tolman (1948); Walters (1985); Watzlawick (1964).

paradoxe Intervention
(paradoxical intervention)

Therapeutische Technik, die vor allem in kommunikationstherapeutischen Ansätzen *(→ Kommunikationstherapie, → strategische Therapie, → systemische Therapie)* eine wichtige Rolle spielt. Sie setzt einen Patienten bzw. eine Familie kontradiktorischen Handlungsanweisungen aus. Es entsteht eine logisch nicht lösbare Situation, die sich nur kreativ durch eine Veränderung der jeweiligen inneren Landkarte *(→ Abstraktion, → Paradigma/innere Landkarte/Modell)* bzw. einen → *Wandel* zweiter Ordnung bewältigen läßt.

Verschreibt ein Therapeut einer Familie oder einem Patienten, ein Symptom zu behalten, so gewinnt er scheinbar Kontrolle über das zu therapierende System. Wird das Symptom weiterhin gezeigt, so erfolgt dies nunmehr auf Anweisung des Therapeuten, verschwindet es aber, dann bedeutet dies einen Therapieerfolg. Ein Patient, der einerseits seine Symptome loswerden will, andererseits jedoch allen therapeutischen Versuchen, ihn zu verändern, → *Widerstand* entgegenbringt, wird so gewissermaßen durch ein »Gegenparadox« (M. Selvini Palazzoli et al. 1977) aus seiner eigenen paradoxen Situation befreit: Er kann Widerstand gegen therapeutische Veränderungsversuche nur leisten, wenn er sein Symptom aufgibt, und kann das Symptom nur behalten, wenn er den Widerstand aufgibt. Paradoxe Verschreibungen zielen somit darauf ab, die Paradoxien unwirksam zu machen, in denen sich Patienten aufgrund ihrer → *Epistemologie* verstrickt haben und die zu einer Symptombildung führten. Sie werden daher dort angewandt, wo die Interaktionspartner sich wechselseitig in ihren jeweiligen starr beibehaltenen linealen Argumentationsmustern *(→ Linearität/Linealität/geradlinige Kausalität)* bestärken und dadurch in einen unlösbaren → *malignen Clinch* zu geraten drohen. Die → *Doppelbindungs*-Theorie beschrieb vor allem bei Familien mit schizophrenen Mitgliedern die aus Paradoxien entstehenden Zwickmühlen und Beziehungsfallen.

Paradoxe Verfahren als Techniken zur Auflösung der genannten Situationen wurden bislang von verschiedenen Autoren beschrieben (vor allem von Frankl 1960; Erickson in Haley 1973; Haley 1963, 1976; Weeks u. L'Abate 1978 und 1982; Madanes 1981; Papp 1980; Raskin u. Klein 1976; Watzlawick et al. 1967, 1974; Weakland et al. 1974). Ihr Eintreten für solche Techniken fußt auf der Annahme, daß der Klient bzw. seine Familie das Symptom jeweils in irgendeiner Art und Weise nutzt, d.h. daß es in gewissem Maße funktionell ist und der → *Anpassung* dient. Davon ausgehend versuchte Jay Haley (1976), die Bestandteile und Voraussetzungen paradoxer Interventionen genauer festzulegen: Das Erreichen von Veränderungen muß klar als Zweck der Therapeut/Patient-Beziehung definiert sein; ebenso bedarf es eines klar definierten Problems und klar definierter Therapieziele. Der Therapeut erarbeitet einen Plan, der, obschon oder weil rational begründet, bisherige Sichtweisen in Frage stellt. Dem Plan entsprechend gibt er eine paradoxe Anweisung (z.B. eine → *Symptomverschreibung*) und beobachtet, wie das Familiensystem darauf reagiert. Damit sagt er der Familie (mehr oder weniger), sie könne sich nur ändern, indem sie so bleibt, wie sie ist; oder auch umgekehrt: sie könne nur so bleiben, wie sie ist, wenn sie sich ändert. Indem er entgegen den üblichen an einen Therapeuten gerichteten Erwartungen die konservative, nicht auf Veränderung drängende Position einnimmt, überläßt er dem Klienten die Vertretung und Durchsetzung der mit dem Symptom ambivalent verbundenen Gegenposition. Dieser ist nun in der Lage, die falsche Alternative aufzugeben, es müsse entweder alles anders werden oder alles so bleiben, wie es ist. Statt dessen gilt es einen dritten Weg zu finden, den häufig weder er noch der Therapeut im voraus kennen. Der Sinn paradoxer Interventionen besteht somit darin, diesen kreativen Entwicklungsschritt auf neue Formen der → *Individuation* hin zu ermöglichen.

Rohrbaugh et al. (1981) haben drei Typen paradoxer Interventionen identifiziert: verschreiben, abraten und positionieren. Beim Verschreiben instruiert der Therapeut die Familienmitglieder, genau das Verhalten zu zeigen, das sie beseitigen wollen. Beim Abraten (restraining) entmutigt der Therapeut die Veränderungsabsichten oder bestreitet sogar, daß überhaupt eine Veränderung möglich sei. Beim Positionieren akzeptiert oder übertreibt der Therapeut eine Position, die der Patient eingenommen hat *(→ Symptomverschreibung, → Umdeutung, → positive Konnotation).*

Literatur: Erickson u. Rossi (1975); Fisher, Giblin u. Hoopes (1982); Fisher, Anderson u. Jones (1982); Frankl (1960, 1967); Haley (1963, 1973, 1976); Loriedo u. Vella (1993); Madanes (1981); Papp (1980, 1983); Raskin u. Klein (1976); Rohrbaugh, Tennen, Press u. White (1981); Selvini Palazzoli, Boscolo, Cecchin u. Prata (1975); Soper u. L'Abate (1980); Stanton (1984); Watzlawick (1977); Watzlawick, Beavin u. Jackson (1967); Watzlawick, Weakland u. Fisch (1974); Weakland, Fisch, Watzlawick u. Bodin (1974); Weeks u. L'Abate (1978, 1982); Wynne (1979).

Parentifikation (von lat. parentes = Eltern) **(parentification)**

Die Übernahme bzw. Zuweisung *(→ Zuschreibung/Etikettierung)* der elterlichen → *Rolle* an ein oder mehrere Kinder. Es handelt sich um eine Form der Rollenumkehr, die mit einer Störung der → *Generationsgrenzen* verbunden ist.

Die meisten familientherapeutischen Autoren sehen als eine wichtige Voraussetzung für das Funktionieren einer Familie *(→ »gesunde«/funktionale*

Familien) die Wahrung der familiären → *Hierarchie* an. Sie beinhaltet, daß sich die elterlichen und kindlichen Subsysteme eindeutig gegeneinander abgrenzen. In Familien, deren Kinder parentifiziert sind, ist dies nicht der Fall. Hier läßt sich davon ausgehen, daß Eltern, deren eigene kindliche Bedürfnisse in ihrer Herkunftsfamilie nicht befriedigt werden konnten, nunmehr diese an ihre Kinder herantragen. In diesem Sinne erweist sich die Parentifikation als eine Form der → *Delegation.* Die Kinder übernehmen nun gewissermaßen eine Großelternfunktion.

Über die Bedeutung der Parentifikation gibt es unterschiedliche Meinungen. Salvador Minuchin (1974) und mit ihm Vertreter der → *strukturellen Familientherapie* etwa sehen sie überwiegend in negativem Licht. Das entspricht ihrem normativ festgelegten Bild von der Wichtigkeit der Hierarchie in der Familie. Dementsprechend zielen sie vor allem darauf ab, Generationsgrenzen zu konsolidieren und die »Eltern in den Fahrersitz« zu setzen. Ivan Boszormenyi-Nagy dagegen, der als erster die Wirkung parentifizierender Rollenzuschreibung darstellte (1965), betrachtet Parentifikation nicht mehr prinzipiell als pathologisch oder pathogen. Für ihn ist vielmehr entscheidend, ob die Übernahme einer elterlichen Rolle durch die Kinder im Rahmen der gegenseitigen Ausgleichung der → *Verdienstkonten* honoriert wird oder nicht. Parentifikation wirkt sich also nur dort pathogen aus, wo sie im Rahmen des familiären Wertsystems nicht anerkannt wird.

Innerhalb des → *familiären Lebenszyklus* ist der Grad der Funktionalität oder Dysfunktionalität parentifizierender Mechanismen sicherlich unterschiedlich zu beurteilen. Bildet eine Parentifizierung für das kleine Kind normalerweise eher die Ausnahme – zum Beispiel in klar markierten Kontexten *(→ Kontextmarkierung),* in denen spielerisch Elternrollen geprobt werden –, so erscheint sie für das erwachsene Kind insofern legitim, als es durch die Pflegebedürftigkeit der greisen Eltern zwangsläufig zur Übernahme einer Quasi-Elternrolle herausgefordert wird.

Literatur: Boszormenyi-Nagy (1965a, b); Framo (1965); Minuchin (1974a, b); Parsons, Bales, Olds, Zelditch u. Slater (1955); Schmideberg (1948); Zuk u. Rubinstein (1965).

Perturbation
(perturbation)

(von lat.: per-turbare = verwirren, aus der Fassung bringen)

Verstörung, Irritation durch Ereignisse in der Umgebung eines → *operational geschlossenen* → *Systems,* auf welche das System entsprechend seiner Eigengesetzlichkeit reagiert. In der Systemtheorie wird davon ausgegangen, daß es in der System-Umwelt-Beziehung keine Einflußfaktoren gibt, die deterministisch oder probabilistisch vorhersagbar zu Reaktionen des Systems führen. In diesem Sinne können die Kräfteverhältnisse in der Umgebung eines Systems dieses nicht direkt (und auch nicht berechenbar indirekt) beeinflussen, weil das System die Umwelt nicht in deren Logik »versteht«. Für das System stellen sie lediglich Irritationen dar, auf die dieses aufgrund seiner Eigengesetzlichkeit reagiert.

Humberto Maturana und Francisco Varela zufolge, die diesen Begriff (span. perturbación) eingeführt haben, bezeichnet »der Begriff … Zustandsveränderungen in der Struktur eines Systems, die von Zuständen in dessen Umfeld *ausgelöst* (d.h. nicht verursacht) werden.« (1987, S. 27)

Im therapeutischen Kontext können (und sollen) Interventionen zu Perturbationen führen. Der veränderungsrelevante Gedanke ist, daß mehr oder weniger rigide und eingefahrene Verhaltensmuster, die, wie man annimmt, mit einem symptomatischen Verhalten einhergehen, so verstört werden, daß das System angeregt wird, alternative Verhaltenssequenzen zu erproben. Ob eine Intervention als Perturbation bezeichnet werden kann, läßt sich nicht an der Absicht des Therapeuten, sondern nur an der veränderten Reaktion des Systems erkennen.

Als Perturbationen sind nicht nur die Anstöße zu sehen, die »große« Strukturveränderungen nach sich ziehen, sondern auch passagere Irritationen, die gegebenenfalls auch zu einer Verfestigung der alten Strukturen führen können.

Gezielte Perturbationen sind per definitionem nicht möglich. Einer Reihe von Interventionen wie positiver Symptombewertung, → *paradoxen Interventionen* und → *Symptomverschreibungen* liegt jedoch die Absicht zugrunde, Perturbationen zu erzeugen.

Literatur: Ludewig (1983, 1992); Maturana u. Varela (1987); Willke (1982).

perverses Dreieck
(perverse triangle)

Form der Dreierbeziehung, bei der zwei Angehörige unterschiedlicher hierarchischer Ebenen eine → *Koalition* gegen einen Dritten eingehen. Typischerweise handelt es sich um ein die → *Generationsgrenzen* überschreitendes Bündnis zwischen einem Elternteil und einem Kind gegen den anderen Elternteil.

Die Bezeichnung »perverses Dreieck« wurde von Jay Haley (1967) eingeführt. Diesem Autor zufolge führen derartige Dreieckstrukturen in sozialen Systemen stets zu Problemen wie Symptombildung, Gewalttätigkeit und Auflösung des Systems. Bezogen auf Familien erscheint am schwerwiegendsten, daß mit der Mißachtung der Generationsgrenze die familiäre → *Hierarchie* in Frage gestellt ist. Dies führt zu Unklarheit über die Gültigkeit oder Ungültigkeit familiärer → *Regeln,* da jede Autorität, die diese Regeln durchsetzen könnte, zur Disposition steht. Da auch in aller Regel das Bestehen solcher Koalitionen geleugnet wird, kommt es zwangsläufig zu Verwirrungen darüber, was nun wirklich ist und was nicht *(→ Mystifikation).* Die → *Ablösung* Jugendlicher vom Elternhaus gestaltet sich unter derartigen Umständen besonders schwer, da eine Auseinandersetzung mit elterlicher Autorität und eine Abgrenzung ihr gegenüber nicht möglich sind *(→ Triangulation, → starre Triade, → Definition der Beziehung).*

Nach Haleys Ansicht stellt die klassische Ödipus-Situation, wie sie vor allem das Interesse der Psychoanalyse bestimmt, lediglich einen Sonderfall des perversen Dreiecks dar.

Literatur: Haley (1967a).

positive Konnotation/positive Symptombewertung (positive connotation/positive interpretation/noble ascription)

Positive Bewertung von Verhaltensweisen einzelner Familienmitglieder, auch der sonst als pathologisch und krankhaft bezeichneten, durch den/die Therapeuten. Sie ist ein wichtiges Element vor allem der → *systemischen Therapie* und der → *Hypnotherapie* und zielt darauf ab, durch Veränderung des familiären Bewertungssystems auch das damit verbundene Modell der Welt zu verändern. Ändern sich Erklärung und Bewertung einer Verhaltensweise, so muß auch anders auf sie reagiert werden; → *Spiele* ohne Ende, sich selbst aufrechterhaltende Interaktionszyklen werden so durchbrochen.

Die positive Konnotation fußt auf der Einsicht, daß jedes Symptom (auch) wichtige stabilisierende Funktionen erfüllt und daß deren positive Bewertung bzw. Anerkennung häufig den ersten Schritt zu deren Beseitigung bedeutet. Dementsprechend wurden im Rahmen → *strategischer Therapie*modelle bereits früh Methoden der → *Symptomverschreibung* und → *Umdeutung* entwickelt und beschrieben. Im Rahmen einer Systemsicht, worin jedes Element eines Systems zur Funktion und den Funktionsregeln des ganzen Systems beiträgt, zeigte sich in der Folge, daß Symptome eine positive stabilitätserhaltende Funktion für die Familie als Ganzes haben können. Dazu gehört als zentrale Haltung des Therapeuten, daß er den Klienten prinzipiell positive Motive unterstellt. Auf diese Weise wird jeder Anschein von Kritik oder Konfrontation vermieden. → *Widerstand* in der Therapie kann umgangen werden, weil, wie Stanton et al. (1982) sagen, »wir hier voraussetzen, daß alles, was getan wird, aus guten Gründen getan wird und nachvollziehbar ist. Dies gilt sogar für die ›destruktivsten‹ Verhaltensweisen.« (S. 125)

Aus systemischer Sicht, in der jedes Element eines Systems einen maßgeblichen Einfluß auf die Funktionsweise des Gesamtsystems hat, läßt sich zeigen, daß Symptome in der Tat einen positiven stabilisierenden Effekt auf die ganze Familie haben können. Aufgrund dieser Einsicht schloß die Mailänder Therapeutengruppe um Mara Selvini Palazzoli (1980), daß nicht nur das Verhalten des Symptomträgers positiv bewertet werden muß, sondern das aller Familienmitglieder. Andernfalls besteht die Gefahr, daß die Therapeuten ihre → *Neutralität* aufgeben und unversehens in ein lineal-kausales Modell *(→ Linearität/Linealität/geradlinige Kausalität)* zurückfallen. Wie bei anderen → *paradoxen Interventionen* muß sich mit der positiven Konnotation eine sorgfältige → *Hypothesenbildung* über die zirkuläre Verursachung der familiären Interaktionsmuster *(→ Zirkularität)* verbinden.

Literatur: DeShazer (1982); Erickson, Rossi u. Rossi (1976); Erickson u. Rossi (1979); Selvini Palazzoli, Boscolo, Cecchin u. Prata (1980a, b); Simon u. Rech-Simon (1998); Stanton u. Todd (1979); Stanton, Todd, Associates (1982).

Pragmatik
(pragmatics)

(von griech. pragma = Handlung, Tat)

Der für die Familientheorie wesentlichste Teilbereich der → *Semiotik*. Darin wird die Beziehung zwischen Zeichen sowie Sender und Empfänger der Zeichen untersucht.

Zwischenmenschliche Kommunikation, durch die die Partner ihr Verhalten wechselseitig beeinflussen, läuft stets über den Austausch von Zeichen, seien diese nun sprachlicher oder nichtsprachlicher Art. Dieser Sachverhalt wurde vor allem von Jürgen Ruesch und Gregory Bateson (1951), Bateson und Mitarbeitern (1956) sowie später von Paul Watzlawick und Mitarbeitern (1967) beschrieben und für das Verständnis familientherapeutischer Verfahren nutzbar gemacht *(→ Kommunikation, → Epistemologie, → Semantik, → Syntax)*.

Literatur: Bateson, Jackson, Haley u. Weakland (1956); Becker (1962); Hayakawa (1939); Klaus (1964); Morris (1938, 1946, 1975); Peirce (1913–1935 a, b); Ruesch (1953); Ruesch u. Bateson (1951); Shands (1970); v. Uexküll 1980); Watzlawick, Beavin u. Jackson (1967).

Problemsystem
(problem system)

Ein soziales System, das sich aus der Sicht des Beobachters infolge einer Problemdefinition beteiligter Personen bildet und erhält.

Goolishian und Anderson (1988) führten den Begriff »problemdeterminiertes System« ein. Danach interpretieren Menschen bestimmte belastende und beunruhigende Situationen als Problem und bilden um das Problem herum ein spezielles soziales System. Damit es dazu kommen kann, muß zunächst ein Verhalten oder ein Tatbestand als »Problem« definiert werden. Ludewig (1992) definiert als Problem »jedes Thema einer Kommunikation, die etwas als unerwünscht (schwierig, hinderlich, falsch, störend, unpassend usw.) und veränderbar wertet – das heißt, für veränderungsbedürftig und -fähig hält« (S. 116). Alle Elemente dieser Definition sind durch Kommunikation hergestellt und werden durch sie aufrechterhalten: Aus einer Vielfalt muß ein bestimmtes Verhalten herausgegriffen und abgegrenzt werden, es muß eine negative Bewertung eingeführt, und es müssen Vorstellungen der Beteiligten darüber kommuniziert werden, daß und eventuell wie das Verhalten zu verändern sei. Deshalb ist ein stilles Leiden noch kein Problem, weil es in keinem kommunikativen Kontext steht. Auch unabänderliche Bedingungen (z.B. körperliche Behinderungen, chronische Krankheiten) sind dieser Definition zufolge zwar schwere Beeinträchtigungen, aber noch keine Probleme, weil sie nicht als veränderbar angesehen werden. Sie können aber zu Problemen werden, sobald über ihre Konsequenzen kommuniziert wird.

Für die Klärung des therapeutischen → *Auftrags* ist die Analyse des Problemsystems von großer Bedeutung. Das heißt, es sind die Interessen, Erwartungen und Interaktionen nicht nur der beteiligten Familienmitglieder, sondern auch der bereits aktiven professionellen und anderen Helfer, die sich um eine Problemlösung bemühen, zu berücksichtigen. Für die familientherapeutische Praxis ist bedeutsam, daß nicht notwendigerweise alle Familienmitglieder zu einem Problemsystem gehören. Die Grenze des Problemsystems ist nicht identisch mit der Grenze des Familiensystems. So müssen z.B. bei einer Familie mit einem psychotischen Sohn nicht notwendigerweise alle Geschwister zum Problemsystem gehören. Oder bei einem sexuellen Problem Erwachsener gehören lediglich die betreffenden Partner, in der Regel nicht aber ihre Kinder zum Problemsystem.

Literatur: Goolishian u. Anderson (1988); Ludewig (1992).

projektive Identifikation (projective identification)

Ein von Melanie Klein 1946 in die Psychoanalyse zur Kennzeichnung sowohl bestimmter intrapsychischer als auch interpersonaler Vorgänge eingeführter Begriff. Er beschreibt die Projektion eigener unerwünschter oder hoch bewerteter Anteile in einen wichtigen anderen und die anschließende Identifizierung mit diesem anderen. Klein sah darin einen Abwehrprozeß bzw. -mechanismus. Sie beobachtete ihn zunächst bei Kindern, die bedrohliche Triebwünsche unter Kontrolle zu bringen suchten, indem sie einerseits die Mutter als »Behälter« dieser eigenen Anteile rekrutierten, sich andererseits – obschon in einem relativ sicheren Beobachtungsabstand vom eigenen Ich – mit diesem Behälter identifizierten. In der Folge erweiterte sich die Bedeutung der »projektiven Identifikation«: Man sah darin sowohl ein wichtiges Element der regulären Persönlichkeits- und Ich-Entwicklung als auch eine Form der »transpersonalen Abwehr«, die in verschiedensten zwischenmenschlichen Kontexten zur Wirkung kommen kann. Besonders im letzteren Sinne wurde die projektive Identifikation für eine psychoanalytisch orientierte Familientheorie und -therapie wichtig.

Nach T. Ogden (1979) lassen sich am Prozeß der projektiven Identifikation vier Phasen unterscheiden: Eine erste Phase ist von dem Wunsch bzw. der Phantasie bestimmt, einen unerwünschten (oder hoch bewerteten) Anteil des eigenen Selbst an einen anderen abzuschieben; zweite Phase: die Induzierung von Gefühlen im Empfänger, die diesem Wunsch oder dieser Phantasie entsprechen; dritte Phase: die Annahme und »Bearbeitung« der Projektion durch den Empfänger; vierte Phase: die erneute Vereinnahmung bzw. Verinnerlichung der inzwischen bearbeiteten Projektion durch den ursprünglich Projizierenden. In dieser Definition zeigt sich die projektive Identifikation nicht nur als ein transpersonaler Abwehrmechanismus, sondern auch als ein Prozeß, der viele nichtpathologische zwischenmenschliche Interaktionen kennzeichnet.

Während Klein in der projektiven Identifikation noch einen Abwehr- bzw. Kontrollprozeß sah, den ein Kind initiierte und auf einen Elternteil richtete, sahen psychoanalytisch orientierte Familientherapeuten in der Folge eher die Eltern als Initiatoren solch transpersonaler Abwehr bzw. Kontrolle. Sie zeigten sich nunmehr als diejenigen, die ihre »narzißtischen Bedürfnisse« auf ihr Kind projizierten (Richter 1960, 1963) und/oder dieses auf die verschiedenste Weise delegierten. Angesichts solch unterschiedlicher → *Interpunktionen* dieser Abläufe stellte sich zunehmend die Frage, wieweit hierbei lineale Steuerungen *(→ Linearität/Linealität/geradlinige Kausalität),* wieweit *zirkuläre* Rückkoppelungen *(→ Zirkularität)* zur Wirkung kamen, und welche Rollen dabei die (wirkliche oder vermeintliche) → *Macht* und

Abhängigkeit des Senders bzw. Empfängers der Projektionen spielten. Sind die Beziehungspartner annähernd gleich mächtig bzw. gleich abhängig, so läßt sich eher von einem »trading of dissociations«, einem Aushandeln der Dissoziationen (Wynne et al. 1958), einer wechselseitigen → *Delegation* bzw. einer → *Kollusion* sprechen. Sind die Machtverhältnisse ungleich, dann ergibt sich für den Schwächeren/Abhängigeren die Notwendigkeit, sich an die »Realität des Stärkeren« (Stierlin 1959) anzupassen *(→ Konfliktorganisation/ Tetralemma).*

Literatur: Grotstein (1981); Klein (1946, 1955); Masterson (1976, 1983); Ogden (1979); Richter (1960, 1963); Sears, Rau u. Alpert (1965); Stierlin (1959); Wynne, Ryckoff, Day u. Hirsch (1958); Zinner u. Shapiro (1972); Zinner (1976).

Pseudo-Gegenseitigkeit/Pseudo-Gemeinschaft/ Pseudo-Feindschaft (pseudomutuality/pseudohostility)

Als pseudogegenseitig beschrieben Lyman C. Wynne und Mitarbeiter (1958, 1961) innerfamiliäre Beziehungsstile, bei denen nur freundschaftliche, harmonisierende, liebevolle Gefühle bzw. Verhaltensweisen gezeigt und/oder wahrgenommen werden. Das Gegenbild liefern pseudofeindschaftliche Familien. In ihnen werden ständig haßerfüllte, feindselige Gefühle und Verhaltensweisen gezeigt bzw. wahrgenommen. Trotz der manifesten Unterschiede sind pseudogemeinschaftliche und pseudofeindliche Familien strukturell verwandt: In beiden Fällen bleibt ein wichtiges Gefühls- und Verhaltensrepertoire aus der Wahrnehmung ausgeblendet, bestehen eine starke → *Bindung* und gestörte → *Selbst-Objekt-Differenzierung.* Für die Mitglieder beider Familien besteht ein zentraler Konflikt zwischen dem Wunsch nach Verschmelzung und dem nach Trennung und individueller Identität.

Wynne und Mitarbeiter beobachteten die genannten Beziehungsstile vorwiegend in Familien mit schizophrenen Mitgliedern. Im Gegensatz zu → *»gesunden«/funktionalen Familien* weisen sie starre Rollenstrukturen auf. Jede Abweichung davon löst starke Beunruhigung aus und zeigt sich im individuellen Erleben als Angst entweder vor Trennung oder vor Verschmelzung. Die Folge ist, daß Spontaneität und Originalität innerhalb der Familie als extrem bedrohlich erlebt werden. Alle Wahrnehmungen, die der festgefügten Rollenstruktur widersprechen, müssen ausgeblendet bleiben. Dies bedingt eine charakteristische Abgrenzung der Familie gegenüber der Außenwelt *(→ Gummizaun):* Es können nur solche Informationen eindringen, welche die pseudogegenseitige bzw. pseudofeindliche

Familienstruktur bestätigen, nicht jedoch solche, die sie in Frage stellen könnten.

Was Wynne und Mitarbeiter derart als zwischenmenschliche Basis der genannten Beziehungsstile verstehen, entspricht weitgehend dem, was andere Autoren als → *intersubjektive Fusion*, → *undifferenzierte Familien-Ich-Masse* oder → *Verstrickung* bezeichnen. Diesen Konzepten ist gemeinsam, was sich aus psychoanalytischer Sicht als Störung der → *Selbst-Objekt-Differenzierung* bzw. der *bezogenen* → *Individuation* verstehen läßt. Mit den genannten Beziehungsstrukturen verbinden sich charakteristische Kommunikationsabweichungen und Störungen der → *Kategorienbildung* (→ *Doppelbindung*, → *Mystifikation*, → *Grenzen*).

Pseudogegenseitigkeit entspricht auch dem emotionalen Überengagement, wie es in der → *Expressed-Emotions*-Theorie beschrieben wird. Pseudofeindseligkeit unterscheidet sich von Batesons Schismogenese-Konzept, das er ursprünglich als eskalierende Differenzierung beschrieb, die zu einem Zusammenbruch der Beziehung führt (Bateson 1935, 1936). Den klinischen Beobachtungen von Wynne (1961) zufolge wird Pseudofeindschaft in einer Familie oder einem therapeutischen Subsystem durch Pseudogegenseitigkeit in einem anderen Subsystem ausgeglichen. Deshalb kann das System als ganzes für sehr lange Zeit bestehen bleiben.

Literatur: Bateson (1935, 1936); Wynne (1961, 1977); Wynne, Day u. Ryckoff (1959); Wynne, Ryckoff, Day u. Hirsch (1958).

psychoanalytisch orientierte Familientherapien (psychoanalytically oriented family therapy)

Familientherapeutische Ansätze, die auf verschiedenste Weise und in verschiedenstem Ausmaß psychoanalytische Einsichten, Begriffe und therapeutische Verfahren in ein familientherapeutisches Konzept zu integrieren suchen.

Sigmund Freud, der Begründer der Psychoanalyse, erkannte – in Grenzen – die Bedeutung von Familienbeziehungen für die geistige Gesundheit oder Krankheit seiner Patienten. Er sah diese jedoch in überwiegend negativem Licht. »Wer überhaupt weiß«, schrieb er in den Vorlesungen zur Einführung in die Psychoanalyse, »von welchen Spaltungen oft eine Familie zerklüftet wird, der kann auch als Analytiker nicht von der Wahrnehmung überrascht werden, daß die dem kranken Nächsten mitunter weniger Interesse daran verraten, daß er gesund werde, als daß er so bleibe, wie er ist« (1916–1917, S. 478). In den »Ratschlägen für den Arzt bei der psychoanalytischen Behandlung« heißt es jedoch: »Was die Behandlung der Angehörigen betrifft, so gestehe ich meine völlige Ratlosigkeit ein und setze auf deren individuelle Behandlung überhaupt wenig Zutrauen« (1912, S. 387). Und Freud hat wohl nur einmal, im Falle seiner späteren englischen Übersetzer A. und J. Strachey, die gemeinsame Analyse eines Paares versucht (Stone 1971; zit. bei Broderick u. Schrader 1981).

Dennoch traten schon frühzeitig einige Psychoanalytiker mit den Familien ihrer Patienten in direkten Kontakt (zur Übersicht s. Broderick u. Schrader 1981). Dies geschah vor allem in den Bereichen der Kindertherapie/Kindererziehung und der Erforschung der frühen Kindheit. Die früheste psychoanalytische Studie der Familie wurde 1921 von F. Flügel verfaßt (Bowen 1975, S. 368). Daneben gibt es Frühformen psychoanalytischer Familientherapie, die Horst-Eberhard Richter (1970) erwähnt: »Oberndorf scheint als erster planmäßig Ehepaare psychoanalytisch behandelt zu haben ..., worüber er 1932 und dann umfassender 1938 berichtet hat. Auf dem Psychoanalytiker-Kongreß in Lyon 1936 lautete ein Hauptthema, ›Familienneurose und neurotische Familie‹. Laforgue, Leuba und Aichhorn diskutierten vor allem pathogene Beziehungen zwischen Ehepaaren sowie zwischen Eltern und Kindern« (S. 123). Auch die Behandlung des »kleinen Hans« durch Freud (1909) widerlegt dessen oben erwähnte Skepsis. Das Kind wurde fast ausschließlich durch Freuds Einwirkung auf die Eltern behandelt, die Freud allerdings noch nicht als mitbetroffene Angehörige, sondern als »Ko-Therapeuten« sah.

Als nach dem Zweiten Weltkrieg die Familientherapie in der westlichen Welt rasch an Boden gewann, trugen psychoanalytisch orientierte oder ausgebildete Therapeuten maßgeblich zu ihrer Entwicklung bei. Dazu rechnen in den USA Nathan Ackerman, Don Bloch, Don Jackson, Salvador Minuchin, James Framo, Ivan Boszormenyi-Nagy, Murray Bowen, Lyman Wynne, Rodney Shapiro, Fred Sander, Theodore Lidz, Norman Paul und Helm Stierlin.

In England gab die → *Objektbeziehungstheorie,* die von W. Fairbairn entwickelt, von H. Guntrip und anderen ausgebaut wurde, einer psychoanalytisch orientierten Familientherapie wichtige Impulse. Zu deren dortigen Vertretern rechnen unter anderen A. Bentovim und R. Skynner.

Die Mitglieder der Mailänder Gruppe um Mara Selvini Palazzoli kamen ebenfalls ursprünglich von der Psychoanalyse zur Familientherapie.

Im deutschsprachigen Bereich wurde bzw. wird eine psychoanalytisch orientierte Familientherapie von Horst-Eberhard Richter, Jürg Willi, Eckart Sperling und Thea Bauriedl vertreten. Helm Stierlin vertrat ursprünglich einen psychoanalytischen Ansatz, bemühte sich dann aber zunehmend um die Einbeziehung einer systemischen Perspektive.

Die französische Psychoanalyse versuchte bislang wohl am konsequentesten, psychodynamische Grundsätze und analytische Techniken auf die Behandlung der ganzen Familie anzuwenden. Die Familie wird als Einzelpatient gesehen, und ihre unbewußten Phantasien, Assoziationen und Symptomproduktionen werden als Einheit analysiert (vgl. Anzieu 1975). Die

Übertragungsprozesse der Familie und die Gegenübertragungsreaktionen des Therapeuten werden analog zur Einzel- und Gruppenanalyse bearbeitet, um die von der Familie als Ganzheit produzierten Wiederholungszwänge aufzulösen (vgl. Racamier 1980).

An spezifischen psychoanalytischen Beiträgen, die für die Familientheorie und -therapie wichtig wurden, lassen sich etwa erwähnen: das Konzept der → *Ich-Psychologie,* der → *inneren Objekte,* der → *Selbst-Objekt-Differenzierung,* der → *projektiven Identifikation,* der → *Individuation,* der *operativen* → *Trauer.* Auch Begriffe wie → *Delegation,* → *Kollusion* und innerwie außerfamiliäre → *Grenzen* bauen auf zentralen psychoanalytischen Einsichten bzw. Konstrukten auf.

Angesichts der angedeuteten gegenseitigen Befruchtung bzw. Brückenbildung zwischen Psychoanalyse und Familientheorie und -therapie stellte sich immer wieder die Frage, ob und wieweit eine umfassende Integration der beiden Ansätze möglich ist. Versuche in dieser Richtung unternahmen etwa Luc Ciompi (1982) und Fritz B. Simon (1984, 1994).

So wünschenswert solche Ansätze auch sein mögen, sie erweisen sich oft als problematisch. Dies scheint im wesentlichen darin begründet, daß sowohl die jeweiligen therapeutischen und Beobachtungssettings als auch die benutzten wissenschaftlichen Modelle oft unterschiedliche Aspekte der → *Beziehungsrealität* erfassen und damit auch unterschiedliche therapeutische Perspektiven eröffnen. Für die Psychoanalyse ist das zentrale Beobachtungssetting die psychoanalytische Zweierbeziehung. Ihre Theorien lehnen sich bis heute weitgehend an deterministische Modelle an, die von linealen Kausalitätsvorstellungen *(→ Linearität/Linealität/geradlinige Kausalität)* bestimmt sind. Das typische Beobachtungssetting der Familientherapie ist dagegen die gesamte Familie, und ihre Modelle sind weitgehend an der → *Kybernetik* und an Vorstellungen einer → *zirkulären* Kausalität orientiert. So erklärt sich etwa, daß Begriffe wie → *Triangulation,* → *Übertragung/Gegenübertragung,* → *Widerstand* in Psychoanalyse und Familientherapie ganz unterschiedliche Bedeutungen gewinnen konnten. So erklärt sich weiter, daß sehr verschiedenartige Vorstellungen über die Wirksamkeit von Psychotherapie zur Geltung gelangten *(→ Kurztherapie).* Herrschenden psychoanalytischen Vorstellungen zufolge bedarf es zum Beispiel eines langwierigen Prozesses der Bearbeitung von Übertragung, Gegenübertragung und Widerstand, um tiefgreifende und anhaltende Umstrukturierungen der Persönlichkeit zu erreichen. Demgegenüber zielen systemisch arbeitende Familientherapeuten gar nicht auf persönliche Eigenschaften ab und konzentrieren sich auf relevante Unterschiede im Verhalten, die sich unter Umständen schon in wenigen Sitzungen erreichen lassen *(→ Wandel/Veränderung erster und zweiter Ordnung).* Schließlich wird für Familientherapeuten auch die Überlegung zentral, ob und wieweit die Gesundung bzw. → *Individuation* eines einzelnen Mitglieds der Familie ohne die Gesundung und Individuation anderer Mitglieder überhaupt möglich und wünschenswert ist.

Die familientherapeutische Alltagserfahrung nicht nur mit Familien mit psychosomatisch erkrankten Mitgliedern, auch solchen mit psychotischen, süchtigen, verhaltensgestörten, neurotischen und Borderline-Angehörigen zeigt immer wieder: Soll einem Mitglied zur Befreiung/Individuation verholfen werden, so muß auch die Befreiung/Individuation des oder der anderen berücksichtigt und gefördert werden *(→ Symptomwandel/Symptomverschiebung).* Daher die Bedeutung der → *Allparteilichkeit* bzw. → *Neutralität* in der Familientherapie, daher die Bedeutung von → *System* und → *Kontext,* daher auch ein Therapiekonzept, demzufolge sich der Therapeut (unter anderem) als Systemveränderer und Ermöglicher des familienweiten Dialogs versteht, im Gegensatz zu einem psychoanalytischen Konzept, das dem Analytiker wesentlich die (allerdings sehr speziell definierte) Rolle eines Dialogpartners zuweist.

Literatur: Ackerman (1958, 1959, 1967); Anzieu (1975); Bauriedl (1980); Bentovim, Barnes u. Cooklin (Hrsg.) (1982); Bowen (1975); Broderick u. Schrader (1981); Buchholz (1990); Ciompi (1982); Eigner u. Litovsky de Eigner (1981); Fairbairn (1952); Framo (1965); S. Freud (1909, 1912, 1916–1917); Grotjahn (1960); Guntrip (1968); Holmes (1983); Paul (1967); Racamier (1980); Richter (1970); Sander (1979); Scharff u. Scharff (1987); Shapiro (1963, 1968); Simon (1984, 1994); Skynner (1976); Slipp (1984); Sperling, Massing, Reich, Georgi u. Wöbbe-Mönks (1982); Stierlin (1975a); Stone (1971); Willi (1975, 1978a, b, 1991); Wynne, Ryckoff, Day u. Hirsch (1958); Wynne u. Singer (1963).

Psychohistorie
(psychohistory)

Eine Richtung der historischen Forschung, derzufolge sich politisches und gesellschaftliches Verhalten wesentlich als Ausdruck und Folge bestimmter nach der jeweiligen Kultur und geschichtlichen Epoche variierender Sozialisationserfahrungen und Gruppenphantasien verstehen läßt.

Während die traditionelle Geschichtsschreibung ihr Hauptaugenmerk auf die »großen«, ins Auge springenden Ereignisse der Geschichte, wie Kriege, Staatengründungen und -umwandlungen, Kolonisationsprozesse usw. richtete, beschäftigt sich die psychohistorische Forschung mit Fragen wie: Welches waren jeweils die Einstellungen von Eltern zu ihren Kindern? Wie wurden Kinder behandelt oder mißhandelt? Welche psychologischen Prozesse und Entwicklungstendenzen lassen sich dabei beobachten? Obgleich das hier von den einzelnen Psychohistorikern zutage geförderte und ausgewertete Datenmaterial sich im allgemeinen ähnelte, wurden daraus zum Teil unterschiedliche Schlüsse und theoretische Modelle abgeleitet. Philippe

Ariès (1960) etwa meint aufgrund seiner Untersuchungen, der uns Heutigen vertraute Begriff »Kindheit« sei eine Erfindung der frühen Moderne. Davor habe es in der westlichen Welt kaum eine erkennbare Trennung zwischen Kind und Erwachsenem gegeben. Mit dem Begriff Kindheit habe sich auch eine Form der Familie konstituiert, die durch stärkere Abgrenzungen zwischen den Generationen und im allgemeinen härtere, versagendere Erziehungspraktiken gekennzeichnet sei.

Lloyd de Mause nimmt hingegen die Position ein, daß sich uns die Aufzucht der Kinder als eine um so härtere zeige, je weiter wir in der Geschichte zurückgehen. Demgemäß glaubt er in der Menschheitsgeschichte sechs typische Modi der Eltern-Kind-Beziehung zu erkennen. (1) Ein Modus des »Infanticids« (Kindstötung) war vom Altertum bis etwa in das 4. nachchristliche Jahrhundert anzutreffen. Kinder, die man der Aufzucht nicht für »wert« befand, weil sie irgendwelche »Mängel« aufwiesen, wurden getötet. Für diejenigen, denen es »erlaubt« war aufzuwachsen, hatte dies weitreichende affektive Konsequenzen, ihre Abhängigkeit von den Eltern war total, ihr Mißbrauch alltäglich. (2) Der Modus der »Kindesausstoßung« währte vom 4. bis zum 13. nachchristlichen Jahrhundert. Die Eltern begannen zu akzeptieren, daß ihre Kinder eine Seele besaßen. Doch die Projektionen der Eltern machten die Kinder zu gefährlichen Wesen, vor denen man sich nur schützen konnte, indem man sie möglichst weit fortschaffte. Sie mußten bei Pflegeeltern, in Klöstern oder auch bei Bediensteten aufwachsen, um die elterliche Beziehung nicht zu gefährden. Eine emotionale Bindung gab es nicht. (3) Der »ambivalente« Modus bestimmte etwa vom 14. bis zum 17. Jahrhundert die Eltern-Kind-Beziehung. Obwohl immer noch mit negativen Projektionen belastet, wurde den Kindern von den Eltern gestattet, in ihr emotionales Leben zu treten. Sie sahen es nun als Aufgabe, ihre Kinder (wie aus Lehm) zu formen, zu gestalten. (4) Der »eindringende« Modus, im 18. Jahrhundert zu beobachten, zeigte eine starke emotionale Annäherung vor allem zwischen den Müttern und ihren Kindern. Nicht mehr die Projektionen bestimmten die Beziehung, sondern der Versuch, Herr über den Geist des Kindes zu werden. Es galt, sein Inneres, seine Ängste und Wünsche zu kontrollieren. Man betete mit den Kindern und strafte sie; Gehorsamkeit gegenüber den Eltern war oberstes Gebot. (5) Der sogenannte »Sozialisationsmodus«, vom 19. bis in die Mitte des 20. Jahrhunderts, hatte zum Ziel, dem Kind zu sozialer Anpassung zu verhelfen, es seine Impulse kontrollieren zu lehren. Soziales Funktionieren wurde zum Maßstab der Erziehung, für die sich nun auch die Väter immer mehr verantwortlich fühlten. (6) Der »helfende Modus«, welcher etwa in der Mitte des 20. Jahrhunderts einsetzt, gründet in der Annahme, das Kind wisse viel besser als seine Eltern, was in seinem jeweiligen Entwicklungsstadium gut für es ist. Dementsprechend sehen die Eltern ihre Aufgabe darin, dem Kind zu helfen, daß es seine täglichen Ziele erreicht und verwirklicht. Sie betrachten sich eher als seine Diener denn als Autoritäten.

Jedem dieser sechs Modi soll eine »Psychoklasse« entsprechen, d.h. eine Gruppe innerhalb einer Gesellschaft, welche die gleichen Sozialisationserfahrungen gemacht hat und deshalb ähnliche Persönlichkeitsstrukturen aufweist. Derartige Psychoklassen teilen gemeinsame »Gruppenphantasien«. Darunter versteht de Mause das, was Erik H. Erikson den »emotionalen Zustand einer Nation« nannte, die Gewißheit einer »kollektiven Identität«, mit der zu leben ein gutes Grundgefühl verleiht. Daneben enthalten Gruppenphantasien das, was kollektiv unterdrückt und verdrängt wurde – die latenten Konflikte und Probleme einer Gesellschaft, ihre Angst- und Wunschträume. Gruppenphantasien dienen dazu, diese unbewußten Konflikte abzuwehren. Sie lassen sich mit Hilfe der von de Mause entwickelten »Phantasieanalyse« aufdecken.

Die Bedeutung, die Psychohistoriker den jeweiligen Sozialisationserfahrungen und/oder Gruppenphantasien beimessen, spiegelt sich auch in ihren Studien über historische Persönlichkeiten wie etwa Luther, Gandhi, Hitler, Jimmy Carter. Für den Familientherapeuten ist vor allem die Frage von Interesse, wie unterschiedliche Sozialisationserfahrungen mit unterschiedlichen Spielarten der → *Beziehungsrealität* und Familienformen *(→ Familiensoziologie)* einhergehen.

Literatur: Ariès (1960); Binion (1976); Erikson (1958, 1969); Lasch (1977); Lifton u. Ohlsen (Hrsg.) (1974); de Mause (Hrsg.) (1974, 1975, 1982); de Mause u. Ebel (1977); Stierlin (1975b).

Psycholinguistik/Repräsentationssysteme psycholinguistics/representational systems)

Wissenschaftsgebiet, das sich mit den psychischen Voraussetzungen der Sprache wie auch mit den sprachlichen Bedingungen psychischer Strukturen und Abläufe beschäftigt. Grundannahme ist, daß sich persönliche Erfahrungen der Lebensgeschichte in subjektiven Repräsentationssystemen niederschlagen.

Psychische Prozesse – und besonders das diskursive Denken – sind weitgehend an die Sprache und ihre Strukturen gebunden. Als ein relativ digitales Kommunikationsmittel *(→ analoge/digitale Kommunikation)* ermöglicht die menschliche Sprache, sinnliche, auf die Innen- wie Außenwelt bezogene Wahrnehmungen in codierte Ausdrucksform zu übersetzen. Die Weisen und Bedingungen solcher Übersetzungen *(→ Code)* sind von großem klinischen und therapeutischen Interesse. Von ihrem Verständnis hängt es weitgehend ab, ob und wieweit ein Therapeut Zugang zur subjektiven Welt seines Patienten findet (mit dem »dritten Ohr« hören kann) und dessen innere Landkarte *(→ Abstraktion, → Paradigma/innere Landkarte/Modell)* zu verändern vermag.

Von einem psychoanalytischen Ausgangspunkt untersuchte Jacques Lacan (1964, 1966) affektive Prozesse im Lichte bestimmter linguistischer Erkenntnisse. Da Lacan das Unbewußte wie eine Sprache strukturiert sah, wies er dem Psychoanalytiker die Aufgabe zu, er solle entschlüsseln, in welcher Weise und in welcher Sprache subjektive Erfahrungen repräsentiert wurden und immer wieder das Wort ergriffen. Den theoretischen Bezugsrahmen lieferten ihm → *Strukturalismus* und → *Semiotik.*

Für die Familientherapie und die sie berührenden Therapieformen wurden vor allem die Untersuchungen von R. Bandler und J. Grinder (1975, 1976, 1977 [mit Delozier]) bedeutsam. Sie liefern Hinweise dafür, wie die jeweils bevorzugten Wahrnehmungsmodalitäten eines Individuums (akustisch, visuell, koenästhetisch) sich auch in dessen Sprachform niederschlagen. Ihr Verständnis ermöglicht eine bessere und direktere Kommunikation. Ein Mensch etwa, der in seiner Sprache zeigt, daß er ein »visueller Typ« ist und in erster Linie bildlich denkt, wird sich eher von einem Therapeuten verstanden fühlen, der eine ähnliche Sprache wählt.

Was sich in sprachlichen Strukturen jeweils subjektiv und unbewußt vermittelt, muß nicht übereinstimmen mit dem, was bewußt gehört wird. Um zu verstehen, nach welchen Regeln die Sprachen beider Ebenen übersetzt werden, untersuchten die Autoren die therapeutischen Methoden des genialen Hypnotherapeuten Milton H. Erickson *(→ Hypnotherapie).* Ihrer Analyse legten sie die Theorien des Sprachforschers Noam Chomsky (1965, 1968) zugrunde. Sie gehen davon aus, daß jeder Satz jeder natürlichen Sprache in zwei unterschiedlichen Repräsentationssystemen verschieden strukturiert wird. Eine Repräsentation in der Art, wie der Satz aktuell klingt (oder – falls er geschrieben ist – wie er aktuell erscheint), wird »Oberflächenstruktur« genannt; die Repräsentation des Sinns, den er hat, wird »Tiefenstruktur« genannt. Beide Strukturen sind – nach Chomsky – in einer bestimmten Art und Weise miteinander assoziiert.

Ein Beispiel: Wenn eine Person sagt: »Das Fenster war zerbrochen«, so entspricht dieser Satz der Repräsentation der Oberflächenstruktur. Auf der Ebene der Tiefenstruktur kann er hingegen folgendermaßen repräsentiert sein: Vergangenheit (Zerbrechen [irgendwer, Fenster, mit etwas]). Dieser Tiefenstruktur entsprechend versteht jeder, der die deutsche Sprache beherrscht, folgendes: Irgend etwas ereignete sich in der Vergangenheit; dieses Ereignis bestand aus folgenden Teilen: Eine Handlung (das Zerbrechen) geschah zwischen (a) einem Handelnden – einer Person oder einem Ding, das das Zerbrechen vollzog –, hier repräsentiert durch »irgendwer«; (b) dem Objekt – eine Person oder ein Ding ist zerbrochen worden –, hier repräsentiert durch das »Fenster«; (c) dem Instrument – einem Ding, das zum Zerbrechen benutzt worden ist –, hier repräsentiert durch »mit etwas«.

Aus der Oberflächenstruktur wird also in einem Übersetzungsprozeß ein komplexes Bedeutungssystem entsprechend der Tiefenstruktur abgeleitet. Diese Mechanismen des Verstehens von Sätzen lassen sich nach Ansicht von

Bandler und Grinder auch therapeutisch nutzen, indem Sätze, therapeutische Interventionen (→ *Geschichten-Erzählen*, → *Metapher*) so strukturiert werden, daß eine bestimmte subjektive Bedeutung auf der Ebene der Tiefenstruktur mitgeteilt wird, ohne daß sie auf der Ebene der Oberflächenstruktur bewußt wahrnehmbar ist. Es ist ein Mittel, um den → *Widerstand* zu umgehen (vgl. Bandler u. Grinder 1975, S. 218 ff.).

Der Therapeut benutzt einen Satz mit einer Oberflächenstruktur, dessen bewußt wahrgenommener Sinn unverfänglich ist, während auf der Ebene der Tiefenstruktur → *Interpunktionen* verändert, → *Umdeutungen* vorgenommen werden und damit die gesamte → *Epistemologie* des Patienten verändert wird. Solche Interventionen lassen sich in drei Schritten konstruieren: Schritt 1: Wähle aus, welche Botschaft der Klient unbewußt verstehen soll; Schritt 2: Bilde einen Satz (oder eine Serie von Sätzen oder eine Geschichte), welche diese Botschaft direkt ausdrückt; Schritt 3: Nimm alle darin auftauchenden Hauptwörter, die sich auf den Klienten oder seine gegenwärtige Situation beziehen, heraus und ersetze sie durch Hauptwörter, die keine direkte Relevanz für den Patienten in seiner gegenwärtigen Situation und bei seinem gegenwärtigen Problem haben.

Das generelle Prinzip ist, daß der Patient nicht bewußt erkennen soll, welchen Sinn der Satz hat. Unbewußt wird er die Tiefenstruktur wahrnehmen und die Aussage als Modell zur Lösung oder Beurteilung seines eigenen Problems verwenden.

Derartige Techniken, die in der Hypnotherapie Ericksons, lange bevor jemand sich die Mühe machte, sie theoretisch zu reflektieren, ihre Anwendung gefunden haben, sind von Bandler und Grinder zu einer eigenen therapeutischen Methode entwickelt worden, dem → *neurolinguistischen Programmieren.* Kritisch anzumerken zu den theoretischen Konzepten ist, daß sie sich weitgehend auf die Arbeiten von Chomsky stützen, dessen Konzepte innerhalb der Linguistik keineswegs unumstritten sind. Ein zweiter Einwand muß der rein instrumentellen Verwendung derartiger Techniken gelten, soweit das Wertsystem, das in ihnen impliziert ist oder an dem sie sich orientieren, nicht reflektiert wird.

Für die Familienforschung sind die Untersuchungen von Charles Osgood und Mitarbeitern (1975) von großem Interesse. Er untersuchte den Bedeutungsgehalt, den affektiv gefärbte Begriffe in 20 verschiedenen Sprachen besitzen. Ihnen allen gemeinsam ist, daß sie Aussagen über die drei Gegensatzpaare »gut«/»böse«, »stark«/»schwach«, »aktiv«/»passiv« beinhalten. Jeder Mensch hat ein Weltbild zu entwickeln, einen »semantischen Raum« zu strukturieren. Seine gefühlsmäßigen Reaktionen gewinnen dabei vor allem in den drei genannten Dimensionen ihre Bedeutung. Gerade die Fragen, die sich mit ihnen beschäftigen, gewinnen die größte emotionale Brisanz für das familiäre Zusammenleben. Ist das alle terrorisierende Verhalten eines Familienmitglieds Ausdruck von Krankheit oder von Bosheit? Einmal handelt es sich um einen »passiv« leidenden und »schwachen« Kranken, dessen Verhalten nicht moralisch beurteilt wird. Das andere Mal dagegen hat man es mit einem »aktiven«, »starken« und eigenverantwortlichen Übeltäter zu tun. Die → *Zuschreibung* »böse«, die er erhält, hat für die familiäre Interaktion ganz andere Konsequenzen als das Etikett »krank«.

Literatur: Bandler u. Grinder (1975, 1976, 1979, 1982); Bandler, Grinder u. Satir (1976); Brown (1958, 1970); Chomsky (1965, 1968, 1980); Grinder u. Bandler (1976, 1981); Grinder, Delozier u. Bandler (1977); Lacan (1964, 1966); Lang (1973), Lenneberg (1967), Osgood, May u. Mison (1975); Osherson u. Lasnik (Hrsg.) (1990); Piatelli-Palmarini (Hrsg.) (1979); Shapiro (1979); Simon (1984).

Redundanz
(redundancy)
(von lat. redundantia = Überfluß)

Das wiederholte Auftreten bestimmter Ereignisse, Phänomene oder Verhaltensweisen.

Die Wiederholung bestimmter Verhaltenssequenzen in Familien ermöglicht dem Beobachter bzw. dem Therapeuten, → *Regeln* abzuleiten, die jeweils die familiäre Interaktion bestimmen. In der Gesamtheit der Redundanz, d.h. der regelmäßig wieder auftauchenden Verhaltensweisen der Familie, kann eine Struktur *(→ Organisation/Funktion/Struktur/Prozeß),* d.h. ein → *Muster* in der Zeit beobachtet werden. Die Beobachtung von Redundanzen innerhalb der Familie ermöglicht es, bestimmte Wechselbeziehungen einzelner Interaktionspartner bzw. ihrer Verhaltensweisen zu erkennen; also zum Beispiel: Wann immer A sich auf die eine Weise verhält, reagiert B auf die andere. Damit ist jedoch keine Kausalität etwa der Art gegeben, daß das Verhalten A's das B's verursachen würde, sondern eben lediglich die Verknüpfung solcher Verhaltensweisen im Sinne eines Musters oder einer Struktur.

Im engeren Bereich der → *System*- und → *Information*stheorie ist der Redundanzbegriff allerdings anders definiert: Er bezeichnet hier zum einen die Gesamtheit der Bestandteile von Nachrichten, die den Informationsgehalt der gesamten Nachricht nicht verändern; zum anderen bezeichnet er Strukturen dynamischer Systeme, welche die Funktion des Gesamtsystems unbeeinflußt lassen. Im weiteren Sinne dient Redundanz dazu, bestimmte Funktionen von Informationsträgern abzusichern, also etwa eine Information auf zweierlei Weise zu übermitteln, damit auch bei Übertragungsstörungen der Empfänger immer noch deren Bedeutung entschlüsseln kann.

Literatur: Bateson (1968b); Jackson (1965a); Klaus u. Liebscher (1974); Watzlawick u. Beavin (1966/1967); Watzlawick, Beavin u. Jackson (1967).

reflektierendes Team
(reflecting team)

Bei der Interventionstechnik des reflektierenden Teams lassen sich die Therapeuten bei ihren Falldiskussionen von der Familie, deren Fall reflektiert wird, beobachten. Das reflektierende Team kehrt somit die konventionelle Beobachtungsrichtung zwischen Patienten und Therapeuten um.

In der therapeutischen Praxis wird das reflektierende Team so inszeniert, daß die Familie entweder den hinter der Einwegscheibe sitzenden Therapeuten bei der Diskussion vor der Schlußintervention zuhört oder daß diese im Außenkreis eine kollegiale Intervision beobachtet.

Das reflektierende Team stellt eine Reihe therapeutischer Selbstverständlichkeiten in Frage, insbesondere das Machtgefälle, das sich in der üblichen Asymmetrie des Fragens und Antwortens in der Therapeut-Patienten-Kommmunikation darstellt. In der Umkehrung der Beobachtungssituation relativieren sich die scheinbare Überlegenheit des Therapeutenwissens, der Wert der Expertensprache und die Eindeutigkeit von Verschreibungen. Ausgehend von der Überlegung, daß → *instruktive Interaktion* in Therapien ohnehin nicht möglich ist, läßt sich die Wirksamkeit des reflektierenden Teams so begründen, daß die beobachtenden Familienmitglieder sich aus den Therapeutenkommentaren diejenigen herausnehmen, die sie als nützlich und hilfreich einschätzen.

Literatur: Andersen (Hrsg.) (1990).

Reflexion
(reflection)

In der Systemtheorie wird Reflexion im Sinne von Selbstreflexion verwendet. Reflexion ist danach eine Form der Selbstthematisierung psychischer und sozialer Systeme. Sie setzt eine System/Umwelt-Unterscheidung voraus, wobei das System als Gesamtheit beobachtet und thematisiert wird. Bei der Reflexion wird das System in der Weise thematisiert, daß es sich selbst in seiner Eigenschaft als Umwelt anderer lebender Systeme betrachtet.

Reflexion ist eine spezielle Form der Selbstbeobachtung. Von Selbstbeobachtung läßt sich sprechen, wenn einzelne Operationen des Systems andere Operationen beobachten, wenn z.B. eine bestimmte Verhaltensweise bewertet wird. Von Reflexion wird nur dann gesprochen, wenn das ganze System Gegenstand der Beobachtung ist, wenn also eine Selbstbesinnung auf die eigene

Spiel des Lächelns *Die ungewöhnliche Idee einer rhei*

Von Engelchen

Die Spiele-Erfinderin Frederike Herrlich fordert dazu auf, „kre-aktiv“ ans Brett zu gehen.

VON CHRISTIAN HERRENDORF

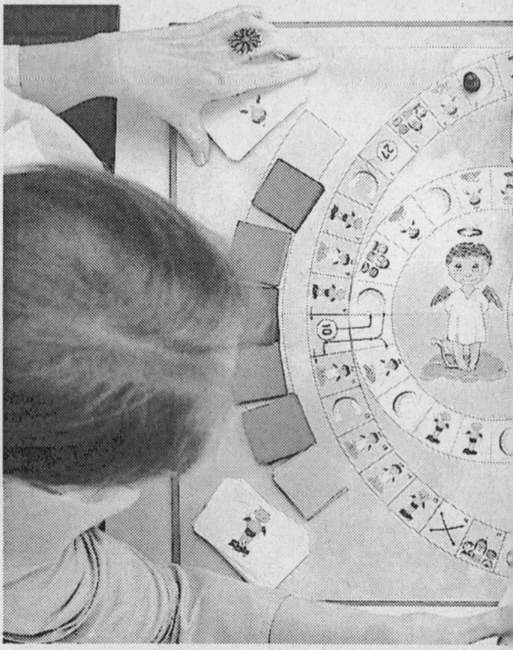

HELIGENSCHEIN UND HÖRNCHEN Hier werden Ge

Es gibt Regeln, aber niemand muss sich daran halten. Das fängt ja schon mal gut an. Es wird keine Verlierer geben, sondern nur Gewinner. Das hört also auf jeden Fall auch gut auf. Schon mit diesem Rahmen erscheint „Das Spiel des Lächelns“ von Frederike Herrlich ungewöhnlich. Das setzt sich nahtlos fort, wenn die Düsseldorferin die Voraussetzungen nennt, über die jeder der maximal sechs Mitspieler zu verfügen hat: einen Mund, zwei Ohren und jede Menge Mut. Schließlich lautet das Ziel des Spiels, etwas über sich und die anderen zu erfahren, persönliche Geschichten loszuwerden und von spannenden Erlebnissen zu berichten.

Hierzu dienen im wesentlichen drei Felder auf dem Brett, das mit einem äußeren und zwei inneren Kreisen zahlreiche Wegstrecken ermöglicht: die Engelchen und Bengelchen sowie die Weltenkinder. Die Karten mit dem Heiligenscheinträger bitten den Ziehenden in Deutsch, Englisch und Japanisch, sich selbst in gutem Licht erscheinen zu lassen. Während dessen erfordert der Kamerad mit dem Dreizack Humor, wenn der Betroffene von Missgeschicken oder Peinlichkeiten berichtet. Die Weltenkinder wiederum leiten kleine philosophische Del

einen einzeln

teuer oder W

bestimmt der

ein anderer o

ligten etwas s

Spiel schnell i

Menschen ko

grund“, erläut

Die Famili

sprüngliche

Familientherapeutin

nd Bengelchen

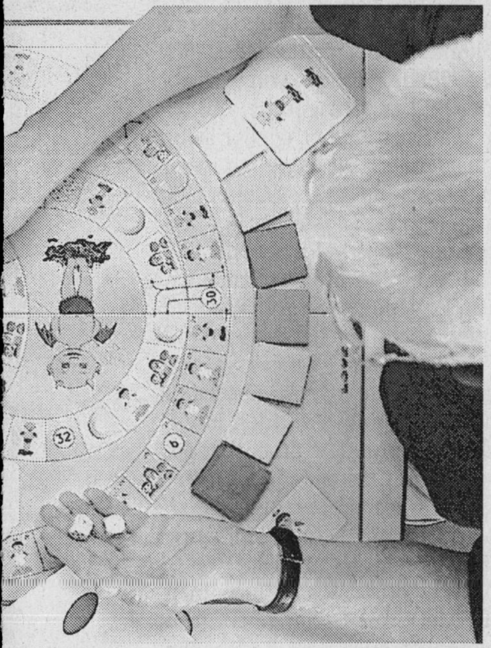

rfahrungen geweckt. FOTO: ANDREAS KREBS

da sie nur wie Aben- agen. Stets ob er selbst, lligen Betei- halb tritt das ergrund, die den Vorder- ike Herrlich. utin hat ur- nach drei Jahren Erfahrung mit dem „Spiel des Lächelns" voll bestätigt gefunden: Kinder sprechen über ihre Ängste, Eltern entdecken neue Talente ihrer Sprösslinge und den Umstand, dass schulische Leistungen eben nur einen Teil des Potentials widerspiegeln. Ebenso erleben Senioren wie schön es ist, spielerisch aus der Vergangenheit zu berichten statt als Olle-Kamellen-Rezitatoren zu gelten. Vollendet wird das Wohlbefinden der Spieler mit dem von Frederike Herrlich entwickelten Colour-Child-Farbensystem. Nach jedem Zug wählt ein Lächelnder aus 14 Farben ein Kärtchen aus, das er in eines der sechs Felder unter dem Passepartout des Farbenkindes legt. Intuitiv wählt jeder dabei stets den Ton, der am meisten behagt. So entsteht am Ende eins von 7 529 536 möglichen Bildern.

In der Anleitung hat Frederike Herrlich Assoziationen und Sinnsprüche zusammengestellt, die dem Einzelnen zu verstehen helfen, welche Stärken er hat. Bei der Analyse ist wichtig, welchen Teil des Kinderkörpers die Farbe einnimmt. Der Bauch steht für Gefühle, das rechte Bein für Zukunftspläne.

Im Vergleich mit dem scheinbar artverwandten Klassiker „Therapy" sind beim „Spiel des Lächelns" die Freiräume größer, denn die Spieler stecken selbst die Grenzen, beispielsweise bei der Spielzeit. Weil Freunde und Familien so viel persönlicher miteinander umgehen, fängt das Spiel nicht nur gut an. ❑

INFO ■ *„Spiel des Lächelns" von Frederike Herrlich (PlayTime Activities, Telefon: 0211 – 788 17 35); ca. 40 Euro, zwei bis sechs Spieler.*

Cross-Golf *Vom Schrottplatz bis zum Strand*

Drive vom Dach

Gepflegte Grüns, luxuriöse Klubhäuser, Kleidervorschriften und Benimmregeln – beim Cross-Golf geht's auch ohne das.

VON DIETER DORMANN

Abschlagen vom Flachdach des Dorint-Hotels an der Messe in Köln-Deutz, einlochen auf dem ehemaligen Paketfrachtzentrum der Domstadt. Oder: Drive von einem fahrenden Schiff auf der Elbe, Putt in einen Kühlschrank in einem eigens dazu hergerichteten Büro im Hamburger Freihafen. So geht's auf der Cross-Golf-Tour zu, die derzeit in mehreren deutschen Städten für Aufsehen sorgt. Die Turnierserie wird in Hamburg, Köln, Dortmund, München und Berlin gespielt. Firmen wie MSN und John Player Special sponsern die Aktionen – eins von einigen deutlichen Zeichen dafür: Cross-Golf ist längst mehr als nur eine spleenige Idee von ein paar Ausgeflippten. Doch der Fun-Faktor ist immer noch top – und das letzte Loch auf der aktuellen Tour ist immer in der Kneipe, in der dann auch eine meist feuchtfröhliche Players Night Party steigt. gelocht wird in Gullys, Mülleimer, in Gießkannen oder Autowracks. Wie die Spielbahn verläuft, von wo nach wo der Ball zu schlagen ist – all das kann man sich immer wieder selbst neu ausdenken. Diese Vielfalt ist ein Aspekt, der das Cross-Golfen für Carsten Moritz, 31-jähriger Kommunalbeamter aus Moers, attraktiv macht. Er hat dort mit Tobias Buchebner (24) die „Crossgolfcrew" gegründet. Nicht nur bei der Auswahl des Geländes sei Fantasie gefragt. Auch die Regeln – wenn überhaupt welche nötig sind – würden immer wieder neu erfunden. Stets aber gelte, versichert Carsten Moritz: Sicherheit über alles. Unbeteiligte Personen dürften auf keinen Fall durch das Spiel gefährdet werden.

Einen offiziellen Zusammenschluss der Cross-Golfer gibt es nicht – das würde auch dem Basisgedanken der Szene widersprechen. Meist sind es nur vier, fünf Spieler, die sich zusammengetan haben und sich auf einer mehr oder weniger flippig-peppig gestalteten Internetseite präsentieren: Da tummeln sich neben der Crossgolfcrew von Carsten Moritz und Tobias Buchebner aus dem niederrheinischen Moers unter anderem Teeflieger aus Wolfsburg, Faehnlein aus Mainz, Wastedballz aus Mönchengladbach und Naturalborngolfers (NBG) aus Hamburg.

Die NBG gibt es nicht nur in der

Identität vollzogen wird. Das erfordert die Fähigkeit, sich selbst als Umwelt anderer Systeme zu begreifen und daraus Handlungsentscheidungen abzuleiten. Diese Entscheidungen stellen in Rechnung, welchen Reizwert das eigene Handeln für andere lebende Systeme hat. Reflexion kommt nicht ohne die Paradoxie aus, daß sie zwar eine Außenperspektive auf das reflektierende System hat, die Operation der Reflexion aber innerhalb des Systems realisiert wird.

Reflexion ist eine komplexitätsreduzierende Operation, vereinfacht also ihr Objekt. Damit führt sie jedoch nicht zu einem statischen Ergebnis. Sie ermöglicht es dem System, eine dynamische Veränderung der eigenen Strukturen auszulösen. Die Identität, die durch Reflexion gewonnen wird, kann durch Reflexion auch in Frage gestellt werden, und die Vor- und Nachteile anderer möglicher Systemzustände können verglichen werden.

In der Familientherapie ist Reflexion von Bedeutung für die Selbstwahrnehmung und die Entwicklung einer familiären Identität. Dafür ist die Fähigkeit erforderlich, das familiäre System von außen sehen zu können und eine adäquate Vorstellung darüber zu entwickeln, wie die Familie im nachbarschaftlichen, verwandtschaftlichen, kulturellen und ökonomischen Kontext gesehen wird, und ihr Verhalten darauf abzustimmen.

Literatur: Luhmann (1984, 1985, 1990); Tomm (1988, 1994).

Regel/Familienregel
(rule/family rule)

Regeln sind »Beziehungsübereinkünfte« (Jackson 1965), die die Verhaltensweisen von Personen inhaltlich vorschreiben und ihre Interaktion in einem stabilen System organisieren. Sie zeigen sich in einer Familie darin, daß sich einzelne oder alle Mitglieder in bestimmten Interaktions- und Kommunikationssituationen in einer wiederkehrenden Weise verhalten *(→ Redundanz, → Spiel).* So wie Sprechen und die Sprache (als das hinter dem Sprechen stehende Regelsystem) voneinander unterschieden werden müssen, ist auch zwischen dem Verhalten der Mitglieder und den Regeln der Familie, welche dieses Verhalten bestimmen, zu unterscheiden.

Don D. Jackson (1965) zufolge ist »die Familie ein regelgeleitetes System, deren Mitglieder sich in organisierter repetitiver Weise verhalten und deren Verhaltensmuster sich als Leitprinzip des Familienlebens abstrahieren läßt« (S. 6). Die Art und Weise, wie Familienregeln formuliert werden, ist durch die → *Epistemologie* des Beobachters oder des Familienmitglieds gestaltet, der die familiären Verhaltenssequenzen interpunktiert *(→ Interpunktion).*

Mit anderen Worten: Regeln sind Als-ob-Beschreibungen eines Beobachters und keine feste Realität (Dell 1982).

In diesem Sinne könnte ein externer Beobachter aus den Redundanzen familiären Verhaltens die Regel ableiten: »In dieser Familie verhält man sich so, als dürfe man entweder stark und helfend oder schwach und hilfsbedürftig/krank sein, aber nie beides« oder: »In dieser Familie verhält man sich so, als sei Widerspruch lebensbedrohend und die Idee von Harmonie müsse um jeden Preis erhalten werden« *(→ Pseudo-Gegenseitigkeit).* Es wäre ein epistemologischer Irrtum zu glauben, Familien verfolgten bewußt systemische Absichten, wenn man etwa feststellt: »Die Tochter opfert sich, um die Familie zu schützen.« Eine solche Formulierung wäre insofern dualistisch, als sie eine »Regel« außerhalb der Familie, in diesem Fall in der Psyche der Tochter, nahelegt, die zu einer Störung führt. Eine mehr systemische Formulierung einer Regel würde vielmehr besagen, daß ein Beobachter eine Verhaltenssequenz so interpunktiert – »als ob die Tochter sich opferte« –, daß sie zu dem Verhalten anderer Familienmitglieder paßt.

Familienmitglieder können normalerweise die Regeln, mit denen ein externer Beobachter ihr Verhalten beschreibt, nicht formulieren, und wenn, dann tun sie das in völlig anderer Weise. Familienregeln funktionieren also so, als seien sie implizite ungeschriebene Gesetze. In dem Moment, wo sie explizit gemacht werden, sind sie nicht mehr in gleicher Weise verhaltensbestimmend. In der → *systemischen Therapie* werden Familienregeln oft verschrieben, um als Ritual ausgeführt zu werden, oft mit der Folge, das genau dieses Verhalten aufhört (Selvini Palazzoli et al. 1978). Auf diese Weise wird ein spontanes, nicht-intentionales Verhalten mit einer Absicht verknüpft. Dadurch erhält es im Rahmen der familiären Kommunikation eine neue Bedeutung, die dazu führen kann, daß sich die Kommunikations- und Interaktionsmuster ändern. Frederick R. Ford und J. Herrick (1974) machen eine Unterscheidung zwischen »kleinen« und »großen« Regeln, wobei letztere die Qualität eines familiären Lebensstils oder → *Paradigmas* ausmachen. Sie identifizierten fünf solcher Regeln, die verkürzt lauten: »die Kinder kommen zuerst«, »zwei gegen den Rest der Welt«, »Gleiches gegen Gleiches«, »jeder ist auf sich selbst angewiesen« und »bis der Tod uns scheidet«. Aus diesen Familienregeln haben Ford und Herrick (1982) auch eine → *Familientypologie* abgeleitet. Eine genauere und auch für die Familienforschung und -therapie nützliche Differenzierung liefert G. H. von Wright (1963). Er unterscheidet zwischen vorschreibenden (»präskriptiven«), verbietenden (»proskriptiven«) und beschreibenden (»deskriptiven«) Regeln. Naturgesetze sind in diesem Sinne deskriptive Regeln, während »Spielregeln«, wie sie von Familien befolgt werden *(→ Spiel),* aus deskriptiven, präskriptiven und proskriptiven Regeln zusammengesetzt sind (vgl. Simon 1988).

Mehr formal betrachtet, beziehen sich solche familiären Regeln im allgemeinen auf die jeweils gegenseitige → *Identitäts*findung der einzelnen Familienmitglieder sowie auf die → *Definition der Beziehung* als → *komple-*

mentär oder symmetrisch. Des weiteren zeigt sich, ob die Familie als Regelgestalt ihre → *Stabilität* und → *Kohärenz* in erster Linie über das Aufrechterhalten der → *Homöostase* bezieht oder aber, ob → *Ko-Evolution* und → *-Individuation* einzelner Mitglieder möglich sind. Andere aus der Familieninteraktion ablesbare Regeln beziehen sich auf Art und Ausmaß der erreichten oder erwarteten → *Gegenseitigkeit* im positiven und negativen Sinne, → *Pseudo-Gegenseitigkeit/Pseudo-Gemeinschaft/Pseudo-Feindschaft,* → *Harmonisierung,* → *Entwertung,* → *Kommunikationsabweichungen,* die Wahrung von → *Familiengeheimnissen,* die Aufrechterhaltung von → *Familienmythen,* usw.

Literatur: Bodin (1981); Ford (1983); Ford u. Herrick (1974, 1982); Haley (1967a, b); Jackson (1965a, b); Patterson (1980); Riskin u. Faunce (1970); Simon (1988); Watzlawick u. Beavin (1966/1967); Watzlawick, Beavin u. Jackson (1967); Wright (1963).

Regelkreis/Rückkoppelung
(feedback loop/feedback/feedforward)

Eine Struktur, die dadurch gekennzeichnet ist, daß die Folgen eines bestimmten Geschehens oder Verhaltens auf dessen weiteren Verlauf zurückwirken. Regelkreise bzw. Rückkoppelungsstrukturen bilden einen wesentlichen Bestandteil kybernetischer Systeme, kennzeichnen vor allem lebende Systeme und sind Voraussetzung für deren Überleben in einer sich verändernden Umwelt. Sie bieten einerseits die Möglichkeit, von außen kommende Störungen auszugleichen und bestimmte Werte konstant zu halten *(→ Stabilität, → Homöostase, → Eigenwert/Attraktor, → Organisation/Funktion/Struktur/Prozeß, → Morphogenese/Morphostase, → Kohärenz),* sind andererseits aber auch Voraussetzung dafür, daß ein System sich selbst entsprechend den veränderten Umweltbedingungen verändert und sich ihnen anpaßt *(→ Ko-Evolution).*

Die einfachste Form einer Rückkoppelungsstruktur ist der Regelkreis, wie er in der nachstehenden Grafik skizziert ist.

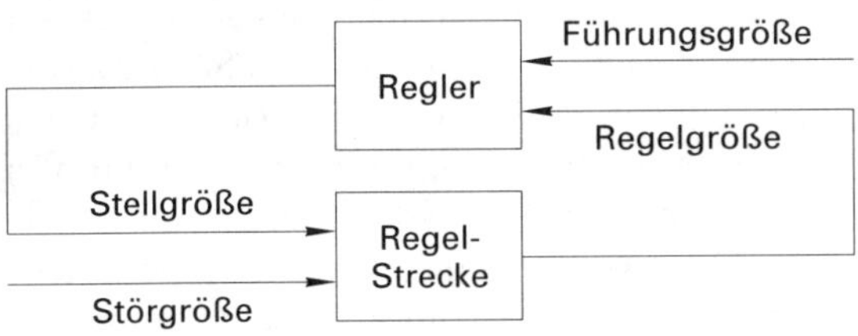

Der Regelkreis besteht aus zwei Elementen: dem geregelten System (Regelstrecke) und dem regelnden System (Regler). Ein der Alltagswelt entnommenes einfaches Beispiel hierfür bildet der Heizungsthermostat: Eine bestimmte Führungsgröße (Raumtemperatur) wird gewählt; das regelnde System öffnet den Warmwasserzufluß (Stellgröße) zum Heizkörper des Raums (Regelstrecke), so daß die Raumtemperatur ansteigt (Regelgröße). Im Regler befindet sich ein Temperatursensor, der den Warmwasserzulauf stoppt, sobald die Raumtemperatur den gewünschten Wert erreicht hat (d. h. Regelgröße und Führungsgröße übereinstimmen).

Das fundamentale Funktionsprinzip aller Regelkreisstrukturen ist die Rückkoppelung, bei der Ausgangsgrößen auf Eingangsgrößen zurückwirken. Diese Rückwirkung kann in zwei Richtungen gehen: Als »kompensierende Rückkoppelung« werden die auf das System einwirkenden Störungen beseitigt; als »kumulative Rückkoppelung« werden Abweichungen verstärkt. Um bestimmte Sollwerte konstant zu halten, werden im allgemeinen kompensierende Mechanismen benutzt, deren Prinzip die sogenannte »negative Rückkoppelung« ist; bei der Verstärkung von Abweichungen liegt hingegen eine sogenannte »positive Rückkoppelung« vor. In unserem Beispiel des Thermostats handelt es sich um einen negativen Rückkoppelungskreis, da bei Absinken der Raumtemperatur die Abweichung durch erhöhten Warmwasserzulauf ausgeglichen wird. Ein Beispiel für ein positives Feedback aus dem Bereich der Technik ist der Verstärker, bei dem die Abweichungen bestimmter Strom- und Spannungsstärken dazu benutzt werden, die zu beeinflussende Größe ständig anwachsen zu lassen.

Derartige Regelungsstrukturen haben also die Funktion, die Wirkungen eines regelnden Systems überprüfbar und korrigierbar zu machen. Welche Wirkungen die Rückkoppelungs-Schleife hat, ob sie Abweichungen von einem bestimmten Status quo ausgleicht, um so die Stabilität zu erhalten, oder ob sie Abweichungen verstärkt und somit die Stabilität zerstört, hängt vom negativen (kompensierenden) oder positiven (kumulierenden) Charakter der Rückkoppelung ab.

Die Überlebensfähigkeit eines Systems *(→ Anpassung/Anpassungsfähigkeit)* hängt davon ab, ob beide Mechanismen verfügbar und balanciert sind. Während in einem Milieu mit relativ konstanten inneren und äußeren Lebensbedingungen die negative Rückkoppelung, die alle Störungen ausgleicht und Veränderung verhindert, sinnvoll und lebenserhaltend ist, kehrt sich dieser stabilitätserhaltende Aspekt in dem Moment ins Gegenteil, wo Anpassungen an stark veränderte Bedingungen gefordert sind *(→ Krise)*. In einer sich massiv verändernden Umwelt können Stabilitätsmechanismen das Überleben bedrohen, wenn sie Weiterentwicklung und Anpassung dieses Systems an die veränderte Umwelt behindern. Sind alte Regelungsmechanismen nicht mehr erfolgreich, so müssen neue gesucht werden *(→ Versuch-Irrtum-Methode)*. »Die Evolution der Lebewesen ist unter dem Gesichtspunkt der Regelungstheorie die Evolution der Form der Regelung, wobei gilt, daß mit einer höheren Stufe der Regelung immer auch größere Unabhängigkeit von der Umgebung bzw. größere Adaptationsfähigkeit verbunden ist« (Klaus u. Liebscher 1967, S. 653).

Positive Rückkoppelungsmechanismen sind demgemäß ein wesentlicher Bestandteil der → *Selbstorganisation* von Systemen.

In diesem Sinne ist der Begriff des »feedforward« geprägt worden. Er impliziert, daß »der gegenwärtige Wandel eines Zustandes determiniert ist durch einen antizipierten zukünftigen Zustand, der berechnet wird in Übereinstimmung mit einem inneren Modell der Welt« (Rosen 1979, S. 28). Damit ist beschrieben, daß auch für zielgerichtetes Verhalten Regelkreisstrukturen erforderlich sind.

Positive Rückkoppelungsmechanismen, die nicht zu einem neuen Gleichgewichtszustand führen, zerstören das System: es »dreht durch«, ein Phänomen, das in der Kybernetik auch mit dem Begriff des »runaway« bezeichnet wird.

Im allgemeinen besteht ein Regelsystem nicht nur aus einem einzigen Regelkreis, sondern aus einer Vielzahl miteinander in Wechselbeziehung stehender »vermaschter« Regelkreise. Regelgrößen können dabei von mehreren Reglern beeinflußt werden, wie das aus der nachstehenden Grafik zu ersehen ist.

Die Skizze dürfte deutlich machen, daß bei dieser Form der Wechselbeziehung zwischen Regelstrecke und Reglern eigentlich nicht gesagt werden kann, welches Element Regler und welches geregeltes System ist, da alle sich gegenseitig beeinflussen *(→ Zirkularität).*

Nach dem Prinzip des »vermaschten Regelkreises« lassen sich riesige → *Netzwerke* konstruieren. Eine große Zahl von Elementen regelt so in Wechselbeziehungen gegenseitig ihr Verhalten. Die Familie kann im Sinne eines kybernetischen Modells als eine Vielzahl sich überformender Regelungsstrukturen verstanden werden. Von ihrer Fähigkeit, Veränderung und Stabilität im Gleichgewicht zu halten, bestimmen sich die Entwicklungs- und Lebensbedingungen aller Familienmitglieder *(→ »gesunde«/funktionale Familien).* Die Anwendung der hier dargestellten abstrakten Prinzipien der Regelungstheorie auf Familien hat zahlreiche Implikationen. An erster Stelle

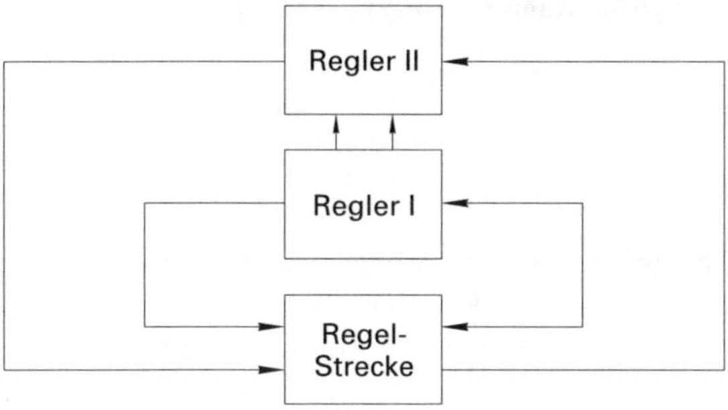

dürfte die Anwendung eines zirkulär kausalen Modells stehen, in welchem berücksichtigt wird, daß jeder jeden in der Familie beeinflußt. Das Verhalten eines jeden einzelnen ist nur erklär- und verstehbar, wenn das gesamte → *System* in seiner Beziehung zu seiner Umwelt betrachtet wird *(→ Kontext).*

Evolutionäre Rückkopplung: Das Konzept des »evolutionären Feedback« bezieht sich nicht nur auf die relativ kontinuierlichen Gleichgewichtsprozesse lebender Systeme. Dieses Konzept, das von dem Physiker Prigogine (1980) eingeführt wurde, modifiziert die Allgemeine Systemtheorie von Bertalanffy (1968), die sich auf offene Systeme bezieht, die sich im Gleichgewicht oder nahe am Gleichgewicht befinden. Prigogine (1978) zeigte, daß in Zuständen von chaotischem Ungleichgewicht sich durch »evolutionäres Feedback« neue dynamische Zustände entwickeln können, sogenannte »dissipative Strukturen« *(→ Fluktuation/dissipative Strukturen),* in denen Chaos Ordnung erzeugt. Dieses Feedback bringt das System also nicht in seinen vorherigen Zustand zurück. Vielmehr mutiert das System diskontinuierlich *(→ Wandel/Veränderung erster und zweiter Ordnung)* in einen neuen Zustand. In der Familientherapie kann dies nach paradoxen Interventionen passieren, die z.B. durch eine Neubewertung symptomatischen Verhaltens die Wiederherstellung des alten Gleichgewichts unmöglich machen.

Um Mißverständnissen vorzubeugen, muß darauf hingewiesen werden, daß der Grad der Rückkoppelung quantitativ sehr unterschiedlich sein kann. In der Kybernetik sind neben Feedback-Mechanismen durchaus auch Steuerungsmechanismen bekannt, bei denen die Ausgangsgrößen nicht auf die Eingangsgrößen zurückwirken. In diesen Fällen erscheint die Anwendung eines Modells der geradlinigen Kausalität sinnvoll *(→ Linearität/Linealität).* Familiäre → *Macht* und → *Hierarchie* kann es nur geben, wenn die Möglichkeiten zweier Familienmitglieder, einander zu beeinflussen, *ungleich* sind *(→ Eigenwert/Attraktor).*

Literatur: Ashby (1952); Bateson (1958); Bertalanffy (1968); Cannon (1932); Dawies (1980); Hoffman (1971); Jackson (1957); Klaus u. Liebscher (1967, 1974); Maruyama (1963); Miller, Galanter u. Pribram (1960); Nicolis u. Prigogine (1977); Penn (1985); Prigogine (1976, 1978, 1980); Rosen (1979); Wender (1968); Wiener (1967).

Resonanz
(resonance)

Resonanzen entstehen, wenn sich zwei unterschiedliche Systeme überschneiden, die ein gleiches Element haben. Lebende Systeme können ebenso miteinander Resonanz erzeugen wie physikalische Körper, die auf einer bestimmte Frequenz mitschwingen.

Resonanz kann erst durch Verkopplung von Systemen entstehen. Im therapeutischen Kontext kann Resonanz z.B. entstehen, wenn ein bestimmtes Element im Beziehungsmuster von Patienten in der Reaktion einer Supervisionsgruppe wieder auftaucht. Dann kann es zu einer Resonanz des gesamten therapeutischen Systems kommen. Moni Elkaïm (1990) führt das Beispiel einer stationären Therapie eines Mädchens an, das sich in seiner Familie immer mit dem Vater gegen den Rest der Familie verbündet hatte. Bei den Fallkonferenzen der Klinik wurde üblicherweise der Therapeut für jeden Patienten vom Team ausgewählt. In diesem Fall wählte ein Therapeut entgegen den Usancen von sich aus die Patientin. In der Folge ergab sich im therapeutischen System eine konfliktträchtige Spaltung, bei der der Therapeut die Patientin gegen den Rest des Teams schützte. Später stellte sich heraus, daß der Therapeut sich in seiner Herkunftsfamilie immer mit der eigenen Mutter gegen den Rest der Familie verbündet hatte. Die Resonanz im therapeutischen System entstand hier also durch das Überschneiden der → *isomorphen* Beziehungsmuster von Therapeut und Patientin. Beide brachten eine bestimmte Bereitschaft mit, Allianzen herzustellen, die zu Spaltungen führten.

Der Resonanzbegriff ist nützlich, um das Aufeinanderwirken von kleineren und größeren Systemeinheiten zu verstehen. Solche Resonanzen erlauben es unter anderem, die eigene Realitätskonstruktion in verschiedenen Systemen aufrechtzuerhalten und zu validieren.

Für Elkaïm haben alle Gefühle, die bei Mitgliedern eines therapeutischen Systems auftauchen, eine Bedeutung und Funktion und lassen sich als Informationen über die psychische oder systemische Dynamik nutzen.

Literatur: Elkaïm (1990).

Ressource
(resource)

In der systemischen Therapie wird als Ressource jedes Potential verstanden, das die Verhaltensoptionen eines Systems erhöht und damit seine Lebens- und Problemlösefähigkeit verbessert. Eine Ressource kann materiell-wirtschaftlicher, sozialer, emotionaler oder intellektueller Natur sein. Die Ressourcenorientierung spielt in bezug auf das Menschenbild und die therapeutische Haltung eine zentrale Rolle. Im Gegensatz zu einer Defizitorientierung betont die Ressourcenorientierung die Verhaltensmöglichkeiten, die einem Klientensystem zur Verfügung stehen.

Eine ressourcenorientierte Praxis setzt sowohl an den Selektionsmechanismen an, mit denen ein System Komplexität reduziert, als auch an seinen

Kontingenzen, mit denen es Handlungsmöglichkeiten schafft. Ressourcenorientierte Interventionen (wie z. B. → *positive Konnotationen*) zielen darauf ab, die komplexitätsreduzierenden Selektionen eines Systems so zu variieren, daß sie sich auf vorhandene Ressourcen beziehen können. Da viele Ressourcen nicht sofort als solche identifiziert werden, besteht ein großer Teil der therapeutischen Arbeit darin, Systemeigenschaften überhaupt so zu bewerten, daß ihr Ressourcencharakter erkennbar wird. Im Unterschied zu anderen therapeutischen Ansätzen legt eine systemische Sicht nahe, daß es nicht möglich ist, Ressourcen von außen in ein System zu importieren. Vielmehr geht man hier davon aus, daß Ressourcen im wesentlichen durch Umbewertungen vorhandener Eigenschaften entstehen oder durch systemeigene Reaktionen auf von außen angestoßene → *Perturbationen* aktiviert werden. Schließlich beinhaltet ein ressourcenorientiertes Vorgehen auch, vorhandene und erkannte, aber bislang ungenutzte Ressourcen durch eine Veränderung der System-Umwelt-Interaktion zur Geltung zu bringen *(→ Akkommodation/Assimilation, → Salutogenese).*

Literatur: Karpel (Hrsg.) (1986).

revolving slate
(deutsch: »Drehtafel«)

Ein von Ivan Boszormenyi-Nagy (1973) innerhalb der → *kontextuellen Therapie* verwendeter Begriff. Er macht verständlich, wie bestimmte Einstellungen, Erwartungen, Verhaltensmuster in einer Generation diejenigen der Folgegenerationen prägen.

Das Phänomen des revolving slate verweist einerseits auf die Bedeutung unsichtbarer → *Loyalitäten*, andererseits auf die von unausgeglichenen → *Verdienstkonten* und die daraus abgeleiteten Ansprüche. Ein parentifiziertes *(→ Parentifikation)* Kind etwa, das für seine Leistung von seinen Eltern nicht anerkannt wurde, wird sich (mehr oder weniger verdeckt) von seinen Kindern das zu holen suchen, was es von den eigenen Eltern nicht bekam. Dieses Kind wiederum wird sich an den eigenen Kindern schadlos halten, und so fort. Bestimmte → *Muster* der Eltern-Kind-Interaktion werden somit in einer Art selbstdestruktivem Circulus vitiosus von Generation zu Generation weitergereicht. Darin zeigt sich ein Aspekt der von Boszormenyi-Nagy beschriebenen → *Beziehungsstagnation.* Das Phänomen des revolving slate vermag somit auch verschiedene Formen der → *Delegation* verständlich zu machen.

Literatur: Boszormenyi-Nagy u. Spark (1973).

Ritual
(ritual)

Rituale sind in einer Kultur entwickelte symbolische Handlungen, die für bestimmte Anlässe Verhaltenssequenzen bereitstellen. Diese können den interagierenden Personen Handlungssicherheit geben.

Rappaport (1971) unterscheidet sechs wesentliche Aspekte eines Rituals: die Wiederholung, die Handlung, die Stilisierung, die zeitliche Ordnung, der sinnträchtige Präsentationsstil und die kollektive Dimension, aus der soziale Bedeutungen erwachsen. Das Ritual hat unter anderem eine (familien-)kulturell konservative Funktion, indem es Ordnung durch Stilisierung aufrechterhält und indem es in seiner Durchführung auf Wiederholung und Vertrautheit baut. Arist von Schlippe und Jochen Schweitzer (1996) bezeichnen Rituale als »symbolisierte Redundanzen«, die »verdichtet und zugespitzt das aufzeigen, was ohnehin passiert« (S. 191). Zugleich haben sie die Funktion, Übergänge zu markieren und damit Entwicklung zu ermöglichen. So beinhaltet z.B. eine traditionelle Hochzeitszeremonie die Neudefinition von familiären Zugehörigkeiten. Andere Rituale definieren Neuzugehörigkeiten zu Alters- oder Statusgruppen (Konfirmation, Kommunion, Abiturfeier, Urkundenverleihungen etc.).

Steven Wolin und Linda Bennett (1984) unterscheiden Familien mit Blick auf Rituale danach, ob sie unterritualisiert sind, ob ihre Rituale starr, einseitig, leer, unterbrochen oder ob sie flexibel sind. Diese Unterscheidung läßt sich auch auf die Therapie selbst anwenden (Roberts 1993).

Rituale können in der Familientherapie als Interventionen eingesetzt werden. Besonders eignen sie sich als Mittel zur Unterbrechung von Verhaltensmustern oder zur Markierung von Übergängen. Ein »klassisches« Ritual zur Musterunterbrechung beschrieben Mara Selvini Palazzoli und Mitarbeiter (1979), als sie den wegen des Verhaltens ihrer Kinder sich in gegenseitigen Disqualifikationen verstrickenden Eltern verordneten, der Vater sei an den geraden Tagen, die Mutter an den ungeraden Tagen für deren Erziehung verantwortlich. Eine bedeutende Rolle spielen therapeutische Rituale bei der Markierung von Übergängen, die anstehen oder von einer Person oder der Familie noch nicht vollzogen sind und denen daher noch keine entsprechende und möglicherweise neue emotionale Bedeutung gegeben ist. Dabei kann es sich um Trauer über den Tod, den Abschied oder die Dauerfolgen eines schweren Unfalls eines Familienmitgliedes, die Nichtwahrnehmung einer Trennung, eine neue Bindung, ein Scheitern oder einen Erfolg handeln.

Rituale sind eine besondere Form der → *Verschreibungen*. Gerade bei Übergangsritualen wird aber, im Vergleich zu einfachen Verschreibungen, besonderer Wert auf die Vorbereitung und Entwicklung der Zeremonie gelegt. Für die therapeutische Vorbereitung von Ritualen müssen die verwendeten Symbolhandlungen »anschlußfähig« an die Bedeutungs- und Symbolwelt der Familie sein.

Literatur: Imber-Black, Roberts u. Whiting (1993); Rappaport (1971); Roberts (1993); v. Schlippe u. Schweitzer (1996); Selvini-Palazzoli, Boscolo, Cecchin u. Prata (1979); Wolin u. Bennett (1984).

Rolle
(role)

Die Gesamtheit der Erwartungen und Normen, die sich in einer Gruppe (z.B. Familie) in bezug auf die Position und Handlungen einer Person herausbilden. Die Rolle ist somit den Verhaltenserwartungen gleichzusetzen, die an diese Person in einem gegebenen situativen oder sozialen → *Kontext* gerichtet werden.

Die Rollentheorie stammt aus der Soziologie (vgl. Linton 1945; Parsons 1951) und wurde vor allem in der Frühphase der Familientherapie bedeutsam. Den größten Einfluß entfalteten dabei wohl die Arbeiten von Talcott Parsons und R. F. Bales (1955). Verschiedene familientheoretisch und klinisch arbeitende Autoren übernahmen ihre Sicht der Familie als eines »sozialen Subsystems«, in dem bestimmten Mitgliedern bestimmte Rollen zugewiesen sind (vgl. Lidz et al. 1957; Boszormenyi-Nagy 1965; Wynne et al. 1958). Nach den Untersuchungen von Parsons und Bales (1955) entwickelt sich die Struktur der Kernfamilie entlang zweier Achsen: einerseits entlang der Achse der Macht, andererseits entlang der Achse der instrumentalen versus expressiven Funktion. Somit lassen sich die wesentlichen familiären Organisationsprozesse zum einen als Ausbildung einer → *Hierarchie* verstehen, zum anderen als Zuweisung einer »expressiven« oder »instrumentalen« Rolle. Innerhalb einer solchen – für das Amerika der fünfziger Jahre charakteristischen – Rollenverteilung kam dem Vater im allgemeinen die arbeits- und zielgerichtete, der Mutter die integrative, sozialemotionale Rolle bzw. Aufgabe zu. An dieser Normvorstellung orientierten sich auch die ersten Familientherapeuten. Sie ließen vor allem Störungen der Hierarchiebildung, wie sie bei der Rollenumkehr im Sinne einer → *Parentifikation* vorliegen, ins Blickfeld treten, denen nunmehr ein hohes Maß an Pathogenität zugeschrieben wurde. Dieser normative Rahmen zeigt sich heute allerdings zum Teil als kultur- und zeitspezifisch. Daß es innerhalb sozialer Organisationen Rollen gibt und geben muß, ist nicht zu bestreiten. Deren *inhaltliche* Definition läßt sich jedoch kaum normativ festschreiben. Aus heutiger Sicht erscheint es daher eher so, daß pathogene Wirkungen überall dort erzielt werden, wo inhaltliche Rollendefinitionen angesichts fälliger Entwicklungen und Wandlungen erstarren. Die Rolle der Mutter und die des Kindes sowie deren beider Beziehung ändern sich dementsprechend in wechselseitiger Abhängigkeit im Verlauf der familiären → *Ko-Evolution* und → *-Individuation.* Das ändert jedoch nichts daran, daß die Mutter ihre Mutterrolle, das Kind seine Kinderrolle – trotz und wegen der sich wandelnden Inhalte – behält. Demgemäß dürfen auch alle jene familientherapeutischen Konzepte, die bestimmte Rollen inhaltlich definieren, lediglich zeit- und kulturspezifische Gültigkeit beanspruchen.

Innerhalb der Familientheorie wurde das sozialpsychologische Rollenkonzept vor allem von Horst-Eberhard Richter (1963) unter Benutzung psychoanalytischer Vorstellungen erweitert: »Als kindliche Rolle sei... das strukturierte Gesamt der unbewußten elterlichen Erwartungsphantasien gemeint, insofern sie dem Kind die Erfüllung einer bestimmten Funktion zuweisen ... Die Rolle des Kindes bestimmt sich also aus der Bedeutung, die ihm im Rahmen des elterlichen Versuches zufällt, ihren eigenen Konflikt zu bewältigen« (S. 73). Der Schwerpunkt des Interesses liegt also bei der Funktion des Kindes für die Eltern als Paar wie auch als Einzelpersonen *(→ Triangulation, → Konfliktumleitung).*

In Familien, in denen das Kind »als Substitut für einen anderen Partner« dient, erfolgt nach Ansicht von Richter eine Generationsumkehr *(→ Parentifikation).* Dabei übertragen die Eltern Impulse, die sie ursprünglich ihren eigenen Eltern zugewandt haben, auf das Kind. In Fällen, in denen ein Partner fehlt oder die Beziehung sehr gestört ist, kann ein Kind als »Gattensubstitut« fungieren. In der Mutter/Sohn-Beziehung kann es dabei zur Überfürsorglichkeit (overprotection) oder aber auch zu einer werbenden Gefügigkeit der Mutter kommen, in ähnlicher Weise wie in der Vater/Tochter-Beziehung, die stark inzestuös geprägt sein kann.

Dient das Kind »als Substitut für einen Aspekt des eigenen (elterlichen) Selbst«, so kann es aufgrund seiner besonderen Befähigung als »Abbild der Eltern« dienen und dabei Substitut sowohl des »idealen Selbst« als auch der »negativen Identität« der Eltern sein. Im ersteren Fall suchen die Eltern nach dem, was sie selbst immer sein wollten: Das Kind personifiziert ihre Hoffnung auf Nacherfüllung des eigenen Strebens und muß helfen, das niedrige elterliche → *Selbstwert*gefühl auszugleichen. Im zweiten Falle werden die negativen Aspekte des eigenen Selbst mittels einer → *projektiven Identifikation* auf das Kind übertragen. Auf diese Weise gelingt den Eltern in Identifizierung mit ihrem Kind die schuldfreie Ersatzbefriedigung eigener, verpönter Impulse *(→ Sündenbock).*

Des weiteren kann dem Kind die Rolle des umworbenen und umstrittenen »Bundesgenossen« *(→ Koalition)* zugewiesen werden. Von zwei Seiten gerät es dabei in einen Sog der Ansprüche, deren schädliche Aspekte sich addieren. Die Eltern agieren mit dem Kind gegeneinander sowie gegeneinander um das Kind und setzen damit das gesamte Familiengefüge charakteristischen Belastungen aus *(→ starre Triade).*

Das skizzierte Richtersche Rollenkonzept verweist sowohl auf eine

→ *Mehrgenerationenperspektive* als auch auf komplizierte Mechanismen der → *Delegation.* Allerdings steht darin die kindliche Rolle in einer Weise im Mittelpunkt des Interesses, die wesentliche Aspekte zirkulärer Kausalität (→ *Zirkularität)* nicht erfaßt bzw. nicht thematisiert. Diese müßten, will man beim Rollenbegriff bleiben, der Dynamik der Rollenkomplementarität bzw. -reziprozität gerecht werden und diese zu einer jeweils individuellen Bedürfniskomplementarität (Boszormenyi-Nagy 1965) in Beziehung setzen.

Die familientherapeutische Forschung hat sich in den letzten Jahren weitgehend von normativen Vorstellungen familiärer Rollen gelöst. Auch der in den sechziger und siebziger Jahren eher kritisch diskutierte familiäre Rollenbegriff spielt heute nur noch eine randständige Rolle in der Familientherapie. Heute wird der Rollenbegriff vorwiegend im Zusammenhang mit Geschlechtsrolle und im ethnischen oder (sub-)kulturellen Kontext (z.B. Rolle als als Immigrant oder als homosexueller Mann) verwendet.

Literatur: Ackerman (1951); Boszormenyi-Nagy (1965a, b); Frank, Anderson u. Rubinstein (1980); Lidz, Cornelison, Fleck u. Terry (1957a, b); Lidz u. Fleck (1965); Linton (1945, 1968); Merton (1949); Parsons (1942, 1951); Parsons u. Bales (1955); Parsons, Bales, Olds, Zelditch u. Slater (1955); Parsons u. Fox (1953); Richter (1963, 1970); Selman (1971); Spiegel (1957, 1968); Stierlin (1976b); Wynne, Ryckoff, Day u. Hirsch (1958); Zelditch (1955); Zuk u. Rubinstein (1965).

Salutogenese
(salutogenesis)

Theoretischer Ansatz zur Erklärung gesundheitserhaltender Faktoren, der – im Gegensatz zur Pathogenese – von einer empirisch begründeten – → *Ressource*norientierung ausgeht. Im Zentrum des salutogenetischen Modells steht – seinem Begründer Aaron Antonovsky zufolge – der »sense of coherence« (Kohärenzgefühl).

Mit dem im Deutschen nicht ganz treffend als Kohärenzgefühl übersetzten sense of coherence (SOC) meint Antonovsky ein beständiges und situationsunabhängiges Gefühl des Vertrauens, das sich aus drei Komponenten zusammensetzt: (1) Verstehbarkeit (comprehensibility) der eigenen internen und externen Umwelt. Damit ist die Vorstellung gemeint, daß Inhalte, Prozesse und Strukturen voraussagbar und gewissen Gesetzmäßigkeiten folgen, wobei deren Wertung (gut/schlecht) keine Rolle spielt; (2) Handhabbarkeit (manageability) der Ereignisse. Darunter wird die Gewißheit verstanden, Zugang zu den eigenen Ressourcen und denen der Umwelt zu haben und damit anstehende Herausforderungen lösen zu können; (3) Sinnhaftigkeit (meaningfulness). Diese besteht darin, diese Herausforderungen in einen größeren Zusammenhang stellen zu können, der die Anstrengung lohnt.

Antonovsky war 1970 auf das Salutogenesekonzept im Rahmen einer empirischen Arbeit gestoßen, als er die Adaptation von Frauen verschiedener ethnischer Gruppen in Israel an das Klimakterium untersuchte. Eine der untersuchten Gruppen bestand aus Frauen, die zwischen 1914 und 1923 in Mitteleuropa geboren waren und die 1939 zwischen 15 und 25 Jahre alt waren. Durch eine eher zufällige Datenanalyse wurden Überlebende von Konzentrationslagern mit anderen Frauen verglichen. Es stellte sich heraus, daß 29 Prozent der KZ-Überlebenden (gegenüber 51 Prozent der Kontrollgruppe) über eine gute emotionale (und meist auch körperliche) Gesundheit verfügten. Diese zunächst nicht erwartbare Tatsache, daß es möglich ist, auch nach den Lagererfahrungen emotional stabil zu sein, regte Antonovskys Analysen zum salutogenetischen Modell an, das er 1979 in dem Buch »Health, Stress and Coping« veröffentlichte. Er ging zunächst von einem Konzept der »generalisierten Widerstandsressourcen« aus, mit dem verschiedene Möglichkeiten der Streßverarbeitung gemeint sind (von Geld über Ich-Stärke bis zu kultureller Stabilität). Das allen generalisierten Widerstandsressourcen Gemeinsame ist, daß sie es erleichtern, den zahlreichen Stressoren einen → *Sinn* zu geben. Das Salutogenese-Modell widerspricht einfachen Streß-Modellen, die emotionale Belastung in erster Linie aus dem Ausmaß der Stressoren erklären.

Das Modell ist in mehrfacher Hinsicht direkt an systemtheoretische Überlegungen anschlußfähig. Auf der kognitiven Ebene läßt es sich auch als eine Variante der Komplexitätsreduktion unter hochbelastenden Bedingungen sehen. Äußere Stressoren können – solange der körperliche Organismus nicht zerstört wird – die Stabilität des operational geschlossenen psychischen Systems nicht direkt beeinträchtigen. Sie können lediglich indirekt wirksam werden, indem sie eigengesetzliche Prozesse des psychischen Systems anstoßen. Auf der epistemologischen Ebene weist der sense of coherence, der als psychologische Ressource verstanden wird, formale Ähnlichkeit mit dem logischen Begriff der → *operationalen Geschlossenheit* auf.

Literatur: Antonovsky (1979, 1997).

Scheidungstherapie
(divorce therapy)

Der Prozeß, der zur emotionalen wie gesetzlichen Scheidung eines Ehepaars führt, bedeutet für jedes einzelne Familienmitglied eine krisenhafte Belastung. Bei deren Bewältigung versucht die Scheidungstherapie zu helfen. Ausgehend vom Studium der »normalen« Phasen eines Scheidungsablaufs, erstrebt sie vor allem mit Blick auf das Wohl der Kinder eine für alle Beteiligten annehmbare, faire und funktionelle Lösung der mit der Scheidung verbundenen Probleme.

Diese Probleme entsprechen großenteils denen, die wir allgemein bei Trennungsprozessen beobachten. Deren Dynamik und Anfälligkeit für dysfunktionale Entwicklungen haben deshalb große Ähnlichkeit mit denen der → *Individuation* wie auch des → *Trauerns.* Die Phasen, innerhalb derer sich die Trennung und Scheidung von Partnern vollziehen, wurden von einzelnen Autoren unterschiedlich beschrieben (vgl. Bohannan 1973; Kessler 1975) und lassen sich etwa wie folgt zusammenfassen: Am Anfang steht eine Phase der Desillusionierung, der zunehmenden Unzufriedenheit und Unbefriedigtheit. Die Aufmerksamkeit richtet sich mehr auf die negativen Aspekte der Beziehung, man wird in bezug auf den Partner überkritisch. Wenn es zu diesem Zeitpunkt gelingt, über die Enttäuschungen miteinander zu reden und die Verantwortung dafür, daß sich etwas verändert, gemeinsam zu tragen, ist eine positive Entwicklung der Beziehung möglich. Bei Nichtgelingen kann bereits jetzt eine → *Beziehungsstagnation* entstehen. Wird die Beziehung dann fortgeführt, so höhlt sie sich zunehmend aus. Dieser Zustand kann über Jahre anhalten, wobei vor allem eine vage Hoffnung, alles könne irgendwie doch wieder besser werden, den Status quo aufrechterhält: Die Angst vor Trennung und Alleinsein können stärkere Triebkräfte sein als die fehlende Zufriedenheit mit dem gegenwärtigen Zustand. Aber auch der Wunsch, den anderen nicht zu kränken oder zu enttäuschen, und die Rücksichtnahme auf das »Wohl der Kinder« können dazu führen, den Zustand der Beziehung zu verleugnen.

Auf diese Phase folgen in der Regel zunehmende Entfremdung und Gleichgültigkeit, schließlich die körperliche und räumliche Trennung der Partner. Jetzt ist keine Verleugnung mehr möglich, die Trennung muß emotional verarbeitet werden. Der hier skizzierte Verlauf entspricht weitgehend den von Elisabeth Kübler-Ross (1969) beschriebenen Stufen des Trauerns: Verleugnung, Ärger und Wut; der Versuch zu handeln und zu schachern, um doch noch irgend etwas an den Tatsachen zu ändern; Depression und schließlich Akzeptieren des Verlusts. Ist dieser Trauerprozeß abgeschlossen, so kann gewissermaßen eine zweite Adoleszenz erlebt und eine neue oder veränderte → *Identität* entwickelt werden.

Für die Kinder hat eine Scheidung vielfältige Folgen. Zum einen fehlt nun ein Elternteil, der als Identifikationsfigur, als Vorbild oder Partner zum Erlernen der Geschlechtsrollen dienen könnte. Er fehlt auch als Autorität, so daß familiäre → *Hierarchien* in Frage gestellt werden. Auch die Wahrung der → *Generationsgrenzen* zeigt sich gefährdet, weil ein Elternteil jetzt allein, d.h. ohne emotionale und/oder materielle Unterstützung durch den Partner, für die Erziehung de facto verantwortlich ist. Meist ergeben sich noch Veränderungen in der realen sozialen Situation der Kinder und der Restfamilie überhaupt (Minderung des Familieneinkommens und damit des

Lebensstandards, womöglich soziale Isolation in einem Umfeld, das Scheidungen mißbilligt). Kommt es zur Wiederverheiratung einer oder beider Ehepartner, dann sind die für → *Stieffamilien* charakteristischen Probleme zu erwarten. Trotz der genannten Folgen gibt es jedoch keine Hinweise darauf, daß eine Scheidung in jedem Falle negative Wirkungen auf die Kinder und ihre Entwicklung haben muß (vgl. den Literaturüberblick bei F. Kaslow 1981). Sie kann vielmehr durchaus positive Effekte haben, nämlich eine massive → *Bindung* und pathologische Dreieckssituation auflösen, in der das Kind eine zentrale Rolle zur Bewältigung der elterlichen Konflikte *(→ Triangulation, → starre Triade, → perverses Dreieck, → Sündenbock, → Konfliktumleitung)* zugewiesen bekam.

Die therapeutischen Erfahrungen mit den Problemen der Scheidung haben bislang nicht zu einer einhellig anerkannten Methode der Scheidungstherapie geführt. Wesentlich dürfte allerdings in jedem Falle sein, daß der Therapeut mit den skizzierten Stadien und den damit verbundenen emotionalen und familiären Problemen vertraut ist. Er sollte auch vermeiden, nur einen Partner allein zu »behandeln«, da andernfalls schnell eine neue Form der Triangulation entstehen könnte, er in eine → *Koalition* gezogen wird und Gefahr läuft, zum »Ersatzpartner« zu werden, der eine »schreckliche Ehe« unter Umständen zu ertragen hilft.

In Fällen, bei denen der eine Partner die Trennung will, der andere aber nicht, sollte sich der Therapeut hüten, ohne weiteres die Sichtweise nur des einen dieser beiden Partner zu übernehmen, denn hier liegt meist eine Rollenaufteilung bzw. → *Kollusion* vor, mit der die gemeinsame Bewältigung der beiderseitigen Ambivalenz gesucht wird *(→ Konfliktorganisation/Tetralemma).* Vor allem aber sollte der Therapeut den Eltern helfen, während und nach der Scheidung als faire Partner zum Wohle der Kinder zu kooperieren. Damit ersparen sie den Kindern Loyalitätskonflikte, die im übrigen letztlich auf die Eltern – etwa in Form massiven Schulddrucks, des Gefühls, als Eltern versagt zu haben – zurückfallen würden.

Haben beide Partner sich zur Trennung entschieden, ist zu einer → *Mediation* zu raten. Im Gegensatz zu einer konfliktorientierten Scheidungstherapie begrenzt sich eine Mediation auf die im Zusammenhang mit einer Scheidung auftretenden Sachfragen *(→ Paartherapie).*

Literatur: Abelsohn (1991); Bohannan (1973); Everett u. Volgy (1991); Framo (1978); Kaslow (1981a); Kessler (1975); Kübler-Ross (1969); Levinger u. Moles (Hrsg.) (1979); Rice u. Rice (1985); Sprenkle u. Storm (1983).

Schismogenese (schismogenesis)

(von griech. schisma = Spaltung; genesis = Entstehung)

Ein von Gregory Bateson 1935 in die Ethnologie eingeführtes Kategoriensystem, mit dessen Hilfe unterschiedliche, jedoch regelhafte Differenzierungen in und zwischen sozialen Gruppen beschrieben werden.

Nach Bateson sind die »Möglichkeiten der Differenzierung von Gruppen keineswegs unermeßlich, sondern fallen deutlich in zwei Kategorien, nämlich (a) Fälle, in denen die Beziehung vor allem *symmetrisch* ist, z.B. in der Differenzierung von Clans, Dörfern und von Nationen Europas; und (b) Fälle, in denen die Beziehung → *komplementär* ist, z.B. in der Differenzierung sozialer Schichten, Klassen, Kasten, Altersstufen und, in einigen Fällen, in der kulturellen Differenzierung zwischen den Geschlechtern. Diese beiden Typen der Differenzierung enthalten dynamische Elemente, dergestalt, daß die Differenzierung oder Spaltung zwischen den Gruppen zunehmend entweder bis zum Zusammenbruch oder bis zu einem neuen Gleichgewicht fortschreitet, wenn gewisse einschränkende Faktoren wegfallen« (Bateson 1935, S. 107). Die Familientheorie und -therapie übernahm in der Folge dieses Kategoriensystem, um klinisch wichtige familiäre Beziehungsmuster zu charakterisieren. In einer → *komplementären* Beziehung etwa ergänzen sich unterwürfiges und dominantes Verhalten der verschiedenen Partner *(→ Kollusion)*, in einer symmetrischen dagegen schaukeln sich, ähnlich wie beim Wettrüsten, die beidseitigen Verhaltensweisen und Einsätze hoch. Auch aus familientherapeutischer Sicht bestätigt sich Batesons Annahme, daß, fallen bestimmte einschränkende Faktoren weg, sowohl Komplementarität als auch Symmetrie im Sinne einer Schismogenese zur Spaltung bzw. zum Zusammenbruch des Systems führen.

Bateson war in seiner ersten Ausformulierung 1935 davon überzeugt, daß Schismogenese, ob symmetrisch oder komplementär, letztlich zu Feindseligkeit und zum Zusammenbruch des ganzen Systems führen müßte. Er führte daher ein dritte Kategorie von Beziehungen, nämlich reziproke, ein: »In jedem einzelnen Moment ist das Verhalten asymmetrisch, aber Symmetrie kann über viele solcher Momente hinweg erreicht werden. ... Das reziproke Muster ... wird in sich selbst kompensiert und ausgeglichen und tendiert daher nicht zur Schismogenese.« In einer späteren Auflage von 1958 bezeichnet Bateson seine frühere Idee, wonach ein Systemgleichgewicht durch die Balance von eher zufällig interagierenden symmetrischen und komplementären Prozessen zustande kommt, als ungenügend. Nachdem er mittlerweile die Theorie der Kybernetik und der Rückkoppelung kennengelernt und die Konzepte selbstkorrigierender Kreisläufe und zirkulärer Kausalität *(→ Zirkularität)* selbst angewandt hatte, reanalysierte er seine früheren Felddaten aus Neu-Guinea und kam zu dem Schluß, daß ein Übermaß symmetrischer Rivalität zu komplementären Ritualen führen konnte, und umgekehrt. Er folgerte, daß diese Oszillation zwischen symmetrischen und komplementären Prozessen der Schutz vor sozialer Desintegration war.

Literatur: Bateson, G. (1935, 1936).

»schizophrenogene Mutter« (»schizophrenogenic mother«)

Eine Mutter, die nicht in der Lage ist, zwischen ihrem Selbst und dem ihres Kindes eine klare Grenze zu ziehen und zwischen ihren eigenen Bedürfnissen und Gefühlen und denen des Kindes zu unterscheiden. Das Konzept der »schizophrenogenen Mutter« stammt aus der Anfangszeit familientherapeutischen Denkens und ist stark an lineal-kausale Vorstellungen *(→ Linearität/Linealität/geradlinige Kausalität)* gebunden, die heute kritisch in Frage gestellt werden müssen.

Der Begriff wurde von Frieda Fromm-Reichmann (1948) geprägt. Sie beschreibt entsprechend ihrer psychoanalytischen Therapieerfahrung bestimmte Aspekte der dyadischen Mutter-Kind-Beziehung, die verhindern, daß es zu einer integrierten Persönlichkeitsentwicklung des Kindes kommt. Mütter, die außerordentlich tief in das Leben ihres Kindes eindringen und eingreifen, sich seinen Bedürfnissen und Gefühlen als Individuum verschließen, es überfürsorglich behüten, ununterbrochen kontrollieren und überwachen, verhindern seine eigenständige und integrierte → *Identität*entwicklung. Solche Mütter fühlen sich als Frauen unerfüllt und unvollständig und geben ihrem Kind zu verstehen, daß ihr Leben ohne es sinnlos wäre. Dementsprechend erwächst im Kind das Gefühl, es sei seine Pflicht, Lebensinhalt der Mutter zu sein. Sich von ihr zu trennen hieße, sie zu töten, aber ebenso, selbst zugrunde zu gehen. Der frühkindliche Glaube an die eigene Allmacht setzt sich so bis in die Jahre der Adoleszenz fort. Beim Versuch, sich zu lösen, kommt es zur psychotischen Dekompensation. Der Prozeß der → *Individuation* ist gestört, da sich die Mutter-Kind-Beziehung nicht den Anforderungen des individuellen und → *familiären Lebenszyklus* entsprechend entwickelt und verändert.

Der Begriff der »schizophrenogenen Mutter« war für die Entwicklung der Familientherapie gleichermaßen positiv wie negativ. Einerseits richtete er den Aufmerksamkeitsfokus auf reale Interaktionen. Nicht nur die persönlichen Formen der Konfliktverarbeitung des Patienten wurden als pathologisch gekennzeichnet, sondern Beziehungsformen. Damit war der Schritt über die Grenzen einer individuumzentrierten Psychologie hinaus getan. Andererseits jedoch verführte das lineal-kausale Denken, dem die frühen Arbeiten der Familientheorie verpflichtet waren, dazu, der Mutter die Schuld an der Psychose des Kindes zuzuschreiben. Aspekte der zirkulären Kausalität *(→ Zirkularität)* waren noch nicht im Blickfeld. Die Frage, inwieweit das Kind selbst als Säugling schon aktiver Interaktionspartner ist, stellte sich ebensowenig wie die Frage nach der → *Mehrgenerationenperspektive.* Die ausschließliche Betrachtung der Mutter-Kind-Beziehung wies dem Vater innerhalb des Familiensystems nur eine Randposition zu. Er wurde als »zu schwach« gesehen, um eine korrigierende Wirkung in bezug auf das Verhalten der in ihrer → *Selbst-Objekt-Differenzierung* massiv gestörten Mutter ausüben und dem Kind bei der Errichtung interpersoneller → *Grenzen* helfen zu können. Noch nicht erkannt wurde dabei, daß eine derart enge Mutter-Kind-Beziehung durchaus ihre Funktion innerhalb des elterlichen Subsystems hat *(→ Triangulation).*

Was in dem Konzept zum erstenmal gesehen wurde, ist die Tatsache, daß die Entwicklung affektiver und kognitiver Strukturen des Kindes in starkem Maße von seinen Interaktionsbedingungen abhängt. Auch wenn das Kind aktiv die Realität des elterlichen Lebens mitbestimmt, so ist die → *Macht* der Eltern gegenüber dem Kind doch erheblich größer, da seine → *Autonomie* schon rein physiologisch bedingt zunächst sehr gering ist. Die Eltern haben es insofern in der Hand, die → *Beziehungsrealität* des Kindes weitgehend zu bestimmen.

Fatale Wirkungen hat das Konzept der »schizophrenogenen Mutter« auf therapeutischer Ebene gehabt. Verfangen in einem geradlinig-kausalen Denken, kehrte man lediglich die Zuschreibung von Ursache und Wirkung um: Nicht wie bisher das Kind, sondern die Mutter wurde nun zum pathogenen (ursächlichen) Faktor. Sie wurde als die Schuldige und als die Böse gesehen, die Trennung von ihr als Ziel jeglicher Therapie bewußt oder unbewußt angestrebt. Vor allem in naiv sozialpsychiatrischen und antipsychiatrischen Aktivitäten schlug sich diese schrecklich vereinfachende Sichtweise nieder. Die Parteinahme für die scheinbar »offensichtlichen« Interessen des Patienten führte zur Verteufelung der Eltern. Jede Therapie, die von einer solchen Einstellung ausging und -geht, mußte und muß erfolglos bleiben, da sie der Ambivalenz familiärer Beziehungen nicht gerecht wird. Ein erwachsener Patient mit einer schizophrenen Symptomatik ist eben nicht nur »Opfer« einer ihn schizophren machenden Mutter (schon gar nicht einer »bösen«), sondern auch »Täter«. Auch er trifft die Entscheidung, sich nicht von zu Hause zu lösen *(→ Ablösung im Jugendalter),* und ist aktiv im familiären → *Spiel.* Aussicht auf Erfolg hat deswegen nur ein Therapeut, der seine → *Allparteilichkeit* oder aber → *Neutralität* gegenüber allen Familienmitgliedern zu bewahren vermag.

Literatur: Alanen (1958); Beavers, Blumberg, Timken u. Weiner (1970); Cheek (1969); Fromm-Reichmann (1940, 1948); Mark (1953); Searles (1958); Stierlin (1959); Tietze (1949); Weakland u. Fry (1968).

Schlußintervention
(final intervention)

Unter Schlußintervention wird eine Intervention verstanden, die gegen Ende der Sitzung erfolgt und auf deren Reaktion in der Sitzung nicht mehr eingegangen wird.

Meist wird die Schlußintervention nach einer Pause gesetzt, während der der Therapeut oder das Therapeutenteam den Raum verläßt. Die Pause dient diesen dazu, Abstand von der therapeutischen Involvierung zu gewinnen und, diesen Abstand nützend, die Schlußintervention vorzubereiten. Zusätzlich hat sie einen dramaturgischen Effekt: Durch die Inszenierung der Pause (Warten und Ungewißheit bei der Familie) bekommt die Schlußintervention einen besonderen Stellenwert.

Inhaltlich können Schlußinterventionen inhaltliche Zusammenfassungen, kommentierende Neubewertungen oder Aufgaben enthalten, die der Familie mitgegeben werden. Sie sollen zugleich anschlußfähig und verstörend sein und damit eine Mischung von Bestätigung und Verstörung realisieren. Dementsprechend müssen sie sowohl an die Sichtweisen und an die Sprache der Familie anknüpfen als auch genügend Überraschung bieten. Um ihre Wirksamkeit nicht abzuschwächen, werden die Schlußinterventionen nicht weiter diskutiert.

Der Vorteil der Schlußintervention liegt darin, daß sie die Inhalte der vorangegangenen Sitzung bündelt und auf einen relevanten Punkt bringt, der »einen Unterschied macht«. Umstritten ist der »Verkündigungs«-Charakter der Schlußintervention, der von manchen Therapeuten als autoritär kritisiert wird.

Literatur: Boscolo, Cecchin, Hoffman u. Penn (1988); Selvini (1992).

Selbst-Objekt-Differenzierung
(self/object differentiation)

Ein überwiegend von psychoanalytischen Autoren entwickeltes und benutztes Konzept, dem zufolge jeder heranwachsende Mensch ein sowohl differenziertes als auch von allen anderen Personen unabhängiges und getrenntes Selbst entwickeln muß. Dabei ist unter »Selbst« die Menge aller die eigene Person betreffenden Vorstellungen zu verstehen, die im Laufe der individuellen Entwicklung gebildet und jeweils (mehr oder weniger) zu einem funktionalen Ganzen integriert werden *(→ Identität/Selbst-Definition)*.

Das Konzept setzt voraus, daß ein neugeborenes Kind in einem familienweiten, aber vorwiegend von der Mutter bestimmten Interaktionsprozeß zunächst aus der Menge aller Wahrnehmungen heraus eine Trennung zwischen dem zur eigenen und dem zur anderen Person Gehörigen zu vollziehen hat. Dieser Prozeß der → *Interpunktion* von Wahrnehmungen und der Bildung von Konzepten kann eine verschieden hohe Differenzierung aufweisen. Eine mangelnde Differenzierung zeigt sich sowohl in einer Verschmelzung zwischen Selbst und Objekt als auch in einem beziehungslosen Nebeneinander von beiden. Der Prozeß einer fortschreitenden Subjekt-Objekt-Differenzierung verbindet sich also mit dem einer fortschreitenden *bezogenen → Individuation.* Im Rahmen dieses Prozesses bestimmen familienspezifische Regeln, welche Definition des Selbst jeweils ausgehandelt wird bzw. wo der Bereich und die Macht des eigenen Selbst beginnen und enden. Dementsprechend machen verschiedenste familientherapeutische Konzepte Aussagen über die in einer Familie jeweils zugelassene, gebotene oder verbotene Selbst-Objekt-Differenzierung *(→ zentripetale/zentrifugale Kräfte, → Verstrickung, → Loslösung, → undifferenzierte Familien-Ich-Masse, → intersubjektive Fusion, → Pseudo-Gegenseitigkeit/Pseudo-Gemeinschaft/Pseudo-Feindschaft).*

Die Frage, wie sich Selbst und Objekt im Laufe der individuellen und familiären Entwicklung jeweils differenzieren, verbindet Familientherapie, Psychoanalyse und Kognitionspsychologie. Psychoanalytische Autoren beschäftigen sich mit dieser Frage vor allem im Rahmen der → *Ich-Psychologie,* der Psychologie des Selbst und in verschiedenen Narzißmus-Theorien. Allerdings laufen diese theoretischen Ansätze immer wieder Gefahr, das jeweilige Ich bzw. Selbst unabhängig von den Beziehungen zu betrachten, in denen Ich und Selbst sich entwickeln und erhalten. Damit werden zwangsläufig lineale und individuumzentrierte Kausalabläufe *(→ Linearität/Linealität/geradlinige Kausalität)* konstruiert. Vor allem entwicklungspsychologische Untersuchungen verschiedener psychoanalytisch orientierter Autoren verdeutlichten die Wechselbeziehungen zwischen der Mutter-Kind-Interaktion und der kindlichen Selbst-Objekt-Differenzierung, so zum Beispiel die Untersuchungen von René Spitz (1954, 1957, 1965, 1969, 1976), Margaret Mahler (1968; Mahler et al. 1975), D. W. Winnicott (1965), Fivaz und Mitarbeitern (Fivaz et al. 1982), Daniel Stern (1992, 1995) und M. Papousek (1994). Sie trugen in unterschiedlichem Maße den hier wesentlichen zirkulären Abläufen Rechnung. Auch die überwiegend von Jean Piaget (1970) durchgeführten Untersuchungen der kognitiven Entwicklung des Kindes legen nahe, daß die Entwicklung von dessen Selbstbild sich weitgehend durch familiäre Interaktionen bestimmt. In neuerer Zeit versucht Luc Ciompi (1982, 1997) die Integration sowohl eines psychoanalytisch-objektbeziehungs- als auch eines kognitivistischen Ansatzes *(→ Affektlogik).*

Auf die Arbeiten Piagets bezieht sich R. Kegan (1979), der die Stufen der Selbst-Objekt-Differenzierung analog zu den von Piaget beschriebenen Stufen der kognitiven Entwicklung sieht.

Die Selbst-Objekt-Differenzierung kann als ein Aspekt der sozialen Kognition betrachtet werden. Nach R. Selman (1980) entwickelt sie sich stufenweise: Einer ersten Phase, in der das Objekt aus einer egozentrischen Perspektive gesehen wird, folgt die zweite Stufe der Entwicklung, in der die Identifikation mit dem Objekt möglich wird. Die Fähigkeit, aus der Perspektive des Gegenübers auf sich selbst zu schauen, wird erworben. Erst in der dritten Phase kann aus der Position des neutralen außenstehenden Beobachters auf die Beziehung zwischen Selbst und Objekt geblickt werden.

Ein wesentlicher Aspekt des therapeutischen Prozesses in der Familientherapie dürfte die systematische Konfrontation mit der jeweiligen Perspektive des anderen sein, wodurch sich Möglichkeiten erweiterter Selbst-Objekt-Differenzierung eröffnen.

Am weitesten geht dabei die → *systemische Therapie*, die durch die Methode des → *zirkulären Fragens* generell die Ebene der Außenperspektive einzuholen sucht.

Literatur: Anonymous (1972); Arieti (1967); Bowen (1960a, b, 1971/72); Ciompi (1982, 1997); Fivaz, Fivaz u. Kaufmann (1982); Fogarty (1976); Grunberger (1976); Guntrip (1968); Hartmann (1964); Jacobson (1954); Kagan u. Moss (1962); Karpel (1976); Kegan (1979); Kernberg (1976); Kohut (1971, 1979); Mahler (1968); Mahler, Pine u. Bergmann (1975); Nichols (1987); Papousek (1997); Piaget (1970); Schwartz (1997); Selman (1980); Simon (1984); Spitz (1954, 1957, 1965, 1969, 1976); Stern (1992, 1995); Stierlin (1974b); Sullivan (1940, 1953); Winnicott (1951, 1965).

Selbstorganisation
(self organization)

Fähigkeit von Systemen, unter veränderten Umweltbedingungen ihre Strukturen – zumeist unter Erreichung höherer Komplexität – zu verändern und dadurch zu überleben. Solche Strukturveränderungen vermögen einerseits → *Stabilität* aufrechtzuerhalten, andererseits den Anstoß zur Entwicklung komplexerer Organisationsformen im Sinne einer → *Ko-Evolution* zu geben. Selbstorganisation dient meist als Oberbegriff zu Begriffen wie selbstreparierendes System, lernendes System, selbstreproduzierendes System usw. Das Modell der Selbstorganisation findet Anwendung im Bereich lebender und nicht-lebender Systeme *(→ Chaostheorie/Komplexitätstheorie).* Im Bereich lebender oder Leben voraussetzender Systeme (Organismus, Psyche, soziale Systeme) findet eine charakteristische Form der Selbstorganisation statt, die als → *Autopoiese* bezeichnet wird. In diesem Prozeß vermag ein lebendes System die Elemente, aus denen es besteht, selbst mit Hilfe der Elemente, aus denen es besteht, zu erschaffen.

Bezieht man den Begriff Selbstorganisation unter Ausblendung der Umwelt nur auf das jeweilige System, so reduziert er sich auf die Beschreibung von Gleichgewichtsprozessen. In einer statischen Umgebung erhalten → *Regelkreis*strukturen bestimmte Parameter aufrecht; Störungen gleichen sich aus *(→ Homöostase);* → *Wandel* ist nicht erforderlich. Die einmal gebildeten inneren Strukturen funktionieren und sichern Anpassung und Überleben des Systems innerhalb eines geschlossenen, d.h. System und Umwelt umfassenden → *Ökosystems.* Da keine neuen Informationen und Veränderungsanforderungen hinzutreten, bleiben die Strukturen eines solchen Systems statisch.

Selbstorganisationsprozesse, die den obigen Kriterien genügen, finden wir bereits in der unbelebten Natur. In der Physik etwa spricht Hermann Haken von → *Synergetik*, d.h. »einer Wissenschaft vom geordneten, selbstorganisierten, kollektiven Verhalten ..., wobei dieses Verhalten allgemeinen Gesetzen unterliegt« (Haken 1981, S. 21). Betrachtet man selbstorganisierende Systeme in der Beziehung zu ihrer Umwelt, so können Umweltveränderungen zu Entwicklungsprozessen Anlaß geben, wenn Störungen nur durch interne Veränderungen ausgeglichen werden können *(→ Morphogenese/Morphostase).* Sollen interne Strukturen dynamisch, d.h. durch interne Prozesse, hergestellt und aufrechterhalten werden, bedarf es des Energieaustausches. Der Chemiker Ilya Prigogine betonte besonders die Bedeutung sogenannter »dissipativer Strukturen«, d.h. energieverbrauchender Strukturen, in denen sich eine »Ordnung durch Fluktuation« gestaltet und verdeutlicht. Mit diesem Begriff beschreibt Prigogine Merkmale bestimmter Systemzustände, die zu neuen und gegenüber der Umwelt relativ autonomen Strukturen Anlaß geben (Prigogine 1976; Prigogine u. Stengers 1980; → *Fluktuation*).

Die Entstehung neuer Strukturen fern vom energetischen Gleichgewicht, die Prigogine mit seinen dissipativen Strukturen beschreibt, entspricht dem, was W. R. Ashby (1952) als Änderung oder → *Wandel/Veränderung* zweiter Ordnung bezeichnete. → *Morphogenese* und *Morphostase* entsprechen auf der Strukturebene solchen Änderungen zweiter und erster Ordnung. Ob Änderungen erster und zweiter Ordnung notwendig sind, hängt von der Entwicklungsgeschwindigkeit des gesamten, sich in einem Prozeß der → *Ko-Evolution* befindenden Ökosystems ab. Die Überlebensfähigkeit eines Systems, d.h. dessen Fähigkeit, sich als kohärente Einheit zu erhalten, bestimmt sich darin weitgehend danach, ob und wieweit es in der Lage ist, seine interne Organisation zu verändern. Systeme, die starr an ehemals erfolgreichen Mechanismen der Aufrechterhaltung des Gleichgewichts festhalten, werden dysfunktionell. Selbstorganisation erfordert also einen logisch höheren Typus von Gleichgewichtsverhalten, d.h. die Fähigkeit, ein Gleichgewicht zwischen Stabilität und Veränderung herzustellen.

Literatur: Ashby (1952); Dawies (1980); Dell (1982); Dell u. Goolishian (1981); Haken (1981); Jantsch (1979); Kauffmann (1995); Luhmann (1982);

Maruyama (1960); Maturana u. Varela (1975); Nicolis u. Prigogine (1977); Prigogine (1973, 1976); Prigogine u. Stengers (1980); Speer (1970); Varela, Maturana u. Uribe (1974); Wertheim (1973); Zeleny (Hrsg.) (1980, 1981).

Selbstreferenz/Selbstbezüglichkeit (self-reference)

Die Möglichkeit, mit Hilfe der Sprache wie auch anderer Zeichensysteme Aussagen zu machen, die sich auf die Aussage und/oder den Aussagenden beziehen und rückwirken. In einem allgemeineren Sinne alle Prozesse, die auf sich selbst zurückwirken.

Da menschliches Denken und Fühlen sowie jegliche zwischenmenschliche Kommunikation an die Verwendung von Zeichensystemen gebunden sind, gilt die Möglichkeit der Selbstreferenz auch für intrapsychische und interpersonelle Prozesse. Damit ergeben sich bestimmte nicht-lineale *(→ Linearität/Linealität)* Kausalitätsvorstellungen bzw. Abläufe: Bestimmte Wahrnehmungen, Erwartungen oder Verhaltenstheorien wirken auf den Betroffenen zurück. Sie haben Einfluß darauf, wie er sich verhält, ob die Erwartung sich erfüllt oder nicht erfüllt, die Theorie sich bestätigt oder nicht bestätigt. Das gilt etwa für Ödipus, dem sein Schicksal geweissagt wird, für den Analysanden, der sich analytische Theorien angelesen hat, oder für den Klassenkämpfer, der die Welt durch die marxistische Brille sieht. In all diesen Fällen kommt es zu retroagierenden – auf den Betroffenen rückwirkenden – Prozessen. Sie können bedingen, daß sich eine bestimmte Vorstellung, Befürchtung, Erwartung erfüllt (der Fall »self-fulfilling prophecy«) oder nicht erfüllt (der Fall »self-denying prophecy«). Beide Arten von Prozessen widersetzen sich einem herkömmlichen linealen Ursache-Wirkungs-Denken.

Im Bereich zwischenmenschlicher Kommunikation können sich Probleme ergeben, wenn durch die Selbstbezüglichkeit einer Aussage Paradoxien entstehen. Ein Beispiel liefert Epimenides, der Kreter, der gesagt hatte: »Alle Kreter lügen.« Mit der Selbstbezüglichkeit dieser Aussage verbindet sich eine Vermischung der *→ logischen Typen.* Probleme der Selbstreferenz ergeben sich auch dort, wo sich zwei Personen über ihre Beziehung einigen müssen. Der Versuch einer solchen »Beziehungsklärung« ist selbst Teil der Beziehung. Auch hier droht eine Vermischung der logischen Ebenen, wenn sich nicht beide Partner darüber einig sind, »ihre Beziehung von außen« zu betrachten bzw. betrachten zu lassen. Die nachstehende Zeichnung von M. C. Escher illustriert diesen Prozeß der Selbstbezüglichkeit: Innerhalb einer Paarbeziehung »zeichnet« gewissermaßen jeder ein Bild des anderen. Doch dieses Zeichnen ist selbst ein Teil des ganzen Bildes, das die Beziehung der beiden Hände zueinander darstellt. Erst die Außenperspek-

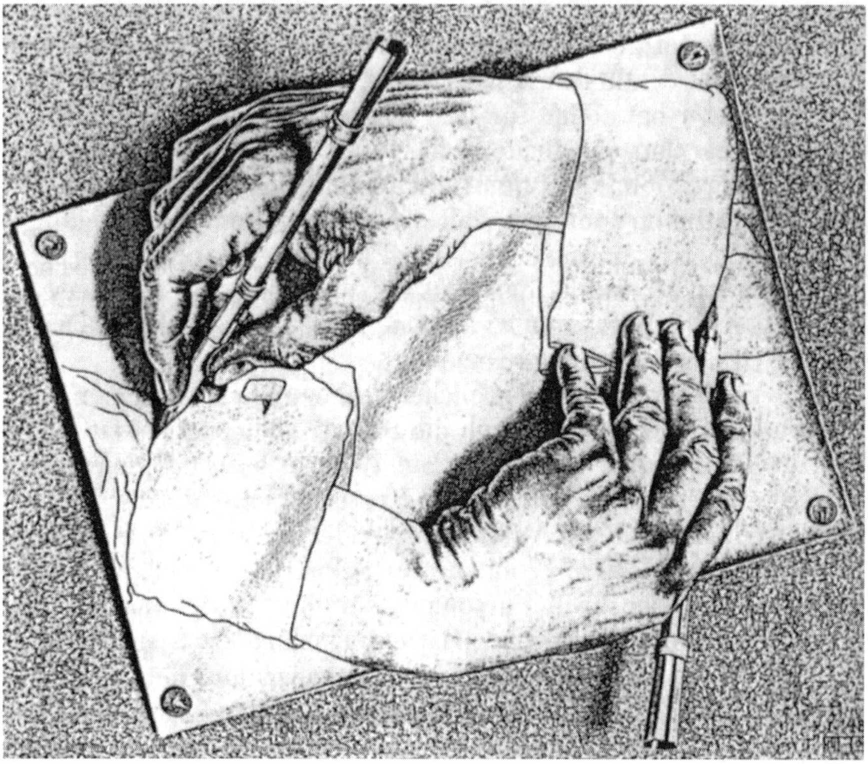

tive macht diesen Sachverhalt deutlich. Dies dürfte der Grund sein, warum häufig schon allein die Anwesenheit eines Dritten (sei es eines Kindes, eines Therapeuten, eines Liebhabers usw.) in Paarkonflikten eine entlastende Funktion haben kann. Der Therapeut als Dritter ist gewissermaßen Garant der Außenperspektive *(→ Paartherapie, → Definition der Beziehung).*

Prozesse und Strukturen, die auf sich selbst zurückwirken, können in einem allgemeineren Sinne als selbstreferent verstanden werden. Was für Zeichensysteme gilt, gilt auch für andere Systeme. Dies spielt bei Prozessen der Rückkoppelung *(→ Regelkreis/Rückkoppelung)* und *→ Autopoiese* eine Rolle.

Literatur: Bateson (1979); Cronen, Johnson u. Lannamann (1982); Hofstadter (1985); Luhmann (1984, 1988b); Maturana u. Varela (1975); Morin (1977, 1980, 1986, 1991); Varela (1975).

Selbstwert/Selbstwertgefühl (self-esteem)

Die Frage, wie und wieweit Individuen ein Gefühl des eigenen Wertes oder Unwertes entwickeln, verbindet individualpsychologische und familientherapeutische Ansätze. So betont die → *Ich-Psychologie,* daß jedes Individuum, um zu überleben, ein hinreichendes Gefühl des eigenen Wertes entwickeln und aufrechterhalten muß. Wie dies geschieht, hängt einerseits von intraindividuellen (psychoanalytisch als Aspekte des Ich-Ideals bzw. Überichs konzipierten) Bewertungsprozessen und Maßstäben, andererseits von interaktionellen und insbesondere familiären Prozessen des Aushandelns von Achtung ab. Letztere stehen im Zentrum familientheoretischen und -therapeutischen Interesses.

Vor allem Virginia Satir (1972) hat gezeigt, daß der Wert, den eine Person sich selbst zubilligt, in hohem Maße von dem Wert abhängt, den ihm die ihm nahestehenden Familienmitglieder tatsächlich zubilligen. Das Selbstwertgefühl reguliert sich somit durch die Mechanismen gegenseitiger Auf- und Abwertung. Die Maßstäbe für die Bemessung des eigenen Wertes oder Unwertes entwickeln sich in der Primärfamilie und werden später auf andere Beziehungskontexte übertragen. Die meisten Verhaltensweisen und Lebensstrategien werden verständlicher, geht man davon aus, daß jeder Mensch zum Überleben ein gewisses Maß an Selbstwertgefühl benötigt.

Gelingt es einer Person nicht, ein stabiles Selbstwertgefühl zu entwickeln, so ist zu fragen, welche innerfamiliären Beziehungs- und Kommunikationsmuster solche Selbstentwertung aufrechterhalten und wie sich diese beseitigen lassen. Jedoch ist nicht nur die Familie für das Selbstwertgefühl einer Person verantwortlich: Berufliche Bestätigung und soziale Anerkennung sind weitere wesentliche Faktoren der Selbstwertentwicklung und -aufrechterhaltung. Dabei hängt die → *Autonomie* eines Individuums davon ab, wieweit es auch ohne äußere Bestätigung ein Gefühl des eigenen Wertes aufrechtzuerhalten vermag.

Um das Selbstwertgefühl einzelner oder mehrerer Personen positiv zu beeinflussen, kann ein Therapeut in deren sozialen Interaktionen intervenieren. Damit einhergehend kann er das zugrundeliegende Modell *(→ Paradigma/innere Landkarte/Modell),* d.h. den Wertmaßstab, an dem eine Person sich mißt, verändern. Dieser Weg wird mit Interventionsformen wie der → *positiven Konnotation,* der → *Umdeutung* oder auch der → *Symptomverschreibung* eingeschlagen.

Literatur: Becker (1962); Laing (1960, 1961); Mead (1934); Nichols (1987); Satir (1964a, 1967a, 1972, 1988); Simon (1984); Stierlin (1974b, 1994a, b); Sullivan (1940, 1953).

Semantik
(semantics)

(Bedeutungsanalyse, von griech. sema = Zeichen)

Innerhalb der → *Semiotik* die Wissenschaft, die sich mit der Beziehung zwischen Zeichen und ihren Bedeutungen beschäftigt.

Die Semantik bildet eine der Grundlagen der unter familientherapeutischen Gesichtspunkten wichtigen → *Kommunikations*theorie. Sie untersucht nicht nur den Austausch sprachlicher, sondern auch nichtsprachlicher Zeichen. Im Mittelpunkt des Interesses steht die Beziehung zwischen Zeichen und Bedeutung *(→ Pragmatik, → Syntax, → Psycholinguistik).*

Für Familientherapeuten sind die Prozesse, die sich mit der Unterscheidung von Zeichen und Bezeichnetem verbinden, von zentraler Bedeutung. Eine Landkarte darf nicht mit der Landschaft verwechselt werden, die sie darstellt, und eine Speisekarte sollte besser nicht gegessen werden. Zeichen und Bezeichnetes weisen einen unterschiedlichen → *logischen Typus* auf. Die Verwechslung von Zeichen und Bezeichnetem kann Folge wie auch Wirkung von → *Kommunikationsabweichungen* sein, wie sie vor allem in Familien mit einem schizophrenen Mitglied beobachtet wurden *(→ Strukturalismus).*

Literatur: Carnap (1942); Eco (1968); Hayakawa (1939); Korzybski (1933); Morris (1938, 1946, 1975); Peirce (1903, 1931–1935a, b); Sapir (1949); Schaff (1964); Shands (1971); Ullmann (1951); Werner u. Kaplan (1963); Whorf (1942); Wygotski (1934).

Semiotik
(semiotics)

(Zeichentheorie, von griech. sema = Zeichen)

Wissenschaft, die sich mit den Zeichen (z.B. sprachlichen Zeichen) und ihrer Verwendung beschäftigt. Innerhalb der Semiotik lassen sich drei hauptsächliche Ansätze unterscheiden: Der syntaktische Ansatz betrachtet die Beziehung zwischen Zeichen und Zeichen (z.B. die Beziehung der Wörter einer Sprache zueinander, den Satzbau usw.; → *Syntax*). Der semantische Ansatz behandelt die Beziehung zwischen einem Zeichen und seiner Bedeutung (z.B. zwischen dem Namen einer Person und der Person selbst; → *Semantik*). Der pragmatische Ansatz betrachtet die Beziehung zwischen Zeichen sowie Sender und Empfänger dieser Zeichen *(→ Pragmatik).*

Innerhalb von Kommunikationsprozessen kann jeder Zustand, jedes Ereignis und jede Erscheinungsform eines Systems Zeichencharakter haben. Dieser ist jedoch keine objektive Eigenschaft, sondern hängt davon ab, ob jemand da ist, der das Ereignis oder den Zustand interpretiert, d.h. ihm eine Bedeutung zuschreibt. Verschiedene Arten von Zeichen besitzen eine unterschiedliche Bedeutungsbreite *(→ analoge/digitale Kommunikation).*

Die allgemeinen Regeln der Zeichenverwendung und -verarbeitung bilden die Grundlage der → *Kommunikations*theorie und → *Informations*theorie. Da das Funktionieren menschlicher Systeme an den Austausch von Zeichen und ihre Verarbeitung gebunden ist, hat die Semiotik auf die Entwicklung familientherapeutischer Theorien und Techniken einen großen, wenn auch meist indirekten Einfluß ausgeübt. Semiotische Erkenntnisse bilden teilweise die Grundlage der → *Kybernetik.* In nahezu allen psychologischen Theorien spielen Fragen der Symbolbildung und -verarbeitung eine entscheidende Rolle (in besonderem Maße in der Psychoanalyse). Da jedoch die Definition des »Symbols« und der »Symbolisierung« sehr verworren ist (vgl. Lorenzer 1970; Kreitler 1965), erscheint die Verwendung der ursprünglich aus der Linguistik stammenden Zeichenkonzepte ihrer eindeutigen Bestimmung wegen von Vorteil (vgl. Rosen 1969).

Literatur: Bense u. Walther (Hrsg.) (1973); Carnap (1942); Eco (1968); Hayakawa (1939); Klaus (1963); Korzybski (1933); Kreitler (1965); Lorenzer (1970, 1973); Morris (1938, 1946); Peirce (1903, 1931-1935 a, b); Rosen (1969); Shands (1970, 1971); Uexküll (1979, 1982).

Sexualtherapie
(sex therapy)

Problemorientierte, überwiegend paartherapeutische Verfahren zur Behandlung sexueller Störungen.

Obwohl in der psychoanalytischen Theorie der Sexualität eine zentrale Bedeutung zugeschrieben wird, hat sich keine psychoanalytische Sexualtherapie entwickelt. Die entscheidenden Vorarbeiten zur Entwicklung einer differenzierten Sexualtherapie wurden durch die Untersuchungen von William H. Masters und Virginia E. Johnson zur Physiologie der sexuellen Reaktion in den späten fünfziger und den sechziger Jahren geleistet. Sie faßten ihre Ergebnisse in dem Modell des sexuellen Reaktionszyklus (Human Sexual Response Cycle) zusammen, wonach sich vier physiologisch unterscheidbare Phasen beschreiben lassen: Erregung, Plateauphase, Orgasmus und Refraktärphase. Im Anschluß an diese Grundlagenforschungen entwikkelten Masters und Johnson in den sechziger Jahren ein Modell zur Behandlung sexueller Funktionsstörungen, für das sich der Begriff Sexualtherapie durchgesetzt hat. Ihr ursprüngliches Therapiesetting hatte drei Komponenten: (1) Paartherapie: Masters und Johnson hatten zwar kein elaboriertes paardynamisches Verständnis der sexuellen Störung, gingen aber davon aus, daß an einer sexuellen Störung auch der symptomfreie Partner Anteil hat, und sei es auch nur dadurch, daß die Störung ihn mitbetrifft. Außerdem ist für die praktische Durchführung der Therapie der Partner unerläßlich. (2) Teamtherapie: Das Patientenpaar wird von einem Therapeuten und einer Therapeutin behandelt. Masters und Johnson begründen das damit, daß jeder Partner einen Vertreter und Unterstützer des gleichen Geschlechts auf der Therapeutenseite haben sollte, und mit der Überlegung, daß eine Viererkonstellation unproblematischer sei als eine Dreierkonstellation (mit nur einem Therapeuten). (3) Intensivtherapie: Eher aus organisatorischen als aus inhaltlichen Gründen wurden die Paare in einer zwei Wochen dauernden Intensivtherapie mit täglichen Sitzungen behandelt. Später Untersuchungen haben gezeigt, daß die Therapieergebnisse sich nicht wesentlich unterscheiden, wenn die Behandlung nur von einem erfahrenen Therapeuten durchgeführt wird und wenn die Therapie über einen längeren Zeitraum mit größeren Zeitabständen stattfindet (Clement u. Schmidt 1983).

Die ätiologischen Überlegungen stellten neben kulturellen und religiösen Sexualtabus und Lerndefiziten vor allem sexuelle Versagensängste (performance anxiety) in den Mittelpunkt. Der Selbstverstärkungszirkel von sexuellem Versagen, der die Angst vor dem nächsten Versagen verstärkt, welche ihrerseits den sexuellen Mißerfolg (gemessen an der Durchführung eines befriedigenden Geschlechtsverkehrs) wahrscheinlicher macht, wurde als der zentrale aufrechterhaltende Mechanismus gesehen. Entsprechend konzipiert ist das Therapieprogramm, das eher pragmatisch als therapieschulisch begründet ist und lerntheoretische mit supportiven und humanistischen Überlegungen verbindet. Dem Paar wird die leitende Therapieidee erläutert: Zur Entschärfung der Versagensangst sprechen die Therapeuten zunächst ein Koitusverbot aus, wodurch das Paar von absehbar enttäuschenden Koitusversuchen entlastet werden soll. Das Koitusverbot ist nicht als → *paradoxe Intervention* gedacht, sondern als Maßnahme zur Angstreduktion. Dann werden in einem differenzierten Programm über mehrere Schritte sogenannte »Übungen« mitgegeben, die das Paar zu Hause ausprobieren soll und die von eher entspannungsbetonten zu stärker erregungsbetonten Aufgaben angelegt sind.

Sowohl das Setting als auch die theoretische Konzeption von Masters und Johnson sind später variiert und weiterentwickelt worden, in den USA vor allem von Helen S. Kaplan (1974) und (1979) und Joseph LoPiccolo (1978), in Deutschland von der Hamburger Gruppe um Gunther Schmidt (Arentewicz und Schmidt 1993). Insbesondere werden heute paardynamische Gesichtspunkte erheblich stärker mitberücksichtigt (Clement 1996), während der ursprüngliche Ansatz, der im wesentlichen eine Desensibilisierung sexueller Versagensangst anvisiert, eher in der Hintergrund tritt.

Die ungewöhnlich hohen Therapieerfolge von Masters und Johnson sind später nicht repliziert worden, was sich zum Teil daraus erklären läßt, daß ihre Therapieform im kulturellen Kontext des prüden nordamerikanischen Mittelwestens schon allein dadurch hocheffektiv ist, daß die Therapie durch ihre gewährende sexualfreundliche Botschaft »einfache« Gewissensängste und Hemmungen wirksam entlasten kann. Für die Paardynamik sexuell erfahrener und liberaler Großstadtpaare gibt das »permission giving« der Therapeuten keine erfolgversprechende Interventionlinie her.

Aus sozial-konstruktionistischer *(→ Konstruktivismus/sozialer Konstruktionismus)* und feministischer Sicht ist später auch die Grundlage des Masters-Johnson-Konzepts, der Human Sexual Response Cycle, kritisiert worden. John H. Gagnon (1990) und Leonore Tiefer (1991) haben argumentiert, daß die Phasen nicht einfach dem »natürlichen« Ablauf sexuellen Geschehens entsprächen, sondern auch der Ausdruck eines kulturellen → *Skripts*, also einer erwarteten Verhaltenssequenz seien. So sei implizit die Norm des »Funktionierens« festgeschrieben und der Stellenwert des Orgasmus überbewertet.

Kaplan hat bereits 1974 kritisiert, daß Masters und Johnson den sexuellen Wünschen und Bedürfnissen keinen Platz in ihrem Modell zuweisen, und die Bedeutung von Appetenzstörungen betont. Deren Bedeutung hat bis heute so sehr zugenommen, daß in den Statistiken von sexologischen Ambulanzen der Mangel an sexuellem Verlangen als häufigste Störung auftaucht (Schmidt 1993, 1998b). Nachdem unter Sexualtherapeuten heute strittig ist, ob bei diesen Appetenzstörungen das gestufte Masters-Johnson-Programm überhaupt indiziert ist, wurden dafür spezifische Vorgehensweisen vorgeschlagen (Clement 1998; Schnarch 1991, 1996).

Systemorientierte Familientherapeuten haben schon früh Einwände gegen eine nur auf sexuelle Probleme zentrierte Therapie formuliert und argumentiert, daß sich Sexualstörungen nicht als vom Kontext der übrigen Beziehung abgrenzbares Problem sehen lassen. Umgekehrt hat aus sexualtherapeutischer Sicht Schmidt (1998a) geltend gemacht, daß sich Sexualität als einer der bedeutungsvollsten und zentralen Dreh- und Angelpunkte von Beziehungen sehen läßt, wo sich in einer Beziehung ein extrem hohes Maß an Intimität verwirklichen läßt und wo Nähe- und Distanzprobleme am intensivsten erlebt werden können und müssen, deren Beeinflussung weit über das Sexualleben hinausgehende Veränderungen an Beziehungen zu setzen vermag. Eine ähnliche Position hat in den letzten Jahren David M. Schnarch (1991, 1996) in den USA vertreten *(→ Beziehungsgleichgewichte, → Paartherapie).*

Literatur: Arentewicz u. Schmidt (Hrsg.); Clement (1994, 1996, 1998); Clement u. Schmidt (1983); Gagnon (1990); Heiman, LoPiccolo u. LoPiccolo (1981); Kaplan (1974, 1977, 1983); Leiblum u. Pervin (Hrsg.) (1980); LoPiccolo u. LoPiccolo (Hrsg.) (1978); Masters u. Johnson (1970); Pfäfflin u. Clement (1981); Schmidt (1993, 1998 a, b); Schnarch (1991, 1996); Sigusch (Hrsg.) (21996); Strauß (Hrsg.)(1998); Tiefer (1991); Welter-Enderlin (1992, 1996); Willi (1981).

Sinn
(sense)

Sinn bezeichnet die Kriterien eines Systems, nach denen Dazugehöriges und Nichtdazugehöriges unterschieden und damit die selektive Beziehung zwischen → *System* und Umwelt definiert wird. Sinnlos sind Ereignisse, die für die Wahrnehmungsschemata eines Systems nicht unterscheidbar sind und auf die es demnach nicht reagieren kann. Zwischen Sinn und System besteht ein gegenseitiges Bedingungsverhältnis: Systeme sind demnach durch Sinn geschaffen, und sie erzeugen ihrerseits Sinn.

Soziale und psychische Systeme sind auf der Basis von Sinn konstitutiert. Da sie sich anders als körperliche Systeme nicht durch räumliche Grenzen (z.B. eine Membran beim System Zelle) definieren lassen, ist eine andere Art von Grenzziehung nötig. Erst durch Sinn ist die Schaffung und Aufrechterhaltung einer System-Umwelt-Grenze möglich, indem konsistente Kriterien der Komplexitätsreduktion etabliert werden. Sinn erlaubt es, die Ereignisse zu markieren, auf die das System reagieren kann. Mit der Etablierung von Sinn bleiben damit sinn-freie, also nicht verstehbare Ereignisse der Umwelt als Unterschiede, die keinen Unterschied machen, bestehen. Die Frage, ob und wie sie Sinn markieren, bleibt unbeantwortet. Aus systemtheoretischer Sicht ist Sinn immer kontext- und systemspezifisch, d.h., es gibt keinen übergeordneten allgemeingültigen Sinn. Das gilt auch für spirituelle Fragen nach den Sinn des Lebens, der Natur oder der Geschichte, die lediglich konstruktivistisch, nicht aber ontologisch beantwortet werden können.

Sinn organisiert auch die Konsistenz der operationalen Geschlossenheit eines Systems, indem durch Bedeutungserzeugung eine Ordnung der Systemstruktur geschaffen wird. Damit bildet Sinn zugleich Systemidentität.

Im alltagslogischen Kontext wird Sinn auch häufig synonym mit Plausibilität verwendet. Als plausibel, also sinnvoll, werden solche Erklärungen bezeichnet, die zunächst unverbundene Sachverhalte so ordnen und strukturieren, daß sie in einen widerspruchsfreien Zusammenhang gebracht werden, der seinerseits emergente Eigenschaften *(→ Emergenz)* aufweist, also eine »Gestalt« bildet, die nicht allein aus den Merkmalen der Elementen herleitbar ist.

Schließlich versteht man unter Sinn die Zweckdienlichkeit einer bestimmten Handlung in einem größeren Handlungszusammenhang.

Im familientherapeutischen Kontext ist der Sinn familiärer Interaktionen von Interesse. Familien als soziale Systeme orientieren sich an einem Repertoire (mehr oder weniger) verbindlicher Zeichen (Worte und Verhaltensweisen). Nur durch sinnhafte Zeichen können Familienmitglieder ihre Interaktionssequenzen aufeinander abstimmen, also einander verstehen. Sie grenzen damit spezifisch ab, was als sinnvoll und was als sinnlos zu gelten hat, worauf reagiert wird und worauf nicht *(→ Komplexität, → operationale Geschlossenheit).*

Literatur: Luhmann (1984, 1971, 1997).

Sitzungsfrequenz (frequency of sessions)

Entsprechend den jeweils zugrundegelegten → *Modellen der Familientherapie* befürworten Vertreter unterschiedlicher familientherapeutischer Richtungen unterschiedliche Häufigkeiten der Sitzungen und unterschiedliche Abstände zwischen diesen.

Das eine Extrem des Spektrums bilden an psychoanalytischen Konzepten orientierte Familientherapeuten. Sie gehen davon aus, daß sich nur in einem langwierigen therapeutischen Prozeß des Reflektierens, der Auf- und Durcharbeitung der familiären wie individuellen Geschichte, der Analyse von Übertragungs-, Gegenübertragungs- und Widerstandsprozessen tiefgreifende und dauerhafte Veränderungen erzielen lassen. Derartige Therapien beanspruchen eine relativ hohe Sitzungssequenz (im allgemeinen einmal pro Woche) und eine relativ hohe Anzahl von Sitzungen (ca. 50 bis 60). Das entgegengesetzte Extrem bilden die auf einem Konzept des → *Wandels* zweiter Ordnung basierenden Therapieverfahren. Dafür liefert die → *systemische Therapie* ein Beispiel. Hier wird eine in relativ großen Abständen (alle vier Wochen oder in noch längeren Intervallen) angesetzte, relativ geringe Zahl von Therapiesitzungen (ca. 10 bis 12 oder auch weniger) als notwendig erachtet. Die Veränderung soll zwar in der Sitzung angestoßen, jedoch in der Zwischenzeit vollzogen werden: Dem System wird Zeit gelassen, sich zu verändern. Solchen systemtheoretischen Überlegungen entsprechen auch verschiedene Ansätze der insgesamt auf dem Konzept des Wandels zweiter Ordnung basierenden → *Kurztherapie (→ Wachstumstherapie).*

Literatur: DeShazer (1982a); Selvini Palazzoli (1980), Retzer (1996b); Stierlin (1997c).

Skript (script)

Der Plan, das »Drehbuch«, wonach in Mensch sein Leben entwirft und dem entsprechend er in bestimmten Situationen handelt.

Bereits als kleines Kind kommt jeder Mensch zu bestimmten Überzeugungen, wie er selbst ist, in welchen Beziehungen er lebt oder zu leben hat und wie er sich in diesen Beziehungen fühlt und zu fühlen hat. Es ist ein Teil seines Modells der Welt, der sich nicht nur auf Gegenwart und Vergangenheit, sondern auch auf die Zukunft erstreckt *(→ Paradigma/innere Landkarte/ Modell).* Die Identifikation mit den positiven oder negativen Helden von Geschichten *(→ Geschichten-Erzählen)* und Märchen bietet eine Möglichkeit, sein eigenes Lebensdrehbuch zu finden, in dem sowohl die Wahrnehmungen und Gefühle der Gegenwart als auch das zukünftige Schicksal beschrieben sind. Alle wesentlichen Faktoren der familiären Interaktion *(→ Ausstoßung, → Bindung, → Delegation)* können so zu einem geordneten Ganzen zusammengefügt werden. Das individuelle Skript ist nicht nur Ergebnis von Interaktionsprozessen, es beeinflußt sie auch, es wirkt als »selbsterfüllende Prophezeiung« *(→ Identität/Selbst-Definition)* und das die Lebensgeschichte einengende Band *(→ narrativer Ansatz).*

Es gibt unterschiedliche Definitionen des »Skripts«, die sich z.T. nur auf bestimmte → *Kontexte*, z.T. auf ganze Lebensentwürfe beziehen. In der Soziologie von Abelson (1981) wurde der Skriptbegriff sehr eng behavioral gefaßt. Danach ist ein Skript das Wissen um in einem bestimmten Kontext erwartete Verhaltenssequenzen, die mit einer hohen Wahrscheinlichkeit vorhersagbar sind. Das klassische Beispiel dieser Skriptauffassung ist das »Restaurant-Skript«, das die Reihenfolge von Verhaltensweisen definiert (ins Restaurant eintreten, sich einen Platz suchen, die Speisekarte kommen lassen, zuerst die Getränke, dann das Essen bestellen usw.). Da das Skript von anderen Teilnehmern einer Kultur geteilt wird, würde eine Umkehrung der einzelnen Verhaltensweisen Irritation hervorrufen.

In der Kognitionswissenschaft werden Skripte als generische Wissensstrukturen komplexer Ereignistypen verstanden, die aus mehreren Komponenten bestehen: dem Skriptnamen, dem Skript-Header, der die Bedingungen spezifiziert, wann ein Skript aktiviert wird, der prototypischen Aktionsabfolge, die die Sequenz der einzelnen Verhaltensschritte spezifiziert, und den »Slots«, die die Variabilität des Skrips gewährleisten.

Im therapeutischen Feld haben sich eher Auffassungen eines »inneren Skripts« durchgesetzt, die sich an psychoanalytische Vorstellungen repetitiver, aus der Biographie ableitbarer Beziehungsmuster orientieren. So hatte bereits Alfred Adler in seiner »Individualpsychologie« analysiert, wie Menschen ihren »Lebensstil« und »Lebensplan« in Abhängigkeit von kindlichen Interaktionsprozessen entwickeln (vgl. H. u. R. Ansbacher 1972). Eine ausformulierte Konzeption des Skripts und der Skriptanalyse stammt aus der Transaktionsanalyse (Berne 1972; English 1976; Steiner 1966). Gagnon (1990) hat intrapsychische, interpersonelle und kulturelle Skripte unterschieden. Clement (1994) versteht Skripte als dramaturgische Figuren mit den Komponenten Skriptentwurf, Skriptinszenierung und Skriptkonsequenz.

Literatur: Abelson (1981); Ansbacher u. Ansbacher (1972); Berne (1972); Clement (1994); English (1976); Gagnon (1990); Steiner (1966, 1974).

Spiel/strategisches Spiel
(game/strategic game)

Ein in der Umgangssprache und Spieltheorie unterschiedlich definierter Begriff. In der Umgangssprache definiert »Spiel« einen Kontext *(→ Kontextmarkierung),* worin zwischen Spiel und Ernst, Realität und Fiktion unterschieden wird. In der mathematischen Spieltheorie beschreibt ein Spiel die Menge aller in einem Interaktionssystem erlaubten Verhaltensweisen. Strategische Spiele unterscheiden sich von Glücksspielen dadurch, daß ihr Ausgang nicht allein vom Zufall abhängt.

Ein Spiel kann verstanden werden als ein Modell *(→ Paradigma/innere Landkarte/Modell).* Es beschreibt die in einem Interaktionssystem gültigen *→ Regeln.* Solche Regeln können sein: Wenn A die Handlung X vollzieht, dann ist es B erlaubt, die Handlung Y auszuführen. Wenn B die Handlung Y vollzieht, dann ist es A erlaubt, Z auszuführen usw. Spiele werden dabei von drei unterschiedlichen Typen von Regeln definiert: präskriptiven Regeln (d.h. Gebote, die vorschreiben, welches Verhalten gezeigt werden muß), proskriptive Regeln (sie geben an, welche Verhaltensweisen verboten sind) und deskriptiven Regeln (sie liefern die Beschreibung des »Spielfelds«; vgl. Simon 1998, von Wright 1963). Die in einem System gespielten Spiele beschreiben mehr oder weniger dessen Struktur *(→ Organisation/Funktion/Struktur/Prozeß).* Wo immer ein einzelner seine Bedürfnisse nicht autonom zu befriedigen vermag und auf das Mitwirken eines Interaktionspartners, z.B. eines Familienmitglieds, angewiesen ist, werden strategische Spiele gespielt. Jedes Verhalten in einem derartigen Kontext ist zielorientiert und dient der Erzielung eines »Gewinns«.

In der *→ Spieltheorie* läßt sich prinzipiell zwischen zwei Arten von Spielen unterscheiden: Beim sogenannten Nullsummenspiel gewinnt immer nur der eine der beiden Spieler, während der andere verliert. Die Summe von Gewinn und Verlust ergibt Null. Dagegen gewinnt oder verliert beim sogenannten Nichtnullsummenspiel jeder Spieler etwas. Im ersten Spieltypus besteht eine konkurrierende, im zweiten eine kooperative Beziehung. Die Unterscheidung zwischen Nullsummen- und Nichtnullsummenspiel wird allerdings der Praxis nicht immer gerecht: In einem Nichtnullsummenspiel, bei dem ein Spieler 1 Prozent und der andere 99 Prozent Gewinn erzielt, findet de facto mehr oder weniger ein Nullsummenspiel statt, auch wenn formal ein Nichtnullsummenspiel vorliegt. Die unterschiedlichen Spieltypen verdeutlichen sich in jeweils unterschiedlichen Wahrnehmungen bzw. Strukturierungen der *→ Beziehungsrealität:* Im einen Falle erlebt sich ein einzelner ständig in Rivalitätsbeziehungen, ist immer in der Sorge, sich etwas zu vergeben, betrogen zu werden oder etwas zu verlieren, und begibt sich daher ständig in Machtkämpfe; im anderen Falle ist er überall kooperativ, nimmt real gegebene Konflikte nicht wahr bzw. »harmonisiert sie weg«. Auch der Unterschied zwischen Arbeits- und emotionalen Beziehungen läßt sich weitgehend mit dem Modell von Nullsummen- und Nichtnullsummenspiel erfassen (vgl. Simon 1983).

Spiele, in denen keine eindeutigen Regeln darüber gegeben sind, wann ein Gewinn oder Verlust vorliegt bzw. unter welchen Bedingungen das Spiel beendet wird, werden zwangsläufig zu »Spielen ohne Ende« (Watzlawick et al. 1967). Beispiele dafür sind symmetrische Eskalationen (→ *komplementär*) und der → *maligne Clinch,* in dem zwei Partner versuchen, jeweils die Kontrolle über die Beziehung zu erlangen. Es gibt jedoch keine klaren, von beiden akzeptierten Kriterien dafür, daß dieses Ziel erreicht ist. Keiner ist bereit, sich in die Rolle des Unterlegenen zu fügen oder die Hoffnung aufzugeben, doch noch irgendwann zu »gewinnen«. Das Spiel kann dementsprechend nicht beendet werden.

Der spieltheoretische Begriff des Spiels ist wertfrei und beschreibt einfach, daß eine bestimmte Verhaltenssequenz zielgerichtet ist. Der umgangssprachliche Spielbegriff dagegen wertet, indem er zum Beispiel zwischen »Ernst« und »Spaß« unterscheidet. Wird dieser Unterschied übersehen, muß es zu Mißverständnissen kommen. Sie ergeben sich meist zwischen systemischen und psychoanalytischen Therapeuten. Beschreibt der eine interaktionelle Sequenzen als Spiel, so kann damit für den, der Spiel im umgangssprachlichen Sinne versteht, nur gesagt sein, daß es den beteiligten Personen nicht wirklich Ernst ist, daß sie etwas »vormachen« und existentiell nicht betroffen sind.

Literatur: Berne (1964); Haley (1963); Klaus u. Liebscher (1967, 1974); v. Neumann u. Morgenstern (1946); Simon (1983c); Watzlawick, Beavin u. Jackson (1967).

Spieltheorie
(game theory)

Die Theorie der strategischen → *Spiele.* Sie untersucht mit überwiegend mathematischen Methoden unterschiedliche Konfliktsituationen. Die innerhalb der Spieltheorie erarbeiteten Prinzipien können auch zur Analyse zwischenmenschlicher Konflikte verwendet werden. Die Spieltheorie läßt sich als ein Teilgebiet der → *Kybernetik* verstehen.

Als Begründer der modernen Spieltheorie gilt John v. Neumann. Bereits seine erste, 1928 erschienene Arbeit: »Zur Theorie der Gesellschaftsspiele«, enthielt grundlegende Ideen über die Struktur strategischer Spiele. Sie wurden jedoch erst nach Veröffentlichung seines gemeinsam mit Oskar Morgenstern verfaßten spieltheoretischen Hauptwerks: »Spieltheorie und wirtschaftliches Verhalten« (1944), von weiten Teilen der wissenschaftlichen Welt zur Kenntnis genommen.

Die Spieltheorie läßt sich als eine interpersonale Konflikt- und Entscheidungstheorie verstehen. Ihre Anwendung auf familiäre Prozesse ergibt sich logischerweise aus der Anwendung kybernetischer Konzepte. Die Familie zeigt sich als ein System, dessen Verhalten durch familiäre → *Regeln* bestimmt ist. Ein solches Verhalten kann wie ein Spiel verstanden werden. Darin verfolgen die Spieler, d.h. die einzelnen Familienmitglieder, ihre individuellen Ziele bzw. Bedürfnisse, die nahezu zwangsläufig zu Konflikten führen. Jeder einzelne muß → *Strategien* entwickeln, um in diesem Spiel gewinnen oder zumindest seinen Verlust möglichst gering halten zu können.

Die Spieltheorie als Methode der mathematischen Behandlung von Konfliktsituationen und Interaktionen wird inzwischen in verschiedenen Wissenschaftsbereichen angewendet. So benutzt man sie, um Evolutionsprozesse zu verstehen (vgl. Eigen u. Winkler 1975; → *Ko-Evolution*), ebenso wie um das soziale Verhalten von Tieren in Beziehung zu genetischen Faktoren zu setzen (vgl. Wickler u. Seibt 1977).

Literatur: Eigen u. Winkler (1975); Klaus u. Liebscher (1967, 1974); Maynard Smith (1982); Neumann (1928, 1946); Neumann u. Morgenstern (1944); Watzlawick, Beavin u. Jackson (1967); Wickler u. Seibt (1977).

Splitting
(splitting)

Therapeutische Technik für die Arbeit mit Ambivalenzen oder Konflikten, bei der auf Therapeutenseite absichtlich Uneindeutigkeit gezeigt wird. Dies geschieht, indem – bei Teamtherapien – der eine Therapeut eine Sichtweise, der andere Therapeut die entgegengesetzte Sichtweise übernimmt oder – wenn ein Therapeut allein arbeitet – der Therapeut sich unentschieden oder zweifelnd zeigt.

Das Splitting ist eine Technik, die es dem Therapeutensystem ermöglicht, neutral zu bleiben, wenn vom Patientensystem starke Einladungen ausgehen, Partei zu ergreifen, z.B. sich für eine bestimmte Lösung besonders zu engagieren. Das therapeutische Risiko besteht dann darin, daß Therapeuten, die sich nicht veränderungsneutral verhalten, bei Familien Widerstand erzeugen können. Beim Splitting übernimmt in der Regel der eine Therapeut die ausgesprochene (meist auf Veränderung hin orientierte und als wünschenswert angesehene) Position, während der andere Therapeut sich besorgt zeigt und vor Veränderung warnt. Wird die Therapie nur von einem Therapeuten durchgeführt, kann er sich als »Anwalt der Ambivalenz« zeigen und von sich aus Zweifel und Unentschiedenheit äußern. Ziel dieses Vorgehens ist es, die ausgesprochenen, scheinbar eindeutigen Sichtweisen durch Eröffnung alternativer Bewertungen zu balancieren. Trotz oder wegen ihrer inhaltlichen Divergenzen müssen die Therapeuten auf der technischen Ebene einen Konsens über dieses Vorgehen haben.

Literatur: Weber, Simon, Stierlin u. Schmidt (1987).

Stabilität
(stability)

Die Fähigkeit eines dynamischen Systems, ein durch die Umwelt beeinträchtigtes Gleichgewicht wiederherstellen oder neu entwickeln zu können.

Wesentliche Aspekte der → *Anpassung* und Entwicklung dynamischer Systeme (Organismen, Familien usw.) lassen sich mit Hilfe der Stabilitätstheorie ausdrücken. Anpassung bedeutet hier die Ausbildung besserer Stabilitätsmechanismen, Entwicklung die Fähigkeit, angesichts immer komplexerer Umweltbedingungen eine immer größere Vielfalt von Störungen und Störungstypen auszugleichen. Dies geschieht nach der → *Versuch-Irrtum-Methode.* Es lassen sich mehrere Mechanismen bzw. Formen der Stabilität unterscheiden. Die einfachste Form liegt im → *Regelkreis* vor, bei dem ein bestimmter Parameter konstant gehalten wird. Eine komplexere Form wurde von W. R. Ashby (1952) als »Ultrastabilität« beschrieben. Sie liegt vor, wenn ein System die folgenden Bedingungen erfüllt: »a) Es ist stabil, d.h. es verfügt über die Fähigkeit, seinen Zustand gegenüber einer bestimmten Klasse von Störungen aus der Umgebung aufrechtzuerhalten; b) falls weitere Formen von Störungen aus der Umgebung auftreten, denen gegenüber das System den bestehenden Zustand nicht mehr aufrechterhalten kann, wählt es unter den ihm zur Verfügung stehenden verschiedenen Verhaltensweisen so lange eine neue aus, bis es wieder einen stabilen Zustand erreicht hat. Das System muß also die Möglichkeit haben, unter mehreren Verhaltensweisen zu wählen und sprunghaft von einer zur anderen überzugehen. Mathematisch gesehen muß es über einen Parameter verfügen, der den Charakter einer Stufenfunktion hat« (Klaus u. Liebscher 1967, S. 760; → *Nichtlinearität/Stufenfunktion*).

Eine noch höhere Form von Stabilität stellt die sogenannte »Multistabilität« dar. Sie liegt dann vor, wenn ein System derart aus ultrastabilen Teilsystemen zusammengekoppelt ist, daß diese Teilsysteme unabhängig voneinander existieren können. Dadurch lassen sich Veränderungen begrenzen. Nur wenn Teilsysteme von einer gewissen → *Autonomie* die auf sie wirkenden Störungen abzufangen vermögen, läßt sich verhindern, daß sogleich alle Bedingungen aller anderen Systemelemente oder Teilsysteme verändert werden. Solche Bildung von → *Grenzen,* die auf der (relativen) Autonomie von Teilsystemen (z.B. Individuen) gründet, sichert somit die Stabilität des Gesamtsystems. In der Sicht der → *Information*stheorie bedeutet das, daß durch diese Art der Grenzbildung Informationen, die sich auf das Gesamtsystem störend auswirken würden, beseitigt werden: Es sind nunmehr Unterschiede, die für das Gesamtsystem keinen Unterschied mehr ausmachen.

Bei all diesen Stabilitätskonzepten bleibt jedoch zu berücksichtigen, daß Stabilität – welcher Art auch immer – nur relativ ist. Nach Maßgabe dessen, was jeweils als → *kohärentes* System angesehen wird, definiert sich die Grenze zu einer Umwelt. Dementsprechend ist Stabilität lediglich ein Modell. Es bietet sich immer dann zum Gebrauch an, wenn wir ein System von seiner Umwelt trennen. In Wirklichkeit bilden jedoch Umwelt und System ein einziges untrennbares → *Ökosystem,* dessen Teilsysteme sich ständig gegenseitig beeinflussen. Dies erfolgt innerhalb der Dimension Zeit *(→ diachron/synchron),* worin die Umwelt einem ständigen Wandel (wenn auch mit unterschiedlichem Wandlungstempo) unterworfen ist. Das Modell, das diesem Aspekt eher gerecht wird, ist die → *Ko-Evolution.*

Auch familiäre Stabilität läßt sich aufgrund solcher Überlegungen niemals als statisch ansehen. Sie stellt eine Form der Metastabilität dar, die jeweils ein Gleichgewicht zwischen bewährten alten und fälligen neuen Strukturen anstrebt. Familiäre Regeln etwa, denen zufolge die Kinder mit 13 oder 23 Jahren noch genauso behandelt werden wie Kinder mit 3 Jahren, sind in dem genannten Sinne nicht stabil; sie sind vielmehr starr, Ausdruck einer gestörten → *Anpassung*sfähigkeit der Familie, und geben zwangsläufig Anlaß zu Dysfunktionalität, Symptombildung sowie letztlich zur Auflösung der Familie als einer über mehrere Generationen fortbestehenden evolutionären Einheit *(→ Homöostase, → Morphogenese/Morphostase, → Eigenwert/Attraktor, → Kohärenz).*

Literatur: Ashby (1952, 1956); Goodwin (1970); Klaus u. Liebscher (1967, 1974); May (1973).

starre Triade/starre Dreiecksbeziehung (rigid triad)

Konfigurationen von Eltern-Kind-Beziehungen, in denen das Kind der Lösung elterlicher Konflikte dient.

Den Begriff »starre Triade« hat Salvador Minuchin geprägt (Minuchin et al. 1978), um vier Spielarten einer Eltern-Kind-Beziehung zu bezeichnen. In allen Fällen besteht ein offener oder verdeckter elterlicher Konflikt.

In der »Triangulation« sucht jeder Elternteil die Unterstützung des Kindes gegen den anderen Elternteil. Dadurch wird es zwangsläufig Loyalitätskonflikten ausgesetzt. In der »Eltern-Kind-Koalition« ergreift ein Elternteil in einem Konflikt zwischen Kind und anderem Elternteil die Partei des Kindes, wodurch zwischen den Koalitionspartnern eine starke → *Bindung* entsteht. Hier wird der elterliche Konflikt oft kaum oder nicht mehr wahrgenommen. Die enge Bindung zwischen elterlichem Koalitionspartner und Kind kann dessen Entwicklung und fällige → *Ablösung im Jugendalter* erheblich stören.

Bei den der »Konfliktumleitung« dienenden Triaden unterscheidet Minuchin zwei Formen: In der ersten wird das Kind als »böse« definiert. Daher sind die Eltern gezwungen, zusammenzuhalten. Kindliche Verhaltensstörungen haben sinngemäß häufig eine stabilisierende Funktion für die elterliche Beziehung *(→ Delegation).* In der Sicht Außenstehender machen die Eltern in dieser »Umwegsattacke« das Kind zum → *Sündenbock.* In der zweiten Form, der »Umwegsverteidigung«, wird ein Kind als »krank« definiert und dadurch der elterliche Konflikt zugedeckt. Die gemeinsame Sorge um das Wohl des Kindes bindet nunmehr die Eltern eng zusammen.

Ursprünglich beschrieb Minuchin diese Triaden in Familien mit psychosomatisch erkrankten Kindern; sie lassen sich jedoch auch in vielen Familien nachweisen, in denen andere Störungen überwiegen *(→ Triangulation, → Konfliktumleitung, → Rolle, → Zuschreibung, → Loyalität).*

Literatur: Hoffman (1981); Minuchin, Rosman u. Baker (1978).

Stieffamilien
(step families, blended families)

Todesfälle, Scheidungen und nachfolgende neue Partnerschaften führen oft dazu, daß Vater oder Mutter durch einen Stiefvater oder eine Stiefmutter ersetzt werden. Wenn der ausscheidende Vater oder die ausscheidende Mutter real oder, falls sie nicht mehr leben, symbolisch weiterhin Elternrollen und Ansprüche vertreten, erleben die Kinder häufig Konflikte der → *Loyalitäten.* Der dritte Erwachsene hat als neu Hinzugekommener eine zunächst noch nicht definierte Position gegenüber den Kindern. Auch durch neue Stiefgeschwisterbeziehungen können sich neue Allianzen und familiäre Hierarchien bilden, die zu Konflikten, aber auch zu konstruktiven Neuorganisationen führen können.

Empirische Untersuchungen belegen unterschiedliche Funktionsweisen von Stieffamilien, die nach Scheidungen *(→ Scheidungstherapie)* entstehen, und sogenannten »Normalfamilien«. Als hauptsächliches Problem der Stieffamilien zeigt sich, daß eigentlich zwei Familien – die ursprüngliche, jetzt getrennte, und die neue Familie – existieren. Während die gemeinsame Geschichte der ersten in irgendeiner Form in der Beziehung der Kinder zu beiden Eltern auch dann weiterlebt, wenn ein Elternteil verstorben oder aus anderen Gründen nicht mehr präsent ist, hat die Stieffamilie zunächst keine gemeinsame Tradition. Dies kann zu Schwierigkeiten führen, wenn die Ambivalenzen gegenüber dem ausscheidenden Elternteil verleugnet werden. Dann kann es dazu kommen, daß dieser als »nur gut« oder »nur böse« erlebt wird und dem Stiefelternteil die andere Seite der Ambivalenz zugeschrieben wird *(→ Konfliktorganisation/Tetralemma).*

Die Probleme der Kinder ergeben sich aus den (oft nicht oder ungenügend betrauerten) Verlusten und gespaltenen Loyalitäten, den Schuldgefühlen wegen der Scheidung der Eltern, dem manchmal schwierigen Leben in zwei Haushalten. Der nicht mehr in der Familie lebende Elternteil bleibt – zumindest in der kindlichen Phantasie – in irgendeiner (sei es idealisierten, sei es verteufelten) Form auch in der neuen Familie präsent.

Die Klärung der komplexen Rollen und Erwartungen und der sich daraus ergebenden Beziehungsprobleme zwischen Eltern, Stiefeltern und Stiefkind sowie zwischen Kind und Stiefgeschwistern zeigt sich hier als Hauptaufgabe einer Familientherapie. Sie vermag von Schuld zu entlasten, Loyalitäten zu klären und realistische familiäre Organisationsformen zu fördern. Der Übergang zur Scheidungstherapie ist fließend.

Literatur: Anderson u. White (1986); Clingenpeel, Ievoli u. Brand (1984); Heekerens (1991); Krähenbühl, Jellouschek, Kohaus-Jellouschek u. Weber (1984); Maier-Aichen u. Friedl (1992); Morawetz u. Walkers (1984); Perkins u. Kahan (1979); Sager, Brown, Crohn, Engel, Rodstein u. Walker (1983); Visher u. Visher (1979); Walker, Brown, Crohn, Rodstein, Zeisel u. Sager (1979).

Strategie
(strategy)

Ein Verhaltensplan, der es erlaubt, in allen möglichen vorhersehbaren Situationen eine Entscheidung zu treffen, die dem Erreichen eines bestimmten Zieles dient.

Der in der Umgangssprache verwendete Strategiebegriff wurde in der *→ Spieltheorie* präzisiert: »Wir wollen uns jetzt vorstellen, daß jeder Spieler… die Entscheidung über jeden Zug nicht erst dann trifft, wenn die Notwendigkeit dafür vorliegt, sondern daß er sich über sein Vorgehen bei allen möglichen Situationen vorher schlüssig wird, d.h. daß der Spieler K mit einem vollständigen Plan zu spielen beginnt: einem Plan, der angibt, welche Wahl er zu treffen hat in allen nur möglichen Situationen, für jede nur mögliche wirkliche Information, die er in diesem Augenblick im Einklang mit dem Informationsschema, das die Spielregeln für diesen Fall vorsehen, besitzen kann. Einen derartigen Plan nennen wir *Strategie*« (J. v. Neumann u. O. Morgenstern 1946, zit. nach G. Klaus u. H. Liebscher 1967, S. 783).

Geht man davon aus, daß jedes Individuum bestimmte Ziele erreichen bzw. Bedürfnisse befriedigen will, so läßt sich der interaktionelle Kontext als ein → *Spiel* verstehen, bei dem die Interaktionspartner (z.B. die einzelnen Familienmitglieder) einen Gewinn für sich zu erzielen suchen. Die → *Regeln* der Familie sind dann wie die Regeln eines Spiels zu verstehen. Die Art und Weise, wie der einzelne seine Bedürfnisse zur Geltung und Befriedigung bringt, entspricht nunmehr einer Strategie, die ihm das Programm für sein Verhalten in allen nur denkbaren Situationen liefert.

Allerdings sind im Gegensatz zu den Spielen, welche die Spieltheorie als Modelle entwirft, die Regeln einer tatsächlichen Familie Änderungen unterworfen, die sich aus den Anforderungen familiärer → *Ko-Evolution* und → *-Individuation* ergeben. Eine Strategie, die für ein Kind im Vorschulalter zum Ziel geführt hat, ist im allgemeinen für den Erwachsenen nicht mehr nutzbringend. Wird sie dennoch verwendet, so liegen erstarrte Familiensysteme vor, die mit einer gewissen Wahrscheinlichkeit mit einer Symptombildung verbunden sind.

Um strategische Methoden therapeutisch wirkungsvoll einsetzen zu können, bedarf es eines längerfristigen, zielgerichteten Verhaltensplans des Therapeuten, der sich sorgfältig auf das jeweilige »Spiel« des oder der Patienten einstimmt *(→ strategische Therapie, → systemische Therapie).*

Literatur: Haley (1963); Klaus u. Liebscher (1967, 1974); Neumann u. Morgenstern (1946); Watzlawick, Beavin u. Jackson (1967).

strategische Therapie
(strategic therapy)

Direktive, auf konsequenter Anwendung kybernetischer Konzepte beruhende Form der Therapie. Familienprobleme zeigen sich ihr als Ausdruck und Folge dysfunktionaler familiärer Organisationsmuster, verwischter → *Generationsgrenzen,* generationsübergreifender Dreiecksbildungen *(→ Triangulation),* Verwirrungen der familiären → *Hierarchie* sowie von Anpassungsstörungen im Rahmen des → *familiären Lebenszyklus.* Nach Aushandlung klarer Therapieziele entwickelt der Therapeut eine → *Strategie* zur Erreichung dieser Ziele.

Neben der → *systemischen Therapie* läßt sich die strategische Therapie als Spielart der → *Kommunikationstherapie* ansehen. Deren Diagnostik und Methodik gründet auf Prinzipien der kybernetischen → *System*theorie und Regelungstheorie sowie, eng damit verbunden, der → *Informations-* und → *Spieltheorie.* Im Vordergrund des diagnostischen wie therapeutischen Interesses steht der jeweils für den einzelnen wie die Familie funktionelle Aspekt einer Symptomatik. Die leitende Frage eines strategischen Therapeuten heißt: Wie dient ein Symptom der Aufrechterhaltung der familiären → *Homöostase,* wieweit dient es der Bewältigung einer Krise im Rahmen des familiären Lebenszyklus, wie und warum scheitert dieser Problemlösungsversuch, wie läßt er sich durch einen neuen, effektiveren ersetzen? Da sich die Funktion bzw. der Sinn von Symptomen nicht lediglich auf einer individuellen Ebene bestimmen, lassen sich auch die Probleme eines → *Indexpatienten* nur innerhalb des familiären → *Kontextes* erfassen und verändern. Daraus ergibt sich als Ziel der strategischen Therapie, die Sequenzen, Regeln und Bedeutung familiärer Interaktionen zu ändern.

Der Therapieprozeß selbst gliedert sich in mehrere Phasen. In einer ersten Phase nimmt der Therapeut die Beziehung zur Familie auf. Er informiert sich über das Problem, das die Familie zur Therapie geführt hat. Er akzeptiert das von der Familie gemachte Angebot, auch wenn es einschließt, der Indexpatient sei das eigentliche Problem. Daraus erarbeitet er mit der Familie eine Definition der Therapieziele. Er befragt möglichst konkret jedes Familienmitglied, welches ihr minimales Therapieziel sei und woran sich erkennen lasse, ob es erreicht ist (Weakland et al. 1974). Möglichst nahe an der Verhaltensebene bleibend (»Wer tut was wann?«), versucht er außerdem, die problemerhaltenden Regeln des familiären Systems zu erfassen. Dabei vermeidet er, sich auf Machtkämpfe mit der Familie einzulassen.

In den folgenden Behandlungsphasen bedient er sich häufig einer sehr direktiven Intervention. Sie hat diagnostischen wie therapeutischen Wert, denn aus den Reaktionen der Familie darauf läßt sich auf deren Organisationsstruktur, Problemlosestrategien und ihre Flexibilität schließen. Er versucht alsdann mit Methoden wie → *Umdeutungen,* → *positiver Konnotation* von Symptomen, → *paradoxen Interventionen,* die familiären Deutungsschemata und Kommunikationsmuster zu ändern und damit die jeweiligen Entwicklungsblockierungen zu beseitigen. Nicht wenige strategische Therapeuten arbeiten allein; für eine wachsende Zahl hat sich jedoch die Teamarbeit, mit Beobachtung der Sitzungen durch die Einwegscheibe, bewährt. Dies trägt der Tatsache Rechnung, daß innerhalb der Therapiesitzung zwischen Therapeut und Familie ein (mehr oder weniger kohärentes) neues System entsteht, das derjenige, der mit der Familie arbeitet, selbst nur schwer zu überblicken vermag.

Obwohl strategische Therapeuten verschiedentlich von Langzeittherapien mit bis zu vierzig einmal wöchentlich stattfindenden Sitzungen berichten, läßt sich bei den meisten ein eindeutiger Trend zu → *Kurztherapien* beobachten. Es werden sogar Zweifel geäußert, ob mehr als 10 bis 15 Sitzungen überhaupt sinnvoll sind (Zuk 1975). Die Mailänder Gruppe um Mara Selvini Palazzoli *(→ systemische Therapie)* schließlich geht davon aus, daß ein bestimmtes – in der Regel vierwöchiges Intervall – zwischen den Sitzungen nötig ist, um der Familie Zeit zur Veränderung zu geben *(→ Sitzungsfrequenz)*.

Innerhalb eines strategischen Therapiemodells lassen sich Veränderungen in einem System durch jedes seiner Elemente hervorrufen. Dementsprechend ist es auch möglich, in der Arbeit nur mit Einzelpersonen gewissermaßen eine »Familientherapie ohne Familie« durchzuführen (Watzlawick u. Coyne 1979). Gerade hier gilt es jedoch, das angebotene Problem nicht nur mit Blick auf das Individuum, sondern auch auf das relevante (in der Regel familiäre) Beziehungssystem zu betrachten. Die Indikation für strategische Verfahren ist weit: In der Literatur wird von Behandlungserfolgen bei einer Vielzahl von Problemen im psychosozialen, psychiatrischen wie auch im psychosomatischen Bereich berichtet (vgl. die Literaturübersicht bei Stanton 1981 a, S. 368–369).

Literatur: Fisch, Weakland u. Segal (1982); Haley (1963, 1976, 1984); MacKinnon (1984); Madanes (1981, 1984b, 1990, 1991); Madanes u. Haley (1977); Mazza (1984); Papp (1983); Rabkin (1977, 1980); Stanton (1981 a, b, 1984); Watzlawick u. Coyne (1979); Watzlawick, Weakland u. Fisch (1974); Weakland, Fisch, Watzlawick u. Bodin (1974); Zuk (1975).

Strukturalismus
(structuralism)

Eine Forschungsrichtung, innerhalb derer sich soziales Verhalten und kulturelle Produkte als eine Sprache bzw. ein kommunikativer → *Code* darstellen und untersuchen lassen. Die konkret in einem sozialen System erlaubten, verbotenen oder vorgeschriebenen Verhaltensweisen werden auf das ihnen zugrundeliegende abstrakte Regelsystem (die unbewußte Algebra) zurückgeführt. Dadurch werden vor allem Mythen und Riten, die das alltägliche Leben, Denken und Fühlen innerhalb eines Sozialsystems bestimmen, in ihrer inneren Logik durchschaubar.

Obwohl der strukturalistische Ansatz weitgehend mit dem der → *Systemtheorie* übereinstimmt, verstehen sich nur wenige Familientherapeuten als Strukturalisten. Dies dürfte darin begründet sein, daß strukturalistisches Denken weitgehend dem französischsprachigen, das der Systemtheorie dagegen dem anglo-amerikanischen Kulturbereich entstammt. Als ein Begründer des Strukturalismus darf F. de Saussure (1915) gelten, der Sprachen mit Hilfe der beschriebenen Methode analysierte. Indem er Sprechprozeß und Sprache einander gegenüberstellte, versuchte er, das in der Sprache implizierte Regelsystem zu erschließen. Dieser Ansatz wurde in der Linguistik fortgeführt (Jakobson 1974; Chomsky 1957, 1965, 1968). Aus den zunächst nur auf sprachliche Phänomene gerichteten Untersuchungen entwickelten sich in der Folge die → *Semiotik* mit ihren Teilgebieten der Syntaktik (→ *Syntax*, → *Semantik*, → *Pragmatik*).

Im Rahmen der Entwicklungspsychologie blieb besonders Jean Piaget bei seinen Untersuchungen zur genetischen Epistemologie konsequent einem strukturalistischen Denken verpflichtet (Piaget 1968, 1970).

Innerhalb der Ethnologie begründete Claude Lévi-Strauss (1958, 1962, 1979) die strukturale Anthropologie. Vor allem er liefert ein Beispiel für die engen Beziehungen zwischen systemtheoretischem und strukturalistischem Denken. So macht er sich weitgehend Überlegungen der → *Kybernetik* zunutze und bezieht Ansätze der → *Spieltheorie* in seine Analysen ein.

Im Bereich der Psychoanalyse versuchte Jacques Lacan (1964, 1966), das Grundgerüst der Freudschen Theorie strukturalistisch neu zu interpretieren (vgl. Lang 1973, 1980; → *Psycholinguistik*).

Strukturalismus und Familientherapie zeigen sich verbunden durch ihr gemeinsames grundlegendes Interesse an der Entwicklung und dem Aufbau von Strukturen, an deren Beziehung zu den Funktionen eines Systems, an ihren Entwicklungsgesetzen und vor allem der Beziehung zwischen Interaktionsstrukturen und Erkenntnisstrukturen (→ *Epistemologie*). Kritisch läßt sich von manchen Vertretern des Strukturalismus sagen, daß sie die Strukturen verdinglichen und damit den Aspekt der Veränderung und Entwicklung aus dem Auge verlieren. Aber das läßt sich auch gegenüber manchen Vertretern der Systemtheorie einwenden.

Literatur: Chomsky (1957, 1965); Jakobson (1974); Lacan (1964, 1966); Lang (1973); Lévi-Strauss (1958, 1962, 1979); Piaget (1968, 1970); Saussure (1915); Siomopoulos (1983).

strukturelle Familientherapie
(structural family therapy)

Eine von Salvador Minuchin (et al. 1967; 1974 a, b; et al. 1978) entwickelte direktive Methode der Familientherapie. Wie kaum ein anderer familientherapeutischer Ansatz gründet sie sich auf normative Vorstellungen über das Funktionieren einer → *»gesunden«/funktionalen Familie*. Besonderes Interesse gilt den → *Grenzen* familiärer Subsysteme sowie der Herstellung und Erhaltung einer klaren, die elterliche Entscheidungskompetenz sichernden → *Hierarchie*.

Dem strukturell orientierten Therapeuten stellt sich als erste Aufgabe, die dysfunktionalen Strukturen einer Familie, wie Verwischung der Grenzen und Hierarchie, starre pathologische Koalitionsbildungen *(→ Triangulation, → starre Triade)*, zu erfassen. Des weiteren wird er sich darauf einstimmen, wie die Familie fühlt, denkt und spricht, und sich ihre Bilder, Erwartungen und Metaphern zu eigen machen *(→ Joining)*. Nun versucht der Therapeut, die unangemessen diffusen oder rigiden Grenzen der familiären Subsysteme *(→ Loslösung, → Verstrickung)* umzustrukturieren und dadurch effektivere Problemlösestrategien zu ermöglichen. Zu diesem Zweck enthüllt und aktiviert er ungelöste bzw. verdeckte familiäre Konflikte, indem er einzelne Familienmitglieder vorübergehend unterstützt, also bewußt Allianzen eingeht und wieder löst und Kommunikationsstile beeinflußt. So hebt er beispielsweise familiäre Strukturen, die sich während der Behandlung in der familiären Sitzordnung abbilden, durch deren gezielte Veränderung ins Bewußtsein. Wo immer möglich, unterstützt er die Eltern in ihren Leitungsfunktionen und wirkt er dysfunktionalen Organisationsformen entgegen, worin die Kinder Elternaufgaben übernehmen. Dabei beansprucht er selbst die hierarchisch übergeordnete Position, von der aus er im System zu intervenieren vermag. Nach Beendigung der Familientherapie als eines Durchgangsstadiums bleibt er in der familiären Phantasie gegenwärtig und wirkt so als therapeutischer Faktor weiter *(→ family lunch, → enactment)*.

Literatur: Aponte u. Van Deusen (1981); Colapinto (1991); Keeney u. Ross (1985); Minuchin (1974 a, b, 1981); Minuchin u. Barcai (1969); Minuchin u. Fishman (1981); Minuchin, Montalvo, Guernen, Rosman u. Schumer (1967); Minuchin, Rosman u. Baker (1978); Stanton (1981a, b).

strukturelle Koppelung
(structural coupling)

Mit dem von Humberto Maturana eingeführten Begriff strukturelle Koppelung wird die Verbindung zwischen zwei oder mehreren Systemen bezeichnet. Sie ist ein Spezialfall der Beziehung eines Systems zu seiner Umwelt. Die strukturelle Kopplung zweier Systeme kann kurz- oder langfristig sein. Wenn eine längerfristige strukturelle Koppelung zwischen Systemen stattfindet und die Entwicklung des einen die Entwicklung des anderen beeinflußt, spricht man von → *Ko-Evolution.*

Strukturelle Koppelung und Strukturdeterminiertheit eines Systems schließen einander nicht aus, da die strukturelle Koppelung lediglich auf der Ebene der Strukturen, nicht auf der Ebene der Selbstreproduktion stattfindet. Insofern bleibt die Unabhängigkeit der Systeme in der Konstitution der eigenen Elemente gewährleistet, während zugleich eine Kooperation der Strukturen stattfindet. Koppeln zwei lebende Systeme aneinander, so führt ihre Interaktionsgeschichte zu reziproken Veränderungen ihrer Strukturen *(→ Lernen)*.

Psychische Systeme sind mit den neurophysiologischen Prozessen des eigenen Organismus so gekoppelt, daß sie nur dann operieren können, wenn das organische System lebt. Gleichwohl bilden psychische Prozesse nicht einfach neurophysiologische Prozesse ab, müssen diese noch nicht einmal wahrnehmen. Vielmehr sind die neurophysiologischen Prozesse für das psychische System Umwelt und können als solche das psychische System lediglich irritieren, aber nicht direkt beeinflussen. Entsprechendes gilt für soziale Systeme. Sie können nur operieren, wenn es psychische Systeme gibt, mit denen sie strukturell gekoppelt sind. Dennoch sind soziale Prozesse (z.B. Kommunikation) nicht Abbildungen psychischer Prozesse, sondern psychische Prozesse sind Umwelt sozialer Systeme. So läßt sich der kontraintuitive Satz, daß Menschen in der Systemtheorie »Umwelt« der Kommunikation sind, nachvollziehen: Menschen (psychische Systeme) bewegen sehr viel mehr Gedanken und Gefühle, als sie in die Kommunikation einbringen. Für die sozialen Systeme relevant sind aber nur solche psychischen Prozesse, die in der Eigenlogik von Kommunikation prozessiert (»verstanden«) werden können.

Familientherapeutisch läßt sich mit der strukturelle Koppelung begründen, warum intrapsychische Prozesse in kommunizierbares Verhalten übersetzt werden müssen, um veränderungsrelevant zu sein. Familien und therapeutische Beziehungen sind soziale, nicht psychische Systeme, die nur Kommunikation prozessieren können. Intrapsychische Vorgänge, die für jede Therapie bedeutsam sind (Gefühle, Phantasien, Gedanken), können aber therapeutisch nur auf der Ebene von Kommunikation behandelt werden.

Literatur: Luhmann (1988, 1990); Maturana (1982); Maturana u. Varela (1987).

Sündenbock
(scapegoat)

Das aus dem Alten Testament bekannte jüdische → *Ritual* der Opferung (3. Mos. 16, 10 ff.) des Sündenbocks fügt sich in ein Konzept ein, demzufolge bestimmte Eltern die zwischen ihnen bestehenden Konflikte bewältigen, indem sie bei anderen Familienmitgliedern Probleme suchen oder hochstilisieren. Meist wird ein Kind als Sündenbock geopfert.

Auch wenn sich nicht bestreiten läßt, daß Eltern ihre Spannungen und Konflikte möglicherweise auf ein Kind projizieren, um dadurch ihre Beziehung zu harmonisieren *(→ Triangulation, → Konfliktumleitung),* muß doch auf das diesem Konzept zugrundeliegende lineal-kausale Schema *(→ Linearität/Linealität/geradlinige Kausalität)* hingewiesen werden. Letztlich wird den Eltern die Schuld zugewiesen, und das Kind erscheint ausschließlich passiv. Therapeutische Interventionen, die sich von diesem Konzept leiten lassen, laufen zwangsläufig Gefahr, den Systemaspekt familiärer Dynamik zu übersehen *(→ Zirkularität, → Allparteilichkeit, → Neutralität, → Gerechtigkeit, → Macht, → Delegation).*

Literatur: Ackerman (1967); Paul u. Bloom (1970); Pillari (1991); Vogel u. Bell (1960); Watzlawick, Beavin, Sikorski u. Mecia (1970).

symbolisch-experientielle Familientherapie (symbolic experiential therapy)

Von Carl Whitaker vertretene Form wachstumsorientierter Therapie *(→ Wachstumstherapie).* Sie folgt psychoanalytischen Konzepten, verwendet jedoch direktive Methoden. Der Familie sollen dadurch auf einer wesentlich symbolisch-primärprozeßhaften Ebene neue Erfahrungen vermittelt werden.

Diese Therapieform macht vor allem bei Methoden der Kinderanalyse und Spieltherapie Anleihen. Sie soll dazu dienen, innerhalb der Familie ein Gefühl sowohl von Zusammengehörigkeit als auch persönlicher Freiheit zu etablieren, individuelle wie kollektive Kreativität zu erhöhen und die eigene »Verrücktheit« als positive Ressource zu erkennen und zu akzeptieren. Soziale Anpassung ist dagegen kein Therapieziel.

Um ihre Ziele zu erreichen, erhöhen die Therapeuten etwa den Streß innerhalb der Familie. Sie definieren beispielsweise Symptome eines einzelnen als Probleme des ganzen Systems; oder sie versuchen, einen »Familiennationalismus«, d.h. so etwas wie einen familiären Teamgeist zu erzeugen; oder sie verdeutlichen, wie die Beziehungen zur erweiterten Familie, zu früheren Generationen, zum sozialen Umfeld, zur übergeordneten Gemeinde und Kultur die familiäre → *Beziehungsrealität* prägen. Ferner versuchen sie, ebenso wie die Vertreter fast aller anderen familientherapeutischen Richtungen, die Trennung der Generationen zu forcieren, d.h. klare → *Grenzen* zu strukturieren. Gleichzeitig bemühen sie sich, den Familienmitgliedern beizubringen, wie man miteinander spielt: Im Spiel lockern sich starre Rollenschemata, jeder kann bei eindeutiger → *Kontextmarkierung* die Rollen der anderen ausprobieren und sich dadurch neue Entwicklungsmöglichkeiten eröffnen.

Zumeist arbeiten zwei Ko-Therapeuten als Team zusammen. Sie versuchen, sich mit der Familie zu solidarisieren *(→ Joining),* und stellen dann immer wieder flexibel Distanz zu ihr her. Ihre Interventionen haben oft etwas Spielerisches, Humorvolles, Selbstkarikierendes. Sie sollen auf einer symbolischen Ebene vermitteln, daß familiäre Mythen, vor allem der Mythos der Individualität, nur beschränkt gelten, daß jede Wahrheit sich auch anders sehen läßt, daß eine Tragödie sich plötzlich in absurdes Theater bzw. in eine Komödie verwandeln lassen kann. Ähnlich wie in der analytischen Kindertherapie werden nicht bewußte Reflexion und Einsicht in familiäre Abläufe, sondern auf der Ebene spielerischer, symbolhaltiger Interaktionen neue Erfahrungen vermittelt. Diese dienen dann der Erlangung eines höheren Niveaus der *bezogenen → Individuation.*

Die Wahl der Interventionen orientiert sich jeweils an den beobachteten → *Übertragungs- und Gegenübertragung*sreaktionen. Im Gegensatz zur Psychoanalyse wird jedoch nicht die (relative) Abstinenz, sondern die → *Allparteilichkeit* des Therapeuten gefordert. Ihm ist es auch erlaubt, seine eigenen Gegenübertragungsreaktionen in situationsangemessener Art und Weise gewissermaßen als → *Metakommunikation* in den Therapieprozeß einzubringen. Wichtiger als das Erlernen einzelner Techniken erscheint Whitaker das Vertrauen in die schöpferische Kraft des therapeutischen Unbewußten, da dieses für alle anfallenden Situationen die richtige Intervention finden läßt. Die beschriebene Therapieform entspricht weitgehend dem familientherapeutischen → *Begegnungsmodell.*

Literatur: Keith u. Whitaker (1980, 1981); Napier u. Whitaker (1978); Neill u. Kniskern (1982, 1983); Whitaker (1975); Whitaker u. Keith (1980, 1981).

Symptomverschreibung (symptom prescription)

Der familiären bzw. individuellen → *Epistemologie* zuwiderlaufende Intervention des Therapeuten. Er verordnet der Familie oder einem einzelnen Patienten, gerade das zu tun, was als »symptomatisch« und »krank« gilt. Durch die Verschreibung des Symptoms verändern sich dessen → *Kontext* und das seiner Bewältigung dienende familiäre Interaktionsmuster.

Symptomverschreibungen gehören zum Interventionsrepertoire der → *Kommunikationstherapie,* d.h. der → *strategischen* und *systemischen Therapie.* Sie basieren auf einem → *kybernetischen* Symptomverständnis. Diesem zufolge haben Symptome innerhalb menschlicher Beziehungen eine Kommunikationsfunktion. In einem gegebenen kulturellen, subkulturellen oder familiären Kontext stellen sie eine Art Sprache dar: Sie haben eine bestimmte Bedeutung und Grammatik; es gibt Regeln darüber, wie auf ein bestimmtes Symptomverhalten zu reagieren ist. Wer sich depressiv und niedergeschlagen zeigt, veranlaßt beispielsweise seine Mitmenschen, ihn zu trösten und aufzumuntern. Aus diesen und ähnlichen Regeln entwickeln sich Rückkoppelungskreise *(→ Regelkreis).* Sie bedingen, daß Symptome sich stabilisieren bzw. unabhängig von ihrer Entstehung im Interaktionssystem spezifische Funktionen übernehmen. Solange man das Symptom nur als negativ, als möglichst schnell zu beseitigende »Störung« betrachtet, verliert man dessen positiven »funktionellen« Aspekt aus den Augen. Depressives Verhalten hat sicherlich diesen Aspekt: es erlaubt zum Beispiel den Interaktionspartnern, einen Kontakt herzustellen bzw. aufrechtzuerhalten, bei dem einer der Versorgte, der andere der Versorgende ist.

Verschreibt man als Therapeut ein Symptom, so bewertet man es positiv *(→ positive Konnotation)* und rückt dessen Anpassungsaspekt in den Mittelpunkt der Aufmerksamkeit. Die damit verbundene → *Umdeutung* macht es der Familie bzw. dem Individuum unmöglich, die alten Interpretationsschemata beizubehalten: Aufgrund neuer Informationen werden die eingespielten Regeln darüber, wie wer auf was zu reagieren hat, in Frage gestellt. Das Verhalten muß sich ändern.

Ein verschriebenes Symptom tritt nicht mehr »spontan« auf. Es zeigt sich vielmehr unter bewußter Kontrolle. Damit aber wird die bislang unbefragte Prämisse, Symptome ließen sich von dem, der unter ihnen leidet, nicht verändern, ungültig. Ein Symptom, das sich hervorrufen läßt, kann auch zum Verschwinden gebracht werden. Wer sein Symptom verschwinden lassen könnte, es aber trotzdem beibehält, *will* es (bewußt oder unbewußt) behalten. Das wiederum wird die anderen anders reagieren lassen.

Ob sich jemand zu seinem Symptom passiv oder aktiv einstellt, wirkt sich auch auf sein Selbstverständnis und → *Autonomie*gefühl aus. Symptomverschreibungen sind insoweit → *paradoxe Interventionen,* als sie den nicht hinterfragten erkenntnistheoretischen Prämissen der Symptomträger wie auch ihrer Interaktionspartner zuwiderlaufen *(→ Widerstand).*

Literatur: Andolfi (1979); Andolfi, Angelo, Menghi, Nicolò-Corigliano (1983); Frankl (1960); Haley (1963); Papp (1980); Raskin u. Klein (1976); Selvini Palazzoli, Boscolo, Cecchin u. Prata (1975); Simon u. Rech-Simon (1998); Watzlawick, Weakland u. Fisch (1974).

Symptomwandel/Symptomverschiebung innerhalb der Familie
(symptom formation/symptom shift)

Aus familientherapeutischer Sicht haben (körperliche, psychische sowie Verhaltens-)Symptome sowohl eine individuelle als auch eine familiäre Bedeutung und/oder Funktion. Je stärker letzterer Aspekt vorherrscht, um so eher ist zu erwarten, daß bei unveränderter Familienstruktur das

Verschwinden oder der Wandel des Symptoms eines Mitglieds zu Symptombildungen bei anderen Mitgliedern führen.

Zunächst waren es Allgemeinmediziner (vgl. R. Kellner 1963), denen auffiel, daß Symptome in Familien offenbar »herumgereicht werden können«: Verliert die Tochter ihre Arbeitshemmung, wird die Mutter depressiv; hört der Sohn mit dem Drogenmißbrauch auf, beginnt der Vater zu trinken, usw. Für diese Art des familienweiten Symptomwandels bzw. der Symptomverschiebung gibt es unterschiedliche, sich zum Teil jedoch gegenseitig stützende Erklärungen. Nathan Ackerman etwa verwies auf die Verzahnung der Pathologie (interlocking pathology) in Familienbeziehungen. Ivan Boszormenyi-Nagy sah das Entstehen und Vergehen von Symptomen innerhalb einer Mehrgenerationenperspektive, worin sich symptomatisches Verhalten (auch) als Folge und Ausdruck einer verborgenen → *Loyalität* zeige. Paul Watzlawick und seine Mitarbeiter hoben hervor, daß ein solches Herumreichen bzw. Verschieben von Symptomen immer dann zu erwarten sei, wenn ein fälliger Wandel zweiter Ordnung *(→ Wandel/Veränderung erster und zweiter Ordnung)* ausbleibe. Nach Helm Stierlin lassen sich wichtige → *Delegationen* – also auch solche zum Übernehmen von Symptomen – jeweils von verschiedenen Familienmitgliedern ausführen. Wichtig erscheint hier vor allem der Gesichtspunkt der → *Bindung:* Das Vorliegen einer starken Bindung verhindert das Erreichen eines fälligen Niveaus der familienweiten *bezogenen → Individuation.* Versucht ein gebundener Symptomträger, sich aus einer solchen Familie zu befreien, dann wird zwangsläufig der Druck auf ein anderes Mitglied zunehmen, das nun von diesem Symptomträger gleichsam das Staffelholz übernimmt, d.h. nunmehr selbst Symptome entwickelt. Solch starke Bindung kann auch dann zur Wirkung kommen, wenn die betreffenden Familien- bzw. Systemmitglieder räumlich voneinander getrennt sind. Dem entspricht die Beobachtung, welche die Psychoanalytikerin C. Schöttler (1981, S. 131) an schwer psychosomatisch kranken Patienten machte. »Am Ende der zweiten und während der dritten Behandlungsphase, d.h. nach zwei bis drei Jahren, verschwindet in der Regel das psychosomatische Leitsymptom. Für gelungene Abgrenzung und fortgeschrittene Individuation spricht, daß die Patienten den Versuch aufgeben, ihren eigenen Müttern die fehlende Mutter zu ersetzen. Zu diesem Zeitpunkt erkrankte eine große Anzahl der Angehörigen meiner Patienten schwer. Anfänglich waren es nur die Mütter, später auch die Väter, Geschwister und Partner. Dies ist um so auffälliger, als bis auf einen Patienten alle seit Beginn der Therapie räumlich von ihren Ursprungsfamilien getrennt lebten.«

Der beschriebene Tatbestand des Symptomwandels bzw. der Symptomverschiebung wirft – bislang noch schwer zu beantwortende – Fragen hinsichtlich der Angemessenheit, Effizienz und Bewertung vor allem einzeltherapeutischer Ansätze und/oder Erfolge auf. Zweifellos läßt sich sagen, daß in vielen sich zunächst als verstrickt gebunden darstellenden Beziehungssystemen die »Individuation des einen auch die Individuation des anderen« anstoßen kann, daß dies aber nicht immer der Fall ist. Entgegen ihrer ursprünglichen Annahme konnten etwa Weber und Stierlin bei 64 von ihnen behandelten und katamnestisch nachuntersuchten Familien mit anorektischen Mädchen nur in wenigen Fällen nach Verschwinden der anorektischen Symptomatik bei anderen Familienmitgliedern wie Eltern und Geschwistern ein Neuauftreten symptomatischen Verhaltens beobachten.

Literatur: Ackerman (1958); Boszormenyi-Nagy u. Spark (1973); Jackson (1966); Kellner (1963); Schöttler (1981); Stierlin (1978); Watzlawick, Weakland u. Fisch (1974); Weber u. Stierlin (1989).

Synergetik
(synergetics)

(von griech. synergein = zusammenarbeiten)

Forschungsgebiet, das sich mit der Bildung von Strukturen in komplexen Systemen befaßt. Man könnte die Synergetik als Theorie des selbstorganisierten Zusammenwirkens bezeichnen.

Die Synergetik wurde von dem Physiker Hermann Haken als interdisziplinärer Ansatz entwickelt, der seine Anwendungsfelder in der Physik, der Chemie, Biologie, Computerwissenschaft, Sozialwissenschaften, den Wirtschaftswissenschaften und der Wissenschaftstheorie hat. »... die spontane Entstehung geordneter Strukturen in offenen Systemen (ist) kein Einzelfall, sondern ist in Natur und Technik weiter verbreitet. Dies führte mich ... dazu, ein interdisziplinäres Forschungsgebiet zu begründen, das ich Synergetik nannte und das sich als erstes der systematischen Behandlung derartiger Übergänge von mikroskopischem Chaos zu makroskopischer Ordnung widmete. Wie die ... Theorie zeigte, wird die Ordnung in den verschiedenen Systemen durch ganz bestimmte Veränderliche, die sogenannten Ordner, bestimmt. Im Beispiel des Laserlichts ist die Lichtwelle ein solcher Ordner. Diese kann die Bewegung der Elektronen in den Atomen in ihren Bann zwingen, ... sie versklavt die Atome. Umgekehrt kommt das Lichtfeld erst durch die Lichtausstrahlung der Atome zustande, so daß wir eine zirkuläre Kausalität vor uns haben. Das Verhalten des einen bedingt das Verhalten des andern.« (Haken 1988, S. 67 f.)

Die Ordnungsparameter und das Versklavungsprinzip sind wichtige Schlüsselbegriffe der Synergetik. Nach dem Versklavungsprinzip der Synergetik wird das Verhalten der einzelnen Systemelemente durch wenige Ordnungsparameter bestimmt, die die Freiheitsgrade des Systems drastisch reduzieren. Die Ordnungsparameter werden als langsam veränderliche

Größen verstanden, die von ihnen kontrollierten Elemente dagegen als schnell veränderlich. Ordnungsparameter können sich auch neu entwickeln und zu Instabilitäten (sogenannten Nichtgleichgewichtsphasenübergängen) führen, die dann in eine neue Struktur umschlagen können. Trotz der statisch klingenden Schlüsselbegriffe ist die Synergetik eine Theorie dynamischer Systeme, die z.B. in der Soziologie auf die Modellierung revolutionärer Veränderungen und ihrer Neustrukturierung oder in der Ökonomie auf Konjunkturschwankungen angewandt wird.

Im Bereich einer systemischen Psychosomatik erweist sich der Synergieeffekt sowohl von Risiko- als auch von salutogenen Faktoren *(→ Salutogenese)* als bedeutsam. Mit Blick etwa auf die Ausbreitung eines Bronchialkarzinoms hat das Zusammenwirken verschiedener Risikofaktoren wie starkes Zigarettenrauchen, Vorschädigungen der Lunge durch eine chronische Bronchitis, erbliche Belastung sowie bestimmte Faktoren von Streß nicht nur einen additiven, sondern einen potenzierenden Effekt.

Literatur: Haken (1981, 1984, 1988); Kriz (1992); Stierlin u. Grossarth-Maticek (1998).

Syntax/Syntaktik
(syntax/syntactics)

(von griech. syn = zusammen; syntattein = zusammenstellen, arrangieren)

Der Begriff Syntax bezeichnet die Menge aller formalen Regeln, die für eine Sprache oder ein Zeichensystem gelten. Die Syntaxtheorie (Syntaktik) befaßt sich als Teilgebiet der → *Semiotik* mit der Beziehung der Zeichen zueinander.

Die Syntax einer Sprache oder eines Zeichensystems legt fest, wie bestimmte Zeichen miteinander verknüpft werden können und wie ihre Beziehung zueinander definiert ist. Sie bestimmt die Struktur des Zeichensystems. Da alle Kommunikationsprozesse an die Verarbeitung von Zeichen gebunden sind, fließt diese Struktur zwangsläufig in den Kommunikationsprozeß ein. Die Beziehung zwischen Struktur und Prozeß ist jedoch dialektisch, beide bedingen sich gegenseitig *(→ Organisation/Funktion/Struktur/Prozeß).* Da auch die jede Erkenntnis ermöglichenden Wahrnehmungen auf irgendeine Art und Weise in Form von Zeichen gespeichert werden, verbinden sich Fragen der → *Epistemologie* auch eng mit Fragen nach der einem jeweiligen Modell der Welt zugrundeliegenden Syntax. Diesen Fragen widmet sich vor allem die → *Psycholinguistik.* Für die Familientheorie und -therapie gewinnen sie zunehmend an Bedeutung *(→ Kommunikationstheorie, → Pragmatik, → Semantik).*

Literatur: Bandler u. Grinder (1975); Chomsky (1965); Grinder u. Bandler (1976); Morris (1938).

System/Systemtheorie (system/systems theory)

(von griech. systema = Zusammengesetztes)

In allgemeinster Definition ist ein »System« eine aus irgendwelchen Elementen (materieller oder geistiger Art) geordnet zusammengesetzte Einheit. Die einzelnen Systemwissenschaften befassen sich jeweils mit unterschiedlichen – bzw. unter unterschiedlichen Blickwinkeln gesehenen – zusammengesetzten Einheiten und Arten von Elementen. Sowohl die allgemeine Systemtheorie als auch die → *Kybernetik* beschäftigen sich mit den Funktionen und strukturellen Gesetzmäßigkeiten, die für alle Systeme – unabhängig von ihrer materiellen Beschaffenheit – gelten. Allen systemtheoretischen Überlegungen liegt die Erkenntnis zugrunde, daß ein System in seiner Ganzheit sich qualitativ neu und anders verhält als die Summe seiner isoliert betrachteten Einzelelemente. In der Geschichte der Systemtheorie lassen sich zwei – für die Familientherapie relevante – unterschiedliche Ansätze erkennen. Die ältere Systemtheorie orientierte sich an der Unterscheidung Teil/Ganzes und richtete ihre Aufmerksamkeit auf die Organisation der Interaktion zwischen den Elementen. Die neuere Systemtheorie folgt der Leitunterscheidung System/Umwelt. Ihr Interesse gilt den Prozessen, die zur Unterscheidung zwischen Systemen und ihren Umwelten führen. Dabei handelt es sich in der Regel um autopoietische Systeme *(→ Autopoiese)*.

Die kybernetische Systemtheorie liefert einen abstrakten Rahmen für die Betrachtung dynamischer Systeme. Ihre Grundlage war die Regelungstechnik, deren Gesetzmäßigkeiten sich nicht nur für technische Systeme als gültig erwiesen. Vor allem im Bereich der Biologie ließ sich eine Vielzahl von Regelungsstrukturen erkennen. Allerdings zeigten sich biologische wie auch gesellschaftliche Systeme ungleich komplexer als technische Systeme. Diese Komplexität ließ sich nur mit Hilfe abstrakter mathematischer Methoden (meist mengentheoretische Formulierungen) bewältigen. Ein abstrakter Systembegriff, wie er von S. Kleene (1956) entwickelt wurde, läßt sich auf alle Wirklichkeitsbereiche anwenden: Demnach ist unter einem »System von Objekten eine nicht leere Menge, eine Klasse oder ein Bereich (oder möglicherweise auch mehrere solcher Mengen) von Objekten zu verstehen, zwischen denen gewisse Relationen bestehen« (zit. nach Klaus und Liebscher 1967, S. 806). Ein derart abstrakter Systembegriff erlaubt es, alle Ganzheiten, die einander → *isomorph* sind, wie ein und dasselbe System zu betrachten. Die Gesamtheit der Relationen eines solchen Systems bezeichnet man gewöhnlich als dessen Struktur *(→ Organisation/Funktion/Struktur/Prozeß).* Die Anwendung systemtheoretischer Konzepte ist eine Form der *→ Abstraktion,* d.h. der Anwendung von Modellen. Inwieweit das modellierte System die realen Prozesse spiegelt, hängt davon ab, ob die systemtheoretischen Begriffsbildungen und Aussagen den realen Eigenschaften, Beziehungen und Sachverhalten entsprechen. Die verschiedenen Einzelerkenntnisse der Systemtheorie sind bislang noch nicht schlüssig zu einer Gesamtkonzeption integriert worden, obwohl Versuche zur Entwicklung einer »allgemeinen Systemtheorie« gemacht wurden (vgl. v. Bertalanffy 1968).

In der Anfangszeit der Anwendung systemtheoretischer Konzepte wurde nun die Familie als Ganzheit, als zusammengesetzte Einheit, betrachtet. Dementsprechend ergab sich eine *→ Hierarchie* der Systeme, je nachdem, was als Ganzes und was als Teil betrachtet wurde. Die herkömmliche Psychologie betrachtete das Individuum als Ganzheit, dessen seelische Abläufe, Instanzen usw. als Teile. Innerhalb einer systemischen Familientherapie wurde daher das Individuum als Teil des übergeordneten Systems Familie betrachtet. Eine solche Sicht ändert die Erklärungsmodelle für individuelles Verhalten. Dieses bestimmte sich nicht mehr unabhängig von den Bedingungen der Umwelt aufgrund intrapsychischer Abläufe und Motive, sondern stand in Wechselbeziehung mit den Interaktionspartnern. Individuum und Familie wurden als Systeme angesehen, die zueinander in einer hierarchischen Beziehung stehen.

Die neuere Systemtheorie, die für den Bereich sozialer Systeme vor allem von Niklas Luhmann vertreten wird, sieht im Organismus des einzelnen Familienmitglieds, seiner Psyche und seinen familiären Kommunikationsmustern autonome Systeme, die gegeneinander abgegrenzt sind und füreinander Umwelten darstellen. Jedes dieser Systeme ist in seinem Verhalten durch seine internen Strukturen und Prozesse bestimmt, die jeweiligen Umwelten begrenzen lediglich den Freiraum für das derart innengesteuerte Verhalten. In diesem Modell sind psychische Prozesse stets nur durch psychische Prozesse und Strukturen zu erklären, biologische Prozesse durch biologische Prozesse und soziale Prozesse durch soziale Prozesse. Sie sind *→ operational geschlossen,* es gibt keine geradlinige Kausalität *(→ instruktive Interaktion).* Dieses Modell ist eine Ausweitung des ursprünglich in der Biologie von Humberto Maturana entwickelten Konzeptes der *→ Autopoiese.*

Der Vorteil dieses an der System/Umwelt-Unterscheidung orientierten Modells ist, daß es weitergehende Komplexitätsreduktionen erlaubt als die an der Teil/Ganzes-Unterscheidung orientierte Systemtheorie. Wenn man z.B. die Psyche eines Familienmitgliedes als Element der Familie betrachtet, so steigt die *→ Komplexität* der Familie unverhältnismäßig stark, da ihre Elemente bereits hochkomplex sind. In dem von Luhmann vorgeschlagenen System kann hingegen die Familie als System weniger komplex sein als die psychischen Systeme oder die Körper (biologische Systeme) ihrer Mitglieder. Sie kann bzw. ihre Kommunikation kann einfachen Regeln folgen, während ihre Umwelten (Psyche oder Körper der Mitglieder) höchst komplizierten Regeln folgen. Diese neue Konzeptualisierung der Systemtheorie hat auch Konsequenzen für die Unterscheidung zwischen »offenen« und »geschlossenen« Systemen. In der traditionellen Betrachtungsweise gab es nicht nur energetisch offene und geschlossene Systeme (d.h. Systeme, die in einem Energieaustausch mit ihrer Umwelt stehen oder eben auch nicht), sondern auch informationell offene und geschlossene Systeme. Demnach sollte es Systeme geben, die → *Informationen* aus der Umwelt aufnehmen und an sie abgeben, und andere, die dies nicht tun. Das Interesse galt daher Input/Output-Relationen. In der neueren Systemtheorie, die sich vom Autopoiese-Modell ableitet, gibt es keine informationell offenen Systeme und keine deterministischen Input-Output-Relationen. Information ist ein Phänomen, das systemintern als Reaktion auf → *Perturbationen* durch Umweltereignisse entsteht. Interne Operationen schließen immer an interne Operationen an; das System ist »operational geschlossen«. In bezug auf die jeweiligen Umwelten braucht man sich nur Gedanken zu machen, wann und wo sie die Freiheitsgrade des autonomen Systems einschränken.

Literatur: v. Bertalanffy (1932, 1950, 1968); Buckley (1967, 1968); Duncan (1984); Engel (1977, 1980); Emery (Hrsg.) (1969); v. Foerster (1974a, b); Fraser (1984); Gray, Duhl u. Rizzo (Hrsg.) (1969); Hill (1971); Keeney (1982, 1983); Kerr (1981); Klaus u. Liebscher (1967, 1974); Kleene (1956); Koehler (1974); Luhmann (1984, 1997); Maturana u. Varela (1975, 1987); Miller (1971, 1978); Simon (1998, 1990, 1995); Stanton (1984); Varela, Maturana u. Uribe (1974); Wertheim (1982); Wilden (1972); Willke (1982, 1994).

Systemdiagnose
(systems diagnosis)

Die Systemdiagnose beschreibt relevante Funktionen und Interaktionsregeln eines Systems. Von besonderer Bedeutung sind dabei Systemgrenzen und die Art der Innen-Außen-Unterscheidung.

Salvador Minuchin (1977) definiert zur Beurteilung eines Familiensystems sechs Dimensionen: (1) die bevorzugten transaktionellen Muster, (2) die Flexibilität und Kapazität des Systems, die sich vor allem in der Beweglichkeit von Allianzen und Koalitionen, also von Subsystembildungen, ausdrückt, (3) die Resonanz, d.h. die Aufmerksamkeit der Familienmitglieder füreinander, (4) den Lebenskontext, womit vor allem Ressourcen und Belastungen in der Familie gemeint sind, (5) die augenblickliche Entwicklungsstufe der Familie und die Frage, wieweit die dieser Stufe entsprechenden Aufgaben erfüllt werden, und (6) die Bedeutung des Symptoms für die Aufrechterhaltung der bevorzugten transaktionellen Muster.

Eher pathologieorientierte Klassifikationen versuchen, in Anlehnung an die auf der Persönlichkeitsebene betriebene Strukturdiagnostik das Strukturniveau einer Familie und damit deren Störungsgrad zu bestimmen. Implizit sind solchen Modellen immer Vorstellungen von Gesundheit und Funktionalität eines familiären Systems. Das Modell von → *Beavers* etwa definiert eine solche Struktur, bei der vor allem die innerfamiliären Grenzen ein zentrales Definitionskriterium bilden.

Auf der Basis empirischer Studien hat Joraschky (1995) die Offenheit gegenüber der Außenwelt, die Affektregulation und die familiäre Kohäsion als zentrale Systemparameter vorgeschlagen. Auch in diesen Merkmalen sind explizit Gesundheits- bzw. Funktionalitätsbewertungen enthalten. (1) Offenheit bzw. deren Fehlen wird dann als pathologisch bewertet, wenn entweder eine rigide Abkapselung vorherrscht oder wenn ausschließlich individuelle Außenkontakte gepflegt werden. (2) Als pathologische Affektregulation gelten auf dem einen Pol eine starke Affektlosigkeit und Überkontrolliertheit, auf dem anderen Pol affektive Unkontrollierbarkeit und Impulsdurchbrüche. (3) Die familiäre Kohäsion wird auf fünf Dimensionen beurteilt, deren gemeinsamer Nenner die Regulation von Grenzen ist: die Starrheit der Beziehungsstruktur, die Normenrigidität, bindende Familienregeln, Familiengeheimnisse und der funktionale Zusammenhalt des Systems.

Fritz B. Simon und Arnold Retzer (1998) haben unter dem Titel »Therapeutische Schnittmuster« ein systemtheoretisches Diagnose-Schema vorgestellt, dessen Ausgangspunkt die Unterscheidung von Plus- und Minussymptomen ist. Sie unterscheiden dabei vor allem den Kontext der Symptome, die Zuordnung zu Organismus, Psyche oder sozialem System, bisherige Lösungsversuche und die formale und zeitliche → *Konfliktorganisation*.

Insgesamt ist die Entwicklung bewährter systemdiagnostischer Instrumente noch nicht weit vorangeschritten. Bislang liegen keine von Familientherapeuten allgemein anerkannte diagnostische Verfahren vor.

Literatur: Joraschky (1996); Simon u. Retzer (1998).

systemische Therapie
(systemic therapy)

Form der Familientherapie, die sich konsequent von einem → *kybernetischen* Verständnis der Familienbeziehungen herleitet. Eine spezielle Interviewtechnik *(→ zirkuläres Fragen)* ermöglicht die Bildung dynamischer Hypothesen *(→ Hypothesenbildung)* über die interaktionellen und kommunikativen Voraussetzungen und Funktionen familiärer Probleme und stellt zugleich die individuelle und familiäre → *Epistemologie* in Frage. Indem die Therapeuten sich neutral verhalten, wahren sie gegenüber der Familie eine Außenperspektive *(→ Neutralität)*.

Die systemische Therapie – auch als »Mailänder Modell« bekannt – wurde ursprünglich von der Gruppe um Mara Selvini Palazzoli (1975, 1980) entwickelt. Sie basiert auf den Arbeiten Gregory Batesons (1972) sowie der von Paul Watzlawick et al. (1967, 1974) dargestellten → *Kommunikations*theorie. Die Familie wird konsequent als ein sich selbst organisierendes kybernetisches System gesehen, in dem alle Elemente vernetzt sind und das angebotene Problem Systemfunktionen erfüllt. Der soziale Kontext – zum Beispiel die überweisenden sozialen Institutionen oder Ärzte sowie das Therapeutenteam selbst – werden von Anfang an als möglicherweise bedeutsame Systemelemente in die therapeutischen Überlegungen einbezogen. Die Therapie beginnt mit der Erstellung von Hypothesen darüber, wie und wozu die Familie sich gerade an diese therapeutische Institution wendet, welche Erwartungen sie mitbringt, welche Ziele sie hegt und wie diese sich auf deren innerfamiliäre Struktur bzw. die dargebotenen Probleme beziehen. Die Hypothesen werden durch → *zirkuläres Fragen* auf ihre therapeutische Nützlichkeit hin überprüft, bestätigt oder verändert. In diesem Prozeß versuchen die Therapeuten, ein Bild der familiären → *Epistemologie* zu gewinnen und diese, falls nötig, zu verändern. Voraussetzung dafür ist die → *Neutralität* der Therapeuten. Sie bedeutet, daß sie gegenüber den familiären Interaktionsmustern in der Außenperspektive bleiben. Dies wird durch ein spezielles Behandlungssetting erleichtert, bei dem ein Teil des Teams mit der Familie arbeitet, ein anderer Teil die Sitzung hinter der Einwegscheibe verfolgt. Damit ist es der Familie erschwert, den Therapeuten zum Mitagieren zu verführen. Außerdem wird ein Unterschied der Ebenen signalisiert, der die hierarchisch übergeordnete Expertenrolle des Therapeuten festschreibt. Auf der Basis dieser Rolle kann er die familiären → *Muster* »stören« *(→ Perturbation)* und zur Bildung neuer Informationen anregen, neue Verhaltensmöglichkeiten offenlegen und legitimieren, → *Umdeutungen* vornehmen, → *Symptomverschreibungen* geben und einzelne Verhaltensweisen auf eine der familiären Epistemologie zuwiderlaufende Art und Weise bewerten *(→ positive Konnotation)*. Insgesamt wird eine Veränderung der familiären Struktur und Epistemologie im Sinne eines → *Wandels* zweiter Ordnung erstrebt. Diesem Ziel entspricht, daß der Therapeut der Familie die Initiative, Aktivität und Verantwortung für Änderung oder Nichtänderung des familiären Verhaltens systematisch zurückgibt. Er beschränkt die → *Sitzungsfrequenz* auf eine Sitzung etwa alle vier Wochen und gibt der Familie im Intervall Zeit zur Veränderung. Im Durchschnitt kommt es zu nicht mehr als zehn Sitzungen, deren Dauer jedoch variiert.

Systemische Therapie wurde zunächst von den meisten Therapeuten nur als Familientherapie durchgeführt. Eine Ausnahme war das strategische Vorgehen der Palo-Alto-Gruppe (Watzlawick et al. 1975, Fisch et al. 1982), die sich allerdings mehr auf die individuellen Problemlösungsmuster und weniger auf die familiäre Dynamik konzentrierten. Systemische Therapie ist nicht auf die Behandlung von Familien beschränkt, sondern läßt sich auch als Einzeltherapie durchführen. Die systemische Einzeltherapie ist primär eine Variante des Settings, nicht der Behandlungsprinzipien. Die systemische Einzeltherapie bleibt eine »Familientherapie ohne Familie« (Weiss und Haertel-Weiss 1988). Das Interesse des Therapeuten konzentriert sich also nicht auf die intrapsychische Dynamik, sondern auf die Beziehungsdynamik. Allerdings haben Luigi Boscolo und Paolo Bertrando (1997) in ihrem Verständnis von Einzeltherapie wieder stärker psychodynamische Überlegungen ins Spiel gebracht. Fast alle therapeutischen Techniken, gerade das zirkuläre Fragen, sind auch in der Einzeltherapie anwendbar. Die relevanten abwesenden Familienmitglieder werden von manchen Therapeuten durch symbolische Gegenstände (leere Stühle, Kissen, Schuhe) ersetzt. Auch so kann der Therapeut seine Neutralität und Außenperspektive gewährleisten. Auch das in Familientherapien bewährte zeitliche Format (wenige längere Sitzungen mit größeren Zeitabständen) läßt sich auf die Einzeltherapien übertragen.

Literatur: Bateson (1972); Boscolo u. Bertrando (1997); Ludewig (1987, 1992); MacKinnon (1984); Mücke (1998); Penn (1982); Pirrotta (1984); Reiter, Brunner u. Reiter-Theil (1997); v. Schlippe u. Schweitzer (1996); Selvini Palazzoli (1978, 1980); Selvini Palazzoli, Boscolo, Cecchin u. Prata (1975, 1977, 1979, 1980 a, b); Selvini Palazzoli u. Prata (1982, 1983); Stanton (1981a, b); Stierlin (1988); Tomm (1984 a, b, 1996); Watzlawick, Beavin u. Jackson (1967); Watzlawick, Weakland u. Fisch (1974); Weber u. Simon (1987); Weiss u. Haertel-Weiss (1991).

Teamarbeit/Ko-Therapie
(team work/cotherapy)

Teamarbeit hat sich in der Familientherapie besonders bewährt. Dafür gibt es vor allem drei Gründe: Einmal fallen bei der Beobachtung einer Familie zahllose Informationen an, die aufzunehmen und zu verarbeiten eine Person allein oft überfordert; zum zweiten erleichtert ein Team die direkte Supervision bzw. Beobachtung der Therapeut/Familien-Interaktion durch die Einwegscheibe; drittens ist es in einem Team viel einfacher, komplementäre Rollen zu übernehmen *(→ Splitting),* die innerfamiliäre Unterschiede beleuchten und so Veränderungen ermöglichen.

Die Bewältigung der Informationsflut ist für Familientherapeuten aller theoretischen Ausrichtungen ein zentrales Problem. Als eine Möglichkeit zu seiner Lösung bietet sich die Ko-Therapie an. Deren Durchführung gestaltet sich jedoch unterschiedlich: Mehr an psychoanalytischen Konzepten orientierte Familientherapeuten bevorzugen sie, um (etwa durch Einbringen eines männlichen und eines weiblichen Therapeuten) Übertragungsprozesse besser vorgeben und unter Kontrolle halten zu können. In der → *symbolisch-experientiellen Familientherapie* von Carl Whitaker, die meist mit zwei Therapeuten arbeitet, ermöglicht die Ko-Therapie das Spiel zwischen Solidarität mit der Familie und humorvoller Distanz zu den Familienregeln, indem ein Therapeut eher die Solidarität und Stützung, der andere die Distanz übernimmt. Anhänger der → *systemischen Therapie* wählen dagegen eher ein Setting, bei dem das Therapeutenteam arbeitsteilig vorgeht: Ein Teil des Teams arbeitet mit der Familie, ein anderer beobachtet die Familie und ihre Interaktionen mit dem/den Therapeuten hinter der Einwegscheibe. Obwohl auch der Therapeut die Familie von einer Außenperspektive zu beobachten und zu beurteilen versucht, bleibt ihm die → *Neutralität* im üblichen Setting erschwert: Er wird zwangsläufig in die familiären Interaktionen einbezogen, vielfältigen → *Übertragungs- und Gegenübertragungs*prozessen ausgesetzt, gleichsam zu einem Bestandteil des familiären Systems, zum Mitspieler, gemacht. Die Teammitglieder hinter der Scheibe vermögen nun zu beobachten, wieweit all diese Prozesse mit der Familie und wieweit sie mit dem/den Therapeuten zu tun haben.

Allerdings lassen sich bis heute kaum feste Regeln für eine Teamarbeit aufstellen. Wer bislang allein gearbeitet hat, dürfte sie eher als belastend empfinden: Er wird sich voraussichtlich kontrolliert und eingeengt fühlen. Wo dagegen ein eingespieltes Team vertrauensvoll und ohne miteinander zu konkurrieren zusammenarbeitet, erscheinen für alle Beteiligten Entlastung und Informationsgewinn groß.

Bei bestimmten, sich aus der Familientheorie ableitenden Interventionsformen erscheint eine Einzeltherapie nahezu unmöglich, so etwa bei der → *Krisen-Familientherapie,* der → *Netzwerk-Therapie* und der → *multiple impact therapy.*

Mit dem Team-Ansatz lassen sich alle möglichen kreativen Variationen realisieren. Ein solches Beispiel ist der »Pick-a-Dali Circus«-Ansatz von Judith Landau und M. Duncan Stanton (1983), in dem ein Therapeutenteam im selben Raum wie die Familie ist. Einzelne Teammitglieder identifizieren sich mit unterschiedlichen Koalitionen und Positionen innerhalb der Familie. Lediglich ein Teammitglied ist als Therapeut definiert. Durch verschiedene Techniken akzentuieren die Therapeuten die Konfliktlinien innerhalb der Familie, indem sie sie übertreiben, indem sie Lösungen vorschlagen oder sich untereinander streiten. So kann es zu produktiven Veränderungen innerhalb der Familie kommen. Einen anderen Ansatz beschreibt Marcia Sheinberg (1985), die eine Debatte innerhalb des Therapeutenteams inszeniert, die dem problematischen familiären Muster isomorph ist. Dies wird dann der Familie als Dilemma vorgestellt. Auf diese Weise bekommt die Familie eine Außenperspektive auf ihr eigenes Problem.

Es ist verschiedentlich gesagt worden, daß Teamtherapien schneller und effektiver seien als Therapien mit nur einem Therapeuten. Wieweit allerdings der erhöhte Personalaufwand damit kompensiert wird, ist noch nicht systematisch untersucht worden *(→ Splitting)*.

Literatur: Brennlin u. Cade (1981); Cornwell u. Pearson (1981); Landau u. Stanton (1983); Montalvo (1973); Sheinberg (1985); Stierlin, Rücker-Embden, Wetzel u. Wirsching (1977); Whiffen u. Byng-Hall (Hrsg.) (1982); Whitaker (1978).

Trauer/operative Trauer (mourning/operational mourning)

Trauerprozesse bilden die Grundlage der emotionalen Verarbeitung von Verlusten und Trennungen. Ihre Blockierung und Verleugnung haben zentrale Bedeutung für die Entstehung pathologischer familiärer Reaktionen. Für eine im Rahmen einer Therapie ermöglichte »korrigierende Trauererfahrung« hat Norman Paul den Begriff der »operativen Trauer« eingeführt. Diese Erfahrung vermag jene Blockade familiärer Entwicklungsprozesse zu lösen, die Ausdruck und Folge nicht-abgeschlossener, »steckengebliebener« Trauerprozesse ist. Paul geht davon aus, daß die Verleugnung der mit dem Tod oder auch – so oder so bedingten – Ausschluß eines nahen Angehörigen verbundenen schmerzlichen Gefühle über mehrere Generationen hinweg zur Wirkung kommt. Statt den Verlust zu verarbeiten und die Familie dementsprechend neu zu strukturieren, sorgt man lediglich für Ersatz des verlorenen Objekts. Meist unterliegt der spätere → *Indexpatient* der → *Delegation,* die Familie über den Tod einer nahestehenden Person hinwegzutrösten. Im Rahmen einer symbiotischen Beziehung erhält sich somit ein pathologisch fixiertes → *Gleichgewicht,* bei dem Identitätsbildung und familiäre Ko-Individuation *(→ Individuation/bezogene Individuation)* gestört sind.

Bereits Sigmund Freud (1917, 1926) verwies auf Trauer und Angst vor Trennung als wesentliche und kritische Faktoren in der menschlichen Entwicklung; vor allem die Arbeiten John Bowlbys (1960, 1961 a, b, 1973) und E. Lindemanns (1944) bestätigten in der Folge die Wichtigkeit der affektiven Verarbeitung des Verlustes und der Trennung vom geliebten Objekt. Gestützt auf die Erkenntnisse dieser und anderer Autoren, mißt Norman Paul (1967) der Verdrängung von Trauerreaktionen zentrale Bedeutung für die Erhaltung einer pathologischen Homöostase in Familiensystemen bei.

Besonders in Familien mit psychotischen, aber auch in solchen mit neurotischen Patienten sah er nicht-vollzogene Trauer als Hintergrund und wesentliches Element gestörter Individuation (Paul u. Grosser 1965, Paul u. Paul 1975, Paul 1978).

Die sich aus dieser Überlegung ableitende therapeutische Technik zielt darauf ab, die blockierten Trauerprozesse im Rahmen gemeinsamer Sitzungen oder Tätigkeiten zu forcieren. Der Therapeut versucht das Ausdrücken der mit den jeweiligen Verlusten verbundenen Gefühle zu stimulieren – auch wenn diese Verluste teilweise schon Jahrzehnte zurückliegen. Kinder werden dabei häufig zum erstenmal Zeugen intensiver Gefühlsäußerungen ihrer Eltern. So entsteht familienweit ein Gefühl affektiver Verbundenheit und Kontinuität. Der Therapeut bestätigt den Familienmitgliedern, daß die erlebten Trauergefühle normal sind, und wirkt damit der in der westlichen Zivilisation verankerten Verleugnung von Tod und Vergänglichkeit entgegen.

Die derart mobilisierten sowohl schmerzlichen als auch befreienden Gefühle schließen in der Regel solche von Wut und Feindseligkeit in bezug auf das verlorene Objekt ein. Dies hat Elisabeth Kübler-Ross (1969) als eine der Stufen im Trauerprozeß beschrieben. Einer ersten Phase des Verleugnens, Nicht-wahrhaben-Wollens und -Könnens folgen dieser Ärger und diese Wut. Der Versuch, doch noch etwas an der Tatsache zu ändern, mündet in Depression und schließlich in das Akzeptieren des Verlustes. In der Therapie erweist es sich, daß aufgrund des blockierten Trauerprozesses derartige aggressive Gefühle häufig auf andere Familienmitglieder gerichtet wurden. Dies läßt sich nun klären und bearbeiten. Auch Trennungs- und Verlustängste, die innerhalb der Familie zu extremer → *Bindung* beitragen können, lassen sich also in einem neuen Kontext angehen. Um die Loslösung und Individuation von verstorbenen Eltern zu ermöglichen, schlug Williamson (1978) vor, die Klienten zum Besuch des elterlichen Grabes aufzufordern, um so den Trauerprozeß abzuschließen.

Therapeutische Erfahrungen zeigen, daß Familien im Laufe des operativen Trauerns ähnliche Entwicklungen durchmachen, wie sie John Bowlby (1961 a) für Kinder während Trennungsphasen beschrieben hat. Durch Annahme des Verlustes und der damit verbundenen Gefühle befreit sich die Familie gleichsam von der Notwendigkeit, ständig gegen Veränderungen zu kämpfen. Auf der affektiven Ebene kommt es zu einer Veränderung der → *Epistemologie* der Familie; bezogene Individuation wird wieder möglich, und der die → *Ko-Evolution* aller Familienmitglieder behindernde homöostatische Mechanismus wird durchbrochen *(→ Homöostase).*

Ähnliche Mechanismen bestimmen den Prozeß der Trennung bei einer Scheidung *(→ Scheidungstherapie).*

Literatur: Boss, Caron, Horbal u. Mortimer (1990); Bowlby (1960, 1961 a, b, 1973); S. Freud (1917, 1926); Kübler-Ross (1969); Large (1989); Lindemann (1944); Paul (1967, 1978); Paul u. Grosser (1965); Paul u. Paul (1975); Pincus (1974 1978); Rolland (1990); Walsh u. McGoldrick (1991); Williamson (1978).

Triangulation/Dreiecksbildung (triangulation)

Erweiterung einer konflikthaften Zweierbeziehung um eine dritte Person (z. B. Kind, Therapeut), die den Konflikt verdeckt und/oder entschärft.

Murray Bowen (1976) beschrieb Dreiecksbeziehungen als »basalen Baustein jedes emotionalen Systems, sei dies in einer Familie oder irgendeiner anderen Gruppe« (S. 75 f.).

Im Konfliktfall geraten zwei Partner leicht in das Dilemma, daß entweder der eine siegt und der andere verliert oder die Beziehung auseinanderbricht. Unter diesen Umständen erweitern sich die Lösungsmöglichkeiten durch Hinzuziehung eines Dritten. Ein manifest unterlegener Partner etwa kann seine Niederlage durch ein Geheimbündnis mit einem Dritten kompensieren und dadurch innerhalb der Zweierbeziehung das Gleichgewicht wiederherstellen *(→ perverses Dreieck)*. Ein Konflikt läßt sich ferner vermeiden, wenn der Dritte (meist ein Kind) ein gemeinsames Problem liefert *(→ Sündenbock)* oder dazu → *delegiert* wird.

Salvador Minuchin beschrieb verschiedene Formen solcher pathologischer Dreiecksbildungen unter der Bezeichnung → *starre Triaden* (Minuchin et al. 1978). Er spricht im engeren Sinne von »Triangulation«, wenn Eltern, die sich in einem offenen oder verdeckten Konflikt befinden, versuchen, die Sympathie und Unterstützung des Kindes gegen den jeweils anderen Elternteil zu gewinnen. Dadurch gerät das Kind in einen intensiven Loyalitätskonflikt. Daneben beschreibt er Triaden, die der → *Konfliktumleitung* dienen. Neben pathologischen beschrieben Murray Bowen (1978) und Gerald Zuk (1971) auch therapeutisch wirksame Triangulationen: In diesen Fällen entlastet der Therapeut ein bislang trianguliertes Kind, indem er sich selbst in die elterliche Beziehung »hineintrianguliert«. Zuk benutzt die Möglichkeit, wechselnde → *Koalitionen* einzugehen, um durch einen Prozeß des »go-between« die Struktur des Systems zu ändern.

Anzumerken ist, daß der in der Familientherapie verwendete Triangulationsbegriff in seiner Bedeutung von der Verwendung in der Psychoanalyse abweicht, da er sich auf die Struktur und Funktion des Familiensystems und nicht auf die Entwicklung der individuellen psychischen Struktur bezieht.

Literatur: Bowen (1978); Haley (1967a, b); Hoffman (1981); Jackson (1967b); Kerr u. Bowen (1988a); Minuchin, Rosman u. Baker (1978); Zuk (1971).

triviale und nicht-triviale Maschinen
(trivial machines and non-trivial machines)

Trivial und nicht-trivial sind Merkmale von Input-Output-Verhältnissen. Bei einer trivialen Maschine lassen sich Input und Output einander eindeutig zuordnen. Ein bestimmter Input (»Ursache«) führt eindeutig zu einem bestimmten Output (»Wirkung«). Diese Relation ist nicht umkehrbar. Die Zuordnung ist eindeutig (homomorph), aber nicht eineindeutig (isomorph), d.h., von einem bestimmten Output kann – auch bei einer trivialen Maschine – nicht auf den Input rückgeschlossen werden. Nicht-triviale Maschinen sind durch eine eigendynamische Binnenstruktur charakterisiert, die bei einer Interaktion mit der Umwelt interne Operationen durchführt, so daß sich die Voraussetzungen für die Input-Output-Relation laufend ändern können.

Die Eigenschaften trivialer Maschinen faßt Heinz v. Foerster (1985) in vier Punkten zusammen: Sie sind: 1. synthetisch determiniert, 2. analytisch determinierbar, 3. vergangenheitsunabhängig, 4. voraussagbar.

Der Begriff »Maschine« ist leicht substantivistisch mißzuverstehen. Er bezeichnet die operative Funktionseinheit, die ein Input-Output-Verhältnis herstellt. Das kann auf eine reale Maschine (z.B. eine Schreibmaschine) zutreffen, die Funktionseinheit kann aber auch nicht direkt erkennbar sein. Foerster (1997) bringt folgendes Beispiel: Wenn jemand einen Stein in der Hand hält und die Hand öffnet, wird dieser Stein zu Boden fallen. Trivial ist hier nicht der Stein selbst, sondern das Verhältnis von Input (Hand öffnen) und Output (Stein fällt zu Boden). Als Erklärung für die Trivialität kann hier die Gravitation dienen. Das macht deutlich, daß die Trivialität nur in einem bestimmten Kontext gilt, im Beispiel also, sofern die Gravitation wirksam ist und keine anderen relevanten Bedingungen ins Spiel kommen. In der experimentellen Forschung entspricht die triviale Maschine somit Versuchsanordnungen, in denen die ceteris-paribus-Bedingungen kontrollierbar sind.

Bei nicht-trivialen Maschinen hängt die Input-Output-Relation von den inneren Zuständen und Prozessen der Maschine ab, die ihrerseits von vorangegangenen Operationen beeinflußt werden. Während triviale Maschinen nur einen inneren Zustand haben, haben nicht-triviale Maschinen mehrere Zustände, wobei es für den Beobachter in der Regel nicht erkennbar ist, in welchem Zustand die Maschine gerade arbeitet. Nicht-triviale Maschinen sind also nicht analytisch bestimmbar, sie sind vergangenheitsabhängig und nicht vorhersagbar.

Organismen, psychische und soziale Systeme können als nicht-trivial bezeichnet werden. Dies erklärt, warum traditionelle naturwissenschaftliche Methoden im Bereich der Psychotherapie und Familientherapie nicht anwendbar sind, da sie auf der Annahme beruhen, es mit trivialen »Maschinen« zu tun zu haben.

Literatur: v. Foerster (1985a, b, 1988a, b).

Übertragungs- und Gegenübertragungsphänomene in Familien
(transference and countertransference in family therapy)

Mit dem Begriffspaar Übertragung und Gegenübertragung schuf Sigmund Freud (1905, 1912) ein Instrument, das menschliche Beziehungen, Familienbeziehungen eingeschlossen, in einer neuen Weise zu erfassen vermochte. Die Begriffe gründen jedoch auf Beobachtungen in der analytischen Zweierbeziehung. Bei der direkten Betrachtung von Familienbeziehungen erweitert und verändert sich der psychoanalytische Übertragungsbegriff. Hier läßt sich zwischen *transfamiliärer* und *intrafamiliärer* Übertragung unterscheiden.

Von transfamiliärer (die Familiengrenzen überschreitender) Übertragung kann man sprechen, wenn Verhaltensmuster, Phantasien, Einstellungen, Erwartungen, Wahrnehmungen usw., die sich in frühen und nahen Beziehungen zu Mitgliedern der Herkunftsfamilie, vor allem zu den Eltern etabliert haben, in unangemessener Weise auf Außenstehende, d.h. nicht der Herkunftsfamilie angehörende Personen übertragen werden. Die Übertragung auf den Analytiker bzw. Therapeuten wurde bisher meist als die einzige therapeutisch relevante Übertragungsform diskutiert, ist in dieser Sicht aber nur eine Spielart der transfamiliären Übertragung.

Dagegen wird man es intrafamiliäre Übertragung nennen, wenn die Übertragungsgegebenheiten in unangemessener Weise innerhalb der Familie transferiert werden. Da hier in der Regel mindestens zwei Generationen beteiligt sind, ließe sich auch von transgenerationaler Übertragung sprechen. In der familientherapeutischen Arbeit lassen sich zwei Achsen intrafamiliärer Übertragung unterscheiden. Richtet sich die Übertragung von den Eltern auf das Kind, so wird es zur Zielscheibe von Phantasien, Attributen und Wahrnehmungen, die es nur zu oft einengen, ihm ein »falsches Selbst« oktroyieren, es unter Umständen → *parentifizieren.* In diesem Sinne spielt Übertragung bei der → *Delegation* eine Rolle. Die Übertragung kann sich aber auch vom Kind auf die Eltern richten: Noch im Erwachsenenalter überträgt es frühkindliche Einstellungen, Wahrnehmungen, Konfliktmuster usw. auf die Eltern, die ihnen nicht mehr gerecht werden. Es erlebt also seine Eltern noch immer als phantasieverformte Objekte seiner kindlichen Vorstellungswelt, sei es als böse Verfolger oder als präambivalent idealisierte Heroen, d.h., es vermag zwischen seinem Phantasiebild von den Eltern und den realen Eltern weiterhin nicht zu differenzieren. Darin zeigt sich ein Mangel an *bezogener → Individuation.*

In der Familientherapie hat der Interviewer sowohl auf transfamiliäre als auch auf intrafamiliäre Übertragung zu achten. Im großen und ganzen kommt jedoch der intrafamiliären Übertragung die größere Bedeutung zu. Deshalb bemüht sich der Interviewer, im Gegensatz zur analytischen Zweierbeziehung, weniger um das Verständnis und die Entfaltung einer komplexen Übertragungs- und Gegenübertragungsdynamik in Beziehung auf seine eigene Person als vielmehr um das Verständnis, die Entfaltung und Nutzbarmachung der intrafamiliären Übertragungsdynamik. Auch seine *→ Neutralität* bzw. *→ Allparteilichkeit* wirken transfamiliären Übertragungsprozessen entgegen. Soweit sie sich aber entwickeln, wird eine konsequent durchgehaltene *→ positive Konnotation* bewirken, daß sich diese Übertragungen überwiegend positiv gestalten.

Innerhalb des skizzierten Bezugsrahmens gewinnt auch der Begriff Gegenübertragung in der Familientherapie eine erweiterte und zum Teil neue Bedeutung. Er läßt sich jetzt auf Haltungen, Wahrnehmungen, »blinde Flecken« im Therapeuten anwenden, die ihm eine neutrale, faire, auf alle Familienmitglieder gerichtete empathische Haltung erschweren oder unmöglich machen.

Solche Gegenübertragungsprobleme des Therapeuten verweisen oft auf dessen Erfahrungen und ungelöste Probleme mit seiner eigenen Herkunftsfamilie *(→ Mehrgenerationenperspektive).* Von daher gewinnt die Arbeit an dieser Herkunftsfamilie einen Stellenwert, der sich mit dem einer Lehranalyse für die psychoanalytische Ausbildung vergleichen läßt.

Innerhalb einer systemischen Therapie spricht man häufig von einer Koppelung (des Therapeuten an die Familie oder der Familie an den Therapeuten), wo sich auch von einer intrafamiliären Übertragung sprechen ließe. Der Begriff »Koppelung« hat den Vorteil (oder auch Nachteil), daß er weniger psychoanalytisch-theoriebelastet ist.

Literatur: Canevaro (1980); Ferenczi (1909); S. Freud (1905, 1912); Stierlin (1977).

Umdeutung
(reframing)

Die in therapeutischer Absicht in Gang gesetzte Veränderung des inneren (Bezugs-)Rahmens bzw. des inneren Modells eines Patienten und/oder einer Familie *(→ Paradigma/innere Landkarte/Modell).* An diesem Rahmen (engl. frame) orientieren sich das jeweilige Verhalten, Fühlen und Denken. Er läßt sich mit den Regeln eines Spiels oder mit einem *→ Code* vergleichen, der es ermöglicht, aus allen Ereignissen, die innerhalb seiner Grenzen ablaufen, Informationen zu schöpfen und sie zu einem Muster zusammenzufügen (vgl. Goffman 1974, S. 7). Wird er umgedeutet, dann läßt sich auch eine Änderung des Befindens und Verhaltens erwarten.

Die Methode der Umdeutung wird unter anderem in der → *strukturellen Therapie*, → *Kommunikationstherapie*, → *Hypnotherapie* und beim → *neurolinguistischen Programmieren* bewußt verwendet. Es stellt sich allerdings die Frage, ob nicht die Wirksamkeit *aller* psychotherapeutischen Verfahren, einschließlich derer, die Einsichtsgewinn und Durcharbeiten betonen, letztlich auf der Veränderung »innerer Landkarten« beruht. Bei den Interventionen, die auf solche Veränderungen abzielen, kann man zwischen dekonstruierenden (alte Zusammenhänge auflösenden) und re-konstruierenden (neue Zusammenhänge herstellenden) Umdeutungen unterscheiden (O'Hanlon 1984). Omer (1984) führte den Unterschied zwischen »aufweichenden« und »verhärtenden« Interventionen ein, die sich auf von Familien angebotene → *Interpunktionen* oder Kategoriengrenzen beziehen. Umdeutungen können sehr direkt analysierend oder auch verdeckt gemacht werden (Berger 1984; Kersey u. Protinsky 1984).

Umdeutungen lassen sich auch als ein Spiel mit Kontexthierarchien verstehen. Douglas Hofstadter (1985) führt aus, daß die kognitive Repräsentation von Situationen mit Bezugsrahmen arbeitet, die ineinander verflochten sind. Nach dieser Theorie besteht die Welt aus quasi-geschlossenen Subsystemen, die jeweils füreinander Umwelten sind. Zu einem Bezugsrahmen, innerhalb dessen (Um-)Deutungen überhaupt erst möglich sind, gehört das Wissen um seine Grenzen und seine Anwendung, und außerdem Regeln, die besagen, wann man zu anderen Bezugsrahmen wechseln muß, weil der aktuelle Rahmen nicht mehr ausreicht *(→ positive Konnotation, → binokulare Theorie des Wandels, → paradoxe Intervention, → Symptomverschreibung).*

Literatur: Bandler u. Grinder (1981, 1982), Berger (1984); DeShazer (1975); Goffman (1974); Grunebaum u. Chasin (1980); Haley (1967a, b, 1973); Kersey u. Protinsky (1984); O' Hanlon (1984); Omer (1984); Simon u. Rech-Simon (1998); Watzlawick, Weakland u. Fisch (1974).

undifferenzierte Familien-Ich-Masse
(undifferentiated family ego mass/ emotional stuck-togetherness)

Der von Murray Bowen eingeführte Begriff beschreibt Familien, deren Mitglieder sich nur minimal voneinander abgrenzen, d. h. eine emotionale Einheit zu bilden scheinen.

Bowen sprach von einem »Konglomerat emotionaler Einheit, das es in allen Intensitätsstufen gibt« (1966, S. 355). Danach ist zwar oberflächlich betrachtet jedes Familienmitglied ein Individuum, aber auf einer tieferen Ebene ist eigentlich die Kernfamilie das Individuum (Bowen 1961).

Der Begriff steht für eine bestimmte Art gestörter → *Individuation.* Weder reagiert der einzelne als ein sich abgrenzendes, sich selbst behauptendes, für sich selbst verantwortliches Individuum, noch wird er von den anderen Mitgliedern so behandelt. Bei Familien mit einem schizophrenen Mitglied finden sich häufig solche Strukuren. Manche Geschwister »schaffen eine sehr gute Differenzierung von der Familie, während anderen dies nicht möglich ist. Das Familienmitglied, das psychotisch wird, ist eines, dem die Differenzierung nicht gelungen ist.« (Bowen 1961, S. 45) Bowen beschreibt mit dem Begriff »emotionaler Prozeß« die emotionale Ansprechbarkeit, mit der ein Familienmitglied automatisch auf den Gefühlszustand eines andern reagiert, ohne daß dies einer der beiden bemerkt (Bowen 1960). Je stärker dieser emotionale Prozeß ist, desto stärker ist auch die Verflechtung eines Mitglieds mit der Familien-Ich-Masse.

Eine (im psychoanalytischen Sinne) Differenzierung zwischen Selbst und Objekt ist nicht wahrnehmbar; die individuelle Identität scheint zugunsten einer kollektiven Konfliktvermeidung unterdrückt. Einen ähnlichen oder identischen Sachverhalt beschreiben die Begriffe → *Pseudo-Gegenseitigkeit,* → *Verstrickung,* → *intersubjektive Fusion* und → *Selbst-Objekt-Differenzierung.*

Literatur: Anonymous (1972); Bowen (1959, 1960 a, b, 1971/72, 1978); Friedman (1991); Kerr (1981); Kerr u. Bowen (1988b).

Verbesserungsfragen
(amelioration questions)

Verbesserungsfragen sind Gedankenexperimente im Rahmen einer lösungsorientierten Möglichkeitskonstruktion. Sie antizipieren gedanklich eine Verbesserung oder Lösung des Problems und die Konsequenzen für das Interaktionsverhalten innerhalb des Systems.

Verbesserungsfragen zielen darauf, defizitorientierte Problembeschreibungen zu relativieren. Eine Fragerichtung ist die nach Ausnahmen vom Problem (Wann ist das Problem nicht oder weniger stark aufgetreten?). Dadurch kann eine starre überall-und-immer-Beschreibung aufgeweicht werden, und eigene Verhaltensalternativen können ins Spiel gebracht werden (Was haben Sie anders gemacht, als das Problem nicht auftrat?). Auch Fragen nach → *Ressourcen* und Lebensbereichen außerhalb des Problems haben den Charakter von Verbesserungsfragen Eine besondere Variante einer Verbesserungsfragen ist die → *Wunderfrage.*

Verbesserungsfragen sind keine suggestiven Ermutigungsfragen, sondern sollten vom Therapeuten mit Neugier und ohne Veränderungsabsicht gestellt werden. Paradoxerweise können sie erst erst so die Wirkung haben, starre Fokussierungen auf das Problem als → *Eigenwert* der Selbstbeschreibung aufzulösen oder zu relativieren und den Blick für Ressourcen zu öffnen.

Literatur: DeShazer (1982a, c, 1985, 1988, 1991); Watzlawick, Weakland u. Fisch (1974); White u. Epston (1990, 1992).

Verdienstkonten
(ledger of merits)

Ein nach der Theorie von Ivan Boszormenyi-Nagy innerhalb eines Kollektivs (meist einer Familie) offen oder verdeckt angewendetes Bilanzierungssystem. Auf seiner Grundlage wird über die Generationen hinweg ein gerechter Ausgleich zwischen individueller Schuld und individuellem Verdienst ausgehandelt oder erstrebt.

Im Bild der Verdienstkonten bringt sich nach Boszormenyi-Nagy der zentrale menschliche Wunsch nach → *Gerechtigkeit* zum Ausdruck. Leistungen für andere bewirken einen Anspruch auf Ausgleich (entitlement). Opfert ein Mitglied seine individuellen Interessen oder Entwicklungsmöglichkeiten dem Wohl eines anderen oder des übergeordneten Ganzen der Familie, dann erwartet er dafür Entschädigung. Erhält er sie nicht unmittelbar, so fordert er sie häufig bei Nachfolgegenerationen ein. Auf diese Weise läßt sich verstehen, wie Verhaltensmuster etwa im Sinne einer → *Parentifikation* von einer Generation an die andere »weitergereicht« werden.

Dieses Modell eines familienweiten, über die Generationen hinweg bewirkten oder versuchten Gerechtigkeitsausgleichs bildet die Grundlage der von Boszormenyi-Nagy vertretenen → *kontextuellen Therapie.* Es bringen sich darin einerseits problematische Vorstellungen einer linealen Kausalität zur Geltung *(→ Linearität/Linealität),* andererseits entspricht die Auffassung, die Symptomatik eines einzelnen sei Ausdruck seiner → *Loyalität* der Familie gegenüber und damit als positive Leistung zu werten, auch einem zirkulären Ansatz *(→ positive Konnotation, → Zirkularität).*

Literatur: Boszormenyi-Nagy (1975, 1977, 1981); Boszormenyi-Nagy u. Spark (1973); Stierlin (1997 a).

Verflüssigen
(liquifying)

Gesprächstechnik, die darauf abzielt, »harte« Wirklichkeitsbeschreibungen, die die Konstanz von Phänomenen (Eigenschaften, Verdinglichungen) betonen, zu »weichen« Wirklichkeitsbeschreibungen umzuformulieren, die Veränderbarkeit der Realität in den Blick bringen.

Die Verflüssigung von Aussagen spielt in der systemischen Diagnostik und Therapie eine zentrale Rolle. Für → *härtere Realitäts*beschreibungen werden bevorzugt Substantivierungen (z.B. eine Depression haben, statt: sich depressiv verhalten) oder orts- und zeitunabhängige Eigenschaften (z.B. er ist immer und überall nörglerisch vs. er verhält sich hier und jetzt nörglerisch) verwendet. Härteren Realitätsbeschreibungen gemeinsam ist ihre Kontextunabhängigkeit. Um daher Aussagen im therapeutischen Gespräch verflüssigen zu können, ist der jeweilige → *Kontext* anzusprechen. Interviewtechnisch geschieht dies durch die Einführung von Unterschieden und von Variabilität (z.B.: Wann, wo, in welchem Zusammenhang verhält sich jemand besonders depressiv und wann, wo, in welchem Zusammenhang weniger depressiv?). Auch Möglichkeits- und → *Wunderfragen* können zur Verflüssigung von Wirklichkeitsbeschreibungen beitragen.

Literatur: DeShazer (1982a, 1988, 1991); Simon u. Weber (1988a); Simon u. Rech-Simon (1998).

verhaltenstherapeutische Paar- und Familientherapie
(behavioral marital therapy)

Therapieverfahren, die sich auf die Theorien sozialen Lernens und Tausches (Thibaut u. Kelly 1959; Jacobson u. Margolin 1979; Rappaport u. Harrell 1972) gründen. Die Erfahrungen der Verhaltenstherapie, die Mechanismen menschlichen Lernens zu therapeutischen Zwecken nutzt, werden auf zwischenmenschliche Situationen und Beziehungen angewendet (vgl. Bandura 1974; Mahoney 1974).

Erst relativ spät, Ende der sechziger Jahre, haben sich Verhaltenstherapeuten der Behandlung von Beziehungsproblemen zugewandt (Stuart 1969; Liberman 1970). Sie begannen damit, das Verhalten einzelner Familienmitglieder mit den lerntheoretisch begründeten Verfahren der klassischen und operanten Konditionierung sowie des Modellernens zu behandeln. Die Eltern von Kindern mit abweichendem Verhalten wurden zum Beispiel trainiert, bestimmte Verhaltensweisen des Kindes zu belohnen oder zu bestrafen, um so ein therapeutisches Lernfeld herzustellen (Patterson u. Hops

1972; Patterson u. Reid 1970). Der Ansatz des operanten Konditionierens zur Änderung von Verhalten fand in dysfunktionalen Interaktions- und Beziehungsmustern seine Grenze. Erst die Konzepte des sozialen Lernens boten Möglichkeiten, die Komplexität solcher Interaktionszirkel zu erfassen. Ihre wesentliche Grundannahme ist die, daß sich in einer Paar- oder Familienkonstellation symptomatische Verhaltensweisen gegenseitig verstärken können und durch bestimmte Kognitionen aufrechterhalten werden

Der Analyse der beteiligten kognitiven Variablen wird heute ein hoher Stellenwert beigemessen. Nach Baucom u. Epstein (1990) spielen fünf Typen kognitiver Phänomene eine Rolle: (1) Annahmen (assumptions). Das sind kognitive Schemata oder → *Skripts* über die Sequenzen zwischenmenschlichen Handelns, die sich Menschen im Lauf ihres Lebens angeeignet haben. (2) Zuschreibungen (attributions). Hier wird vor allem untersucht, ob die Partner die Gründe für das unerwünschte Verhalten als global versus spezifisch, als stabil versus instabil, als internal versus external motiviert ansehen. Es hat sich gezeigt, daß unglückliche Partner dazu neigen, die Gründe für unerwünschtes Verhalten ihres Partners als globaler und stabiler einzuschätzen, also als wenig variabel und damit veränderbar (Bradbury u. Fincham 1990). (3) Erwartungen (expectancies). Hier wird auf der negativen Seite vor allem auf die »gelernte Hilflosigkeit« (Seligman) geachtet, also auf die Vorstellung der Partner, aus eigener Kraft die Probleme nicht lösen zu können. Auf der positiven Seite wird mit der Selbsteffizienz eine Haltung beschrieben, derzufolge auf die eigenen Handlungskompetenzen und Ressourcen zu vertrauen. (4) Wahrnehmungen (perceptions). Damit sind Beschreibungen gemeint, die ein außenstehender Beobachter als unrealistisch bezeichnen könnte. (5) Meinungen oder Normen (beliefs or standards). Damit sind Zusammenhangsvorstellungen oder normative Ideen gemeint, die sich als symptomstabilisierend oder widersprüchlich herausstellen können. Trotz einiger Parallelen zur systemischen Therapie (z.B. in der Bewertung von Verhaltenskonsequenzen) ist die verhaltenstherapeutische Behandlung epistemologisch anders konzipiert. Sie bewertet bestimmte kognitive Schemata normativ als »unrealistisch« oder »irrational«, geht also von einer anderen Wirklichkeitsauffassung als konstruktivistisch begründete Therapien aus. Diesen kognitiven Phänomenen wird auch eindeutig Defizitcharakter zugesprochen. Entsprechend dieser Vorstellung wird kommunikative Kompetenz als lehr- und lernbar konzipiert. Das therapeutische Vorgehen konzentriert sich folglich zum einen auf Maßnahmen zur Steigerung der positiven Reziprozität und auf Maßnahmen zur Verringerung negativ bewerteter Interaktionen.

Mit Hilfe einer Verhaltensanalyse wird zunächst versucht, die Regeln der Interaktion zu erfassen, die wechselseitigen Reiz-Reaktions-Ketten, die Matrix von Strafen und Belohnungen, sowie die kognitiven Faktoren. Die Fähigkeit, eigene Bedürfnisse auszusprechen und sich gegen unerwünschte Forderungen des Partners abzugrenzen, wird in Kommunikations- und

Problemlösetrainings gelehrt. Beispiele sind Übungen zur positiven Reziprozität, in denen die Partner angehalten werden, sich gegenseitig positives Verhalten zu zeigen (z.B. durch »Verwöhntage«). Die Kommunikationskompetenz wird durch Fertigkeitsübungen zum Zuhören und Aufnehmen vermittelt, die Eskalationen vermeiden sollen. Dazu gehören auch Rollenspiele, in denen Verhaltensalternativen erprobt werden. Bei Problemlösetrainings werden Regeln erarbeitet, mit deren Hilfe das Paar oder die Familie lernt, Bedürfnisse und Wünsche herauszuarbeiten, Änderungsabsichten zu spezifizieren und Absprachen zu treffen. Schließlich werden auch kognitive Interventionen angewandt, die darauf abzielen, ungünstige Attributionen, »irrationale« Verhaltenserwartungen oder negative Prognosen zu unterbrechen. Für die Durchführung solcher strukturierter Programme stehen Therapieleitfäden zur Verfügung (z.B. das »Reziprozitätstraining« von Hahlweg et al. 1982).

Verglichen mit allen anderen Therapieschulen sind die verhaltenstherapeutischen Paarbehandlungen am besten untersucht. In der Meta-Analyse von Klaus Grawe und Mitarbeitern (1994) wurden 35 kontrollierte Studien, davon 29 verhaltenstherapeutisch orientierte, untersucht. In dieser Analyse belegen die Studien das verhaltenstherapeutische Vorgehen als erfolgreich, tendenziell sogar erfolgreicher als die Behandlungen anderer therapeutischer Richtungen.

Literatur: Bandura (1974); Baucom u. Epstein (1990); Birchler u. Spinks (1980); Bradbury u. Fincham (1990); Falloon (1991); Grawe, Bernauer u. Donati (1994); Gurman (1980, 1982a, b); Gurman u. Knudson (1978); Gurman u. Kniskern (1978); Gurman, Knudson u. Kniskern (1978); Hahlweg, Schindler u. Revenstorf (1982); Holtzworth-Munroe u. Jacobson (1991); Jacobson (1980, 1981); Jacobson u. Margolin (1979); Jacobson u. Weiss (1978); Liberman (1970); Mahoney (1974, 1980); Mandel, Mandel, Stadter u. Zimmer (1971); Patterson u. Reid (1970); Patterson u. Hops (1972); Rappaport u. Harrell (1972); Schröder u. Hahlweg (1997); Thibaut u. Kelly (1959).

Verrücktmachen
(crazy making, crazy driving)

Bezeichnung für Verhaltens- und Kommunikationsweisen, die einen anderen verstärkt emotionalen Konflikten aussetzen, ihn verunsichern und verwirren und die Entwicklung seiner Autonomie, einer tragfähigen persönlichen Identität und eines positiven Selbstbilds beeinträchtigen.

Die Methoden des »crazy driving«, wie Harold F. Searles (1959a) es nannte, haben große Ähnlichkeit mit dem, was Ronald Laing als → *Mystifikation,*

Lyman Wynne und Margaret Singer als → *Kommunikationsabweichungen* beschrieben haben. Durch spezifische Formen der Kommunikation werden miteinander unvereinbare Mitteilungen über normalerweise verdrängte oder nur schwach bewußte Persönlichkeitsbereiche gemacht. Wer solcher Kommunikation ausgesetzt ist, vermag nicht klar zu unterscheiden, in welcher Art von Beziehung er zu seinem Gegenüber steht. Eine Einigung über eine gemeinsame → *Beziehungsrealität* ist nicht möglich. Jede Wahrnehmung, möge sie sich nun auf einen anderen oder die eigene Person beziehen, bleibt unsicher. Das Vertrauen in die Zuverlässigkeit der eigenen Gefühlsreaktionen und der eigenen Weltsicht wird untergraben, die Entwicklung einer individuellen Autonomie verhindert. Solches »crazy making« weist auch Ähnlichkeiten mit den im Rahmen der → *Doppelbindungs*-Theorie beschriebenen Kommunikationsweisen auf.

Als Motive hinter dem Verrücktmachen sieht Searles zum einen das Bestreben, den anderen zu vernichten, ihn »psychisch zu ermorden«, zum anderen den Wunsch, die eigene innerliche Bedrohung durch Verrücktheit nach außen zu verlagern und damit loszuwerden. Ein derart angesprochenes/delegiertes Kind kann somit die Aufgabe übernehmen, eine aus der familiären Vergangenheit stammende Bedrohung von allen anderen fernzuhalten. Als weiteres Motiv nennt Searles das Bestreben, eine ambivalent-symbiotische Beziehung, die zu spannungsreich geworden ist, zu beenden und/oder Distanz zu schaffen. Die enge Verbindung zwischen dem, der verrückt macht, und dem, der verrückt gemacht wird, läßt sich als Form einer symbiotischen Beziehung verstehen, in der die später schizophrenen Patienten von früher Kindheit an zur Befriedigung der narzißtischen Bedürfnisse von Erwachsenen gebraucht wurden. Diese Art von Abhängigkeit könnte auch erklären, warum alles Streben eines Kindes nach Autonomie in solch einer Familie systematisch entwertet und sabotiert werden muß *(→ Autonomie, → Identität, → Individuation).*

Searles blieb weitgehend einem psychoanalytischen Konzept verpflichtet, auch wenn er spezifische Transaktionsmuster in die Analyse einbezog. Wie beim Konzept der Mystifikation ist auch hier einzuwenden, daß eine lineal-kausale Sichtweise *(→ Linearität/Linealität/geradlinige Kausalität)* zugrunde gelegt wird. Die wechselseitige Bedingtheit der Verhaltensweisen von Elternteil und Kind wird nicht genügend berücksichtigt. Daher müssen die therapeutischen Ansätze, die sich aus dem genannten Konzept ergeben, zwangsweise auf Einzeltherapien hinauslaufen. Eine Sichtweise, die einem Partner durchgängig die Position des Opfers, dem anderen die des Täters zuschreibt, läßt weder → *Allparteilichkeit* noch → *Neutralität* zu.

Literatur: Laing (1965); Lidz, Cornelison, Terry u. Fleck (1958); Lidz u. Fleck (1965); Searles (1959 a, b).

Verschlimmerungsfragen
(worsening questions)

Verschlimmerungsfragen zielen auf eine gedanklich antizipierte Zuspitzung des Problems unter Nutzung des lösungsorientierten → *Möglichkeitssinns*.

Verschlimmerungsfragen gehen vom formulierten Problem aus und erörtern Möglichkeiten und Vorgehensweisen, wie der Klient das Problem erschweren oder chronifizieren könnte. Durch diese Fragetechnik wird die Vorstellung eingeführt und bestärkt, daß Probleme jeweils aktiv erzeugt und aufrechterhalten werden. Im impliziten oder expliziten Umkehrschluß wird damit nahegelegt, was der Klient unterlassen oder verändern könnte, um das Problem loszuwerden oder besser damit zu leben.

Wie bei anderen Formen der Möglichkeitskonstruktion basiert auch hier der inhaltliche Kern der Frage auf einer Annahme. Ein Beispiel einer Verschlimmerungsfragen ist die nach dem absichtlichen Rückfall (»Angenommen, Sie hätten Ihr Problem schon verloren und wollten es jetzt noch einmal zu sich holen: Wie könnten Sie das auf wirksame Weise tun?«). Verschlimmerungsfragen sind gegen eine Defizitorientierung gerichtet und thematisieren den »Täter«-Aspekt des symptomatischen Verhaltens. Indem sie so die Verantwortung für das eigene (symptomatische) Handeln voraussetzen, öffnen sie zugleich auch Optionen für Verhaltensänderungen.

Literatur: Simon u. Weber (1988b).

Verschreibung
(prescription)

Direktive Vorgehensweise des Therapeuten, der einer Familie ein bestimmtes Verhalten »vorschreibt« bzw. verordnet. Meist erfolgt dies in Form von »Hausaufgaben«, die bis zur nächsten Sitzung zu erledigen sind. Die in der Regel damit verbundenen Erläuterungen des Therapeuten in bezug auf den Zweck dieser Verordnung schließen eine → *Umdeutung* des Verhaltens ein.

Werden zum Beispiel Verhaltensweisen, die – aus welchem Grunde auch immer – bislang vermieden wurden, vom Therapeuten vorgeschrieben, so gewinnen sie eine neue Bedeutung *(→ Symptomverschreibung)*. Verschreibungen lassen sich oft als Formen einer → *paradoxen Intervention* verstehen. Sie dienen dann dazu, eine Problemlösestrategie, die selbst ein neues Problem erzeugt hat, zu blockieren oder ad absurdum zuführen.

Verschreibungen erfolgen in erster Linie im Rahmen der → *strukturellen* und der → *systemischen Therapie.* Allerdings hat sich der Begriff inzwischen ausgeweitet: Verschreibung bedeutet nicht mehr allein das Stellen von Aufgaben (z.B. von → *Ritualen*) auf der Handlungsebene, sondern meint auch die Interpretationen (etwa im Sinne einer → *positiven Konnotation*) und Zusammenfassungen, die ein Therapeut einer Familie zum Abschluß einer Sitzung mit auf den Weg gibt.

Literatur: Brown-Standridge (1992); DeShazer (1982a, b, 1988, 1991); Madanes (1981); Minuchin (1981); Selvini Palazzoli, Boscolo, Cecchin u. Prata (1977); Simon u. Rech-Simon (1998); van der Hart (1981).

Verstrickung/Verfilzung/Verwobenheit (enmeshment)

Kennzeichen eines Familientypus bzw. einer Familienstruktur, deren → *Grenzen*bildung im Sinne übergroßer Durchlässigkeit gestört ist. Weder innerhalb der Kernfamilie noch gegenüber den Ursprungsfamilien vermögen sich die Mitglieder verläßlich abzugrenzen. Eltern- und Kindrollen liegen nicht eindeutig fest und wechseln häufig und beliebig. Es fehlt eine eindeutige Organisationsform und Hierarchie innerhalb der Familie.

Salvador Minuchin übernahm den erstmals von Don Jackson verwendeten Begriff und beschrieb die Verstrickung als Merkmal einer Gruppe von Slumfamilien (Minuchin et al. 1967). Seither dient der Begriff zur Kennzeichnung eines bestimmten Familientypus. Andere Familientypologien beschreiben mit anderen Begriffen ähnliche Phänomene. Dazu gehören etwa die Konzepte der → *Bindung,* der → *undifferenzierten Familien-Ich-Masse,* der → *intersubjektiven Fusion* oder des → *kollektiven kognitiven Chaos,* die alle vorwiegend für Familien mit einem schizophrenen Angehörigen verwendet wurden. Aus seiner strukturanalytisch bzw. organisationstheoretisch bestimmten Sicht beschreibt Minuchin jedoch vor allem, wie einzelne familiäre Subsysteme sich gegeneinander abgrenzen und zueinander in Beziehung treten. Gleichzeitig beachtet er, ob und wie in der Familie Rollen definiert und die ihnen gemäßen Funktionen ausgeübt werden. Verstrickte Familien haben offensichtlich Schwierigkeiten, diese Definitionen und Funktionen festzulegen und ihre Beziehungen dementsprechend zu strukturieren. Dieses Arrangement kann Konfliktsituationen vermeiden helfen, die von den Mitgliedern als Bedrohung des Familienzusammenhalts erlebt werden. So läßt sich in verstrickten Familien auch immer wieder beobachten, daß stets dann, wenn Konflikte zwischen zwei Familienmitgliedern drohen, ein Dritter schlichtend und harmonisierend eingreift. Minuchin beschreibt den Typus der verstrickten Familie in erster Linie im Zusammenhang mit psychosomatischen Erkrankungen. Im Gegensatz zur Verstrikkung bezeichnet nach Minuchin die → *Loslösung* einen relevanten Mangel an Beziehungen und Familienbindungen.

Aus einer der Psychoanalyse näherstehenden Sichtweise zeigt sich bei den Mitgliedern beider Arten von Familien eine Störung der → *Individuation* bzw. eine Form gestörter Objektbeziehungen *(→ Objektbeziehungstheorie)* mit einer gleichzeitigen Störung der → *Selbst-Objekt-Differenzierung.* Innerhalb einer Familientypologie lassen sich Loslösung und Verstrickung als extreme Pole des Spektrums verschiedenster familiärer Organisationsformen ansehen. Auf individualpsychologischer Ebene entspricht ihnen auf der einen Seite ein starkes Bedürfnis nach Distanz, das bis zur → *emotionalen Trennung* gehen kann, auf der anderen ein solches nach Verschmelzung. Bei beiden Extremfällen läßt sich von einem gestörten Gleichgewicht zwischen → *zentripetalen* und *zentrifugalen* Kräften sprechen, einer gestörten → *Nähe/Distanz*-Regulation.

Literatur: Green u. Werner (1996); Hoffman (1975); Minuchin (1974a, b, 1981); Minuchin, Montalvo, Guernen, Rosman u. Schumer (1967); Minuchin, Rosman u. Baker (1978).

Versuch-Irrtum-Methode/Lernen durch Erfolg (trial-and-error-method)

Ein heuristisches Verfahren, mit dem ein System in der Interaktion mit einer ihm unbekannten Umwelt Handlungsvarianten ausfindig macht, die es ihm schließlich ermöglichen, ein angestrebtes Ziel zu erreichen. Es läßt sich als ein Prinzip verstehen, nach dem sich Individuen wie auch Familien strukturieren *(→ Selbstorganisation, → Ko-Evolution).*

Erkenntnisstrukturen *(→ Epistemologie)* entwickeln sich weitgehend nach der Versuch-Irrtum-Methode. Um zu überleben, muß ein Individuum bestimmte Bedürfnisse befriedigen. Die diesem Ziel dienenden Methoden muß es suchen, (er-)finden und ausprobieren. Die sich als nützlich erweisenden Verhaltensmodi behält es bei, die nicht nützlichen gibt es auf. Deswegen meint W. R. Ashby (1956), daß es statt »Versuch« und »Irrtum« besser »hunt and stick« (»suchen und fassen«) heißen sollte. Der Prozeß, in dem ein System (sei es ein Individuum oder eine Familie) sich sein Verhaltensrepertoire aneignet, → *Strategien* des Überlebens und die ihm gemäßen Strukturen *(→ Organisation/Funktion/Struktur/Prozeß)* entwickelt, ist somit keineswegs festgelegt, sondern weitgehend von Zufällen bestimmt. Voraussetzung für die Anwendung der Versuch-Irrtum-Methode ist die

Rückkoppelung *(→ Regelkreis/Rückkoppelung)*. Sie erst macht → *Lernen* möglich *(→ Akkommodation/Assimilation)*.

Literatur: Ashby (1952); Bateson (1964).

Viabilität
(viability)

Viabilität bezeichnet das »Passen« einer Wirklichkeitskonstruktion zur »Wirklichkeit«. Sie ist »passend«, wenn es gelingt, mit ihrer Hilfe zu überleben oder in einem bestimmten Umfeld zu »funktionieren«.

Der von Ernst von Glasersfeld eingeführte Begriff entspricht in der konstruktivistischen Epistemologie dem der »Wahrheit« in ontologischen Theorien. Erkenntnistheoretisch wird hier vorausgesetzt, daß Erkennen kein Akt des Abbildens einer äußeren Realität ins innere Bewußtsein ist, sondern ein aktiver Akt der kognitiven Konstruktion, in dem die operativen Eigenschaften des erkennenden Subjekts mit dem zu erkennenden Objekt interagieren.

Zur metaphorischen Illustration verwendet von Glasersfeld das Verhältnis von Fluß und Landschaft. Danach »erkennt« der Fluß, wo ihm ein Berg Widerstand entgegensetzt und wo er ihm demzufolge ausweichen muß. So gesehen ist die Flußbiegung ein »Erkennen« des Berges. Der Fluß »erkennt« den Berg aber nur im Rahmen der Eigenschaften des Wassers, das der Schwerkraft folgt, deshalb nicht bergauf fließen und die Spitze des Berges nicht »erkennen« kann.

Literatur: v. Glasersfeld (1981, 1996, 1997).

Wachstumstherapie
(growth therapy)

Therapieformen, die sich an den Idealen und Werten der »humanistischen Psychologie« orientieren. Eigenverantwortlichkeit des einzelnen, gegenseitiges Akzeptieren und Wertschätzen sowie partnerschaftliches Konfliktlösen stellen zentrale Aspekte dar.

Die Entwicklung der Familientherapie kann nicht losgelöst von anderen gesellschaftlich-kulturellen Strömungen der Zeit gesehen werden. Die »humanistische Psychologie« und ihre verschiedenen Therapieformen haben auf Familientherapeuten großen Einfluß gehabt. Wachstum der Persönlichkeit im Dialog der therapeutischen Begegnung ist das gemeinsame Ziel *(→ Be-*

gegnungsmodell der Therapie). Die Entwicklung eines stabilen individuellen Selbstwerts ist nur in der Kommunikation mit Partnern, die einen wertschätzen, möglich. Ziel der an Persönlichkeitswachstum orientierten Therapeuten ist deswegen, Erfahrungen gegenseitiger Wertschätzung und Anerkennung zu vermitteln. Nur so lassen sich Blockierungen der individuellen Entwicklung auflösen oder rückgängig machen. Als repräsentativ für diesen Ansatz können Autoren wie Ivan Boszormenyi-Nagy(1981) mit seiner → *kontextuellen Therapie,* Norman Paul (1967) mit seiner Methode des operativen → *Trauerns,* Virginia Satir (1964, 1972) mit ihrer auf die Stabilisierung des jeweils individuellen → *Selbstwerts* gerichteten Therapieform angesehen werden oder auch Carl Whitaker mit seiner → *symbolisch-experientiellen Familientherapie* (Whitaker u. Keith 1980).

Auch die von Murray Bowen (1978) und seinen Schülern vertretene Richtung der Familientherapie kann zum weiteren Kreis der Wachstumstherapien gerechnet werden.

Gemeinsames Ziel einer auf Wachstum hin orientierten Familientherapie *(→ psychoanalytisch orientierte Familientherapien)* sind die Lösung aus emotionaler familiärer Verstrickung, die zunehmende Differenzierung der Persönlichkeit und Ich-Stärkung. Dem Ansatz liegt eine → *Mehrgenerationenperspektive* zugrunde, derzufolge Personen, die aufgrund ungelöster Konflikte an ihre Herkunftsfamilie gebunden bleiben, dazu neigen, eine dritte Person, meist aus der Kindergeneration, zur Lösung oder Milderung dieser Konflikte zu rekrutieren *(→ Triangulation, → Parentifikation).* Derart festgefahrene Interaktionsmuster aufzulösen und den Prozeß einer familienweiten Ko-Individuation *(→ Individuation)* zu fördern ist Aufgabe des Therapeuten.

Literatur: Beavers (1977); Boszormenyi-Nagy (1981); Bowen (1978); Friedman (1985); Kaplan u. Kaplan (1978); Kempler (1981); Napier u. Whitaker (1978); Paul (1967); Satir (1964a, b, 1967a, b, 1972, 1988); Whitaker u. Keith (1980).

Wandel/Veränderung erster und zweiter Ordnung (change, first and second order)

Ein System kann sich auf zweierlei Weise verändern: erstens in einer Weise, in der sich kontinuierlich einzelne Parameter, nicht aber die Strukturen des Systems wandeln (»Wandel erster Ordnung«), zum anderen in einer Weise, durch die sich das System diskontinuierlich und qualitativ wandelt (»Wandel zweiter Ordnung«). Dieser ist entweder durch einen Wechsel des äußeren Bezugsrahmens des Systems oder aber durch eine systeminterne Umstrukturierung bedingt.

In einer relativ stabilen Umwelt lassen sich bestimmte Sollwerte eines Systems durch quantitative Veränderungen in dessen Verhalten konstant halten. Ein Beispiel dafür liefert die Aufrechterhaltung der Körpertemperatur durch mehr oder weniger starkes Schwitzen. Für diese lediglich korrigierenden und kontinuierlich ablaufenden Veränderungen prägte Warren R. Ashby (1952) den Begriff »Wandel« bzw. »Veränderung erster Ordnung«.

Dagegen bezeichnete er die Fähigkeit zu qualitativen Veränderungen des Systemverhaltens als »Wandel zweiter Ordnung«. Systeme, die über derartige Wandlungsmöglichkeiten verfügen, vermögen sich bedeutend leichter an eine sich ändernde Umwelt anzupassen als diejenigen, die lediglich über Wandlungsmöglichkeiten erster Ordnung verfügen. Die Möglichkeit des → *Lernens* ist an den Wandel zweiter Ordnung gebunden. Nur nicht-triviale Maschinen *(→ triviale und nicht-triviale Maschinen)* sind zu einem Wandel zweiter Ordnung in der Lage.

Dies gilt auch für alle Entwicklungsprozesse, die Strukturen zu verändern vermögen *(→ Ko-Evolution, → Morphogenese/Morphostase)*. Ein System, das lediglich zur Änderung erster Ordnung in der Lage ist, vermag in einem relativ konstanten Umfeld mit Hilfe von Mechanismen der Morphostase und → *Homöostase* seine → *Stabilität* aufrechtzuerhalten. Ändert sich jedoch die Umwelt, dann sind die Anpassungsmöglichkeiten eines solchen Systems begrenzt. Es bedarf zum Überleben nun des Wandels zweiter Ordnung, der ihm erlaubt, sich entweder aus der veränderten Umwelt wegzubegeben oder seine inneren Strukturen so zu verändern, daß seine → *Kohärenz* gewahrt bleibt. Im therapeutischen Prozeß führen viele Formen der → *Umdeutungen* zu einem Wandel zweiter Ordnung. Wenn zum Beispiel ein bestimmtes Verhalten nicht mehr als »krank« oder »böse«, sondern als Versuch bewertet wird, die Familie zusammenzuhalten oder ein anderes Familienmitglied zu schützen, kann dies in der Familie zu strukturellen Veränderungen führen.

Im Rahmen der Psycho- bzw. Familientherapie wurde das Konzept des Wandels zweiter Ordnung von Paul Watzlawick u. Mitarbeitern (1974) dargestellt. Es gewann eine große Bedeutung, da es entgegen landläufigen Vorstellungen verständlich macht, wie schon wenige gezielte Interventionen überproportional starke Veränderungen im Familiensystem hervorrufen können *(→ Kurztherapie)*. Während Ursache und Wirkung beim Wandel erster Ordnung meist proportional sind *(→ Linearität/Linealität)*, sind sie beim Wandel zweiter Ordnung nicht-linear *(→ Nichtlinearität/Stufenfunktion)*. Diese unterschiedlichen Formen der Veränderung und Anpassung beruhen auf unterschiedlichen Formen der Rückkoppelung *(→ Regelkreis/Rückkoppelung)*. Dem Wandel erster Ordnung liegen weitgehend negative Regelkreise zugrunde, die Abweichungen ausgleichen. Der Wandel zweiter Ordnung gründet sich dagegen auf positive Regelkreise, die Abweichungen verstärken *(→ Fluktuation/dissipative Strukturen)* und damit zur Entwicklung neuer Strukturen führen *(→ Selbstorganisation)*. Das jeweilige Therapieziel bestimmt weitgehend voraus, welche Form des Wandels (bewußt oder unbewußt) angestrebt wird. Der Versuch etwa der Herstellung des Status quo ante, also des vor Auftreten der Symptome in einer Familie herrschenden Zustands, impliziert – nach dem herkömmlichen medizinischen Verständnis von Therapie – nur einen Wandel erster Ordnung. Ist jedoch beabsichtigt, daß sich neues Verhalten, neue familiäre Strukturen und Problemlösefähigkeiten entwickeln, so entspricht dies Vorstellungen, die einen Wandel zweiter Ordnung enthalten *(→ Chaostheorie/Komplexitätstheorie).*

Literatur: Ashby (1952, 1956); Bateson (1964); Speer (1970); Watzlawick, Weakland u. Fisch (1974); Wertheim (1979).

Widerstand
(resistance)

Ein an psychoanalytische Vorstellungen sich anlehnender Begriff, der in der Familientherapie eine unterschiedliche Bedeutung gewonnen hat. Im Verlauf der psychoanalytischen Behandlung nennt man all das »Widerstand«, was in den Handlungen und Worten des Analysanden sich dem Zugang zu seinem Unbewußten entgegenstellt. In der Familientherapie läßt sich das Verhalten einzelner oder aller Familienmitglieder als Widerstand bezeichnen, das einer fälligen Entwicklung in Richtung eines höheren Niveaus der *bezogenen → Individuation* entgegenwirkt.

Bereits für Sigmund Freud hatte der Widerstand einen doppelten Aspekt: Er sah darin einerseits ein Hindernis für die Erhellung der Symptome und das Fortschreiten der Behandlung. Dieses Hindernis suchte Freud zunächst durch Beharrlichkeit – die dem Widerstand entgegengesetzte Kraft – zu überwinden. Zum anderen erkannte er im Widerstand ein Mittel, den Zugang zum Verdrängten und zum Geheimnis der Neurose zu erlangen. Dabei zeigte sich die Übertragung *(→ Übertragungs- und Gegenübertragungsphänomene)* sowohl als eine Form des Widerstands als auch eine Möglichkeit zu dessen Überwindung. Im so aufgefaßten Widerstand bringen sich insgesamt die Abwehrmechanismen zum Ausdruck, die jeweils dem fälligen Wandel bzw. dem (in psychoanalytischer Sicht notwendigen) Zugang zum Unbewußten entgegenwirken. Aus diesem Blickwinkel läßt sich Widerstand als die in der Behandlungssituation von Fall zu Fall gegen die Bedrohung des Status quo aktivierte Abwehr definieren.

In Anlehnung an solche Vorstellungen beschrieb etwa Nathan Ackerman (1967) eine Reihe charakteristischer Formen der Abwehr bzw. des Widerstands gegen eine Familientherapie und damit gegen eine fällige Entwicklung im Sinne einer bezogenen Individuation. Dazu rechnete er die gemeinsame Vermeidung und Verleugnung bestehender Konflikte *(→ Kollusion)*, emotionale Spaltungen in der Familie *(→ marital skew)*, *→ Sündenbock*suche, Kompensation bzw. Substitutionsmechanismen – wie Drogenabusus und sexuelle Eskapaden –, gemeinsames Ausagieren, Verkehrung der Eltern- und Kind-Rollen *(→ Parentifikation*, Verwischung der *→ Generationsgrenzen)*, übermäßige Erstarrung und Einengung von *→ Rollen*, andererseits auch die Auflösung der Familienorganisation *(→ Loslösung)* sowie die Verschiebung von Familienkonflikten auf die umgebende soziale Gemeinschaft.

Auf einer mehr praktischen Ebene zeigt sich Widerstand gegen die Familientherapie als mangelnde Bereitschaft zur Teilnahme an gemeinsamen Sitzungen oder als mangelnde emotionale Investierung in diese, ob nun offen oder verdeckt. Das ist etwa der Fall, wenn rebellische Jugendliche, die als das zentrale Familienproblem betrachtet werden, nicht zur gemeinsamen Sitzung kommen wollen oder wenn Familien oder Paare, von medizinischen, sozialen oder juristischen Institutionen zu einer Familientherapie geschickt, in ihr entweder keinen Sinn sehen oder sich übermäßig vor ihr ängstigen.

Um Widerstand handelt es sich auch, wenn stark gebundene Familien *(→ Bindung)* schon in der Bedeutung des Wortes »Familientherapie« eine Bedrohung des Familienzusammenhalts sehen, gegen die sie unverzüglich eine solidarische familienweite Abwehrfront entwickeln.

Mit diesen verschiedenen Formen eines Einzel- oder Familienwiderstands muß der Therapeut je nach den Umständen unterschiedlich umgehen. Im allgemeinen stellt sich ihm hier die Aufgabe, einerseits ein möglichst hohes Maß an Kontrolle und Manövrierfähigkeit zu behalten, andererseits den jeweiligen Widerstand zu unterlaufen bzw. »mit dem Widerstand zu gehen«. Hierfür waren vor allem Methoden der *→ Hypnotherapie* Milton H. Ericksons richtungweisend, die vor allem bei Vertretern der *→ Kurztherapien* Anklang fanden. So vermochte etwa Steve DeShazer (1982a, 1988) zu sagen: »Widerstand nennen wir das Kooperationsangebot des Klienten.«

Wir müssen uns schließlich erinnern, daß sich das verwendete Bild vom Widerstand vorwiegend an physikalische Theorien einer statisch-deskriptiven Mechanik (z.B. Newtons Gesetz actio = reactio) anlehnt. Sie legen nahe, daß der Stärke des Widerstands eine quantitativ gleich große Kraft, in Form etwa beharrlicher Bearbeitung, entgegenzusetzen ist. Dies entspricht aber keineswegs einem *→ kybernetischen* Verständnis, demzufolge selbst ein tiefgreifender Wandel der Einzelpersönlichkeit und der Familie *(→ Wandel/Veränderung erster und zweiter Ordnung)* sich schnell und diskontinuierlich einstellen kann *(→ Kurztherapie, → Nichtlinearität/Stufenfunktion)*. Deshalb ist zu fragen, ob man die hier als Widerstand beschriebenen Phänomene nicht eher unter einer Perspektive zu betrachten hat, die Begriffen wie *→ Spiel* und *→ Strategie* vermehrt Bedeutung beimißt.

Literatur: Ackerman (1967); Anderson u. Stewart (1983); DeShazer (1975, 1982a, 1984, 1988, 1991); Fisch, Weakland u. Segal (1982); S. Freud (1895, 1926); Gurman (1982); Luther u. Loev (1981); Stanton u. Todd (1981); Watzlawick, Weakland u. Fisch (1974).

Wunderfrage
(miracle question)

Von Steve DeShazer entwickelte lösungsorientierte Fragetechnik, die es dem Klienten erleichtern soll, sich Konsequenzen möglicher positiver Veränderungen vorzustellen.

In der Frageformulierung wird vorausgesetzt, das berichtete Problem sei über Nacht durch ein Wunder verschwunden. Die Folgefragen konzentrieren sich auf die Unterschiede, die im System zur Wirkung kommen würden, nachdem das Wunder geschehen ist. Dies sind insbesondere Unterschiede in der Wahrnehmung (wer würde es zuerst bemerken?), in der Bewertung (wer würde sich am meisten/am wenigsten freuen?) und im Verhalten (wer würde was anders tun als bisher?).

Der Wert der Wunderfrage liegt darin, daß sie gerade bei sehr festgefahrenen und pessimistischen Wahrnehmungen Varianz erzeugen kann und daß sie die Verantwortung für Veränderungen spielerisch an eine unsichtbare Macht delegiert. Es ergeht also keine Veränderungsaufforderung an die beteiligten Familienmitglieder, die nur Widerstand erzeugen würde. Die Wunderfrage kann sowohl angstvolle Vorstellungen aktualisieren und besprechbar machen, die dazu geführt haben, daß das Symptom bislang nicht aufgegeben werden konnte, als auch die Wahrnehmung dafür öffnen, daß die Ressourcen und Handlungsmöglichkeiten für die Zeit nach dem Wunder bereits im System vorhanden sind und damit die Bedeutung des symptomatischen Verhaltens relativieren.

Literatur: DeShazer (1982a, c, 1988, 1991).

zentripetale/zentrifugale Kräfte
(centripetal/centrifugal patterns)

Von Helm Stierlin in die Familientheorie eingeführte Begriffe, um zwei unterschiedliche familiäre Konstellationen während der → *Ablösung im Jugendalter* zu erfassen.

Stierlin bezeichnete 1973 mit »zentripetal« und »zentrifugal« zwei Modi jugendlicher Ablösung. »Diese Modi sind Ausdruck von Kräften innerhalb der Familie, die entweder nach außen (zentrifugal) oder nach innen (zentripetal) gerichtet sind. Diese Modi lassen sich als extreme Formen des jugendlichen Ablösungsprozesses verstehen. Sie vermögen Prozesse und Verhaltensweisen durchsichtig und verständlich zu machen, die zu verschiedenen Formen der Psychopathologie, insbesondere zu bestimmten Formen von Schizophrenie und Soziopathie führen« (Stierlin et al. 1973, S. 46).

Ist der zentripetale Modus ausgeprägt, »übt der Kreis der Eltern eine ungewöhnliche Anziehung auf den Jugendlichen aus: Die zentripetalen Kräfte sind vorherrschend. Diese Kräfte haben die Tendenz, die Ablösungsbemühungen des Jugendlichen zu verzögern oder verkümmern zu lassen. Dennoch können sie bestimmte Erfahrungen begünstigen, die den Betroffenen bereichern, so konfliktgeladen und schmerzvoll sie auch sein mögen. In der anderen extremen Konstellation, die dieses Modell nahelegt, entzieht sich der Jugendliche der von den Eltern ausgehenden Anziehungskraft oder schwächt sie zumindest sehr ab. Gleichzeitig mißt er den Altersgenossen oder anderen Erwachsenen eine übersteigerte Bedeutung bei. Hier werden die zentrifugalen Kräfte in hohem Maße wirksam. Statt seine Ablösung hinauszuzögern, beschleunigt der Jugendliche sie. Dadurch liefert er sich Erfahrungen und Problemen aus, die von denen, die in der zuerst genannten Form auftreten, völlig verschieden sind« (Stierlin et al. 1973, S. 47). Diese beiden verschiedenen Ablösungsmodi implizieren daher unterschiedliche Beziehungsschicksale und ebenso unterschiedliche Entwicklungspotentiale.

Bei der Weiterentwicklung seines Modells der familiären Ablösungsdynamik sprach Stierlin in der Folge mehr von Kräften der → *Bindung* und der → *Ausstoßung*. Diese bestimmen wesentlich, ob und wieweit sich eine fällige *bezogene* → *Individuation* verwirklicht. Extreme Formen von Bindung ließen sich vor allem bei schizo-präsenten, extreme Formen von Bindung *und* Ausstoßung bei »psychosomatischen« Familien beobachten. Unter den Systemmodellen übernahm vor allem → *Beavers' Systemmodell* die genannten Ablösungsmodi als zentrale Systemdimensionen.

Literatur: Beavers (1977); Kelsey-Smith u. Beavers (1981); Stierlin (1974a); Stierlin, Levi u. Savard (1973).

zirkuläres Fragen (circular questioning)

In der → *systemischen Therapie* verwendete Fragetechnik. Sie zielt darauf ab, die Kreation von Informationen sowohl beim Therapeuten als auch bei der Familie anzuregen. Sie dient der Aufstellung und Überprüfung familiendynamischer Hypothesen *(→ Hypothesenbildung)* sowie der Veränderung der individuellen und familiären → *Epistemologie*. Gemäß der Ansicht Gregory Batesons (1979), daß Information ein »Unterschied ist, der einen Unterschied macht«, werden die Mitglieder reihum über Unterschiede und Beziehungen zwischen anderen Mitgliedern befragt. Indem jedes Mitglied auf der Meta-Ebene Auskunft über die Beziehungen der anderen gibt, entwickelt und vermittelt sich ein Bild der familiären Struktur, das einem zirkulär-kausalen Verständnis entspricht *(→ Fragen).* Inzwischen hat sich der Sprachgebrauch so entwickelt, daß die unterschiedlichsten systemischen Interview-Techniken unter dem Begriff »zirkuläres Fragen« zusammengefaßt werden.

Mit der von der Mailänder Gruppe um Mara Selvini Palazzoli entwickelten Methode läßt sich innerhalb kürzester Zeit eine Vielzahl von Informationen über die Familie gewinnen. Dabei werden durchgängig → *Neutralität* und → *positive Konnotation* gewahrt; die Kommunikation gestaltet sich wesentlich als → *Metakommunikation* über das Verhalten anderer. Dadurch können Gefahren vermieden werden, die sonst mit der Selbstbezüglichkeit *(→ Selbstreferenz)* von Aussagen verbunden sind. Wird zum Beispiel in anderen Therapieformen ein Kind über seine Beziehung zu einem Elternteil befragt, so wird die in Anwesenheit dieses Elternteils gegebene Antwort bereits wieder zum Element dieser Beziehung und untermauert und verstärkt möglicherweise einen bestehenden → *Loyalitäts*konflikt. Tabus und → *Familiengeheimnisse,* die auch während einer Therapiesitzung wirksam bleiben, lassen sich mit der zirkulären Technik indirekt ansprechen. Zum Beispiel kann unter Respektierung des Verschweigens seines Inhalts nach dem hypothetischen Unterschied gefragt werden, der entstünde, wenn das Geheimnis offenbar würde. Ebenso lassen sich verdeckte Koalitionen zwischen einzelnen Familienmitgliedern auf diese Weise relativ problemlos ermitteln (Wer kann die Mutter eher trösten, wenn sie traurig ist: der Vater oder die Tochter? Was macht der Vater, wenn es der Tochter gelingt, die Mutter zu trösten? usw.).

Die zirkuläre Fragetechnik dient jedoch nicht nur der rasch erzielten und vielfältigen Informationsgewinnung, sie zeigt sich auch als wirksames therapeutisches Instrument: Allein dadurch, daß ständig neue Perspektiven und Bewertungsschemata eingeführt werden, lassen sich wesentliche pathogene Aspekte der familiären Epistemologie in Frage stellen. Dabei verhindert die indirekte Form der Informationsvermittlung mögliche → *Widerstände* und Solidarisierungen gegen den Therapeuten. Dem einzelnen Familienmitglied steht es frei, sich die betreffende Information zu eigen zu machen und dafür oder dagegen Stellung zu beziehen. Solche Veränderung erzielende Wirkungen der Fragetechnik verstärken sich noch durch die spezifischen Interventionsformen der systemischen Therapie *(→ paradoxe Intervention, → Zirkularität).*

Literatur: Bateson (1979); Penn (1982, 1985); Selvini Palazzoli, Boscolo, Cecchin u. Prata (1980a); Simon u. Rech-Simon (1998); Tomm (1985, 1994).

Zirkularität/Rekursivität/zirkuläre Kausalität (circularity/recursiveness/circular causality)

Eine Folge von Ursachen und Wirkungen, die zur Ausgangsursache zurückführt und diese bestätigt oder verändert. Dasselbe gilt für die Prozesse des Argumentierens und logischen Schließens. Das einfachste technische Modell der Zirkularität ist der sogenannte → *Regelkreis*, das begriffliche Gegenstück die »Geradlinigkeit« *(→ Linearität/Linealität).*

Zirkuläre Prozesse, bei denen zahlreiche Elemente eines Systems sich in ihrem Verhalten auf komplizierte Art und Weise gegenseitig bedingen, sind das Hauptinteressegebiet der → *Kybernetik* und Komplexitätstheorie *(→ Chaostheorie/Komplexitätstheorie).* Ein Großteil der Phänomene unserer Welt läßt sich nur erklären, wenn man die Wechselwirkungen verschiedener Variablen erfaßt. Dies gilt vor allem für evolutive Prozesse *(→ Ko-Evolution),* Prozesse der Aufrechterhaltung und des Gewinns von → *Stabilität* und → *Homöostase,* der Entwicklung und Veränderung von Systemstrukturen *(→ Morphogenese/Morphostase).* Die sich in diesen Zusammenhängen ergebenden Fragen versucht die Kybernetik ganz allgemein für Systeme, unabhängig von deren materieller Beschaffenheit, zu beantworten. Sie sind auch für die Familientherapie von vorrangigem Interesse.

Das wesentliche Instrument der kybernetischen Analyse ist das Abstrahieren von der Dimension Zeit, d.h., es werden synchrone *(→ diachron/synchron)* oder zumindest sehr schnell erfolgende Wechselbeziehungen betrachtet. Innerhalb der Dimension Zeit, wie Menschen sie erleben, ist Zirkularität nicht möglich: Aufgrund der Nichtumkehrbarkeit der Zeit läßt sich die Vergangenheit objektiv nicht rückwirkend verändern. Gleichwohl kann die Erinnerung an die eigene Vergangenheit so umgeschrieben werden und die Einfärbung der eigenen Lebensgeschichte aus der heutigen Perspektive so ausgeprägt sein, daß – auf der Ebene der kognitiven Repräsentanz – die Vergangenheit von der Gegenwart »beeinflußt« ist.

Wo die Vergangenheit jedoch ihren Niederschlag in persönlichen oder familiären Strukturen, Erinnerungen, Regeln usw. fand, kommt Zirkularität zum Zuge. Eine in der Vergangenheit gebildete Regel wird auf die Gegenwart angewandt und für die Zukunft bestätigt oder verändert. Voraussetzung dafür ist ein Abstraktionsschritt, bei dem Situationen als ähnlich klassifiziert und → *Kontexte* als identisch erkannt werden. Erst dort, wo ein inneres Modell der Welt erstellt und konkrete Ereignisse, Verhaltensweisen oder Erlebnisse auf irgendeine Art und Weise in Zeichen übersetzt wurden, kann Zirkularität in der Regelung menschlichen Verhaltens entstehen.

»Rekursivität« (von lat. recurrere = zurücklaufen) bezeichnet ebenso wie Zirkularität die Rückläufigkeit von Ursachen und Wirkungen zu ihrem Ausgangspunkt *(→ Eigenwert/Eigenstruktur/Eigenverhalten/Attraktor).*

Bei der Entwicklung des Menschen wie auch menschlicher Systeme ist davon auszugehen, daß durch Abstraktionen und eine sowohl subjektive als auch kollektive Speicherung von Erfahrungen Rekursivität ins Spiel gebracht wird. Sie ermöglicht es, den im Laufe der Zeit gleichsam unendlichen Strom von Erlebnissen und Wahrnehmungen so zu interpunktieren *(→ Interpunktion)*, daß Komplexität reduziert wird. Die Erlebnisse von gestern werden mit denen von heute gleichgesetzt; es ergeben sich Handlungsregeln. Dies ist funktionell und ökonomisch. Es wird jedoch dysfunktional, wo derartige Regeln erstarren und sich nicht mehr verändern lassen. Das gilt besonders für das Geschehen in Familien. Hier zeigen sich Denken und Fühlen eines jeden einzelnen in den familiären Kontext eingebettet und durch Familienregeln aufrechterhalten; umgekehrt erhalten die jeweils individuellen Gefühls- und Denkmuster die Familienregeln aufrecht. Wir beobachten einen Prozeß wechselseitiger Stabilisierung. Damit tritt dann eine Situation ein, in welcher Zirkularität eine Form der Stabilität bedingt, die veränderten inneren oder äußeren Bedingungen *(→ familiärer Lebenszyklus)* nicht mehr angemessen ist und zur Bildung von Symptomen führen kann *(→ Paradigma/innere Landkarte/Modell, → Selbstreferenz)*.

Literatur: Ashby (1956); Bateson (1972, 1979); Deissler (1983); v. Foerster (1988); Morin (1977, 1980, 1986, 1991); Selvini Palazzoli, Boscolo, Cecchin u. Prata (1980).

Zuschreibung/Etikettierung
(attribution, labelling, delineation)

Die offene oder verdeckte Zuweisung von Eigenschaften, Absichten und Rollen an Mitglieder eines sozialen Systems.

Zuschreibungen finden sich als Elemente aller sozialen Interaktionen und Organisationen. Darin zeigen sich Verhaltensweisen, Status und Funktionen einzelner Personen als Bestandteile eines Bedeutungssystems, das denen des Sprechens bzw. der Sprache vergleichbar ist *(→ Semiotik)*: Jedem Verhalten wird eine Bedeutung zugeschrieben. Diese ist nicht objektiv gegeben, sondern vom jeweiligen Bezugssystem, d.h. vom → *Kontext* abhängig. Dabei erweisen sich Kontextbestimmung und Zuschreibung als Elemente eines zirkulären Prozesses *(→ Zirkularität)*: Durch die Etikettierung einer bestimmten Verhaltensweise als zu einer Rolle gehörig gerät derjenige, der dieses Verhalten zeigte, gleichsam unter Zugzwang, der Rolle weiterhin gerecht zu werden. Das wiederum bestätigt die ursprüngliche Zuschreibung.

Im Rahmen der Sozialwissenschaften gewann der Etikettierungsansatz (labelling approach) in den siebziger Jahren an Bedeutung. Er beschäftigt sich unter anderem mit den Bedingungen, unter denen Diagnosen gestellt werden, sowie mit den Wirkungen, die diese Diagnosen auf die davon Betroffenen haben (vgl. Scheff 1966).

In der Familientheorie und -therapie beschäftigten sich vor allem Ivan Boszormenyi-Nagy, Ronald D. Laing und Helm Stierlin mit der Bedeutung und Problematik von Zuschreibungen. Wir begegnen Zuschreibungen als Elementen aller Sozialisationsprozesse. Darin können sie sich besonders unter zwei Umständen als problematisch erweisen: Wenn sie zu schwach zur Wirkung kommen oder gar fehlen, hat es der Betroffene schwer, einen bedeutungsvollen sozialen Platz, einen Lebenssinn, ein Gefühl von Wichtigkeit und → *Selbstwert* zu gewinnen. Wenn Zuschreibungen sich als zu starr, invasiv, vergewaltigend erweisen, werden etwa einem Kind Eigenschaften, Rollen oder Absichten zugeschrieben, die sich negativ auf seine altersgerechte → *Individuation* und → *Ablösung im Jugendalter* auswirken. Vor allem drei Kategorien von Zuschreibungen sind von großer klinischer Bedeutung: 1. Zuschreibungen von Krankheit, Schwäche, Lebensuntüchtigkeit usw., 2. Zuschreibungen von Bosheit, Gemeinheit, Kriminalität usw. und 3. Zuschreibungen von Verrücktheit, Abnormität, »Spinnigkeit« usw. Diese Zuschreibungen implizieren in unterschiedlicher Weise einen Anspruch auf regressive Verwöhnung, die Bereitschaft und Fähigkeit zur Übernahme von Eigenverantwortung und damit Belastung mit oder Entlastung von Schuld. Zuschreibungen erweisen sich als wichtige Elemente der → *Delegation* und → *projektiven Identifikation.* Sie bringen sich auch in bestimmten Mechanismen der → *Bindung* zum Ausdruck. Ivan Boszormenyi-Nagy (1965) sieht in der Zuschreibung einen der zentralen Mechanismen, mit deren Hilfe über mehrere Generationen wirksame → *Loyalitäten* aufgebaut werden, die sich sowohl positiv als auch negativ auszuwirken vermögen. Die Beeinflussung und Veränderung von Zuschreibungen dürfte einer der wichtigsten Wirkfaktoren jeder Psychotherapie sein *(→ Umdeutung).*

Literatur: Acock u. Bengtson (1980); Boszormenyi-Nagy (1965a, b); Grunebaum u. Chasin (1980); Herkner (Hrsg.) (1980); Jones (1977); Kaslow (1981b); Laing u. Esterson (1964); Scheff (1966); Stierlin (1971 b, 1978); Szasz (1961); Trojan (1978).

Literaturverzeichnis

Abelsohn, D. (1991): A »good enough« separation: Some characteristic operations and tasks. Fam. Proc. 31, S. 61–83.

Abelson, R. P. (1981): Psychological status of the script concept. Amer. Psychologist 36, S. 715–72.

Abrahams, J., E. Varon (1953): Maternal dependency and schizophrenia: Mothers and daughters in a therapeutic group. A group analytic study. New York (International Universities Press).

Ackerman, N. (1958): The Psychodynamics of Family Life. New York (Basic Books).

– (1951): »Social role« and total personality. Amer. J. Orthopsychiatry 21, S. 1–17.

– (1959): The psychoanalytic approach to the family. In: D. Bloch, R. Simon (Hrsg.): The Strength of Family Therapy. Selected Papers of Nathan Ackerman. New York (Brunner/Mazel).

– (1966): Treating the troubled family. New York (Basic Books).

– (1967): Prejudice and scapegoating in the family. In: G. H. Zuk, I. Boszormenyi-Nagy (Hrsg.): Family therapy and disturbed families. Palo Alto (Science and Behavior Books), S. 48–57.

– (1967): Family psychotherapy and psychoanalysis: Implications of difference. Fam. Proc. 1, S. 30–43.

– (1971): The growing edge of family therapy. Fam. Proc. 10, S. 143–156.

Acock, A. C., V. L. Bengtson (1980): Socialization and attribution processes. Actual versus perceived similarity among parents and youth. In: D. Olson, B. Miller (Hrsg.) (1984): Family Studies Review Yearbook. Vol. 2. Beverly Hills/London (Sage), S. 305–319.

Adams, B. (1967): Interaction theory and the social network. Sociometry, 30, S. 64–78.

Aebli, H. (1980): Denken. Das Ordnen des Tuns. Band I: Kognitive Aspekte der Handlungstheorie. Stuttgart (Klett-Cotta).

Aichhorn, A. (1925): Verwahrloste Jugend. Die Psychoanalyse in der Fürsorgeerziehung. Bern (Huber) [9]1977.

Ainsworth, M. D. S. (1968): Object relations, dependency, and attachment: a theoretical review of the infant-mother relationship. Child Development 40, S. 969–1025.

– (1991): Attachment and other affectional bonds across the life cycle. In: C. M. Parkes, J. Stevenson-Hyde, P. Marris (Hrsg.): Attachment across the life cycle. London (Routledge), S. 33–51.

Alanen, Y. (1958): The mothers of schizophrenic patients. Acta Psychiat. Neurol. Scand., Suppl. 124.

Alman, B., P. Lambrou (1996): Selbsthypnose. Heidelberg (Carl Auer).

Andersen, T. (Hrsg.) (1990): Das reflektierende Team. Dortmund (Modernes Lernen).
Anderson, C. M., G. E. Hogarty, D. J. Reiss (1980): Family treatment of adult schizophrenic patients: A psycho-educational approach. Schizophr. Bull., 6, S. 490–505.
Anderson, C., S. Stewart (1983): Mastering Resistance. A Practical Guide to Family Therapy. New York (Guilford).
Anderson, J. Z., G. D. White (1986): An Empirical Investigation of Interaction and Relationship Patterns in Functional and Dysfunctional Nuclear Families and Stepfamilies. Fam. Proc. 25, S. 407–422.
Andolfi, M. (1979): Family Therapy: An Interactional Approach. New York (Plenum).
Andolfi, M., C. Angelo, P. Menghi, A. M. Nicolò-Corigliano (1983): Behind the family mask: Therapeutic change in rigid family systems. New York (Brunner/Mazel).
Anonymous (1972): On the differentiation of self. In: J. Framo (Hrsg.): Family Interaction: A Dialogue Between Family Researchers and Family Therapists. New York (Springer).
Ansbacher, H., R. Ansbacher (1972): Alfred Adlers Individualpsychologie. München (Reinhardt).
Anthony, E. J., E. Bene (1957): A technique for the objective assessment of the child's family relationships. J. Mental Science 103, S. 541–555.
Antonovsky, A. (1979): Health, Stress and Coping: New Perspectives on Mental and Physical Well-Being. San Francisco (Jossey-Bass).
– (1997): Salutogenese. Zur Entmystifizierung der Gesundheit. Tübingen (dgvt-Verlag).
Anzieu, D. (1975): Le groupe et l'inconscient. Paris (Dunod).
Aponte, H. (1976): Underorganization in the poor family. In: P. Guerin (1976): Family Therapy: Theory and Practice. New York (Gardner Press).
Aponte, H., J. Van Deusen (1981): Structural family therapy. In: A. S. Gurman, D. P. Kniskern (Hrsg.): Handbook of Family Therapy. New York (Brunner/Mazel), S. 310–360.
Arbeitsgruppe Bielefelder Soziologen (Hrsg.) (1973): Alltagswissen/Interaktion/Gesellschaftliche Wirklichkeit. Opladen (Westdeutscher Verlag) .
Arentewicz, G., G. Schmidt (Hrsg.) (1980): Sexuell gestörte Beziehungen. Konzept und Technik der Paartherapie. Stuttgart (Enke) 1993.
Ariès, P. (1960): Geschichte der Kindheit. München (Hanser) 1975.
Arieti, S. (1967): The Intrapsychic Self Feeling, Cognition, and Creativity in Health and Mental Illness. New York (Basic Books).
Ashby, W. R. (1952): Design for a Brain. London (Chapman & Hall).
– (1956): Einführung in die Kybernetik. Frankfurt (Suhrkamp) 1974.
Assagioli, R. (1965): Psychosynthese, Prinzipien, Methoden und Techniken. (API Verlag) 1988.

Attneave, C. (1969): Therapy in tribal settings and urban network intervention. Fam. Proc. 8, S. 192–210.
Auerswald, E. (1968): Interdisziplinärer oder ökologischer Ansatz. In: C. Sager, H. S. Kaplan (Hrsg.) (1972): Handbuch der Ehe-, Familien- und Gruppentherapie, Bd. II, München (Kindler) 1973, S. 375–388.
– (1971): Families, change, and the ecological perspective. Fam. Proc. 10, S. 263–280.
– (1985): Thinking about thinking in family therapy. Fam. Proc. 24, S. 1–12.

Baecker, D. (Hrsg.) (1993): Probleme der Form. Frankfurt (Suhrkamp).
Baldwin, A. L., C. P. Baldwin, R. E. Cole (1982): Family Free-Play interaction: Setting and methods. Parental pathology, family interaction, and the competence of the child in school. Monographs of the Society for Research in Child Development 47, S. 36–44.
Bales, R. (1965): Adaptive and integrative changes as source of strain in social systems. In: A. Hare, E. Borgatta, R. Bales (Hrsg.) (1965): Small Groups: Studies in Social Interaction. New York (Knopf).
Bandler, R., J. Grinder (1975a): Patterns of the Hypnotic Techniques of Milton H. Erickson, M. D., Vol. I. Cupertino (META Publications).
– (1975b): Metasprache und Psychotherapie. Struktur der Magie. I. Paderborn (Junfermann) 1981.
– (1979): Frogs into princes. Moab, Utah (People Press).
– (1979): Neue Wege der Kurzzeit-Therapie. Neurolinguistische Programme. Paderborn (Junfermann) 1981.
– (1981): Therapie in Trance. Hypnose: Kommunikation mit dem Unbewußten. Stuttgart (Klett-Cotta).
– (1982): Reframing. Neurolinguistic Programming and the Transformation of Meaning. Moab/Utah (Real People Press).
Bandler, R., J. Grinder, V. Satir (1976): Mit Familien reden. Gesprächsmuster und therapeutische Veränderung. Stuttgart (Pfeiffer).
Bandura, A. (1974): Social Learning Theory. Englewood Cliffs, N. J. (Prentice Hall).
Bank, S. , M. Kahn (1982): The Sibling Bond. New York (Basic Books).
Bannister, D., F. Fransella (1977): Inquiring man: The theory of personal constructs. Harmondsworth, England (Penguin Books).
Baraldi, C., G. Corsi, E. Esposito (1998): GLU. Glossar zu Niklas Luhmanns Theorie soziale Systeme. Frankfurt (Suhrkamp).
Barcai, A. (1981): Normative family development. J. Marit. Fam. Ther., 7, S. 353–359.
Barnes, J. (1972): Social Networks. Reading, Mass. (Addison-Wesley).
Barnhill, L. (1979): Healthy family systems. Family Coordinator 28, S. 94–100.
Barnhill, L. R., D. Longer (1978): Fixation and regression in the family life cycle. Fam. Proc. 17, S. 469–478.

Barton, C., J. F. Alexander (1981): Functional family therapy. In: A. S. Gurman, D. P. Kniskern (Hrsg.): Handbook of Family Therapy. New York (Brunner/Mazel), S. 403–443.

Bastine, R., G. Link, B. Lörch (1992): Scheidungsmediation: Möglichkeiten und Grenzen. Familiendynamik 17, S. 379–392.

Bateson, G. (1935): Kulturberührung und Schismogenese. In: Ders. (1972): Ökologie des Geistes. Frankfurt (Suhrkamp) 1981, S. 99–113.

– (1936): Naven. A Survey of the Problems Suggested by a Composite Picture of the Culture of a New Guinea Tribe Drawn from Three Points of View. Cambridge (Univ. Press) 1958.

– (1942): Sozialplanung und der Begriff des Deutero-Lernens. In: Ders. (1972): Ökologie des Geistes. Frankfurt (Suhrkamp) 1981, S. 219–240.

– (1955): Eine Theorie des Spiels und der Phantasie. In: Ders. (1972): Ökologie des Geistes. Frankfurt (Suhrkamp), S. 241–261.

– (1958): Epilogue. In: G. Bateson: Naven (2nd ed.). Stanford, Cal. (Stanford University Press), S. 280–303.

– (1959): Minimalforderungen für eine Theorie der Schizophrenie. In: Ders. (1972): Ökologie des Geistes. Frankfurt (Suhrkamp) 1981, S. 321–352.

– (1964): Die logischen Kategorien von Lernen und Kommunikation. In: Ders. (1972): Ökologie des Geistes. Frankfurt (Suhrkamp) 1981, S. 362–399.

– (1967): Kybernetische Erklärung. In: Ders. (1972): Ökologie des Geistes. Frankfurt (Suhrkamp) 1981, S. 515–529.

– (1968a): Auswirkung bewußter Zwecksetzung auf die menschliche Anpassung. In: Ders. (1972): Ökologie des Geistes. Frankfurt (Suhrkamp) 1981, S. 566–575.

– (1968b): Redundanz und Codierung. In: Ders. (1972): Ökologie des Geistes. Frankfurt (Suhrkamp) 1981, S. 530–548.

– (1969): Double bind, 1969. In: Ders. (1972): Ökologie des Geistes. Frankfurt (Suhrkamp) 1981, S. 353–361.

– (1970): Form, Substanz und Differenz. In: Ders. (1972): Ökologie des Geistes, Frankfurt (Suhrkamp) 1981, S. 576–598.

– (1971): Die Kybernetik des »Selbst«. Eine Theorie des Alkoholismus. In: Ders. (1972): Ökologie des Geistes. Frankfurt (Suhrkamp) 1981.

– (1972): Ökologie des Geistes. Frankfurt (Suhrkamp) 1981.

– (1974): Draft: Scaffered thoughts for a conference on »Broken Power«. Co-Evolution Quarterly, 4, S. 26–27.

– (1979): Geist und Natur. Eine notwendige Einheit. Frankfurt (Suhrkamp) 1982.

Bateson, G., D. D. Jackson (1964): Some varieties of pathogenic organization. In: D. McK. Rioch (Hrsg.) (1964): Disorders of Communication, Vol. 42, Research Publications. Association for Research in Nervous and Mental Disease. Baltimore (Williams & Wilkins).

Bateson, G., D. D. Jackson, J. Haley, J. H. Weakland (1956): Auf dem Weg zu einer Schizophrenie-Theorie. In: G. Bateson et al. (1969): Schizophrenie und Familie. Frankfurt (Suhrkamp), S. 11–43.

– (1962): A note on the double bind. Fam. Proc. 2, S. 154–161.

Baucom, D. H., N. E. Epstein (Hrsg.) (1990): Cognitive-behavioral marital therapy. New York (Brunner/Mazel):

Bauer, R. (1979): Gestalt approach to family therapy. Amer. J. Fam. Ther., 7:3, S. 41–45.

Bauriedl, T. (1980): Beziehungsanalyse. Das dialektisch-emanzipatorische Prinzip der Psychoanalyse und seine Konsequenzen für die psychoanalytische Familientherapie. Frankfurt (Suhrkamp).

Beavers, W. R. (1977): Psychotherapy and Growth. A Family Systems Perspective. New York (Brunner/Mazel).

– (1981): A systems model of family for family therapists. J. Marit. Fam. Ther., 7, S. 299–307.

– (1983): Hierarchical issues in a system approach to illness and health. Family Systems Medicine 1, S. 47–55.

– (1985): Successful Marriage. A Family Systems Approach to Couples Therapy. New York (W. W. Norton).

Beavers, W. R., S. Blumberg, K. Timken, M. Weiner (1970): Communication patterns of mothers of schizophrenics. Fam. Proc. 4, S. 95–104.

Beavers, W. R., R. E. Hampson (1990): Successful Families: Assessment and Intervention. New York (W. W. Norton).

Beavers, W. R., M. N. Voeller (1983): Family models: Comparing and contrasting the Olson Circumplex Model with the Beavers Systems Model. Fam. Proc. 22, S. 85–98.

Beck, U., E. Beck-Gernsheim (1990): Das ganz normale Chaos der Liebe. Frankfurt (Fischer).

Beck-Gernsheim, E. (1980): Das halbierte Leben. Männerwelt Beruf – Frauenwelt Familie. Frankfurt (Fischer).

Becker, E. (1962): The Birth and Death of Meaning: A Perspective in Psychiatry and Anthropology. New York (Free Press of Glencoe).

Beckman-Brindley, S., J. Tavormina (1978): Power relationships in families: A social-exchange perspective. Fam. Proc. 17, S. 423–436.

Beckmann, D. (1976): Paardynamik und Gesundheitsverhalten. In: H.-E. Richter, H. Strotzka, J. Willi (Hrsg.): Familie und seelische Gesundheit. Reinbek (Rowohlt), S. 123–130.

Beckmann, D., H.-E. Richter (1972): Gießen-Test (GT). Ein Test für Individual- und Gruppendiagnostik. Bern (Huber) ^{2}1975.

Beels, C. C. (1981): Social support and schizophrenia. Schizophrenia Bull. 7, S. 58–72.

Beer, S. (1966): Decision and Control. London (J. Wiley).

Benninghoven, D., M. Cierpka, V. Thomas (1996): Die familiendiagnostischen Fragebogeninventare. In: M. Cierpka (Hrsg.) (1996): Handbuch der Familiendiagnostik. Heidelberg (Springer).

Bense, M., E. Walther (Hrsg.) (1973): Wörterbuch der Semiotik. Köln (Kiepenheuer & Witsch).

Bentovim, A. (1979): Towards creating a focal hypothesis for brief focal family therapy. J. Fam. Ther., 1, S. 125–136.

Bentovim, A., G. Barnes, A. Cooklin (Hrsg.) (1982): Family Therapy. Complementary Frameworks of Theory and Practice. 2 Bd. New York-London (Academic Press).

Berger, M. (Hrsg.) (1978): Beyond the Double Bind. New York (Brunner/Mazel).

– (1984): Across the corpus callosum with Chris Columbus; or, how to put enough information into your left brain that when your right brain intuits, it does so intelligently. Some ideas for the learning of reframing. J. Strategic and Systemic Therapies 3 (2): S. 22–28.

Berger, P., H. Kellner (1965): Die Ehe und die Konstruktion der Wirklichkeit. Soziale Welt, 16, S. 220–236.

Berger, P., T. Luckmann (1970): Die gesellschaftliche Konstruktion der Wirklichkeit. Frankfurt (Fischer).

Bergman, J. E. (1985): Fishing for Barracuda: Pragmatics of Brief Systemic Therapy. New York (W. W. Norton & Co.).

Berkowitz, R., L. Kuipers, R. Eberlein-Frief, J. Leff (1981): Lowering expressed emotion in relatives of schizophrenics. In: M. J. Goldstein (Hrsg.): New developments in interventions with families of schizophrenics. San Francisco (Jossey-Bass), S. 27–48.

Berman, E., H. Lief (1976): Ehetherapie in der amerikanischen Psychiatrie – ein Überblick. Familiendynamik, 1, S. 238–266.

Bernal, G., S. Golann (1980): Couple interaction: A study of the punctuation process. Int. J. Fam. Ther., 2, S. 47–56.

Berne, E. (1964): Spiele der Erwachsenen. Reinbek (Rowohlt) 1967.

– (1972): Was sagen Sie, nachdem Sie guten Tag gesagt haben? München (Kindler) 1975.

Bernstein, C. (1990): Die Patchwork-Familie. Wenn Väter oder Mütter in neuen Ehen weitere Kinder bekommen. Zürich.

Bertalanffy, L. v. (1932): Theoretische Biologie. Berlin (Borntraeger).

– (1950): The theory of open systems in physics and biology. Science 3, S. 23–29.

– (1968): General Systems Theory. New York (George Braziller).

Billings, A., R. Moos (1982): Family environments and adaptation. A clinically applicable typology. Amer. J. Fam. Ther., 10, S. 26–38.

Binion, R. (1976): Daß ihr mich gefunden habt. Stuttgart (Klett-Cotta).

Birchler, G., S. Spinks (1980): Behavioral-systems marital and family therapy: Integration and clinical application. Amer. J. Fam. Ther., 8:2, S. 6–28.

Blakar, R. M. (1980): Studies of familial communication and psychopathology: A social-developmental approach to deviant behavior. Oslo (Universitetsforlaget).
Blanck, G., R. Blanck (1974): Angewandte Ich-Psychologie. Stuttgart (Klett-Cotta).
– (1979): Ich-Psychologie II. Stuttgart (Klett-Cotta).
Bleuler, E. (1911): Dementia Praecox oder Gruppe der Schizophrenien. Leipzig/Wien (Deuticke).
Blinder, M., A. Colman, A. Curry, D. Kessler (1965): MFGT: Simultaneous treatment of several families. Amer. J. Psychiatry 19, S. 559–569.
Bloch, D. (1983): Family systems medicine: The field and the journal. Fam. Systems Medicine, 1, S. 3–11.
Bloch, D. A. (1973): The clinical home visit. In: D. A. Bloch (Hrsg.): Techniques of Family Psychotherapy: A Primer. New York (Grune & Stratton).
Bloom, B. L. (1985): A factor analysis of self-report measures of family functioning. Fam. Proc. 24, S. 225–239.
Blos, P. (1962): Adoleszenz. Stuttgart (Klett) 1973.
– (1979): The Adolescent Passage. New York (International Universities Press).
Blumberg, M. L. (1981): Child abuse and neglect. In: S. Arieti, K. H. Brodie (Hrsg.): American Handbook of Psychiatry. Vol. VII. Advances and New Directions, 2. überarbeitete Aufl. New York (Basic Books), S. 172–186.
Blumer, H. (1973): Der methodologische Standort des symbolischen Interaktionismus. In: Arbeitsgruppe Bielefelder Soziologen (Hrsg.): Alltagswissen/Interaktion/Gesellschaftliche Wirklichkeit. Opladen (Westdeutscher Verlag) 1980.
Blumstein, P., S. Schwartz (1983): American Couples. Money, Work, and Sex. New York (Morrow).
– (1990): Intimate relationships and the creation of sexuality. In: D. P. McWhirter, S. A. Sanders, J. M. Reinisch (Hrsg.): Homosexuality/Heterosexuality. New York (Oxford University Press), S. 307–320.
Bodin, A. (1981): The interactional view: Family therapy approaches of the Mental Research Institute. In: A. S. Gurman, D. P. Kniskern (Hrsg.) (1981): Handbook of Family Therapy. New York (Brunner/Mazel), S. 267–309.
Bohannan, P. (1973): The six stations of divorce. In: M. E. Lasswell, T. E. Lasswell (Hrsg.): Love, Marriage and Family: A Developmental Approach. Glenview, Ill. (Scott, Foresman).
Bopp, J. M., G. R. Weeks (1984): Dialectical metatheory in family therapy. Fam. Proc. 23, S. 49–61.
Bordin, E. S. (1979): The generalizability of the psychoanalytic concept of the working alliance. Psychotherapy: Theory, Research and Practice 16, S. 252–260.

Boscolo, L., P. Bertrando (1997): Systemische Einzeltherapie. Heidelberg (Carl Auer).
Boscolo, L., G. Cecchin, L. Hoffman, P. Penn (1988): Familientherapie – Systemtherapie. Das Mailänder Modell. Dortmund (Modernes Leben).
Boss, P., J. Greenberg (1984): Family boundary ambiguity: A new variable in family stress theory. Fam. Proc. 23, S. 535–546.
Boss, P., W. Caron, J. Horbal, J. Mortimer (1990): Predictors of depression in caregivers of dementia patients: Boundary ambiguity and mastery, Fam. Proc. 29, 245–254, 1990.
Boszormenyi-Nagy, I. (1962): The concept of schizophrenia from the perspective of family treatment. Fam. Proc. 1, S. 103–113.
– (1965a): Eine Theorie der Beziehungen: Erfahrung und Transaktion. In: Ders., J. L. Framo (Hrsg.): Familientherapie Bd. I. Reinbek (Rowohlt) 1975, S. 51 ff.
– (1965b): Intensive Familientherapie als Prozeß. In: Ders., J. L. Framo (Hrsg.): Familientherapie, Theorie und Praxis, Bd. I. Reinbek (Rowohlt) 1975, S. 110–168.
– (1967): Relational Modes and Meaning. In: G. Zuk, I. Boszormenyi-Nagy (Hrsg.) (1967): Family Therapy and Disturbed Families. Palo Alto (Science and Behavior Books), S. 58–73.
– (1972): Loyalty implications of the transference model in psychotherapy. Arch. Gen. Psychiatry, 27, S. 374–380.
– (1974): Ethical and practical implications of intergenerational family therapy. Psychotherapy Psychosomatics, 24, S. 261–268.
– (1975): Dialektische Betrachtung der Intergenerationen-Familientherapie. Ehe, 12, S. 117–131.
– (1977): Mann und Frau. Verdienstkonten in den Geschlechtsrollen. Familiendynamik, 2, S. 35–49.
– (1981): Kontextuelle Therapie. Therapeutische Strategien zur Schaffung von Vertrauen. Familiendynamik, 6, S. 176–195.
– (1966): From family therapy to a psychology of relationships: Fictions of the individual and fictions of the family. Comprehensive Psychiatry 7, S. 408–423.
– (1987): Foundations of Contextual Therapy. New York (Brunner/Mazel).
Boszormenyi-Nagy, I., J. Grunebaum, D. Ulrich (1991): Contextual Therapy. In: A. S. Gurman, D. P. Kniskern (Hrsg.): Handbook of Family Therapy. New York (Brunner/Mazel), S. 200–238.
Boszormenyi-Nagy, I., B. R. Krasner (1978): Gruppenloyalität als Motiv für politischen Terrorismus. Familiendynamik, 3, S. 199–208.
– (1980): Trust-based therapy: A contextual approach. Amer. J. Psychiatry 137, S. 374–
– (1986): Between Give and Take. A Clinical Guide to Contextual Therapy. New York (Brunner/Mazel).

Boszormenyi-Nagy, I., G. Spark (1973): Unsichtbare Bindungen. Die Dynamik familiärer Systeme. Stuttgart (Klett-Cotta).
Boszormenyi-Nagy, I., D. Ulrich (1981): Contextual family therapy. In: A. S. Gurman, D. P. Kniskern (Hrsg.): Handbook of Family Therapy. New York (Brunner/Mazel), S. 159–186.
Bott, E. (1957): Family and Social Networks. London (Tavistock).
Bowen, M. (1959): Family relations in schizophrenia. In: A. Auerbach (Hrsg.) (1959): Schizophrenia. New York (Ronald).
– (1960 a): A family concept of schizophrenia. In: D. D. Jackson (Hrsg.) (1960): Schizophrenia. New York (Basic Books).
– (1960 b): Die Familie als Bezugsrahmen für die Schizophrenieforschung. In: G. Bateson et al. (1969): Schizophrenie und Familie. Frankfurt (Suhrkamp), S. 181–220.
– (1961): The family as the unit of study and treatment. Amer. J. Orthopsychiatry 31, S. 40–60.
– (1966): The use of family theory in clinical practice. Comprehensive Psychiatry, 7, S. 345–374.
– (1971/72): Toward the differentiation of self in one's family of origin. In: F. Andres, J. Lorio (Hrsg.): Georgetown Family Symposia. Vol. I (1971/72). Washington, D. C. (Department of Psychiatry) 1974.
– (1975): Family therapy after 20 years. In: S. Arieti (Hrsg.): American Handbook of Psychiatry. Vol. V. New York (Basic Books), S. 367–399.
– (1976): Theory in the practice of psychotherapy. In: P. Guerin (Hrsg.): Family Therapy. New York (Gardner).
– (1978): Family Therapy in Clinical Practice. New York (J. Aronson).
Bowlby, J. (1960): Die Trennungsangst. Psyche, 15 (1961), S. 411–464.
– (1961a): Separation anxiety: A critical review of the literature. J. Child Psychol. Psychiat, 1, S. 251–269.
– (1961b): Process of mourning. Int. J. Psycho-Anal., 42, S. 317–340.
– (1969): Bindung. München (Kindler) 1975.
(1973): Trennung. Psychische Schäden als Folge der Trennung von Mutter und Kind. München (Kindler) 1976.
Boyd, C. P., E. Gullone, G. Needleman, T. Burt (1997): The Family Environment Scale: Reliability and Normative Data for an Adolescent Sample. Fam. Proc. 36, S. 369–374.
Brack, E. (1962): Bifokale Gruppentherapie von Schizophrenen. Z. psychosomat. Med., 8, S. 133–141.
Bradbury, T. N., F. D. Fincham (1990): Attributions in marriage: Review and critique. Psychological Bulletin 1, S. 3–33.
Brennlin, D., B. Cade (1981): Intervening in family systems with observer messages. J. Marit. Fam. Ther., 7, S. 453–460.
Briggs, J. (1993): Chaos. Neue Expeditionen in fraktale Welten. München (Hanser).

Broderick, C., S. Schrader (1981): The history of professional marriage and family therapy. In: A. S. Gurman, D. P. Kniskern (Hrsg.): Handbook of Family Therapy. New York (Brunner/Mazel), S. 5–35.
Bronfenbrenner, U. (1976): Ökologische Sozialisationsforschung. Stuttgart (Klett-Cotta).
Brown, G. W. (1959): Experiences of discharged chronic schizophrenic patients in various types of living group. The Milbank Mem. Fund., Q 37, S. 105–131.
Brown, G. W., J. L. T. Birley, J. K. Wing (1972): Influence of family life on the course of schizophrenic disorders: A replication. Brit. J. Psychiatry, 121, S. 241–258.
Brown, G. W., G. M. Carstairs, G. Topping (1958): Post-hospital adjustment of chronic mental patients. Lancet, 2, S. 685–689.
Brown, G. W., E. Monck, G. M. Carstairs, J. K. Wing (1962): Influence of family life on the course of schizophrenic illness. Brit. J. Prev. Soc. Med., 16, S. 55–68.
Brown, G. W., M. Rutter (1966): The measurement of family activities and relationships. Human Relations, 19, S. 241–263.
Brown, R. (1958): Words and Things. Glencoe, Ill. (Free Press).
– (1970): Psycholinguistics. Selected Papers. New York (Free Press).
Brown-Standridge, M. (1992): Ein Paradigma für die Konstruktion und Gestaltung von familientherapeutischen Aufgaben. Familiendynamik 17, S. 39–67.
Buber, M. (1923): Ich und Du. Heidelberg (Lambert Schneider) [10]1979.
– (1957): Guilt and guilt feelings. Psychiatry 20, S. 114–129.
Buchholz, M. B. (1990): Die unbewußte Familie. Psychoanalytische Studien in der Moderne. Berlin (Springer).
Buchholz, M. (Hrsg.) (1995): Psychotherapeutische Interaktion – Qualitative Studien zu Konversation und Metapher, Geste und Plan. Opladen (Westdeutscher Verlag).
– (Hrsg.) (1996): Metaphern der »Kur«. Studien zum therapeutischen Prozeß. Opladen (Westdeutscher Verlag).
Buckley, W. (1967): Sociology and Modern Systems Theory. Englewood Cliffs, N. J. (Prentice-Hall).
– (1968): Modern Systems Research for the Behavioral Scientist. Chicago (Aldine).
Budman, S. H., A. S. Gurman (1989): Theory and Practice of Brief Therapy. New York (Guilford Press).
Burr, W. R., R. Hill, F. I. Nye, I. L. Reiss (1979) (Hrsg.): Contemporary theories about the family (2 vols.). New York (Free Press).
Bursten, B. (1970): Family dynamics, the sick role, and medical hospital admissions. Fam. Proc. 4, S. 206–216.
Byng-Hall, J. (1980): The symptom bearer as marital distance regulator: Clinical implications. Fam. Proc. 19, S. 355–365.

Byng-Hall; J., D. Campbell (1981): Resolving conflicts in family distance regulation: An integrative approach. J. Marit. Fam. Ther., 7, S. 321–330.
Cade, B. (1982): Some uses of metaphor. Austr. J. Fam. Ther., 3, S. 135–140.
Cade, B., W. H. O'Hanlon (1993): A Brief Guide to Brief Therapy. New York (Norton).
Cameron, N. (1938): Reasoning, Regression and Communication in Schizophrenics. Psychol. Monogr. No. 221.
Canevaro, A. (1980): Transference and countertransference in family therapy. Int. J. Fam. Psychiat., 1, S. 249–262.
Cannon, W. B. (1932): Wisdom of the Body. New York (Appleton).
Caplow, T. (1968): Two Against One: Coalitions in Triads. Englewood Cliffs, N. J. (Prentice Hall).
Capra, F. (1982): Wendezeit. Bausteine für ein neues Weltbild. Bern (Scherz) 1983.
Carnap, R. (1942): Introduction to Semantics. Cambridge, Mass. (Harvard Univ. Press) 1959.
Carter, E., M. McGoldrick (Hrsg.) (1980): The Family Life Cycle: A Framework for Family Therapy. New York (Gardner).
Cartwright, D. (1959): A field theoretical conception of power. In: Ders. (Hrsg.): Studies in Social Power. Ann Arbor (Univ. of Michigan Press), S. 183–220.
Cheek, F. (1969): The »schizophrenogenic mother« in word and deed. Fam. Proc. 3, S. 155–177.
Cheek, F. E., R. Anthony (1970): Personal pronoun usage in families of schizophrenics and social space utilization. Fam. Proc. 9, S. 431–447.
Chomsky, N. (1957): Syntactic Structures. The Hague (Mouton).
– (1965): Aspekte der Syntax-Theorie. Frankfurt (Suhrkamp) 1978.
– (1968): Sprache und Geist. Frankfurt (Suhrkamp) 1970.
– (1980): Regeln und Repräsentationen. Frankfurt (Suhrkamp) 1981.
Cierpka, M. (Hrsg.) (1996): Handbuch der Familiendiagnostik. Heidelberg (Springer).
Cierpka, M., G. Frevert (1995): Die Familienbögen. Ein Inventar zur Einschätzung von Familienfunktionen. Göttingen (Hogrefe).
Ciompi, L. (1997): Die emotionalen Grundlagen des Denkens. Entwurf einer fraktalen Affektlogik. Göttingen (Vandenhoeck & Ruprecht).
– (1982): Affektlogik. Über die Struktur der Psyche und ihre Entwicklung. Ein Beitrag zur Schizophrenieforschung. Stuttgart (Klett-Cotta).
Clement, U. (1994): Sexuelle Skripte. Familiendynamik 19, S. 252–265.
– (1996): Sexuelle Kollusionen: Paardynamik in sexuell gestörten Partnerschaften. System Familie 9, S. 67–73.
– (1998): Sexualität in der systemischen Therapie. Familiendynamik 23, S. 366–376.

Clement, U., G. Schmidt (1983): The outcome of couple therapy for sexual dysfunction using three different formats. Journal of Sex & Marital Therapy 9, S. 67–78.
Clingenpeel, W. G., R. Ievoli, O. E. Brand (1984): Structural complexity and the quality of stepfather-stepchild relationships. Fam. Proc. 23, S. 547–560.
Cluff, R., M. Hicks, C. H. Madsen (1994): Beyond the Circumplex Model: I. A Moratorium on Curvilinearity. Fam. Proc. 33, S. 455–470.
Colapinto, J. (1984): On model integration and model integrity. J. Strategic and Systemic Therapies 3 (3), S. 38–42.
– (1991): Structural family therapy. In A. S. Gurman, D. P. Kniskern (Hrsg.): Handbook of Family Therapy, Vol.II, S. 171–199. New York (Brunner/Mazel).
Collett, P., J. P. Eckmann (1980): Iterated maps of the interval as dynamical systems. Basel (Birkhäuser).
Combrinck-Graham, L. (1985): A developmental model for family systems. Fam. Proc. 24, S. 139–150.
Commoner, B. (1971): The Closing Circle Nature, Man and Technology. New York (Knopf).
Conze, E. (1962/83): Buddhistisches Denken. Frankfurt (Suhrkamp) 1988.
Cornwell, M., R. Pearson (1981): Cotherapy teams and one-way screen in family therapy practice and training. Fam. Proc. 20, S. 199–209.
Costell, R., D. Reiss, H. Berkman, C. Jones (1981): The family meets the hospital: Predicting the family's perception of the treatment program from its problem solving style. Arch. Gen. Psychiat. 38, S. 569–577.
Coulehan, R., M. L. Friedlander, L. Heatherington (1998): Transforming narratives: A change event in constructivist family therapy. Fam. Proc. 37, S. 17–33.
Coyne, J., B. Denner, D. C. Ransom (1982): Undressing the fashionable mind. Fam. Proc. 21, S. 391–396.
Cromwell, R. E., D. H. Olson (Hrsg.) (1975): Power in Families. New York (Wiley).
Cromwell, R., G. Peterson (1983): Multisystem-multimethod family assessment in clinical context. Fam. Proc. 22, S. 147–163.
Cronen, V., K. Johnson, J. Lannamann (1982): Paradox, Doppelbindung und Rückkopplungsschleifen. Familiendynamik, 8 (1983), S. 102–138.
Cronen, V. E., W. B. Pearce, L. M. Harris (1979): The Logic of the Coordinated Management of Meaning: A Theory of Communication. In: F. E. Dance (Hrsg.): Comparative Communication Theory: An Introduction. New York (Harper & Row).

Dahl, R. (1957): The concept of power. Behavioral Science, 2, S. 201–218.
Dawies, P. (1980): The Runaway Universe. New York (Penguin).

De Beauregard, O. (1961): Sur l'équivalence entre information et entropie. Sciences, 11, S. 51 ff.
de Mause, L. (Hrsg.) (1974): Hört Ihr die Kinder weinen? Frankfurt (Suhrkamp) 1977.
– (Hrsg.) (1975): The New Psychohistory. New York (Psychohistory Press).
– (1982): Foundations of Psychohistory. New York (Psychohistory Press).
de Mause, L., H. Ebel (1977): Jimmy Carter and American Phantasy – Psychohistorical Explorations. New York (Psychohistory Press).
Deissler, K. (1983): Die rekursive Kontextualisierung natürlicher Prozesse. Familiendynamik, 8, S. 139–165.
Dell, P. (1980): The Hopi family therapist and the Aristotelian parents. J. Marit. Fam. Ther., 6, S. 123–130.
– (1981): Untersuchung der Familientheorien zur Schizophrenie: eine Übung in epistemologischer Konfusion. Familiendynamik, 6, S. 310–332.
– (1982): Beyond homeostasis: Toward a concept of coherence. Fam. Proc. 21, S. 21–41.
– (1985): Understanding Bateson and Maturana: Toward a biological foundation for the social sciences. J. Marit. Fam. Ther. 11, S. 1–20.
– (1986): In Defense of »Lineal Causality«. Fam. Proc. 25, S. 513–522.
– (1989): Violence and the Systemic View: The Problem of Power. Fam. Proc. 28, S. 1–14.
Dell, P., H. Goolishian (1981): »Ordnung durch Fluktuation«: eine evolutionäre Epistemologie für menschliche Systeme. Familiendynamik, 6, S. 104–122.
Demos, J., S. S. Boocock (1978) (Hrsg.): Turning points: Historical and sociological essays on the family. Chicago (University of Chicago Press). (Buchform des Amer. J. Sociology 84, Suppl.).
DeShazer, S. (1975): The confusion technique. Family Therapy, 2, S. 23–30.
– (1980): Brief family therapy: A metaphorical task. J. Marit. Fam. Ther. 6, S. 471–476.
– (1982a): Wege der erfolgreichen Kurztherapie. Stuttgart (Klett-Cotta), 4. Aufl. 1992.
– (1982b): Some conceptual distinctions are more useful than others. Fam. Proc. 21, S. 71–84 (b).
– (1982c): Patterns of Brief Family Therapy. An Ecosystemic Approach. New York London (Guilford).
– (1984): The death of resistance. Fam. Proc. 23, S. 79–93.
– (1985): Keys to solution in brief therapy. New York (W. W. Norton & Co.).
– (1988): Der Dreh. Überraschende Wendungen und Lösungen in der Kurzzeittherapie. Heidelberg (Carl Auer), 4. Aufl. 1995.
– (1991): Das Spiel mit Unterschieden. Heidelberg (Carl Auer), 2. Aufl. 1994.
DeShazer, S., A. Molnar (1984): Four useful interventions in brief family therapy. J. Marit Fam. Ther. 10, S. 297–304.

DeVet, Katherine A. (1997): Parent Adolescent Relationships, Physical Disciplinary History, and Adjustment in Adolescents. Fam. Proc. 36, S. 311–322.
Dicks, H. (1963): Object relations theory and marital studies. Brit. J. Med. Psychol., S. 126– 129.
– (1967): Marital Tensions: Clinical Studies toward a Psychological Theory of Interaction. New York (Basic Books).
Dilts, R. B., J. Grinder, R. Bandler, J. Delozier, J. Cameron-Bandler (1979): Neurolinguistic programming, Vol. I. Cupertino, Cal. (META Publications).
Doane, J. A. (1978): Family interaction and communication deviance in disturbed and normal families: A review of Research. Fam. Proc. 17, S. 357–376.
Doane, J. A., L. Hill, D. Diamond (1991): A Developmental View of Therapeutic Bonding in the Family: Treatment of the Disconnected Family. Fam. Proc. 30, S. 155–175.
Doane, J. A., J. E. Jones, L. Fisher, B. Ritzler, M. T. Singer, L. C. Wynne (1982): Parental communication deviance as a predictor of competence in children at risk for adult psychiatric disorder. Fam. Proc. 21, S. 211–224.
Doherty, W. J., M. A. Baird (1983): Family Therapy and Family Medicine. New York (Guilford).
Doherty, W. J., N. Colangelo (1984): The family FIRO model: A modest proposal for organizing family treatment. J. Marit. Fam. Ther. 10, S. 19–29.
Doherty, W. J., N. Colangelo, A. M. Green, G. S. Hoffman (1985): Emphases of the major family therapy models: A family FIRO analysis. J. Marit. Fam. Ther. 11, S. 299–303.
Donley, M. (1993): Attachment and the Emotional Unit. Fam. Proc. 32, S. 3–20.
Dörner, D. (1992): Die Logik des Mißlingens. Strategisches Denken in komplexen Situationen. Reinbek (Rowohlt).
Douglas, J. D. (1971): Understanding Everyday Life. London (Routledge & Kegan Paul) 1974.
Duhl, F., D. Kantor, B. Duhl (1973): Learning, space, and action in family therapy: A primer of sculpture. In: D. Bloch (Hrsg.) (1973): Techniques of Family Psychotherapy. New York (Grune & Stratton).
Duncan, B. L. (1984): Adopting the construct of functionality when it facilitates system change: A method of selective integration. J. of Strategic and Systemic Therapies 3, S. 60–65.
Duss-von Werdt, J. (1998): Paarkonflikte in der Mediationspraxis. Familiendynamik 23, S. 117–128.
Duss-von Werdt, J., H. G. Mähler, G. Mähler (Hrsg.) (1995): Mediation – die andere Scheidung. Ein interdisziplinärer Überblick. Stuttgart (Klett-Cotta).

Duss-von Werdt, J., R. Welter-Enderlin (1978): Kurztherapie mit einer Paargruppe. Familiendynamik, 3, S. 86–90.
Duvall, E. R. (1959): Family development. Philadelphia (Lippincott).
– (1967): Family development. Philadelphia (Lippincott).

Eco, U. (1968): Einführung in die Semiotik. München (Fink) 1972.
Edelson, M. (1964): Ego Psychology, Group Dynamics, and the Therapeutic Community. New York (Grune & Stratton).
Ehrenfels, C. v. (1890): Über Gestaltqualitäten. Vierteljahresschrift wiss. Philos., 14.
Eigen, M., R. Winkler (1975): Das Spiel. Naturgesetze steuern den Zufall. München (Piper).
Eigner, A., D. Litovsky de Eigner (1981): Contribution psychanalytique à la théorie et à la pratique de la psychothérapie familiale. In: A. Ruffiot et al. (1981): La thérapie familiale psychanalytique. Paris (Dunod).
Elkaïm, M. (1979): Von der Homöostase zu offenen Systemen. In: J. Duss-von Werdt, R. Welter-Enderlin (Hrsg.): Der Familienmensch. Stuttgart (Klett-Cotta), S. 150–155.
– (1985): From general laws to singularities. Fam. Proc. 24, S. 151–164.
– (1986): A Systemic Approach to Couple Therapy. Fam. Proc. 25, S. 35–42.
– (1990): If You Love Me, Don't Love Me. New York (Basic Books).
Elkaïm, M., I. Prigogine, F. Guattari, I. Stengers, J.-L. Denenbourg (1982): Openness: A round-table-discussion. Fam. Proc. 21, S. 57–70.
Ellenberg, H. (1973): Ziele und Stand der Ökosystemforschung. In: Ders. (Hrsg.): Ökosystemforschung. Berlin-Heidelberg (Springer), S. 1–31.
Elster, J (1984).: Aktive und passive Negation. Essay zur ibanskischen Soziologie. In: P. Watzlawick (Hrsg.): Die erfundene Wirklichkeit. München (Piper), S. 163–191.
Emerson, R. (1962): Power-dependence relations. Amer. Soc. Rev., 27, S. 31–41.
Emery, F. E. (Hrsg.) (1969): Systems Thinking – Selected Readings. Harmondsworth (Penguin).
Emery, R. E., M. M. Wyer (1987): Divorce mediation. American Psychologist 42, S. 472–480.
Engel, G. L. (1977): The need for a new medical model: A challenge for biomedicine. Science 196, S. 129–136.
– (1980): The clinical application of the biopsychosocial model. Amer. J. Psychiatry 137, S. 535–544.
Engels, F. (1884): Der Ursprung der Familie, des Privateigentums und des Staates. Stuttgart (Dietz) [17]1919.
English, F. (1976): Transaktionale Analyse und Skriptanalyse. Aufsätze und Vorträge. Hamburg (Altmann).

Epstein, N. B., D. S. Bishop, L. M. Baldwin (1982): MacMaster Model of family functioning. In: D. H. Olson, B. C. Miller (Hrsg.) (1984): Family Studies Review Yearbook, Vol. 2, Beverly Hills/London (Sage), S. 75–101.
Epstein, N. B., L. M. Baldwin, D. S. Bishop (1983): The McMaster family assessment device J. Marit. Fam. Ther. 9, S. 171–180.
Erickson, G. D. (1984): A framework and themes for social network intervention. Fam. Proc. 23, S. 187–198.
Erickson, M. H., E. Rossi (1975): Varieties of double bind. Amer. J. Clinical Hypnosis 17, S. 143–157.
– (1979): Hypnotherapie. Aufbau – Beispiele – Forschungen. München (Pfeiffer) 1981.
Erickson, M., E. Rossi, S. Rossi (1976): Hypnose. Induktion – Psychotherapeutische Anwendung – Beispiele. München (Pfeiffer) 1978.
Erikson, E. H. (1950): Kindheit und Gesellschaft. Stuttgart (Klett-Cotta).
– (1956): Das Problem der Identität. Psyche, 10 (1956/57), S. 114–176.
– (1958): Der junge Mann Luther. Frankfurt (Suhrkamp) 1975.
– (1959): Identität und Lebenszyklus. Frankfurt (Suhrkamp) 1966.
– (1969): Gandhis Wahrheit. Frankfurt (Suhrkamp) 1978.
Erikson, K. T. (1957): Patient role and social uncertainty – A dilemma of the mentally ill. Psychiatry, 20, S. 263–274.
Everett, C. A., S. S. Volgy (1991): Treating Divorce in Family-Therapy Practice. In: A. S. Gurman, D. P. Kniskern (Hrsg.): Handbook of Family Therapy, Vol. II. New York (Brunner/Mazel), S. 508–524.
Everstine, D., A. Bodin, L. Everstine (1977): Emergency psychology: A mobile service for police crisis calls. Fam. Proc. 16, S. 281–292.
Everstine, D., L. Everstine (1983): People in Crisis. New York (Brunner/Mazel).

Fairbairn, W. (1952): Psychoanalytic Studies of the Personality. London (Tavistock).
Falicov, C. J., B. M. Karrer (1980): Cultural variations in the family life cycle: The Mexican-American family. In: E. A. Carter u. M. McGoldrick (Hrsg.): The family life cycle: A framework for family therapy. New York (Gardner Press), S. 383–425.
Falicov, C. J., B. M. Karrer (1980): Cultural variations in the family life cycle: The Mexican-American family. In: E. A. Carter, M. McGoldrick (Hrsg.): The family life cycle: A framework for family therapy. New York (Gardner Press), S. 383–425.
Faller, K. (1979): Die Machtdimension der Familie und ihre Verwendung in der Therapie. Familiendynamik, 4, S. 318–332.
Falloon, I. R. H. (1991): Behavioral Family Therapy. In: A. S. Gurman, D. P. Kniskern (Hrsg.) (1991): Handbook of Family Therapy, Vol. II. New York (Brunner/Mazel), S. 65–95.

Falloon, I. R. H., J. L. Boyd, C. W. McGill (1984): Family Care of Schizophrenia: A Problem-Solving Approach to the Treatment of Mental Illness. New York (Guilford Press).
Falloon, I., R. Liberman, F. Lillie, C. Vaughn (1981): Family therapy of schizophrenics with high risk of relapse. Fam. Proc. 20, S. 211–221.
Falzer, P. R. (1986): The Cybernetic Metaphor: A Critical Examination of Ecosystemic Epistemology as a Foundation of Family Therapy. Fam. Proc. 25, S. 353–364.
Farrelly, F., J. Brandsma (1974): The Beginnings of Provocative Therapy. Cupertino, Cal. (META Publications).
Federn, P. (1952): Ich-Psychologie und die Psychosen. Bern (Huber) 1956.
Feigenbaum, M. J. (1980): Universal behavior in nonlinear systems. Los Alamos Science, S. 4–27.
Ferenczi, S. (1909): Introjektion und Übertragung. In: M. Balint (Hrsg.) (1970): S. Ferenczi, Schriften zur Psychoanalyse I. Frankfurt (Fischer).
Ferguson, M. (1980): Die sanfte Verschwörung. Persönliche und gesellschaftliche Transformation im Zeitalter des Wassermanns. Basel (Sphinx) 1982.
Ferreira, A. (1963): Family myth and homeostasis. Arch. Gen. Psychiat., 9, S. 457–463.
– (1966): Familienmythen. In: P. Watzlawick, J. H. Weakland (Hrsg.) (1977): Interaktion. Bern (Huber) 1980, S. 85–93.
Ferreira, A. M., W. D. Winter (1965): Family interaction and decision-making. Arch. Gen. Psychiatry, 13, S. 214–223.
Ferreira, A. M., W. D. Winter (1968): Information, exchange and silence in normal and abnormal families. Fam. Proc. 7, S. 251–276.
Ferreira, A. M., W. D. Winter, E. J. Poindexter (1966): Some interactional variables in normal and abnormal families. Fam. Proc. 5, S. 60–75.
Fisch, R., J. Weakland, L. Segal (1982): The Tactics of Change. Doing Therapy Briefly. San Francisco (Jossey-Bass).
Fischer, H. R., F. B. Simon (1988): Kontextualität und Transkontextualität. Variationen eines Themas bei Wittgenstein, Schapp und Bateson. Grazer Philosoph. Studien 31, 188, S. 59–83.
Fischer, R. (1976): Transformations of consciousness: A cartography. Part II: The Perception-meditation continuum. Confinia Psychiatrica, 19, S. 1–23.
Fishbein, H. (1981): Sibling set configuration and family dysfunction. Fam. Proc. 20, S. 311–318.
Fishbein, H. (1982): The identified patient and stage of family development. J. Marit. Fam. Ther., 8, S. 57–62.
Fisher, B., P. Giblin, M. Hoopes (1982): Healthy family functioning: What therapists say and what families want. J. Marit. Fam. Ther., 8, S. 273–284.
Fisher, L. (1977): On the classification of families: A progress report. Arch. Gen. Psychiat. 34, S. 424–422.

Fisher, L., D. C. Ransom (1995): An Empirically Derived Typology of Families: I. Relationships with Adult Health. Fam. Proc. 34, S. 161–182.

Fisher, L., A. Anderson, I. Jones (1982): Formen paradoxer Intervention und Indikationen. Gegenindikationen für ihren Einsatz in der klinischen Praxis. Familiendynamik, 7, S. 96–112.

Fisher, L., R. F. Kokes, D. C. Ransom, S. L. Phillips, P. Rudd (1985): Alternative strategies for creating »relational family data«. Fam. Proc. 24, S. 213–224.

Fitzgerald, R. (1973): Conjoint Marital Therapy. New York (Jason Aronson).

Fivaz, E., R. Fivaz, L. Kaufmann (1982): Agreement, conflict, symptom: An evolutionary paradigm. In: R. Welter-Enderlin, J. Duss-von Werdt (Hrsg.) (1982): Menschliche Systeme. Ein Rahmen für das Denken, die Forschung und das Handeln. Zürich (Institut für Ehe und Familie), S. 140–178.

Fleck, S. (1983): A holistic approach to family typology and the axes of DSM-III. Arch. Gen. Psychiat. 40, S. 901–906.

Floyd, F. J., H. J. Markman (1984): An economical observational measure of couples' communication skills. J. Consult. Clin. Psychol. 55, S. 97–103.

Foerster, H. v. (1970a): Thoughts and notes on cognition. In: P. L. Garvin (Hrsg.) (1970): Cognition: A Multiple View. New York (Plenum Press).

– (1970b): Cognition: A Multiple View. New York (Plenum Press).

– (1974a): Kybernetik einer Erkenntnistheorie. In: W. D. Keidel et al. (Hrsg.) (1974): Kybernetik und Bionik. München/Wien (Oldenbourg).

– (1974b): Kybernetik und Bionik. München/Wien (Oldenbourg).

– (1984): Das Konstruieren einer Wirklichkeit. In: P. Watzlawick. P. (Hrsg.) (1984): Die erfundene Wirklichkeit. Wie wissen wir, was wir zu wissen glauben? Beiträge zum Konstruktivismus. München (Piper), S. 39–60.

– (1985a): Entdecken oder Erfinden. In: H. Gumin, A. Mohler (Hrsg.): Einführung in den Konstruktivismus. München (Oldenbourg).

– (1985b): Sicht und Einsicht. Versuche zu einer operativen Erkenntnistheorie. Braunschweig (Vieweg).

– (1988): Abbau und Aufbau. In: Simon, F. B. (Hrsg.) (1997): Lebende Systeme. Wirklichkeitskonstruktionen in der systemischen Therapie. Taschenbuchausgabe, Frankfurt (Suhrkamp), S. 32–51.

Foerster, H. v., B. Pörksen (1998): Die Wahrheit ist die Erfindung eines Lügners. Heidelberg (Carl Auer).

Fogarty, T. F. (1976): System concepts and the dimensions of self. In: P. J. Guerin (Hrsg.): Family Therapy: Theory and Practice. New York (Gardner).

Ford, F. (1983): Rules: The invisible family. Fam. Proc. 22, S. 135–146.

Ford, F., J. Herrick (1974): Family rules/Family life styles. Amer . J. Orthopsychiatry 44, S. 61–69.

– (1982): A typology of families – five family systems. Austr. J. Fam. Ther., 3, S. 71–81.
Foucault, M. (1980): Power/Knowledge: Selected Interviews and other Writings. New York (Pantheon Books).
Framo, J. (1976): Family of origin as a therapeutic resource for adults in marital and family therapy. You can and should go home again. In: R. Green, J. Framo (Hrsg.) (1981): Family Therapy: Major Contributions. New York (International Universities Press), S. 343–373.
– (1978): Scheidung der Eltern – Zerreißprobe für die Kinder. Familiendynamik, 5 (1980), S. 204–228.
– (1980): Marriage and marital therapy: Issues and initial interview techniques. In: M. Andolfi, I. Zwerling (Hrsg.) (1980): Dimensions of Family Therapy. New York (Guilford), S. 49–72.
Framo, J. L. (1965): Beweggründe und Techniken der intensiven Familientherapie. In: I. Boszormenyi-Nagy, J. Framo (Hrsg.) (1965): Familientherapie 1. Reinbek (Rowohlt) 1975, S. 169–243.
Frank, E., C. Anderson, D. Rubinstein (1980): Marital role ideals and perception of marital role behavior in distressed and non-distressed couples. J. Marit. Fam. Ther., 6, S. 55–64.
Frankl, V. E. (1960): Paradoxical intention. Amer. J. Psychother., 14, S. 520–535.
– (1966): Ärztliche Seelsorge. Wien (Deuticke).
– (1967): Psychotherapy and Existentialism: Selected Papers on Logotherapy. New York (Washington Square).
Franklin, P., P. Prosky (1973): A standard initial interview. In: D. Bloch (Hrsg.): Techniques of Family Psychotherapy. New York (Grune & Stratton), S. 29–38.
Fraser, J. S. (1984): Process level integration: Corrective vision for a binocular view. J. of Systemic and Strategic Therapies 3, S. 43–57.
Freud, A. (1936): Das Ich und die Abwehrmechanismen. München (Kindler) 1964.
– (1958): Adolescence. Psychoanal. Study of the Child, 13, S. 255–278.
– (1965): Wege und Irrwege in der Kinderentwicklung. Bern/Stuttgart (Klett-Cotta).
Freud, S. (1895): Studien über Hysterie. Gesammelte Werke, Bd. I. Frankfurt (S. Fischer).
– (1905): Bruchstück einer Hysterie-Analyse. In: Gesammelte Werke, Bd. V. Frankfurt (Fischer), S. 163–286.
– (1909): Analyse der Phobie eines 5jährigen Knaben. In: Gesammelte Werke, Bd. VII. Frankfurt (Fischer), S. 243–377.
– (1912): Zur Dynamik der Übertragung. In: Gesammelte Werke, Bd. VIII, Frankfurt (Fischer), S. 365–374.
– (1916–1917): Vorlesungen zur Einführung in die Psychoanalyse. In: Gesammelte Werke, Bd. IX, Frankfurt (Fischer).

– (1917): Trauer und Melancholie. In: Gesammelte Werke, Bd. X. Frankfurt (Fischer), S. 428–446.
– (1923): Das Ich und das Es. In: Gesammelte Werke, Bd. XIII. Frankfurt (Fischer), S. 237–289.
– (1926): Hemmung, Symptom und Angst. In: Gesammelte Werke, Bd. XIV. Frankfurt (Fischer), S. 111–205.
Friedman, E. H. (1985): From Generation to Generation: Family Process in Church and Synagogue. New York (Guilford Press).
Friedman, E. H. (1991): Bowen Theory and Therapy. In: A. S. Gurman, D.P. Kniskern (Hrsg.) (1991): Handbook of Family Therapy, Vol. II. New York (Brunner/Mazel), S. 65–95.
Friedrich, H. (1977): Soziologie der Familie und Familientherapie. MMG, 2, S. 201–208.
Fromm-Reichmann, F. (1940): Bemerkungen über die Rolle der Mutter in der Familiengruppe. In: F. Fromm-Reichmann (1959): Psychoanalyse und Psychotherapie. Stuttgart (Klett-Cotta).
– (1948): Notes on the development of schizophrenia by psychoanalytic psychotherapy. Psychiatry, 11, S. 263–273.
Furth, H. (1969): Intelligenz und Erkennen: Die Grundlagen der genetischen Erkenntnistheorie Piagets. Frankfurt (Suhrkamp) 1972.

Gadlin, H. (1977): Private lives and public order: A critical view of the history of intimate relations in the United States. In: G. Levinger, H. L. Rausch (Hrsg.): Close relationships. Amherst (University of Massachusetts Press), S. 33–72.
Gagnon, J. H. (1990): Scripting in Sex Research. Annual Review of Sex Research 1, S. 1–43.
Garcia-Shelton, L. M., H. Brody (1978): Family Structure and Development. In: R. B. Taylor (Hrsg.) (1978): Fundamentals of Family Medicine. New York/Heidelberg/Berlin (Springer) ^{2}1983, S. 8–21.
Garfinkel, H. (1967): Studies in Ethnomethodology. Englewood Cliffs, N. J. (Prentice-Hall).
– (1973): Das Alltagswissen über soziale und innerhalb sozialer Strukturen. In: Arbeitsgruppe Bielefelder Soziologen (Hrsg.) (1973): Alltagswissen, Interaktion und gesellschaftliche Wirklichkeit. Reinbek (Rowohlt).
Garfinkel, H., H. Sacks (1973): Contributions to Ethnomethodology. Bloomington (University of Indiana Press).
Gärtner, E. (1982): Zum Stand der Ökosystemtheorie. Argument, 24, S. 856–861.
Gergen, K. (1996): Das übersättigte Selbst. Heidelberg (Carl Auer).
– (1990): Therapeutic professions and the diffusion of deficit. J. of Mind and Behavior 11, S. 353–368.
– (1994): Realities and Relationships. Soundings in Social Construction. Cambridge, Mass. (Harvard Universitiy Press).

Gergen, K., M. Gergen (1986): Narrative and the self as relationship. In: L. Borkowitz (Hrsg.): Advances in Experimental Social Psychology. New York (Academic Press).

Gergen, K., J. Kaye (1992): Beyond narrative in the negotiation of therapeutic meaning. In: S. McNamee, K. Gergen (Hrsg.): Therapy as Social Construction. Newbury Park, Cal. (Sage Publications).

Gilligan, S. (1991): Therapeutische Trance. Heidelberg (Carl Auer).

Giordano, J., G. P. Giordano (1977): The Ethno-Cultural Factor in Mental Health: A Literature Review and Bibliography. New York (Institute on Pluralism and Group Identity of the American Jewish Committee).

Glansdorff, P., I. Prigogine (1971): Structure, Stability and Fluctuations. London (Wiley).

Glasersfeld, E. v. (1981): Einführung in den radikalen Konstruktivismus. In: P. Watzlawick (Hrsg.): Die erfundene Wirklichkeit. München (Piper), S. 16–38.

– (1987): Kybernetik, Erfahrung und der Begriff des Ich. In: ders. (Hrsg.): Wissen, Sprache, Wirklichkeit. Braunschweig/Wiesbaden (Vieweg), S. 144–175.

– (1996): Radikaler Konstruktivismus. Ideen, Ergebnisse, Probleme. Frankfurt (Suhrkamp).

– (1997): Wege des Wissens. Konstruktivistische Erkundungen durch unser Denken. Heidelberg (Carl Auer Systeme).

Glick, I., J. Haley (1971): Family Therapy and Research. New York (Grune & Stratton).

Glover, E. (1939): The psycho-analysis of affects. Int. J. Psychoanal., 20, S. 299–307.

Goffman, E. (1974): Rahmenanalyse. Ein Versuch über die Organisation von Alltagserfahrungen. Frankfurt (Suhrkamp) 1980.

Goldstein, M. (1983): Family Interaction: Patterns predictive of the onset and course of schizophrenia. In: H. Stierlin, L. Wynne, M. Wirsching (Hrsg.): Psychosocial Intervention in Schizophrenia, Berlin/Heidelberg/New York (Springer), S. 5–19.

– (1984): Family Intervention Programs. In: A. S. Bellack (Hrsg.): Treatment and Care of Schizophrenia. San Francisco (Grune & Stratton).

Goldstein, M., E. Rodnick, J. Jones, S. McPherson, K. West (1978): Familial precursors of schizophrenia-spectrum disorders. In: L. Wynne, R. Cromwell, S. Matthysse (Hrsg.): The Nature of Schizophrenia: New Approaches to Research and Treatment. New York (Wiley), S. 487–498.

Goldstein, M. J., H. S. Kopeikin (1981): Short- and long-term effects of combining drug and family therapy. In: M. J. Goldstein (Hrsg.), New Developments in Interventions with Families of Schizophrenics. San Francisco (Jossey-Bass), S. 5–26.

Goode, W. J. (Hrsg.) (1964): Readings on the Family and Society. Englewood Cliffs, N. J. (Prentice-Hall).
Goodwin, B. C. (1970): Biological stability. In: C. H. Waddington (Hrsg.) (1970): Towards a Theoretical Biology, Vol. Drafts. Edinburgh (Edinburgh Univ. Press).
Goolishian, H., A. Anderson (1988): Menschliche Systeme. Vor welche Probleme sie uns stellen und wie wir mit ihnen arbeiten. In: L. Reiter, E. Brunner, S. Reiter-Theil (Hrsg.): Von der Familientherapie zur systemischen Einzeltherapie. Berlin (Springer), S. 189–216.
Gordon, D. (1978): Therapeutic Metaphors. Helping Others Through the Looking Glass. Cupertino, Cal. (META Publications).
Gordon, M. (1973) (Hrsg.): The American Family in Social-Historical Perspective. New York (St. Martin's Press).
Gorer, G. (1971): Sex and Marriage in England Today. London.
Gottman, J. M. (1979): Marital Interaction: Experimental Investigations. New York (Academic Press).
Grawe, K., R. Donati, F. Bernauer (1994): Psychotherapie im Wandel. Von der Konfession zur Profession. Göttingen (Hogrefe).
Gray, W., F. Duhl, N. Rizzo (Hrsg.) (1969): General Systems Theory and Psychiatry Boston (Little, Brown).
Green, R. J., P. D. Werner (1996): Intrusiveness and Closeness-Caregiving: Rethinking the Concept of Family Enmeshment. Fam. Proc. 35, S. 115–134.
Greenberg, G. (1977): The family interactional perspective: A study and examination of the work of Don D. Jackson. Fam. Proc. 16, S. 385–412.
Grinder, J., J. Delozier, R. Bandler (1977): Patterns of the Hypnotic Techniques of Milton H. Erickson, M. D., Vol. II. Cupertino, Cal. (META Publications).
Grinder, J., R. Bandler (1976): Kommunikation und Veränderung. Die Struktur der Magie. II. Paderborn (Junfermann) 1982.
Grinder, J., R. Bandler (1981): Therapie in Trance. Hypnose: Kommunikation mit dem Unbewußten. Stuttgart (Klett-Cotta).
Grolnick, L. (1972): A family perspective of psychosomatic factors in illness: A review of the literature. Fam. Proc. 11, S. 457–486.
Gröne, M. (1995): Wie lasse ich meine Bulimie verhungern? Heidelberg (Carl Auer).
Grossmann, K. E., K. Grossmann (1990): The wider concept of attachment in cross-cultural research. Human Development 33, S. 31–47.
– (1993): Emotional organization and concentration on reality from an attachment theory perspective. Journal of Educational Research, S. 541–554.
Grotjahn, M. (1960): Psychoanalysis and the Family Neurosis. New York (W. W. Norton).
Grotstein, J. (1981): Splitting and Projective Identification. New York (J. Aronson).

Grunberger, B. (1976): Vom Narzißmus zum Objekt. Frankfurt (Suhrkamp).

Grunebaum, H., R. Chasin (1980): Kritisches zu Umdeutungen oder: Die Vorteile eines pathologischen Begriffssystems. Familiendynamik, 5, S. 106–117.

Guerin, P. J., E. G. Pendegast (1976): Evaluation of family system and genogramm. In: P. J. Guerin (Hrsg.): Family Therapy: Theory and Practice. New York (Gardner).

Guntern, G. (1979): Tourism, Social Change, Stress and Mental Health in the Pearl of the Alps. Berlin (Springer).

– (1980a): Das syngenetische Programm und seine Rolle in der Verhaltenssteuerung. In: J. Duss-von Werdt, R. Welter-Enderlin (Hrsg.) (1980): Der Familienmensch. Stuttgart (Klett-Cotta), S. 97–115.

– (1980b): Die kopernikanische Revolution in der Psychotherapie: Der Wandel vom psychoanalytischen zum systemischen Paradigma. Familiendynamik, 5, S. 2–41.

– (1981): System therapy: Epistemology, paradigm and pragmatics. J. Marit. Fam. Ther., 7, S. 265–272.

Guntrip, H. (1968): Schizoid Phenomena, Object Relations and the Self. The International Psycho-Analytical Library No. 77. London (Hogarth).

Gurman, A. (1980): Behavioral marriage therapy in the 1980's: The challenge of integration. Amer. J. Fam. Ther., 8,2, S. 86–96.

– (1982a): Verhaltenstherapeutische und paradoxe Techniken in der psychodynamischen Paartherapie. Partnerberatung, 19, S. 1–11.

Gurman, A. S. (Hrsg.) (1982b): Questions and Answers in the Practice of Family Therapy. New York (Brunner/Mazel).

Gurman, A. S., D. P. Kniskern (1978): Behavioral marriage therapy. II: Empirical perspective. Fam. Proc. 17, S. 139–148.

Gurman, A., R. Knudson (1978): Behavioral marriage therapy. I: A psychodynamic system analysis and critique. Fam. Proc. 17, S. 121–138.

Gurman, A., R. Knudson, D. P. Kniskern (1978): Behavioral marriage therapy. IV: Reply: Take two Aspirin and call us in the morning. Fam. Proc. 17, S. 165– 180.

Gurman, A. S., D. Rice (Hrsg.) (1975): Couples in Conflict. New York (Jason Aronson).

Gurman, A. S. , D. P. Kniskern (Hrsg.) (1981): Handbook of Family Therapy, Vol. I. New York (Brunner/Mazel).

– (Hrsg.) (1991): Handbook of Family Therapy, Vol. II. New York (Brunner/Mazel).

Habermas, J. (1981): Theorie kommunikativen Handelns. Frankfurt (Suhrkamp).

Hahlweg, K. (1986): Partnerschaftliche Interaktion. Empirische Untersuchungen zur Analyse und Modifikation von Beziehungsstörungen. München (Röttger).

Hahlweg, K., M. J. Goldstein, K. H. Nuechterlein, A. B. Magana, J. Mintz, J. A. Doane, D. J. Miklowitz, K. S. Snyder (1989): Expressed emotion and parent-relative interaction in families of recent onset schizophrenics. J. Consult. Clin. Psychol. 57, S. 11–18.

Hahlweg, K., B. Helmes, G. Steffen, L. Schindler (1979): Beobachtungssystem für partnerschaftliche Interaktion. Diagnostica 25, S. 191–207.

Hahlweg, K., N. S. Jacobson (1984) (Hrsg.): Marital interaction: Analyses and modification. New York (Guilford Press).

Hahlweg, K., L. Reimer, G. Kohli, M. Vollmer, L. Schindler, D. Revenstorf (1984): Development and validity of a new system to analyze interpersonal communication (KPI). In: K. Hahlweg, N. S. Jacobson (Hrsg.): Marital Interaction. Analysis and Modification. New York (Guilford), S. 182–198.

Hahlweg, K., L. Schindler, D. Revenstorf (1982): Partnerschaftsprobleme: Diagnose und Therapie. Handbuch für den Therapeuten. Berlin (Springer).

Hahlweg, K., L. Schindler, D. Revenstorf, J. C. Brengelmann (1984): The Munich marital therapy study. In: K. Hahlweg, N. S. Jacobson (Hrsg.): Marital Interaction: Analysis and Modification. New York (Guilford Press), S. 3–26.

Haken, H. (1981): Erfolgsgeheimnisse der Natur. Synergetik: Die Lehre vom Zusammenwirken. Stuttgart (DVA).

– (1987): Synergetik und ihre Anwendung auf psychosoziale Probleme. In: H. Stierlin, F. B. Simon, G. Schmidt (Hrsg.): Familiäre Wirklichkeiten. Stuttgart (Klett-Cotta).

Halevy-Martini, J., E. M. Hemley-van der Velden, L. Ruhf, P. Schoenfeld (1984): Process and strategy in network therapy. Fam. Proc. 23, S. 521–533.

Haley, J. (1955): Paradoxes in play, fantasy, and psychotherapy. Psychiat. Res. Reports, 2, S. 52–58.

– (1959a): Die Interaktion von Schizophrenen. In: G. Bateson et al. (1969): Schizophrenie und Familie. Frankfurt (Suhrkamp), S. 81–107.

– (1959b): The family of the schizophrenic: A model system. J. Nerv. Ment. Dis., 129, S. 357–374.

– (1962): Family experiments: A new type of experimentation. Fam. Proc. 1, S. 265–293.

– (1963): Gemeinsamer Nenner Interaktion. Strategien der Psychotherapie. Stuttgart (Pfeiffer) 1978.

– (1967a): Ansätze zu einer Theorie pathologischer Systeme. In: P. Watzlawick, J. H. Weakland (Hrsg.) (1977): Interaktion. Bern (Huber) 1980, S. 61–83.

– (1967b): Advanced techniques of hypnosis and therapy: Selected papers of Milton H. Erickson, M. D. New York (Grune & Stratton).
– (1969): The Power Tactics of Jesus Christ. New York (Grossman).
– (1973): Die Psychotherapie Milton H. Ericksons. Stuttgart (Pfeiffer) 1978.
– (1976): Direktive Familientherapie für die Lösung von Problemen. München (Pfeiffer) 1977.
– (1978): Ideas which handicap therapists. In: M. M. Berger (Hrsg.) (1978): Beyond the Double-bind. New York (Brunner/Mazel).
– (1980): Ablösungsprobleme Jugendlicher. Stuttgart (Pfeiffer) 1981.
– (1984): Ordeal Therapie. Hamburg (ISKO) 1989.
Hammer, M. (1981): Social supports, social networks, and schizophrenia. Schizophrenia Bull. 7. S. 45–57.
Hampden-Turner, C. (1981): Modelle des Menschen. Weinheim (Beltz) 1983.
Hampson, R. E., W. R. Beavers (1996): Measuring Family Therapy Outcome in a Clinical Setting: Families That Do Better or Do Worse in Therapy. Fam. Proc. 35, S. 347–361.
Hansen, C. (1981): Living in with normal families. Fam. Proc. 20, S. 53–75.
Harsanyi, J. (1962 a): Measurement of social power, opportunity, costs and the theory of two-person bargaining games. Behavioral Science, 7, S. 67–80.
– (1962 b): Measurement of social power in N-person reciprocal power situations. Behavioral Science, 7. S. 81–91.
Hartmann, H. (1939–1958): Ich-Psychologie und Anpassungsproblem. Stuttgart (Klett) 1960.
– (1964): Ich-Psychologie. Studien zur psychoanalytischen Theorie. Stuttgart (Klett) 1972.
Hartmann, H. (1950): Bemerkungen zur psychoanalytischen Theorie des Ichs. In: Ders. (1964): Ich-Psychologie. Studien zur psychoanalytischen Theorie. Stuttgart (Klett) 1972.
Hartmann, H., E. Kris, R. Loewenstein (1964): Papers on Psychoanalytic Psychology. New York (International Universities Press).
Hassenstein, B. (1972): Bedingungen für Lernprozesse – teleonomisch gesehen. In: J. H. Scharf (Hrsg.): Informatik. Leipzig (J. A. Barth).
– (1973): Verhaltensbiologie des Kindes. München (Piper) 1987.
– (1977): Faktische Elternschaft. Ein neuer Begriff der Familiendynamik und seine Bedeutung. Familiendynamik, 2, S. 104–125.
Hawley, A. (1963): Community power and urban renewal success. Amer. J. Soc., 68, S. 422–431.
Hayakawa, S. I. (1939): Semantik. Sprache im Denken und Handeln. Darmstadt (Darmstädter Blätter) [2]1967.
Heekerens, H.-P. (1991): Therapeutische Hilfen für Stieffamilien. Familiendynamik 16, S. 363–374.

Hegel, G. W. F. (1807): Phänomenologie des Geistes. Werkausgabe, Bd. 3. Frankfurt (Suhrkamp) 1970.
Heider, F. (1946): Attitudes and cognitive organization. J. Psychol. 21, S. 107–112.
Heiman, J., L. LoPiccolo, J. LoPiccolo (1981): The treatment of sexual dysfunction. In: A. S. Gurman, D. P. Kniskern (Hrsg.) (1981): Handbook of Family Therapy. New York (Brunner/Mazel), S. 592–627.
Hellinger, B. (1994): Ordnungen der Liebe. Heidelberg (Carl Auer).
Hellinger, B., G. ten Hövel (1996): Anerkennen, was ist. Gespräche über Verstrickung und Lösung. München (Kösel).
Helmersen, P. (1983): Family Interaction and Communication in Psychopathology: An Evaluation in Recent Perspectives: New York (Academic Press).
Herkner, W. (Hrsg.) (1980): Attribution – Psychologie der Kausalität. Bern (Huber).
Herlth, A., E. J. Brenner, H. Tyrell, J. H. Kriz (Hrsg.) (1994): Abschied von der Normalfamilie. Partnerschaft contra Elternschaft. Berlin.
Hesse-Biber, S., J. Williamson (1984): Resource theory and power in families: Life cycle considerations. Fam. Proc. 23, S. 261–278.
Hill, R. (1958): Sociology of Marriage and Family Behavior, 1945–1957 (A Trend Report and Bibliography). Current Sociology, 7, S. 1–98.
– (1971): Modern systems theory and the family: A confrontation. Soc. Sci. Inform., 10, S. 7–26.
Hill, R., R. L. Simpson (1956): Marriage and Family Sociology. In: H. L. Zetterberg (Hrsg.) (1956): Sociology in the United States of America. Paris.
Hill, R., R. Rodgers (1964): The developmental approach. In: H. T. Christensen (Hrsg.): Handbook of Marriage and the Family. Chicago (Rand McNally).
Hillburn Cobb, C. (1996): Adolescent-Parent Attachments Family Problem-Solving Styles. Fam. Proc. 35, S. 57–82.
Hoffman, L. (1971): Deviation-amplifying processes in natural groups. In: J. Haley (Hrsg.): Changing Families. New York (Grune & Stratton).
– (1975): Enmeshment and too richly cross-joined system. Fam. Proc. 14, S. 457–469.
– (1981): Grundlagen der Familientherapie. Hamburg (ISKO) 1982.
– (1982): A co-evolutionary framework for systemic family therapy. Austr. J. Fam. Ther., 4, S. 9–21.
– (1990): Constructing Realities: An Art of Lenses. Fam. Proc. 29, S. 1–12.
Hofstadter, D. (1985): Gödel, Escher, Bach: Ein Endloses Geflochtenes Band. Stuttgart (Klett-Cotta).
Hofstadter, D., D. Dennett (Hrsg.) (1981): The Minds I: Fantasies and Reflections on Self and Soul. New York (Penguin Books).
Hogarty, G. E., C. M. Anderson, D. J. Reiss, S. J. Kornblith, D. P. Green-

wald, R. F. Ulrich, M. Carter (1991): Family psychoeducation, social skills training, and maintenance chemotherapy in the aftercare of schizophrenia. Archives of General Psychiatry 48, S. 340–347.
Hogarty, G. E., D. Greenwald, R. F. Ulrich, S. J. Kornblith, A. C. DiBarry, S. Cooley, M. Carter, S. Flesher (1997a): Three year trials of personal therapy among schizophrenic patients living with or independent of family II: effects on adjustment of patients. Amer. J. Psychiatry 154, S. 1514–1524.
– (1997b): Three year trials of personal therapy among schizophrenic patients living with or independent of family I: description of study and effects on relapse rates. Amer. J. Psychiatry 154, S. 1504–1513.
Holm, K. (1969): Zum Begriff der Macht. Kölner Zeitschrift f. Soziologie, Sozialpsychologie, 21, S. 269–288.
Holmes, J. (1983): Psychoanalysis and family therapy: Freud's Dora case reconsidered. J. Fam. Therap., 5, S. 235–251.
Holtzworth-Munroe, A., N. S. Jacobson (1991): In: A. S. Gurman, D. P. Kniskern (Hrsg.) (1991): Handbook of Family Therapy, Vol. II. New York (Brunner/Mazel), S. 96–133.
Homans, G. C. (1958): Social behavior as exchange. Amer. J. Soc., 63, S. 597–606.
– (1967): Fundamental social processes. In: N. J. Smelser (Hrsg.): Sociology: An Introduction. New York (John Wiley).
Howells, J., J. Lickorish (1968): Familien-Beziehungs-Test. München (Reinhardt) 1975.
Huber, A. (1996): Chaosforschung. München (Heyne).
Huygen, F. J., A. J. Smits (1983): Family therapy, family somatics, and family medicine. Fam. Systems Medicine, 1, S. 23–32.

Imber-Black, E. (Hrsg.) (1993): Geheimnisse und Tabus in Familie und Familientherapie. Freiburg (Lambertus) 1995.
– (1998): Die Macht des Schweigens. Geheimnisse in der Familie. Stuttgart (Klett-Cotta) 1999
Imber-Black, E., J. Roberts, R. A. Whiting (1993): Rituale. Heidelberg (Carl Auer).
Innes, M. (1996): Connecting Bowen's theory with its human origins. Fam. Proc. 35, S. 487–498.

Jackson, D. D. (1957): The question of family homeostasis. Psychiat. Quart., 31, S. 79–90.
– (1959): Family interaction, family homeostasis and some implications for conjoint family psychotherapy. In J. H. Masserman (Hrsg.): Individual and family dynamics. New York (Grune & Stratton), S. 122–141.
– (1965a): Familienregeln: Das eheliche Quid pro quo. In: P. Watzlawick, J. H. Weakland (Hrsg.) (1977): Interaktion. Bern (Huber) 1980, S. 47–60.

– (1965b): Das Studium der Familie. In: P. Watzlawick, J. H. Weakland (Hrsg.) (1977): Interaktion. Bern (Huber) 1980, S. 21–45.
– (1966): Die Familienpraxis: Ein ganzheitliches medizinisches Modell. In: P. Watzlawick, J. Weakland (Hrsg.) (1977): Interaktion. Bern (Huber) 1980, S. 425–435.
– (1967): Der Mythos der Normalität. In: P. Watzlawick, J. H. Weakland (Hrsg.) (1977): Interaktion. Bern (Huber) 1980.
– (1967b): The eternal triangle. In: J. Haley, L. Hoffman (Hrsg.): Techniques of Family Therapy. New York (Basic Books), S. 174–264.
– (1968): Family interaction, family homeostasis and some implications for conjoint family psychotherapy. In: D. D. Jackson (Hrsg.): Therapy, Communication, and Change. Palo Alto (Science and Behavior Books).
Jacob, T., K. Leonard (1992): Sequential analysis of marital interactions involving alcoholic, depressed, and nondistressed men. J. Abnorm. Psychol. 4, S. 647–656.
Jacob, T., D. L. Tennenbaum (1988): Family Assessment. Rationale, Methods, and Future Directions. New York (Plenum).
Jacobson, E. (1954): Das Selbst und die Welt der Objekte. Frankfurt (Suhrkamp) 1973.
Jacobson, N. (1980): Behavioral marital therapy: Current trends in research, assessment and practice. Amer. J. Fam. Ther., 8:2, S. 3–5.
– (1981): Behavioral marital therapy. In: A. S. Gurman, D. P. Kniskern (Hrsg.) (1981): Handbook of Family Therapy. New York (Brunner/Mazel), S. 556–591.
Jacobson, N., G. Margolin (1979): Marital Therapy: Strategies Based on Social Learning and Behavior Exchange Principles. New York (Brunner & Mazel).
Jacobson, N., R. Weiss (1978): Behavioral marriage therapy. III: Critique: The contents of Gurman et al. may be hazardous to our health. Fam. Proc. 17, S. 149–164.
Jakobson, R. (1974): Aufsätze zur Linguistik und Poetik. München (Nymphenburger).
Jantsch, E. (1975): Design for Evolution. New York (Braziller).
– (1979): Die Selbstorganisation des Universums. München (dtv) 1982.
Jantsch, E., C. H. Waddington (Hrsg.) (1976): Evolution and Consciousness. Human Systems in Transition. Reading, Mass. (Addison-Wesley).
Jefferson, C. (1978): Some notes on the use of family sculpture in therapy. Fam. Proc. 17, S. 69–76.
Johnson, A. M. (1949): Sanctions for superego lacunae of adolescents. In: K. R. Eissler (Hrsg.): Searchlights on Delinquency. New York (International Universities Press).
Johnson, A. M., S. A. Szurek (1952): The genesis of antisocial acting out in children and adults. Psychoanalytic Quarterly, 21, S. 323–343.

Jones, J. E. (1977): Patterns of transactional style deviance in the TATs of parents of schizophrenics. Fam. Proc. 16, S. 327–337.
Jones, M. (1953): The Therapeutic Community: A New Treatment Method in Psychiatry. New York (Basic Books).
Jones, R. A. (1977): Self-fulfilling prophecies: Social, psychological and physiological effects of expectancies. Hillsdale, N.Y. (Erlbaum).
Joraschky, P. (1996): Die System- und Strukturdiagnose. In: M. Cierpka (Hrsg.): Handbuch der Familiendiagnostik. Heidelberg (Springer), S. 317–335.
Jung, C. G. (1935): Über die Archetypen des kollektiven Unbewußten. C. G. Jung Gesammelte Werke, Bd. 9. Olten (Walter Verlag).

Kagan, J., H. A. Moss (1962): Birth to Maturity. A Study in Psychological Development. New York (Wiley).
Kaminski, G. (Hrsg.) (1976): Umweltpsychologie. Stuttgart (Klett-Cotta).
Kantor, D., W. Lehr (1975): Inside the Family. San Francisco (Jossey-Bass).
Kaplan, H. S. (1974): The New Sex Therapy. Active Treatment of Sexual Dysfunctions. New York (Brunner/Mazel).
– (1977): Sexualtherapie: Ein neuer Weg für die Praxis. Stuttgart (Enke) 1979.
– (1979): Hemmungen der Lust. Neue Konzepte der Psychosexualtherapie. Stuttgart (Enke) 1981.
– (1983): The Evaluation of Sexual Disorders. Psychological and Medical Aspects. New York (Brunner/Mazel).
Kaplan, M., N. Kaplan (1978): Individual and family growth: A Gestalt approach. Fam. Proc. 17, S. 195–206.
Karpel, M. (1976): Individuation. Von der Verschmelzung zum Dialog in der Partnerbeziehung. Familiendynamik, 2, S. 50–69.
– (1980): Family secrets: I. Conceptual and ethical issues in the relational context. II. Ethical and practical considerations in therapeutic management. Fam. Proc. 19, S. 295–306.
Karpel, M. A. (Hrsg.) (1986): Family Resources. New York (Guilford).
Kasanin, J. S. (1944) (Hrsg.): Language and thought in schizophrenia. New York (W. W. Norton & Co.).
Kaslow, F. W. (1981 a): Divorce and divorce therapy. In: A. S. Gurman, D. P. Kniskern (Hrsg.): Handbook of Family Therapy. New York (Brunner/Mazel).
– (1981 b): A dialectic approach to family therapy and practice: Selectivity and synthesis. J. Marr. Fam. Ther., 7, S. 345–351.
Kauffman, S. (1991): Leben am Rande des Chaos. Spektrum der Wissenschaft. 10/91, S. 90–99.
– (1995): At Home in the Universe. The Search for the Laws of Self-Organization and Complexity. New York (Oxford University Press).
Kauffmann, F. X. (1995): Zukunft der Familie im vereinten Deutschland. München (C. H. Beck).

– (1997): Strukturwandel der Familie. Eine soziologische Analyse. Universitas 52, S. 514–527.
Kaufmann, L. (1972): Familie, Kommunikation und Psychose. Bern (Huber).
Keeney, B. (1979): Ecosystemic epistemology: An alternative paradigm for diagnosis. Fam. Proc. 18, S. 117–130.
– (1982a): What is an epistemology of family therapy? Fam. Proc. 21, S. 153–168.
– (1982b): Not pragmatics, not aesthetics. Fam. Proc. 21, S. 429–434.
– (1983): Aesthetics of Change. New York (Guilford).
Keeney, B., D. H. Sprenkle (1982): Ecosystemic epistemology: Critical implications for the aesthetics and pragmatics of family therapy. Fam. Proc. 21, S. 1–19.
Keeney, B. P., J. M. Ross (1985): Mind in therapy: Constructing systemic family therapies. New York (Basic Books).
Kegan, R. (1979): The Evolving Self: Problem and Process in Human Development. Cambridge, Mass. (Harvard Univ. Press).
Keith, D.V., C. A. Whitaker (1980): Add craziness and stir: Psychotherapy with a psychotigenic family. In: M. Andolfi u. I. Zwerling (Hrsg.): Dimensions of Family Therapy. New York: Guilford Press, S. 139–160.
– (1981): Play therapy: A paradigm for work with families. J. Marit. Fam. Ther. 7, S. 243–254.
Kellner, R. (1963): Family Ill Health – An Investigation in General Practice. London (Tavistock).
Kelly, G. A. (1955): The psychology of personal constructs (2 vols.). New York (W. W. Norton & Co.).
Kelsey-Smith, M., R. Beavers (1981): Family assessment: Centripetal and centrifugal family systems. Amer. J. Fam. Ther., 9:4, S. 3–12.
Kempler, W. (1973): Grundzüge der Gestalt-Familientherapie. Stuttgart (Klett-Cotta).
– (1981): Experiential Psychotherapy within Families. New York (Brunner/Mazel).
Kempler, W., R. Iverson, A. Beisser (1967): The adult schizophrenic patient and his siblings. Fam. Proc. 1, S. 224–235.
Kernberg, O. (1976): Objektbeziehungen und Praxis der Psychoanalyse. Stuttgart (Klett-Cotta).
Kerr, M. (1981): Family systems. Theory and therapy. In: A. S. Gurman, D. P. Kniskern (Hrsg.): Handbook of Family Therapy. New York (Brunner/Mazel), S. 226–264.
Kerr, M. E., M. Bowen (1988a): Triangles. In: M. E. Kerr, M. Bowen (Hrsg.): Family Evaluation. New York (Norton), S. 134–162.
– (1988b): Family Evaluation: An Approach Based on Bowen Theory. New York (W. W. Norton).

Kersey, B., B. Protinsky (1984): Reframing and embedded directives: A complementary intervention strategy. J. Strategic and Systemic Therapies 3 (2): S. 17–20.
Kessler, S. (1975): The American Way of Divorce: Prescription for Change. Chicago (Nelson-Hall).
Kinston, W., P. Loader, J. Stratford (1979): Clinical assessment of family interaction. A reliability study. J. Fam. Ther. 1, S. 291–312.
Klaus, G. (1972): Kybernetik und Erkenntnistheorie. Berlin (VEB Dt. Verlag d. Wissenschaften).
– (1964): Die Macht des Wortes. Ein erkenntnistheoretisch-pragmatisches Traktat. Berlin (VEB Dt. Verlag der Wissenschaften).
Klaus, G., H. Liebscher (1967): Wörterbuch der Kybernetik. Frankfurt (Fischer), 4. überarbeitete Aufl. 1979.
Klaus, G., W. Liebscher (1974): Systeme, Informationen, Strategien. Berlin (VEB Verlag Technik).
Kleene, S. (1956): Representation of Events in Nerve Nets and Finite Automata. Princeton, N. J. (Princeton Univ. Press).
Klein, M. (1946): Notes on some schizoid mechanisms. Int. J. Psychoanal., 2, S. 99–110.
– (1953): Order, organization and entropy. Brit. J. Phil. Sci., 4, S. 158–164.
– (1955): On identification. In: Dies. (1955): Envy and Gratitude and Other Works. New York (Delacorte), dt. Das Seelenleben des Kleinkindes und andere Beiträge zur Psychoanalyse. Stuttgart (Klett-Cotta).
Klippstein, H. (Hrsg.) (1994): Das Vergessen vergessen. Heidelberg (Carl Auer).
Knudson-Martin, C., A. R. Mahoney (1996): Gender dilemmas and the myth in the construction of marital bargains: Issues for marital therapy. Fam. Proc. 35, S. 115–153.
Koehler, W. (1974): Closed and open systems. In: F. E. Emery (Hrsg.): Systems Thinking. Harmondsworth (Penguin), S. 59–69.
Koestler, A., J. R. Smythies (Hrsg.) (1969): Beyond Reductionism. Boston (Beacon).
Koffka, K. (1935): Principles of Gestalt Psychology. New York (Harcourt Brace Jovanovich).
Kog, E., H. Vertommen, W. Vandereycken (1987): Minuchin's Psychosomatic Family Model Revised: A Concept-Validation Study Using a Multitrait-Multimethod Approach. Fam. Proc. 26, S. 235–253.
Köhler, W. (1924): Die physischen Gestalten in Ruhe und stationärem Zustand. Erlangen (Philosophische Akademie).
– (1929): Gestalt Psychology. New York (Liveright).
– (1947): Die Aufgabe der Gestaltpsychologie. Berlin (De Gruyter).
Kohn, M. L. (1969): Class and Conformity. Chicago (Univ. of Chicago Press) 1977.
– (1981): Persönlichkeit, Beruf und soziale Schichtung. Stuttgart (Klett-Cotta).

Kohut, H. (1971): Narzißmus. Frankfurt (Suhrkamp) 1973.
– (1979): Die Heilung des Selbst. Frankfurt (Suhrkamp).
König, K. (1981): Angst und Persönlichkeit. Das Konzept vom steuernden Objekt und seine Anwendungen. Göttingen (Vandenhoeck & Ruprecht).
König, O. (1996): Die Rolle der Familie in der Soziologie unter besonderer Berücksichtigung der Familiensoziologie René Königs. Familiendynamik 21, S. 238–267.
König, R. (1969): Soziologie der Familie. In: R. König (Hrsg.) (1969): Handbuch der empirischen Sozialforschung. Bd. 7, Familie und Alter. Stuttgart (Enke), 2. völlig neubearb. Aufl. 1975.
– (1978): Die Familie der Gegenwart. München (Beck), 3. erweiterte Aufl.
Korzybski, A. (1933): Science and Sanity. New York (Int. Non-Aristotelian Library).
Krähenbühl, V., H. Jellouschek, M. Kohaus-Jellouschek, R. Weber (1984): Stieffamilien: Struktur, Entwicklung, Therapie. Familiendynamik, 9, S. 2–18.
Kramer, J. R. (1985): Family Interfaces: Transgenerational Patterns. New York (Brunner/Mazel).
Kreitler, S. (1965): Symbolschöpfung und Symbolerfassung. München (Reinhardt).
Kressel, K., D. G. Pruitt (1989): Conclusion: A research perspective on the mediation of social conflict. In: K. Kressel, D. G. Pruitt (Hrsg.): Mediation Research. The Process and Effectiveness of Third-Party Intervention. San Francisco (Jossey-Bass), S. 394–437.
Kriz, J. (1992): Chaos und Struktur. München (Quintessenz).
Kruell, M., N. Luhmann, H. R. Maturana (1987): Grundkonzepte der Theorie autopoietischer Systeme. Zeitschrift für systemische Therapie 5, S. 4–25.
Kübler-Ross, E. (1969): Was können wir noch tun? Antworten auf Fragen nach Sterben und Tod. Stuttgart (Kreuz).
Kuhn, T. S. (1962): Die Struktur wissenschaftlicher Revolutionen. Frankfurt (Suhrkamp) 1973.
Kuipers, L. (1979): Expressed emotion: A review. Brit. J. Soc. Clin. Psychol., 18, S. 237–243.
Kuipers, L., R. Berkowitz, R. Eberlein, R. Fries, J. Leff (1983): Familienerfahrungen mit der Schizophrenie: Möglichkeiten der Modifikation. Nervenarzt, 54, S. 139–143.
Kuipers, L., R. Berkowitz, J. Leff (1981): Verhütung eines Rückfalls: Eine Interventionsstudie mit Familien schizophrener Patienten. In: M. Angermeier, O. Döhner (Hrsg.): Chronisch kranke Kinder und Jugendliche in der Familie. Stuttgart (Enke).
Kwiatkowska, H. Y. (1978): Family therapy and evaluation through art. Springfield, I11. (Charles C. Thomas).

Lacan, J. (1964): Die vier Grundbegriffe der Psychoanalyse. Olten (Walter) 1978.
– (1966): Schriften 1. Olten (Walter) 1973.
Laing, R. D. (1960): Das geteilte Selbst. Eine existentielle Studie über geistige Gesundheit und Wahnsinn. Reinbek (Rowohlt) 1976.
– (1961): Das Selbst und die Anderen. Köln (Kiepenheuer & Witsch).
– (1965): Mystifikation, Konfusion und Konflikt. In: I. Boszormenyi-Nagy, J. L. Framo (Hrsg.) (1965): Familientherapie, Bd. II. Reinbek (Rowohlt) 1975, S. 110–129.
– (1969): Die Politik der Familie. Köln (Kiepenheuer & Witsch).
Laing, R. D., A. Esterson (1964): Sanity, madness, and the family. Vol. I, Families of schizophrenics. London (Tavistock Publications).
Laing, R., H. Phillipson (1971): Interpersonelle Wahrnehmung. Frankfurt (Suhrkamp).
Laing, R. D., H. Phillipson, A. R. Lee (1966): Interpersonal Perception: A Theory and a Method of Research. London (Tavistock Publications).
Lakoff, G., M. Johnson (1998): Leben in Metaphern. Konstruktion und Systematik von Sprachbildern. Heidelberg (Carl Auer).
Landau, J. (1981): Link therapy as a family therapy technique for traditional extended families. Psychotherapeia 7, S. 382–390.
– (1982): Therapy with families in cultural transition. In: M. Goldrick, J. K. Pearce, J. Giordano (Hrsg.): Ethnicity and Family Therapy. New York (Guilford Press), S. 552–572.
Landau, J., M. D. Stanton (1983): Aspects of supervision with the »Pick-a-Dali-Circus« Method. J. of strategic and Systemic Therapies 2, S. 31–39.
Landau-Stanton, J. (1985): Adolescents, families and cultural transition: A treatment model. In: M. D. Pravder Mirkin, S. L. Kolman (Hrsg.): Handbook of adolescents and family therapy. New York (Gardner Press), S. 363–380.
Lang, H. (1973): Die Sprache und das Unbewußte. Frankfurt (Suhrkamp).
– (1980): Freud – ein Strukturalist? Psyche 34, S. 865–884.
Langsley, D., D. Kaplan (1968): The Treatment of Families in Crisis. New York (Grune & Stratton).
Langsley, D., F. Pittmann, P. Machotka, K. Flomenhaft (1968): Family crisis therapy – results and implications. Fam. Proc. 7, S. 145–158.
Lankton, S. (1979): Practical Magic: The Clinical Applications of Neuro-Linguistic Programming. Cupertino, Cal. (META Publications).
Lankton, S. R., C. H. Lankton (1986): Enchantment and Intervention in Family Therapy. New York (Brunner/Mazel).
Laqueur, H. P. (1973): Multiple family therapy: Questions and answers. In: D. A. Bloch (Hrsg.): Techniques of family psychotherapy: A primer. New York (Grune & Stratton), S. 73–85.
Laqueur, H. P., H. A. LaBurt (1962): The therapeutic community on a modern insulin ward. J. Neuropsychiatry 3, S. 139–149.

Laqueur, H. P., H. A. LaBurt, E. Morong (1971): Multiple family therapy: Further developments. In: J. Haley (Hrsg.): Changing families: A family therapy reader. New York (Grune & Stratton), S. 82–95.
Large, T. (1989): Some Aspects of Loneliness in Families. Fam. Proc, 28, S. 25–35.
Lasch, C. (1977): Geborgenheit. München (Steinhausen) 1981.
Laslett, P. (1972) (Hrsg.): Household and family in past time. Cambridge (Cambridge University Press).
Lawrence, W. G. (Hrsg.) (1979): Exploring Individual and Organizational Boundaries. Chichester (Wiley).
Lederer, W., D. D. Jackson (1968): Ehe als Lernprozeß. München (Pfeiffer) 1972.
Leff, J., C. Vaughn (1980): The interaction of life events and relatives' expressed emotion in schizophrenia and depressive neurosis. Brit. J. Psychiatry, 136, S. 146–153.
– (1981): The role of maintenance therapy and relatives' expressed emotion in relapse of schizophrenia: A two-year follow-up. Brit. J. Psychiatry, 139, S. 102–104.
Leiblum, S., L. Pervin (Hrsg.) (1980): Principles and Practice of Sex Therapy. London (Tavistock).
Leichter, E., G. L. Schulman (1974): Multi-family group therapy: A multidimensional approach. Fam. Proc. 13, S. 95–110.
Lemaire, J. G. (1979): Le Couple: sa vie, sa mort/La structuration du couple humain. Paris (Payot).
Lenneberg, E. H. (1967): Biological foundations of language. New York (John Wiley & Sons).
Levant, R. (1983): Diagnostic perspectives on the family. Process, structural and historical contextual models. Amer. J. Fam. Ther., 11, S. 3–10.
Lévi-Strauss, C. (1945): Die Strukturanalyse in der Sprachwissenschaft und in der Anthropologie. In: Ders. (1958): Strukturale Anthropologie. Frankfurt (Suhrkamp) 1967, S. 43–67.
– (1949a): Die elementaren Strukturen der Verwandtschaft. Frankfurt (Suhrkamp) 1981.
– (1949b): Geschichte und Ethnologie. In: Ders. (1958): Strukturale Anthropologie. Frankfurt (Suhrkamp) 1967, S. 11–40.
– (1958): Strukturale Anthropologie. Frankfurt (Suhrkamp) 1967.
– (1962): Das wilde Denken. Frankfurt (Suhrkamp) 1978.
– (1979): Die strukturalistische Tätigkeit. Ein Gespräch mit Marco d'Eramo. In: Ders. (1980): Mythos und Bedeutung. Vorträge. Frankfurt (Suhrkamp).
Levinger, G., O. Moles (Hrsg.) (1979): Divorce and Separation. New York (Basic Books).
Lewin, K. (1935): A Dynamic Theory of Personality. New York (McGraw-Hill).

– (1936): Grundzüge der topologischen Psychologie. Bern (Huber) 1969.
– (1951): Feldtheorie in Sozialwissenschaften. Bern (Huber).
Lewin, R. (1992): Die Komplexitätstheorie. Wissenschaft nach der Chaos-Forschung. Hamburg (Hoffmann und Campe).
Lewis, J. M., W. R. Beavers, J. T. Grossett, V. A. Phillips (1976): No Single Thread: Psychological Health in Family Systems. New York (Brunner/Mazel).
Ley, K., C. Barer (1992): Und sie paaren sich wieder. Über Fortsetzungsfamilien. Tübingen (Kimmerle).
Liberman, R. (1970): Behavioral approaches to family and couple therapy. Amer. J. Orthopsychiat., 40, S. 106–118.
Liberman, R. P., E. G. Wheeler, L. A. J. M. deVisser, J. Kuehnel, T. Kuehnel (1980): Handbook of marital therapy: A positive approach to helping troubled relationships. New York (Plenum Press).
Lidz, T. (1963): The Family and Human Adaptation. New York (International Universities Press).
– (1966): The family, language, and the transmission of schizophrenia. In: D. Rosenthal, S. Kety (Hrsg.): The Transmission of Schizophrenia. Oxford (Pergamon).
– (1973a): The Origin and Treatment of Schizophrenic Disorders. New York (Basic Books).
– (1973b): Der gefährdete Mensch. Ursprung und Behandlung der Schizophrenie. Frankfurt (Fischer) 1976.
– (1974): The life cycle: introduction. In: S. Arieti (Hrsg.): The Foundations of Psychiatry. American Handbook of Psychiatry. Vol. I, 2. New York (Basic Books), S. 241–251.
– (1976): Skizze einer Theorie der schizophrenen Störungen. Familiendynamik, 1, S. 90–112.
Lidz, T., A. Cornelison, S. Fleck (1958b): Schizophrenia and the Family. New York (International Universities Press).
Lidz, T., A. Cornelison, D. Terry, S. Fleck (1957a): Spaltung und Strukturverschiebung in der Ehe. In: G. Bateson et al. (1969): Schizophrenie und Familie. Frankfurt (Suhrkamp), S. 108–127.
– (1957b): The interfamilial environment of schizophrenic patients. Amer. J. Psychiat., 114, S. 241–248.
– (1958a): The intrafamilial environment of the schizophrenic patient: VI. The transmission of irrationality. A. M. A. Arch. Neur. Psychiat., 79, S. 305–316.
Lidz, T., S. Fleck (1965): Die Familienumwelt der Schizophrenen. Stuttgart (Klett-Cotta).
Lidz, T., S. Fleck, Y. Alanen, A. Cornelison (1963): Schizophrenic patients and their siblings. In: J. Howells (Hrsg.) (1971): Theory and Practice of Family Psychiatry. New York (Brunner/Mazel), S. 782–806.

Lidz, T., S. Fleck u. A. R. Cornelison (1965): Schizophrenia and the family. New York (International Universities Press).
Lieberman, S. (1979): Transgenerational analysis: the genogramm as a technique in family therapy. J. Fam. Ther. 1, S. 51–64.
Lifton, R. J., E. Ohlson (Hrsg.) (1974): Explorations in Psychohistory. New York (Simon and Schuster).
Limacher, B., J. Willi (1998): Wodurch unterscheidet sich die ökologisch-koevolutive Therapiekonzeption von einer systemisch-konstruktivistischen? Familiendynamik 23, S. 129–155.
Lindemann, E. (1944): Symptomatology and management of acute grief. Amer. J. Psychiat., 101, S. 141–148.
Linton, R. (1945): The Cultural Background of Personality. New York (Appleton Century).
– (1968): Culture, society and the individual. J. Abnorm. Soc. Psychol. 33, S. 425–436.
Loch, W. (1961): Anmerkungen zur Pathogenese und Metapsychologie einer schizophrenen Psychose. Psyche, 15, S. 684–720.
Locke, H. J., K. M. Wallace (1959): Short-term marital adjustment and prediction tests: Their reliability and validity. J. Marriage and Family Living 21, S. 251–255.
LoPiccolo, J., L. LoPiccolo (Hrsg.) (1978): Handbook of Sex Therapy. New York (Plenum).
Lorenz, K. (1961): Phylogenetische Anpassung und adaptive Modifikation des Verhaltens. In: Ders. (1965): Über tierisches und menschliches Verhalten. Gesammelte Abhandlungen, Bd. II., München (Piper), S. 301–358.
– (1965): Evolution and Modification of Behavior. Chicago (Univ. Press).
Lorenzer, A. (1970): Kritik des psychoanalytischen Symbolbegriffs. Frankfurt (Suhrkamp) ²1972.
– (1973): Über den Gegenstand der Psychoanalyse oder: Sprache und Interaktion. Frankfurt (Suhrkamp).
Loriedo, C., G. Vella (1993): Das Paradox in Logik und Familientherapie. Mainz (Matthias-Grünewald-Verlag).
Loveland, N. (1967): The relation Rorschach: A technique for studying interaction. J. Nerv. Ment. Dis. 142, S. 93–105.
Loveland, N. T., L. C. Wynne, M. T. Singer (1963): The Family Rorschach: a new method for studying family interaction. Fam. Proc. 2, S. 187–215.
Ludewig, K. (1983): Die therapeutische Intervention – eine signifikante Verstörung der Familienkohärenz im therapeutischen System. In: K. Schneider (Hrsg.): Familientherapie in der Sicht psychotherapeutischer Schulen. Paderborn (Junfermann), S. 78–95.
– (1987): 10 + 1 Leitsätze bzw. Leitfragen. Grundzüge einer systemisch begründeten Klinischen Theorie im psychosozialen Bereich. Z. system. Ther. 5, S. 178–191.
– (1992): Systemische Therapie. Stuttgart (Klett-Cotta).

Luhmann, N. (1971): Der Sinn als Grundbegriff der Soziologie. In: N. Luhmann, J. Habermas (Hrsg.): Theorie der Gesellschaft oder Sozialtechnologie – Was leistet die Systemforschung? Frankfurt (Suhrkamp), S. 25–100.
– (1975): Macht. Stuttgart (Enke).
– (1976): Komplexität. Historisches Wörterbuch der Philosophie, Bd. 4. Basel (Schwabe), S. 939–941.
– (1978): Soziologie der Moral. In: Ders., H. Pfürtner (Hrsg.) (1978): Theorietechnik und Moral. Frankfurt (Suhrkamp).
– (1982): Autopoiesis, Handlung und kommunikative Verständigung. Z. f. Soziologie 11, S. 366–379.
– (1984): Soziale Systeme. Grundriß einer allgemeinen Theorie. Frankfurt (Suhrkamp).
– (1985): Die Autopoiesis des Bewußtseins. Soziale Welt 36, S. 402–446.
– (1987): Autopoiesis als soziologischer Begriff. In: H. Haferkamp, M. Schmidt (Hrsg.): Sinn, Kommunikation und soziale Differenzierung. Beiträge zu Luhmanns Theorie sozialer Systeme. Frankfurt (Suhrkamp), S. 307–324.
– (1988): Was ist Kommunikation? In: F. B. Simon (Hrsg.) (1997): Lebende Systeme. Wirklichkeitskonstruktionen in der systemischen Therapie. Taschenbuchausgabe, Frankfurt (Suhrkamp), S. 19–31.
– (1990): Die Wissenschaft der Gesellschaft. Frankfurt (Suhrkamp).
– (1997): Die Gesellschaft der Gesellschaft. Frankfurt (Suhrkamp).
Luther, G., I. Loev (1981): Resistance in marital therapy. J. Marit. Fam. Ther., 7, S. 475–480.

MacCormack, T. (1997): Believing in make-believe: Looking at theater as a metaphor for psychotherapy. Fam. Proc. 36, S. 151–169.
MacGregor, R. (1962): Multiple impact therapy with families. Fam. Proc. 1, S. 15–29.
– (1964): Communicating Values in Family Therapy. In: G. Zuk, I. Boszormenyi-Nagy (Hrsg.) (1967): Family Therapy and Disturbed Families. Palo Alto (Science and Behavior Books), S. 178–185.
– (1967): Progress in multiple impact theory. In: N. W. Ackerman, F. L. Beatman, S. N. Sherman (Hrsg.): Expanding Theory and Practice in Family Therapy. New York (Family Service Association of America), S. 47–58.
MacKinnon, L. (1984): Contrasting strategic and Milan therapies. Fam. Proc. 23, S. 425–441.
Madanes, C. (1978): Predicting behavior in an addict's family: A communicational approach. In: L. Wurmser: The Hidden Dimension. New York (Jason Aronson).
– (1981): Strategic Family Therapy. San Francisco (Jossey-Bass).
– (1984a): Family therapy training. It's entertainment. In: H. A. Liddle, D. C. Breunlin, R. C. Schwartz (Hrsg.) (1984): Handbook of Family Training & Supervision.

– (1984b): Behind the one-way mirror: Advances in the Practice of Strategic Therapy. San Francisco (Jossey-Bass).
– (1991): Strategic Family Therapy. In: A. S. Gurman, D. P. Kniskern (Hrsg.) (1991): Handbook of Family Therapy, Vol. II. New York (Brunner/Mazel), S. 396–416.
– (1990): Sex, Liebe und Gewalt. Therapeutische Strategien der Veränderung. Heidelberg (Carl Auer) 1997.
Madanes, C., J. Dukes, H. Harbin (1980): Familiäre Bindungen von Heroinsüchtigen. Familiendynamik, 6 (1981), S. 24–43.
Madanes, C., J. Haley (1977): Dimensions of family therapy. J. Nervous and Mental Disease 165, S. 88–98.
Mahler, M. (1968): Symbiose und Individuation. Stuttgart (Klett-Cotta).
Mahler, M., F. Pine, A. Bergmann (1975): Die psychische Geburt des Menschen. Frankfurt (Fischer) 1978.
Mahoney, M. J. (1974): Cognition and behavior modification. Cambridge, Mass. (Ballinger).
– (1974): Kognitive Verhaltenstherapie. Stuttgart (Pfeiffer) 1977.
– (1980): Psychotherapy and the structure of personal revolutions. In: Ders. (Hrsg.) (1980): Psychotherapy Process. Current Issues and Future Directions. New York (Plenum).
Maier-Aichen, R., I. Friedl (1992): Stiefväter. Umgang mit sozialer Elternschaft. Familiendynamik 17, S. 164–179.
Malinowski, B. (1944): Eine wissenschaftliche Theorie der Kultur und andere Aufsätze. Frankfurt (Suhrkamp) 1975.
Mandel, A., K. H. Mandel, E. Stadter, D. Zimmer (1971): Einübung in Partnerschaft durch Kommunikationstherapie und Verhaltenstherapie. Stuttgart (Pfeiffer).
Mandel, K. H., A. Mandel, H. Rosenthal (1975): Einübung der Liebesfähigkeit. Praxis der Kommunikationstherapie für Paare. Stuttgart (Pfeiffer).
Mann, J., S. Starr (1972): The self-report questionnaire as a change agent in family therapy. Fam. Proc. 11, S. 95–105.
March, J. (1966): The power of power. In: D. Easton (Hrsg.) (1966): Varieties of Political Theory. Englewood Cliffs, N. J. (Prentice-Hall), S. 39–70.
Margalef, R. (1968): Perspectives in Ecological Theory. Chicago (Univ. of Chicago Press).
Margolin, G. (1983): Behavioral marital therapy. In: B. B. Wolman, G. Stricker (Hrsg.): Handbook of Marital and Family Therapy. New York (Plenum Press), S. 247–276.
Mark, J. (1953): The attitudes of the mothers of male schizophrenics toward child behavior. J. Abnorm. Soc. Psychol. 48, S. 185– 189.
Martin, P. (1976): A Marital Therapy Manual. New York (Brunner/Mazel).
Maruyama, M. (1960): Morphogenesis and Morphostasis. Methods, 12, S. 251–296.

– (1963): The second cybernetics: Deviation – amplifying mutual causal processes. American Scientist, 5, S. 164–179.
– (1980): Mindscapes: Are there epistemological patterns congenital, irreversibily learned or relearnable? In: Systems Science and Science. Proceedings of the Twenty-Fourth Annual North American Meeting of the Society for General Systems Research with the American Ass. for the Advancement of Science. San Francisco 1980, S. 444–453.
Masters, W., V. Johnson (1970): Impotenz und Anorgasmie. Zur Therapie funktioneller Sexualstörungen. Frankfurt (Goverts-Krüger-Stahlberg).
Masterson, J. (1976): Psychotherapie bei Borderline-Patienten. Stuttgart (Klett-Cotta).
– (1983): Countertransference and Psychotherapeutic Technique. New York (Brunner/Mazel).
Maturana, H. (1975): Die Organisation des Lebendigen: eine Theorie der lebendigen Organisation. In: Ders. (1982): Erkennen: die Organisation und Verkörperung von Wirklichkeit. Braunschweig (Vieweg).
– (1978): Biology of language: The epistemology of reality. In: G. A. Miller, E. Lenneberg (Hrsg.): Psychology and biology of language and thought. New York (Academic Press).
– (1982): Erkennen: Die Organisation und Verkörperung von Wirklichkeit. Ausgewählte Arbeiten zur biologischen Epistemologie. Braunschweig (Vieweg), 2. Aufl. 1985.
– (1998): Biologie der Realität. Frankfurt (Suhrkamp).
Maturana, H., F. Varela (1975): Autopoietische Systeme: eine Bestimmung der lebendigen Organisation. In: H. Maturana (1982): Erkennen: Die Organisation und Verkörperung von Wirklichkeit. Braunschweig (Vieweg), S. 170–235.
– (1980): Autopoiesis and Cognition. Boston (Reidel).
– (1987): Der Baum der Erkenntnis. Berlin (Scherz).
May, R. (1973): Stability and Complexity in Model Ecosystems. Princeton (Princeton University Press).
Maynard Smith, J. (1982): Evolution and the Theory of Games. Cambridge (Univ. Press).
Mazza, J. (1984): Symptom utilization in strategic therapy. Fam. Proc. 23, S. 487–500.
McCulloch, W., W. Pitts (1943): A logical calculus of the ideas immanent in nervous activity. Bull. Math. Biophysics, Vol. 5.
McDaniel, S. H., J. Hepworth, W. J. Doherty (1997): Familientherapie in der Medizin. Heidelberg (Carl Auer).
McFarlane, W. R. (1982): Multiple-family therapy in the psychiatric hospital. In: H. T. Harbin (Hrsg.): The psychiatric hospital and the family. New York (SP Medical and Scientific Books), S. 103–129.
– (1983): Multiple family therapy in schizophrenia. In: W. R. McFarlane (Hrsg.): Family therapy in schizophrenia. New York (Guilford Press), S. 141–172.

McFarlane, W. R., B. Link, R. Dushay, J. Marchal, J. Crilly (1995): Psychoeducational multiple family groups: Four-year relapse outcome in schizophrenia. Fam. Proc. 34, S. 127–144.
McGill, D., J. K. Pearce (1982): British families. In: M. McGoldrick, J. K. Pearce, J. Giordano (Hrsg.): Ethnicity and Family therapy. New York (Guilford Press), S. 458–479.
McGoldrick, M. (1995): You Can Go Home Again. New York (Norton).
McGoldrick, M.R., E. Carter (1982): The family life cycle. In: F. Walsh (Hrsg.): Normal Family Processes. New York (Guilford Press).
McGoldrick, M., R. Gerson (1990): Genogramme in der Familienberatung. Bern (Huber) 1997.
McWhirter, D. P., A. M. Mattisson (1986): Männerpaare. Berlin (Bruno Gmünder).
McWhirter, D. P., S. A. Sanders, J. M. Reinisch (Hrsg.): Homosexuality/Heterosexuality. New York (Oxford University Press).
Mead, G. H. (1934): Geist, Identität und Gesellschaft. Frankfurt (Suhrkamp) 1973.
Melson, A., E. Martin (Hrsg.) (1972): Coding Processes in Human Memory. New York (Winston).
Merl, H., H. Korosa (1981): Eine neue Modifikation der Familien-Skulptur. Partnerberatung, 18, S. 146–154.
Merton, R. K. (1949): Social Theory and Social Structure: Toward the Codification of Theory and Research. Glencoe, Ill. (Free Press).
– (1963): Auf den Schultern von Riesen. Ein Leitfaden durch das Labyrinth der Gelehrsamkeit. Frankfurt (Suhrkamp) 1983.
Miklowitz, D. J., M. J. Goldstein, I. R. H. Falloon, J. A. Doane (1984): Interactional correlates of expressed emotion in the families of schizophrenics. Brit. J. Psychiatry 144, S. 482–487.
Miller, G. A., E. Galanter, K. H. Pribram (1960): Plans and the Structure of Behavior. New York (Henry Holt).
Miller, J. G. (1971): Living systems: The group. Behavioural Science, 16, S. 302–398.
– (1978): Living Systems. New York (McGraw-Hill).
Minuchin, S. (1971): Anorexia nervosa: Interactions around the family table. Vortrag beim Institute of Juvenile Research, Chicago.
– (1974a): Familie und Familientherapie. Freiburg (Lambertus) 1977.
– (1974b): Structural family therapy. In: G. Caplan (Hrsg.): Child and Adolescent Psychiatry, Sociocultural and Community Psychiatry. American Handbook of Psychiatry, 2. Edition. Vol. II. New York (Basic Books), S. 178–192.
– (1981): Praxis der strukturellen Familientherapie. Freiburg (Lambertus) 1983.
– (1984): Family kaleidoscope. Cambridge, Mass. (Harvard University Press).

Minuchin, S., A. Barcai (1969): Therapeutisch induzierte Familienkrise. In: C. J. Sager, H. S. Kaplan (Hrsg.): Handbuch der Ehe-, Familien- und Gruppentherapie. München (Kindler) 1973.
Minuchin, S., H. C. Fishman (1981): Family Therapy Techniques. Cambridge, Mass. (Harvard University Press).
Minuchin, S., B. Montalvo, B. Guernen, B. Rosman, F. Schumer (1967): Families of the Slums. An Exploration of Their Structure and Treatment. New York (Basic Books).
Minuchin, S. , B. Rosman, L. Baker (1978): Psychosomatische Krankheiten in der Familie. Stuttgart (Klett-Cotta).
Mishler, E., N. Waxler (1975): The sequential patterning of interaction in normal und schizophrenic families. Fam. Proc. 14, S. 17–50.
Mitterauer, M., R. Sieder (1977): Vom Patriarchat zur Partnerschaft. Zum Strukturwandel der Familie. München (Beck).
– (Hrsg.) (1982): Historische Familienforschung. Frankfurt (Suhrkamp).
Modell, A. (1968): Object Love and Reality: An Introduction to a Psychoanalytic Theory of Object Relations. New York (International Universities Press).
Mogey, J. (1970): Sociology of Marriage and Family Behavior, 1957–1968 (A Trend Report and Bibliography). Current Sociology, 17, S. 1–346.
Montalvo, B. (1973): Aspects of live supervision. Fam. Proc. 12, S. 343–359.
Moos, R. H., B. S. Moos (1976): A typology of family social environments. Fam. Proc. 15, S. 357–371.
Moos, R. H., B. S. Moos (1981): Manual for the Family Environment Scale. Palo Alto (Consulting Psychologist Press).
Morawetz, A., G. Walkers (1984): Brief Therapy with Single-Parent Families. New York (Brunner/Mazel).
Morin, E. (1973): Le paradigme perdu: la nature humaine. Paris (Editions du Seuil).
– (1977): La méthode: 1: La nature de la nature. Paris (Editions du Seuil).
– (1980): La méthode: 2: La vie de la vie. Paris (Editions du Seuil).
– (1986): La méthode: 3: La Connaissance de la Connaissance. Paris (Editions du Seuil).
– (1991): La méthode: 4: Les idées. Paris (Editions du Seuil).
Morin, E., M. Piatelli-Palmarini (Hrsg.) (1974): L'unité de l'homme. Vol. 2: Le cerveau humain. Paris (Editions du Seuil).
Morris, C. (1938): Grundlagen der Zeichentheorie. Frankfurt (Ullstein) 1979.
– (1946): Zeichen, Sprache und Verhalten. Frankfurt (Ullstein) 1981.
– (1975): Sprechen und menschliches Handeln. In: H.-G. Gadamer, P. Vogler (Hrsg.): Neue Anthropologie, Bd. 7. Stuttgart (Thieme), S. 235–251.
Mosher, L., C. Wild, A. Valcov, A. Feinstein (1972): Cognitive style, schizophrenia and the family: Methodological implications of contextual effects. Fam. Proc. 11, S. 125–146.

Mücke, K. (1998): Systemische Beratung und Psychotherapie. Berlin (Klaus Mücke Ökosysteme).
Mühlfeld, C. (1976): Familiensoziologie. Eine systematische Einführung. Hamburg (Hoffmann u. Campe).

Napier, A., C. Whitaker (1978): Tatort Familie. Beispiel einer erfolgreichen Familientherapie. Düsseldorf (Diederichs) 1979.
Neill, J. R., D. P. Kniskern (1982): From Psyche to System: The Evolving Therapy of Carl Whitaker. New York (Guilford Press).
Neuburger, R. (1995): Le mythe familial. Paris (ESF editeur).
Neumann, J. v. (1928): Zur Theorie der Gesellschaftsspiele. Math. Annalen, 100, S. 295–320.
Neumann, J. v., O. Morgenstern (1946): Spieltheorie und wirtschaftliches Verhalten. Würzburg (Physica) 1961.
Newell, A. (1972): A theoretical exploration of mechanisms for coding the stimulus. In: A. Melson, E. Martin (Hrsg.) (1972): Coding Processes in Human Memory. New York (Winton).
Nichols, M. (1990): Lesbian relationships: Implications for the study of sexuality and gender. In: D. P. McWhirter, S. A. Sanders, J. M. Reinisch (Hrsg.): Homosexuality/Heterosexuality. New York (Oxford University Press), S. 350–364.
Nichols, M. P. (1987): The Self in the System. New York (Brunner/Mazel).
Nicolis, G., I. Prigogine (1977): Self-Organization in Nonequilibrium Systems: From Dissipative Structures to Order through Fluctuations. New York (Wiley).
Nordmann, E., S. Kötter (1996): Standardisierte Formen des Familieninterviews. In: M. Cierpka (Hrsg.) (1996): Handbuch der Familiendiagnostik. Heidelberg (Springer).

Offer, D., M. Sabshin (1974): Normality: Theoretical and Clinical Concepts of mental health (revised ed.). New York (Basic Books).
Ogden, T. (1979): On projective identification. Int. J. Psychoanal., 60, S. 357–373.
O'Hanlon, B. (1984): Framing intervention in therapy: Deframing and reframing. J. Strategic and Systemic Therapies 3 (2), S. 1–4.
O'Hanlon, W. H. (1990): Eckpfeiler. Grundlegende Prinzipien der Psychotherapie und Hypnose Milton H. Ericksons. Hamburg (Isko Press).
O'Hanlon, W. H., P. H. O'Hanlon (1991): Liebesgeschichten neu erzählen. Ein Lehrbuch für Paare und Therapeuten. Heidelberg (Carl Auer) 1997.
O'Hanlon, W. H., A. L. Hexum (Hrsg.) (1994): Milton Ericksons gesammelte Fälle. Stuttgart (Klett-Cotta).
Olbrich, R. (1983): Expressed Emotions (EE) und die Auslösung schizophrener Episoden: eine Literaturübersicht. Nervenarzt, 54, S. 113–121.

Olsen, D. (1972): Empirically unbinding the double bind: A review of research and conceptual reformulations. Fam. Proc. 11, S. 69–94.
Olson, D. H., H. C. McCubbin, H. Barnes, A. Larsen, M. Muxen, M. Wilson (1983): Families: What Makes Them Work? Beverly Hills (Sage Publications).
Olson, D. H., C. S. Russell, D. H. Sprenkle (1983): Circumplex-Model of marital and family systems: VI. Theoretical update. Fam. Proc. 22, S. 69–84.
Olson, D. H., D. H. Sprenkle, C. S. Russell (1979): Circumplex-Model of marital and family systems: I. Cohesion and adaptability dimensions, family types, and clinical applications. Fam. Proc. 18, S. 3–28.
Omer, H. (1984): Frames and symptoms: Some implications for strategic therapy. J. Strategic and Systemic Therapies 3 (2), S. 5–16.
Onnis, L. (1996): Les languages du corps: La révolution systémique en psychosomatique. Paris (ESF éditeur).
Osgood, C., W. May, M. Mison (1975): Cross-cultural Universals of Affective Meaning. Urbana, Ill. (Univ. of Illinois Press).
O'Shea, M., R. Phelps: Multiple Family Therapy: Current Status and Critical Appraisal. Fam. Proc. Dec. 1985.
Osherson, D. N., H. Lasnik (Hrsg.) (1990): An Invitation to Cognitive Science. Vol.1: Language. Cambridge, Mass. (MIT Press).

Papousek, M. (1994): Vom ersten Schrei zum ersten Wort. Bern (Huber).
Papp, P. (1976): Family choreography. In: P. Guerin (Hrsg.) (1976): Family Therapy – Theory and Practice. New York (Gardner Press).
– (1980): The Greek chorus and other techniques of paradoxical therapy. Fam. Proc. 19, S. 45–57.
– (1983): The Process of Change. New York (Guilford Press).
Papp, P., O. Silverstein, E. Carter (1973): Family sculpting in preventive work with »Well Families«. Fam. Proc. 12, S. 197–212.
Parry, A. (1991): A Universe of Stories. Fam. Proc. 30, S. 37–54.
Parsons, T. (1942): Age and sex in the social structure of the United States. Amer. Sociological Review 7, S. 604–616.
– (1951): The Social System. Glencoe, Ill. (Free Press).
Parsons, T., R. F. Bales, J. Olds, M. Zelditch, P. E. Slater (1955): Family, Socialization and Interaction Process. New York (Free Press).
Parsons, T., R. Fox (1952): Illness, therapy and the modern urban american family. J. Social Issues, 8, S. 31–44.
Patterson, G., H. Hops (1972): Coercion, a game for two: Intervention techniques for marital conflict. In: R. Ulrich, P. Mounjoy (Hrsg.): The Experimental Analysis of Social Behavior. New York (Appleton).
Patterson, G., J. Reid (1970): Reciprocity and coercion: Two facts of social systems. In: C. Neuringer, J. Michael (Hrsg.): Behavior Modification in Clinical Psychology. New York (Appleton).

Patterson, T. (1980): The family rule concept in the theory of family therapy. Austr. J. Fam. Ther., 1, S. 129–137.
Pattison, E. M., D. DeFrancisco, P. Wood, H. Frazier, J. Crowder (1975): A psychosocial kinship model for family therapy. Amer. J. Psychotherapy 132, S. 1246–1251.
Paul, N. (1967): The role of mourning and empathy in conjoint marital therapy. In: H. Zuk, I. Boszormenyi-Nagy (Hrsg.): Family Therapy and Disturbed Families. Palo Alto (Science and Behavior Books), S. 186–205.
– (1978): Die Notwendigkeit zu trauern. Familiendynamik 3, S. 254–259.
– (1980): Now and the past: Transgenerational analysis. Int. J. Fam. Psychiat., 1, S. 235–248.
Paul, N. L., J. Bloom (1970): Multiple family therapy: Secrets and scapegoating in family crisis. International J. Group Psychotherapy 20, S. 37–47.
Paul, N., G. H. Grosser (1965): Operational mourning and its role in conjoint family therapy. Community Mental Health Journal, 1, S. 339–345.
Paul N., B. Paul (1975): Puzzle einer Ehe. Stuttgart (Klett-Cotta).
Pearce, W. B. (1994): Interpersonal Communication. New York (HarperCollins).
Peirce, C. S. (1903): Phänomen und Logik der Zeichen. Frankfurt (Suhrkamp) 1983.
– (1931–1935a): Schriften I. Zur Entstehung des Pragmatismus. Frankfurt (Suhrkamp) 1967.
– (1931–1935b): Schriften II. Vom Pragmatismus zum Pragmatizismus. Frankfurt (Suhrkamp) 1970.
Pendegast, E., L. Sherman (1977): A guide to the genogramm family systems training. The Family, 5, S. 3–14.
Penn, P. (1982): Circular questioning. Fam. Proc. 21, S. 267–280. (dt. 1983): Zirkuläres Fragen. Familiendynamik 8, S. 198–220.
– (1983): Coalitions and binding interactions in families with chronic illness. Fam. Systems Medicine, 1, S. 16–25.
– (1985): »Feed-Forward« – Vorwärts-Koppelung: Zukunftsfragen, Zukunftspläne. Familiendynamik 11, S. 206–222.
Peplau, L. A., S. D. Cochran (1990): A relationship perspective on homosexuality. In: D. P. McWhirter, S. A. Sanders, J. M. Reinisch (Hrsg.): Homosexuality/heterosexuality. New York (Oxford University Press), S. 321–350.
Perkins, T. F., J. P. Kahan (1979): Ein empirischer Vergleich der Familiensysteme mit leiblichen Vätern und mit Stiefvätern. Familiendynamik 7, S. 354–367.
Perls, F. (1969a): Gestalttherapie in Aktion. Stuttgart (Klett-Cotta).
– (1969b): Ego, Hunger, and Aggression. New York (Random House).

Perls, F. S. , R. Hefferline, P. Goodman (1965): Gestalt therapy. New York (Bell Publishing Co.).
Peterson, G., R. Cromwell (1983): A clarification of multisystem – multimethod assessment: Reductionism versus wholism. Fam. Proc. 22, S. 173–177.
Pfäfflin, F., U. Clement (1981): Sexualstörungen. In: U. Baumann, H. Berbalk, G. Seidenstücker (Hrsg.): Klinische Psychologie – Trends in Forschung und Praxis, Bd. 4. Bern (Huber), S. 287–307.
Piaget, J. (1926): Sprechen und Denken des Kindes. Düsseldorf (Schwann) 1972.
– (1937): Der Aufbau der Wirklichkeit beim Kinde. Stuttgart (Klett) 1975.
– (1967): Biologie und Erkenntnis. Frankfurt (Fischer).
– (1968): Der Strukturalismus. Olten (Walter) 1973.
– (1970): Abriß der genetischen Epistemologie. Olten (Walter) 1974.
– (1975): Die Äquilibration der kognitiven Strukturen. Stuttgart (Klett) 1976.
Piatelli-Palmarini, M. (Hrsg.) (1979): Language and learning: The Debate between Jean Piaget and Noam Chomsky. London (Routledge & Kegan Paul).
Pillari, V. (1991): Scapegoating in Families. Intergenerational Patterns of Physical and Emotional Abuse. New York (Brunner/Mazel).
Pincus, L. (1974): Bis daß der Tod euch scheidet. Zur Psychologie des Trauerns. Stuttgart (DVA) 1977.
– (1978): Verdrängte Trauer. Familiendynamik 3, S. 269–276.
Pincus, L., C. Dare (1978): Geheimnisse in der Familie. Stuttgart (DVA) 1978.
Pinsof, W. M. (1995): Integrative Problem-Centered Therapy. A Synthesis of Family, Individual, and Biological Therapies. New York (Basic Books).
Pirrotta, S. (1984): Milan revisited: A comparison of the two Milan schools. J. Strategic and Systemic Therapies 3, S. 3–15
Pistole, M.C. (1994): Adult attachment styles. Some thoughts on closeness-distance struggles. Fam. Proc. 33, S. 147–160.
Pittmann, F. (1973): Managing acute psychiatric emergencies: Defining the family crisis. In: D. Bloch (Hrsg.): Techniques of Family Psychotherapy. New York (Grune & Stratton), S. 99–108.
Pittmann, F., C. DeYonng, K. Flomenhaft, D. Kaplan, D. Langsley (1966): Crisis family therapy. In: R. Green, J. Framo (Hrsg.) (1981): Family Therapy: Major Contributions. New York (International Universities Press), S. 477–489.
Poincaré, H. (1957): Les méthodes nouvelles de la mécanique céleste. New York (Dover).
Pollard, W., T. Mitchell (1972): Decision theory analysis of social power. Psychological Bulletin, 78, S. 433–446.

Preuss, H. (1973): Ehepaartherapie. München (Kindler).
Prigogine, I. (1973): Irreversibility as a symmetry breaking factor. Nature 248, S. 67–71.
– (1976): Order through fluctuation: Self-Organization and social system. In: E. Jantsch, C. Waddington (Hrsg.): Evolution and Consciousness. Human Systems in Transition. Reading, Mass. (Addison-Wesley).
– (1978): Time, structure, and fluctuations. Science 201, S. 777–785.
– (1980): From Being to Becoming. Time and Complexity in the Physical Sciences. San Francisco (Freeman).
– (1980): L'ordre à partir du chaos. Prospective et Santé 13, S. 29–39.
– (1982): Dialogue avec Piaget sur l'irréversibilité. Archives de Psychologie, 50, S. 7–16.
Prigogine, I., I. Stengers (1980): Dialog mit der Natur. München (Piper) 1981.

Rabkin, R. (1977): Strategic Psychotherapy. New York (Basic Books).
– (1980): The midgame in strategic therapy. Int. J. Fam. Ther. 2, S. 159–168.
Racamier, P. C. (1980): Die Schizophrenen. Eine psychoanalytische Interpretation. Berlin/Heidelberg/New York (Springer) 1982.
Ransom, D. C., L. Fisher, (1995): An Empirically Derived Typology of Families: II. Relationships with Adolescent Health. Fam. Proc. 34, S. 183–198.
Rapaport, D. (Hrsg.) (1951): Organization and Pathology of Thought. New York (Columbia Univ. Press).
– (1959): The Structure of Psychoanalytic Theory. New York (International Universities Press).
Rapoport, A. (1968): The promise and pitfalls of information theory. In: W. Buckley (Hrsg.): Modern systems research for the behavioral scientist: A sourcebook. Chicago (Aldine Publishing Co.), S. 137–142.
Rappaport, A. F., J. Harrell (1972): A behavioral-exchange model for marital counseling. Family Coordinator, 21, S. 203–213.
Rappaport, R. A. (1971): Ritual sanctity and cybernetics. American Anthropologist 73, S. 59–76.
– (1972): Normal crisis, family structure, and mental health. Fam. Proc. 2, S. 68–79.
Raskin, D. E., Z. E. Klein (1976): Losing a symptom through keeping it. Arch. of Gen. Psychiat., 33, S. 548–555.
Ravich, R.A. (1969): The use of an interpersonal game-test in conjoint marital psychotherapy. Amer. J. Psychother. 23, S. 217–229
Ravich, R. A., B. Wyden (1981): Predictable pairing. New York (Wyden).
Reich, G. (1994): Die Familien-Interaktionsskalen. Unveröffentlichtes Manuskript. Universität Göttingen.
Reiss, D. (1967a): Individual thinking and family interaction. I. Introduction to an experimental study of problem solving in families of normals,

character disorders, and schizophrenics. Arch. Gen. Psychiatry, 16, S. 80–93.
– (1967 b): Individual thinking and family interaction. II. A study of pattern recognition and hypothesis testing in families of normals, character disorders and schizophrenics. J. Psychiat. Res., 5, S. 193–211.
– (1971a): Varieties of consensual experience, I: A theory for relating family interaction to individual thinking. Fam. Proc. 10, S. 1–27.
– (1971 b): Varieties of consensual experience, II: Dimensions of a family's experience of its environment. Fam. Proc. 10, S. 28–35.
– (1971c): Varieties of consensual experience, III. Contrasts between families of normals, delinquents and schizophrenics. J. Nerv. Ment. Dis. 152, S. 73–95.
– (1981): The Family's Construction of Reality. Cambridge, Mass. (Harvard Univ. Press).
– (1983): Sensory extenders versus meters and predictors: Clarifying strategics for the use of objective tests in family therapy. Fam. Proc. 22, S. 165– 171.
Reiss, D., R. Costell (1977): The multiple family group as a small society: Family regulation of interaction with nonmembers. Amer. J. Psychiatry 134, S. 21–24.
Reiss, D., A. Epstein (1971): Perceptual and cognitive resources of family members: Contrasts between families of paranoid and nonparanoid schizophrenic patients. Arch. Gen. Psychiat., 23, S. 121–134.
Reiter, L. (1983): Gestörte Paarbeziehungen. Göttingen (Vandenhoeck & Ruprecht).
Reiter, L., E. Steiner (1978): Persönliche Werte von Familientherapeuten und Familienberatern. Partnerberatung, 15, S. 33–41.
– (1986): Über Autonomie. Zur Geschichte und Verwendung eines Konzeptes. In: L. Reiter (Hrsg.): Theorie und Praxis der systemischen Familientherapie. Wien (Facultas Univ. Verlag).
Reiter, L., E. Brunner, S. Reiter-Theil (Hrsg.) (1997): Von der Familientherapie zur systemischen Einzeltherapie. Berlin (Springer), S. 189–216.
Renshaw, J. (1976): An exploration of the dynamics of the overlapping worlds of work and family. Fam. Proc. 15, S. 143–165.
Retzer, A. (1988): Systemische Therapie eines Paares mit somatischer Symptomatik. Familiendynamik 13, S. 300–317.
– (1991): Die Behandlung psychotischen Verhaltens. Heidelberg (Carl Auer).
– (1996a): Familie und Psychose. Stuttgart (Gustav Fischer).
– (1996b): Zeit und Psychotherapie. Familiendynamik 21, S. 136–159.
Retzer, A., F. B. Simon, G. Weber, H. Stierlin, G. Schmidt (1989): Eine Katamnese manisch-depressiver und schizoaffektiver Psychosen nach systemischer Einzeltherapie. Familiendynamik 14, S. 214–235.
Revenstorf, D., K. Hahlweg, L. Schindler, B. Vogel (1984): Interactional analysis of marital conflict. In: K. Hahlweg u., N. S. Jacobson (Hrsg.):

Marital interaction: Analysis and modification. New York (Guilford Press), S. 159–181.
Revenstorf, D., R. Zeyer (1997): Hypnose lernen. Heidelberg (Carl Auer).
Ricci, C., M. Selvini Palazzoli (1984): Interaction complexity and communication. Fam. Proc. 23, S. 169–176.
Rice, J. K., D. G. Rice (1985): Living through Divorce: A Developmental Approach in Divorce Therapy. New York (Guilford Press).
Richardson, H. (1948): Patients have Families. New York (Common Wealth Fund).
Richie, A. (1960): Multiple impact therapy: An experiment. Social Work 5, S. 16–21.
Richter, H.-E. (1960): Die narzißtischen Projektionen der Eltern auf das Kind. Jahrbuch d. Psychoanalyse, Bd. 1. (1963): Eltern, Kind und Neurose. Reinbek (Rowohlt) 1974.
– (1970): Patient Familie. Reinbek (Rowohlt).
Riedel, R. (1980): Biologie der Erkenntnis. Hamburg (Parey).
Riesman, D., R. Denney, N. Glazer (1950). Die einsame Masse. Hamburg (Rowohlt) 1968.
Riskin, J. (1963): Methodology for studying family interaction. Arch. Gen. Psychiat., 8, S. 343–348.
– (1976): »Non labelled« family interaction: Preliminary report on a prospective study. Fam. Proc. 15, S. 433–439.
Riskin, J., E. E. Faunce (1970): Familieninteraktionsskalen. In: P. Watzlawick, J. H. Weakland (Hrsg.) (1977): Interaktion. Bern (Huber) 1980, S. 155–184.
– (1972): An evaluative review of family interaction research. Fam. Proc. 11, S. 365–455.
Riskin, J., M. E. McCorkle (1979): »Nontherapy« family research and change in families: A brief clinical research communication. Fam. Proc. 18, S. 161–162.
Rittermann, M. (1977): Paradigmatic classification of family therapy theories. Fam. Proc. 16, S. 29–48.
– (1983): Using Hypnosis in Family Therapy. San Francisco (Jossey-Bass).
Roberto, L. Giat (1991): The tree of life: Models of transgenerational family therapy. New York (Guilford Press).
Roberts, J. (1993): Den Rahmen abstecken: Definition, Funktion und Typologie von Ritualen. In: Imber-Black, E., J. Roberts, R.A. Whiting (1993): Rituale. Heidelberg (Carl Auer).
Rogers, C. (1972): Becoming partners: Marriage and its alternative. New York (Delacorte).
Rogers, L. E., F. E. Millar, J. B. Bavelas (1985): Methods for analyzing marital conflict discourse: Implications of a systems approach. Fam. Proc. 24, S. 175–187.

Rohrbaugh, M. (1984): The strategic systems therapies: Misgivings about mixing the models. J. Strategic and Systemic Therapies 3 (3), S. 28–32.

Rohrbaugh, M., H. Tennen, S. Press, L. White (1981): Compliance, defiance and therapeutic paradox: Guidelines for strategic use of paradoxical interventions. Amer. J. Orthopsychiatry 51, S. 454–467.

Rolland, J. S. (1990): Anticipatory Loss: A Family Systems Developmental Framework. Fam. Proc. 29, S. 229–242.

Rosen, R. (1979): Old trends and new trends in systems research; Ludwig von Bertalanffy Memorial Lecture. In: General Systems Research: A Science, a Methodology, a Technology. Proceedings of the 1979 North America Meeting. Louisville, Kentucky, S. 19–29.

Rosen, V. H. (1969): Sprache und Psychoanalyse. Psyche, 26 (1972), S. 81–88.

Rosenberg, C. E. (1975) (Hrsg.): The family in history. Philadelphia (University of Pennsylvania Press).

Rosenthal, R. (1966): Experimental Effects in Behavioral Research. New York (Appleton-Century-Crofts).

Rosman, B. L., S. Minuchin, R. Liebman (1975): Family lunch session: An introduction to family therapy in anorexia nervosa. Amer. J. Orthopsychiatry 45, S. 846–853.

Ross, A. (1970): The substructure of power and authority. In: M. Barash, A. Scourby (Hrsg.): Marriage and the Family. New York (Random House).

Rossi, E. L. (1995–1998): Gesammelte Schriften von Milton H. Erickson, Band 1–6. Heidelberg (Carl Auer).

Ruesch, G., G. Bateson (1951): Kommunikation. Die soziale Matrix der Psychiatrie. Heidelberg (Carl Auer) 1995.

Ruesch, J. (1953): Synopsis of the theory of human communication. In: J. Howells (Hrsg.) (1971): Theory and Practice of Family Psychiatry. New York (Brunner/Mazel), S. 227–266.

Rueveni, U. (1975): Network intervention with a family in crisis. Fam. Proc. 14, S. 193–203.

Russell, B. (1925): Das ABC der Relativitätstheorie. Reinbek (Rowohlt) 1972.

Russell, C. S. (1979): Circumplex-Model of marital and family systems: III. Empirical evaluation with families. Fam. Proc. 18, S. 29–44.

Rutter, M., G. W. Brown (1966): The reliablity and validity of measures of family life and relationships in families containing a schizophrenic patient. Social Psychiatry 1, S. 38–54.

Ryckoff, I., J. Day, L. C. Wynne (1959): Maintenance of stereotyped roles in the families of schizophrenics. American Medical Association Arch. Gen. Psychiat., 1, S. 93–98.

– (1982): Healthy, midrange, and severely dysfunctional families. In: F. Walsh (Hrsg.): Normal Fam. Process. New York (Guilford Press), S. 45–66.

– (1983): Hierarchical issues in a systems approach to illness and health. Fam. Systems Medicine, 1, S. 47 – 55.
– (1985): Successful Marriage: A Family Systems Approach to Couples Therapy. New York (Norton).

Safilios-Rothschild, C. (1971): The Study of Family Power Structure: A Review. In: C. Broderick (Hrsg.): A Decade of Family Research and Action. Minneapolis (National Council on Family Relations).
Sager, C. J. (1981): Couple's therapy and marriage contracts. In: A. S. Gurman, D. P. Kniskern (Hrsg.) (1981): Handbook of Family Therapy. New York (Brunner/Mazel), S. 85–130.
Sager, C., H. Brown, H. Crohn, T. Engel, E. Rodstein, L. Walker (1983): Treating the Remarried Family. New York (Brunner/Mazel).
Sager, C., H. S. Kaplan, R. Gundlach (1971): Der Ehevertrag. In: C. Sager, H. S. Kaplan (Hrsg.) (1972): Handbuch der Ehe-, Familien- und Gruppentherapie, Bd. II. München (Kindler) 1973, S. 606–625.
Sander, F. (1979): Individual and Family Therapy. Toward an Integration. New York (Jason Aronson).
Sapir, E. (1949): Die Sprache. München (Hueber) 1961.
Saposnek, D. (1980): Aikido: A model for brief strategic therapy. Fam. Proc. 19, S. 227–238.
Sass, L. A., J. G. Gunderson, M. T. Singer, L. C. Wynne (1984): Parental communication deviance and forms of thinking in male schizophrenic offspring. J. Nervous and Mental Disease 172, S. 513–520.
Satir, V. (1964a): Self-esteem, mate selection, and different-ness. In: R. Green, J. Framo (Hrsg.) (1981): Family Therapy: Major Contributions. New York (International Universities Press), S. 237–261.
– (1964b): Conjoint Family Therapy. Palo Alto (Science and Behavior Books).
– (1967a): Familienbehandlung. Kommunikation und Beziehung in Theorie, Erleben und Therapie. Freiburg (Lambertus) 1973.
– (1967b): Symptomatology: A family production. In: J. Howells (Hrsg.) (1971): Theory and Practice of Family Psychiatry. New York (Brunner/Mazel), S. 663–670.
– (1972): Selbstwert und Kommunikation. Familientherapie für Berater und zur Selbsthilfe. Stuttgart (Pfeiffer) 1975.
– (1988): Kommunikation Selbstwert Kongruenz. Paderborn (Junfermann). 1990, 5. Aufl. 1996.
Satir, V., J. Stachowiak, H. A. Taschman (1975): Helping Families to Change. New York (Jason Aronson).
Saussure, F. de (1915): Grundlagen der allgemeinen Sprachwissenschaft. Berlin (de Gruyter) 1967.
Schachtel, E. G. (1954): The development of focal attention and the emergence of reality. Psychiatry, 17, S. 309 ff.

Schaff, A. (1964): Sprache und Erkenntnis. Reinbek (Rowohlt) 1974.
Schaffer, H., P. Emerson (1964): The development of social attachment in infancy. Monogr. Soc. Res. Child Dev., 29:3, S. 1–77.
Schaffer, L., L. Wynne, J. Day, I. Ryckoff, A. Halperin (1962): On the nature and sources of the psychiatrists' experience with the family of the schizophrenic. Psychiatry, 25, S. 32–45.
Scharff, D. E., J. S. Scharff (1987): Object relations family therapy. Northvale, N.J. (Jason Aronson).
Scheff, T. (1966): Das Etikett »Geisteskrankheit«. Soziale Interaktion und psychische Störung. Frankfurt (Fischer) 1980.
Scheflen, A. E. (1976): Human territories: How we behave in space and time. Englewood Cliffs, N.J. (Prentice-Hall).
– (1980): Susan smiled: On explanation in family therapy. In: J. G. Howells (Hrsg.): Advances in Family Psychiatry, Vol. II. New York (International Universities Press), S. 385–400.
Schilder, P. (1935): The Image and Appearence of the Human Body. New York (International Universities Press) 1951.
Schindler, R. (1957): Zehn Jahre bifokale Gruppentherapie. In: 2. Int. Kongreß f. Psychotherapie, Bd. 3. Zürich, S. 379–386.
– (1958): Bifocal group therapy. In: J. Masserman, J. Moreno (Hrsg.): Progress in Psychotherapy. Vol. 3. New York (Grune & Stratton), S. 176–186.
– (1959): Der soziodynamische Aspekt in der bifokalen Gruppentherapie. Acta psychotherapeutica et psychosomatica et orthopaedagogica, 7, S. 207–220.
– (1974): Bifokale Gruppentherapie und Familientherapie. In: E. Pakesch (Hrsg.): Die Familie als Patient. Graz (Akad. Druck- und Verlagsanstalt).
– (1976): Bifokale Familientherapie. In: H.-E. Richter, H. Strotzka, J. Willi (Hrsg.): Familie und seelische Krankheit. Eine neue Perspektive der psychologischen Medizin und der Sozialtherapie. Reinbek (Rowohlt), S. 216–235.
Schlippe, A. v., J. Schweitzer (1996): Lehrbuch der systemischen Therapie und Beratung. Göttingen (Vandenhoeck & Ruprecht).
Schmideberg, M. (1948): Parents as children. Psychiat. Quart., 22, S. 207–218.
Schmidt, G. (1993): Tendenzen und Entwicklungen. Einleitung zur 3. Auflage. In: G. Arentewicz, G. Schmidt (1993): Sexuell gestörte Beziehungen. Stuttgart (Enke), S. 1–12.
– (1996): Konferenz mit der inneren Familie. (Audiocassette) ZIST, 82377 Penzberg.
– (1998a): Sexuelle Verhältnisse. Reinbek (Rowohlt).
– (1998b): »Wir sehen immer mehr Lustlose«. Zum Wandel sexueller Klagen. Familiendynamik 23.
Schmidt, S. J. (1987): Der Diskurs des radikalen Konstruktivismus. Frankfurt (Suhrkamp).

Schmidt, W. D., K. Hahlweg (1982): Sechs Ratingskalen zur Beobachtung partnerschaftlicher Interaktion. Ihre Bedeutung für Diagnostik, Therapieevaluation und Verlaufsprognose. Partnerberatung 19, S. 181–189.

Schnarch, D. M. (1991): Constructing the Sexual Crucible. New York (Norton).

– (1996): Passionate Marriage. New York (Norton).

Schneewind, K. (1987): Die Familienklimaskalen (FKS): In: M. Cierpka (Hrsg.): Handbuch der Familiendiagnostik. Berlin (Springer), S. 320–342.

Schneider, H. (1981): Die Theorie Piagets: Ein Paradigma für die Psychoanalyse? Bern (Huber).

Schöttler, C. (1981): Zur Behandlungstechnik bei psychosomatisch schwer gestörten Patienten. Psyche 35, S. 111–141.

Schröder, B., K. Hahlweg (1997): Partnerschafts- und Eheprobleme. In: J. Margraf (Hrsg.): Lehrbuch der Verhaltenstherapie. Heidelberg (Springer), S. 283–293.

Schulz, C. G., R. Kilgalen (1969): Case Studies in Schizophrenia. New York (Basic Books).

Schulz von Thun, F. (1981): Miteinander reden. Störungen und Klärungen. Allgemeine Psychologie der Kommunikation. Reinbek (Rowohlt) 1998.

– (1989): Miteinander reden. Stile, Werte und Persönlichkeitsentwicklung. Differentielle Psychologie der Kommunikation. Reinbek (Rowohlt) 1997.

– (1998): Miteinander reden. Das »innere Team« und situationsgerechte Kommunikation. Reinbek (Rowohlt).

Schütz, A. (1971): Gesammelte Aufsätze, Bd. 1. Den Haag (Nijhoff).

– (1972): Gesammelte Aufsätze, Bd. 2. Den Haag (Nijhoff).

Schwartz, R. (1997): Systemische Therapie mit der inneren Familie. Stuttgart (Pfeiffer).

Schwartz, R., P. Perrotta (1985): Let us sell no intervention before it's time. Family Therapy Networker 9, S. 18–25.

Schwartzman, J. (1982): Creativity, pathology, and family structure: A cybernetic metaphor. Fam. Proc. 21, S. 113–128.

Schweitzer, J. (1995): Kundenorientierung als systemische Dienstleistungsphilosophie. Familiendynamik 20, S. 203–221.

Schweitzer, J., A. Retzer, H. R. Fischer (Hrsg.): Systemische Praxis und Postmoderne. Frankfurt (Suhrkamp), S. 39–63.

Schweitzer, J., G. Weber (1982): Beziehung als Metapher: Die Familienskulptur als diagnostische, therapeutische und Ausbildungstechnik. Familiendynamik 7, S. 113–128.

Scott, D., I. Starr (1981): A 24–hour family orientated psychiatric and crisis service. J. Fam. Ther., 3, S. 177–186.

Searles, H. (1958): Positive feelings in the relationship between the schizophrenic and his mother. Int. J. Psycho-Anal., 39, S. 569–586.

Searles, H. F. (1959a): Das Bestreben, den anderen verrückt zu machen – ein Element in der Ätiologie und Psychotherapie der Schizophrenie. In:

G. Bateson et al. (1969): Schizophrenie und Familie. Frankfurt (Suhrkamp), S. 128–167.
– (1959 b): Der psychoanalytische Beitrag zur Schizophrenieforschung. München (Kindler) 1974.
Sears, R., L. Rau, R. Alpert (1965): Identification and Child Rearing. Stanford (Univ. Press).
Segal, L. (1991): Brief Therapy: The MRI Approach. In: A. S. Gurman, D. P. Kniskern (Hrsg.): Handbook of Family Therapy, Vol. II, S. 171–199. New York (Brunner/Mazel).
Selman, R. (1971): Taking another's perspective: Role-taking development in early childhood. Child Development, 42, S. 1721–1734.
– (1980): The Growth of Interpersonal Understanding. Developmental and Clinical Analyses. New York (Academic Press).
Selvini, M. (Hrsg.) (1992): Mara Selvinis Revolutionen. Die Entstehung des Mailänder Modells. Heidelberg (Carl Auer).
Selvini Palazzoli, M. (1978): Magersucht. Stuttgart (Klett-Cotta).
– (1980): Why a long interval between session? The therapeutic control of the family-therapists suprasystem. In: M. Andolfi, I. Zwerling (Hrsg.) (1980): Dimensions of Family Therapy. New York (Guilford), S. 161–169.
Selvini Palazzoli, M., G. Prata (1982): Snares in family therapy. J. Marit Fam. Ther., 8, S. 443–450.
– (1983): A new method for therapy and research in the treatment of schizophrenic families. In: H. Stierlin, L. Wynne, M. Wirsching (Hrsg.): Psychosocial Intervention in Schizophrenia. Berlin/Heidelberg/New York (Springer), S. 237–243.
Selvini Palazzoli, M., L. Boscolo, G. Cecchin, G. Prata (1975): Paradoxon und Gegenparadoxon. Stuttgart (Klett-Cotta).
– (1977): Die erste Sitzung einer systemischen Familientherapie. Familiendynamik 2, S. 197–207.
– (1979): Gerade und ungerade Tage. Familiendynamik 4, S. 138–147.
– (1980a): Hypothetisieren – Zirkularität – Neutralität: drei Richtlinien für den Leiter der Sitzung. Familiendynamik 6 (1981), S. 123–139.
– (1980b): The problem of the referring person. J. Marit. Fam. Ther., 6, S. 3–10.
Shands, H. G. (1970): Semiotic Approaches to Psychiatry. Den Haag/Paris (Mouton).
– (1971): The War with Words. The Hague-Paris (Mouton).
Shannon, C., W. Weaver (1949): The Mathematical Theory of Communication. Urbana, Ill. (Univ. of Illinois Press).
Shapiro, E. (1982): On curiosity: Intrapsychic and interpersonal boundary formation in family life. Int. J. Fam. Psychiat., 3, S. 69–90.
Shapiro, R. (1963): Adolescence and the Psychology of the Ego. Psychiatry, 26, S. 77–84.

– (1968): Action and family interaction in adolescence. In: J. Marmor (Hrsg.): Modern Psychoanalysis. New York (Basic Books).
Shapiro, T. (1979): Clinical Psycholinguistics. New York (Plenum).
Shaw, M. (1961): Some factors influencing the use of information in small groups. In: J. Howells (Hrsg.) (1971): Theory and Practice of Family Psychiatry. New York (Brunner/Mazel), S. 329–341.
Sheinberg, M. (1985): The debate: A strategic technique. Fam. Proc. 24, S. 259–271.
Shorter, E. (1975): Die Geburt der modernen Familie. Reinbek (Rowohlt) 1977.
Sigafoos, A., D. Reiss (1985): Rejoinder: Counterperspectives on family measurement: Clarifying the pragmatic interpretation of research methods. Fam. Proc. 24, S. 207–211.
Sigafoos, A., D. Reiss, J. Rich, E. Douglas (1985): Pragmatics in the measurement of family functioning: An interpretive framework for methodology. Fam. Proc. 24, S. 189–203.
Sigusch, V. (1996) (Hrsg.): Sexuelle Störungen und ihre Behandlung. Stuttgart (Thieme, Vandenhoeck & Ruprecht).
Simon, F. B. (1980a): Familientherapie – Grundlage einer »sozialen Psychiatrie«. Psychiat. Prax., 7, S. 195–198.
– (1980b): Die »Macht der Ohnmacht« – Kommunikationstheoretische Überlegungen zur »emanzipatorischen« Therapie. Psychiat. Prax., 7, S. 90–96.
– (1982a): Das verlorene Vertrauen und der Ruf nach Kontrolle – Systemtheoretische Aspekte der »Ausgrenzung«. Psychiat. Prax., 9, S. 59–63.
– (1982b): Präverbale Strukturen der Logik. Psyche, 36, S. 139–170.
– (1982c): Semiotische Aspekte von Traum und Sprache. Strukturierungsprinzipien subjektiver und intersubjektiver Zeichensysteme. Psyche, 36, S. 673–699.
– (1983a): : Die Evolution unbewußter Strukturen. Psyche, 37, S. 520–554.
– (1983b): Linearität und Puritanismus. Das Selbstverständnis des Therapeuten und die Verwirrung des »Kausalitäts«-Begriffs. Familiendynamik 8, S. 309–312.
– (1983c): Die Epistemologie des Nullsummen- und Nicht-Nullsummenspiels. Zur sozialen Logik von Individuationsstörungen. Familiendynamik 8, S. 341–363.
– (1984): Der Prozeß der Individuation. Über den Zusammenhang von Vernunft und Gefühlen. Göttingen (Vandenhoeck & Ruprecht).
– (1988): Unterschiede, die Unterschiede machen. Klinische Epistemologie: Grundlage einer systemischen Psychiatrie und Psychosomatik. Überarbeitete Taschenbuchausgabe, Frankfurt (Suhrkamp) (1993), 2. Aufl. 1995.
– (1989): Das deterministische Chaos schizophrenen Denkens. Familiendynamik 14, S. 236–258.

– (1990): Meine Psychose, mein Fahrrad und ich. Zur Selbstorganisation der Verrücktheit. Heidelberg (Carl Auer-Systeme) 6. Aufl. 1997.
– (1992): Präverbale Strukturen der Logik. Psyche 36, S. 139–170.
– (1994): Die Form der Psyche. Psychoanalyse und neuere Systemtheorie. Psyche 48, 1994, S. 50–79.
– (1995): Die andere Seite der Gesundheit. Heidelberg (Carl Auer).
– (Hrsg.) (1997a): Lebende Systeme. Wirklichkeitskonstruktionen in der systemischen Therapie. Frankfurt (Suhrkamp).
– (1997b): Die Kunst, nicht zu lernen. Und andere Paradoxien in Psychotherapie, Management, Politik... Heidelberg (Carl Auer-Verlag).
– (1997c): Ent-Lernen. Einige konstruktivistische Grundlagen der Psychotherapie. Familiendynamik 22, S. 332–347.
– (1998): Beyond bipolar thinking. Family Process 37, S. 215–232.
Simon, F. B., Conecta-Autorengruppe (1998): Radikale Marktwirtschaft. Die Grundlagen des systemischen Managements. Heidelberg (Carl Auer) 3. überarbeitete und erweiterte Aufl.
Simon, F. B., B. Albert, C. Klein (1981): Organisationsstruktur und therapeutische Strategie. Kommunikationstherapie in der Institution. Gruppenpsychother. Gruppendynamik, 17, S. 19–36.
Simon, F. B., B. Albert, C. Rech (1982): Communication therapy in an institutional setting. Int. J. Fam. Psychiat., 3, S. 91–104.
Simon, F. B., A. Pritz (1983): Außenseiterstrategien. Die paradoxe Logik sozialer Innovationen. Gruppenpsychoth. Gruppendynamik, 19, S. 77–87.
Simon, F. B., C. Rech-Simon (1998): Zirkuläres Fragen. Systemische Therapie in Fallbeispielen: ein Lernbuch. Heidelberg (Carl Auer).
Simon, F. B., A. Retzer (1998): »Therapeutische Schnittmuster«. Ein Projekt. Ein systemisches Diagnose-Schema. Familiendynamik 23, S. 197–215.
Simon, F. B., G. Weber (1987a): It's more fun to compete. Über den therapeutischen Umgang mit symmetrischen Beziehungen. Familiendynamik 12, S. 176–181.
– (1987b): Vom Navigieren beim Driften. Über den Kontext von Therapie. Familiendynamik 12, S. 355–362.
– (1988a): Das Ding an sich. Wie man »Krankheit« erweicht, verflüssigt, entdinglicht... Familiendynamik 13, S. 57–61.
– (1988b): Konjunktivitis. Über die Entzündung des Möglichkeitssinns und die Erfindung bekömmlicherer Wirklichkeiten. Familiendynamik 13, S. 364–372.
– (1989): Alles klar – keiner weiß Bescheid. Über die Unmöglichkeit, eindeutig zu kommunizieren. Familiendynamik 14, S. 259–262.
– (1990): Keins von beiden. Über die Nützlichkeit der Neutralität. Familiendynamik 15, S. 257–265.

Simon, F. B., G. Weber. H. Stierlin, A. Retzer, G. Schmidt (1989): Schizoaffektive Muster: eine systemische Beschreibung. Familiendynamik 14, S. 190–213.
Simon, G. M. (1993): Revisiting the Notion of Hierarchy. Fam. Proc. 32, S. 147–155.
Simon, R. (1972): Sculpting the family. Fam. Proc. 11, S. 49–57.
Simoneau, T., D. Miklowitz, M. Goldstein, K. H. Nuechterlein, J. A. Richards (1996): Nonverbal Interactional Behavior in the Families of Persons with Schizophrenic and Bipolar Disorders. Fam. Proc. 35, S. 83–102.
Sims, P. A., C. A. Whynot (1997): Hearing metaphor: An approach to working with family-centered metaphor. Fam. Proc. 36, S. 341–356.
Singer, M. T., L. C. Wynne (1965): Thought disorder and family relations of schizophrenics: III. Methodology using projective techniques. Arch. Gen. Psychiat. 12, S. 187–200.
– (1966): Principles of scoring communication defects and deviances in parents of schizophrenics. Rorschach and TAT scoring manuals. Psychiatry, 29, S. 260–288.
Siomopoulos, V. (1983): The Structure of Psychopathological Experience. New York (Brunner/Mazel).
Skinner, H. A., P. D. Steinhauer, J. Santa-Barbara (1983): The family assessment measure. Canadian J. Community Mental Health 2, S. 91–105.
Skynner, R. (1976): Die Familie – Schicksal und Chance. Handbuch der Familientherapie. Olten (Walter) 1978.
Slipp, S. (1984): Object relations: A dynamic bridge between individual and family treatment. New York (Jason Aronson).
Sluzki, C. E. (1983): Process, structure and world views: Toward an integrated view of systemic models in family therapy. Fam. Proc. 22, S. 469–476.
– (1992a): Die therapeutische Transformation von Erzählungen. Familiendynamik 17, S. 19–38.
– (1992b): Transformations: A Blueprint for Narrative Changes in Therapy. Fam. Proc. 31, S. 217–230.
Sluzki, C. E., J. Beavin (1965): Symmetrie und Komplementarität. Eine operationelle Definition und eine Typologie von Zweierbeziehungen. In: P. Watzlawick, J. H. Weakland (Hrsg.) (1977): Interaktion. Bern (Huber) 1980.
Sluzki, C., J. Beavin, A. Tarnopolshi, E. Verón (1966): Transaktionelle Disqualifikation. In: P. Watzlawick, J. Weakland (Hrsg.) (1977): Interaktion. Bern (Huber) 1980, S. 289–313.
Sluzki, C., D. Ranson (Hrsg.) (1974): Double Bind: The Foundation of the Communicational Approach to the Family. New York (Grune & Stratton).
Sluzki, C., E. Verón (1971): Die Doppelbindung als allgemeine pathogene Situation. In: P. Watzlawick, J. Weakland (Hrsg.) (1977): Interaktion. Bern (Huber) 1980, S. 315–331.

Smuts, J. C. (1928): Die holistische Welt. Berlin (Metzner) 1938.

Snyder, K. S., R. P. Liberman (1981): Family assessment and intervention with schizophrenics at risk for relapse. In: M. J. Goldstein (Hrsg.): New developments in interventions with families of schizophrenics. San Francisco (Jossey-Bass), S. 49–60.

Solomon, M. (1973): A developmental, conceptual premise for family therapy. Fam. Proc. 12, S. 179–188.

Sonne, J. (1964): Entropy and family therapy. Speculations on psychic energy, thermodynamics, and family interpsychic communication. In: G. Zuk, I. Boszormenyi-Nagy (Hrsg.) (1967): Family Therapy and Disturbed Families. Palo Alto (Science and Behavior Books), S. 85–95.

Soper, P., L. L'Abate (1980): Paradox as a therapeutic technique: A review. In: J. G. Howells (Hrsg.): Advances in Family Psychiatry, Vol. II. New York (International Universities Press), S. 369–384.

Spangler, G., P. Zimmermann (Hrsg.) (1995): Die Bindungstheorie. Grundlagen, Forschung und Anwendung. Stuttgart (Klett-Cotta).

Speck, R., C. Attneave (1971): Die Intervention in größere Sozialsysteme. In: C. Sager, H. S. Kaplan (Hrsg.) (1972): Handbuch der Ehe-, Familien- und Gruppentherapie, Bd. II. München (Kindler) 1973, S. 510–544.

Speck, R., C. Attneave (1973): Die Familie im Netz sozialer Beziehungen. Freiburg (Lambertus) 1976.

Speck, R., U. Rueveni (1969): Network therapy – A developing concept. Fam. Proc. 8, S. 182–191.

Speer, D. (1970): Family systems: Morphostasis and morphogenesis. Or »is homeostasis enough?« Fam. Proc. 9, S. 259–278.

Spencer-Brown, G. (1969): Laws of Form. New York (Dutton).

Sperling, E. (1983): Beobachtungen in Familien mit chronischen Leiden. Familiendynamik 8, S. 32–47.

Sperling, E., A. Massing, G. Reich, H. Georgi, E. Wöbbe-Mönks (1982): Die Mehrgenerationen-Familientherapie. Göttingen (Vandenhoeck & Ruprecht).

Sperling, E., U. Sperling (1976): Die Einbeziehung der Großeltern in die Familientherapie. In: H.-E. Richter, H. Strotzka, J. Willi (Hrsg.) (1976): Familie und seelische Krankheit. Reinbek (Rowohlt), S. 196–215.

Spiegel, J. P. (1957): The resolution of role conflict within the family. Psychiatry 20, S. 1–16.

Spiegel, J. (1968): Cultural strain, family role patterns, and intrapsychic conflict. In: J. Howells (Hrsg.) (1971): Theory and Practice of Family Psychiatry. New York (Brunner/Mazel), S. 367–389.

Spitz, R. A. (1945/46): Hospitalismus, I., II. In: G. Bittner, E. Schmid-Cords (Hrsg.) (1971): Erziehung in früher Kindheit. München (Piper), S. 77–103.

– (1946): Die anaklitische Depression. In: G. Bittner, E. Schmid-Cords (Hrsg.) (1971): Erziehung in früher Kindheit. München (Piper).

– (1954): Die Entstehung der ersten Objektbeziehungen. Stuttgart (Klett-Cotta) ³1973.
– (1957): Nein und Ja. Stuttgart (Klett-Cotta).
– (1965): Vom Säugling zum Kleinkind. Stuttgart (Klett-Cotta).
– (1969): Eine genetische Feldtheorie der Ichbildung. Frankfurt (Fischer) 1972.
– (1974): Der Dialog entgleist. Psyche 28, S. 135–156.
– (1976): Vom Dialog. Stuttgart (Klett-Cotta).
Sprenkle, D. H., D. H. Olson (1978): Circumplex-Model of marital systems: IV. Empirical study of clinical and non-clinical couples. J. Marr. Fam. Counsel., 4, S. 59–74.
Sprenkle, D., C. Storm (1983): Divorce therapy outcome research: A substantive and methodological review. J. Marr. Fam. Ther. 42, S. 239–258.
Sprey, J. (1972): Family power structure: A critical comment. J. Marriage and the Family 34, S. 235–238.
Stabenau, J., J. Tupin, M. Werner, W. Pollin (1968): A comparative study of families of schizophrenies, delinquents and normals. In: E. Mishler, N. Waxler (Hrsg.): Family Processes and Schizophrenia. New York (Science House).
Stanton, D. (1981a): Strategic approaches to family therapy. In: A. S. Gurman, D. P. Kniskern (Hrsg.) (1981): Handbook of Family Therapy. New York (Brunner/Mazel), S. 361–402.
– (1981b): Marital therapy from a structural/strategie viewpoint. In: G. Sholevar (Hrsg.): Marriage is a family affair: A textbook of marriage and marital therapy. Jamaica, N. Y. (SP Medical and Scientific Books).
– (1984): Fusion, compression, diversion, and the workings of paradox: A theory of therapeutic/systemic change. Fam. Proc. 23, S. 135–167.
Stanton, M. D., T. C. Todd (1979): Structural family therapy with drug addicts. In: E. Kaufman, P. Kaufman (Hrsg.): The family therapy of drug and alcohol abuse. New York (Gardner Press), S. 55–69.
Stanton, D., T. Todd (1981): Grundsätze und Techniken für den Einbezug der Familie in die Behandlung von Drogenabhängigen. »Widerstand zeigende« Familien zur Behandlung verpflichten. Familiendynamik 7 (1982), S. 228–264.
Stanton, M. D., T. C. Todd, Associates (1982): The family therapy of drug abuse and addiction. New York (Guilford Press).
Stanton, M. D., T. C. Todd, D. B. Heard, S. Kirschner, J. I. Kleiman, D. T. Mowatt, P. Riley, S. M. Scott, J. M. Van Deusen (1978): Heroin addiction as a family phenomenon: A new conceptual model. Amer. J. Drug and Alcohol Abuse 5, S. 125–150.
Stauffer, R. (1960): Ecology in the long manuscript version of Darwin's »Origin of Species« and Linnaeus' »Oeconomy of Nature«. Proc. Amer. Phil. Soc., 104, S. 235–241.

Steiner, C. M. (1966): A script checklist. Transactional Analysis Bulletin, 5, S. 133–135.
– (1974): Wie man Lebenspläne verändert. Die Arbeit mit Skripts in der Transaktionsanalyse. Paderborn (Junfermann) 1982.
Stern, D. (1992): Die Lebenserfahrung des Säuglings. Stuttgart (Klett-Cotta), 5. Aufl. 1996.
– (1995): Die Mutterschaftskonstellation. Eine vergleichende Darstellung verschiedener Formen der Mutter-Kind-Psychotherapie. Stuttgart (Klett-Cotta) 1998.
Stewart, R., T. Peters, S. Marsh, M. Peters (1975): An object-relation approach to psychotherapy with marital couple families, and children. Fam. Proc. 14, S. 161–178.
Stierlin, H. (1959): Die Anpassung an die Realität der »stärkeren Persönlichkeit«. Einige Aspekte der symbiotischen Beziehung der Schizophrenen. In: Ders. (1975): Von der Psychoanalyse zur Familientherapie. Stuttgart (Klett), S. 50–64.
– (1964): Aspects of relatedness in the psychotherapy of schizophrenia. Psychoanal. Rev., 51, S. 355–364.
– (1969): Conflict and Reconciliation. New York (Science House).
– (1970): Die Funktion innerer Objekte. In: Ders. (1975): Von der Psychoanalyse zur Familientherapie. Stuttgart (Klett-Cotta), S. 102–118.
– (1971a): Das Tun des Einen ist das Tun des Anderen. Frankfurt (Suhrkamp).
– (1971b): Wie sehen Eltern ihre sich von ihnen lösenden Kinder? Vorstellungen als formende Kräfte. In: Ders. (1975): Von der Psychoanalyse zur Familientherapie. Stuttgart (Klett ²1980), S. 134–149.
– (1973): Gruppenphantasien und Familienmythen: Theoretische und therapeutische Aspekte. In: Ders. (1975): Von der Psychoanalyse zur Familientherapie. Stuttgart (Klett-Cotta), S. 150–163.
– (1974a): Eltern und Kinder. Das Drama von Trennung und Versöhnung im Jugendalter. Frankfurt (Suhrkamp) 1977.
– (1974b): Psychoanalytische Ansätze zum Schizophrenieverständnis im Lichte eines Familienmodells. In: Ders. (1975): Von der Psychoanalyse zur Familientherapie Stuttgart (Klett) 1980, S. 164–181.
– (1974c): Scham- und Schuldgefühl in der Familienbeziehung: Theoretische und klinische Aspekte. In: Ders. (1975): Von der Psychoanalyse zur Familientherapie. Stuttgart (Klett-Cotta), S. 182–203.
– (1974d): Aspects of relatedness in the psychotherapy of schizophrenia. Psychoanal. Rev., 51, S. 355–364.
– (1974e) Auf dem Wege zu einer Mehrgenerationenperspektive. In: Ders. (1975): Von der Psychoanalyse zur Familientherapie. Stuttgart (Klett-Cotta), S. 232–246.
– (1975a): Von der Psychoanalyse zur Familientherapie. Stuttgart (Klett-Cotta).
– (1975b): Adolf Hitler: Familienperspektiven. Frankfurt (Suhrkamp).

– (1976a): Psychosomatische Erkrankungen als Störung der Differenzierung-Integration: Ein Ausblick auf die »Familienpsychosomatik«. Familiendynamik 1, S. 272–293.
– (1976b): »Rolle« und »Auftrag« in der Familientheorie und -therapie. Familiendynamik 1, S. 36–59.
– (1977): Familientherapeutische Aspekte der Übertragung und Gegenübertragung. Familiendynamik 2, S. 182–197.
– (1978): Delegation und Familie. Frankfurt (Suhrkamp).
– (1979): Status der Gegenseitigkeit: die fünfte Perspektive des Heidelberger familiendynamischen Konzepts. Familiendynamik 4, S. 106–116.
– (1981a): Die »Beziehungsrealität Schizophrener«. Psyche, 35, S. 49–65.
– (1981b): Der Therapeut Schizophrener als Dialogpartner und Dialogermöglicher. In: R. Battegay (Hrsg.): Psychiatrie. Bern (Huber).
– (1982): Der mißlungene Dialog. In: Ders. (1982): Delegation und Familie. Frankfurt (Suhrkamp), S. 164–185.
– (1983): Family dynamics in psychotic and severe psychosomatic disorders: A comparison. Fam. Systems Medicine, 1, S. 41–50.
– (1988): Prinzipien der systemischen Therapie. In: F. B. Simon (Hrsg.) (1997): Lebende Systeme. Wirklichkeitskonstruktionen in der systemischen Therapie. Taschenbuchausgabe, Frankfurt (Suhrkamp) S. 78–93.
– (1989): Individuation und Familie. Studien zur Theorie und therapeutischen Praxis. Frankfurt (Suhrkamp).
– (1994a): Ich und die Anderen. Stuttgart (Klett-Cotta).
– (1994b): Individuum und Familie. Frankfurt (Suhrkamp).
– (1997a): Verrechnungsnotstände. Familiendynamik 22, S. 136–155.
– (1997b): Haltsuche in Haltlosigkeit. Grundfragen der systemischen Therapie. Frankfurt (Suhrkamp).
– (1997c): Zur Zeitperspektive in der Psychotherapie. Ansätze zu einem neuen Gesundheitsbegriff. In: Ders.: (1997b), S. 171–185.
– (1997d): Familie und Familientherapie. Universitas 52, S. 528–540.
Stierlin, H., R. Grossarth-Maticek (1998): Krebsrisiken – Überlebenschancen. Wie Körper, Seele und soziale Umwelt zusammenwirken. Heidelberg (Carl Auer).
Stierlin, H., D. Levi, R. Savard (1973): Zentrifugale und zentripetale Ablösung in der Adoleszenz: zwei Modi und einige ihrer Implikationen. In: R. Döbert, J. Habermas, G. Nunner-Winkler (Hrsg.) ([2]1980): Entwicklung des Ichs. Meisenheim (Anton Hain).
Stierlin, H., I. Rücker-Embden, N. Wetzel u. M. Wirsching (1977): Das erste Familiengespräch. Stuttgart (Klett-Cotta).
Stierlin, H., M. Wirsching, G. Weber (1982): How to translate different dynamic perspectives into an illustrative and experiential learning process: Role play, genogramm and live supervision. In: R. Whiffen, J. Byng-Hall (Hrsg.) (1982): Family Therapy Supervision – Recent Developments in Practice. London (Grune & Stratton).

Stone, H., S. Winkelman (1985): Embracing Ourselves. Marine del Rey (Devross).
Stone, I. (1971): The passions of the mind. New York (Doubleday).
Strand, P. S. (1997): Toward a developmentally informed narrative therapy. Fam. Proc. 36, S. 325–340.
Straus, M., I. Tallman (1970): SIMFAM: A technique for observational measurement and experimental study of families. Unveröff. Manuskr. Zit. n. Riskin, Faunce (1972).
Strauß, B. (1998): Psychotherapie der Sexualstörungen. Stuttgart (Thieme).
Strelnick, A. H. (1977): Multiple family group therapy: A review of the literature. Fam. Proc. 16, S. 307–325.
Strodtbeck, F. (1951): Husband-wife interaction over revealed differences. Amer. Sociol. Rev., 16, S. 468–473.
Stuart, R. B. (1969): Operant-interpersonal treatment for marital discord. J. Consulting and Clinical Psychology 33, S. 675–682.
Stuart, R. (1980): Helping Couples Change. A Social Learning Approach to Marital Therapy. New York (Guilford).
Sullivan, H. S. (1940): Conceptions of Modern Psychiatry. New York (Norton) 1953.
– (1953): Die interpersonelle Theorie der Psychiatrie. Frankfurt (Fischer) 1980.
– (1956): Clinical Studies in Psychiatry. New York (W. W. Norton).
Sulloway, F. (1997): Der Rebell der Familie. Berlin (Siedler).
Sussman, M. (1971): Family systems in the 1970's: Analysis, policies, and programs. The Annals of the American Academy of Political and Social Science, 396, S. 180 f.
Szasz, T. (1955): Entropy, organization and the problem of the economy of human relationships. Int. J. Psychoanal., 36, S. 289–297.
– (1961): Geisteskrankheit. Ein moderner Mythos. München (Kindler) 1975.
– (1961): The myth of mental illness: Foundations of a theory of personal conduct. New York (Harper & Row).

Talmon, M. (1990): Single-Session Therapy: Maximizing the Effect of the First (& and Often Only) Therapeutic Encounter. San Francisco (Jossey-Bass).
– (1993): Single Session Solutions. A Guide to Practical, Effective, and Affordable Therapy. Reading, Mass. (Addison-Wesley).
Talsdorf, C. (1976): Social networks, support, and coping: An exploratory study. Fam. Proc. 15, S. 407–417.
Tansley, A. G. (1935): The use and abuse of vegetational concepts and terms. Ecology, 16, S. 284–307.
Taylor, W. (1970): Research on family interaction. I: Static and dynamik models. Fam. Proc. 9, S. 221–232.
The Committee on the Family, Group for the Advancement of Psychiatry

(1970): Treatment of Families in Conflict. The Clinical Study of Family Process. New York (Science House).
Thibaut, J. W., H. H. Kelly (1959): The Social Psychology of Groups. New York (Wiley).
Thom, R. (1972): Stabilité Structurelle et Morphogénèse. Essai d'une théorie générale des modèles. Reading, Mass. (Benjamin).
Thomas, V. (1996): Prozeßmodelle und Ratingskalen. In: M. Cierpka (Hrsg.) (1996): Handbuch der Familiendiagnostik. Heidelberg (Springer).
Thompson, E. P. (1963): The Making of the English Working Class. New York (Vintage) 1966.
Tiefer, L. (1991): Historical, scientific, clinical and feminist criticisms of ›The human sexual response cycle‹. Annual Review of Sex Research 2, S. 1–12.
Tienari, P., L. C. Wynne, J. Mornig, I. Lahti, M. Naarala, A. Sorri, K. E. Wahlberg, O. Saarento, M. Seitama, M. Kaleva, K. Löksy (1994): The Finnish Adoptive Study of Schizophrenia: implications for family research. Brit. J. Psychiatry 164, S. 20–26.
Tietze, T. (1949): A study of mothers of schizophrenic patients. Psychiatry, 12, S. 55–65.
Tolman, E. G. (1948): Cognitive maps in rats and men. Psychol. Rev., 55, S. 189–208.
Tolsdorf, C. D. (1976): Social networks, support, and coping: An exploratory study. Fam. Proc. 15, S. 407–417.
Toman, W. (1961): Family Constellation. New York (Springer).
– (1979): Familientherapie: Grundlagen, empirische Erkenntnisse und Praxis. Darmstadt (Wiss. Buchges.).
Tomm, K. (1984a): One perspective on the Milan systemic approach: Part I. Overview of development, theory and practice. J. Marit. Fam. Ther. 10, S. 113–125.
– (1984b): One perspective on the Milan systemic approach: Part II. Description of session format, interviewing style and interventions. J. Marit. Fam. Ther. 10, S. 253–271.
– (1985): Circular interviewing: (Part I: A multifaceted clinical tool. In: D. Campbell, R. Draper (Hrsg.): Applications of systemic family therapy. The Milan approach. London (Grune & Stratton).
– (1988): Reflexive Fragen als Mittel zur Selbstheilung. System Familie 1, S. 220–243.
– (1994): Die Fragen des Beobachters. Heidelberg (Carl Auer).
Trimble, D., J. Kliman (1981): Community network therapy: Strengthening the networks of chronie patients. Int. J. Fam. Psychiat., 2, S. 269–290.
Trojan, A. (1978): Psychisch krank durch Etikettierung? München (Urban & Schwarzenberg).
Trüb, H. (1971): Heilung aus der Begegnung. Stuttgart (Klett-Cotta).

Tschacher, W. (1990): Interaktion in selbstorganisierten Systemen. Grundlegung eines dynamisch-synergetischen Forschungsprogramms in der Psychologie. Heidelberg (Asanger).
Turk, J. L., N. W. Bell (1972): Measuring power in families. J. Marriage and the Family 34, S. 215–222.

Uexküll, T. v. (1979): Signs, symbols, and systems. In: S. Chatman, U. Eco, M. Klinkenberg (Hrsg.): A Semiotic Landscape. Berlin (Mouton-de Gruyter).
– (1980): Sprechen und Sprachformen in der Medizin. Patientenbezogene Medizin, 5 (1982), S. 21–34.
– (1982): Semiotics and medicine. Semiotica, 38, S. 205–215.
Ullmann, S. (1951): Grundzüge der Semantik. Berlin (de Gruyter) ²1972.
Umana, R., J. Gross, M. McConville (1980): Crisis in the Family. New York (Gardner).

van der Hart, O. (1981): Abschiednehmen. Abschiedsrituale in der Psychotherapie. Stuttgart (Pfeiffer) 1982.
Van der Veen, F. (1965): The parents' concept of the family unit and child adjustment. J. Counseling Psychology 12, S. 196–200.
Varela, F. (1975): A calculus for self reference. Int. J. General Systems, 2, S. 5–24.
– (1979): Principles of Biological Autonomy. New York (North-Holland).
– (1981): Autonomy and Autopoiesis. In: G. Roth, H. Schwegler (Hrsg.): Self-organizing Systems. An Interdisciplinary Approach. Frankfurt (Campus).
– (1988): Erkenntnis und Leben. In: Simon, F. B. (Hrsg.) (1997): Lebende Systeme. Wirklichkeitskonstruktionen in der systemischen Therapie. Taschenbuchausgabe, Frankfurt (Suhrkamp), S. 52–68.
Varela, F., U. Maturana, R. Uribe (1974): Autopoiese: Die Organisation lebender Systeme, ihre nähere Bestimmung und ein Modell. In: H. Maturana (1982): Erkennen: Die Organisation und Verkörperung von Wirklichkeit. Braunschweig (Vieweg), S. 157–169.
Varga von Kibed, M., I. Sparrer (1999): Ganz im Gegenteil. Eine Einführung in die Tetralemmaarbeit und andere Grundformen systemischer Strukturaufstellungen. Heidelberg (Carl Auer).
Vaskovics, L. A. (Hrsg.) (1994): Familie. Soziologie familialer Lebenswelten. Soziologische Revue. Sonderheft.
Vaughn, C., J. Leff (1976): The influence of family and social factors on the course of psychiatric illness. Brit. J. Psychiatry, 129, S. 125–137.
– (1977): Umgangsstile in Familien mit schizophrenen Patienten. In: H. Katschnig (Hrsg.): Die andere Seite der Schizophrenie. München (Urban & Schwarzenberg), S. 181–194.

– (1981): Patterns of emotional response in relatives of schizophrenic patients. Schizophr. Bull., 7, S. 43–44.

Visher, E. B., J. S. Visher (1979): Stepfamilies – A Guide to Working with Stepparents and Stepchildren. New York (Brunner/Mazel).

Vogel, E., N. Bell (1960): Das gefühlsgestörte Kind als Sündenbock der Familie. In: G. Bateson et al. (1969): Schizophrenie und Familie. Frankfurt (Suhrkamp), S. 245–273.

Walker, L. H. Brown, H. Crohn, E. Rodstein, E. Zeisel u. C. J. Sager (1979): An annotated bibliography of the remarried, the living together, and their children. Fam. Proc. 18, S. 193–212

Walsh, F. (1996): The concept of family resilience: Crisis and challenge. Fam. Proc. 35, S. 261–282.

Walsh, F. (Hrsg.) (1982): Normal Family Process. New York (Guilford).

Walsh, F., M. McGoldrick (Hrsg.) (1991): Living Beyond Loss. New York (Norton).

Walters, M. (1985): Where have all the flowers gone? Family Therapy Networker 9, S. 38–41.

Warner, M. S. (1983): »Weiche Sinngebung« und Aufrichtigkeit im familiären System. Familiendynamik 8, S. 313–340.

Watzlawick, P. (1964): An Anthology of Human Communication. Palo Alto (Science and Behavior Books).

– (1966): A structured family interview. Fam. Proc. 5, S. 256–271.

– (1968): A review of the double bind. In: D. D. Jackson (Hrsg.): Communication, Family, and Marriage. Palo Alto (Science and Behavior Books), S. 63–86.

– (1975): Wesen und Formen menschlicher Beziehungen. In: H.-G. Gadamer, P. Vogler (Hrsg.): Neue Anthropologie, Bd. 7. Stuttgart (Thieme), S. 103–131.

– (1976): Wie wirklich ist die Wirklichkeit? München (Piper).

– (1977): Die Möglichkeit des Andersseins. Bern (Huber).

– (Hrsg.) (1981): Die erfundene Wirklichkeit. Wie wissen wir, was wir zu wissen glauben? Beiträge zum Konstruktivismus. München (Piper).

Watzlawick, P., J. H. Beavin (1966/1967): Einige formale Aspekte der Kommunikation. In: P. Watzlawick, J. Weakland (Hrsg.)(1977): Interaktion. Bern (Huber) 1980, S. 95–110.

Watzlawick, P., J. H. Beavin, D. D. Jackson (1967): Menschliche Kommunikation. Bern (Huber) 1969.

Watzlawick, P., J. H. Beavin, L. Sikorski u. B. Mecia (1979): Protection and scapegoating in pathological families. Fam. Proc. 9, S. 27–39.

Watzlawick, P., J. Coyne (1979): Problemzentrierte Kurzbehandlung einer Depression. Familiendynamik 4, S. 148–157.

Watzlawick, P., J. Weakland (Hrsg.) (1977): Interaktion. Bern (Huber) 1980.

Watzlawick, P., J. H. Weakland, R. Fisch (1974): Lösungen – Zur Theorie und Praxis menschlichen Wandels. Bern (Huber) 1974.

Weakland, J. (1960): »Double-Bind«-Hypothese und Dreier-Beziehung. In: G. Bateson et al. (1969): Schizophrenie und Familie. Frankfurt (Suhrkamp), S. 221–244.

– (1977): Familiensomatik – Eine vernachlässigte Chance. In: P. Watzlawick, J. Weakland (Hrsg.) (1977): Interaktion. Bern (Huber) 1980, S. 487–504.

Weakland, J., R. Fisch, P. Watzlawick, A. Bodin (1974): Kurztherapie – Zielgerichtete Problemlösungen. In: P. Watzlawick, J. Weakland (Hrsg.) (1977): Interaktion. Bern (Huber) 1980, S. 369–401.

Weakland, J., W. Fry (1968): Letters of mothers of schizophrenics. In: D. D. Jackson (Hrsg.): Communication, Family, and Marriage. Palo Alto (Science & Behavior Books), S. 122–150.

Weaver, W. (1978): Wissenschaft und Komplexität. In: K. Türk (Hrsg.): Handlungssysteme. Opladen (Westdeutscher Verlag).

Weber, G. (Hrsg.) (1993): Zweierlei Glück. Die systemische Psychotherapie Bert Hellingers. Heidelberg (Carl Auer).

– (1998): Praxis des Familien-Stellens. Heidelberg (Carl Auer).

Weber, G., F. B. Simon (1987): Systemische Einzeltherapie. Zeitschrift für systemische Therapie 5, 1987, S. 192–206.

Weber, G., F. B. Simon, H. Stierlin, G. Schmidt (1987): Die Therapie der Familien mit manisch-depressivem Verhalten. Familiendynamik 12, 1987, S. 139–161.

Weber, G., H. Stierlin (1989): In Liebe entzweit. Ein systemischer Ansatz zum Verständnis und zur Behandlung der Magersuchtsfamilie. Reinbek (Rowohlt).

Weber, T. T., J. E. McKeever, S. H. McDaniel (1985): A beginners's guide to the problem-oriented first family interview. Fam. Proc. 24.

Weber-Kellermann, I. (1974): Die deutsche Familie. Versuch einer Sozialgeschichte. Frankfurt (Suhrkamp).

Weeks, G., J. Johnson (1980): The power of powerlessness. Amer. J. Fam. Ther., 8, 1, S. 45–47.

Weeks, G., L. L'Abate (1978): Eine Bibliographie über paradoxe Methoden in der psychotherapeutischen Behandlung von Familiensystemen. Familiendynamik 4 (1979), S. 185–189.

– (1982): Paradoxical Psychotherapy. Theory and Practice with Individuals, Couples and Families. New York (Brunner/Mazel).

Weeks, G., L. Wright (1979): Dialectics of the family life cycle. Amer. J. Fam. Ther., 7, 1, S. 85–91.

Weiner, H. (1977): Psychobiology of Human Disease. Amsterdam (Elsevier).

Weingarten, E., F. Sack, J. Schenklein (Hrsg.) (1976): Ethnomethodologie. Beiträge zu einer Soziologie des Alltagshandelns. Frankfurt (Suhrkamp).

Weingarten, K. (1998): The small and the ordinary: The daily practice of a postmodern narrative therapy. Fam. Proc. 37, S. 3 ff.
Weiss, T., G. Haertel-Weiss (1991): Familientherapie ohne Familie. München (Piper).
Weizsäcker, C. v. (1975): Die umweltfreundliche Emanzipation. In: Humanökologie (Int. Tagung f. Humanökologie). Wien (Georgi).
Weizsäcker, V. v. (1940): Der Gestaltkreis. Theorie der Einheit von Wahrnehmen und Bewegen. Stuttgart (Thieme) [3]1949.
Welter-Enderlin, R. (1992): Liebe, Lust und lange Weile. München (Piper).
– (1996): »Glut unter der Asche«. Leidenschaft und lange Weile bei Paaren in Therapie. Familiendynamik 19, S. 233–251.
Welter-Enderlin, R., B. Hildenbrand (1996): Systemische Therapie als Begegnung. Stuttgart (Klett-Cotta).
– (1998): Gefühle und Systeme. Heidelberg (Carl Auer).
Wender, H. (1968): The role of deviation – amplifying feedback in the origin and perpetuation of behavior. Psychiatry, 31, S. 317–324.
Wender, P. H. (1968): Vicious and virtuous circles: The role of deviation-amplifying feedback in the origin and perpetuation of behavior. Psychiatry 31, S. 309–324.
Werner, H. (1940): Comparative Psychology of Mental Development. 2. überarbeitete Ausgabe. New York (International Universities Press) 1957.
– (1957): The concept of development from a comparative and organismic point of view. In: D. B. Harris (Hrsg.): The Concept of Development. Minneapolis (Univ. of Minnesota Press).
Werner, H., B. Kaplan (1963): Symbol Formation. An Organismic-Developmental Approach to Language and the Expression of Thought. New York (Wiley).
Wertheim, E. (1973): Family unit therapy and the science and typology of family systems. Fam. Proc. 12, S. 361–376.
– (1975): The science and typology of family systems. II. Further theoretical and practical considerations. Fam. Proc. 14, S. 285–308.
– (1979): Implikationen der Systemtheorie für die therapeutische Induktion von Morphogenese in Familiensystemen und die Ausbildung von Therapeuten. In: J. Duss-von Werdt, R. Welter-Enderlin (Hrsg.) (1980): Der Familienmensch. Stuttgart (Klett-Cotta).
– (1982): Zeit, Geschichte und Familientherapie. Familiendymamik, 7, S. 2–18.
– (1982): To simplify or to face the challenge of complexity – Transition from reductionist to system theoretical models of research. In: R. Welter-Enderlin, J. Duss-von Werdt (Hrsg.): Zusammenhänge 3, Menschliche Systeme. Ein Rahmen für das Denken, die Forschung und das Handeln. Zürich (Inst. f. Ehe und Familie), S. 11–39.

Wertheimer, M. (1912): Experimentelle Studien über das Sehen von Bewegung. Z. Psychol., 61.
– (1927): Über Gestalttheorie. In: W. Hund (Hrsg.) (1973): Strukturalismus. Ideologie und Dogmengeschichte. Darmstadt, Neuwied (Luchterhand), S. 180–201.
– (1944): Gestalt theory. Social Research 11, S. 78–99.
– (1950): Laws of organization in perceptual forms. In: W. D. Ellis (Hrsg.): A source book of gestalt psychology. New York (Humanities Press), S. 71–88.
Westermeyer, J., E. M. Pattison (1981): Social networks and mental illness in a peasant society. Schizophrenia Bull. 7, S. 125–134.
Westley, W. A., N. B. Epstein (1969): The silent majority. San Francisco (Jossey-Bass).
Whiffen, R., J. Byng-Hall (Hrsg.) (1982): Family Therapy Supervision – Recent Developments in Practice. London (Grune & Stratton).
Whitaker, C. A. (1975): Psychotherapy of the absurd: With a special emphasis on the psychotherapy of aggression. Fam. Proc. 14, S. 1–16.
– (1978): Co-therapy of chronic schizophrenia. In: M. Berger (Hrsg.): Beyond the double bind: Communication and family systems, theories and techniques with schizophrenics. New York (Brunner/Mazel).
Whitaker, C. A., D. V. Keith (1980): Family therapy as symbolic experience. International J. Family Psychiatry 1, S. 197–208.
– (1981): Symbolic-experiential family therapy. In: A. S. Gurman, D. P. Kniskern (Hrsg.): Handbook of family therapy. New York (Brunner/Mazel), S. 187–225.
White, M. (1979): Structural and strategic approaches to psychosomatic families. Fam. Proc. 18, S. 303–314.
– (1989): Der Vorgang der Befragung: eine literarisch wertvolle Therapie? Familiendynamik 14, S. 114–128.
– (1992): Therapie als Dekonstruktion. In: J. Schweitzer, A. Retzer, H. R. Fischer (Hrsg.): Systemische Praxis und Postmoderne. Frankfurt (Suhrkamp), S. 39–63.
– (1997): Narratives of therapists' lives. Adelaide (Dulwich Centre Publications).
White, M., D. Epston (1990): Narrative mean to therapeutic ends. New York (Norton).
– (1992): Die Zähmung der Monster. Literarische Mittel zu therapeutischen Zwecken. Heidelberg (Carl Auer), 3. Aufl. 1998.
White, R. W. (1963): Ego and Reality in Psychoanalytic Theory. New York (International Universities Press).
Whitehead, A. N., B. Russell (1910–1913): Principia Mathematica. Bd. I–III. Cambridge (University Press).
Whorf, B. L. (1942): Sprache, Denken, Wirklichkeit. Reinbek (Rowohlt) 1963.
Wichstrøm, A., A, Holte, L. Husby, C. Wynne (1993): Competence in Chil-

dren at Risk for Psychopathology Predicted from Confirmatory and Disconfirmatory Families. Fam. Proc. 32, S. 203–220.
Wickler, W., U. Seibt (1977): Das Prinzip Eigennutz. Ursachen und Konsequenzen sozialen Verhaltens. München (Piper).
Wiener, N. (1948): Kybernetik. Reinbek (Rowohlt) 1969.
Wiener; N. (1954): The human use of human beings: Cybernetics and society (2nd ed.). New York (Avon), 2. Aufl. 1967.
Wild, C., L. N. Shapiro (1977): Mechanisms of change from individual to family performance in male schizophrenics and their parents. J. Nervous and mental Disease 165, S. 41–56.
Wild, C., L. Shapiro, L. Goldenberg (1975): Transactional communication disturbances in families of male schizophrenics, Fam. Proc. 14, S. 131–160.
Wild, C., M. Singer, B. Rosman, J. Ricci, T. Lidz (1965): Meaning disordered styles of thinking. Arch. Gen. Psychiatry, 13, S. 471–476.
Wilden, A. (1972): System and Structure. London (Tavistock).
– (1987): The Rules are No Game. The Strategy of Communication. London (Routledge & Kegan Paul).
Willi, J. (1973): Der gemeinsame Rorschach-Versuch. Bern (Huber).
– (1975): Die Zweierbeziehung. Reinbek (Rowohlt).
– (1978a): Der Kampf der Geschlechter als Kollusion. Familiendynamik 3, S. 3–19.
– (1978b): Therapie der Zweierbeziehung. Reinbek (Rowohlt).
– (1981): Therapie von Sexualstörungen – Paartherapie oder Sexualtherapie? Familiendynamik 6, S. 248–259.
– (1984): The concept of Collusion: A combined systemic-psychodynamic approach to marital therapy. Fam. Proc. 23, S. 177–185.
– (1985): Koevolution. Die Kunst gemeinsamen Wachsens. Reinbek (Rowohlt).
– (1991): Was hält Paare zusammen? Reinbek (Rowohlt).
– (1996): Ökologische Psychotherapie. Göttingen (Hogrefe).
– (1997): The Significance of romantic love for marriage. Fam. Proc. 36, S. 171–182.
Willi, J., R. Frei, G. Hänny, R. Hotz, B. Limacher, A. Riehl-Emde, J. H. Meyer (1994): Der koevolutive Fokus in der Einzel-, Paar- und Familientherapie. Psychother. Psychosom. Med. Psychol. 44, S. 411–418.
Williamson, D. S. (1978): New life at the graveyard: A method of therapy for individuation from a dead former parent. J. Marriage and Family Counseling 4 (1): S. 93–101.
Willke, H. (1978): Systemtheorie und Handlungstheorie – Bemerkungen zum Verhältnis von Aggregation und Emergenz. Z. Soziol. 7, S. 380–389.
– (1982): Systemtheorie I: Grundlagen. Stuttgart (Lucius & Lucius), 5. Aufl. 1996.

– (1994): Systemtheorie II: Interventionstheorie. Stuttgart (Lucius & Lucius).
– (1995): Systemtheorie III: Steuerungstheorie. Stuttgart (Lucius & Lucius).
Winawer, H. (1983): The Heidelberg concept: An introduction to the work of Helm Stierlin and his associates. Family Systems Medicine 1 (4), S. 36–40.
Winnicott, D. W. (1951): Übergangsobjekte und Übergangsphänomene. In: Ders. (1973): Vom Spiel zur Kreativität. Stuttgart (Klett-Cotta), S. 10–36.
– (1965): Reifungsprozesse und fördernde Umwelt. München (Kindler) 1974.
Winter, W. B., A. J. Ferreira (1969) (Hrsg.): Research in family interaction: Readings and commentary. Palo Alto (Science and Behavior Books).
Wirsching, M., H. Stierlin (1982): Krankheit und Familie. Stuttgart (Klett-Cotta).
Wittgenstein, L. (1958): Philosophische Untersuchungen. Frankfurt (Suhrkamp) 1971.
Wolfe, D. (1959): Power and authority in the family. In: D. Cartwright (Hrsg.) (1959): Studies in Social Power. Ann Arbor (Univ. of Michigan Press), S. 99–117.
Wolin, S. J., L. A. Bennett (1984): Family rituals. Fam. Proc. 23, S. 401–420.
Wright, G. H. von (1963): Norm und Handlung. Eine logische Untersuchung. Königstein (Scriptor) 1979.
Wygotski, L. S. (1934): Denken und Sprechen. Frankfurt (Fischer) 1977.
Wynne, L. C. (1961): The study of intrafamilial alignments and splits in exploratory family therapy. In: N. Ackerman, F. Beatinen, S. N. Sherman (Hrsg.) (1961): Exploring the Base for Family Therapy. New York (Fam. Serv. of Amer.).
– (1965): Einige Indikationen und Kontraindikationen für exploratorische Familientherapie. In: I. Boszormenyi-Nagy, L. Framo (1965): Familientherapie II. Reinbek (Rowohlt) 1975, S. 53–89.
– (1972): The Injection and Concealment of Meaning in Family Relationships and Psychotherapy of Schizophrenics. In: D. Rubinstein, Y. O. Alanen (Hrsg.): Psychotherapy of Schizophrenia. Amsterdam (Excerpta Medica), S. 180–193.
– (1976): Über Qual und schöpferische Leidenschaft im Banne des »double-bind« – eine Neuformulierung. Familiendynamik 1, S. 24–35.
– (1977): Schizophrenics and their families, research on parental communication. In: J. Tanner (Hrsg.): Developments in Psychiatric Research. London (Hodder & Stoughton), S. 254–286.
– (1979): Paradoxe Interventionen: eine Technik zur therapeutischen Veränderung von individuellen und familiären Systemen. Familiendynamik, 5, S. 42–56.
– (1984): The epigenesis of relational systems: A model for understanding family development. Fam. Proc. 23, S. 297–318.

Wynne, L. C. (1968): Consensus Rorschachs and related procedures for studying interpersonal patterns. J. Projective Techniques and Personality Assessment 32, S. 352–356.

Wynne, L. C. (1968): Methodological and conceptual issues in the study of schizophrenics and their families. J. Psychiatric Research 6 (Suppl. 1), S. 185–199.

Wynne, L. C., J. E. Jones, M. Al-Khayyal (1982): Healthy family communication patterns: Observations in families »at risk« for psychopathology. In: F. Walsh (Hrsg.): Normal family processes: Implications for clinical practice. New York (Guilford Press), S. 142–164.

Wynne, L. C., I. Ryckoff, J. Day, S. Hirsch (1958): Pseudo-Gemeinschaft in den Familienbeziehungen von Schizophrenen. In: G. Bateson et al. (1969): Schizophrenie und Familie. Frankfurt (Suhrkamp), S. 44–80.

Wynne, L. C., C. Shields, M. Sirkin (1992): Illness, Family Theory, and Family Therapy: I. Conceptual Issues. Fam. Proc. 31, S. 3–18.

Wynne, L., M. T. Singer (1963): Denkstörung und Familienbeziehung bei Schizophrenen. Teil 1: Eine Forschungsstrategie. Psyche, 19 (1965), S. 82–95. Teil 2: Eine Klassifizierung von Denkformen. Psyche, 19 (1965), S. 96–108. Teil 3: Methode der Rorschach-Technik. Psyche, 19 (1965), S. 109–135. Teil 4: Ergebnisse und Bedeutung. Psyche, 19 (1965), S. 136–160.

Wynne, L. C., M. T. Singer, J. L. Bartko, M. L. Toohey (1977): Schizophrenics and their families: Recent research on parental communication. In: J. M. Tanner (Hrsg.): Developments in psychiatric research. London (Hodder & Stoughton), S. 254–286.

Young, M., P. Willmott (1973): The Symmetrical Family. London.

Zeig, J. (Hrsg.) (1980): A Teaching Seminar with Milton H. Erickson. New York (Brunner/Mazel). Dt. Ausgabe (1992): Meine Stimme begleitet Sie überallhin. Ein Lehrseminar mit Milton H. Erickson. Stuttgart (Klett-Cotta).

– (1982): Ericksonian Approaches to Hypnosis and Psychotherapy. New York (Brunner/Mazel).

– (1995): Die Weisheit des Unbewußten. Heidelberg (Carl Auer).

Zeig, J. K., S. G. Gilligan (Hrsg.) (1990): Brief Therapy. Myths, Methods, and Metaphors. New York (Brunner/Mazel).

Zelditch, M. (1955): Role differentiation in the nuclear family: A comparative study. In: T. Parsons, R. F. Bales, J. Olds, M. Zelditch, P. E. Slater (Hrsg.): Family, socialization and interaction process. Glencoe, Ill. (Free Press), S. 307–351.

Zeleny, M. (Hrsg.) (1980): Autopolisis, Dissipative Structures, and Spontaneous Social Orders. Boulder, Col. (Westview Press).

– (Hrsg.) (1981): Autopoiesis. A Theory of Living Organization. New York (North-Holland).
Zinner, J. (1976): The implications of projective identification for marital interaction. In: H. Grunebaum, J. Christ (Hrsg.): Contemporary marriage: Structure, dynamics and therapy. Boston (Little, Brown & Co.), S. 293–308.
Zinner, J., R. Shapiro (1972): Projective identification as a mode of perception and behavior. Int. J. Psychoanal., 53, S. 523–530.
Zuk, G. (1968): Die Funktion der Parteinahme in der Familientherapie. In: C. Sager, H. S. Kaplan (Hrsg.) (1972): Handbuch der Ehe-, Familien- und Gruppentherapie, Bd. II. München (Kindler) 1973, S. 457–467.
– (1971): Familientherapie. Interventionen und therapeutische Prozesse. Freiburg (Lambertus) 1975.
– (1975): Process and Practice in Family Therapy. Howerford (Psychiatry and Behavioral Science Books).
– (1981): Family therapy: A triadic-based approach (revised ed.). New York (Human Sciences Press).
Zuk, G. H., D. Rubinstein (1965): A review of concepts in the study and treatment of families of schizophrenics. In: I. Boszormenyi-Nagy, J. L. Framo (Hrsg.): Intensive family therapy: Theoretical and practical aspects. New York (Harper & Row), S. 1–31.

Personenregister

Sachregister

Kursiv gestellte Zahlen verweisen auf die Behandlung des Begriffs als Stichwort.